中华医学会健康管理学分会　组织编写

中国健康服务业
发展报告2023

主　编　郭　清

人民卫生出版社
·北　京·

图书在版编目（CIP）数据

中国健康服务业发展报告. 2023/郭清主编. —北京：人民卫生出版社，2023.10

ISBN 978-7-117-35523-0

Ⅰ. ①中… Ⅱ. ①郭… Ⅲ. ①医疗卫生服务－服务业－产业发展－研究报告－中国－2023 Ⅳ. ①F719 ②R199.2

中国国家版本馆CIP数据核字（2023）第199887号

人卫智网	www.ipmph.com	医学教育、学术、考试、健康，购书智慧智能综合服务平台
人卫官网	www.pmph.com	人卫官方资讯发布平台

中国健康服务业发展报告 2023
Zhongguo Jiankang Fuwuye Fazhan Baogao 2023

主　　编：郭　清
出版发行：人民卫生出版社（中继线 010-59780011）
地　　址：北京市朝阳区潘家园南里19号
邮　　编：100021
E - mail：pmph @ pmph.com
购书热线：010-59787592　010-59787584　010-65264830
印　　刷：北京顶佳世纪印刷有限公司
经　　销：新华书店
开　　本：787 × 1092　1/16　　印张：25
字　　数：624千字
版　　次：2023年10月第1版
印　　次：2023年11月第1次印刷
标准书号：ISBN 978-7-117-35523-0
定　　价：98.00元
打击盗版举报电话：010-59787491　E-mail：WQ @ pmph.com
质量问题联系电话：010-59787234　E-mail：zhiliang @ pmph.com
数字融合服务电话：4001118166　E-mail：zengzhi @ pmph.com

《中国健康服务业发展报告 2023》编写委员会

名誉主编 陈凯先　俞梦孙
主　　编 郭　清
副 主 编 任建萍　孟凡莉　司建平

常务编委

郭　清　任建萍　孟凡莉　王小合　石森林　袁贞明　陈丽英　傅传喜
朱叶青　张　慧　施军平　周　驰　史　鑫　刘淑聪　陈　燕　叶成荫
吴夏秋　沙　莎　王玮珏　司建平　陈雅婷　张学伟　张立万　王晓迪
安　辉

编　　委（以姓氏笔画为序）

于　力　马晓蕾　王大辉　王小合　王玮珏　王晓迪　王斌艳　石森林
叶成荫　史　鑫　司建平　朱叶青　任建萍　刘淑聪　安　辉　孙志芳
孙晓慧　孙晓燕　李　岩　吴夏秋　冷志伟　汪静娜　沙　莎　张　伟
张　佳　张　婷　张　慧　张立万　张学伟　陈　安　陈　燕　陈丽英
陈莹琦　陈雅婷　周　驰　周俐斐　孟凡莉　施军平　袁贞明　晁冠群
徐蓓华　郭　清　彭伟伟　傅传喜　熊　军

参加编写人员（以姓氏笔画为序）

马玉芳　王鸿妮　王锦晶　孔婷婷　龙　鑫　边森森　吕　曦　吕柯鑫
齐　娜　苏晓川　李　旭　李雪竹　杨心怡　吴亮锋　吴鉴伦　何佳露
何逸楠　谷云鹏　张　妮　陈宏坤　陈奕滔　林杨明　金　晨　项　锲
赵叶青　赵国森　洪妍艳　袁　爽　倪艺超　涂斯婧　彭彦阳　曾华英

编写秘书 陈奕滔　项　锲

前　言

2022年5月20日，国务院办公厅发布《“十四五”国民健康规划》（国办发〔2022〕11号），提出加快推进健康中国建设，以卫生健康发展为主体，拓展到与健康直接相关的领域，强化跨部门协作，落实共建共享，持续推动发展方式从“以治病为中心”转变为“以人民健康为中心”，为群众提供全方位全周期健康服务，不断提高人民健康水平，加快全民健康目标的实现。2022年10月16日，中国共产党第二十次全国代表大会胜利召开。习近平同志在党的二十大报告中指出：“推进健康中国建设，把保障人民健康放在优先发展的战略位置，完善人民健康促进政策。坚持预防为主，加强重大慢性病健康管理，提高基层防病治病和健康管理能力。促进中医药传承创新发展。”这将推动我国的卫生健康政策和行动从“以疾病为中心”向“以健康为中心”转变，从注重“治已病”向注重“治未病”转变，从依靠卫生健康系统向社会整体联动转变，充分体现了以人民为中心的发展理念。

党的十八大以来，以习近平同志为核心的党中央坚持把人民健康放在优先发展的战略位置，坚持“人民至上、生命至上”的执政理念，把人民群众的生命安全和身体健康放在第一位，把建设健康中国和积极应对人口老龄化上升为国家战略，走出了一条中国特色卫生健康事业改革发展之路。党的二十大报告中提出“深入开展健康中国行动和爱国卫生运动，倡导文明健康生活方式”，充分体现了对维护人民健康的坚定决心。为积极应对当前突出健康问题，必须关口前移，采取有效干预措施，努力使群众不生病、少生病，提高生活质量，延长健康寿命。这是以较低成本取得较高健康绩效的有效策略，是解决当前健康问题的现实途径，是落实健康中国战略的重要举措。

党的二十大胜利召开为中国式现代化筑牢健康之基，健康在现代化建设全局中的地位作用凸显。健康管理是健康服务业的支撑产业，随着国家对健康服务业的高度重视，健康管理已成为引领和推动中国科技与产业发展的重要领域。当前，我国居民收入水平显著提高，消费能力得到较大提升，同时，生活方式以及疾病谱的改变促使我国居民健康意识不断提高，健康服务消费意愿日益增强，因此居民医疗保健支出也呈现逐年增多的趋势。2022年，我国居民医疗保健类人均消费支出2 120元，增长0.2%，占人均消费支出的比例为8.6%。未来，我国居民收入水平仍将保持上升走势，消费能力不断增强。随着人口老龄化进程加快，慢性非传染性疾病已成为居民的主要死亡原因和疾病负担，患常见精神障碍和心理行为问题人数逐年增多，食品安全、环境卫生、职业健康等问题仍较突出，康复、护理等需求迅速增长，优生优育、婴幼儿照护服务供给亟待加强。

本书延续了《中国健康服务业发展报告 2021》的内容与思路，总结我国 2021—2023 年健康服务业发展新动向，推广成功经验，展望发展蓝图，进一步贯彻落实《关于促进健康服务业发展的若干意见》提出的目标并提出建设性意见，为健康服务业的发展出谋划策，推动大健康产业的稳健发展。参加本书编写的人员包括教育部“移动健康管理系统工程研究中心”、国家中医药管理局“十四五”重点学科团队，以及浙江中医药大学、杭州师范大学、中山大学、成都中医药大学、海南医学院和相关单位等 30 多位教授和 20 多位博士、硕士研究生。全书共二十章，前四章分别从国家层面介绍了健康服务业及医疗卫生事业的发展历史、行业特征、发展重点、政策与法规体系、面临的机遇与挑战等；后续章节分别从健康体检、中医药健康服务、健康养老、健康保险、智慧健康、药品、保健食品、保健用品、医疗器械、健身产品、健康旅游、健康环境及健康服务人才培养等方面展开，每章均附有相关案例评析供读者阅读相关内容之后拓宽思路，理论联系实践。

本书编写过程中得到了有关领导的重视，得到了陈凯先院士、俞梦孙院士等专家的指导，得到了国家卫生健康委员会、国家中医药管理局、中华医学会、中华中医药学会、中华预防医学会和中国健康促进基金会等有关部门领导的关心和支持，在此表示诚挚的感谢与敬意。此外，本书在编写过程中参阅了国内外最新文献，对业内学者的观点内容、数据和研究成果进行归纳、总结与评议，在此一并致谢。由于本书的撰写是一项开创性的工作，加之编者自身能力及认识的局限，难免存在疏漏之处，诚挚欢迎各界读者提出宝贵意见和建议。希望“中国健康服务业发展报告”系列研究成果能成为健康服务业理论研究与实践工作的重要参考，为加快推进中国健康服务业的发展、健康中国战略的实施发挥积极作用。

中华医学会健康管理学分会　主任委员
中华预防医学会卫生保健分会　主任委员　**郭　清**

2023 年 5 月

目　录

第一章　中国健康服务业发展动态与前景

2022—2023 年，在《"健康中国 2030"规划纲要》的指引下，推进健康中国建设且利好健康服务业的各项政策陆续颁布。"十四五"期间，健康服务业将被深度重构，整装出发，开启新的篇章。本章延续《中国健康服务业发展报告》系列书籍的时间轴，对近两年我国健康服务业发展的动态进行梳理，对我国健康服务业发展的驱动因素进行分析，研判中国健康服务业未来发展趋势。

第一节　中国健康服务业发展动态分析

一、国家政策动态

（一）党的二十大胜利召开：为中国式现代化筑牢健康之基

2022 年 10 月 16—22 日，中国共产党第二十次全国代表大会召开。习近平同志在党的二十大报告中指出，推进健康中国建设，把保障人民健康放在优先发展的战略位置，建立生育支持政策体系，实施积极应对人口老龄化国家战略。坚持预防为主，加强重大慢性病健康管理，提高基层防病治病和健康管理能力。促进中医药传承创新发展，健全公共卫生体系，加强重大疫情防控救治体系和应急能力建设，有效遏制重大传染性疾病传播。新征程上，我们要深入贯彻落实党的二十大精神，继续补短板、强基层、建机制，推进健康中国建设，更好地保障人民健康。

（二）"健康中国"系列文件：从"指挥棒"到"路线图"

1. 健康中国行动 2022 年主要目标提前实现　2022 年 9 月，国家卫健委宣布健康中国行动 2022 年主要目标提前实现，其取得的主要成绩包括：

第一，健康入万策，促进健康的政策体系基本建立。

第二，知识进万家，健康科普"两库一机制"逐步构建。

第三，关注全周期，健康维护能力明显提升。

第四，生活更健康，生产生活环境持续改善。

第五，全民齐参与，健康中国行动的氛围日益浓厚。

2. 健康中国行动 2023 年工作要点发布　2023 年 3 月，健康中国行动推进委员会办公室印发《健康中国行动 2023 年工作要点》。重点工作包括：坚持关口前移，深入推进实施全民健康生活方式行动，积极开展"三减三健"行动；继续开展疫情防控和疫苗接种等健康科普，普及文明健康生活方式，增强群众自我防范意识和防护能力；部署加强学校食品安全和营养健康工作，完善校园食品安全管理体制；严厉打击通过互联网销售烟草制品（含电子烟和类烟产品）、向未成年人销售烟草制品的违法行为，保护未成年人免受烟的侵害；举办全国儿童青少年近视防控改革试验区和试点县（市、区）交流；开展青少年心理健康服务，依托12355青少年服务平台，开展生命教育、自护教育、心理咨询，持续开展中高考减压、青春自护、健康守护行动；继续深入实施残疾儿童康复救助制度，做好第七次残疾预防日宣传教育活动；开展老年心理关爱、老年口腔健康、老年营养改善等专项行动，推动实施老年人健康管理、老年健康与医养结合管理服务等基本公共卫生服务项目，组织实施社区医养结合能力提升行动；持续探索"物业服务＋养老服务"模式，开展居家社区养老服务工作；加快推动科技创新2030——"癌症、心脑血管、呼吸和代谢性疾病防治研究"重大项目的实施；加强高血压、糖尿病等慢性病患者健康管理，推进医防融合，提升服务质量；针对新冠病毒感染、心血管、脑病、肿瘤、神志病、肺病、内分泌、康复等中医诊疗具有优势的专科专病，开展国家中医优势专科建设，提升专科临床疗效。

3. 第二批健康中国行动推进地区典型经验案例发布　2021年，健康中国行动推进委员会办公室开展了第二批健康中国行动推进地区典型经验案例的征集工作。2022年4月，在征集的185个案例基础上，经专项行动工作组、专家咨询委员会专家和健康中国行动推进委员会办公室各组评审后，最终选出32个案例向全国推介。这些案例可以较好地展示健康中国行动实施以来，各成员单位、各专项行动工作组、各地区在推进健康中国行动方面的积极探索和创新实践。它们各具特色，富有实效，有针对性地解决了健康中国推进过程中的难点堵点问题。这些典型案例充分挖掘了区域资源要素，实施健康中国行动差异化推动策略，明确以改善人民群众健康为根本目标，多渠道、多主体推动健康中国行动，加速从依靠卫生健康系统向社会整体联动转变，实践证明，这也是成功推动健康中国行动的有效举措。

4. "全国防控重大慢性病创新融合试点项目"逐步展开　2022年6月，经健康中国行动推进委员会办公室批复同意，由中华医学会健康管理学分会、中国疾病预防控制中心慢性非传染性疾病预防控制中心、中国健康促进基金会联合发起，旨在从健康体检向健康管理转变，从而推进实现"以疾病为中心"向"以人民健康为中心"的战略转变，打造可落地、可持续、可推广的示范样板。试点项目将以公立医院的健康管理中心为主战场，以20多万健康管理医护队伍为主力军，以近5亿年度体检客户为主人群，以试点项目首批专项健康管理项目——体重管理、5G+三早全周期健康管理系统构建、肺结节风险管理、"三高共管"为抓手，建立慢性病中心统一数据平台管理，制定健康管理规范标准路径，考核评价健康管理成效，逐步推广至全国。建立以公立医院为区域中心健康管理联合体，覆盖所属疾控慢性病防治中心、社区医院、民营健康管理管理机构等，最终形成预防为主，防控重大慢性病"中国式健康管理服务体系"，试点项目正在积极推进中，为在未来医疗保险体系中建立"健康管理"定价和付费机制，提供科学依据和标准，这将为健康管理和健康保险行业的发展，为健康城市的建设，为推进健康中国建设作出积极贡献。

（三）持续推进养老服务体系建设，积极应对人口老龄化

1.《关于进一步推进医养结合发展的指导意见》发布　近年来，医养结合政策不断完善，取得积极进展，但在政策支持、服务能力、人才建设等方面仍存在一些难点堵点问题。为进一步完善政策措施，着力破解难点堵点问题，促进医养结合发展，不断满足老年人健康和养老服务需求，经国务院同意，国家卫健委、国家发改委、民政部、住建部、财政部等十一个部门联合发布《关于进一步推进医养结合发展的指导意见》（国卫老龄发〔2022〕25号），提

出发展居家社区医养结合服务、推动机构深入开展医养结合服务、优化服务衔接、完善支持政策、多渠道引才育才和强化服务管理六方面意见。

（1）发展居家社区医养结合服务：积极提供居家医疗服务。推进“互联网＋医疗健康”“互联网＋护理服务”，创新方式为有需求的老年人提供便利的居家医疗服务；增强社区医养结合服务能力。实施社区医养结合能力提升行动，重点为失能、慢性病、高龄、残疾等行动不便或确有困难的老年人提供医养结合服务。

（2）推动机构深入开展医养结合服务：支持医疗卫生机构开展医养结合服务，提升养老机构医养结合服务能力。推动养老机构改造，增加护理型床位和设施，支持社会力量建设专业化、规模化、医养结合能力突出的养老机构，主要接收需要长期照护的失能老年人。

（3）优化服务衔接：加强医疗养老资源共享，采取多种有效方式，实现资源共享、服务衔接。将养老机构内设的医疗卫生机构纳入医疗联合体管理，提供一体化、连续性服务，实现医疗、康复、护理、养老服务资源的高效协同。鼓励基层积极探索相关机构养老床位和医疗床位按需规范转换机制。积极发挥信息化作用，依托全民健康信息平台和“金民工程”，建设全国老龄健康信息管理系统、全国养老服务信息系统，全面掌握老年人健康和养老状况，分级分类开展相关服务。

（4）完善支持政策：①完善价格政策：公立医疗卫生机构为老年人等人群提供上门医疗服务，采取“医药服务价格＋上门服务费”的方式收费。②加大保险支持：及时将符合条件的养老机构内设医疗卫生机构纳入医保定点管理。③稳步推进长期护理保险制度试点，适应失能老年人基本护理保障需求。④鼓励商业保险将老年人预防保健、健康管理、康复、护理等纳入保障范围。

（5）多渠道引才育才：加强人才培养培训。加快推进医疗卫生与养老服务紧缺人才培养，将老年医学、护理、康复、全科等医学人才，养老护理员、养老院院长、老年社会工作者等养老服务与管理人才纳入相关培养项目。引导医务人员从事医养结合服务。基层卫生健康人才招聘、使用和培养等要向提供医养结合服务的医疗卫生机构倾斜。

（6）强化服务监管：加强行业监管，将医养结合服务纳入医疗卫生行业、养老服务行业综合监管和质量工作考核内容。

2.《关于全面加强老年健康服务工作的通知》出台　2021年年底，国家卫生健康委（全国老龄办）会同国家中医药管理局联合印发《关于全面加强老年健康服务工作的通知》（以下简称《通知》）。《通知》主要内容有以下三点。

（1）增强老年健康服务意识：强调各级卫生健康、中医药部门要增强为老服务意识，全面提升老年健康服务水平，促进健康老龄化。

（2）做好老年健康服务：包括加强老年人健康教育，做实老年人基本公共卫生服务，加强老年人功能维护，开展老年人心理健康服务，做好老年人家庭医生签约服务，提高老年医疗多病共治能力，加强老年人居家医疗服务，加强老年人用药保障，加强老年友善医疗服务，大力发展老年护理、康复服务，加强失能老年人健康照护服务，加快发展安宁疗护服务，加强老年中医药健康服务，做好老年人传染病防控14项具体内容。

（3）强化老年健康服务的组织保障：包括加强组织领导、加强政策保障、加强科技支撑、加强队伍建设。

3.《中国健康老年人的标准》发布　随着我国人口老龄化进程的加快，老年人口数量逐年增加。如何保障老年人的健康，提高老年人的生活质量，已成为社会各界关注的焦点。

针对这一问题，我国制定了《中国健康老年人标准》，旨在帮助老年人保持健康、延缓衰老。

（1）体质指标：健康的老年人应具备较好的体质指标。体质指标包括身高、体重、腰围、体质指数（body mass index，BMI）等。身高应在标准范围内，体重应适中，腰围男性不超过 90cm、女性不超过 80cm，BMI 应在 18.5～24.0kg/m^2 之间。

（2）生理功能指标：健康的老年人应具备较好的生理功能指标。生理功能指标包括血压、血糖、血脂等。血压应控制在 140/90mmHg 以下，空腹血糖应控制在 6.1mmol/L 以下，总胆固醇应控制在 5.2mmol/L 以下。

（3）认知能力指标：健康的老年人应具备较好的认知能力指标。认知能力指标包括记忆力、注意力、思维能力等。老年人应保持积极的生活态度，保持学习、思考、交流等活动，这有助于提高认知能力。

（4）心理健康指标：健康的老年人应具备较好的心理健康指标。心理健康指标包括情绪稳定、良好的社交关系、自我调节能力等。老年人应保持积极的心态，保持良好的社交关系，这有助于提高心理健康指标。

（5）生活方式指标：健康的老年人应具备良好的生活方式指标。生活方式指标包括饮食、运动、睡眠等。老年人应保持均衡、多样化的饮食，适当的运动，充足的睡眠，这有助于保持健康。

（6）疾病预防指标：健康的老年人应具备较好的疾病预防指标。疾病预防指标包括接种疫苗、预防疾病等。老年人应根据自身情况接种疫苗，预防疾病，这有助于保持健康。

（四）重磅文件加快中医药特色发展

1.《“十四五”中医药发展规划》出台　2022 年 3 月，国务院办公厅发布《“十四五”中医药发展规划》（以下简称《规划》），以往的中医药五年发展规划均由行业部门印发，《规划》首次由国务院办公厅印发，政策进一步优化，支持进一步加大，充分体现了党中央、国务院在新时代背景下，全力助推中医药事业振兴发展的坚定决心和关键举措。文件设置了 1 个总目标和 7 个具体目标。

（1）总目标：到 2025 年，中医药健康服务能力明显增强，中医药高质量发展政策和体系进一步完善，中医药振兴发展取得积极成效，在健康中国建设中的独特优势得到充分发挥。

（2）具体目标：①中医药服务体系进一步健全。②中医药特色人才建设加快推进。③中医药传承创新能力持续增强。④中医药产业和健康服务业高质量发展取得积极成效。⑤中医药文化大力弘扬。⑥中医药开放发展积极推进。⑦中医药治理水平进一步提升。

2.《中医药振兴发展重大工程实施方案》发布　2023 年 2 月，国务院办公厅印发《中医药振兴发展重大工程实施方案》（国办发〔2023〕3 号），明确推进中医药振兴发展的基本原则，即增强能力，服务群众；遵循规律，发挥优势；提高质量，均衡发展；创新机制，激发活力。该文件统筹部署了 8 项重点工程，包括中医药健康服务高质量发展工程、中西医协同推进工程、中医药传承创新和现代化工程、中医药特色人才培养工程（岐黄工程）、中药质量提升及产业促进工程、中医药文化弘扬工程、中医药开放发展工程、国家中医药综合改革试点工程，安排了 26 个建设项目。

二、市场供需动态

（一）健康服务业呈现蓬勃发展态势

2023 年 3 月，国家卫生健康委卫生发展研究中心公布了健康产业核算分析结果，

2019—2021年，健康服务业市场规模年均增长7.0%，从7.7万亿元增长到8.8万亿元。2022年国民经济和社会发展统计公报显示，中国城乡居民医疗保健支出占总消费的比重持续上升，达8.6%。据预测，受益于疫情政策的优化调整以及消费需求的恢复，2023年将是健康服务业的一道分水岭，国内健康服务业将形成支柱产业，占GDP比重将持续上升。过去三年，健康服务机构的经营、健康从业者的工作都或多或少遇到各种困难和瓶颈。但随着疫情渐去，健康服务业也转换了新的赛道。这符合社会基本规律：当重大影响逐渐消失时，必然伴随着行业的重组和革新。

（二）健康导向市场趋势的机遇和挑战

国内国际双循环模式对内需增长提出很高的要求。而从当下总的需求结构看，促进居民消费应是拉动内需、实现经济有效良性增长的关键。其中健康服务业是核心推动力量。但是，健康服务对人力要素的投入具有相对较高的依赖性。随着健康服务业的不断发展，宏观经济生产率的下行压力可能会进一步增加。发达国家多年来的统计数据和中国2008年以来的数据显示，医疗服务的大幅通胀既是短期趋势也是长期趋势。在这一大背景下，如何提升全要素生产率，比如更好地促进数字技术的应用、开放竞争、提高资源配置效率、改革支付手段等，以促进中国经济的可持续性增长和健康服务业的发展，是未来需要研究的一大重点。

三、科学研究动态

（一）5G+"三早"健康管理服务模式的构建及完善

"三早"是我国学者提出的健康管理服务模式，指"早筛查""早评估""早干预"。"三早"健康管理服务强调连续、动态、个性化，需要有移动终端、云端、物联网、人工智能（AI）等的支撑。"三早"健康管理服务模式强调从"以治病为中心"向"以健康为中心"转变，实现全人全程全方位健康管理。近年来，技术创新更多地激发健康管理服务的发展潜能，加上民众对健康服务的需求，助推健康管理服务供给模式创新，我国已有多家医疗机构开始探索5G在健康管理领域中的应用。如何将5G技术应用于全生命周期健康管理、医疗、康复、预防、保健等各环节，实现健康服务闭环，是5G在健康管理应用场景中的一大挑战。

中国科协2021年十大工程技术难题发布，郭清教授领衔的"如何创建5G+三早全周期健康管理系统"列入其中。该项目探索依托5G+"三早"健康管理系统，整合医院、社区卫生服务中心、家庭、个体智能监测终端形成"医院-社区-家庭/个人"健康信息多端数据共享云平台并规范数据统一格式，整合平台服务过程中动态数据，形成个人动态健康档案；基于已收集的个体健康信息，通过疾病风险预测模型和健康风险预警预测系统，对人群进行综合分析与分层分类评价，实现健康管理早筛查和风险早评估；建设健康管理早干预促进系统，通过系统制定干预计划和方案，有针对性地帮助个体或群体采取有效行动、纠正不良生活方式，消除或减轻影响慢性疾病的危险因素；建立互动跟踪随访系统，及时对健康干预内容的执行情况和效果进行动态跟踪；通过数据对比进行干预效果评价，并根据评价结果进行下一阶段健康管理，形成连续周期性全程健康管理。结合5G网络和可穿戴设备的监测系统，可为每位居民建立健康监测和疾病预警模块，为居民提供居家保健支持，将家庭成员的生理数据传送至社区卫生服务中心，实现疾病即刻诊断与干预，并可探索实现急性不良事件的预警预测，构建"医院-社区-家庭"健康管理服务模式。5G+"三早"健康管理系统还可与现有的医疗机构信息系统对接，实现患者院内、院外连续跟踪和干预，并通过院外健康干预建立后续就医就诊计划。

（二）全民健康信息联通应用

到 2025 年，建设形成统一权威、互联互通的全民健康信息平台支撑保障体系，基本实现公立医院与全民健康信息平台的联通全覆盖，是健康服务业研究的热点问题。

第一，建成集约的信息化基础设施支撑体系，包括国家平台的进一步完善和加强省级区域平台的建设。同时，要构建一个传染病监测预警与应急指挥平台，构筑公共安全防护。

第二，健全全民健康信息化标准体系。完善全民健康信息化应用的基础标准，加强全民健康信息化标准的应用推广，深化全民健康信息化标准的服务管理。

第三，深化“互联网 + 医疗健康”的服务体系。拓宽“互联网 + 医疗健康”服务，进一步挖掘“互联网 + 医疗服务”的潜力和空间。

第四，完善健康医疗大数据资源要素体系，包括加强健康医疗大数据创新应用与行业治理，强化数据全流程质控和数据治理，推进健康医疗大数据中心建设，真正实现新阶段健康医疗大数据的开发应用。

第五，推进数字健康融合创新发展体系。构建数字健康战略的发展新格局，重塑数字健康管理服务新模式，培育数字健康经济产业新业态，提升数字健康行业治理新水平。

第六，拓展基层信息化保障服务体系。通过信息化来支撑基层的能力提升，强化基层信息化便民服务，强化基层信息化基础设施的建设保障，强化基层综合服务监管体系建设。

第七，强化卫生健康统计调查分析应用体系。探索如何利用信息化的手段来提升统计数据的质量和效率，持续完善统计调查体系，强化统计数据的共享应用，加强统计数据的质量控制，全面提升统计监督效果。

第八，夯实网络与数据安全的保障体系。全面落实网络安全和数据安全相关的法规标准，完善网络安全和数据安全的责任体系和管理制度，构建卫生健康行业网络的可信体系。

第二节　中国健康服务业发展驱动因素

一、内部需求推动健康服务业创新

（一）人口老龄化催生健康服务业快速发展

我国老龄化形势严峻。2020 年 10 月，党的十九届五中全会将积极应对人口老龄化上升为国家战略。2022 年 10 月，中国共产党第二十次全国代表大会再次强调要实施积极应对人口老龄化国家战略，发展养老事业和养老产业，让全体老年人都享有基本养老服务。第七次全国人口普查显示，我国 60 岁及以上人口比重达到 18.7%，65 岁及以上人口比重达 13.5%。预计在“十四五”时期，我国 60 岁及以上老年人口将突破 3 亿人，占总人口比重超过 20%，迈入中度老龄化阶段。到 2035 年前后，占比将超过 30%，进入重度老龄化阶段。老龄化意味着劳动力供给的下降，由于高龄导致的患病风险增加，老年人对医疗服务和他人照顾的需求又远超其他人群，养老变得不再仅是个人、家庭的问题，更是社会、政治、经济等多领域问题。健康服务需承担更重的责任。

随着老龄化的进一步加深，国家强调老年健康服务，老年人口结构变化刺激健康管理服务需求不断更迭，健康老龄化成为发展趋势。2022 年国家制定了《“十四五”健康老龄化规划》，明确指出健康老龄化相关服务缺口大，并强调连续性服务，提升老年医疗服务水平。

同年,《中国健康老年人标准》(WS/T 802—2022)的发布为健康老年人的评估提供标准依据。自2020年起,数量庞大、消费能力强的“60后”人群加入老年群体,“预防”成为健康养老新市场的关键。老年健康服务不仅涵盖疾病防治、康复、护理、心理健康服务,更需要满足老年人对健康养老、宜居环境、信息技术使用的强烈需求。对受独生子女政策影响的空巢、独居、纯老年人家庭,上门健康服务、居家照料等需求庞大。农村养老问题依然突出,老年人口比例高、医疗卫生资源缺乏、养老服务基础差、养老费用低,目前难以实现健康养老。由于个体、环境等因素的复杂性,不同老年群体的需求存在很强的异质性,这要求健康服务业多元发展。

人口结构变化推动老年产业和服务消费发展。根据相关研究测算,2020年我国银发经济总规模约5.4万亿元,占全球银发市场比重的5.56%,对比我国老年人口占全球老年人口20%以上的比重,显示我国银发经济市场发展仍具有巨大潜力。人口老龄化为健康服务业带来了前所未有的挑战和机遇,推动健康服务业快速发展以满足老年人健康需求,提高老年人生活质量。

(二)慢性病增长推动健康管理服务发展

慢性病对人类健康和社会经济发展造成严重影响。在《“健康中国2030”规划纲要》中,“降低重大慢性病过早死亡率”已经成为我国慢性病防控工作的关键指标。30～70岁人群是社会的核心劳动力,过早死亡将严重影响社会生产力水平,制约国家经济社会的可持续发展。慢性病是导致人群过早死亡的重要原因。我国有糖尿病患者1.4亿、糖尿病前期患者超过2亿、高血压患者2.45亿、血脂异常人数超过4亿。慢性病风险因素的蓄积导致老年人慢性病呈高发且上升的趋势,超过78%的老年人患有至少一种以上慢性病。多病共存和慢性病年轻化已成为不可忽视的趋势。我国慢性病特点为“患病人数多、患病时间长、医疗成本高、服务需求大”,慢性病医疗支出占GDP的比重逐年增加,带来沉重的经济负担。在此背景下,中国健康服务业由其是在慢性病管理与服务的相关领域需抓住机遇,加速发展。

我国慢性病防控工作已取得积极进展,但防控形势依旧严峻,慢性病危险因素亟待控制。根据《中国居民营养与慢性病状况报告(2020年)》,部分慢性病行为相关危险因素呈下降趋势,居民对自身健康关注度不断提高,重大慢性病过早死亡率下降。然而,不健康的生活方式仍普遍存在,居民超重肥胖比重持续上升。报告强调,生活方式与超重肥胖的防控需全方位覆盖各年龄层,包括针对社会各界的健康支持性环境建设、健康知识宣传教育和个性化健康管理服务,贯穿全生命周期,坚持预防为主,提早干预。对于重大慢性疾病如癌症等,强调早筛查,增加筛查服务供给,扩大筛查范围;提高能力,探索推广筛查适宜技术;加强宣传,提高群众防癌意识。慢性病的防控不仅需要政府政策的支持,更需要动员社会各界共同参与,建立覆盖全人群全生命周期的慢性病预防、筛查、诊断、治疗、康复全程的健康管理体系,这对健康服务业的发展提出了更高的要求。

慢性病健康管理服务的高需求促使健康服务业的扩张。数据显示,截至2020年年底,中国健康服务业市场规模已达到8万亿元,预计2030年将达到16万亿元。健康服务业涵盖了慢性病预防、治疗、康复、健康管理等多个领域,为慢性病患者提供全方位、个性化的健康服务。以大数据、人工智能、物联网等技术为代表的新一代信息技术在健康服务业的应用不断深化。这些技术的广泛应用为慢性病预防、治疗和管理带来了新的可能性,为健康服务业的快速发展提供了有力支撑。

二、技术变革支持健康服务业发展

（一）技术创新是健康服务业发展的动力源泉

习近平总书记在党的二十大报告中强调，要坚持创新是第一动力，强调增强自主创新能力，强化企业科技创新主体，推动创新链产业链资金链人才链深度融合。近年来，我国创新驱动发展战略深入实施，技术创新体系日益受到重视。在健康服务业关键技术创新方面，国家出台了相关文件，着力引导医疗机构、高校等科研院所与企业、金融机构等多方协同创新，以实现重大突破。在一系列政策措施的推动下，我国不仅在中草药、功能性保健品、新型药物、新型生物指标检测等产品研发方面取得了显著成果，在医疗信息化、智能医疗、远程医疗等领域也取得了重要进展。企业创新主动性增强，技术创新的市场导向逐步增强，产学研合作组织不断完善，有效推动了我国产业升级和经济发展质量效益的提升。然而，目前仍存在一些问题，如企业主体地位不强、市场作用发挥不够、产学研协同创新组织机制不健全等，这导致技术优势转化为产业优势仍存在障碍。随着互联网、5G技术、人工智能、ChatGPT等科技的广泛应用，健康服务业不断涌现出新业态和新模式，应用服务场景日益丰富。新一轮的科技革命改变了传统生活方式、降低了时空障碍、增加了新的服务途径。健康服务业必须抓住机遇，加快适宜技术的创新发展，促进科技创新与服务场景深度融合。

近年来，在国家科技支撑计划、省市级科技计划项目和社会力量的支持下，健康服务业开展了大量健康服务技术创新研究。这些研究为健康服务相关学科发展提供了工具和手段，促进了健康服务的技术创新和成果转化，提升了健康服务从业机构的科研能力，加强了健康服务人才的培养，推动了健康服务品质的提升。

（二）技术创新支持健康服务适宜技术发展

适宜技术源于技术创新。健康服务适宜技术是高效地为人民群众提供高质量的健康服务、满足其健康需求的同时，降低医疗费用和减少疾病负担的关键。技术创新通过新技术、新产品的发明应用和产业结构的调整升级，为健康服务适宜技术提供更多的技术手段和方法，提高健康服务的效率和质量。基于卫生经济学评估和收集的证据支持，从成本效益分析、成本效果分析、成本效用分析等方面，于大量健康相关技术中进一步筛选出安全、有效、低成本、简便易学的适宜技术。在分级诊疗体系下，慢性病防治和健康管理主要依靠基层，推广基层健康服务适宜技术有助于提升基层医务人员服务能力，改变就医现状。

健康服务主要围绕健康管理展开，健康管理机构积极应用技术，推动适宜技术的应用创新。健康管理适宜技术主要包括健康筛查、健康评估和健康干预技术。健康筛查技术包括问卷筛查、实验室检查以及针对高风险人群的心脑血管疾病、代谢性病疾病、相关癌种的筛查和功能医学评估等专项检测技术，除此之外，可通过移动医疗和物联网技术（例如，可穿戴设备）实时收集监测健康数据。在应用的过程中，机构根据服务对象的需求进行筛查工具的创新、检查流程的升级等，同时开始尝试使用人工智能系统进行辅助。健康评估技术主要依托大数据、云计算、物联网等技术进行数据分析，以人工智能进行辅助健康评估。在应用的过程中收集数据，通过大数据分析，形成符合我国人群特点的疾病风险评估和预警模型以及个人健康画像。健康干预技术包括健康教育、生活方式干预、中医适宜技术、音乐疗法等。在健康管理的各个环节，机构在适宜技术应用的过程中不断创新，结合大数据分析、人工智能、物联网、远程医疗、移动医疗等技术，提高服务质量，优化服务流程，提升服务体验，增强服务效率。

多中心应用研究加快了健康服务适宜技术的创新和成果转化。通过在不同地区、机构中开展健康服务适宜技术应用研究，实现各地医疗健康数据的共享与整合，为临床决策、疾病防控和政策制定提供有力支撑；突破地域限制，通过远程医疗提高基层和偏远地区的医疗服务水平；加速人工智能技术在健康服务领域的应用，提高诊断的准确性和效率；探索适合不同地区、不同人群的医疗服务模式，满足不同人群多样化的需求。

（三）智能健康是健康服务业的发展方向

智能健康是利用先进的信息技术、人工智能、大数据分析、物联网等先进技术手段，优化和改进健康领域的各个环节，实现高效、个性化、便捷的健康服务。智能健康能够在提高人们健康水平的同时，降低医疗成本。随着人口老龄化，慢性病患者增加，人们对于健康的需求日益增加，智能健康能够在提供个性化、便捷的健康服务的同时，满足个性化需求，更加精准地提高健康服务的质量。

智慧健康管理平台是智能健康的核心组成部分。我国医疗资源在不同地域之间分布不均，而智慧健康管理平台能够实现健康资源的优化配置，缓解医疗资源紧张。此外，平台还可以提供远程和线上问诊服务，打破地域限制。借助智慧健康管理平台，各机构可探索新的健康服务模式，提供个性化、便捷的服务，提高患者和居民的满意度。智慧健康管理平台涵盖了智慧养老服务平台、个人健康管理平台、医疗健康管理平台和慢性病管理平台等。在社会各界对健康管理意识提高和技术发展支持下，未来智慧健康管理平台将更加多样化，满足健康服务业的多元化服务需求以及人民群众的个性化健康需求。

三、国家政策激励健康服务业发展

（一）健康中国战略需要健康服务业支持

健康中国建设需要健康服务业参与其中，并发挥重要作用。2020 年 6 月 1 日颁布的《基本医疗卫生与健康促进法》，是我国卫生与健康领域第一部基础性、综合性的法律，突破性地以法律的形式激活公民的健康权。该法律明确提到，要“普及健康生活，优化健康服务，完善健康保障，建设健康环境，发展健康产业，提升公民全生命周期健康水平”。该部法律以法治引领推进我国医疗卫生与健康事业，在保障公民享有基本医疗卫生服务的同时，着力于提高公民的健康水平，其中健康管理相关理念作为一条鲜明主线贯穿始终。2022 年 4 月发布的《“十四五”国民健康规划》中，强调要加快构建保障人民健康优先发展的制度体系，聚焦重大疾病、重大健康危险因素和重点人群健康，强化防治结合和医防融合，提高健康服务质量，促进医疗卫生服务的公平性和可及性，统筹优化生命全周期、健康全过程服务。规划的发展目标中强调了卫生健康的科技创新、信息化建设、健康服务等产业的持续发展。在国家发布的多个健康相关文件中，健康服务业发展都被赋予了重要任务。这些文件明确了健康服务业的发展方向和战略目标，为健康服务业的发展提供了政策支持和引领，激励健康服务业快速发展。

（二）新医改推动健康服务业发展

医改是一项长期艰巨复杂的系统工程，也是一个世界性难题。自 2009 年中共中央国务院发布《关于深化医药卫生体制改革的意见》，国务院通过《医药卫生体制改革近期重点实施方案（2009—2011 年）》，新一轮医疗体制改革（简称“新医改”）正式启动。新医改坚持从以治病为中心向以人民健康为中心转变，全面推进分级诊疗、现代医院管理、全民医保、药品供应保障、综合监管五项基本医疗卫生制度。“看病难”“看病贵”问题虽然依旧存在，但得到了有效缓解，医疗卫生体系的效率持续提升。“十四五”期间，国家将重点支持国家级、省级区域医疗中心的建设，加快临床科研成果转化，尤其是药品、医疗设备、疫苗等领域的“卡脖子”问题。

新医改的制度与体系改革为健康服务业发展创造了新机遇。新医改坚持以健康为中心，旨在实现高效、高质量、低成本地保障人民健康需求，然而仅依靠政府部门或公立健康服务机构难以实现。分级诊疗体系强调了基层医疗卫生机构健康服务能力的重要性，健康服务业在适宜技术、平台工具、信息化等领域的研究发展能够提供支撑；公立医院改革、药品制度的建立，为民营医疗机构的发展提供了更为公平的市场环境，提高了行业良性竞争力；医保制度改革刺激了健康保险市场的需求，商业健康保险与基本医疗保险互补，提高保障；医改鼓励健康管理与健康保健产业的发展，尤其是慢性病管理、养老服务等健康服务的普及；医改支持医疗技术与信息化的创新，支持远程医疗、互联网医疗等新型健康服务模式的发展，为健康服务业带来新的机遇。新医改的深入推进为健康服务业的发展创造了有利条件。

四、社会资本促进健康服务业多元发展

随着我国经济社会的快速发展，人民群众的健康需求日益多元化，传统健康服务体系已经难以满足广泛需求。近年来，我国政府高度重视健康服务业的发展，加大投入力度出台一系列政策措施，鼓励民间资本进入健康服务领域。自 2013 年国务院印发《国务院关于促进健康服务业发展的若干意见》开始，国家引导社会资本投资健康服务领域，涵盖医疗服务、健康管理与促进、健康保险及相关服务，以及涉及的一些相关产业，如药品和医疗器械。《“十四五”国民健康规划》强调促进社会办医持续规范发展，鼓励社会力量补充医疗资源薄弱区域，鼓励有经验的执业医师开办诊所，增加规范化的健康管理服务供给等。

在政策支持下，社会资本涌入，民营医疗机构迅速发展。在特殊需求、专科专病、诊前中后服务、区位便捷性、健康管理、健康保险等方面，民营医院能够满足更多的个性化健康需求。近年来，民营医院的规模、服务量和群众认可度不断上升。截至 2021 年年底，公立医院 11 804 个，民营医院 24 766 个，相较于 2020 年末，公立医院数量减少 66 个，民营医院增加 1 200 多个。2022 年 1—6 月，公立医院总诊疗人次 16.5 亿人次，同比下降 0.8%；民营医院 3.2 亿人次，同比增长 4.2%。民营医疗机构集团化整合的趋势明显，尤其是对医保支付依赖低的领域，如口腔、医美、体检、康复等医疗健康细分领域的专科医疗集团发展迅速。

随着社会资本的涌入，多个健康服务领域迅速发展。据统计，2021 年中国健康管理及健康解决方案市场规模达到 4 万亿元，2016—2021 年的复合增长率为 12.4%，预计到 2023 年将超过 5 万亿元。此外，2021 年中国诊疗服务市场规模达到 7 222 亿元，2016—2021 年的复合增长率为 14.6%，预计到 2023 年将增长至 9 886 亿元。同时，2021 年中国养老产业市场规模达到 8.8 万亿元，预计到 2027 年将突破 20 万亿元。康养旅游行业亦取得了显著发展，2021 年市场规模接近 900 亿元。健康教育行业同样呈现稳中向上的发展趋势，2018 年市场规模达到 5 800 亿元。互联网 + 医疗健康是大健康行业发展的新趋势，2020 年市场规模达 1 961 亿元，同比增长 47%，发展极其迅速。2023 年 3 月，中共中央办公厅、国务院办公厅印发《关于进一步完善医疗卫生服务体系的意见》，鼓励社会资本投入，强调运用互联网、人工智能等技术优化服务流程，提升服务便捷性。互联网 + 医疗健康行业的迅速发展为医疗卫生服务体系提供新技术支撑，预计未来几年市场规模将继续扩大，促进各领域产

业升级，为消费者提供更多元化、高质量的健康服务。

外资企业进入健康服务市场，推动高端、高质量健康服务落地。为提升产业质量和弥补短板，国家鼓励外资投资养老护理、医药健康等领域。然而，目前外资医疗机构在中国市场占比较小，主要为轻资产的诊所和门诊部，专科医院专注于眼科、口腔科、妇儿科及肿瘤科等领域。国家适度向外资开放健康服务市场、放宽外资股权比例限制，力求吸引国际化水准的医疗服务机构进入。外资医疗机构的发展壮大，带来了资金的投入与累积，引入了先进医疗设备、优质资源管理服务体系等，在满足中高端人群健康服务消费需求升级的同时，刺激了医疗资源的多样化和合理流动，激发了国内健康服务业竞争力，提升了我国本土健康服务的技术水平、创新能力、管理水平和服务质量。

第三节　中国健康服务业展望

一、健康服务业规模不断扩大

根据2014年国家发布的《健康服务业分类（试行）》，可以将健康服务行业划分为四部分。第一部分为医疗卫生服务，第二部分为健康管理与促进服务，第三部分为健康保险和保障服务，第四部分为其他与健康相关的服务。2019年国家发布了《健康产业统计分类（2019）》，对健康服务业的范围进行了一定程度的扩展，智慧健康技术服务也纳入健康服务业的范围。5G技术的发展进一步推动了我国健康医疗领域新模式、新业态、新技术的涌现，其与大数据、人工智能、互联网+、区块链等前沿技术的充分整合和运用，不断促进智慧医疗产业的发展。

我国健康服务业发展潜力和空间巨大。发展健康服务业是实现“健康中国”战略的主要路径，是满足新时代人们对美好生活需要的根本，也是促进新常态下我国产业转型升级和经济发展的重点。随着社会的发展和人们生活水平的普遍提高，以及人类生活方式的改变，健康产品的总需求急剧增加。以生物技术和生命科学为先导，涵盖医疗保健、营养保健、健身休闲等健康服务的健康产业，已成为21世纪引导全球经济发展和社会进步的重要产业。近年来，随着健康服务业各项促进政策的出台和行业标准的不断完善，以及行业自我发展能力的不断增强，我国健康服务业发展迅速，呈现规模不断扩大、结构不断优化、新产品层出不穷的局面，大健康行业已经成为推动社会经济发展的重要力量。为了更好扶持和促进健康产业的发展，国家出台了一系列发展健康产业的政策，在健康产业政策结构中，健康服务业政策以85.7%的比例占据主导地位。未来几年，我国健康服务产业将迎来长期持续的高景气。

二、健康服务业生态圈开始架构

随着人口老龄化加剧以及慢性疾病患病率持续上升，健康服务业的生态结构也开始集中化发展。

（一）发展医药产业和健康养老

所谓大健康，就是围绕人们的衣食住行、生老病死等，实施全人群、全方位、全周期的呵护，既要追求个体生理、身体健康，也要追求心理、精神等各方面健康。随着生活水平的提高，居民健康意识增强；人口老龄化加剧以及慢性病患病率上升；5G技术、人工智能、大数据、互联网等技术突飞猛进；医疗改革、健康养老、“健康中国 2030”等国家政策支持以及各类资本、技术、企业纷纷布局大健康产业，诸多因素共同促进我国健康服务业的发展。《“健康中国 2030”规划纲要》提出，到 2020 年，我国健康服务业总规模达到 8 万亿元以上，2030 年达到 16 万亿元，行业发展空间巨大。

我国大健康产业由医疗性健康服务和非医疗性健康服务两大部分构成，目前已形成了 5 大基本产业群体：以医疗服务机构为主体的医疗产业；以个性化健康检测评估、咨询服务、调理康复、保障促进等为主体的健康管理服务产业；以药品、医疗器械以及其他医疗耗材产销为主体的医药产业；以养老服务为主体的健康养老产业；以保健食品、健康产品产销为主体的保健食品产业。此外，新兴业态也在不断涌现，包括养生旅游、营养保健产品研发制造、高端医疗器械研发制造、5G 智慧医疗、AI 医疗等。从当前 5 大基本产业群体占比来看，由于我国人口基数大，对医疗服务的需求巨大，特别是随着老龄人口迅速增长，我国大健康产业已形成了以医药服务产业和健康养老为主的发展现状。

（二）产融结合

当前，我国乃至全球经济都处于关键期，大健康、5G 技术、互联网、人工智能是关键期的热词和关键词。健康产业是世界上发展最快的产业之一，但是，与发达国家相比，我国的健康产业仍处于起步阶段。就比重而言，我国健康产业仅占国民生产总值的 4%～5%，而发达国家健康产业的比重超过了 15%；在产业结构方面，我国健康产业细分严重失衡，除医疗及医疗用品外，其他细分产业均尚处探索期，但发达国家已经形成较全面均衡的产业细分。总体而言，我国健康服务产业发展滞后，但潜力巨大。

2020—2022 年是数量向质量转型的关键期，由上市公司、知名企业和投资公司牵头发起产业基金或参与产业基金运作，是大健康领域的常见现象。在政策、资本、技术、市场、消费等因素的驱动之下，大健康产业的市场格局正在发生剧变。特别是随着 5G 技术的发展，大数据、人工智能等信息科技在健康领域的应用更加速了产业重构；“数字中国”战略的发布，催生了各信息科技公司智能平台的建立、健康医疗大数据发展迅速。大健康产业将“以金融投资为重”转向“产融结合”，“重速度重数量”向“重质量”的转型发展，结合健康产业和信息科技创新现状和发展趋势，将给我国医疗健康产业带来重大影响。

三、互联网、5G 等技术带来健康服务业变革

2019 年 6 月，我国正式进入 5G 商用元年。5G 技术成为各行业关注的焦点。为满足人民群众日益增长的健康需求，我国在推进健康中国战略实施的背景下，高度重视健康服务与信息化的深度融合，《“十四五”全民健康信息化规划的通知》强调，深化“互联网 + 医疗健康”服务体系；完善健康医疗大数据资源要素体系；推进数字健康融合创新发展体系，传统的医疗服务正逐步向万物互联的智慧健康服务过渡。

（一）5G 技术在医学领域的应用

1. 5G 技术在疾病预防中的应用 近年来，随着可穿戴设备的发展，可通过可穿戴智能设备做到实时感知、测量、捕获和传递患者数据信息，如对患者的血压、血糖、心率等进行实时、持续监测，健康数据的来源更加多样化和个性化，然后根据收集到的数据信息进行深入分析、汇总、计算。运用大数据、人工智能、云储存等技术，取代过去医生人工进行高危人群筛选、生活方式干预、定时随访与监测工作，在提高效率的同时也释放了更多的医疗资源。更重要的是，通过智能感知还会对我们的健康情况做一个更全面且连续的记录与分析，并

连续推荐适合的健康干预和治疗方案。

2. 5G 技术在康复管理中的应用 随着人口老龄化进程的加速，民众对于疾病康复重要性的认识逐步提高，康复需求不断增加，康复也从院内延伸到社区、家庭等院外场景。通过 5G 技术与机器人结合，患者的康复训练数据可以实时上传至云端，实现专家的远程监测，让康复患者在基层卫生服务机构或养老机构就能得到与三甲医院相仿的康复服务指导；借助 5G 技术，可以将健康管理的终端连接医院、社区、家庭等各个场所，从而集成用户多个渠道的健康信息数据，以这些数据为基础，医生可通过人工智能等分析了解患者群体的健康需求，为统筹医护服务提供有价值的依据，并让更多的患者参与其中。以慢性阻塞性肺疾病（简称“慢阻肺”）为例，美国一项研究显示，对慢阻肺患者加强教育、进行连续 12 个月的随访等疾病管理，可以有效降低患者因慢阻肺住院的次数和急诊就诊率。5G 技术的加入，将使得个人健康管理变得更加个性化以及高效率。

3. 5G 技术在远程医疗中的应用 利用 5G 通信网络系统，基于在线视频、虚拟现实（virtual reality，VR）技术实现远程病理诊断、远程医学影像会诊、远程心电诊断、远程超声诊断、远程监护等。5G 所带来的更高效的连接以及全新的增强型移动宽带数据传输速率，可以支持个性化的医疗保健应用和沉浸式体验。在无法实现“面对面就医”的情况下，医生只需要戴上 VR 头盔或眼镜就可以轻松跨越时间和距离的障碍，通过 3D/UHD 视频远程呈现或 UHD 视频流对患者进行远程诊疗。医院之间的专家可以进行远程诊断、远程医学影像诊断、远程监护、远程会诊、远程门诊、远程病例讨论等。基于 5G 传输的高速度，能够实现医生通过机器人进行手术，而不必担心信息延迟导致医疗事故；5G 可以保证医生对前端情况的实时动态掌控，可以为急救医生或前端机器人提供准确指导和操控。

4. 5G 技术在就医过程中的应用 5G 时代，就医过程也将改变，手机挂号、智能分诊、视频问诊等技术能够使患者就诊更加便捷。未来，5G 智慧医疗还可实现远程购药。目前，部分医院已经实现审核通过的电子处方可按患者订单直接配送到家。

（二）人工智能在医学领域的应用

1. 智能诊断 依靠深度机器学习算法的智能诊断技术包括智能导诊、影像识别、智能诊疗决策等功能，可以向患者提供预约挂号、智能引导和常规检查等服务，大大改善医院的就诊结构，优化患者的就诊体验。

2. 智能医疗机器人 康复机器人主要指用于辅助性治疗的机器人，是以康复医学理论为基础，结合机器人技术生产的治疗设备的统称。借助康复机器人进行机械性的重复训练，帮助患者进行肢体动作，可以减轻护理人员的压力，有效帮助患者实现恢复。除此之外，随着 VR 技术的发展，进行康复训练时的人机交互方面越来越友好，其中，上肢外骨骼式康复机器人大多为可穿戴式设备，可在立体空间进行肢体功能训练，且移动方便，适用于不同场所。下肢康复机器人的设计大部分模拟正常步行姿势动作，对使用者下肢进行康复训练。

3. 智能健康管理 人工智能在健康管理方面的应用主要是利用物联网医疗设备及可穿戴智能设备全方位地获取人体生命体征和健康数据，并对就诊数据、基因组学、心理状态、生理状态等医疗健康数据进行深度挖掘，从而给出个人健康管理方案。

4. 医院管理 通过人工智能对就诊者数量及就诊科室分布情况进行监测和大数据分析，可以有目的地对坐诊医生、病房和医疗设备进行规划，进而对医院进行宏观管理，优化患者就诊体验，减少不必要的医疗资源浪费，将医疗资源效用最大化。在医院工作，特别是在临床中应用数字化病案信息技术，可以有效提高各部门工作效率，进而改善医务工作人员的工作质量。

（三）ChatGPT在医学领域的应用

ChatGPT即“聊天生成预训练转换器”，是由美国开放人工智能研究中心（OpenAI）研发的大型语言模型。过去，医疗健康领域的人工智能模型大多仅能处理单一模态数据，作为一款大型语言模型平台，ChatGPT应用人工智能深度学习海量、多类型数据，训练处理自然语言文本能力，可像人类一样理解、交流、回答问题，自动生成流畅、准确和有意义的回答，在医学领域的作用很强大。

1. 提供个性化健康支持　ChatGPT可以通过从大量医学数据中学习，并生成详尽、准确的医学报告，帮助人们更好地了解自己的健康状况和风险。

2. 改善就医体验　通过更多的医学专业数据训练，未来ChatGPT有可能像医生一样为患者提供更全面和高质量的医学建议，并且回答患者的问题时更加快速，减少等待时间等。

3. 简化临床工作流程　如安排预约和管理医疗记录，为医务人员节省时间。

4. 分析健康数据　可以为医务人员和研究人员提供更好的决策支持，并为医疗机构提供有关患者治疗结果等方面的见解，还可以辅助远程医疗等。

信息科技将在建设互联网医院、构建互联网分级诊疗体系和互联网＋家庭医生服务、搭建大医保服务数据体系等方面广泛应用，真正实现健康事业和产业相结合，服务于健康事业，发展壮大健康产业，促生有别于健康管理、数据共享等传统互联网＋产业的新产业，搭建新“健康产业生态圈”。2023年，中国数字健康市场保持快速增长，网经社电子商务研究中心发布《2023年（上）中国数字健康市场数据报告》显示，2023年上半年互联网医疗市场规模达1 734.3亿元，同比增长21.18%。预测2023年市场规模将达到3 854亿元，同比增长24.25%。

近年来，我国出台多部关于规范“互联网＋医疗健康”发展的新规，充分说明国家对于健康行业的重视程度。当前国内已有多家互联网医疗服务平台借助5G信息通信技术，联动全国各地医生、专家开展线上咨询、线上问诊、健康科普等，为国民居家就医提供了便利。同时也存在如信息孤岛、标准体系尚缺、个人隐私保护、网络安全、医疗风险及法律责任、医疗质量及监管、医疗服务公平性等问题尚待解决。

健康服务业的发展有利于全面推进健康中国建设，帮助民众防范和抵御各类健康风险，提升人民群众健康水平，保障劳动者的生理和心理等综合素质，从而为中国特色社会主义事业提供高素质建设者，助力开启全面建设社会主义现代化国家新征程、向第二个百年奋斗目标进军。

案例：

实施533健康管理工程

533健康管理工程：“5”就是5G，指的是借助科技进步，通过科技创新，赋能健康管理，依托大数据、人工智能、可穿戴设备等先进技术来提高健康管理的效率，创新健康服务模式；第一个“3”是指健康管理的内涵和做法，即“三早”，早筛查、早评估、早干预；第二个“3”是指健康管理的对象和覆盖面，即“三全”，全人群、全方位、全周期。533的谐音是“我的生命健康生生不息”。533健康管理工程是实现从“以治病为中心”向“以健康为中心”转变的新型健康管理服务模式。

（一）5G+“三早”健康管理系统，做好全人群健康管理服务

首先，依托“健康管理系统”，整合医院、社区卫生服务中心、家庭、个体智能监测终端形成“医院 - 社区 - 家庭 / 个人”健康信息多端数据共享云平台并规范数据统一格式，整合平台服务过程中动态数据，形成个人动态健康档案，从动态档案获取各项身体数据，实现早筛查。动态健康数据采集通过对接医院、社区或企业的健康小屋以及可穿戴设备等实现。其次，根据早筛查的结果，对危害健康的危险因素进行评估。寻找高血压、心脏病、脑卒中等多种慢性病的独立危险因素，结合早筛查中提取的健康信息，开展多参数、多维度的生活方式和疾病风险评估。最后，根据健康评估结果，设计干预方案，如将高危人群送往医院进行治疗，中危人群采用药物进行治疗，低危人群则通过饮食营养、运动、心理、睡眠等生活方式干预进行治疗。高血压、心脏病、脑卒中等慢性病采取药物、饮食以及运动治疗，真正意义上助力“促健康、防重病、管慢病”。

（二）5G+“三早”健康管理系统，打破时间和空间限制

当我们需要健康服务时，健康管理师可通过智能手环、体脂秤、远程心电贴、血压血糖测试仪、健康管理一体机等物联网设备同步到“健康管理系统”上的各项身体数据作为辅助，为人们提供线上健康咨询服务，当“健康管理系统”终端遇到无法处理的问题时，“健康管理系统”会根据个人的实际情况向三甲医院，甚至跨市、省匹配更优质的医疗资源进行线上诊断。打破时间和空间的壁垒，实现足不出户，在家就能与全国各地医生进行“面对面”问诊。既能减轻经济负担，也免除了舟车劳顿之苦。

（三）5G+“三早”健康管理系统，消除数字鸿沟和壁垒

“健康管理系统”对接现有的医疗机构信息系统，将个体健康服务过程从医院外延到家庭，实现院内、院外之间连续跟踪和干预服务，通过院外健康危险因素干预，建立后续就医就诊计划，并且在不同的医疗机构间可以进行数据同步和共享。对医生而言，还可以利用融合生理数据、生活方式、遗传信息等为一体的“健康管理系统”对个体的疾病进行辅助诊断，以及通过人工智能模型对个体实现主动健康监测，在必要时可辅助医生进行治疗计划调整，更加全面、全方位判断个体的疾病成因，更精细地为全人群提供动态服务，做好健康管理。

（郭 清 王晓迪 彭彦阳 陈奕滔）

参 考 文 献

[1] 郭清. 中国健康服务业发展报告 2021［M］. 北京：人民卫生出版社，2021.

[2] 国家信息中心经济预测部. 我国人口老龄化发展趋势的综合影响分析［EB/OL］.（2023-01-13）［2023-05-01］. http://www.sic.gov.cn/News/455/11780.htm.

[3] 央视网. 两会 E 起说：提升基层慢性病专病防治和健康管理能力［EB/OL］.（2023-03-02）［2023-05-01］. https://news.cctv.com/2023/03/02/ARTIbBOFf039r1Z8KCgQwanT230302.shtml.

[4] 中国共产党新闻网. 加快建立技术创新体系的三个着力点［EB/OL］.（2020-09-23）［2023-05-01］. http://theory.people.com.cn/n1/2020/0923/c40531-31871459.html.

[5] 中国政府网. 国家卫生健康委员会 2022 年 7 月 22 日新闻发布会介绍党的十八大以来深化医改工作进展成效［EB/OL］.（2022-07-22）［2023-05-01］. http://www.nhc.gov.cn/xwzb/webcontroller.do?titleSeq=11463&gecstype=1.

[6] 光明网. 创新是服务业发展根本动力［EB/OL］.（2022-05-09）［2023-05-01］. https://m.gmw.cn/baijia/2022-05/09/35719737.html.

第二章　卫生健康事业发展概述

党的十八大以来，以习近平同志为核心的党中央从维护全民健康和实现长远发展出发，在深化医药卫生体制改革不断取得新进展的基础上，大力推进“健康中国”建设，卫生健康事业取得长足发展。基本医疗卫生与健康促进法正式实施；公共卫生体系建设助力疫情防控取得重大胜利；医疗资源分配更加均衡，公立医院高质量发展取得新成效；医疗保障制度体系更加健全；分级诊疗制度进一步形成；爱国卫生运动焕发新活力，倡导文明健康生活方式，群众健康获得感不断增强。随着党的二十大胜利召开，党和国家提出深化医药卫生体制改革，促进医保、医疗、医药协同发展和治理。创新医防协同、医防融合机制，健全公共卫生体系；深化以公益性为导向的公立医院改革；促进优质医疗资源扩容和区域均衡布局。全面深入推进健康中国战略，实现卫生健康事业高质量发展，是中国式现代化的健康之基，也是健康共富的应有之义。

第一节　卫生健康事业的发展现状

一、卫生健康资源配置现状

（一）医疗卫生机构数

2019 年以来全国卫生健康系统认真落实党中央、国务院决策部署，统筹疫情防控和卫生健康各项工作，不断推动卫生健康事业高质量发展。2021 年年末，全国医疗卫生机构总数 1 030 935 个，比上年增加 8 013 个。其中：医院 36 570 个，基层医疗卫生机构 977 790 个，专业公共卫生机构 13 276 个。2019—2021 年，基层医疗卫生机构大幅增加，专业公共卫生机构继续呈缩减趋势。总体来看，分级诊疗政策的持续推动之下，基层医疗卫生机构数量逐年增长，疫情更是加速了这一进程（表 2-1）。

表 2-1　1978—2021 年医疗卫生机构数

年份	总计	医院 / 个				基层医疗卫生机构 / 个	专业公共卫生机构数 / 个
		合计	综合医院	中医医院	专科医院		
1978	169 732	9 293	7 539	447	643	—	—
2002	1 005 004	17 844	12 716	2 492	2 237	973 098	10 787
2003	806 243	17 764	12 599	2 518	2 271	774 693	10 792

续表

年份	总计	医院/个				基层医疗卫生机构/个	专业公共卫生机构数/个
		合计	综合医院	中医医院	专科医院		
2009	916 571	20 291	13 364	2 728	3 716	882 153	11 665
2010	936 927	20 918	13 681	2 778	3 956	901 709	11 835
2011	954 389	21 979	14 328	2 831	4 283	918 003	11 926
2012	950 297	23 170	15 021	2 889	4 665	912 620	12 083
2013	974 398	24 709	15 887	3 015	5 127	915 386	31 155
2014	981 432	25 860	16 524	3 115	5 478	917 335	35 029
2015	983 528	27 587	17 430	3 267	6 023	920 770	31 927
2016	983 394	29 140	18 020	3 462	6 642	926 518	24 866
2017	986 649	31 056	18 921	3 695	7 220	933 024	19 896
2018	997 434	33 009	19 693	3 977	7 900	943 639	18 033
2019	1 007 579	34 354	19 963	4 221	8 531	954 390	15 958
2020	1 022 922	35 394	20 133	4 426	9 021	970 036	14 492
2021	1 030 935	36 570	20 307	4 630	9 699	977 790	13 276

资料来源：1. 国家卫生健康委员会，《2022 中国卫生健康统计年鉴》。

2. 国家卫生健康委员会，《2021 年中国卫生健康事业发展统计公报》。

（二）床位数

2021 年年末，全国医疗卫生机构床位数 944.80 万张，其中：医院 741.30 万张（占 78.5%），基层医疗卫生机构 171.2 万张（占 18.1%），专业公共卫生机构 30.20 万张（占 3.2%）。与 2020 年相比，基层医疗卫生机构床位增加 6.3 万张，专业公共卫生机构床位增加 0.6 万张。每千人口医疗卫生机构床位数由 2020 年 6.46 张增加到 2021 年 6.70 张（表 2-2）。

（三）卫生人员数

2021 年年末，全国卫生人员总数 1 398.54 万人，比上年增加 51.04 万人（增长 3.8%）。2021 年年末卫生人员总数中，卫生技术人员 1 124.42 万人。卫生技术人员中，执业（助理）医师 428.76 万人，注册护士 501.94 万人。与上年比较，卫生技术人员增加 56.62 万人（增长 5.3%）（表 2-3）。

（四）卫生总费用

2021 年全国卫生总费用为 76 844.99 亿元，其中：政府卫生支出 20 676.06 亿元，占 26.9%；社会卫生支出 34 963.26 亿元，占 45.5%；个人卫生支出 21 205.67 亿元，占 27.6%。人均卫生总费用 5 440.0 元，卫生总费用占 GDP 的比例为 6.72%（表 2-4、图 2-1、图 2-2、图 2-3）。

表 2-2　1978—2021 年医疗卫生机构床位数

单位：万张

年份	总床位数	医院				基层医疗卫生机构			专业公共卫生机构			其他机构
		合计	综合医院	中医医院	专科医院	合计	社区卫生服务中心（站）	乡镇卫生院	合计	妇幼保健院（所、站）	专科疾病防治院（所）	
1978	204.17	110.00	87.33	3.40	12.10	—	—	74.73	—	1.16	2.63	—
2002	313.61	222.18	168.38	24.67	26.21	71.05	1.20	67.13	12.37	7.98	3.18	8.01
2003	316.40	226.95	171.34	26.02	26.72	71.05	1.21	67.27	12.61	8.09	3.38	5.79
2009	441.66	312.08	227.11	38.56	41.67	109.98	13.13	93.34	15.40	12.61	2.71	4.21
2010	478.68	338.74	244.95	42.42	45.95	119.22	16.88	99.43	16.45	13.44	2.93	4.26
2011	515.99	370.51	267.07	47.71	49.65	123.37	18.71	102.63	17.82	14.59	3.14	4.29
2012	572.48	416.15	297.99	54.80	55.74	132.43	20.32	109.93	19.82	16.16	3.57	4.08
2013	618.19	457.86	325.52	60.88	62.11	134.99	19.42	113.65	21.49	17.55	3.85	3.85
2014	660.12	496.12	349.99	66.50	68.48	138.12	19.59	116.72	22.30	18.48	3.76	3.58
2015	701.52	533.06	372.10	71.54	76.25	141.38	20.10	119.61	23.63	19.54	4.03	3.45
2016	741.05	568.89	392.79	76.18	84.46	144.19	20.27	122.39	24.72	20.65	4.00	3.24
2017	794.03	612.05	417.24	81.82	94.56	152.85	21.84	129.21	26.26	22.11	4.08	2.87
2018	840.40	652.00	437.89	87.21	105.4	158.40	23.10	133.40	27.40	23.30	4.10	2.60
2019	880.70	686.70	453.27	93.26	115.8	163.11	23.74	137.00	28.50	24.32	4.11	2.43
2020	910.07	713.12	462.25	98.11	125.8	164.94	23.83	139.03	29.61	25.29	4.23	2.41
2021	9 945.01	741.42	469.97	102.28	139.8	169.98	25.17	141.74	30.16	26.01	4.06	3.45

资料来源：1. 国家卫生健康委员会，《2022 中国卫生健康统计年鉴》。

2. 国家卫生健康委员会，《2021 年中国卫生健康事业发展统计公报》。

表 2-3　1978—2021 年卫生人员数

单位：万人

年份	卫生人员	卫生技术人员						乡村医生和卫生员	其他技术人员	管理人员	工勤技能人员
		合计	执业（助理）医师	执业医师	注册护士	药师（士）	检验师（士）				
1978	788.30	246.39	97.82	60.96	—	—	—	477.75	2.30	29.81	32.06
2002	652.87	426.98	184.40	146.36	124.65	35.77	20.91	129.06	18.00	33.26	45.57
2003	621.70	438.09	194.24	153.40	126.60	35.74	20.96	86.78	19.93	31.87	45.03
2009	778.14	553.51	232.92	190.54	185.48	34.19	22.07	105.10	27.50	36.27	55.77
2010	820.75	587.62	241.33	197.28	204.81	35.39	23.06	109.19	29.02	37.05	57.88
2011	861.60	620.29	246.61	202.02	224.40	36.40	23.89	112.64	30.60	37.49	60.59
2012	911.57	667.55	261.61	213.88	249.66	37.74	24.93	109.44	31.91	37.30	65.36
2013	979.05	721.06	279.48	228.58	278.31	39.56	26.66	108.10	35.98	42.10	71.81
2014	1 023.42	758.98	289.25	237.49	300.41	40.96	27.93	105.82	37.97	45.13	75.53
2015	1 069.39	800.75	303.91	250.84	324.15	42.33	29.37	103.15	39.97	47.26	78.25
2016	1 117.29	845.44	319.10	265.14	350.72	43.92	29.37	100.03	42.62	48.32	80.88
2017	1 174.90	898.82	339.00	282.90	380.40	45.30	32.59	96.86	45.15	50.91	83.16
2018	1 230.00	952.90	360.70	301.00	409.90	46.80	34.29	90.70	47.70	52.90	85.80
2019	1 292.83	1 015.40	386.70	321.05	444.50	48.34	36.25	84.23	50.39	54.38	88.43
2020	1 347.50	1 067.80	408.57	340.17	470.87	49.68	38.00	79.55	52.96	56.12	91.07
2021	1 398.54	1 124.42	428.76	359.08	501.94	52.09	40.19	69.67	59.90	46.00	98.54

资料来源：1. 国家卫生健康委员会，《2022 中国卫生健康统计年鉴》。

2. 国家卫生健康委员会，《2021 年中国卫生健康事业发展统计公报》。

表 2-4　1978—2021 年卫生总费用及构成

年份	卫生总费用 / 亿元				卫生总费用构成 /%			人均卫生费用 / 元			卫生总费用占 GDP/%
	合计	政府卫生支出	社会卫生支出	个人卫生支出	政府卫生支出	社会卫生支出	个人卫生支出	合计	城市	农村	
1978	110.21	35.44	52.25	22.52	32.2	47.4	20.4	11.5	—	—	3.02
2002	5 790.03	908.51	1 539.38	3 342.14	15.69	26.59	57.72	450.7	987.1	259.3	4.76
2003	6 584.10	1 116.94	1 788.50	3 678.66	16.96	27.16	55.87	509.5	1 108.9	274.7	4.79
2009	17 541.92	4 816.26	6 154.49	6 571.16	27.5	35.1	37.5	1 314.3	2 176.6	562.0	5.15
2010	19 980.39	5 732.49	7 196.61	7 051.29	28.7	36.0	35.3	1 490.1	2 315.5	666.3	5.01
2011	24 345.91	7 464.18	8 416.45	8 465.28	30.7	34.6	34.8	1 807.0	2 697.5	879.4	5.03
2012	28 119.00	8 431.98	10 030.70	9 656.32	29.99	35.7	34.3	2 076.7	2 999.3	1 064.8	5.26
2013	31 669.00	9 545.81	11 393.80	10 729.30	30.1	36.0	33.9	2 327.4	3 234.1	1 274.4	5.39
2014	35 312.40	10 579.23	13 437.75	11 295.41	30.0	38.1	32.0	2 581.7	2 581.7	3 558.3	5.55
2015	40 974.64	12 475.28	16 506.71	11 992.65	30.5	40.3	29.3	2 980.8	4 058.5	1 603.6	6.05
2016	46 344.88	13 910.31	19 096.68	13 337.90	30.0	41.2	28.8	3 351.7	4 471.5	1 846.1	6.23
2017	52 598.28	15 205.87	22 258.81	15 133.60	28.9	42.3	28.8	3 783.8	—	—	6.36
2018	59 121.91	16 399.13	25 810.78	16 911.99	27.74	43.66	28.61	4 237.0	—	—	6.43
2019	65 841.39	18 016.95	29 150.57	18 673.87	27.36	44.27	28.36	4 702.8	—	—	6.64
2020	72 175.00	21 941.90	30 273.67	19 959.43	30.40	41.94	27.65	5 111.1	—	—	7.12
2021	76 844.99	20 676.06	34 963.26	21 205.67	26.91	45.50	27.60	5 440.0	—	—	6.72

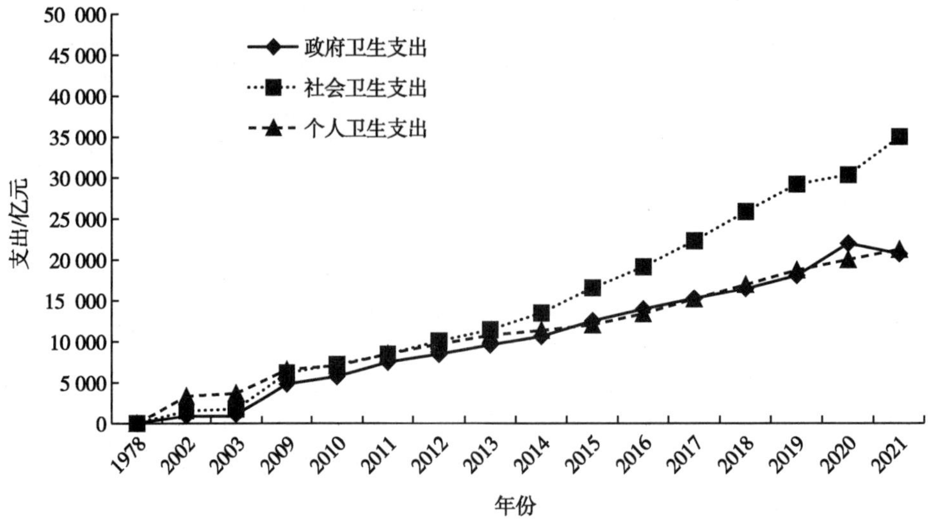

图 2-1　1978—2021 年政府、社会、个人卫生支出增长趋势

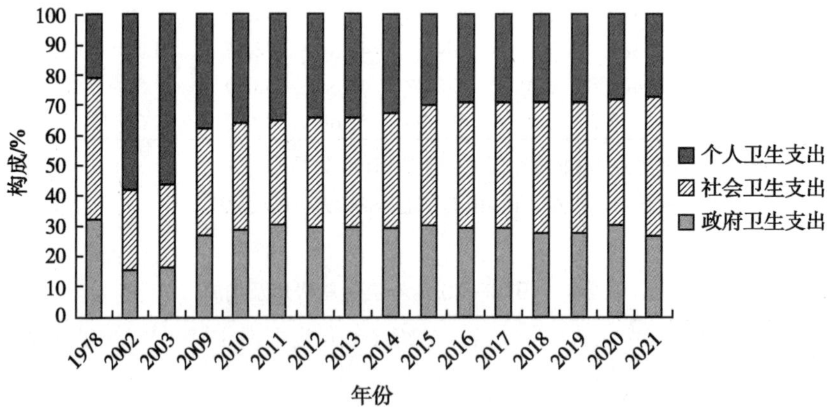

图 2-2　1978—2021 年卫生总费用构成

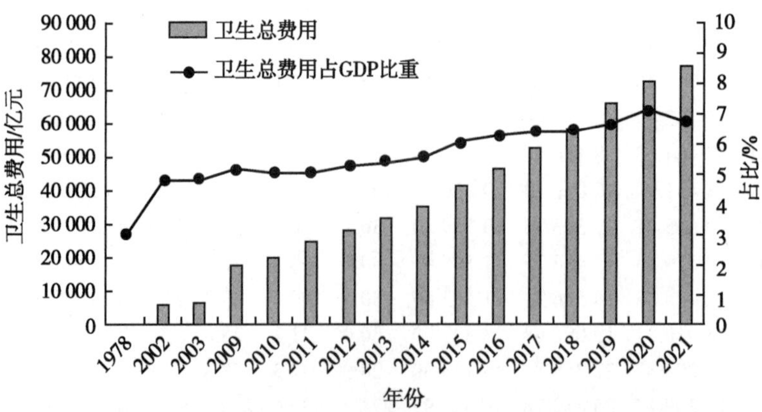

图 2-3　1978—2021 年卫生总费用及其占 GDP 比重增长趋势

资料来源：1. 国家卫生健康委员会，《2022 中国卫生健康统计年鉴》。

2. 国家卫生健康委员会，《2021 年中国卫生健康事业发展统计公报》。

二、卫生健康服务利用情况

（一）门诊服务利用情况

随着分级诊疗等政策的持续推动，我国基层医疗卫生资源得到进一步优化配置。全国第六次卫生服务统计调查报告显示，2018 年城乡居民两周就诊率较 2013 年增长 11 个百分点达到 24.0%，其中城市为 23.2%，农村为 24.8%，农村较城市高出 1.6 个百分点。与 1993 年相比，城市和农村两周就诊率的差距逐年缩小，且不同地区城乡两周就诊率的差异具有区域特征。东部农村两周就诊率最高，为 26.5%；中部城市最低，为 19.2%。农村与城市的两周就诊率均大幅度提高（图 2-4）。

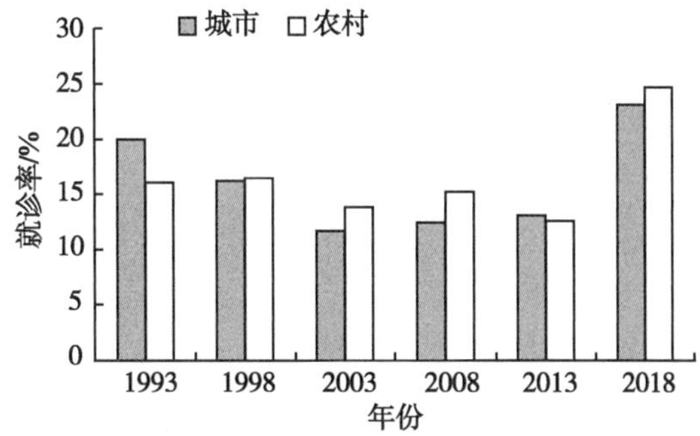

图 2-4　国家六次卫生服务调查地区城乡居民两周就诊率

资料来源：国家卫生健康委统计信息中心，1993—2018 年国家卫生服务调查分析报告。

（二）住院服务利用情况

1993—2018 年六次卫生服务统计调查报告显示，我国居民住院率在不同地区、不同人群中存在差异。城乡居民住院率总体呈上升趋势，2018 年城市居民住院率为 12.9%，农村居民住院率为 14.7%，农村高于城市 1.8 个百分点（图 2-5）。从区域来看，2018 年东、中、西部城市住院率分别为 11.0%、12.9% 和 15.1%，东、中、西部农村住院率分别为 11.5%、16.5% 和 15.5%。住院率的上升与人口老龄化、疾病谱变化、医疗水平提高等多种因素有关。随着人们健康意识的增强，更多的人会寻求医疗保健服务；同时，医疗技术和医疗设备的不断更新和升级也增加了居民就医的可能性。

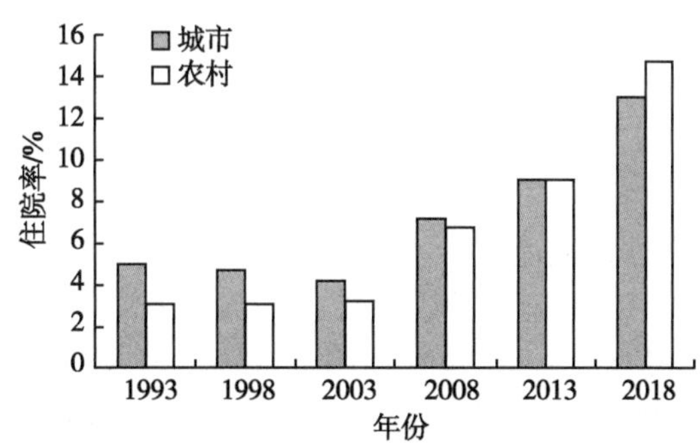

图 2-5　国家六次卫生服务调查地区城乡居民住院率

资料来源：国家卫生健康委统计信息中心，1993—2018 年国家卫生服务调查分析报告。

三、基本医疗保障制度建设

改革开放以来，我国逐步探索医疗保障制度改革，形成了与市场经济体制相适应、具有中国特色的现代医疗保障制度体系，旨在提高全民医保的覆盖面和保障水平，保障人民的健康权利，建设更高质量、更加公平、更可持续、更有效率的医疗保障体系。近年来，我国基本医疗保障覆盖率一直稳步提升，随着全国统一的医保信息平台上线，各省加大数据治理比对，2022 年主要由于清理重复参保人数比上年同期减少 1 727 万人，同比下降 1.3%，参保覆盖面稳定在 95% 以上，参保质量持续提升。其中，参加职工基本医疗保险 36 242 万人，比 2021 年底增加 811 万人，同比增长 2.3%；参加城乡居民基本医疗保险 98 328 万人，比 2021 年底减少 2 538 万人，同比下降 2.5%（表 2-5）。

表 2-5　2004—2022 年全民基本医疗保障体系的人口覆盖情况

年份	城镇职工医保 / 亿人	城乡居民医保 / 亿人	总人口数 / 亿人	覆盖率 /%
2004	1.20	0.8	13.00	15.4
2005	1.38	1.79	13.08	24.4
2006	1.57	4.10	13.14	43.5
2007	1.80	7.69	13.21	72.0
2008	2.00	9.33	13.28	85.7
2009	2.19	10.15	13.35	92.5
2010	2.37	10.31	13.41	94.8
2011	2.52	10.53	13.47	96.9
2012	2.65	10.77	13.54	99.0
2013	2.74	10.98	13.61	100.0
2014	2.83	10.51	13.68	98.0
2015	2.89	10.47	13.75	97.2
2016	2.95	7.24	13.83	73.7
2017	3.03	10.07	13.90	94.2
2018	3.16	10.27	13.95	96.3
2019	3.29	10.25	14.00	96.7
2020	3.44	10.17	13.61	96.4
2021	3.54	10.09	13.64	96.5
2022	3.62	9.83	13.46	95.3

资料来源：1. 国家卫生健康委员会，《2022 中国卫生健康统计年鉴》。

2. 国家医疗保障局，《2022 年医疗保障事业发展统计快报》。

（一）城镇职工基本医疗保险制度

2022 年参加职工基本医疗保险人数 36 242 万人，比 2021 年底增加 811 万人，同比增长 2.3%。在参加职工基本医疗保险人数中，在职职工 26 607 万人，比 2021 年底增加 501 万人；退休职工 9 636 万人，比 2021 年底增加 312 万人（表 2-6、图 2-6）。职工基本医疗保险基金（含生育保险）收入 20 637.18 亿元，同比增长 8.6%；支出 15 158.30 亿元，同比增长 2.8%；年末累计结存 35 003.83 亿元。

表 2-6　城镇职工基本医疗保险的参保人数及收支情况

年份	城镇职工基本医保参保人数 / 万人			城镇职工基本医保收支 / 亿元		
	合计	在岗职工	退休人员	基金收入	基金支出	累计结存
2005	13 783	10 022	3 761	6 969.0	5 401.0	6 066.0
2006	15 732	11 580	4 152	1 747.1	1 276.7	1 752.4
2007	18 020	13 420	4 600	2 214.2	1 551.7	2 440.8
2008	19 996	14 988	5 008	2 885.5	2 019.7	3 303.6
2009	21 937	16 411	5 527	3 671.9	2 797.4	4 275.9
2010	23 735	17 791	5 944	3 955.4	3 271.6	4 741.2
2011	25 227	18 948	6 279	4 945.0	4 018.3	5 683.2
2012	26 486	19 861	6 624	6 061.9	4 868.5	6 884.2
2013	27 443	20 501	6 941	7 061.6	5 829.9	8 129.3
2014	28 296	21 041	7 255	8 037.9	6 696.6	9 449.8
2015	28 893	21 362	7 531	9 083.5	7 351.5	10 997.1
2016	29 532	21 720	7 812	10 273.7	8 286.7	12 971.7
2017	30 323	22 888	8 034	12 198.0	9 421.5	—
2018	31 681	23 308	8 373	13 538.0	10 707.0	18 750.0
2019	32 925	24 224	8 700	15 845.0	12 663.0	14 128.0
2020	34 455	25 429	9 026	15 732.0	12 867.0	25 423.0
2021	35 431	26 106	9 324	19 003.1	14 746.7	29 439.7
2022	36 242	26 607	9 636	20 637.18	15 158.30	35 003.83

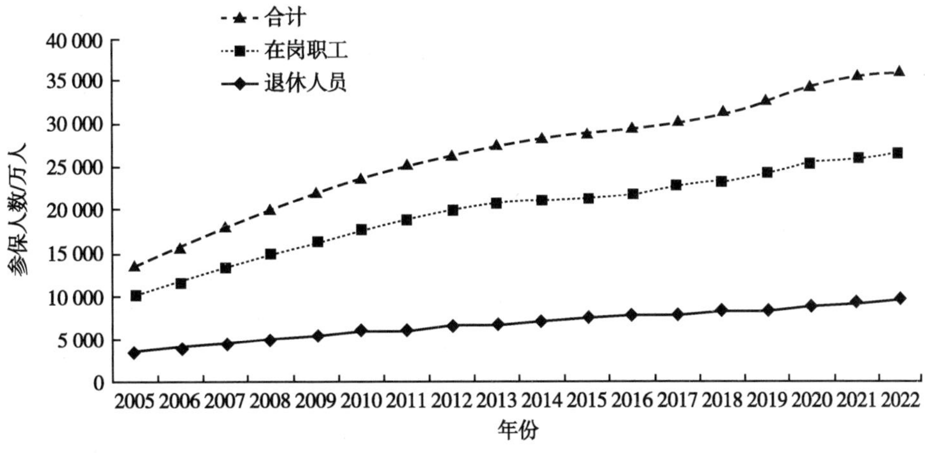

图 2-6　2005—2022 年城镇职工基本医疗保险的参保人数

资料来源：1. 国家卫生健康委员会，《2022 中国卫生健康统计年鉴》。

2. 国家医疗保障局，《2022 年医疗保障事业发展统计快报》。

（二）城乡居民基本医疗保险制度

城乡居民基本医疗保险制度是我国社会保障体系的重要组成部分，在解决城乡居民的医疗保障问题、促进经济社会发展、实现社会公平等方面都发挥了积极作用。2022 年参加城乡居民基本医疗保险人数 98 328 万人，比 2021 年底减少 2 538 万人，同比下降 2.5%。

2022年城乡居民基本医疗保险基金收入10 060.55亿元，同比增长3.5%；支出9 273.42亿元，同比增长0.2%；年末累计结存7 536.90亿元。城乡居民基本医保筹资见表2-7。

表2-7　城乡居民基本医保筹资

年份	筹资总额/亿元			人均筹资/元		
	城镇居民医保	城乡居民医保	新农合	城镇居民医保	城乡居民医保	新农合
2014	1 494.5	—	3 074.9	453.3	—	417.2
2015	2 085.1	—	3 197.5	530.7	—	483.6
2016	696.4	2 220.6	3 230.6	570.2	620.4	551.4
2017	282.6	5 472.3	999.8	647.0	646.1	612.9
2018	200.4	6 653.1	695.4	695.7	723.2	654.6
2019	—	8 575.0	—	—	781.0	—
2020	—	9 115	—	—	833	—
2021	—	9 742.25	—	—	—	—
2022	—	10 060.55	—	—	—	—

资料来源：1. 国家卫生健康委员会，《2022中国卫生健康统计年鉴》。

2. 国家医疗保障局，《2022年医疗保障事业发展统计快报》。

四、卫生健康支出及费用情况

（一）政府卫生支出

2021年全国卫生总费用为76 844.99亿元，其中：政府卫生支出20 676.06亿元，占26.91%；社会卫生支出34 963.26亿元，占45.50%；个人卫生支出21 205.67亿元，占27.60%。2021年人均卫生总费用为5 440.0元，卫生总费用占GDP的比例为6.72%。我国政府卫生支出保持持续增长趋势，到2020年为21 941.90亿元（图2-7），占国内生产总值比例达到2.16%；2021年政府卫生支出总额有所下降，占国内生产总值比例与2019年持平（表2-8）。

表2-8　1990—2021年政府卫生支出

年份	政府卫生支出/亿元					占财政支出比重/%	占卫生总费用比重/%	占国内生产总值比/%
	合计	医疗卫生服务支出	医疗保障支出	行政管理事务支出	人口与计划生育事务支出			
1990	187.28	122.86	44.34	4.55	15.53	6.07	25.06	1.00
1995	387.34	230.05	112.29	13.09	31.91	5.68	17.97	0.63
2000	709.52	407.21	211.00	26.81	64.50	4.47	15.47	0.71
2005	1 552.53	805.52	453.31	72.53	221.18	4.58	17.93	0.84
2006	1 778.86	834.82	602.53	84.59	256.92	4.40	18.07	0.82
2007	2 581.58	1 153.30	957.02	123.95	347.32	5.19	22.31	0.96
2008	3 593.94	1 397.23	1 577.10	194.32	425.29	5.74	24.73	1.13
2009	4 816.26	2 081.09	2 001.51	217.88	515.78	6.31	27.46	1.39

续表

年份	政府卫生支出/亿元					占财政支出比重/%	占卫生总费用比重/%	占国内生产总值比/%
	合计	医疗卫生服务支出	医疗保障支出	行政管理事务支出	人口与计划生育事务支出			
2010	5 732.49	2 565.60	2 331.12	247.83	587.94	6.38	28.69	1.40
2011	7 464.18	3 125.16	3 360.78	283.86	694.38	6.83	30.66	1.53
2012	8 341.98	3 394.30	3 872.51	284.53	814.64	6.69	29.99	1.58
2013	9 545.81	3 838.93	4 428.82	373.15	904.92	6.83	30.14	1.62
2014	10 579.23	4 288.70	4 958.53	436.95	895.05	6.98	29.96	1.66
2015	12 475.28	5 191.25	5 822.99	625.94	835.10	7.10	30.45	1.84
2016	13 910.31	5 867.38	6 497.20	804.31	741.42	7.41	30.01	1.87
2017	15 205.87	6 550.45	7 007.51	933.82	714.10	7.48	28.91	1.84
2018	16 399.13	6 908.05	7 795.57	1 005.79	689.72	7.56	27.74	1.82
2019	18 016.95	7 986.42	8 459.16	883.77	687.61	7.54	27.36	1.82
2020	21 941.90	11 415.83	8 844.93	1 021.15	660.00	8.41	30.40	2.16
2021	20 676.06	9 564.18	9 416.78	1 048.13	646.97	8.35	26.91	1.81

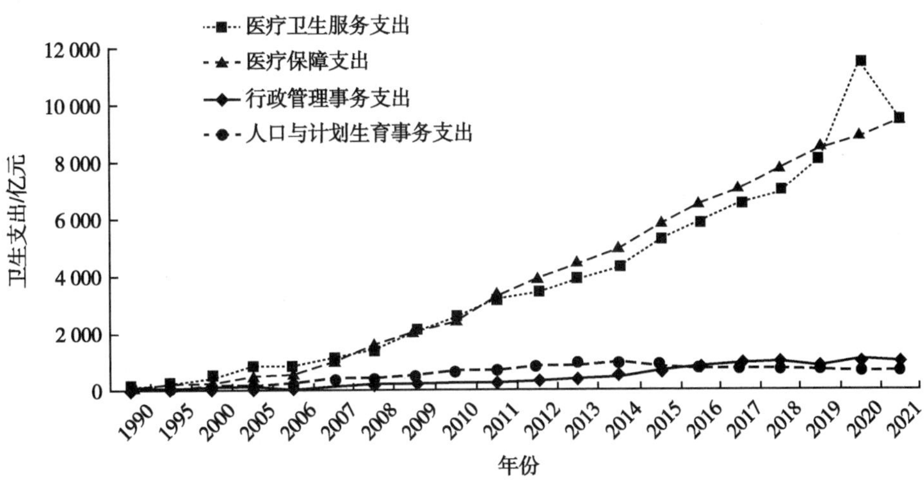

图 2-7　1990—2021 年政府卫生支出

资料来源：国家卫生健康委员会，《2022 中国卫生健康统计年鉴》。

（二）患者医药费用

1. 医院患者医药费用　2021 年，医院次均门诊费用为 329.2 元，按当年价格比上年上涨 1.5%，按可比价格上涨 0.6%；次均住院费用为 11 002.9 元，按当年价格比上年上涨 3.6%，按可比价格上涨 2.7%；日均住院费用为 1 191.7 元。2021 年，医院次均门诊药费（123.3 元）占次均门诊费用的 37.5%，比上年（39.1%）下降 1.6 个百分点；次均住院药费（2 759.5 元）占次均住院费用的 25.1%，比上年（26.2%）下降 1.1 个百分点。2021 年各级公立医院中，三级医院次均门诊费用下降 0.9%，次均住院费用下降 1.1%（表 2-9）。

表 2-9　医院患者门诊和住院费用

指标	医院			公立医院			三级医院			二级医院		
	2019 年	2020 年	2021 年	2019 年	2020 年	2021 年	2019 年	2020 年	2021 年	2019 年	2020 年	2021 年
次均门诊费用 / 元	290.8	324.4	329.2	287.6	320.2	320.9	337.6	373.6	370.1	214.5	238.4	232.2
次均住院费用 / 元	9 848.4	10 619.2	11 002.9	10 484.3	11 364.3	11 674.7	13 670.0	14 442.0	14 286.8	6 232.4	6 760.5	6 842.5
日均住院费用 / 元	1 079.1	1 122.6	1 191.7	1 154.8	1 225.7	1 304.4	1 492.4	1 566.1	1 640.0	716.4	746.4	751.2

注：①绝对数按当年价格计算；②次均门诊费用指门诊患者次均医药费用，次均住院费用指出院患者人均医药费用，日均住院费用指出院患者日均医药费用。

资料来源：1. 国家卫生健康委员会，《2022 中国卫生健康统计年鉴》。

2. 国家卫生健康委员会，《2021 年中国卫生健康事业发展统计公报》。

2. 基层医疗卫生机构患者医药费用　2021 年，社区卫生服务中心次均门诊费用为 164.3 元，按当年价格比上年下降 1.0%，按可比价格下降 1.8%；次均住院费用为 3 649.9 元，按当年价格比上年上涨 2.5%，按可比价格上涨 1.6%。社区卫生服务中心次均门诊药费（118.9 元）占次均门诊费用的 72.4%，比上年（75.3%）下降 2.9 个百分点；次均住院药费（1 088.8 元）占次均住院费用的 29.8%，比上年（31.6%）下降 1.8 个百分点。2021 年，乡镇卫生院次均门诊费用为 87.5 元，按当年价格比上年上涨 3.3%，按可比价格上涨 2.4%；次均住院费用为 2 166.5 元，按当年价格比上年上涨 4.0%，按可比价格上涨 3.1%；日均住院费用为 329.3 元。乡镇卫生院次均门诊药费（51.5 元）占次均门诊费用的 58.9%，比上年（61.2%）下降 2.3 个百分点；次均住院药费（719.4 元）占次均住院费用的 33.2%，比上年（35.1%）下降 1.9 个百分点（表 2-10）。

表 2-10　基层医疗卫生机构患者门诊和住院费用

指标	社区卫生服务中心			乡镇卫生院		
	2019 年	2020 年	2021 年	2019 年	2020 年	2021 年
次均门诊费用 / 元	142.6	165.9	164.3	77.3	84.7	87.5
次均住院费用 / 元	3 323.9	3 560.3	3 649.9	1 969.6	2 083.0	2 166.5
日均住院费用 / 元	344.1	346.8	371.4	303.9	317.5	329.3

注：绝对数按当年价格计算。2021 年居民消费价格指数为 100.9。

资料来源：1. 国家卫生健康委员会，《2022 中国卫生健康统计年鉴》。

2. 国家卫生健康委员会，《2021 年中国卫生健康事业发展统计公报》。

（三）城乡居民医疗保健支出

2000—2019 年，城乡居民医疗保健支出逐年上升，2019 年城镇居民人均年消费支出为 28 063.4 元，农村居民为 13 327.7 元。2020 年受疫情的影响，城镇居民人均年消费支出略有下滑，为 27 007.4 元；城镇居民人均医疗保健支出也同步下降，为 2 172.2 元。2019 年城镇和农村居民医疗保健支出占消费性支出的比例为 8.1% 和 10.7%，2020 年均略有下降，分别为 8.0% 和 10.3%（表 2-11）。

表 2-11　2000—2020 年城乡居民医疗保健支出

年份	城镇居民			农村居民		
	人均年消费支出 / 元	人均医疗保健支出 / 元	医疗保健支出占消费性支出 /%	人均年消费支出 / 元	人均医疗保健支出 / 元	医疗保健支出占消费性支出 /%
2000	4 998.0	318.1	6.4	1 670.1	87.6	5.2
2005	7 942.9	600.9	7.6	2 555.4	168.1	6.6
2010	13 471.5	871.8	6.5	4 381.8	326.0	7.4
2011	15 160.9	969.0	6.4	5 221.1	436.8	8.4
2012	16 674.3	1 063.7	6.4	5 908.0	513.8	8.7
2013	18 487.5	1 136.1	6.1	7 485.1	668.2	8.9
2014	19 968.1	1 305.6	6.5	8 382.6	753.9	9.0
2015	21 392.4	1 443.4	6.7	9 222.6	846.0	9.2

续表

年份	城镇居民			农村居民		
	人均年消费支出/元	人均医疗保健支出/元	医疗保健支出占消费性支出/%	人均年消费支出/元	人均医疗保健支出/元	医疗保健支出占消费性支出/%
2016	23 078.9	1 630.8	7.1	10 129.8	929.2	9.2
2017	24 445.0	1 777.4	7.3	10 954.5	1 028.7	9.7
2018	26 112.0	2 046.0	7.8	12 124.0	1 240.0	10.2
2019	28 063.4	2 282.7	8.1	13 327.7	1 420.8	10.7
2020	27 007.4	2 172.2	8.0	13 713.4	1 417.5	10.3

资料来源：1. 国家卫生健康委员会，《2022 中国卫生健康统计年鉴》。

2. 国家卫生健康委员会，《2021 年中国卫生健康事业发展统计公报》。

（四）公立医院门诊和住院患者人均医药费用

2010 年以来，我国公立医院次均门诊医药费保持增长趋势，2020 年达到 320.2 元，较 2010 年的 167.3 元增长了 152.9 元。2010—2021 年，药费由 87.4 元上升到 124.6 元，检查费由 30.8 元增长至 65.3 元。在门诊医药费用中，药费所占比例维持逐年下降趋势，2021 年降至 38.8%，检查费所占比例保持小幅增长趋势，2021 年为 20.4%（表 2-12）。近年来，我国公立医院人均住院费用同样保持上升趋势，于 2019 年突破 10 000 元，2021 年为 11 673.7 元，较 2010 年增长了 5 257.8 元。人均药费从 2010 年起维持增长到 2015 年的 3 259.6 元，2015 年后缓慢下降，2019—2021 年，人均药费维持在 2 900 元上下波动。住院医药费用中，药费所占比例呈持续下降趋势，2021 年为 24.8%，检查费所占比例持续上升，2020 年为 10.0%，2021 年为 10.2%（表 2-13）。

表 2-12　2010—2021 年公立医院次均门诊费用

年份	公立医院次均门诊费用/元			占门诊医药费比例/%	
	次均医药费	药费	检查费	药费	检查费
2010	167.3	87.4	30.8	52.2	18.4
2011	180.2	92.8	33.4	51.5	18.5
2012	193.4	99.3	36.2	51.3	18.7
2013	207.9	104.4	38.7	50.2	18.6
2014	221.6	109.3	41.8	49.3	18.9
2015	235.2	113.7	44.3	48.4	18.8
2016	246.5	115.1	46.9	46.7	19.0
2017	257.1	113.1	49.6	44.0	19.3
2018	272.2	114.8	53.0	42.2	19.5
2019	287.6	120.9	56.1	42.0	19.5
2020	320.2	129.8	64.4	40.5	20.1
2021	320.9	124.6	65.3	38.8	20.4

资料来源：1. 国家卫生健康委员会，《2022 中国卫生健康统计年鉴》。

2. 国家卫生健康委员会，《2021 年中国卫生健康事业发展统计公报》。

表 2-13　2010—2021 年公立医院人均住院费用

年份	住院患者人均医药费用 / 元			占住院医药费比例 /%	
	人均医药费	药费	检查治疗费	药费	检查费
2010	6 415.9	2 784.3	460.8	43.4	7.2
2011	6 909.9	2 903.7	518.5	42.0	7.5
2012	7 325.1	3 026.7	565.4	41.3	7.7
2013	7 858.9	3 116.3	629.8	39.7	8.0
2014	8 290.5	3 187.1	685.2	38.4	8.3
2015	8 833.0	3 259.6	753.4	36.9	8.5
2016	9 229.7	3 159.6	805.2	34.6	8.7
2017	9 563.2	2 955.6	864.3	30.9	9.0
2018	9 976.4	2 781.9	943.3	27.9	9.5
2019	10 484.3	2 854.4	1 021.1	27.2	9.7
2020	11 364.3	2 953.2	1 131.6	26.0	10.0
2021	11 673.7	2 895.3	1 195.3	24.8	10.2

资料来源：1. 国家卫生健康委员会，《2022 中国卫生健康统计年鉴》。
2. 国家卫生健康委员会，《2021 年中国卫生健康事业发展统计公报》。

第二节　卫生健康服务需要、需求分析

一、卫生健康服务需要分析

（一）居民两周患病率

国家第六次卫生服务调查结果显示，2018 年城乡居民两周患病率为 32.2%，较 2013 年第五次卫生服务调查上升 8.1 个百分点，我国城乡居民两周患病率总体呈上升趋势。其中，2018 年城市、农村居民两周患病率均为 32.2%，较 2013 年（城市为 28.2%、农村为 20.2%）分别上升 4.0 个百分点和 12.0 个百分点，农村居民两周患病率增幅超过城市居民 8.0 个百分点（表 2-14、图 2-8）。

表 2-14　调查地区居民两周患病率　　单位：%

年份	合计	城市	农村
1993	14.0	17.5	12.8
1998	15.0	18.7	13.7
2003	14.3	15.3	14.0
2008	18.9	22.2	17.7
2013	24.1	28.2	20.2
2018	32.2	32.2	32.2

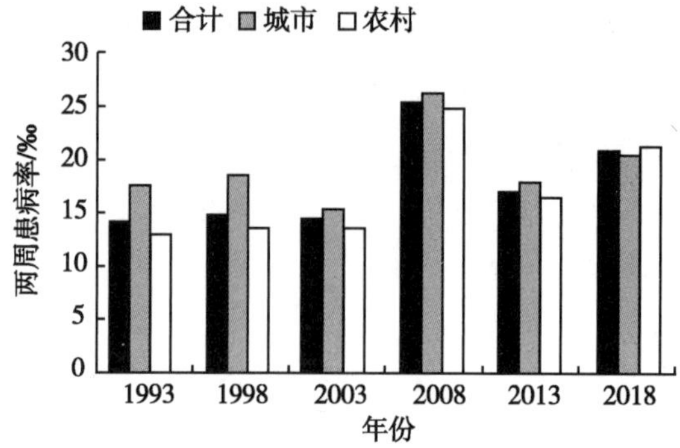

图 2-8　调查地区居民两周患病率变化趋势

资料来源：1. 国家卫生健康委统计信息中心，1993—2018 年国家卫生服务统计调查报告。
2. 国家卫生健康委员会，《2022 中国卫生健康统计年鉴》。

（二）居民慢性病患病情况

2018 年国家第六次卫生服务调查结果显示，城乡居民慢性病患病率为 342.9‰，较 2013 年上升 97.7 个千分点。城市、农村居民慢性病患病率分别为 334.9‰、352.1‰，较 2013 年分别上升 71.7 个千分点和 124.9 个千分点。农村居民慢性病患病率增幅超过城市居民 53.2 个千分点。2018 年，农村地区居民慢性病患病率高于城市居民 17.2 个千分点（表 2-15、图 2-9）。

表 2-15　调查地区居民慢性病患病率　　单位：‰

年份	合计	城市	农村
2008	157.4	205.3	140.4
2013	245.2	263.2	227.2
2018	342.9	334.9	352.1

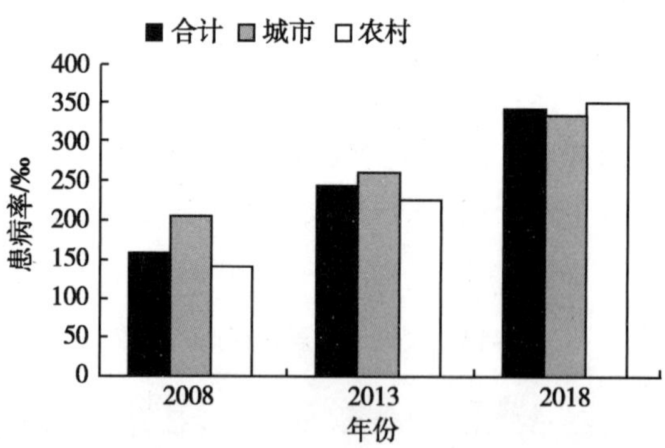

图 2-9　调查地区居民慢性病患病率变化趋势

资料来源：1. 国家卫生健康委统计信息中心，2008—2018 年国家卫生服务统计调查报告；
2. 国家卫生健康委员会，《2022 中国卫生健康统计年鉴》。

（三）妇幼卫生服务需要

2021 年，孕产妇系统管理率持续保持增长趋势达 92.9%，比 2020 年略有提高；孕产妇产前检查率为 97.6%，产后访视率为 96.0%，与 2020 年比较，产前检查率和产后访视率均有所提高。2021 年住院分娩率为 99.9%（市 100.0%，县 99.9%），基本实现全部住院分娩（表 2-16）。

表 2-16　2000—2021 年孕产妇保健情况

年份	活产数	系统管理率 /%	产前检查率 /%	产后访视率 /%	住院分娩率 /%
2000	10 987 691	77.2	89.4	86.2	72.9
2005	11 415 809	76.7	89.8	86.0	85.9
2010	14 218 657	84.1	94.1	90.8	97.8
2011	14 507 141	85.2	93.7	91.0	98.7
2012	15 442 995	87.6	95.0	92.6	99.2
2013	15 108 153	89.5	95.6	93.5	99.5
2014	15 178 881	90.0	96.2	93.9	99.6
2015	14 544 524	91.5	96.5	94.5	99.7
2016	18 466 561	91.6	96.6	94.6	99.8
2017	17 578 815	89.6	96.5	94.0	99.9
2018	15 207 729	89.9	96.6	93.8	99.9
2019	14 551 298	90.3	96.8	94.1	99.9
2020	12 034 516	92.7	97.4	95.5	99.9
2021	10 515 287	92.9	97.6	96.0	99.9

资料来源：1. 国家卫生健康委员会，《2022 中国卫生健康统计年鉴》。

2. 国家卫生健康委员会，《2021 年我国卫生健康事业发展统计公报》。

2021 年，我国新生儿访视率增长至 96.2%，与 2000 年相比增长了 10.4 个百分点；3 岁以下儿童系统管理率达 92.8%，与 2020 年基本持平；7 岁以下儿童保健管理率由 2000 年的 73.4% 上升到 2021 年的 94.6%，增长了 21.2 个百分点。我国出生体重小于 2 500g 的婴儿比例自 2019 年以来超过 3%，2021 年达到 3.70%；5 岁以下儿童低体重患病率下降至 1.21%（表 2-17）。

表 2-17　2000—2021 年婴幼儿保健情况

年份	出生体重 <2 500g 婴儿比重 /%	5 岁以下儿童低体重患病率 /%	新生儿访视率 /%	3 岁以下儿童系统管理率 /%	7 岁以下儿童保健管理率 /%
2000	2.40	3.09	85.8	73.8	73.4
2005	2.21	2.34	85.0	73.9	74.8
2006	2.22	2.10	84.7	73.9	75.0
2007	2.26	2.02	85.6	74.4	75.9
2008	2.35	1.92	85.4	75.0	77.4
2009	2.40	1.71	87.1	77.2	80.0
2010	2.34	1.55	89.6	81.5	83.4
2011	2.33	1.51	90.6	84.6	85.8

续表

年份	出生体重 <2 500g 婴儿比重 /%	5 岁以下儿童低体重患病率 /%	新生儿访视率 /%	3 岁以下儿童系统管理率 /%	7 岁以下儿童保健管理率 /%
2012	2.38	1.44	91.8	87.0	88.9
2013	2.44	1.37	93.2	89.0	90.7
2014	2.61	1.48	93.6	89.8	91.3
2015	2.64	1.49	94.3	90.7	92.1
2016	2.73	1.44	94.6	91.1	92.1
2017	2.88	1.40	93.9	91.1	92.6
2018	3.13	143	93.7	91.2	92.7
2019	3.24	1.37	94.1	91.9	93.6
2020	3.25	1.19	95.5	92.9	94.3
2021	3.70	1.21	96.2	92.8	94.6

资料来源：1. 国家卫生健康委员会，《2022 中国卫生健康统计年鉴》。

2. 国家卫生健康委员会，《2021 年我国卫生健康事业发展统计公报》。

二、卫生服务需求分析

（一）居民两周患病情况分析

1993 年以来，国家卫生服务调查结果显示城乡居民两周患病就诊率呈升高趋势，2018 年达到 24.0%，比 1993 年上升 7 个百分点，其中城市为 23.2%，农村为 24.8%；城乡居民两周患病未就诊比例则逐年降低，2018 年为 11.8%，比 1993 年降低了 24.6 个百分点。城市地区两周患病未就诊比例总体高于农村地区。2018 年城市居民两周患病未就诊比例为 12.2%，农村地区为 11.5%，城乡差异缩小（表 2-18、图 2-10）。

表 2-18　调查地区居民两周患病情况　　单位：%

指标	年份	合计	城市	农村
城乡居民两周患病就诊率	1993	17.0	19.9	16.0
	1998	16.4	16.2	16.5
	2003	13.4	11.8	13.9
	2008	14.5	12.7	15.2
	2013	13.0	13.3	12.8
	2018	24.0	23.2	24.8
城乡居民两周患病未就诊比例	1993	36.4	42.4	33.7
	1998	38.5	49.9	33.2
	2003	48.9	57.0	45.8
	2008	37.6	37.3	37.8
	2013	15.5	14.5	16.9
	2018	11.8	12.2	11.5

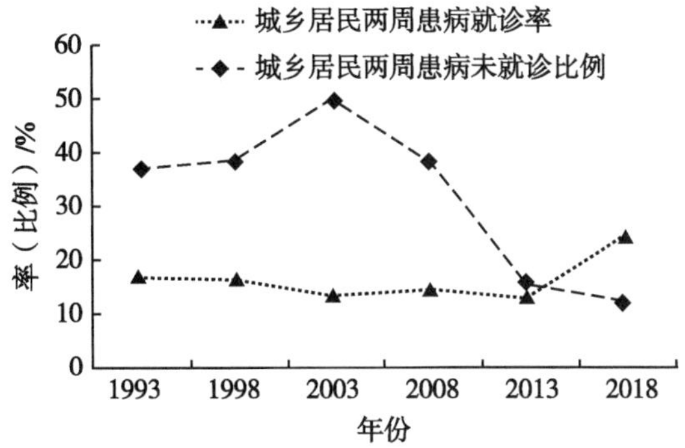

图 2-10　调查地区居民两周患病情况变化趋势

资料来源：国家卫生健康委统计信息中心，1993—2018 年国家卫生服务统计调查报告。

（二）居民住院情况分析

1993 年以来，城乡居民住院率总体呈上升趋势，2018 年城乡居民住院率合计为 13.7%，其中，城市居民为 12.9%，农村居民为 14.7%；城乡居民应住院未住院比例总体呈下降趋势，2018 年略有升高达到 20.9%，城市和农村居民应住院未住院比例分别为 20.4% 和 21.3%，较 2013 年分别上升 2.8 个百分点和 4.6 个百分点（表 2-19、图 2-11）。

表 2-19　调查地区居民住院情况　　单位：%

指标	年份	合计	城市	农村
城乡居民住院率	1993	3.6	5.0	3.1
	1998	3.5	4.8	3.1
	2003	3.6	4.2	3.4
	2008	6.8	7.1	6.8
	2013	9.0	9.1	9.0
	2018	13.7	12.9	14.7
城乡居民应住院未住院比例	1993	35.9	26.2	40.6
	1998	32.3	27.5	34.5
	2003	29.6	27.8	30.3
	2008	25.1	26.0	24.7
	2013	17.1	17.6	16.7
	2018	20.9	20.4	21.3

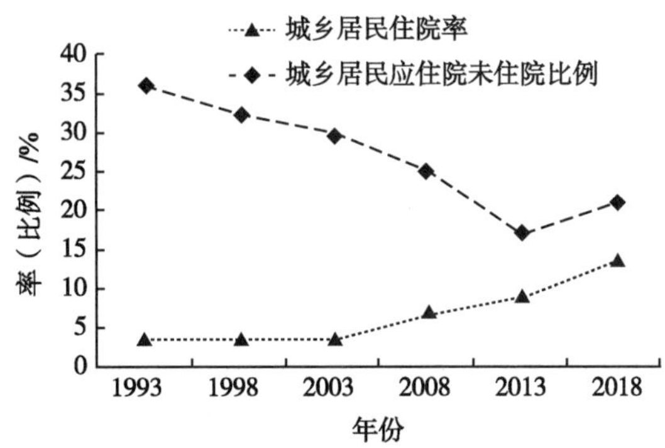

图 2-11　调查地区居民住院情况变化趋势

资料来源：国家卫生健康委统计信息中心，1993—2018 年国家卫生服务统计调查报告。

第三节　卫生健康事业改革新进展

一、深化卫生健康事业改革及实践新成就

近年来，我国卫生健康事业取得巨大成就，人民群众健康水平显著提高，老百姓健康获得感不断增强，更加凸显了以习近平同志为核心的党中央坚持以人民为中心的发展思想。制定修订《中华人民共和国基本医疗卫生与健康促进法》等法律；公共卫生防护网筑牢织密，传染病、慢性病、职业病、地方病防控更有效有力；构建优质高效医疗服务体系，设置国家医学中心和国家区域医疗中心，加强医联体、医共体建设和县域综合医改；中医药守正创新、传承发展，让更多群众方便看中医、放心用中药；爱国卫生运动融入社会健康治理的方方面面，文明健康、绿色环保的生活方式日益普及，居民健康素养显著提高。

（一）基本医疗卫生与健康促进法正式实施

2020 年 6 月 1 日《中华人民共和国基本医疗卫生与健康促进法》正式施行，该法总结了我国医药卫生体制改革的经验，就落实党中央、国务院在基本医疗卫生与健康促进方面的战略部署作出了顶层的、制度性的、基本的安排，是我国卫生健康领域的第一部基础性、综合性法律。重点包括基本医疗卫生服务、医疗卫生机构、医疗卫生人员、药品供应保障、健康促进、资金保障、监督管理和法律责任等方面的具体规范。对于推动我国卫生与健康领域法治建设，在卫生与健康工作中落实全面依法治国方略具有基础性和全局性的作用，为构建中国特色基本医疗卫生制度，全方位全周期保障人民健康，推进健康中国建设提供了法治保障。

（二）公共卫生体系建设助力疫情防控取得重大胜利

新冠病毒感染疫情发生以来，以习近平同志为核心的党中央始终坚持人民至上、生命至上，团结带领全党全国各族人民同心抗疫，因时因势优化调整防控政策措施，高效统筹疫情防控和经济社会发展，成功避免了致病力较强、致死率较高的病毒株的广泛流行，有效保护了人民群众生命安全和身体健康，取得了疫情防控重大决定性胜利。在此次疫情防控行动中，我国以“非医疗干预”手段为主的防控举措，有效遏制了本土疫情。以社区基层为基础的公共卫生体系在本次疫情防控中充分体现出精准高效、动员迅速的优势，其对疾病监测、疫情形势研判、政府确定防控策略和措施的建议，以及流行病学调查、病毒变异监测，都做了大量工作，并在全国范围内构建了史无前例的大规模公共卫生应对防控体系。截至 2023 年年初，全国累计报告接种新冠病毒疫苗 349 346.5 万剂次。接种总人数 131 044.9 万人，完成全程接种 127 702.0 万人，完成第一剂次加强免疫接种 82 760.6 万人。全人群第一剂次、全程接种覆盖比例分别达到 93.0% 和 90.6%。公共卫生体系在此次疫情防控重大胜利中发挥了至关重要的作用。

（三）公立医院高质量发展取得阶段性成效

公立医院是我国医疗服务体系的主体，近年来特别是党的十八大以来，公立医院改革发展作为深化医药卫生体制改革的重要内容，取得重大阶段性成效，对持续改善基本医疗卫生服务公平性可及性、防控新冠病毒感染等重大疫情、保障人民群众生命安全和身体健康发挥了重要作用。2021 年 5 月，国务院办公厅印发《关于推动公立医院高质量发展的意见》，全力推动公立医院进入高质量发展的新阶段。

1. 多个国家医学中心、区域医疗中心等高水平医院建成使用　以推动国家医学进步为目标，依托现有资源规划设置国家医学中心、临床医学研究中心、区域医疗中心和中医药传承创新中心，形成临床重点专科群，集中力量开展疑难危重症诊断治疗技术攻关，开展前沿医学科技创新研究和成果转化，实施高层次医学人才培养，带动全国医疗水平迈上新的大台阶。截至 2023 年 4 月，我国已经至少设置了 13 个国家医学中心，76 个区域医疗中心。多个国家医学中心、区域医疗中心等高水平医院的建成，带动优质医疗资源定向流动，进一步提升区域间医疗服务同质化水平，提升国家整体和区域医疗服务能力，减少患者跨区域就医难题，助力分级诊疗制度的建设和发展。

2. 我国医联体建设全面推开　近年来，医联体被列入新医改的重点举措后，全国各地各级医疗机构纷纷响应。我国于 2017 年开始全面启动医联体建设试点，这一年也成为医联体体制框架搭建的高峰期，2018 年医联体建设进入加速推进期，2019 年各地不断夯实医联体建设，并形成了各具特色的医联体模式。2022 年我国已组建各种形式医联体 1.5 万个，其中县域医共体超 4 000 个，县域内常见病、多发病的就诊率超过 90%，800 多个县市开展紧密型县域医共体建设试点，90% 以上的试点地区实现医共体内的检查检验结果互认。医联体建设的日趋成熟，患者就医流向不断趋于合理，双向转诊成效正逐渐显现，区域医疗资源实现共享，医疗服务能力明显提升，为共建共享高效有序的分级诊疗服务体系营造了良好改革环境，医联体建设全面铺开助力分级诊疗新格局的建成。

3. 公立医院薪酬分配制度改革不断推进　公立医院高质量发展的核心是调动医务人员积极性。医疗行业人才培养周期长、职业风险高、技术难度大、责任担当重，建立符合医疗行业特点、体现以知识价值为导向的公立医院薪酬制度，是深化医药卫生体制改革和事业单位收入分配制度改革的重要内容，对确立公立医院激励导向和增强公立医院公益性，调动医务人员的积极性、主动性、创造性，推动公立医院高质量的发展，都具有重要意义。2021 年 7 月，国家《关于深化公立医院薪酬制度改革的指导意见》指出"自 2017 年启动公立医院薪酬制度改革试点工作以来，各地精心组织、扎实推进，取得了积极成效，形成了福建省和三明市等地可复制、可推广的经验做法。为进一步巩固和推广试点成果，要全面深化公立医院薪酬制度改革。"福建省三明市在医改工作中建立健全符合行业特点的薪酬制度和科学合理的薪酬分配机制，实行全员目标年薪制、年薪计算工分制，落实公立医院分配自主权，一系列改革取得诸多实践成效。三明市委、市政府下发了《三明市实施"六大工程"推进医改再出发行动方案的通知》，三明市公立医疗机构薪酬制度完善工程作为"六大工程"之一，在原来改革的基础上大胆创新，进一步完善公立医疗机构薪酬制度，更好地发挥公立医疗机构薪酬制度"牛鼻子"作用，兼顾公平与效率，建立以健康为中心的分配导向制度。同时，三明市也将在政策指导下，进一步健全健康绩效考评监督体系，推动三明医改再出发，继续在全国走前头、做示范，为人民健康提供可靠保障。

4. 公立医院国考成绩持续向好　2022 年 9 月国家三级公立医院绩效考核结果（2021 年度）出炉，全国共 2 706 家三级公立医院参加 2021 年度绩效考核，考核指标体系由医疗质量、运营效率、持续发展、满意度评价 4 个一级指标，14 个二级指标、55+1 个三级指标构成，被誉为全国公立医院"国考"，是公立医院高质量发展的风向标和指挥棒。成绩显示，三级公立医院检查检验同质化稳中有进，合理用药水平不断提高；诊疗服务范围扩展，医疗服务模式创新发展；人才培养取得积极进展，学科建设能力有所增强。2023 年 4 月，国家卫生健康委发布 2021 年度全国二级公立医院绩效考核国家监测分析情况。全国共 5 456 家二级公立医院参加2021年度绩效考核。数据显示，通过连续3年的绩效考核引导，二级公立医院大部分指标持续向好。2021年，全国二级公立医院收治的住院患者以心脑血管疾病患者和呼吸系统疾病患者为主，符合二级公立医院功能定位。同时，二级公立医院诊疗病种覆盖范围逐年增加，部分二级公立医院逐步开展了具有一定难度的手术。全国二级公立医院合理用药水平不断提高，检查检验同质化水平稳步提高。二级、三级公立医院国考大部分指标持续向好，公立医院改革发展取得阶段性成效，公立医院向高质量发展方向持续迈进。

5. 中西医发展更加协同 中西医结合是中国医药卫生事业的重要组成部分，中西医并重是我国卫生工作的基本方针，也是我国医药卫生事业的显著特征和优势，中西医协同发展在我国人民的医疗卫生保健中发挥着重要作用。进一步加强中医药工作、促进中西医协同发展，既有利于提升医院整体服务能力和运行效率，也有利于提升中医药服务可及性和可得性，更有利于推动中医药传承创新发展、更好地满足广大人民群众日益增长的医疗健康需求。近年来，我国中西医协调发展得到了大力推进和发展，取得了显著进展。截至2021年，全国中医药卫生人员总数达88.4万人，其中中医类别执业（助理）医师73.2万人，中药师（士）13.6万人，全国中西医结合医院数量达700家以上，床位数达11万多张，服务患者7 000多万人次。中西医结合医疗服务能力不断提升，在新冠病毒感染和肿瘤等慢性疾病防治中，发挥了不可替代的独特作用。我国中西医协同发展趋势显而易见，在推动中医药事业的发展、提高医疗卫生服务质量等方面也起到了积极的促进作用。

（四）医疗保障制度体系更加健全

党的十八大以来，医疗保障事业发展进入新阶段，全民医保改革向纵深推进，夯实基本医疗保障制度，积极发展其他补充保障制度，以健全更高质量的多层次保障制度体系。目前，我国已建立世界上规模最大的基本医疗保障网，全国基本医疗保险参保人数13.6亿人，参保率稳定在95%以上；职工医保、城乡居民医保政策范围内住院费用支付比例分别为80%和70%左右；个人卫生支出占卫生总费用的比例从2015年的29.27%降至2021年的27.6%；基金年收支均超2万亿元、惠及群众就医超40亿人次，极大缓解了群众看病难、看病贵问题。在完善基本医疗保障制度的同时，鼓励大力发展商业健康险、医疗互助在内的多元化市场化保障制度。中国保险行业协会发布的数据显示，2021年我国商业健康险提供保险保障资金达2 110.98万亿元，赔付支出4 074.74亿元；大病保险业务覆盖12.2亿城乡居民，累计赔付超过6 000万人次。长期护理保险作为我国老龄化社会一项重要制度探索，2016年长期护理保险在全国14个省份的35个城市启动试点，2020年又新增14个试点城市。据统计，截至2022年6月底，长期护理保险试点已覆盖全国49个城市、1.45亿人，累计有178万人享受待遇。我国已建立起覆盖全民的基本医疗保障制度，发展多种形式商业健康保险，构建起多层次、宽领域、全民覆盖的医疗保障体系，人人享有基本医疗保障的目标初步实现，为人民群众病有所医奠定了制度基础。医疗保障制度体系的健全不仅在支付医疗费用时发挥重要作用，同时可以引导医疗资源配置，促进分级诊疗体系建立。

（五）分级诊疗制度进一步形成

近年来，中国医改驶入了快车道。五项基本医疗卫生制度的确立，使改革的实施路径更加清晰，分级诊疗制度更是医改的重中之重。经过“十三五”时期的建设和发展，分级诊疗取得了阶段性成效。基层首诊有效推进，截至2020年年底，重点人群的家庭医生签约率从2015年的28.33%增加到2020年的75.46%，全国县域内就诊率已达到94%，比2015年同期增长10个百分点。双向转诊更加有序，特别是患者下转的人次逐年增加，年均增长率达到 38.4%。急慢分治初见成效，日间手术试点病种已达到 120 种，“五大中心”建设累计超过 1.4 万个。上下联动不断增强，目前各种模式医联体超过 1.5 万个，为提供一体化、同质化的医疗服务提供了有力支撑。

（六）爱国卫生运动焕发新活力

2022 年是爱国卫生运动 70 周年，习近平总书记作出重要指示，充分肯定爱国卫生运动开展 70 年来发挥的重要作用，强调要更加有针对性地开展这项运动，切实保障人民群众生命安全和身体健康。在推进健康中国建设新征程上，在中国成功走出新冠病毒大流行的背景下，爱国卫生运动被赋予新的时代价值。2020 年 11 月，《国务院关于深入开展爱国卫生运动的意见》指出继承和发扬爱国卫生运动优良传统，充分发挥爱国卫生运动的制度优势、组织优势、文化优势和群众优势，将爱国卫生运动与传染病、慢性病防控等紧密结合，全面改善人居环境，加快形成文明健康、绿色环保的生活方式，有效保障人民群众健康。爱国卫生运动是我们党把群众路线运用于卫生防病工作的成功实践，是贯彻预防为主方针的伟大创举。党的十八大以来，爱国卫生运动进一步强化党和政府领导，组织发动群众开展了一系列活动，有效改善了城乡环境卫生状况，群众健康素养显著提升，疾病防控取得显著成效。2021 年，全国爱国卫生运动委员会、中央文明委和健康中国行动推进委员会联合启动了为期两年的倡导文明健康绿色环保生活方式活动，推动群众切实养成文明健康习惯，有力助推疫情防控。近年来，生活垃圾分类、小区环境绿化日益常态化长效化，城乡环境卫生状况得到有效改善，群众健康素养显著提升；戴口罩、勤洗手、常通风、少聚集、用公筷，百姓纷纷当起自己健康的第一责任人……这些变化，都与爱国卫生运动息息相关。进入新时代，以习近平同志为核心的党中央高度重视爱国卫生运动，这项中国共产党历史上持续时间最长的群众性运动，内涵更加丰富，方式方法不断创新，走出了一条中国特色卫生健康事业发展之路。

二、主要问题

我国卫生健康事业取得巨大成就的同时也面临挑战。医疗改革任务仍然艰巨；内涵发展要求更加迫切；体制机制弊端尚未破除；医疗卫生服务供给仍有差距；医学人才培养亟待变革；医院治理能力仍需提升……具体来说，公共卫生服务体系和医疗体系长期割裂，医防融合机制不健全，机构间缺乏联通共享；公立医院薪酬分配制度改革仍需加大力度；乡村医疗卫生体系发展不平衡不充分问题依然突出。

（一）公共卫生体系建设仍有提升空间

在新冠病毒感染疫情防控行动中，我国有效遏制了本土疫情，取得了抗击疫情重大战略成果，公共卫生体系发挥了重要作用。建立、健全公共卫生体系对人民群众生命和国家社会稳定发展极为重要。公共卫生体系对我国疫情防控起到关键性作用的同时，也存在进一步提升的空间。首先，公共卫生和临床医疗之间资源配置存在不均衡问题。这个问题长期存在，公众对临床医疗的需求更为显性和迫切，而公共卫生服务一方面是“防患于未然”，另一方面社会效益回报期较长，因此公共卫生获得的重视程度和资源配置处于相对弱势，甚至处于边缘地位。我国现行的医疗服务模式还是以医疗机构为主导，长期以来，尽管各级政府公共卫生支出绝对数始终在增长，但增长速度持续低于财政支出的增长速度，占财政总支出的比重事实上呈下降趋势。公共卫生投入不足，最关键还是观念问题，重治轻防的思想下，公共卫生支出往往被视为一种福利性消费和财政负担，而没有当作是人力资本性投资，导致在人财物等资源配置上，公共卫生部门难以获得足够重视。其次，公共卫生服务体系人才缺口较大，人才队伍发展乏力。公共卫生服务体系待遇低，人才外流较为严重。2009—2018年，疾病防控系统从业人员减少4.5%，尤其是社区卫生服务中心和乡镇街道卫生院等基层机构人员流失较为严重，其直接后果是各级公共卫生机构防控重大风险的能力普遍不足。其三，公共卫生服务体系的应急处置能力和协调性不足。突发性公共卫生事件预防与控制是一项复杂的系统工程，需要各级政府部门之间、政府与社会公众之间进行有效互动交流，这对地方政府的治理能力和治理水平现代化提出了新要求，特别是应对突发公共卫生事件的能力更面临着时代考验。我国的医疗系统和公共卫生系统之间的协调和配合存在一定的缺陷，公共卫生机构、医疗机构分工协作协同性不强，缺乏联通共享；疾控机构的权责界定模糊以及疾控机构和地方政府之间的关系不清，这严重影响疾病控制的应急处置能力和效率。

（二）公立医院薪酬分配制度改革仍需加大力度

2023年4月，《国家卫生健康委办公厅关于2021年度全国二级公立医院绩效考核国家监测分析情况的通报》中显示，医务人员满意度呈持续下降趋势，公立医院高质量发展的核心是调动医务人员积极性，医务人员满意度的下降将影响公立医院高质量发展，薪酬分配制度改革十分关键。新医改形势下，薪酬分配制度改革是目前公立医院管理面临的巨大挑战。随着深化医药卫生体制改革的深入推进，公立医院薪酬分配制度改革仍然面临多种困难。①薪酬水平核定难：不同公立医院应该被核定多高的薪酬水平，试点中尚未找到非常科学合理的办法。以历史数据为依据来核定公立医院薪酬水平仍是各地普遍的做法。在许多地区，历史水平越高的医院被核定的薪酬水平也越高，带来了对其他医院人才虹吸的问题。②薪酬总量管理难：公立医院薪酬改革试点中出现两个极端现象，公立医院薪酬总量管理僵化，一经核定就难以调整；管理机制不健全，致使薪酬总量管理未能发挥强化公益属性的导向作用。③薪酬内部分配难：改革公立医院过去普遍实施基于科室收减支提成的内部分配办法，尽管医院在努力探索更能体现行业特点的薪酬分配办法，但尚未形成普遍适用的内部分配基本模式。因种种原因，公立医院放弃主要负责人年薪制的尝试。④薪酬经费保障难：取消药品加成后多数地区医疗服务价格尚未调整到位，收入结构调整未完全达到预期效果，加之财政投入未完全落实到位，难以让医务人员享受到改革红利。⑤薪酬配套改革难：薪酬激励本属人力资源管理价值链的末端，需要其他环节改革相配套。但公立医院的编制、人事、领导人员管理以及财政保障等多个管理环节改革不到位，影响了改革的进程。公立医院薪酬制度改革是自上而下的改革，怎么改能既体现公平又调动各方积极性，还需政府及公立医院各方的共同努力。

（三）乡村医疗卫生体系发展不平衡不充分问题依然突出

党的十八大以来，党中央、国务院高度重视乡村医疗卫生问题，乡村医疗卫生体系明显优化、服务能力逐步提升，但与全面实施乡村振兴和健康中国战略目标相比，乡村医疗卫生体系发展不平衡不充分的问题依然突出。做好乡村医疗卫生体系工作、巩固拓展健康脱贫成果成为乡村振兴的基础工作和重要举措。随着分级诊疗的推进，以及城镇化和人口老龄化给乡村带来的新变化，乡村医疗卫生的服务水平越来越成为社会关注的焦点，其存在的短板也制约着我国整体医疗卫生的发展水平。首先是财政投入比例偏低。2011—2020年，中央财政支持各级医疗卫生机构建设投资2 560亿元，其中用于乡镇卫生院和村卫生室等乡村基层机构的资金仅占13.2%。这也在很大程度上制约了基层医疗机构在服务能力上的提高。其次是卫生资源的整合问题。乡村人口总量趋减、“一老一小”比重增加，在交通便捷、人口流动活跃地区，一般性医疗服务资源闲置而“一老一小”适宜服务能力较弱。同时，农村居民医疗服务需求日趋多元化，乡村慢性病防治以及全科、儿科、急救、中医、术后康复等需求增加，设备配置、专科技术、医养结合等水平有待加强。县医院诊疗量持续增加，乡镇卫生院医疗服务普遍不饱和，部分乡镇卫生院床位利用率较低。人才是卫生健康事业发展的核心资源，关乎健康中国建设的成效。当前，医疗卫生人才区域分布不合理，城乡之间人才配置差距过大。中西部地区的医疗卫生人才无论在数量、专业性上，还是质量和结构上，均处于劣势，与所在地群众的需求不相符，存在着医护人员短缺、从业人员年龄偏大、外地优秀人才招聘困难和本地高水平人才流失严重等问题，致使这些地区卫生健康事业的发展面临着深层次的矛盾和问题。

三、发展路径

（一）创新医防协同、医防融合机制构建强大的公共卫生体系

人民健康是社会文明进步的基础，只有人民健康，才拥有更强大的综合国力和可持续发展能力。习近平总书记在二十大报告中指出，要创新医防协同、医防融合机制，健全公共卫生体系。通过创新体制机制和政策支撑，促进医疗卫生与预防健康领域的融合发展，提升健康服务质量、保障人民群众健康。公共卫生是关乎每个人健康的“第一闸门”，是在人类对抗传染病、流行病过程中发展起来的事业，不同于普通的医疗服务、临床治疗，是重在通过预防、监测、宣教等方式促进公众健康。深化公共卫生体系改革，推动公共卫生事业更好更快发展：2021 年 5 月 13 日，国家疾病预防控制局正式挂牌成立，标志着我国公共卫生体系改革迈出关键一步。新机构的成立，不仅能更好地应对突发公共卫生事件，组织并调动力量进行防控，还能顺应健康发展新趋势，积极应对人民健康发展新需求。树立人人参与、共建共享的大健康理念，推动公共卫生安全治理的变革：一是要“深入开展爱国卫生运动”“强化基层卫生防疫”，这是公共卫生体系走向纵深的必然要求；二是通过智能化的新技术，如“互联网 + 健康”，实现防疫和健康知识的新“e”代，打通医疗机构与公共卫生单位之间的协同衔接，在疾病病理研究、流行病学监测、预防知识普及上形成“合力”；三是以法律和制度确定健康生活的范式，明确个人、政府、社会的健康防病责任，提高全民健康素养，促进健康中国“提质升级”。构建起强大的公共卫生体系，织牢国家公共卫生防护网：只有构建起强大的公共卫生体系，健全预警响应机制，全面提升防控和救治能力，织密防护网、筑牢筑实隔离墙，才能切实为维护人民健康提供有力保障。“十四五”期间，我国还将建设 20 个左右国家重大传染病防控救治基地，构建一批国内领先、世界一流的国家紧急医学救援基地，以完善我国紧急医学救援体系，承担紧急医学救援任务，发挥局部、国内乃至国际紧急医学救援的巨大作用。同时，通过全面加强公立医院传染病救治能力建设，完善综合医院传染病防治设施建设标准，提升应急医疗救治储备能力，统筹应急状态下医疗卫生机构动员响应、区域联动、人员调集，建立健全分级、分层、分流的传染病等重大疫情救治机制，提升重大传染病救治能力。要立足当前、着眼长远，加强战略谋划和前瞻布局，坚持平战结合，完善重大疫情防控体制机制，健全公共卫生应急管理体系，推动工作力量向一线下沉。推进医学教育改革，培养高质量医学人才：凝聚多方办学办医合力，解决医学人才供给短板以及由此带来的公共卫生服务供给不足问题。一是建立多方参与、院校协同、教研结合、教学相长、充满活力的医学办学机制，不断增加医学人才总量、优化结构、提高整体水平。二

是分类完善医科大学和综合性大学医学院的办学模式，优化大学附属医院管理模式，打造医学院校 - 附属医院教学共同体。三是加强医学人才队伍建设，建设一批高水平医学院校和公共卫生学院，适度扩大医学生招生规模；强化中医药特色人才培养，打造一支高水平的中医疫病防治队伍；建立适应现代化公共卫生体系要求的人才培养使用机制，稳定医学人才队伍特别是基层医学人才队伍。

（二）以薪酬分配制度改革为抓手助推公立医院高质量发展

党的二十大报告中指出要深化以公益性为导向的公立医院改革，为公立医院建设、改革与发展指明了方向，提供了根本遵循。强化公立医院公益属性，合理确定公立医院薪酬水平，完善公立医院薪酬水平决定机制，是公立医院深化医改工作的重要组成部分，也是促进医院公平分配、实现公立医院高质量发展的有力抓手。

1. 强化顶层设计，聚焦体制机制改革 医生是整个医疗体系的核心资源，也是薪酬制度改革的重中之重。要真正确保医生的合理薪酬，就必须强化顶层设计，不断深化体制机制改革。近年来，从出台《关于开展公立医院薪酬制度改革试点工作的指导意见》，到推出《关于扩大公立医院薪酬制度改革试点的通知》，一系列深化薪酬制度改革的新举措就是为了不断提升完善公立医院薪酬水平决定机制。各地要按照“允许医疗卫生机构突破现行事业单位工资调控水平，允许医疗服务收入扣除成本并按规定提取各项基金后主要用于人员奖励”的“两个允许”要求，加快推动合理确定、动态调整公立医院薪酬水平机制的落地生根，真正以体制机制改革促进薪酬水平持续提升。

2. 增加薪酬总量，落实公立医院内部分配自主权 从现实来看，薪酬反映的是医务人员付出与收获的比例，体现了广大医生的价值。因此，公立医院可自主设立体现医疗行业特点、劳动特点和岗位价值的薪酬项目，充分发挥各项目的保障和激励作用，更加注重发挥薪酬制度的保障功能。有关部门要在确保群众就医整体负担不增加的基础上，动态调整公立医院薪酬水平。特别是要对公益任务重、承担科研教学任务的公立医院适当给予倾斜。只有综合考虑不同层级不同性质医院工作量、服务质量等因素，合理增加薪酬总量，才能充分发挥薪酬制度对积极性的调节“杠杆作用”。

3. 优化收入结构，不断提高医疗服务的“纯收入” 医生最关键的技术体现在医疗先进的技术和服务当中。当前，各地正在降低药品、耗材等价格，在此背景下，医疗技术与服务的价值就更加凸显。所以，要进一步提升薪酬水平，就必须支持公立医院不断优化收入结构，提高医疗服务收入，降低药品、耗材、检查、化验收入占医疗收入的比例。各地既要加快审核新增医疗服务价格项目，增加医疗服务的收入占比，同时更要建立起体现医生岗位职责和知识价值的薪酬体系，适当提高低年资医生薪酬水平，统筹考虑编内外人员薪酬待遇，真正落实以岗定责、以岗定薪、责薪相适、考核兑现。深化公立医院薪酬制度改革，不仅关系到医务人员的切身利益，而且事关公立医院改革进程的快慢，更关系到患者就医获得感的提升。只要多管齐下，多措并举，就一定能以薪酬制度改革助推公立医院高质量发展。

（三）以乡村振兴战略为引领促进乡村医疗卫生体系健康发展

近年来，中央和地方不断加大投入力度，着力强基层、补短板、优布局，医疗卫生服务体系不断健全，基本医疗卫生服务公平性可及性不断提升，人民健康水平持续提高。2023 年 2 月，国务院办公厅印发《关于进一步深化改革促进乡村医疗卫生体系健康发展的意见》，指出完善乡村医疗卫生体系，是全面推进健康中国建设的迫切要求，也是全面推进乡村振兴的应有之义。

1. 强化县域内医疗卫生资源统筹和布局优化　根据乡村形态变化和人口迁徙流动情况，因地制宜合理配置乡村两级医疗卫生资源。健全以县级医院为龙头、乡镇卫生院为枢纽、村卫生室为基础的乡村医疗卫生服务体系，推进县域内医疗卫生服务一体化。提高县级医院常见病、多发病、慢性病诊疗以及危急重症患者抢救和疑难复杂疾病向上转诊服务能力。创新医防协同、医防融合机制，健全乡村公共卫生体系。完善区域全民健康信息标准化体系，推进人口信息、电子病历、电子健康档案和公共卫生信息互联互通共享。

2. 发展壮大乡村医疗卫生人才队伍　改革完善乡村医疗卫生人才培养机制，切实增加全科、儿科、儿童保健科、口腔科以及中医、护理、公共卫生、预防保健、心理健康、精神卫生、康复、职业健康等紧缺人才供给。加强县域医疗卫生人才一体化配置和管理，有条件的地方可对招聘引进的医疗卫生人才实行县管乡用、乡聘村用，建立健全人才双向流动机制。建立公共卫生专业技术人员和医疗机构临床医生交叉培训制度，鼓励人员双向流动。落实“允许医疗卫生机构突破现行事业单位工资调控水平，允许医疗服务收入扣除成本并按规定提取各项基金后主要用于人员奖励”要求，统筹平衡乡镇卫生院与当地县级公立医院绩效工资水平的关系，合理核定绩效工资总量和水平。提升乡村医疗卫生机构全科医生工资水平，使其与当地县级公立医院同等条件临床医师工资水平相衔接。

3. 改革完善乡村医疗卫生体系运行机制　推进紧密型县域医共体建设，在编制使用、人员招聘、人事安排、绩效考核、收入分配、职称评聘等方面赋予其更多自主权，推动实行人财物统一集中管理。对紧密型县域医共体实行医保基金总额付费，加强监督考核，建立结余留用、合理超支分担机制，落实医共体牵头医疗卫生机构对医共体内各成员医疗卫生机构规范合理使用医保基金的内部监督管理责任，强化激励约束。落实市县两级党委和政府乡村医疗卫生体系建设主体责任，政府办乡村医疗卫生机构的基本建设和设备购置等发展建设支出由地方政府根据基层医疗卫生机构发展建设规划足额安排；人员经费和业务经费等运行成本通过服务收费和政府补助补偿，政府补助按照“核定任务、核定收支、绩效考核补助”的办法核定。完善城乡协同、以城带乡帮扶机制，深化医疗卫生对口帮扶，有计划开展医疗人才组团式帮扶，鼓励国家和省级区域医疗中心开展对欠发达地区、革命老区、边境地区医疗卫生机构的对口帮扶，将指导基层、下沉服务作为县级以上公立医院的基本职责。

4. 提高农村地区医疗保障水平　持续健全基本医保、大病保险、医疗救助三重制度综合保障机制。落实分类资助农村低收入人口参保政策，继续对农村特困人员参保给予全额资助、对低保对象参保给予定额资助。积极通过乡村一体化管理实现村卫生室医保结算，在有条件的地方支持将符合条件的村卫生室纳入医保定点管理。支持分级诊疗模式和家庭医生签约服务制度建设，依托乡村医疗卫生机构推行门诊统筹按人头付费。各地实施动态调整医疗服务价格时，要统筹支持乡村医疗卫生机构发展，促进分级诊疗。合理提高医保基金对乡村医疗卫生机构的总额控制指标，年度新增医保基金重点向乡村医疗卫生机构倾斜，逐步提高县域内医保基金用于乡村医疗卫生机构的比例。医保报销目录中增设农村地区适宜卫生服务项目，逐步提高乡村医疗卫生机构服务性收入占比。加强农村地区医保经办管理服务和监督管理能力建设，探索将村级医保服务纳入农村网格化服务管理。加强基层医保基金监管能力建设，把医保基金监管纳入乡镇政府综合监管体系，持续加大对骗保套保等违法违规行为的打击力度。

5. 加强组织领导　建立省级统筹、市负总责、县抓落实的工作机制，把乡村医疗卫生体系建设作为五级书记抓乡村振兴的重要内容，建立健全地方各级党委乡村医疗卫生工作领导体制机制，强化属地责任，纳入当地经济社会发展规划统筹部署，切实落实领导、投入保障、管理、监督责任。各地要结合实际细化实化工作重点和政策措施。建立卫生健康、党委农村工作部门牵头，机构编制、发展改革、教育、财政、人力资源社会保障、自然资源、农业农村、乡村振兴、医保、疾控、中医药等部门和单位参与的工作推进机制，形成支持乡村医疗卫生体系建设的工作合力。建立乡村医疗卫生体系健康发展督导评估机制，中央和省级层面加强对地方政府政策保障、人员队伍建设等重点任务进展情况的综合督导评估，并将其作为乡村振兴有关督查考核的重要内容。建立健全乡村医疗卫生人员荣誉表彰制度。加大对乡村医疗卫生人员先进事迹的宣传力度，在全社会形成尊重乡村医疗卫生人员、关心乡村医疗卫生工作的良好氛围。

案例：

从强县级到强县域——医共体改革的浙江路径

浙江省以深化医疗卫生服务领域“最多跑一次”改革为引领，高位推动县域医共体建设，把推动县域医共体建设作为构建整合型医疗卫生服务体系的主攻方向，高位推动、创新体制机制，取得显著成效。

一、背景情况

党的十八大以来，以习近平同志为核心的党中央坚持把人民健康放在优先发展的战略位置，推动“健康中国”上升为国家战略，明确提出了“以基层为重点，以改革创新为动力，预防为主，中西医并重，把健康融入所有政策，实现人民共建共享”的新时期卫生与健康工作方针。浙江省全面推进县域医共体建设，努力破解卫生健康事业发展在供给侧、需求侧和治理侧不平衡不充分矛盾。从供给侧看，存在基层资源总量不足、结构不合理、服务能力偏弱等核心问题。从需求侧看，面临着人口老龄化、慢性病等疾病负担增加和群众健康需求日益增长的挑战。从治理侧看，卫生健康治理思维、能力、方式很难适应新时代发展的需要。政府的相关职能部门尤其是卫生健康部门，治理思维还停留在传统的惯性思维和管理方式。

二、主要做法

（一）高位推动改革，加强顶层设计

浙江省委、省政府高度重视县域医共体建设。自2017年试点开始，省委、省政府主要领导多次召开会议、作出批示，明确提出要把县域医共体建设打造成为浙江医疗卫生领域改革的“金名片”。2018年9月，浙江省委、省政府在湖州市德清县召开全省县域医共体建设现场推进会。省委书记亲自动员部署改革任务、省长提出具体要求，省委副书记、省委常委、副省长等省领导出席会议，各市、县党政“一把手”，省直部门、省属公立医院以及各级卫生健康、人力资源社会保障等部门主要负责同志参加会议。会后，浙江省委办公厅、省政府办公厅联合下发《关于全面推进县域医疗卫生服务共同体建设的意见》，将紧密型医共体建设作为浙江省构建整合型医疗卫生服务体系的主要抓手及深化县域综合医改的重要平台，要求浙江各地全面推开县域医共体建设。

（二）完善治理体制，健全管理体系

一是探索完善县域医疗卫生治理体制，做到“既要管好、更要放活”。各县（市、区）由政府牵头，成立医共体管理委员会或理事会，统筹履行对医共体的规划、投入和监管等职责。

卫生健康、人力社保、发展改革、财政和编办等相关部门转变职能、下放权限，实施医共体内唯一法定代表人的治理架构，落实医共体人事管理、财务调配、收入分配、职称晋升评聘和医疗业务发展等经营管理自主权，把原来政府部门行使的人才招聘、职称评聘等交给医共体，把原来政府部门过多干涉的内部人事任免、收入分配、业务发展权等还给医共体。同时，政府部门制定权责清单，厘清医共体管委会及卫生健康部门、医共体等权责分工，构建权责对等、分工明确的治理体系。二是医共体内建立管理机制，构建整合型一体化的县域医疗卫生服务新体系。重点抓好“三个一”，每个县(市)和符合条件的市辖区以二甲以上县级医院为龙头，其他若干县级医院及乡镇卫生院为成员单位，组建1～3个医共体，成员单位人、财、物全面整合，组建统一的共享服务中心，实现资源共享、信息互联互通，县乡机构成为“一家人”。县乡医疗卫生机构各类人员由医共体统一招聘、培训、调配和管理，实行全员岗位管理，科学配置和有效激活人才要素，实现人员使用“一盘棋”。医共体设置总会计师制度，设立财务管理中心，县乡医疗卫生财政补助资金由医共体结合资金性质和用途统筹使用，实现财务管理“一本账”。

(三)完善运行机制，激发机构活力

一是深化医疗服务价格改革，理顺医疗服务比价关系。按照腾空间、调结构、保衔接的原则，宁波、湖州2个试点城市和11个试点县(市)开展新一轮调价工作。如湖州市长兴县2017年利用药品集中采购价格谈判及使用环节管理腾出空间，对门急诊诊查费、住院诊查费、等级护理费3类项目进行调价，总额度1 800万元，医疗服务价格调整部分同步纳入医保报销范围。目前，长兴县正启动实施第二轮医疗服务价格调整工作。二是强化药品耗材全流程改革。完善全省“三流合一”采购交易平台，在医共体设立唯一采购账户，实行统一采购、配送和支付，统一县乡用药目录，实施慢性病长期处方。三是推进薪酬制度改革。制定《浙江省公立医院薪酬制度改革指导意见》，合理确定公立医院薪酬水平和总量，落实公立医院分配自主权，健全以公益性为导向的考核评价机制，推进公立医院主要负责人薪酬改革，完善高层次人才和科研项目等激励机制。如湖州市建立了“1+X”公立医院薪酬制度体系，即制定1个实施方案，配套绩效工资总量核定、医院院长和业务骨干年薪制、特定岗位津贴、院长奖励基金等多项制度。四是推进医保支付方式改革。对医共体实行医保总额预算、结余留用、合理超支分担。推广住院服务按DRG、门诊服务结合家庭医生签约按人头付费等改革。五是开展“最多跑一次”改革。省、市、县三级医院联动，对群众就医感受度最高的挂号、就诊、住院等“关键小事”的薄弱点和全流程进行优化升级，推进“看病少排队”“检查少跑腿”等十大改革举措，组织督导检查，定期排名通报，促使医院提供高质高效服务，提高群众就医获得感。大力推进信息化建设，以信息整合和服务整合为纽带，推进整体化、连续性健康服务。

(四)提升县级水平，补齐基层医疗卫生服务短板

一是持续推进“双下沉、两提升”工程。发挥省市大医院技术支撑作用，做大做强县级医院，普遍建立县级胸痛、卒中、创伤、危重孕产妇救治、中医等专病中心，全面加强学科建设，推广新技术，减少县域患者外转。二是在资源配置和公共服务上优先保障基层。强化乡镇卫生院急救、全科、儿科、康复和中医药等服务，鼓励提供住院服务和适宜手术，推动乡镇卫生院达到二级以上医院医疗服务能力。长兴县通过医共体内资源纵向流动帮扶，15家乡镇卫生院均已完成等级卫生院创建，其中8家获评“全国满意乡镇卫生院”、1家获评“全国百佳乡镇卫生院”。三是打通资源供给服务“链条”。制定疾病诊疗目录，完善转诊服务，

上级医院号源优先开放给下级医院，并与医保差别化支付政策衔接，构建系统、连续、闭合的分级诊疗服务模式。德清县医共体设立连续医疗服务中心，建立县域内统一的住院床位池、专家号源池、设备预约检查池，提供省县乡三级医疗机构转诊、专家联系、床位分配、入院检查、出院回访等连续服务，引导患者首诊在基层。四是鼓励县域内社会办医疗卫生机构参与医共体建设。支持社会办医疗机构与医共体在资源共享、分级诊疗、人才培养和技术交流等方面开展合作。如湖州市德清县成立两大医共体，其中一家为社会办医院牵头。

（五）聚焦医防融合，提升群众健康素养和健康水平

一是牢固树立大卫生、大健康理念，全面推进“健康浙江建设攻坚战”。2018 年开始，省政府对各地党委政府开展“健康浙江”建设考核。二是建立激励机制。如德清县实行集团医保总额预算下的门诊按人头付费，促使集团主动提供健康服务，加强健康管理，让群众“少得病、不得病”。三是促进医防融合。推进疾控中心、妇幼保健院的专业医师下沉基层，加入家庭医生团队，提供服务与指导，做实基本公共卫生服务项目。四是转换服务模式。推进家庭医生签约服务，以基本医疗为导向，融合公共卫生和健康管理，由专科医生、全科医生和乡村医生共同参与家庭医生签约服务。

三、主要成效

（一）整合连续的分级诊疗格局基本形成

浙江省县级医院向下转诊人次同比增幅达到 10% 以上。县域医疗服务与信息化深度融合，全省建立检验、影像、心电和病理诊断共享中心的县（市、区）比例分别达 90%、100%、99% 和 89%；基层检查、上级诊断、结果互等“共享医疗”模式逐步形成，网上预约、在线支付、远程医疗、检查检验结果移动推送和药品网络配送得到普遍应用。医院看病、回家支付的信用支付方式正逐步推广。

（二）基层诊疗水平显著提升

全省医共体建设地区通过与城市大医院开展医联体建设，加强县级医院专科建设，开展远程医疗等多种方式，显著提升了县域诊疗水平。2021 年，浙江全省 72 个县（市、区）1 160 家卫生院、200 家县级医院组建成 162 家医共体；99.7% 的乡镇卫生院开设夜间门急诊，98.2% 开展门诊小手术，72.8% 提供住院服务，较好实现了强基层、提能力、惠群众的改革核心要求。

（三）医疗费用合理增长

全省医共体建设地区药品耗材采购费用平均降幅 10% 以上。通过推行临床路径管理和医保支付方式改革，县级医院和乡镇卫生院门诊、出院均次费用增长均低于 5%，基本实现了“医疗机构良性运行、医保基金可持续、患者总体负担不增加”的目标。

（四）患者就医更加便捷

借助“最多跑一次”改革的信息化应用，全省医院服务意识和能力得到提升，有效缓解了群众看病难、看病烦问题，增进了医患关系。在医共体建设地区，据第三方评估，群众满意度达到 97.8%，医务人员满意度达到 94.8%，卫生健康系统在当地政府组织的部门绩效考核中明显升档进位。2020 年城市医院高峰时段平均排队时间缩短到 2.61 分钟。

（五）医务人员收入稳步增长

全省医共体建设地区实施人事薪酬制度改革，有效激发医务人员工作积极性。湖州市科学核定薪酬总量，建立以书记院长年薪制、业务骨干年薪制、特定岗位津贴和重大贡献激励等为重点的全员岗位工资制。2020 年全市公立医院人员工资支出占比达 46.6%，人均工

资性收入达 19.23 万元，较 2015 年的 13.19 万元增长约 46%。医共体组建后，单位人变成集团人，职业前景和发展平台更大，归属感进一步增强。

（王小合 金 晨 涂斯婧）

参考文献

[1] 国家卫生健康委员会. 2022 中国卫生健康统计年鉴[M]. 北京：中国协和医科大学出版社，2022.

[2] 郭清. 中国健康服务业发展报告 2021[M]. 北京：人民卫生出版社，2021.

[3] 国家卫生健康委统计信息中心. 2018 年全国第六次卫生服务统计调查报告[M]. 北京：人民卫生出版社，2020.

[4] 詹积富. 三明市公立医院薪酬制度改革探索[J]. 中国卫生人才，2021，283(11)：16-21.

[5] 江宇. 如何治理公立医院：福建三明的启示[J]. 中国机构改革与管理，2016，47(01)：37-38.

[6] 何宪. 公立医院薪酬制度改革若干问题的思考[J]. 中国人事科学，2021，37(01)：1-12.

[7] 钟东波. 高水平、不挂钩、透明化的薪金制是公立医院薪酬制度改革的方向[J]. 卫生经济研究，2014，330(10)：25-29. DOI：10.14055/j.cnki.33-1056/f.20140922.001.

[8] 江先锋. 卫生健康事业高质量发展助力共同富裕的现实困境与路径选择[J/OL]. 西华师范大学学报(哲学社会科学版)：1-8. https://doi.org/10.16246/j.cnki.51-1674/c.20230327.001.

[9] 宋月萍. 在疫情防控中完善公共卫生服务体系建设[Z/OL]. [2023-04-25]. http://health.people.com.cn/n1/2020/1103/c14739-31916864.html.

[10] 国家卫健委. 推动优质医疗资源扩容和区域均衡布局提高全方位全周期健康服务与保障能力[EB/OL]. [2023-04-25]. https://www.ndrc.gov.cn/fggz/fgzy/shgqhy/202303/t20230317_1351375.html.

[11] 时佳. 加快薪酬制度改革助推公立医院高质量发展[Z/OL]. [2023-04-25]. http://www.zqwgw.com/art399784.aspx.

[12] 陈新光. 加速公共卫生体系建设促进健康中国提质升级[Z/OL]. [2023-04-27]. https://m.gmw.cn/baijia/2021-08/13/35078802.html.

[13] 共产党员网. 浙江全面推进县域医共体建设的探索[EB/OL]. [2023-04-25]. https://www.12371.cn/2019/07/19/ARTI1563512917660579.shtml.

[14] 国务院深化医药卫生体制改革领导小组. 浙江省全面推进县域医共体建设构建整合型医疗卫生服务体系[EB/OL]. (2019-02-15)[2023-04-27]. http://www.nhc.gov.cn/tigs/ygjb/201902/9a2340243a854f248dcf7da2341b3136.shtml.

第三章　医疗卫生服务体系发展现况

为深入贯彻党中央关于实施健康中国战略的决策部署，推动全面建立中国特色优质高效的医疗卫生服务体系，为人民群众提供全方位全周期健康服务，中共中央办公厅、国务院办公厅印发了《关于进一步完善医疗卫生服务体系的意见》。坚持以人民健康为中心，坚持预防为主，坚持医疗卫生事业公益性，推动医疗卫生发展方式转向更加注重内涵式发展、服务模式转向更加注重系统连续、管理手段转向更加注重科学化治理，促进优质医疗资源扩容和区域均衡布局，建设中国特色优质高效的医疗卫生服务体系。本章系统回顾卫生服务取得的主要成就，剖析当前的发展动态。

第一节　医疗卫生服务体系基本情况

一、医疗卫生服务体系构成情况

我国医疗卫生服务体系由医院、基层医疗卫生机构、专业公共卫生机构等组成。医院分为公立医院和社会办医院。基层医疗卫生机构为县级以下的医疗卫生机构，分为公立和社会办两类。专业公共卫生机构分为政府办专业公共卫生机构和其他专业公共卫生机构。

近年来医疗卫生机构数量总体保持稳定，截至 2021 年 11 月底，全国医疗卫生机构数达 104.4 万个。与 2020 年 11 月底比较，全国医疗卫生机构增加 12 180 个，其中：医院增加 1 339 个，基层医疗卫生机构增加 12 142 个。

截至 2021 年 11 月底，医院 3.6 万个，其中：公立医院 1.2 万个，民营医院 2.4 万个。与 2020 年 11 月底比较，公立医院减少 38 个，民营医院增加 1 377 个。

截至 2021 年 11 月底，基层医疗卫生机构 99.0 万个，其中：社区卫生服务中心（站）3.6 万个，乡镇卫生院 3.5 万个，诊所（医务室）27.5 万个，村卫生室 60.8 万个。与 2020 年 11 月底比较，社区卫生服务中心（站）增加，乡镇卫生院减少，诊所（医务室）增加，村卫生室减少。

截至 2021 年 11 月底，专业公共卫生机构 1.4 万个，其中：疾病预防控制中心 3 410 个，卫生监督所（中心）2 951 个。与 2020 年 11 月底比较，疾病预防控制中心减少 17 个，卫生监督所（中心）减少 43 个（表 3-1）。

各地区医疗卫生机构数见表 3-2。

表 3-1　全国医疗卫生机构数　　单位：个

机构分类	2020 年 11 月底	2021 年 11 月底	增减数
医疗卫生机构合计	**1 031 441**	**1 043 621**	**12 180**
一、医院	35 112	36 451	1 339
按登记注册类型分			
公立医院	11 885	11 847	−38
民营医院	23 227	24 604	1 377
按医院等级分			
三级医院	2 895	3 178	283
二级医院	10 121	10 787	666
一级医院	11 826	12 591	765
未定级医院	10 270	9 894	−376
二、基层医疗卫生机构	977 508	989 650	12 142
社区卫生服务中心（站）	35 175	36 043	868
政府办	17 411	17 638	227
乡镇卫生院	35 871	35 278	−593
政府办	35 366	34 832	−534
诊所（医务室）	261 020	275 194	14 174
村卫生室	616 531	607 597	−8 934
三、专业公共卫生机构	157 35	14 136	−1 599
疾病预防控制中心	3 427	3 410	−17
妇幼保健机构	3 068	3 024	−44
专科疾病防治院（所、站）	1 083	958	−125
卫生监督所（中心）	2 994	2 951	−43
计划生育技术服务机构	3 884	2 470	−1 414
四、其他机构	3 086	3 384	298

资料来源：国家卫生健康委网站。

表 3-2　2021 年 11 月底各地区医疗卫生机构数　　单位：个

地区	合计	医院	基层医疗卫生机构	专业公共卫生机构	其他机构
总计	1 043 621	36 451	989 650	14 136	3 384
北京	11 170	655	10 226	105	184
天津	6 350	441	5 743	84	82
河北	88 822	2 348	85 724	648	102
山西	41 925	1 436	39 995	435	59
内蒙古	24 943	798	23 666	415	64
辽宁	34 479	1 449	32 356	527	147
吉林	25 462	831	24 231	317	83
黑龙江	20 893	1 206	19 035	582	70

续表

地区	合计	医院	基层医疗卫生机构	专业公共卫生机构	其他机构
上海	6 334	427	5 674	106	127
江苏	36 707	2 040	33 596	649	422
浙江	35 477	1 455	33 412	405	205
安徽	29 450	1 337	27 500	482	131
福建	28 948	708	27 700	409	131
江西	36 808	920	35 258	549	81
山东	86 684	2 674	82 949	825	236
河南	78 194	2 362	74 727	910	195
湖北	36 402	1 148	34 697	479	78
湖南	56 610	1 712	54 287	538	73
广东	58 340	1 752	55 511	811	266
广西	34 616	801	32 906	845	64
海南	6 275	276	5 875	110	14
重庆	21 662	862	20 557	151	92
四川	83 211	2 473	79 856	710	172
贵州	29 298	1 448	27 476	321	53
云南	26 967	1 413	24 951	536	67
西藏	6 951	179	6 640	131	1
陕西	35 382	1 258	33 555	455	114
甘肃	26 156	707	24 630	783	36
青海	6 482	223	6 082	174	3
宁夏	4 551	204	4 237	95	15
新疆	18 072	908	16 598	549	17

资料来源：国家卫生健康委网站。

二、医疗卫生机构服务现况

1. 次均门诊费用 2022 年 1—9 月，全国三级公立医院次均门诊费用为 368.9 元，与去年同期比较，按当年价格上涨 6.6%，按可比价格上涨 4.5%；二级公立医院次均门诊费用为 228.7 元，按当年价格同比上涨 2.7%，按可比价格同比上涨 0.7%。

2. 次均住院费用 2022 年 1—9 月，全国三级公立医院次均住院费用为 13 914.7 元，与去年同期比较，按当年价格下降 3.9%，按可比价格下降 5.8%；二级公立医院次均住院费用为 6 800.4 元，按当年价格同比下降 0.7%，按可比价格同比下降 2.7%。

3. 诊疗人次 2022 年 1—9 月，全国医疗卫生机构总诊疗人次为 48.2 亿人次（不包含诊所、医务室、村卫生室数据），同比下降 0.7%。医院 29.8 亿人次，同比下降 2.6%，其中：公立医院 25.0 亿人次，同比下降 3.6%；民营医院 4.8 亿人次，同比增长 3.1%。基层医疗卫生机构 15.9 亿人次（不包含诊所、医务室、村卫生室数据），同比增长 2.8%，其中：社区卫生服务中心（站）5.6 亿人次，同比下降 2.9%；乡镇卫生院 8.6 亿人次，同比增长 5.6%，见表 3-3。

表 3-3　全国医疗卫生机构医疗服务量

医疗卫生机构	诊疗人次数 / 万人次		诊疗人次增长 /%	出院人次数 / 万人次		出院人次数增长 /%
	2021 年 1—9 月	2022 年 1—9 月		2021 年 1—9 月	2022 年 1—9 月	
医疗卫生机构合计	485 586.0	482 129.5	−0.7	18 225.7	18 702.3	2.6
一、医院	306 233.1	298 383.3	−2.6	14 880.1	15 306.7	2.9
按登记注册类型分						
公立医院	259 472.5	250 176.2	−3.6	12 174.7	12 471.9	2.4
民营医院	46 760.6	48 207.1	3.1	2 705.4	2 834.9	4.8
按医院等级分						
三级医院	173 273.1	170 319.7	−1.7	8 082.2	8 691.4	7.5
二级医院	102 385.4	98 386.2	−3.9	5 318.1	5 125.6	−3.6
一级医院	16 175.9	15 892.8	−1.8	817.9	844.4	3.2
未定等级医院	14 398.7	13 784.6	−4.3	661.7	645.4	−2.5
二、基层医疗卫生机构	154 885.0	159 253.4	2.8	2 632.0	2 670.6	1.5
# 社区卫生服务中心（站）	57 927.1	56 269.7	−2.9	239.0	255.7	7.0
# 政府办	41 695.3	40 085.9	−3.9	182.2	205.1	12.6
乡镇卫生院	81 388.6	85 968.8	5.6	2 340.9	2 366.0	1.1
# 政府办	80 601.2	85 338.8	5.9	2 316.9	2 350.8	1.5
三、其他机构	24 467.8	24 492.9	0.1	713.5	724.9	1.6

注：# 系其中数。不包含诊所、医务室、村卫生室数据。

资料来源：国家卫生健康委网站。

4. 出院人数　2022 年 1—9 月，全国医疗卫生机构出院人次为 18 702.3 万人次，同比增长 2.6%。医院 15 306.7 万人次，同比增长 2.9%，其中：公立医院 12 471.9 万人次，同比增长 2.4%；民营医院 2 834.9 万人次，同比增长 4.8%。基层医疗卫生机构 2 670.6 万人次，同比增长 1.5%（表 3-3）。

5. 病床使用情况　2022 年 1—9 月，医院病床使用率为 73.8%，同比降低 1.5 个百分点；社区卫生服务中心为 43.8%，同比增加 0.1 个百分点；乡镇卫生院为 50.1%，同比降低 0.3 个百分点。三级医院平均住院日为 8.3 天，比上年同期减少 0.4 天，二级医院平均住院日为 9.2 天，比上年同期增加 0.2 天（表 3-4）。

表 3-4　病床使用情况

机构分类	病床使用率 /%		平均住院日 / 天	
	2021 年 1—9 月	2022 年 1—9 月	2021 年 1—9 月	2022 年 1—9 月
医院	75.3	73.8	9.0	8.8
其中：三级医院	85.6	82.6	8.7	8.3
二级医院	71.9	70.5	9.0	9.2
一级医院	54.6	55.1	9.0	9.0
社区卫生服务中心	43.7	43.8	9.0	10.1
乡镇卫生院	50.4	50.1	6.6	6.7

资料来源：国家卫生健康委网站。

三、互联网医疗服务情况

2018 年 4 月 25 日，国务院办公厅印发《关于促进“互联网 + 医疗健康”发展的意见》，明确要健全“互联网 + 医疗健康”服务体系，同时强化行业监管和安全保障。同年 8 月，国家卫生健康委研究印发了《互联网诊疗管理办法（试行）》《互联网医院管理办法（试行）》和《远程医疗服务管理规范（试行）》等配套文件，对医疗机构的人员、技术、设备、信息安全和隐私保护等方面进行规范。推动互联网诊疗、互联网医院、远程医疗服务以及预约诊疗等互联网医疗服务快速健康发展。

新冠疫情暴发后，互联网医疗的价值得到充分印证，尤其在疫情防控的攻坚阶段，“网上就医”“在线开药”“远程会诊”“线上培训”等方式方法充分发挥了互联网医疗的优势，为特殊时期方便人民群众就医就诊做出了积极贡献。在新冠疫情防控中，为规范互联网医疗诊疗活动，国家卫生健康委适时印发《关于在疫情防控中做好互联网诊疗咨询服务工作的通知》《关于在国家远程医疗与互联网医学中心开展新冠肺炎重症危重症患者国家级远程会诊工作的通知》《关于开展线上服务进一步加强湖北疫情防控工作的通知》等文件，并联合国家医保局印发了《关于推进新冠肺炎疫情防控期间开展“互联网 +”医保服务的指导意见》、联合国家中医药局办公室联合制定了《互联网诊疗监管细则（试行）》，相关政策的颁布实施不仅及时满足了人民群众在新冠疫情期间的就医用药需求，还为疫情后互联网医疗持续高质量发展提供了制度保障。

当下我国三级医院的诊疗人次、入院人数均超过一级医院、二级医院，医疗服务整体呈“倒三角”状态，而互联网医疗可以推动区域内诊疗信息互通互联，便携开展预约诊疗、双向转诊，有利于推进分级诊疗，缓解医疗资源分布不均的现状。近年来，我国互联网医疗始终保持高增长态势，新冠疫情更是刺激了互联网医疗需求的增长，其市场规模由 2012 年的 23.1 亿元增长至 2019 年的 271.7 亿元，年复合增长率达 42.21%，预测 2023 年我国互联网医疗市场规模将达 876.1 亿元，同比增长 25.1%。

2022 年 12 月 26 日，国家卫生健康委员会办公厅印发《关于对新型冠状病毒感染实施“乙类乙管”的总体方案》，正式结束了此前的“乙类甲管”阶段。经过新冠疫情的检验，互联网医疗需求扩大，互联网医疗的发展也迎来了政策窗口期。2023 年 3 月，中共中央办公厅、国务院办公厅印发了《关于进一步完善医疗卫生服务体系的意见》，提出发展“互联网 + 医疗健康”，建设面向医疗领域的工业互联网平台，加快推进互联网、区块链、物联网、人工智能、云计算、大数据等在医疗卫生领域中的应用，加强健康医疗大数据共享交换与保障体系建设。上述政策联动发力，无疑为互联网医疗的继续发展注入了强心针。

第二节　卫生人才队伍建设现况

一、医师队伍服务能力

（一）医师队伍现状

我国卫生健康事业发展统计公报显示：截至 2021 年年末，全国卫生人员总数达 1 398.3 万人，比上年增加 50.8 万人（增长 3.8%）。卫生人员总数中，卫生技术人员 1 124.2 万人，执业（助理）医师 428.7 万人。与上年比较，卫生技术人员增加 56.4 万人（增长 5.3%）。

2021年年末卫生人员机构分布：医院847.8万人（占60.6%），基层医疗卫生机构443.2万人（占31.7%），专业公共卫生机构95.8万人（占6.9%），见表3-5。

2021年，每千人口执业（助理）医师3.04人，每万人口全科医生3.08人。

表3-5　全国各类医疗卫生机构人员数　　单位：万人

机构类别	人员数		卫生技术人员	
	2020年	2021年	2020年	2021年
总计	**1 347.5**	**1 398.3**	**1 067.8**	**1 124.2**
医院	811.2	847.8	677.5	711.3
公立医院	621.3	646.1	529.2	552.4
民营医院	189.9	201.7	148.2	158.9
基层医疗卫生机构	434.0	443.2	312.4	330.2
#社区卫生服务中心	52.1	55.5	44.4	47.6
社区卫生服务站	12.7	12.8	11.4	11.6
乡镇卫生院	148.1	149.2	126.7	128.5
专业公共卫生机构	92.5	95.8	72.7	76.4
#疾病预防控制中心	19.4	21.0	14.5	15.8
妇幼保健机构	51.5	54.2	42.9	45.4
卫生监督所（中心）	7.9	8.0	6.4	6.7
其他机构	9.8	11.4	5.2	6.3

注：资料来源于国家卫生健康委网站。卫生人员和卫生技术人员包括公务员中取得“卫生监督员证书”的人数。

（二）医师队伍服务能力

1. 门诊和住院量　2021年，全国医疗卫生机构总诊疗人次达84.7亿人次，比上年增加7.3亿人次（增长9.4%）。2021年居民到医疗卫生机构平均就诊6.0次。

2021年总诊疗人次中，医院38.8亿人次（占45.8%），基层医疗卫生机构42.5亿人次（占50.2%），其他医疗卫生机构3.4亿人次（占4.0%）。与上年比较，医院诊疗人次增加5.6亿人次，基层医疗卫生机构诊疗人次增加1.3亿人次。

2021年公立医院诊疗人次32.7亿人次（占医院总诊疗数的84.3%），民营医院6.1亿人次（占医院总诊疗数的15.7%）。

2021年乡镇卫生院和社区卫生服务中心（站）门诊量达20.0亿人次，比上年增加1.5亿人次。乡镇卫生院和社区卫生服务中心（站）门诊量占门诊总量的23.6%，比上年下降0.3个百分点。

2021年全国医疗卫生机构入院人数24 726万人，比上年增加1 713万人（增长7.4%），居民年住院率为17.5%。

2021年入院人数中，医院20 149万人（占81.5%），基层医疗卫生机构3 592万人（占14.5%），其他医疗机构985万人（占4.0%）。与上年比较，医院入院人数增加1 797万人，基层医疗卫生机构入院人数减少115万人，其他医疗机构入院人数增加32万人。

2021年，公立医院入院人数16 404万人（占医院总入院人数的81.4%），民营医院3 745万人（占医院总入院人数的18.6%）。

2021年，医院医师日均担负诊疗6.5人次和住院2.2床日，其中：公立医院医师日均担负诊疗 7.0 人次，住院 2.2 床日。

2. 病床使用　2021 年，全国医院病床使用率为 74.6%，其中：公立医院为 80.3%。与上年比较，医院病床使用率增加 2.3 个百分点（其中公立医院增加 2.9 个百分点）。2021 年医院出院者平均住院日为 9.2 日（其中：公立医院为 9.0 日），与上年比较，医院出院者平均住院日减少 0.3 日（其中：公立医院减少 0.3 日）。

3. 改善医疗服务　截至 2021 年年底，二级及以上公立医院中，54.5% 开展预约诊疗，91.3% 开展临床路径管理，64.6% 开展远程医疗服务，87.6% 参与同级检查结果互认，92.0% 开展优质护理服务。

4. 血液保障　2021 年，全年无偿献血人次数达到 1 674.5 万人次，采血量达到 2 855.9 万单位，较 2020 年分别增长 7.5% 和 8.0%，千人口献血率达 12。

（三）中医药服务

1. 中医类机构、床位及人员数　2021 年，全国中医类医疗卫生机构总数达 77 336 个，比上年增加 4 981 个。其中：中医类医院 5 715 个，中医类门诊部及诊所 71 583 个，中医类研究机构 38 个。与上年比较，中医类医院增加 233 个，中医类门诊部及诊所增加 4 753 个（表 3-6）。

2021 年，全国中医类医疗卫生机构床位为 150.5 万张，其中：中医类医院 119.7 万张（占 79.5%）。与上年比较，中医类医疗卫生及结构床位增加 7.2 万张，其中：中医类医院床位增加 4.9 万张。

2021 年，提供中医服务的社区卫生服务中心占同类机构的 99.6%，社区卫生服务站占 93.0%，乡镇卫生院占 99.1%，村卫生室占 79.9%。

2021 年，全国中医药卫生人员总数达 88.4 万人，比上年增加 5.5 万人（增长 6.6%）。其中：中医类别执业（助理）医师 73.2 万人，中药师（士）13.6 万人。两类人员较上年均有所增加。

表 3-6　全国中医类医疗卫生机构数和床位数

机构类别	机构数 / 个		床位数 / 张	
	2020 年	2021 年	2020 年	2021 年
总计	**72 355**	**77 336**	**1 432 900**	**1 505 271**
中医类医院	**5 482**	**5 715**	**1 148 135**	**1 197 032**
中医医院	4 426	4 630	981 142	1 022 754
中西医结合医院	732	756	12 614	132 094
民族医医院	324	329	42 379	42 184
中医类门诊部	**3 539**	**3 840**	**438**	**947**
中医门诊部	3 000	3 276	294	590
中西医结合门诊部	508	529	142	303
民族医门诊部	31	35	2	54
中医类诊所	**63 291**	**67 743**	—	—
中医诊所	53 560	57 695	—	—
中西医结合诊所	9 090	9 424	—	—
民族医诊所	641	624	—	—

续表

机构类别	机构数/个		床位数/张	
	2020年	2021年	2020年	2021年
中医类研究机构	**43**	**38**	—	—
中医（药）研究院（所）	34	32	—	—
中西医结合研究所	2	1	—	—
民族医（药）学研究所	7	5	—	—
其他医疗机构中医类临床科室	—	—	**284 327**	**307 292**

注：中医类临床科室包括中医科各专业、中西医结合科、民族医学科。

资料来源：国家卫生健康委网站。

2. 中医医疗服务　2021年，全国中医类医疗卫生机构总诊疗人次达12.0亿人次，比上年增加1.4亿人次（增长13.2%）。其中：中医类医院6.9亿人次（占57.5%），中医类门诊部及诊所2.0亿人次（占16.7%），其他医疗机构中医类临床科室3.1亿人次（占25.8%）。

2021年，全国中医类医疗卫生机构出院人数3 800.2万人，比上年增加296.0万人（增长8.4%）。其中：中医类医院3 151.9万人（占82.9%），中医类门诊部0.8万人，其他医疗卫生机构中医类临床科室647.5万人（占17.0%），见表3-7。

表3-7　全国中医类医疗卫生机构医疗服务量

指标	诊疗人次/万人次		出院人数/万人	
	2020年	2021年	2020年	2021年
中医类总计	**105 764.1**	**12 0 215.1**	**3 504.2**	**3 800.2**
中医类医院	**59 699.2**	**68 912.9**	**2 907.1**	**3 151.9**
中医医院	51 847.8	59 667.8	2 552.2	2 756.4
中西医结合医院	6 542.4	7 790.1	276.0	315.5
民族医医院	1 309.1	1 455.0	78.9	79.9
中医类门诊部	**3 113.6**	**3 505.9**	**0.3**	**0.8**
中医门诊部	2 741.0	3 104.9	0.2	0.3
中西医结合门诊部	368.2	394.8	0.1	0.4
民族医门诊部	4.4	6.2	—	—
中医类诊所	**15 738.2**	**16 875.7**	—	—
中医诊所	12 808.7	13 835.4	—	—
中西医结合诊所	2 816.8	2 918.3	—	—
民族医诊所	112.7	122.0	—	—
其他医疗卫生机构中医类临床科室	**27 213.2**	**30 920.6**	**596.8**	**647.5**
中医类服务量占医疗服务总量的百分比/%	**16.8**	**16.9**	**15.3**	**15.1**

资料来源：国家卫生健康委网站。

（四）面临挑战

1. 提升医疗卫生人才能力　加大基层、边远地区和紧缺专业人才培养扶持力度，缩小城乡、地区、专业之间人才配置差距。推进农村卫生人才定向培养，落实执业医师服务基层制度，鼓励医师到基层、边远地区、医疗资源稀缺地区和其他有需求的医疗机构多点执业。

激励乡村医生参加学历教育、考取执业（助理）医师资格，推进助理全科医生培训。加强公共卫生、全科、儿科、重症医学、呼吸、精神科、传染病、老年医学等领域急需紧缺专业人才培养培训，完善公共卫生与临床医学复合型人才培养机制。继续加强全科专业住院医师规范化培训，实施全科医生转岗培训，扩大全科医生队伍。加强医教协同，落实毕业后教育和继续教育，完善住院医师规范化培训制度。实施医学高层次人才计划，培养一批领军人才。实施中医药特色人才培养工程。

2. 提高医疗卫生技术水平 加强临床医学、公共卫生和医药器械研发体系与能力建设，发展组学技术、干细胞与再生医学、新型疫苗、生物治疗、精准医学等医学前沿技术。加快卫生健康科技创新体系建设，突出医疗卫生机构创新资源聚集平台的作用，依托高水平医疗机构建设国家临床医学研究中心。坚持临床研究和临床救治协同，强化科研攻关在重大公共卫生事件应对中的重要支撑作用，推进重大传染病、重大疾病等相关疫苗、检测技术、新药创制等领域科研攻关。努力突破技术装备瓶颈，加快补齐高端医疗装备短板。

3. 提升服务便捷性 积极运用互联网、人工智能等技术，持续优化服务流程。建设智慧医院，推行分时段预约诊疗和检查检验集中预约服务，推广诊间结算、移动支付、线上查询、药物配送等服务。整合打通相关线上服务终端。推进居民电子健康档案应用，完善授权调阅和开放服务渠道及交互方式。逐步拓展日间医疗服务，扩大远程医疗覆盖范围。积极推进新生儿相关证件多证联办。大力推动免疫规划等公共卫生服务便捷化。优化跨省异地就医直接结算服务。

二、护理队伍服务能力

（一）护理队伍现状

近年来，党和政府高度重视护理工作和护士队伍，通过公布实施《护士条例》，从法规层面保障护士队伍建设和护理事业发展；发布“十一五”“十二五”“十三五”护理事业发展规划，引领护理事业健康发展；积极建设护理学科，提高护理服务能力；开展护士岗位练兵，增强护士专业本领；推动护理改革发展，对接群众健康需求等举措，推动护士队伍快速发展，护理工作内涵不断丰富，护士专业水平稳步提升，对接群众护理需求更加精准。护士队伍快速发展，截至2021年年底，全国注册护士总数约501.8万，比2020年（约470万）增长31.8万，医护比为1∶1.39。自2017年以来，平均每年护士数量增长幅度为8%左右。护士占卫生专业技术人员比例超50%，每千人口护士数达到3.56人。护士的学历水平和专业能力不断提高，大专学历以上护士占比近80%。

（二）服务能力

1. 在重大突发公共事件的医疗救治中发挥重要作用 新冠病毒感染疫情发生以来，护士队伍承担了大量的疫情防控和医疗救治等任务，在救治患者、提高治愈率和降低病亡率等方面作出了突出贡献。

2. 护理内涵不断丰富 护士为患者提供全面、全程的优质护理服务，并将护理服务逐渐延伸至社区和居家，惠及急性期、慢性期和恢复期患者，以及老年人、妇女儿童等全人群。

3. 护理服务领域不断拓展 从机构内护理拓展到社区和居家护理，为群众提供医疗护理、老年护理、慢性病管理、心理护理、安宁疗护等服务。

（三）面临挑战

1. 加强护士队伍建设 将加强护士队伍建设作为卫生健康事业发展重要的基础工作

来抓，“十四五”护理事业发展规划明确提出，到2025年临床护理岗位护士占全院护士总量比例≥95%的预期性指标。进一步落实好《护士条例》，关心关爱护士队伍，保障护士执业安全，完善激励机制，调动护士积极性，在维护和保障人民生命安全和身体健康中发挥更大的作用。

2. 加快发展护理服务业　继续弘扬南丁格尔精神，增强人文关怀意识，扎实做好优质护理服务，深入推进护理高质量发展。要以人民健康为中心，聚焦群众对护理工作的新期盼新要求，创新护理服务方式，延伸护理服务领域，积极为群众办实事办好事，努力提供覆盖老年人、妇女儿童等全人群、全生命周期的多层次、差异化护理服务。

3. 扩大康复和护理等接续性服务供给　充分借助云计算、大数据、物联网、区块链和移动互联网等信息化技术，结合发展智慧医院和“互联网＋医疗健康”等要求，着力加强护理信息化建设。通过支持医疗资源丰富的地区将部分公立医疗机构转型为护理院和康复医院、支持社会力量举办等方式，增加康复、护理等专科医疗机构数量，完善接续性服务体系，扩大康复医疗、老年护理、残疾人护理、母婴护理、社区护理、安宁疗护及营养支持等服务供给。

三、公共卫生人才队伍服务能力

（一）公共卫生人才队伍现状

国家卫生健康事业发展统计公报显示：截至2019年年末，专业公共卫生机构95.8万人（占全国卫生人员总数6.9%），与2018年比较，专业公共卫生机构人员总数增加7.5万人。每万人口专业公共卫生机构人员6.79人。

（二）服务能力

1. 传染病报告发病和死亡　2020年1月20日国家卫生健康委发布公告，将新型冠状病毒肺炎纳入乙类传染病并按照甲类传染病管理。2022年12月26日，国家卫生健康委员会办公厅印发《关于对新型冠状病毒感染实施“乙类乙管”的总体方案》，方案提出2023年1月8日起结束新型冠状病毒感染的“乙类甲管”，进入“乙类乙管”阶段。2021年全国（不含香港、澳门特别行政区和台湾地区，下同）共报告法定传染病6 233 537例，死亡22 198人，报告发病率为442.16/10万，报告死亡率为1.57/10万。

2021年全国法定传染病按类别统计：一是甲类传染病，共报告发病6例、无死亡，其中鼠疫报告发病1例、霍乱报告发病5例。报告发病率为0.000 4/10万。报告发病数较2019年报告发病数减少9例，死亡减少3例。二是乙类传染病，其中传染性非典型肺炎、脊髓灰质炎、人感染高致病性禽流感、白喉和人感染H7N9禽流感无发病、死亡报告，其他共报告发病2 727 282例，死亡22 179人，报告发病率为193.45/10万，较2020年上升1.6%；报告死亡率为1.57/10万，较2020年下降15.9%。报告发病数居前5位的病种依次为病毒性肝炎、肺结核、梅毒、淋病和布鲁氏菌病，占乙类传染病报告总数的93.3%；报告死亡数居前5位的病种依次为艾滋病、肺结核、梅毒、淋病和布鲁氏菌病，占乙类传染病报告总数的99.7%（表3-8）。三是丙类传染病，共报告发病3 506 249例，死亡19人，报告发病率为248.71/10万，报告死亡率为0.001 3/10万。报告发病数居前5位的病种依次为手足口病、其他感染性腹泻病、流行性感冒、流行性腮腺炎和急性出血性结膜炎，占丙类传染病报告总数的99.9%；报告死亡的病种依次为手足口病、其他感染性腹泻病、流行性感冒和包虫病，占丙类传染病报告死亡总数的100%（表3-9）。

2021 年全国甲乙类传染病按传播途径统计：一是肠道传染病，发病 104 564 例，死亡 21 人，报告发病率为 7.42/10 万，较 2020 年下降 2.6%；报告死亡率为 0.001 5/10 万，较 2020 年下降 16.7%。二呼吸道传染病，发病 694 520 例，死亡 1 772 人，报告发病率为 49.26/10 万，较 2020 年下降 11.2%；报告死亡率为 0.13/10 万，较 2020 年下降 73.3%。三是自然疫源及虫媒传染病，发病 80 951 例，死亡 230 人，报告发病率为 5.74/10 万，较 2020 年上升 38.4%；报告死亡率为 0.016/10 万，较 2020 年下降 12.8%。四是血源及性传播传染病，发病 1 847 230 例，死亡 20 155 人，报告发病率为 131.03/10 万，报告死亡率为 1.43/10 万，分别较 2020 年上升 6.4% 和 3.2%。

表 3-8　全国甲、乙类传染病报告发病及死亡数

病名	发病数 / 例		死亡数 / 人	
	2020 年	2021 年	2020 年	2021 年
总计	**2 673 228**	**2 727 288**	**26 289**	**22 179**
鼠疫	4	1	3	—
霍乱	11	5	—	—
传染性非典型肺炎	—	—	—	—
艾滋病	62 167	60 154	18 819	19 623
病毒性肝炎	1 138 781	1 226 165	588	520
脊髓灰质炎	—	—	—	—
人感染高致病性禽流感	—	—	—	—
麻疹	856	552	—	—
流行性出血热	8 121	9 187	48	64
狂犬病	202	157	188	150
流行性乙型脑炎	288	207	9	6
登革热	778	41	—	—
炭疽	224	392	—	2
细菌性和阿米巴性痢疾	57 820	50 403	2	3
肺结核	670 538	639 548	1 919	1 763
伤寒和副伤寒	7 011	7 244	5	—
流行性脑脊髓膜炎	50	63	3	5
百日咳	4 475	9 611	1	2
白喉	2	—	—	—
新生儿破伤风	34	23	1	1
猩红热	16 564	29 503	1	—
布鲁氏菌病	47 245	69 767	—	3
淋病	105 160	127 803	—	—
梅毒	464 435	480 020	54	30
钩端螺旋体病	297	403	8	2
血吸虫病	43	13	—	—
疟疾	1 051	783	6	3
人感染 H7N9 禽流感	—	—	—	—
新型冠状病毒感染	87 071	15 243	4 634	2

资料来源：国家卫生健康委网站。

表 3-9 全国丙类传染病报告发病及死亡数

病名	发病数 / 例		死亡数 / 人	
	2020 年	2021 年	2020 年	2021 年
合计	**3 133 500**	**3 506 249**	**85**	**19**
流行性感冒	1 145 278	668 246	70	4
流行性腮腺炎	129 120	119 955	1	—
风疹	2 201	840	—	—
急性出血性结膜炎	28 471	28 350	—	—
麻风病	200	180	—	—
斑疹伤寒	1 069	1 310	—	—
黑热病	202	230	1	—
包虫病	3 327	2 799	1	1
丝虫病	—	1	—	—
其他感染性腹泻病	1 062 277	1 329 790	9	6
手足口病	761 355	1 354 578	3	8

资料来源：国家卫生健康委网站。

2. 妇幼保健 2021 年，孕产妇产前检查率为 97.6%，产后访视率为 96.0%。与上年比较，产前检查率和产后访视率均有提高。2021 年住院分娩率为 99.9%（市 100.0%，县 99.9%），基本实现全部住院分娩。3 岁以下儿童系统管理率达 92.8%，与上年基本持平；孕产妇系统管理率达 92.9%，比上年略有提高。据妇幼卫生监测，2021 年 5 岁以下儿童死亡率 7.1‰，其中：城市 4.1‰，农村 8.5‰；婴儿死亡率 5.0‰，其中：城市 3.2‰，农村 5.8‰。与上年相比，5 岁以下儿童死亡率、婴儿死亡率均有不同程度下降。全国孕产妇死亡率为 16.1/10 万，其中：城市 15.4/10 万，农村 16.5/10 万。与上年相比，全国孕产妇死亡率有所下降。

全国所有县（市、区）普遍开展免费孕前优生健康检查，2021 年全国共为 823 万名计划怀孕夫妇提供免费检查，目标人群覆盖率平均达 93.5%。筛查出的风险人群全部获得针对性的咨询指导和治疗转诊等服务，落实了孕前预防措施，有效降低了出生缺陷的发生风险。

（三）面临挑战

1. 完善专业公共卫生机构管理 推进公共卫生服务体系改革，优化完善疾病预防控制机构职能设置，规范面向社会提供的公共卫生技术服务。选优配强领导班子，实行岗位分级分类管理，提高专业技术人才比例。严格执行技术规范，强化质量控制、风险防范和绩效考核。

2. 提高公共卫生服务能力 健全公共卫生体系，加强专业公共卫生机构和医院、基层医疗卫生机构的公共卫生科室标准化建设。完善各类专业公共卫生机构人员配备标准，加强疾病预防控制能力和队伍建设。构建资源联动、统一质控、信息共享的公共卫生实验室检测网络，提升检验检测能力。健全监测预警体系，提高重大疫情早发现能力。加强重大疫情防控救治体系和应急能力建设，建立健全分级、分层、分流的重大疫情救治机制。完善公共卫生应急管理体系，分级分类组建公共卫生应急队伍。制定医疗卫生机构公共卫生责任清单，明确各类医疗机构公共卫生人员岗位职责和配备要求，并纳入绩效考核。健全公共卫生医师制度，探索赋予公共卫生医师处方权。探索建立基层军医到地方急救机构执业培训机制。

3. 创新医防协同、医防融合机制 公立医疗机构设立公共卫生科等直接从事疾病预防控制工作的科室。全面推进医疗机构和专业公共卫生机构的深度协作，建立人才流动、交叉培训、服务融合、信息共享等机制。探索疾病预防控制专业人员参与医疗联合体工作，建立社区疾病预防控制片区责任制，完善网格化的基层疾病预防控制网络。以重点人群和重点疾病管理为主要内容，优化公共卫生服务，对孕产妇、婴幼儿、学生、职业人群和老年人等开展针对性的健康促进和预防保健服务。

第三节 分级诊疗体系建设现况

一、基层医疗卫生机构服务能力建设

党中央历来高度重视基层和农村卫生工作，尤其是党的十八大以来，以习近平同志为核心的党中央坚持以人民为中心的发展思想，把人民健康放在优先发展的战略地位，召开全国卫生与健康大会，提出党的新时代卫生与健康工作方针，将“以基层为重点”放在首要位置。《中华人民共和国基本医疗卫生与健康促进法》确定了基层医疗卫生体系在医疗卫生服务体系中的基础地位。

近年来，各级卫生健康行政部门按照党中央、国务院的总体部署和要求，认真开展相关工作，各地基层卫生健康工作取得积极进步和明显成效。但一些地区对“以基层为重点”重视不够，基层卫生发展不平衡、不充分问题依然突出，与人民群众健康需求和经济社会发展要求相比还存在较大差距。为切实把“以基层为重点”落到实处，推动基层卫生健康高质量发展，促进健康中国建设等国家战略实施，2022 年 7 月国家卫生健康委印发《卫生健康系统贯彻落实以基层为重点的新时代党的卫生与健康工作方针若干要求》，从加强基层卫生健康工作的组织管理、加大基层投入和帮扶力度、提高服务效果，以及监测评估等方面，对卫生健康系统贯彻落实“以基层为重点”提出 14 条要求。主要是推动各地以更高站位，更好机制，更多人力、财力、物力资源促进基层卫生健康加快高质量发展。为落实 2022 年政府工作报告和《“十四五”国民健康规划》有关要求，统筹推进常态化疫情防控和基本公共卫生服务工作，持续提升基本公共卫生服务均等化水平，国家卫生健康委印发了《关于做好 2022 年基本公共卫生服务工作的通知》。

完善乡村医疗卫生体系，是全面推进健康中国建设的迫切要求，也是全面推进乡村振兴的应有之义。为进一步深化改革，促进乡村医疗卫生体系健康发展，2023 年 2 月 23 日，中共中央办公厅、国务院办公厅印发了《关于进一步深化改革促进乡村医疗卫生体系健康发展的意见》。

二、紧密医疗联合体集团建设

医联体是由不同级别、类别医疗机构之间，通过纵向或横向医疗资源整合所形成的医疗机构联合组织。开展医联体建设，是整合区域内医疗资源，促进优质医疗资源下沉，提升基层医疗服务能力，完善医疗服务体系的重要举措，是推动建立合理有序分级诊疗模式的重要内容。2015 年 9 月，国务院办公厅印发的《关于推进分级诊疗制度建设的指导意见》（国办发〔2015〕70 号）指出，以提升基层医疗卫生服务能力为导向，探索建立包括医疗联合体、对口支援在内的多种分工协作模式。2016 年 6 月，各省政府制定相应实施措施，推动

优质医疗资源下沉，逐步建立基层首诊、双向转诊、急慢分治、上下联动的分级诊疗制度。2016 年 12 月，国家卫生计生委发布的《关于开展医疗联合体建设试点工作的指导意见》提出，结合区域内医疗资源结构与布局，充分考虑医疗机构地域分布、功能定位、服务能力、业务关系、合作意愿等因素，分区域、分层次就近组建医联体。鼓励将社会力量举办医疗机构纳入医联体，探索多种形式的医联体组建形式。2017 年 4 月，国务院办公厅印发的《关于推进医疗联合体建设和发展的指导意见》（国办发〔2017〕32 号）指出，不断完善医联体组织管理模式、运行机制和激励机制，逐步建立完善分工协作机制。2019 年 5 月，国家卫生健康委、国家中医药管理局印发的《关于开展城市医疗联合体建设试点工作的通知》（国卫医函〔2019〕125 号）指出，统筹规划城市医联体建设，充分整合区域医疗资源，形成城市医联体网格化布局管理。医联体建设全面推开，进入规范化发展新阶段。

2020 年 7 月，国家卫生健康委、国家中医药管理局印发的《医疗联合体管理办法（试行）》（国卫医发〔2020〕13 号）指出，加快推进医联体建设，逐步实现医联体网格化布局管理。截至 2020 年年底，全国组建城市医疗集团 1 666 个，跨区域专科联盟 5 900 个，面向边远贫困地区的远程医疗协作网 4 075 个，全国范围内与二、三级医院建立稳定帮扶、协作关系的社区卫生服务中心、乡镇卫生院占比达 87.5%，较 2015 年增长 39.5%。共组建县域医疗共同体 4 028 个，全国县域内就诊率达到 94%，较 2015 年同期增长 9.8 个百分点，“大病不出县”的目标基本实现。分级诊疗成效不断显现，患者就医流向逐步趋于合理。全国双向转诊人次数由 2015 年的 1 058 万人次增长到 2020 年 2 507.5 万人次，年均增长 19.5%。其中，下转患者占双向转诊患者比例由 2015 年的 13.9% 提升到 2020 年的 28%。2020 年上转患者人次数首次出现下降，同比下降 3.4%，“上转容易、下转难”问题逐渐缓解。其中涌现出一批优秀典型，2021 年 10 月 29 日国家卫生健康委办公厅发布《关于推广三明市分级诊疗和医疗联合体建设经验的通知》，总结了三明市分级诊疗和医联体建设试点经验，提出了推进分级诊疗和医联体建设的重点工作任务。2022 年 5 月国务院办公厅发布《深化医药卫生体制改革 2022 年重点工作任务》，强调深入推进紧密型县域医共体建设和体制机制改革、推行以按病种付费为主的多元复合式医保支付方式、深入推进“互联网 + 医疗健康”“五个一”服务行动。

2023 年 1 月，为贯彻落实《国务院办公厅关于推进分级诊疗制度建设的指导意见》（国办发〔2015〕70 号）、《国务院办公厅关于推进医疗联合体建设和发展的指导意见》（国办发〔2017〕32 号）、《国务院办公厅关于推动公立医院高质量发展的意见》（国办发〔2021〕18 号）等文件要求，按照深化医药卫生体制改革重点工作任务安排，国家卫生健康委、国家发展改革委、财政部、人力资源社会保障部、国家中医药局、国家疾控局决定联合在全国开展紧密型城市医疗集团建设试点，并印发了《紧密型城市医疗集团建设试点工作方案》。

2023 年 3 月，中共中央办公厅、国务院办公厅印发了《关于进一步完善医疗卫生服务体系的意见》，提出推进城市医疗联合体建设，应当结合新型城镇化、人口老龄化发展趋势，合理布局各级各类医疗卫生机构，明确功能定位。在城市地区网格化布局由市级医院、区级医院、社区卫生服务机构、护理院、专业康复机构、安宁疗护机构等组成的医疗联合体。推进县域医共体建设，应当在农村地区以县域为单位发展医共体，由县级医院牵头，其他若干家县级医疗卫生机构及乡镇卫生院、社区卫生服务中心等为成员单位。

三、国家“双中心”建设

“双中心”是国家医学中心和国家区域医疗中心的简称。党的十八大以来，党中央、国务院紧密围绕人民群众对优质医疗服务的新期盼，结合当前我国医疗服务体系建设实际，积极研究实现优质医疗资源扩容和区域均衡布局的有效路径，在“十三五”和“十四五”医疗卫生事业和医疗服务体系规划中，积极谋划双中心整体布局，将双中心设置与建设工作列入《中华人民共和国国民经济和社会发展第十四个五年规划和 2 035 远景目标纲要》，并通过立法形式将双中心固化下来。

国家卫生健康委按照党中央、国务院决策部署，抓紧研究推进双中心规划设置工作，印发系列规范性文件，明确设置标准和程序，搭建信息系统，确保工作有序、有力推进。截至 2022 年 10 月已经设置了呼吸、中西医结合、老年、儿童、创伤、神经、传染等国家医学中心和儿童类别的国家区域医疗中心。近 5 年来，双中心培养了一批具有国际影响力的医学领军人才，医疗技术水平和 CMI 值持续提升，牵头或参与制定多项国际领域的指南，在建立现代医院管理制度、落实分级诊疗制度中发挥表率作用，成为公立医院高质量发展的“先行者”。为进一步规范双中心设置与管理，加强部门间协调配合，形成有利于双中心发展和发挥作用的政策环境，国家卫生健康委制定了《国家医学中心管理办法（试行）》和《国家区域医疗中心管理办法（试行）》。《国家医学中心管理办法（试行）》包括 7 章 32 条，《国家区域医疗中心管理办法（试行）》包括 6 章 23 条，主要有以下几方面：

（1）明确管理办法制定的依据、双中心的功能定位，以及国家卫生健康委作为双中心主管部门的有关职责。

（2）确定双中心管理的组织架构，对国家卫生健康委组建的工作专班、技术专班和专家组提出要求，并明确省级卫生健康行政部门、依托的主体医院、双中心的职责任务。

（3）规定双中心的设置流程包括制定规划和标准、组织申报和审核、提请审议和设置等步骤，提出编制规划的主要考虑、设置标准的主要内容，并进一步明确了双中心的申报、审核、设置的具体要求，充分体现了“规划引领、标准在前、客观评价、规范设置”的工作原则。

（4）明确双中心依托的主体医院隶属关系不变，实行主体医院党委领导下的中心主任负责制。要求双中心明确内部架构，特别强调了各中心之间要建立协同工作机制，重大事项和年度工作应当报告，并且不得以中心名义设立分中心、分支机构。

（5）明确主管部门对设置的国家医学中心进行年度考核，并确定了考核形式、考核内容以及根据考核结果建立动态调整机制的具体要求。

（6）强调专家组的规范管理，提出专家组成员实行聘任制度，对专家的基本条件、工作纪律、解聘情形进行了描述。

四、医养结合发展推进

截至 2022 年年底，我国 60 岁及以上老年人口达到 2.8 亿，占比上升 0.9 个百分点；65 岁及以上人口增加 922 万人，占比上升 0.7 个百分点。预计“十四五”时期，60 岁及以上老年人口总量将突破 3 亿，占比将超过 20%，进入中度老龄化阶段。2035 年左右，60 岁及以上老年人口将突破 4 亿，在总人口中的占比将超过 30%，进入重度老龄化阶段。在人口老龄化不断加剧的背景下，人民群众对医疗养老的需求与日俱增，满足数量庞大的老年群众多方面需求，事关国家发展全局，事关百姓福祉。2019 年国务院办公厅印发的《关于推进养老服务发展的意见》提出，持续完善居家为基础、社区为依托、机构为补充、医养相结合的养老服务体系。2020 年 10 月，国家卫生健康委等三部门发布《医养结合机构管理指南（试行）》，对医养结合机构的定位、服务内容、设置、管理要求等各方面进行了明确。《中共中央关于制定国民经济和社会发展第十四个五年规划和二〇三五年远景目标的建议》提出,“构建居家社区机构相协调、医养康养相结合的养老服务体系”。持续不断地支持和规范医养结合机构发展,有助于进一步健全养老服务体系,切实提升老年人的获得感和满意度。2023 年 3 月,中共中央办公厅、国务院办公厅引发的《关于进一步完善医疗卫生服务体系的意见》对于促进医养结合,提出应合理布局养老机构与综合医院老年医学科、护理院、康复疗养机构、安宁疗护机构等,推进形成资源共享、机制衔接、功能优化的老年人健康服务网络。建立健全医疗卫生机构与养老机构业务协作机制,积极开通养老机构与医疗机构的预约就诊、急诊急救绿色通道,提升养老机构举办的医疗机构开展医疗服务和药事管理能力,协同做好老年人慢性病管理、康复和护理服务。推动基层医疗卫生机构支持老年人医疗照护、家庭病床、居家护理等服务。截至 2021 年年底,全国设有 1 个国家老年医学中心和 6 个国家老年疾病临床医学研究中心;设有老年医学科的二级及以上综合性医院 4 685 个,建成老年友善医疗机构的综合性医院 5 290 个;设有临终关怀(安宁疗护)科的医疗卫生机构 1 027 个。全国报告两证齐全的医养结合机构 6 492 家,全国医疗卫生机构与养老服务机构开展签约合作 7.8 万对。

我国自 2016 年组织医养结合试点工作开始,至 2023 年国家级医养结合试点工作圆满结束,通过两批次确定了 90 个国家级医养结合试点单位。各试点单位认真贯彻党中央、国务院决策部署,落实重点任务,积极探索医养结合经验,在建设医养结合专业人才队伍、发展居家社区养老服务、发展机构养老服务、深化医养签约服务等方面均取得了积极成效。第一,建设医养结合专业人才队伍方面,辽宁省、贵州省分别通过组建医养健康产业学院、康养职业大学等方式,积极培养全日制本科层次医养结合人才,为医养结合事业高质量发展提供人才支持;四川省、福建省通过调整医疗卫生机构养老服务绩效工资分配、适当增加养老机构服务计算比重等多种方式优化人才激励政策,调动医务人员参与医养结合服务的积极性。第二,发展居家社区养老服务方面,江苏省苏州市以老年医院、老年护理院为支撑,以社区卫生服务机构、护理站、家庭病床为依托,将养老服务延伸至社区和家庭;河南省郑州市从不同层级整合资源,设置市级、县级、乡级、村级养老服务机构,通过“四级联动”的方式为居民提供居家养老服务,大大提高了养老服务的可及性。第三,发展机构养老服务方面,上海市普陀区积极探索网络平台优势,将地区内的养老机构通过“健康云”平台进行对接,开发远程可视化服务系统,为家庭医生远程提供老年健康管理服务提供了平台,同时还可为养老机构护理员提供远程指导;河北省邢台市在多家乡镇卫生院规划医养结合服务设施,同时推进乡镇卫生院与特困人员供养服务机构(如敬老院等)毗邻建设,促进二者服务衔接;云南省昆明市因地制宜,鼓励医疗资源富裕的医疗机构拓展医养结合服务,将闲置床位改造为养老床位,促进机构养老服务发展。第四,深化医养签约服务方面,天津市津南区将基层医疗卫生机构与辖区内养老机构签约纳入基层绩效考核评价体系,促进辖区内医养签约服务发展;北京市海淀区推动医疗机构就近与养老机构建立签约合作关系,提供健康管理、上门巡诊等服务。

案例:

深圳市社区“小阵地”助力基层健康治理情况介绍

2020 年,首批 18 个健康中国行动推进典型经验案例在全国范围推介,供各地参考借鉴，取得了良好的社会反响。2021年，健康中国行动推进委员会办公室评选出32个案例作为在全国推介的第二批健康中国行动推进地区典型经验案例。

一、基本情况

为了更好地助力健康社区建设，探索新时代“共建共治共享”的基层健康治理模式，深圳市卫生健康委、深圳市计生协决定从2019年起，用三年时间推动原有的社区生育文化中心转型为社区家庭发展服务中心（以下简称“家发中心”），在全市打造聚焦家庭发展和家庭健康的卫生健康宣传服务新阵地，助力“共建共治共享”基层健康治理在“最后一公里”再添新的“落脚点”和“试验田”。

二、主要做法

（一）出台标准

2019年，市卫生健康委、市计生协联合出台《深圳市社区生育文化中心转型为家庭发展服务中心工作方案》，坚持“立足实用、适度超前”的原则，突出科学育儿、青少年健康、家庭健康、生殖健康、养老照护、家庭文化、幸福家庭“七个促进”标准，委托设计团队制定了《家庭发展服务中心视觉识别系统》和《家庭发展服务中心基本建设标准》，规划了幼儿天地、青春加油站、心理健康咨询室、健康讲堂、颐养堂等功能区域。

（二）树立标杆

2020年，全市举办家发中心品牌评选活动，授予3个家发中心“助力民生幸福标杆品牌阵地”称号，并发文公布阵地条件优良、惠民活动丰富、运维机制完善的14个家发中心为市级示范阵地。

（三）鼓励多元

鼓励基层根据工作条件、场地情况、经费额度，因地制宜地加快推进阵地建设。目前，既有新建家发中心的模式，也有升级改造原有生育文化中心的模式，还有工厂企业内建设家发中心的模式和融入党群服务中心、街道公共服务综合体、社区文化站、社康中心等模式。此外，深圳还承接了中国计生协多个阵地探索试点项目，成功筹建了青春健康俱乐部、暖心家园、优生优育指导中心等国家级阵地。

三、推进成效

截至2021年6月，深圳市通过新建、改造、融入等各种方式，建成家发中心308个，让市民在“家门口”的“小阵地”享受到更多“贴心”的服务。

（一）“菜单式”服务，让市民参与基层健康治理更自主

按照“家庭所需、居民所急、自己所能”的原则，建立了涵盖预警评估、个案咨询、智能自助、健康管理、危机干预、宣传教育六大服务的双向“菜单库”，以社区居民线上线下“自主点菜”、家庭发展服务中心“下单配菜”的形式，让医学专家、营养师、专业心理治疗师等为居民提供个性化、特色化的“菜单式”服务。

（二）“智能化”服务，让市民参与基层健康治理更方便

家发中心配备网络血压计/血糖仪、健康初筛机器人、智能步道等网络智能设备，接入“智慧健康社区”云平台，自动上传设备记录，在线自动分析数据。健康初筛机器人2分钟即可帮助居民快速了解自身健康状况，筛查报告自动上传手机，人工智能医师提供报告深度解读及饮食运动改善方案。

（三）“趣味化”服务，让市民参与基层健康治理更愉悦

设定“轻松活泼、生态健康、亲和互动”主题，内设亲子活动区、家长畅谈区、多媒体

活动区、悄悄话室（心理咨询活动室）等，前台装饰超大面积绿色植物墙，安置了“生命之树”“童趣树”“丰收之树”等象征生命过程的装饰物，让大小市民都乐意参与“趣味化”活动。

四、经验启示

深圳推动家发中心建设，通过链接政府、群团组织、企业、个人各种资源，在中心逐步实现了参与主体多元化、活动内容多元化、资金来源多元化。

（一）链接人力资源，实现基层健康治理参与主体的多元化

全市区、街道、社区建立计生协 707 个，各级干部约 1 200 人，建立生育关怀志愿队伍 454 支，“志愿深圳”平台注册志愿者 1.4 万多人，全市建立流动人口计生协近千个，树立示范单位 93 个。有的家发中心推动辖区科技公司新建计生协“孕妈咪驿站”，创新“驿站进驻员工办公区域”模式。

（二）链接项目资源，实现基层健康治理活动内容的多元化

有的家发中心充分吸纳辖区优质医疗健康服务资源，利用社区网格、社区义工服务平台等，重点开展婴幼儿早期教育服务和中老年健康教育服务，兼顾中青年生殖健康教育服务。有的家发中心引入“掌心里的宝贝”活动，围绕“听懂宝宝哭声”“正确的哺乳姿势”“通过肌肤接触让亲子关系更密切”等课题，为辖区家庭支招。有的家发中心打造“社区亲子互助中心”，链接多种资源，构建“1+3+N”运营模式，为居民提供定期儿童健康筛查、宝妈身体调理、亲子教育等 N 种特色服务。

（三）链接经费资源，实现基层健康治理资金来源的多元化

有的街道整合政府资源，链接社会资源，链接优质社会公益机构及企业，累计链接公益产值价值 86 万余元。

（施军平　张　伟　谷云鹏　孔婷婷　吕柯鑫）

参考文献

[1] 郭清. 中国健康服务业发展报告 2021［M］. 北京：人民卫生出版社，2021.

[2] 国家卫生健康委员会. 2021 年我国卫生健康事业发展统计公报［A/OL］.（2022-07-12）［2023-03-05］. http://www.nhc.gov.cn/guihuaxxs/s3586s/202207/51b55216c2154332a660157abf28b09d.shtml.

第四章　健康管理服务

近年来，我国的健康管理服务处于快速发展阶段，健康管理服务的内容已由单纯的健康体检发展为包含健康体检、健康风险评估、健康干预与随访等连续性和多样化的服务模式。伴随着经济社会和信息技术的发展，人民生活水平逐渐提升，健康观念逐渐增强，互联网健康管理服务技术日益成熟，居民期盼和需要高质量的健康管理服务。国家层面出台的各类政策文件中多次提到健康管理相关内容，党的二十大报告中提到，“把保障人民健康放在优先发展的战略位置，完善人民健康促进政策。加强重大慢性病健康管理，提高基层防病治病和健康管理能力。”在健康中国战略和老龄化背景下，亟待大力发展健康服务业，从而为人民群众提供全方位、全周期、全过程的健康管理服务。本章将对健康管理服务行业的现状和发展两方面进行阐述。

第一节　健康管理服务行业发展现状

一、健康管理服务行业需求现状

（一）影响健康管理服务行业需求的因素

党的二十大以来，我国持续将“人民健康”置于优先发展的战略地位，以普及健康生活、优化健康服务、完善健康保障、建设健康环境、发展健康产业为重点，加快推进健康中国建设。随着我国经济社会的发展，人民对于健康的追求日益增长，整个社会对健康生活的关注程度就成为衡量社会发展的一把标尺。我国对健康管理服务行业的重视和引导，实质是国家对“人民健康水平”的关注在社会行业领域当中的进一步延伸。就健康管理服务行业需求而言，影响健康管理服务行业发展的因素主要有以下几点。

1. 国家对人民健康的重视程度　2021 年 3 月，《中华人民共和国国民经济和社会发展第十四个五年规划和 2035 年远景目标纲要》提出，“要把保障人民健康放在优先发展的战略位置，坚持预防为主的方针，深入实施健康中国行动，完善国民健康促进政策，织牢国家公共卫生防护网，为人民提供全方位全生命期健康服务。”同年 7 月，《“十四五”优质高效医疗卫生服务体系建设实施方案》指出，“支持改善重点人群健康服务基础设施条件，全面提高全方位全生命周期健康服务能力。”将“全民健康”作为衡量“全面小康”的重要标准，体现了国家对人民健康的关注。2022 年 5 月，《“十四五”国民健康规划》指出，“要求全面推进健康中国建设，加快实施健康中国行动，壮大健康新业态、新模式，做优做强健康产业。”健康管理服务行业的蓬勃发展是新时代推进建设健康中国的应有之义，也是我国实现高质量发展的必由之径（表 4-1）。

表 4-1　2019—2023 年国家健康管理服务行业相关政策整理

年份	发文机关	文件名称
2019	健康中国行动推进委员会	《健康中国行动（2019—2030 年）》
	国家卫生健康委、国家中医药管理局	《关于加强老年护理服务工作的通知》
2020	国家卫生健康委	《国家卫生健康委关于全面推进社区医院建设工作的通知》
	国家卫生健康委、全国老龄办、国家中医药管理局	《关于加强老年人居家医疗服务工作的通知》
	中国银保监会办公厅	《中国银保监会办公厅关于规范保险公司健康管理服务的通知》
2021	国家发改委	《中华人民共和国国民经济和社会发展第十四个五年规划和 2035 年远景目标纲要》
	国家发改委、国家卫生健康委、国家中医药管理局等	《“十四五”优质高效医疗卫生服务体系建设实施方案》
	国家卫生健康委	《关于开展老年医疗护理服务试点工作的通知》
2022	国家卫生健康委	《“十四五”卫生健康标准化工作规划》
	国务院办公厅	《“十四五”国民健康规划》
2023	中共中央办公厅、国务院办公厅	《关于进一步深化改革促进乡村医疗卫生体系健康发展的意见》
	中共中央办公厅、国务院办公厅	《关于进一步完善医疗卫生服务体系的意见》

2. 我国人口老龄化程度　随着经济社会的发展，“银发浪潮”态势严峻。2021 年 5 月公布的第七次人口普查数据显示：我国 60 岁及以上人口数量已突破 2.64 亿，占总人口的 18.70%。在人口总体增长缓慢、人口老龄化增速的反向变动背景下，我国将不可避免地大踏步进入中重度老龄化社会，并维持长久稳定。随着人口老龄化程度的加剧，老年人群体的健康问题越来越受到关注，他们更易患一些与年龄相关的慢性疾病，且人体生理功能和代谢水平会随着年龄的增长而逐渐下降，故老年人健康管理需求相对较高，需要更为细致的健康管理服务，在向老年人提供健康管理服务时需要相关的技能和技术支持，同时要关注个体差异和特殊需求，确保老年人得到合理、安全、有效的医疗卫生服务。在老龄化社会下，还应加强社区医疗卫生服务的建设，建立完善的老年人健康管理网络，并发挥家庭和社会的作用，实现老年人健康照护的全方位覆盖。这需要卫生部门、医疗机构和社会资本等多方合作，协同推动健康管理服务的发展，更好地满足老年人群体的健康需求。

3. 国民健康状况　国民健康状况代表一个国家或地区人民的健康水平和健康问题的总体情况。在国民健康状况不佳的情况下，许多人会面临各种健康问题和疾病，需要更多的医疗卫生服务和健康管理服务，以提高生活质量和预防疾病的发生。国民健康状况还会影响整个国家或地区的医疗卫生服务需求。《2022 年中国健康管理白皮书》显示，仅六成居民满意当前健康状况，64.7% 的受访者生活作息不规律，65.3% 的受访者对缺乏锻炼的生活习惯产生担忧。因此，在提供健康管理服务时，需要充分考虑对国民健康状况的影响，制定更为全面、差异化的服务方案，以便更好地满足人们对健康管理服务的需求，提高国民健康水平。同时，需要加强公共卫生和医疗卫生资源投入，推进健康管理服务的创新和发展，加快健康中国建设。

4. 人民健康素养水平　健康素养是指个体掌握和运用健康知识、技能及价值观进行自我管理和自我保健的能力水平，也是衡量个人和群体健康管理能力的重要指标。全国健康素养监测结果显示：2021 年我国居民健康素养水平达到 25.40%（图 4-1）。全国城市居民健康素养水平为 30.70%，农村居民为 22.02%，较 2020 年分别增长 2.62 个百分点和 2.00 个百分点。我国居民健康素养水平提高，会对自身健康问题赋予更大的关注，在健康饮食、合理运动、心理健康等方面具备更多的自我保健和健康管理能力，随之对健康管理服务的需求也会有所变化，比如更倾向于健康促进、疾病预防和社区医疗等方面的服务。

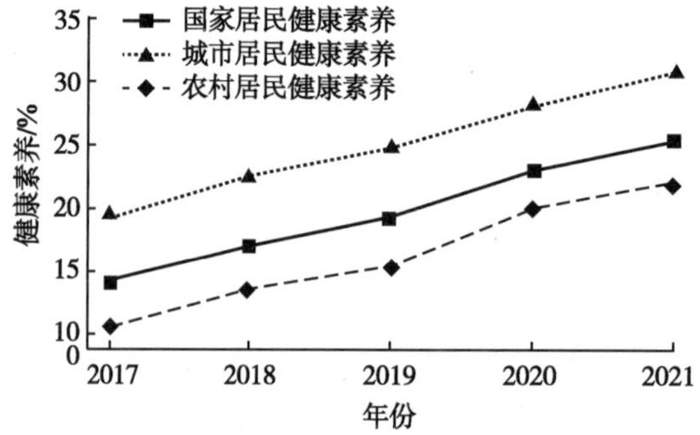

图 4-1　2017—2021 年中国国民健康素养

资料来源：2017—2021 年《中国居民健康素养监测报告》。

5. 慢性病负担程度　慢性病通常需要长期、持续的治疗和管理，给患者带来相当大的生活和经济负担。2022 年《中国卫生统计年鉴》数据显示：心脏病、恶性肿瘤和脑血管病是造成人死亡的主要疾病，占城市居民死亡率的 71.96%（图 4-2）。现有研究显示，慢性病患者需要更加关注健康管理，以防止疾病恶化并改善生活质量。因此，他们通常需要更多的健康管理服务，例如定期体检、合理的饮食、适当的锻炼、疾病监测、药物治疗等。另外，慢性疾病的负担程度还会影响患者对健康管理服务的接受程度和主动性。一些患者可能因为疾病带来的负担过重，而缺乏主动性和积极性，导致无法有效地管理疾病。因此，在提供健康管理服务时，需要针对不同患者的实际情况，制定个性化、差异化的服务方案，以提高服务的可接受性和有效性。

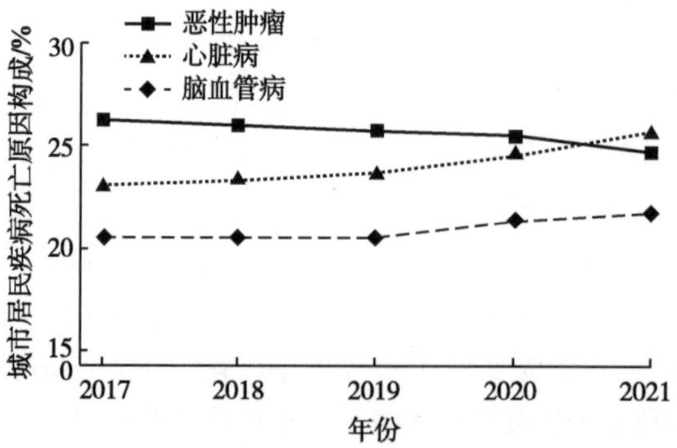

图 4-2　2017—2021 年我国城市居民三种主要疾病死亡原因构成

资料来源：2018—2022 年《中国卫生统计年鉴》。

（二）健康管理服务行业需求现状

近年来，居民的健康意识快速提高，居民对健康体检更加重视，促进居民进行主动健康管理，提高疾病的早诊率，降低慢性病的发生率。在健康管理服务行业需求现状方面呈现以下特点。

1. 健康管理服务需求不断增加，创造健康管理源动力　从健康检测方面看，健康管理服务需求的增加会促进健康检测技术和设备的进一步发展。随着医疗技术的不断更新，越来越多高精度、无创、便捷、低成本的健康检测技术被广泛使用。通过智能化、信息化技术的结合，人们可以足不出户完成健康检测，并及时获得检测结果。从健康评估方面看，健康管理服务需求的增加会推动健康评估工作的改进与提高。通过健康管理服务的精准分析和评估，全面掌握个体健康信息，包括健康状况、疾病风险、生活方式、营养摄入等因素，可以制定个性化的健康管理方案，帮助人们更好地控制疾病风险，提高生活质量。从健康干预方面看，健康管理服务需求的增加将推动健康干预工作的进展和改进。在个体健康状况评估、诊断和治疗计划制定之后，实施多样化健康干预手段辅助治疗。此外，还可以借助健康管理平台和移动 APP 等新兴科技手段实现健康管理的信息化和智能化，提升健康干预的效率和准确性。

2. 健康管理服务需求群体拓展，创造健康消费新潜力　健康管理服务需求的群体拓展趋势日益明显。一方面，母婴、老年人等特殊人群的健康管理需求日益增加；另一方面，慢性病年轻化趋势显现，年轻人也成为健康管理服务的需求群体。这些变化将对健康管理服务行业需求现状产生诸多影响。首先，母婴、老年人等特殊人群对健康管理服务的需求，将推动健康管理服务行业向专业化、精细化方向发展。针对不同人群的特点和需求，需要设计定制化的健康管理方案，包括营养管理、运动康复、情感疏导等方面。其次，慢性病年轻化趋势的显现，将引起健康管理服务行业服务形态和内容的调整和优化。随着慢性病患者的不断增加，需要推出更加特色化、个性化的健康管理服务，迎合年轻人的多样化需求。

3. 健康管理服务需求业态融合，激发健康行业新并力　随着科技的进步和消费者需求的不断变化，健康管理服务业态呈现多元化、融合化的业态趋势（表 4-2）。首先，业态融合可以提升健康管理服务的效果和质量。以运动 + 健康管理为例，健身俱乐部和健康管理机构合作可以将体育锻炼和健康管理有机结合，进一步提高健康管理服务的实效性和针对性。又如旅游 + 健康管理可以让人们在度假中进行健康管理，打破传统健康管理的单一模式，推动健康管理服务行业的多元化发展。其次，业态融合有利于带动相关产业的发展。以互联网 + 健康管理为例，随着移动互联网技术的不断发展，健康管理服务也逐渐呈现数字化和智能化趋势。大数据、人工智能等技术的运用，可以有效提升服务质量和提高工作效率。

表 4-2　健康管理服务业业态融合形式概述

融合业态	主要特征	代表机构
运动 + 健康管理	将运动与健康管理相结合，通过各种手段和专业团队提供个性化、精准、便捷的健康管理服务	Keep、妙健康等
旅游 + 健康管理	将旅游体验与健康管理相结合，为人们提供更为全面、科学、健康的旅游体验	太阳谷明日小镇、马蜂窝旅游等
互联网 + 健康管理	将互联网技术与健康管理相结合，为人们提供更加便捷、智能、个性化的健康管理服务	阿里健康、京东健康、平安好医生、微医等

续表

融合业态	主要特征	代表机构
保险＋健康管理	将保险和健康管理相结合，通过保险保障和健康管理服务，提高个人健康水平和风险防范措施	中国人寿、中国平安、太平洋保险、泰康保险等
中医＋健康管理	将中国传统医学和健康管理相结合，通过中医传统理论与现代健康管理手段相结合，为人们提供全面、科学、贴心的健康管理服务	浅蓝健康、像数智慧中医等
养老＋健康管理	将养老服务和健康管理相结合，通过科学的管理手段和多方面协同合作，为老年人提供全方位的健康管理与养老服务	中健联盟、中国健康养老等
康复＋健康管理	将康复服务和健康管理相结合，通过现代科技手段和多学科协作，为患者提供个性化、全方位的康复和健康管理服务	中康之家、康复之家等

4. 健康管理服务业数字化转型，注入行业发展新活力　随着科技的持续发展，健康管理服务行业也面临数字化转型的重大机遇（图 4-3）。首先，数字化转型将促进健康管理服务的个性化和精准化发展。通过数字技术和人工智能等技术手段，健康管理服务机构可以收集、分析和利用海量数据，更好地掌握患者健康情况和治疗效果，提高服务的质量和效率。同时，数字化技术也可以支持健康管理服务机构开发新型的个性化产品和服务，如远程医疗、健康 APP、虚拟医生等，真正满足患者的个性化需求。其次，数字化转型有助于推进健康管理服务的创新和多元化发展。数字化技术可以支持健康管理服务机构开发新型的产品和服务，如预防、诊断和治疗方案等，推动健康管理服务行业的多元化发展。此外，数字化转型还可以推进健康管理服务机构之间的合作和整合，形成健康管理服务业联合体，实现资源共享和优势互补，提高行业整体竞争力。

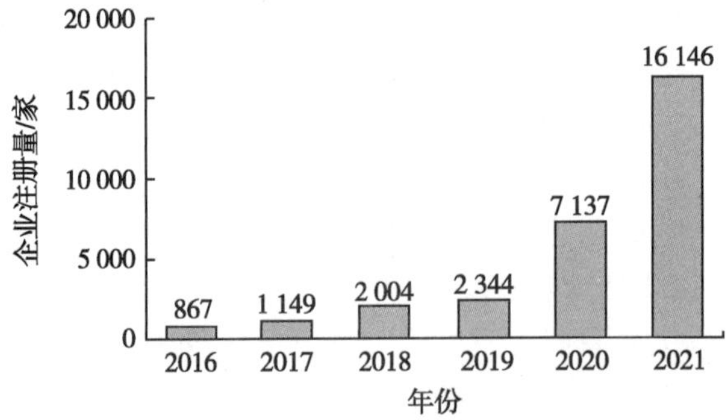

图 4-3　2016—2021 年中国数字健康管理企业注册数量

资料来源：《2022 年中国健康管理服务行业发展历程、主要产业政策及发展建议》。

二、健康管理服务行业供给现状

（一）我国健康管理服务业发展情况

随着市场需求的不断扩大，健康管理服务产业实践不断引领发展，经营模式也在不断创新和变革，多样化成为其主要特点。各企业和机构都在致力于为顾客提供更全面、专业、便捷的健康管理服务，以满足市场的不断变化和升级。根据中商产业研究院整理的数据，2016—2022年，健康管理及健康解决方案市场规模呈现逐年增长的趋势，市场规模从2016年的24 469亿元增长到2022年的49 346亿元（图4-4）。《2023—2029年中国健康管理行业深度调研与产业竞争格局报告》显示，健康管理公司的主要经营模式可划分为以下类型：体检主导型、中药调理型、资源整合型、自我服务型、技术服务型、私人医生型。

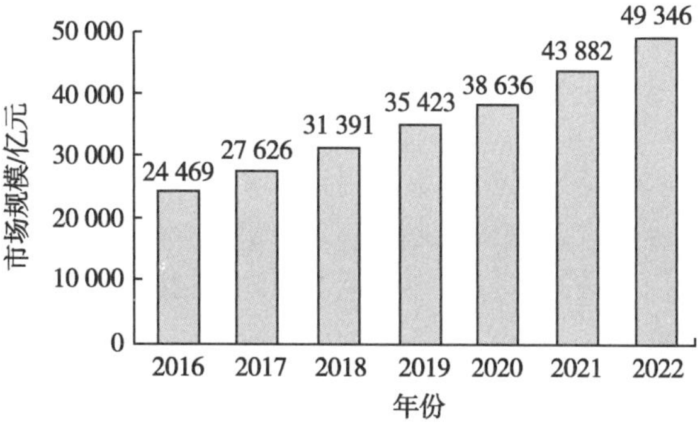

图4-4　2016—2022年健康管理及健康解决方案市场规模

资料来源：《2023年中国健康管理及健康解决方案及其细分领域市场规模预测分析》。

（二）我国健康管理服务供给主体分类

国家和社会鼓励民营企业进入健康管理服务市场，使得我国现阶段健康管理服务市场愈加多元化，健康管理服务市场更加富有活力。从经营领域角度来看，健康管理服务供给主体可分为：①医疗机构的健康管理中心，主要提供医疗健康管理服务；②互联网企业类，主要通过互联网平台提供线上咨询、预约挂号、诊疗、药品配送、健康管理等服务；③健康保险公司，主要通过提供健康保险产品，鼓励人们进行健康管理，同时也提供一定程度的健康管理服务；④健康管理公司，主要提供健康管理服务，如基因检测、慢性病管理、互联网健康管理等；⑤基层医疗卫生机构，主要向辖区居民提供国家基本健康管理服务，如健康档案的建立、慢性病患者的健康管理等。

（三）我国健康管理服务供给客体划分

我国健康管理服务供给对象的划分，主要是以人群特征和需求为依据，划分具有多样性和灵活性，可以根据人群特征、疾病类型、职业类别、区域差异等多方面因素进行分类，从而更准确地满足不同人群对健康管理服务的需求。健康管理服务供给对象的多元化和个性化划分，不仅可以更准确地满足不同人群的需求，同时，也为健康管理服务机构提供了更加多元化和个性化的服务方案和策略。以疾病类型为例，不同类型的疾病需要不同的管理和干预措施，可分为慢性病健康管理、传染病健康管理、心理疾病健康管理等。因此，针对不同类型的疾病，健康管理服务可以提供个性化的服务，帮助患者更好地管理和控制疾病。

（四）我国健康管理服务供给技术发展

数字化技术和智能化技术在健康管理服务业中发挥了重要作用，从促进健康数据的采集、管理和分析，到实现个性化的健康管理和健康干预。通过数字化技术，可以高效地收集、存储、处理和应用健康数据，为健康管理服务提供强大的支持。在健康管理服务中，数字化技术可以通过多种方式进行健康数据采集，包括电子健康档案、生物传感器、移动设备、社交媒体等。这些技术可以实现对健康数据的集中管理和云端存储，方便健康管理服务提供商进行数据的存取和管理。健康管理平台可以通过云端存储和管理患者的健康数据，包括临床记录、检验报告、影像数据等，便于医生和患者进行查阅和分享。此外，数字化技术可以通过数据挖掘、大数据分析、人工智能等技术，对健康数据进行深度挖掘和分析，从中发现健康风险、预测健康状况、提供个性化健康建议等。数字化技术还可以支持健康管理服务的在线预约、在线咨询、远程监护等，方便用户随时随地获取健康管理服务。

随着智能化技术的普及，其在健康管理服务业中的应用也越来越广泛。智能化技术主要体现在自然语言处理、图像识别、智能推荐等技术与健康管理服务的结合。例如，通过自然语言处理技术，健康管理服务可以实现与用户的语音或文字交互，更加人性化地了解用户的健康需求和提供健康建议。图像识别技术可以用于解析患者的医学影像数据，辅助医生进行诊断和治疗决策。智能推荐技术可以根据用户的健康数据和健康目标，为用户推荐更加个性化的健康管理服务。

第二节　健康管理服务行业发展分析

随着我国经济快速发展和人口老龄化进程加快，国内中产群体队伍不断壮大的同时，慢性病患者呈现井喷式增长，疾病负担也持续加重，亚健康人群比例持续增高，人民群众对于健康管理服务的需求也在稳步上升。5G 的推广、人民健康观念的强化、以人民健康为中心的医疗服务模式转变，促进了健康管理服务相关技术不断升级，健康服务模式不断优化，健康管理服务与其他健康服务业融合度进一步加深。我国健康管理服务相关主要发展领域涉及健康体检、健康保险、运动健身、功能食品、互联网慢性病管理服务，以及以社区和企业为重点场所的健康管理服务也呈现快速发展趋势。

一、健康管理服务行业发展的核心领域

（一）健康体检服务

健康管理服务的第一个关键步骤就是健康检测，其主要手段就是健康体检。通过健康体检可以收集个体健康信息、进行疾病早期筛查，从而帮助居民有效预防疾病，节省医疗费用支出。国家政策的支持、健康体检消费需求持续攀升等因素将有力推动健康体检行业发展。《“十四五”国民健康规划》强调，要做优做强健康产业，围绕健康促进、慢性病管理等需求，重点发展健康管理。不断增加规范化健康管理服务供给，不断提升健康体检、健康风险评估、健康咨询和健康干预等服务水平。老龄化程度进一步加剧，人民生活方式转变，疾病风险尤其是慢性病风险整体提升，导致我国体检市场规模快速扩容，行业发展前景广阔。民众体检意识不断增强，2022 年体检人次达 5.05 亿人次，同时伴随着重大阳性检出率的提升，民众健康意识越来越强。美年健康集团联合北京大学医学部美年公众健康研究院联合编制的《美年健康 2022 年度健康体检大数据蓝皮书》数据覆盖全国 31 个省（自治区、直辖市），以劳动力人口为主 1 647 万人的健康体检结果显示，体检异常结果检出率前五名依次为：肺结节（54%）、超重肥胖（50%）、甲状腺结节（47%）、脂肪肝（40%）和幽门螺杆菌感染（33%）（图 4-5）。同时国民生活水平持续提升、健康服务消费升级，国民健康体检行业的市场需求旺盛。

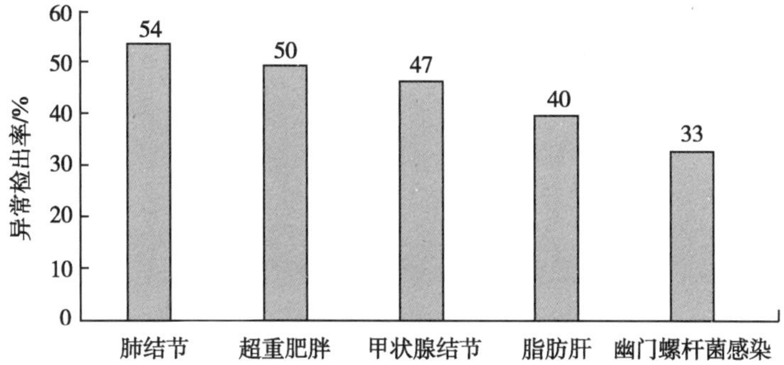

图 4-5　中国人群前五位体检异常结果检出率（1 647 万样本量）

资料来源：美年健康集团联合北京大学医学部美年公众健康研究院联合编制《美年健康 2022 年度健康体检大数据蓝皮书》。

健康体检以往的服务模式是以高端医疗设备检查为基础，进行疾病筛查，预测健康状态的发展趋势。未来健康体检将会通过科学管理病例档案，强化健康数据分析存储，优化疾病跟踪随访管理，接入医疗保险支付体系，协同健康保险及第三方健康管理服务企业，联动就医转诊和后续护理，打造全方位健康服务平台，开启全面健康管理服务新时代。如美年健康以健康体检为核心业务，集健康咨询、健康评估、健康管理于一体，依托全国范围的网络布局、庞大的客户群体、海量的健康大数据，以及标准化的医疗健康服务体系，在专业预防、精准筛查、慢性病管理、医疗管家式服务等领域，为企业和个人客户提供高品质的健康管理服务，在预防医学领域拥有显著的影响力。截至 2021 年年底，美年健康在全国近 300 座城市布局 600 多家体检中心，已实现中国内地版图全覆盖。美年健康拥有 6.5 万名员工，其中行业专家、医技护人员 3.5 万余人组成专业服务和顾问团队，自 2015 年公司上市以来累计为超过 1.6 亿人次提供专业健康体检服务。

（二）健康保险服务

健康保险主要包括医疗保险、疾病保险、失能收入损失保险、护理保险以及医疗意外保险五大类，共 5 000 多种产品，能够满足人民群众多样化、多层次和个性化的健康保障需求。随着我国老龄化进程不断加快、人民生活水平日益提高，国民对疾病的预防和控制需求日趋增强，健康管理相关健康消费与日俱增，促使医疗保险、健康保险销售量不断提升，健康保险市场发生着日新月异的变化。尤其随着重大疾病保险的大范围普及和短期百万医疗险欣欣向荣的发展景象，健康管理服务的重要性越发凸显。此外，商业健康险正向健康保障和医疗服务方向发展，其经营主体正加速医疗健康生态领域的发展。截至 2022 年年底，中国健康保险保费收入 8 653 亿元，较上年同期增加 206 亿元，同比增长 2.44%，2017—2022 年国内健康保险保费收入呈现持续上升趋势（图 4-6）。

2020 年 9 月 6 日，中国银保监会办公厅印发《关于规范保险公司健康管理服务的通知》，明确了保险公司提供的健康管理服务，就是对客户的健康状况进行监测、分析和评价，对健康危险因素进行干预，从而控制客户疾病的发生和发展，使其保持健康状态。服务内容包括健康体检、健康咨询、健康促进、疾病预防、慢性病管理、就医服务、康复护理等。保险公司提供健康管理服务，能通过预防客户疾病发生、控制疾病发展、促进疾病康复，降低疾病发生率、提升健康水平，同时丰富健康保险业务内涵，强化保险公司风险管理专业能力，促进健康服务资源的合理使用，优化健康服务资源的配置与整合，不仅强化了健康险产品保

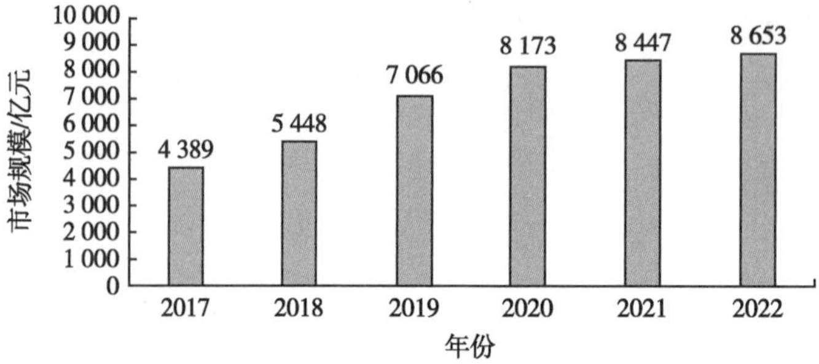

图 4-6　2017—2022 年中国健康保险保费收入

资料来源：2023 年中国银行保险监督管理委员会、共研产业咨询《中国健康险行业市场现状分析及市场前景评估报告》。

险与服务的综合特征，还体现了“经济补偿 + 健康服务”双重功能，促进了商业保险不断开发健康管理服务与健康险融合的长期健康险产品。

（三）老年健康管理服务

我国社会老龄化将继续呈现老年人口基数大、老龄化速度快、慢性病与失能患者多、“未富先老”和服务保障供给不平衡等特点。《“十四五”国民健康规划》指出，开展老年人健康素养促进项目，做好老年健康教育，加强老年期重点疾病的早期筛查和健康管理，到 2025 年，65 岁及以上老年人城乡社区规范健康管理服务率达到 65% 以上。对于提升医养结合发展水平，要健全医疗卫生机构和养老服务机构合作机制，为老年人提供治疗期住院、康复期护理、稳定期生活照料、安宁疗护一体化的服务，进一步增加居家、社区、机构等医养结合服务供给。国内老年群体的健康管理服务模式主要由医院服务模式、社区服务模式以及由老年健康管理机构提供服务的第三方服务模式构成。鉴于以上三种模式，有学者提出一种综合模式——“体 - 医 - 养融合”模式，以“传统体育、医疗保健、老年康养”为基本手段的一体化、综合性服务模式，通过整合政府、社区、社会组织、医院、保险机构的各项资源，对老年群体实施全方位的管理、监控与保障（图 4-7）。上海市杨浦区殷行街道就是“体 - 医 - 养”建设的先行者，殷行街道与复旦大学附属肿瘤医院、体育学院运动健康学院共同推进健康社区“体 - 医 - 养”深度融合。殷行街道还将创新打造国家级社区运动健康中心示范点，做深做实社区（运动）健康师项目，不断拓展“党建 + 健康”内涵，完善“健康 + 治理”举措，丰富“健康 + 健身”项目。

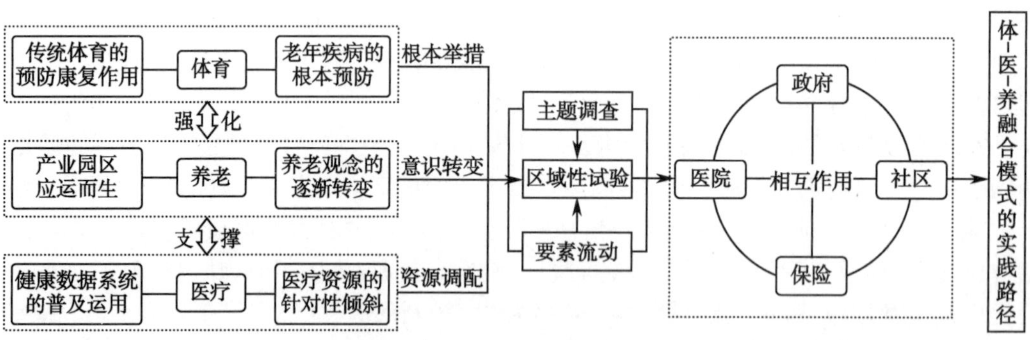

图 4-7　“体 - 医 - 养融合”模式

资料来源：张宇飞等，基于老年群体的体 - 医 - 养融合健康管理模式：域外经验与本土实践，2022 年。

（四）互联网慢性病管理

慢性病已成为我国人民健康的头号杀手，慢性病管理已上升至我国战略层面。我国各类慢性病患者合计超过 4 亿人，慢性病相关的医疗支出约占总医疗支出的 70%。因此慢性病管理一直是医疗市场中开发潜力极大的板块。目前，我国对慢性病的管理仍然基于针对急重症的传统管理模式，即在医院的场景下对慢性病进行治疗和管理。但大部分慢性病如糖尿病患者会在家里进行治疗和管理，所以，需要把医疗从院内扩展到院外。无论院内还是院外的慢性病管理，一定要采用医学的手段去应对。随着互联网和物联网技术的发展，不但可以通过线上对患者进行健康教育，帮助患者及时察觉身体不适，提早预防疾病发生，而且能进行线上复诊、随诊，使患者获得专业医生的诊疗服务和用药指导。此外，患者可以及时上传自身监测数据，医生给出健康管理建议，方便进行疾病持续管理等。目前大部分互联网慢性病管理平台提供的服务主要包含线上诊疗、医药电商、健康管理和增值服务等。随着互联网 + 慢性病复诊费用纳入医保，深度老龄化将激发互联网慢性病管理需求进一步提升。大量循证医学证据证明了互联网慢性病管理对减缓病程、预防并发症的积极作用，有利于通过线上渠道为慢性病的自我诊疗市场带来增量。据统计，互联网慢性病管理市场规模在 2024 年有望达到 2 177.1 亿元，实现复合增速 25.7%。

某互联网慢性病管理企业持续深耕智能医疗市场，与全国数百家医院合作进行信息化平台及应用建设，致力于开发专为糖尿病患者与专业医疗机构量身打造的“全院血糖智能管理系统”，实现独有的“院内 + 院外”一体化服务模式，连接医疗信息系统中的一座座“孤岛”，将优质医疗资源利用最大化，使患者利益最大化。该企业的“全院血糖智能管理系统”通过“互联网 + 慢性病管理”模式，将血糖检测硬件血糖仪与健康 APP 及医院端数据进行打通，连通糖尿病患者院内、院外信息，提升用户产品体验的同时实现了从医院糖尿患者专业照护到个人自我管理监控的无缝衔接和智能管理，真正做到了对患者的院内外一体化全病程管理，受到了医护人员、患者以及医疗机构等多方面的一致认可。

（五）营养干预产品市场丰富

营养是健康的基石，营养干预是维护健康最经济的手段。近年来，营养产品如维生素和膳食补充剂（VDS）、运动营养产品以及体重管理产品等相关的健康管理服务市场发展迅速。运动营养类产品包括增肌蛋白粉、运动营养棒、左旋肉碱等。膳食补充剂包括美容产品、维生素补充剂、增强免疫力制剂、各类矿物质、助消化产品等。体重管理产品包括蛋白奶昔、混合饮品、减肥茶、代餐食品等。从规模占比来看，维生素和膳食补充剂占据绝对主导地位，占整个保健品行业 90% 以上的份额；但从发展趋势上看，其占比呈逐年下降趋势，运动营养产品呈增速迅猛态势。同时，营养干预对于疾病管理也起着重要作用。由于个体差异的存在，尽管食用相同的食物，个体之间也会有不同的表现，从而导致个体疾病或健康状态的差异。这就要求对于个体需要量身定制营养方案，精准营养的概念也由此提出。可以预见，精准营养干预将助力慢性疾病的预防和干预，是营养科学今后发展的重要方向，也是未来大健康产业发展的必然趋势。

二、健康管理服务行业发展的新兴领域

（一）企业健康管理服务

中华人民共和国人力资源和社会保障部 2021 年统计公报显示，截至 2021 年年末，全国就业人口达 7.5 亿人。2023 年第九次全国职工队伍状况调查结果显示，目前全国职工总数

4.02 亿人左右。职业人群数量众多，职业健康危害因素不断出现，职业人群生理、心理等健康问题已成为亟待应对的职业健康新挑战。美世（中国）有限公司发布的《2022 中国职场员工健康风险报告》数据显示，参与调研的 26 720 名职场员工中，有 22% 的员工已患慢性病，44% 的员工在参与调查前四周内存在心理不良感受。职工超重率为 35%，比 2020 年上涨 6%；吸烟率为 16%，较 2020 年有所改善；64% 的员工缺乏身体活动；60% 的员工睡眠不足，远超过 2020 年的 48%。

2019 年全国爱卫办、国家卫生健康委、工业和信息化部、生态环境部、全国总工会、共青团中央、全国妇联联合印发的《健康企业建设规范（试行）》中提出，为深入开展健康企业建设，企业需重点落实以下四方面内容：建立健全管理制度、建设健康环境、提供健康管理与服务和营造健康文化。由国家体育总局体育科学研究所、北京体育大学、社会组织和相关企业组成的体育专项行动组发布的《健康中国企业行动体育专项行动计划（试行）（2022—2026）》，围绕企业健身设施、体育赛事、活动展演、体卫融合、科学健身指导、运动健康台账、智慧体育、企业体育组织、企业体育文化九大项主要工作内容，为企业不断做实做好体育工作、促进人员健康，提供了方向性的指导与建议性的措施。

目前多数企业已经开展了各类健康管理服务，包括生理健康方面的健康体检、健康讲座、锻炼 / 健身、营养和健康饮食等服务，心理健康方面的压力管理和放松、弹性工作制、娱乐项目等服务，以及财物健康。与 2020 年相比，企业在生理、心理和财务健康维度上均进行了多角度的切入和深入化的投入，比如生理健康的疾病前期管理、减重、人体功效学，心理健康的压力管理、员工援助计划、失眠干预、抑郁症识别管理等项目均普遍性增长（图 4-8）。

某生物制药公司通过全面系统的规划，提升员工的身体、心理、财物和职业健康的全面健康状态，赋能员工在人生的任何阶段，都能为自己及亲人提供关爱，充满幸福感地发掘潜力。全面健康体系包括：预防、体检、慢性病、住院、重疾全面关爱，员工、父母、子女全面覆盖的一站式数字化医疗服务；全天候身心健康热线支持；98 天男女平等育婴假期；弹性福利积分制度；打造尊重、支持、包容和辅导为导向的企业文化，营造健康的工作氛围等。

疫情使企业在保持与员工的互动和关联、提高员工工作积极性以及为员工提供支持方面遇到了前所未有的挑战。一些企业能够迅速敏捷地调整福利重心，增加对生理、心理、财务和社交健康的关注，成为员工的强心剂。与 2020 年相比，提供弹性工作制的企业升高了 12 个百分点，为 79%；在工作时间能参与健康管理项目升高了 7 个百分点，为 81%。

某医药公司自受到新冠疫情的影响以来，将员工的健康作为企业首要关注的因素。除了为员工提供健康的工作场所，持续推行以员工需求为导向的弹性福利计划外，致力于更好地帮助员工在工作之余照顾好自己和家人。具体包括：组织各类线上线下活动，维系增进员工感情；开展线上瑜伽等在线培训课程及活动；改版内部认可项目，通过随时随地表达感谢和认可，赋能个体；通过健康项目和 APP 促进员工身心健康状态；主张“周五无会议”平衡员工生活和工作；公司支付费用鼓励员工与家人一起用餐。

（二）居家健身服务

健身是健康管理服务中运动干预的重要内容和常见形式。2021 年，国家体育总局发布《“十四五”体育发展规划》推动体育产业成为国民经济支柱性产业，国务院发布《全民健身计划（2021—2025 年）》推进体育产业数字化转型。全民健身上升为国家战略，健身人数不断上升。至 2021 年，中国健身人数已达到 3 亿人，预计 2026 年将达到 3.2 亿人，健身渗透率将达到 29.3%。

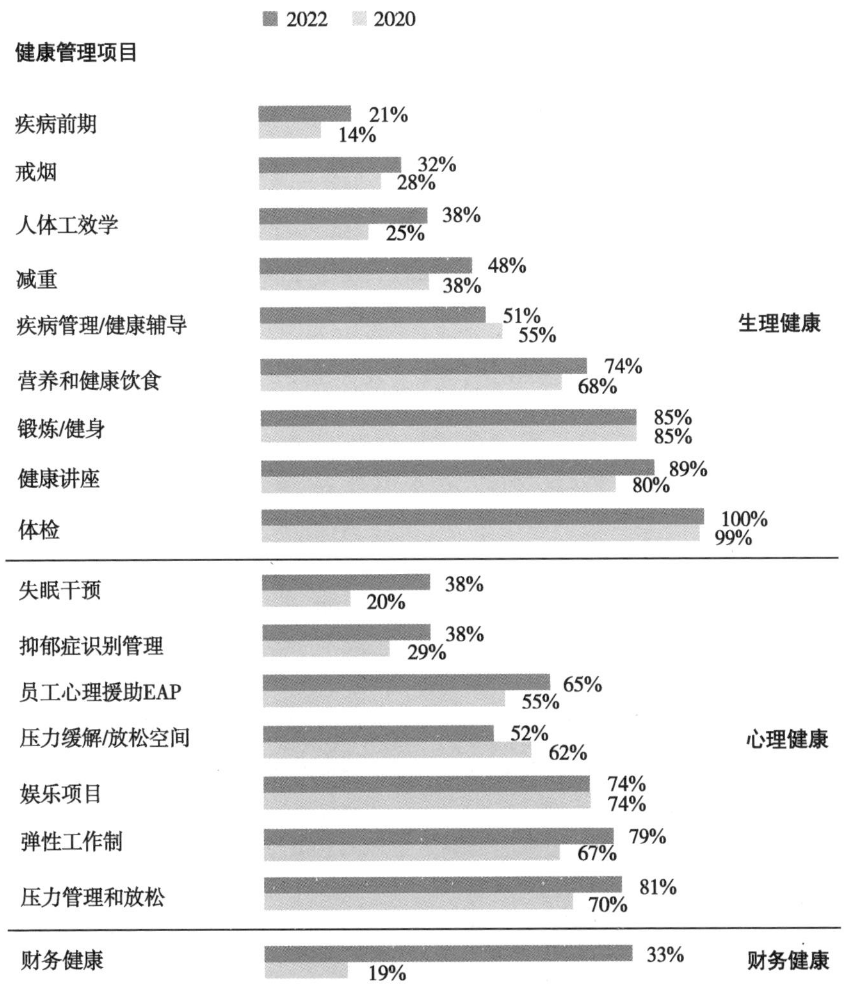

图 4-8 2020 年和 2022 年中国企业开展的主要健康管理服务项目

资料来源：美世（中国）有限公司《2022 中国企业健康管理报告》。

居家健身特指在家中进行健身锻炼的行为，具有成本低、不受时间和场地的限制、娱乐性和社交性较强等优势。新冠疫情限制了居民户外运动和去健身房的自由，导致 2021—2022 年中国的线下健身行业处于下行状态。与 2020 年全国累计 50 288 家健身房总规模相比，2021 年健身房规模出现负增长，负增长率为 4%。此外，国民对健身的关注度不断提高，居家健身成为越来越多人的选择。2015—2019 年，中国居家健身行业市场规模（按营收计）已经从 83.5 亿元增长到 281.5 亿元，年复合增长率达 35.5%，预计 2024 年将增长至 578.5 亿元（图 4-9）。公开数据表明，2021 年中国线上健身市场占中国整体健身市场的 47%，预计到 2026 年，线上健身市场在整体市场中的占比将达到 60.6%。

第一财经日报报告和企查查数据显示，2019 年和 2020 年国内居家健身新注册企业有 1 200 家。居家健身产业包括健身器材、智能可穿戴设备、运动健身软件和平台、智能健身器械等，其中运动健身软件和智能健身器械有较好的发展势头。而智能器械主要分为硬件智能科技公司和互联网健身软件公司。《2022 中国健身行业报告》显示，有 74.4% 的健身房用户同时参与线上健身，其中有 54.9% 的用户使用运动健身软件线上健身；33.7% 的用户使用视频平台；15.6% 的用户参与运动健身游戏。

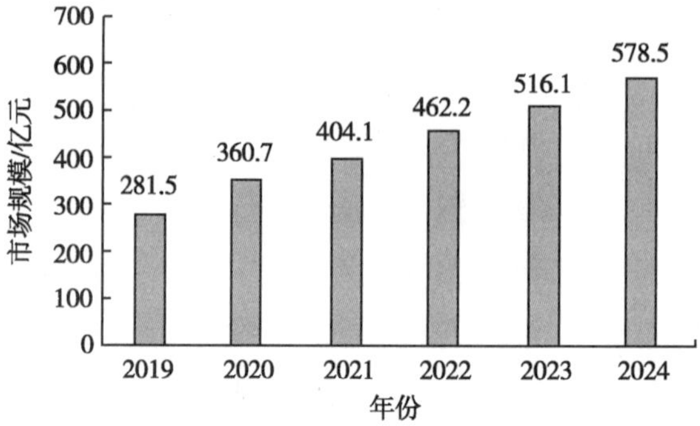

图 4-9 中国居家健身行业市场规模 2019—2024 年预测

资料来源：头豹研究院《2020 中国居家健身短报告》。

尽管如此，业内人士分析认为，疫情并未从根本上大规模塑造用户线上健身的习惯，疫情结束后，预计国内线上健身平台的用户将规模性返回线下健身房。而当用户重归线下健身时，其固有短板和已形成的居家健身习惯会带来体验差异。因此，线上和线下持续融合是中国居家健身行业大势所趋。未来健身硬件和软件、线上和线下场景将不断融合，功能服务更加多元化与精细化，增强用户体验，打造全景化的运动健康生态。

案例：

基于双循环的区域慢性病医防融合健康管理服务实践与探索

玉环市人民医院健共体集团成立于 2018 年 5 月，医院下设坎门、大麦屿、玉城、芦浦、海山 5 家分院。健共体集团以“两慢病”管理为突破口，实施“双循环”战略，构建“预防＋治疗＋康复”精准医防融合模式，实现高质量发展。成为国家慢性病协同管理体系 6 家试点示范单位之一、全国首批 17 家“县域慢性病管理中心”之一、获评 2021 年国家“紧密型县域医共体建设优秀实践案例”、获首轮国家紧密型县域医共体考核“A++”最高等次、入围 2022 年 35 家全国防控重大慢性病创新融合试点单位（全国唯一一家县级医院）。

一、区域慢性病医防融合健康管理服务模式

近年来，玉环市人民医院健共体集团积极探索基于“双循环”特色的区域慢性病医防融合健康管理服务模式，致力于提升居民的健康水平和提供全程、全周期的健康管理闭环服务。以糖尿病为例，介绍“双循环”慢性病医防融合健康管理服务模式的具体实施举措（图 4-10）。

1. 做强“内循环”，建设院内慢性病高效管理新体系

（1）健共体集团的牵头医院在医院内组建血糖管理委员会，设主任委员、副主任委员、医疗总监、行政总监、总协调员、重点协作临床科室和重点协作辅助科室。通过对血糖管理委员会内各部门的职责进行分工，制定运行目标、工作计划和配套的工作流程，围绕糖尿病及相关并发症制定临床路径及具体实施方案，并组建一支实力强大的技术队伍作为保障（图 4-11）。

（2）建立院内智慧化血糖管理平台。患者在院内测量的血糖数据可以实时上传到医院的血糖管理系统，通过电子病历 His 系统创立虚拟血糖管理科室，实现医院内血糖情况的统筹管理。智慧化血糖管理平台通过红、橙、绿三色来实现预警管理，如患者血糖值在目标值范围内则显示绿色，如高于目标值则显示橙色，如低于目标值则显示红色（图 4-12）。

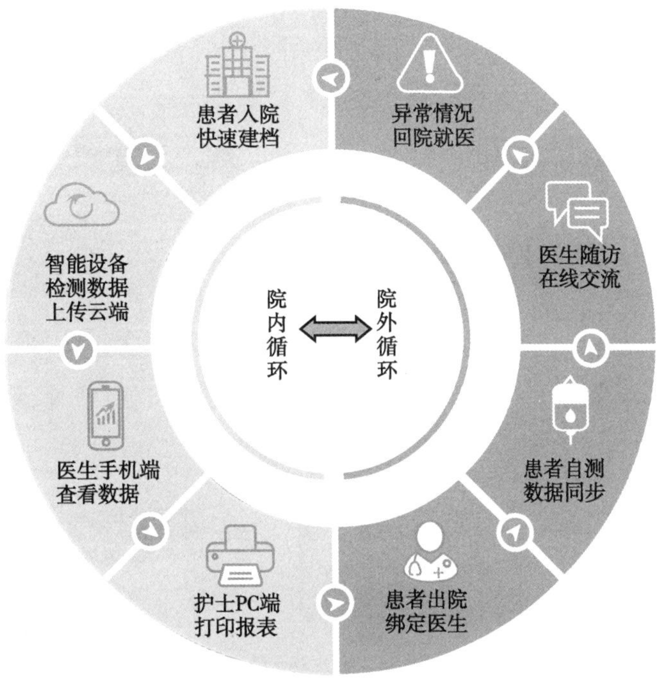

图 4-10　基于“双循环”特色的区域慢性病医防融合健康管理服务模式示意图

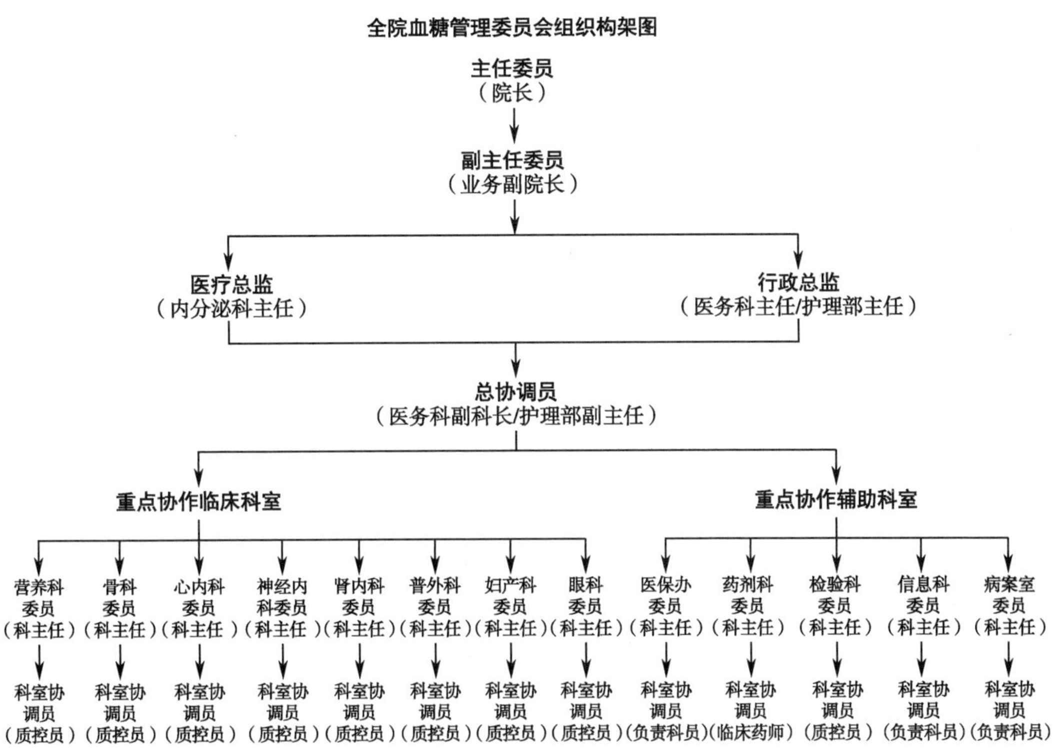

图 4-11　院内血糖管理委员会组织构架图

图 4-12　院内智慧化血糖管理平台

（3）建立院内多学科协作团队。该团队由医生、护士及相关服务人员共同组成，其中内分泌科医生的主要职责是对糖尿病患者进行血糖动态管理，及时、科学地提供精准诊疗；糖尿病专科护士主要负责患者胰岛素泵的使用管理和巡查，辅以日常饮食等方面的健康宣教；整个多学科协作团队共同为患者制定个性化、系统性的治疗方案，大大缩短了患者术前的等待时间和平均住院时长，使广大患者从中获益。

（4）设置专门的绩效考核激励机制。围绕这部分工作内容设置了专门的考核指标（100 分）与具体实施细则，考核指标包括院内糖尿病患者筛查情况（30 分）、院内糖尿病患者管理指标（20 分）、院内糖尿病患者管理效果评估（20 分）、DRG 医保支付情况指标（20 分）和培训与教育指标（10 分）。医院通过对医保支付方式进行改革，秉承合理预付、超支分担、结余留用、精准监管等原则，鼓励健共体集团主动控费，并给予家庭医生适当的奖励，激励家庭医生成为患者健康和医保的“双守门人”。

2. 做活“外循环”，构建院外慢性病协同管理新格局

（1）实施慢性病患者出院后的“医疗延伸服务包”。依托智慧化血糖管理平台对患者进行持续的跟踪随访和健康宣教，患者出院后继续接受专科医生、护士及家庭医生提供的健康管理和家庭随访服务。

（2）推行国家标准化代谢性疾病管理中心（MMC）“1+X”模式。由健共体集团牵头医院制定标准化的血糖管理流程，并借助全专科联合门诊延伸到下属的所有分院。家庭医生签约服务团队中增强专科医生的参与度，通过日常培训学习内分泌指南、开展基层糖尿病联合病房等方式，提升基层糖尿病防病治病能力，并且加强健共体集团牵头医院与下属分院之间的糖尿病管理联动，打造糖尿病患者入院、出院、随访一站式的闭环管理流程服务。

（3）探索“健康＋保险”项目。通过实施“糖安保”健康服务，大大方便了家庭医生签约、糖尿病患者就医及诊疗结算，并且为糖尿病患者提供健康咨询、监测、评估等服务，也为糖

尿病患者切实减免了部分检查费用，真正实现从“保健康人”向“保人健康”的转变。

(4) 上线“AI智能随访系统”。通过人工智能电话进行随访，构建高效灵活的人机耦合随访体系。AI随访助手能够对出院的糖尿病患者进行人工智能回复、数据记录和智能分析，每天可完成1 000余人次的随访信息采集，提高随访效率，并确保随访对象的全覆盖和信息准确性。

二、区域慢性病医防融合健康管理服务初步成效

通过以健共体集团作为核心载体来实施区域慢性病医防融合健康管理服务模式，从管理层面对整个辖区内的慢性病患者进行实时、全程追踪管理，理顺了医防融合健康管理的服务流程；从医生层面加强全专科医生协作，营造专业化慢性病健康宣教氛围，提高患者总体满意度并增强社会效益；从患者层面由专科医生对患者慢性病相关异常数值进行全程管理，在不转科治疗的情况下缩短平均住院天数，降低感染风险和围手术期并发症，降低总体治疗费用，患者对慢性病专科知识也在日常健康管理中得到掌握和提高，自我管理水平也大幅提升。

实施区域慢性病医防融合健康管理服务模式后取得了初步成效，共推行了20余项慢性病患者出院后的“医疗延伸服务包”，启动“三高”人群数字疗法项目，推进基本公共卫生服务“按疗效付费”改革等项目。就诊居民对健共体集团服务满意度评价高达95.91%；家庭医生签约服务率达到44.97%；高血压、糖尿病患者规范管理率分别为90.56%和90.69%，控制率分别为65.9%和60.89%。相关慢性病健康管理指标位居浙江省前列，高出省里试点要求20个百分点以上。同时，上线商保直付系统，实现商保患者出院一站式结算理赔服务，推出“健康+保险”项目，构建多层次医疗保障制度体系，集团2020年医保结余率为11.21%，2022年1—4月医保智能扣款同比减少32.49%，使得更多患者获益。

(周　驰　王大辉　李　旭　洪妍艳　陈宏坤)

参考文献

[1] 中共中央办公厅，国务院办公厅. 中共中央办公厅 国务院办公厅印发《关于进一步完善医疗卫生服务体系的意见》[EB/OL]. (2023-03-23)[2023-04-14]. http://www.gov.cn/zhengce/2023-03/23/content_5748063.htm.

[2] 中共中央国务院. 中共中央国务院印发《“健康中国2030”规划纲要》[EB/OL]. (2016-10-25)[2023-03-26]. http://www.gov.cn/zhengce/2016-10/25/content_5124174.htm.

[3] 国务院办公厅. 国务院办公厅关于印发“十四五”国民健康规划的通知(国办发〔2022〕11号)[EB/OL]. (2022-05-20)[2023-03-22]. http://www.gov.cn/zhengce/content/2022-05/20/content_5691424.htm.

[4] 陈可欣，王睆琳，冯尘尘，等. 国内外慢性病健康管理研究进展与对策分析[J]. 中国卫生事业管理，2022，39(9)：717-720.

[5] 王莉莉. 健康战略背景下我国医养结合政策新进展[J]. 兰州学刊，2021(12)：118-130.

[6] 廖学佼，冯跃林，伍林生. 后疫情时代我国健康管理产业升级的思考[J]. 卫生经济研究，2021，38(3)：6-9.

[7] 冷芬，欧阳平，张广清，等. 新冠肺炎疫情对居民健康体检意愿的影响因素分析[J]. 护理学报，2021，28(12)：49-52.

[8] 刘伟，聂蕊. 健康中国战略下培育健康消费新业态的路径研究[J]. 卫生经济研究，2023，40(2)：1-5.

[9] 陈伍香. 新冠肺炎疫情防控常态化条件下发展大健康旅游产业的认识[J]. 社会科学家，2020(1)：57-63.

[10] 黄如意，井淇．数字化时代的数字健康：内涵、特征、挑战与治理路径[J]．卫生经济研究，2022，39(6)：60-63，66.

[11] 樊文迪，郝菁嵩．人口老龄化视角下构建全生命周期健康管理体系探究[J]．价格理论与实践，2022(12)：74-77，201.

[12] 美世(中国)有限公司．2022 中国职场员工健康风险报告[EB/OL]．(2023-03-18)[2023-04-03]．https://www.sohu.com/a/655718862_121660926.

[13] 美世(中国)有限公司．2022 中国企业健康管理报告[EB/OL]．(2022-12-03)[2023-04-03]．http://news.sohu.com/a/612615825_121615.

第五章　健康体检业

第一节　中国大陆健康体检行业发展现状

一、健康体检行业发展现状

2021 年是中国“十四五”规划的开局之年，也是开启全面建设社会主义现代化国家新征程的新一年。“十四五”规划明确指出，把保障人民健康放在优先发展的战略位置，坚持预防为主的方针，深入实施健康中国行动，为人民提供全方位、全周期健康服务。在政策推动、技术迭代、资本催化、市场演变、疫情防控、互联网 + 新技术应用的共同驱动下，新技术、新产业、新业态、新模式激发了中国健康产业的转型升级和融合发展。我国健康体检行业进一步蓬勃发展，所提供的医疗服务质量显著提升，学术和学科影响力得到进一步发展。同时，随着数字经济与生物健康经济加速融合，政策引导和疫情防控催生数字健康新业态、新模式，推动健康产业数字化的不断蜕变。健康管理（体检）机构已形成以公立医院为主、社会办为辅的格局，但仍存在一些问题和不足，如地区间、机构间服务的内容和质量存在明显差异，总体专业化服务水平有待提升。

从数量上看，居民的医疗保健支出占消费支出的比例整体呈上升趋势。2020 年我国居民医疗保健支出占比为 8.7%，较 2019 年略降（图 5-1）。2021 年，多元因素驱动中国健康产业整体逆势向好。根据国家统计局公布的数据，2021 年我国人均医疗保健消费支出 2 115 元，同比增长 14.8%，增速高于人均消费支出 1.2 个百分点。

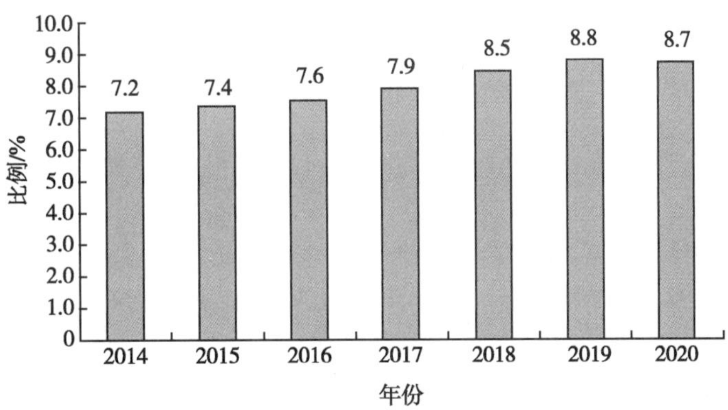

图 5-1　2014—2020 年中国居民医疗保健支出占消费支出的比例

资料来源：前瞻产业研究院，预见 2021：《中国健康体检产业全景图谱》。

健康体检机构在全国呈现多样化、规模化发展，社会中独立的健康体检机构发展为独立的医疗机构和集团化经营。从市场规模来看，2019 年国内健康体检市场规模达到 1 717 亿元，同比增长 13.63%（图 5-2）。未来随着居民消费水平升级、预防需求增加，国内健康体检市场规模仍有望保持高速增长。

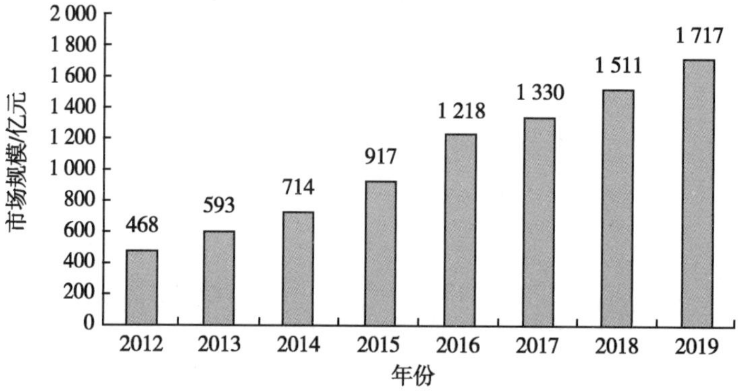

图 5-2　2012—2019 年中国体检行业市场规模

资料来源：华经情报网，2019 年中国健康体检市场现状分析，发展前景可期。

从体检人次来看，2020 年全国健康检查 4.31 亿人次，全国体检行业渗透率为 31% 左右。从健康体检总量来看，体检人次由 2009 年的 2.3 亿人次增长至 2020 年的 4.31 亿人次，年复合增长率 5.37%（图 5-3）。2019 年公立医院门诊健康检查人数为 1.72 亿，占总检查人数的 82.9%。民营医院检查人数为 0.36 亿，仅占总检查人数的 17.1%（图 5-4）。

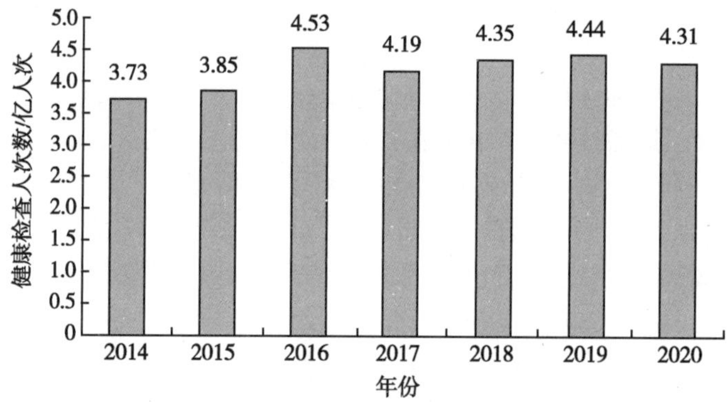

图 5-3　2014—2020 年中国体检市场健康检查人次数

资料来源：2020 中国卫生健康统计年鉴。

2018 年，医院健康管理（体检）机构首次进入《2017 年度中国医院专科声誉和综合排行榜》，健康管理（体检）学科进入医院专科排名，极大地推动和鼓舞健康管理科的建设和发展，提升了健康管理科室在医院和社会的地位。健康管理（体检）机构在全国城乡规模化发展，紧紧围绕“防大病、管慢病、促健康”的主要服务内容，推动健康管理（体检）机构从单纯体检服务向健康管理服务转变。

健康管理学术、行业组织在全国广泛兴起，学术交流丰富多彩。全国高等院校纷纷成立健康管理系和健康管理研究院 / 所，推动和促进健康管理理论研究和实践创新以及人才培养。健康管理相关的专家共识、指南、规章制度等陆续发布，促进了健康体检行业的规范

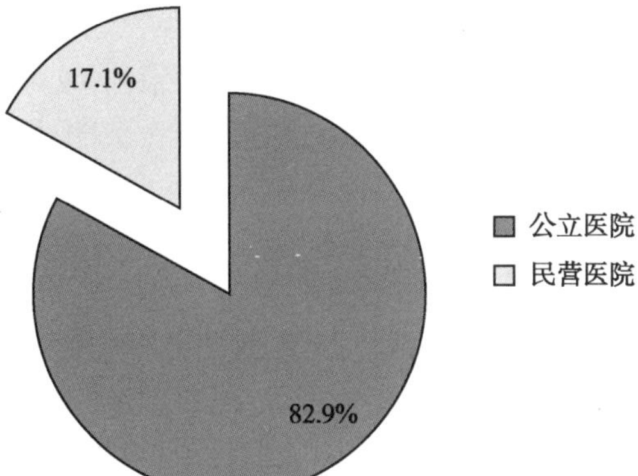

图 5-4　2019 年中国公立医院及民营医院门诊健康检查人数占比

资料来源：2020 中国卫生健康统计年鉴。

发展。在健康管理学科建设与发展中，涌现出一批社会影响力很大的专家和技术骨干，成为健康管理学科带头人。

人才作为体检行业最重要的生产要素，其素质提升是推动健康产业发展的核心之一。高校、科研所和职业院校作为支撑区域健康产业发展的重要基石，为区域及其全国健康产业发展提供了坚实的科技支撑和人才保障。根据《2021 年我国卫生健康事业发展统计公报》，截至 2021 年年底，全国共有卫生技术人员 1 398.3 万人，连续多年呈现稳步增长。其他新兴健康领域的人才也不断增多，健康管理师、健康照护师、营养师、呼吸治疗师等人才培养不断完善，针对新型健康人才的职业教育培训热度也随之升温。截至 2021 年 9 月，国内共有 123 所院校获批设立了健康服务与管理本科专业，其中四川 10 所、山东 9 所和广东 8 所，获批院校数位居前列。从进入职业教育专业目录，再到教育部鼓励开设健康教育专业、健康教育学院，提示健康管理在专业学科领域日益获得教育部门及高等教育机构的认同。

二、公立医院体检中心现状

2019 年《健康中国行动（2019—2030 年）》正式启动，3 000 多家医院试点建设健康促进医院，“以治病为中心”向“以人民健康为中心”的转变持续推进，公立医院特别是三级医院的健康管理（体检）机构是落实健康中国行动的重要力量，在我国慢性病防控中发挥不可替代的重要作用。中关村新智源健康管理研究院于 2021 年 1—12 月对全国范围内 50 家大型三甲医院的健康管理机构进行调查，经项目组质控筛选，最终调查对象囊括了华北、东部、西北、华东、华中、华南、西南七大行政区 21 个省（直辖市）的总计 34 家三级医院的健康管理机构。其中 27 家为健康管理学科建设与科技创新中心单位，占 79.4%；健康管理机构所属医院为大学附属医院的有 22 家，占 64.7%。34 家健康管理机构的科室配置、基础服务能力及质量管理已基本完成，能为广大人民群众提供优质、便捷的健康管理服务，提示目前我国三级医院健康管理机构已为新时期的健康管理学科建设打下了坚实基础；部分健康管理机构已能灵活运用自身优势平台或合理运用健康管理适宜技术打造具有自身特色的健康管理服务团队；91% 的健康管理机构所属医院拥有优质的科研平台，足以支持各健康管理机构的教学能力及科研产出的提升。

（一）健康管理机构基本配置

调查所纳入的 34 家健康管理机构均有丰富的健康管理医学服务经验及成熟合理的健

康管理医学科室运行机制。①三级医院独立设置了健康管理医学科室；②所在省市卫生行政部门高度重视健康管理医学学科建设，并出台了相关支持政策和规划；③建立了多学科融合协同的健康管理团队，由核心专业固定人员和支撑专业的相对固定人员组成，如内科、外科、妇产科等；④ 32 家机构年健康管理服务量大于 5 万人次，且均已开展检后慢性病管理门诊或慢性病健康管理门诊。

（二）服务能力

我国健康管理服务已取得一定进展，也初步形成了健康管理机构服务评价体系，主要体现在以下方面：①参考《健康体检中心基本标准（试行）》《健康体检中心管理规范（试行）》的要求，规范健康体检机构设置和执业行为、科室及平台设置、人力资源配置等。②体检机构已从单纯体检向检前、检后健康管理服务延伸，检前问卷作为健康管理中重要的一环，在三级医院健康管理（体检）机构中已引起足够重视，连续三年的调查中，检前问卷执行率均≥70%；体检项目设置方面符合《健康体检基本项目专家共识》的要求，且开展包括针对心血管病、肿瘤等疾病的专项筛查套餐；检中实名制体检率 100%，重大项目重要异常阳性结果处理率 100%；检后开展了 5 种以上慢性病随访工作，构建了针对不同慢性病的随访路径，具有完善的慢性病随访信息系统，且年随访率达到 30% 以上；体检数据符合国家健康管理卫生信息团体标准。对于此类基本服务能力，此次调查的 34 家三级医院健康管理机构均已达标，具备对个体或群体整体健康状况及其影响健康的危险因素进行全面检测 / 监测、评估、有效干预与连续跟踪服务的能力。

（三）教学能力

本次调查的 34 家三级医院健康管理机构均能承担相应的医学院校医学教育、毕业后医学教育和继续医学教育，以及面向全国提供健康管理医学服务相关继续教育培训。①教学资源：34 家健康管理机构条件设施均能够满足健康管理机构各岗位包括慢性病随访、主检、各检查岗位能力培训的需求；②组织管理体系完备，88% 的健康管理机构设置了教学委员会或职能部门且有规范的教学制度，15% 以全科医学为平台搭建成立了全科医学教研室，41% 成立了健康管理医学研究室；③师资队伍充分，结构合理，94% 的健康管理机构具备高级职称 5 人以上，82% 具备中级职称不少于 50%，100% 均有相应教学保障制度；④教学培训：76% 的健康管理机构能承担健康管理专业领域国家级继续教育项目≥2 个 / 年，开展健康管理规范化培训≥4 期 / 年，培训规模≥500 人次 / 年；⑤学术会议：59% 的健康管理机构能够组织或承担全国性或区域性的健康管理学科学术会议；⑥教学成果：100% 的健康管理机构有主编或参编国家级规划教程。

（四）科研能力

科研能力是健康管理医学创新活力和可持续发展的具体体现，是健康管理医学发展的原动力。①医院科研平台：91% 的健康管理机构所属医院同时拥有省级及以上重点实验室或研究机构 / 建设临床数据中心 / 建设临床医学转化中心平台的基础条件；②医院科技人才队伍：74% 的健康管理机构所属医院的领军人才（中国科学院院士 / 中国工程院院士 / 国家卫生健康突出贡献中青年专家 / 教育部长江学者奖励计划特聘教授 / 曾任、现任或候任中华医学会相关专科分会主委）及学科带头人（国家级人才计划获得者 / 省级人才奖励计划获得者 / 曾任中华医学会健康管理学分会常委）能达标，91% 学科梯队设置合理，中级职称以上医师≥50%，并有多学科融合协同的人才队伍；③科研项目：100% 开展了健康管理相关基础与临床研究，主要为健康管理理论研究、慢性病危险因素机制研究等；④科研成果：94% 的健康管理机构近三年发表 SCI 论文≥5 篇，76% 主编出版健康管理相关领域专著或教材 2 部 / 参编出版健康管理相关领域专著或教材 5 部，94% 至少获得 1 项国家级或 2 项省级科研奖项。

（五）落实医改相关任务及履行社会义务

68% 的健康管理机构利用自身平台优势开展健联体服务与实践，探索出特色的慢性病管理服务联动模式；82% 的健康管理机构主持或参与健康管理医学行业诊疗规范工作，如国家级健康管理医学服务相关指南共识的撰写，定期进行治疗控制专业培训等。

（六）质量管理

健康体检的质量控制是体检行业的重要问题，通过精细化质控管理，优化工作流程，提高工作效率和体检质量，实现社会效益和经济效益的双赢。本次调查的 100% 的健康管理机构建立完善的健康体检质量管理体系，制定各项规章制度、人员岗位职责，并严格执行国家规定的技术规范和操作规程。以四川省人民医院健康管理中心为例，该中心实行标准化流程管理（standard operating procedure，SOP），按照不同工作岗位制定岗位管理制度、工作流程、应急预案，并制定相应的质控考核指标。精细化质控管理后：①体检报告出错份数减少：由 13/600 降低至 1/600；②体检效率提高：同等时间完成体检单项从 10 项增加到 14 项；③体检办理流程优化：个人体检办理平均时间减少 23 分钟，且 90.25% 的客户可在计划时间内准时或提早开始体检；④体检接待能力增强：接待个人体检人数增加 13 000 人；⑤体检收入增加：同期增长 30%。

三、社会办健康体检机构发展现状

社会办健康管理（体检）机构指除公立医院以外，由企事业单位、社会团体或其他社会组织和个人，利用非国家财政性经费举办或参与举办的以健康体检为主要业务的医疗卫生机构，也可以理解为以社会为主办单位的健康管理（体检）中心。按照机构的归属情况，分为社会办医院下设的健康管理（体检）机构、社会办独立健康管理（体检）机构和混合所有制的健康管理（体检）机构三类。社会办健康管理（体检）机构与公立健康管理（体检）机构具体区别见表 5-1。

表 5-1　社会办健康管理（体检）机构与公立健康管理（体检）机构对比

类型	社会办健康管理（体检）机构	公立健康管理（体检机构）
设备技术	对比大医院先进硬件设备条件相对不足，但近年来设备条件逐渐改善	技术设备力量较强
功能定位	以健康体检为主要业务	以临床、科研、教学为主要功能定位，体检业务仅作为其中业务之一
服务	服务理念较强，检后增值服务多，但规范化的慢性病健康管理服务还比较稀缺	在服务理念、服务质量等方面存在一定弱势
运作模式	通过各种主动市场化营销手段，与潜在客户接触，了解各方面健康体检需求，制定个性化健康体检产品，满足市场需要	以提供筛查为主，集辅助诊断、治疗为一体的综合服务
经营模式	业务体系可标准化，便于连锁复制，规模性扩张	一般处于单点经营状态，不具备连锁经营的条件
品牌信任	鉴于国民传统思想，需要长期培育客户群体，经营品牌	国民在传统思想上较为依赖和信任

资料来源：王振宇，周雪萍，金苏. 公立与民营体检中心运营效益比较分析[J]. 中国卫生经济，2018，37(5)：75-77。

2019 年，艾力彼医院管理研究中心与中关村新智源健康管理研究院对全国 50 家非公健康管理（体检）机构进行了调查研究，其中包括非公医院下设的健康管理（体检）机构、非公独立健康管理（体检）机构和混合所有制健康管理（体检）。

（一）人力资源配置

机构高级职称人数在职工总人数中的占比中位数为 9%，硕士以上学历职工人数占比中位数为 1%，其中社会办独立的与社会办医院下设的健康管理（体检）机构人力资源配置相差不大，均远低于中国顶级医院 100 强中位数（24.2%），且无论是独立的还是下设的健康管理（体检）机构人力资源中取得健康管理师资质的不足 10%（图 5-5）。

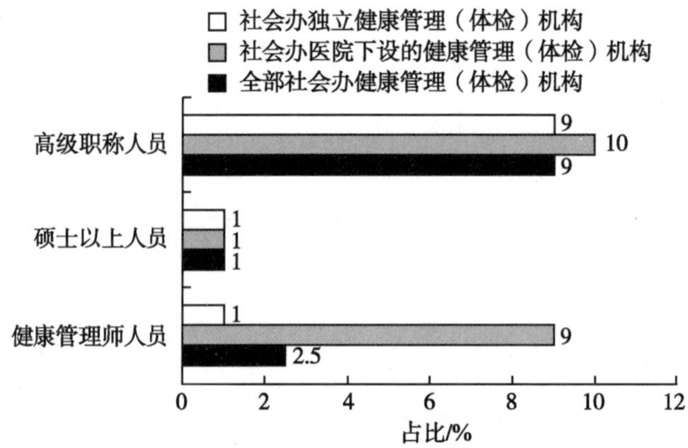

图 5-5　社会办健康管理（体检）机构人力资源配置概况

注：图中数据为高级职称人员、硕士以上人员、健康管理师人员占比的中位数。
资料来源：王雅琴，王建刚，朱小伶 . 2019 年社会办健康管理（体检）机构发展报告[M]. 北京：社会科学文献出版社，2020。

（二）体检场地和仪器配置

专业体检场地面积的中位数为 3 000m^2，其中医院下设的健康管理（体检）机构面积稍大于独立健康管理（体检）机构。调查机构中，超声仪器配置数量的中位数为 6 台，社会办独立的与社会办医院下设的健康管理（体检）机构超声仪器数量基本一致。但特殊检查仪器，社会办医院下设的健康管理（体检）机构独立配置胃肠镜和 CT 占比不足 10%，多与医院相应专科共享资源，独立的健康管理（体检）机构独立配置胃肠镜和 CT 占比为 50%。

（三）服务能力

调查机构中，年体检人次的中位数为 3.0 万人次，其中社会办医院下设的健康管理（体检）机构为 3.3 万人次，稍高于独立机构（2.7 万人次）。团体体检客户占 80%，个体散客约占 20%。体检单价中位数为 787 元 / 人次。

调查机构中，39 家（78%）不同程度开展了检前问卷，绝大多数机构并未将检前问卷作为基本体检项目强制要求，而是选做的状态。开展高血压、糖尿病等检后慢性病管理的占 71%；开展儿童和老年健康管理的占 40%；开展“互联网 + 健康管理（体检）”（包括体检的电子预约、体检报告的电子化查询以及公众号、服务号运营水平）的占 46%。

（四）质量安全

调查机构中，25 家（50%）开展了不同数量的检验项目室间质控。独立的社会办健康管理（体检）机构中近 28% 建立了区域医疗转诊机制。

（五）学术与公益

资源配置上，优质人力资源整体匮乏，高级职称和硕士以上比例不高；未接受健康管理理论的规范化培训，健康管理理念和服务意识有待加强。体检场地配置以中小规模为主，但独立胃肠镜和CT等高端影像设备配置比例较高，与目前市场中的硬件竞争相符。服务能力上，检前问卷完成率较低，与行业《健康体检基本项目专家共识》要求不符；检后服务中，多数机构不同程度地开展了慢性病管理，但特殊人群如儿童和老年人的管理率不高；此外，近50%的机构开展了线上服务，相应的线上健康管理服务逐渐完善中。质量安全上，医疗质控开展不理想，近半数的机构并未开展规范化的检验质评工作，且绝大多数独立的社会健康管理（体检）机构没有与综合医院建立转诊机制。品牌诚信上，整体的社会学术兼职程度不高，荣获奖项较少，但参与公益性健康义诊和品牌宣传活动较为活跃。

四、存在的问题和挑战

健康管理在中国走过了近20年的发展历程，在学术理论研究和服务实践方面均取得了具有里程碑意义的成果和经验，形成了具有中国特色的健康管理创新理论，造就了一支学术与服务专家队伍，催生了一个新的学科与健康服务新业态。但健康管理学科建设仍面临诸多问题：目前我国健康管理学科定位不准，建设要素暂未完全厘清，健康管理学历教育未被纳入临床医学教育体系，且地区间、机构间健康管理服务内容和质量差距较大，健康管理服务与医疗服务之间发展不平衡。

（一）人力资源问题

目前健康管理学历教育虽然进入众多高等院校，但未纳入临床医学教育体系，培养的人才不能进入医学服务机构；且设置健康管理专业的院校较少，健康管理（体检）专科学历培养严重不足，健康管理专业医师缺口较大，人才培养匮乏，极大地限制了健康管理学科的发展。内部的医护人员往往来自其他各专科转岗，原业务范围比较局限，缺乏“全人、全程”的管理理念。年轻的新进员工缺乏毕业后的类似住院医师规范化培训体系的统一方案的培养计划，尤其缺少全科医生培养中的“人、家庭为中心”的整体理念和临床逻辑思维训练，不利于体检后的主检报告总结和解读、综合性健康状况和疾病风险评估，以及后续的连续性照护。迫切需要用全科医学的理论、知识和技能来充实和发展，需要向优秀全科医生学习，相互促进，提升健康管理行业的业务能力。

社会办体检机构的人力资源问题更为突出，表现为工作积极性不高、薪酬水平不满意、人员招聘困难、流动性大等。此外，长期以来社会办医在人事体制方面的限制，导致机构人事编制、职称晋升、继续培训、科研技术合作等方面都略显弱势，因此形成了优质人才稀缺的现象，主要由刚毕业的临床和公共卫生专业学生、公立医院退休的临床专家教授及极少部分高薪聘请的医疗人才构成，呈现“一老一小”的尴尬局面。

（二）学科建设支撑不足

虽然2018年健康管理（体检）科进入复旦大学医院研究所“中国医院专科声誉综合排行榜”，有力地推动了健康管理学科建设，但部分健康管理机构的科研教学能力建设还有不足之处。根据中关村新智源健康管理研究院的调查，74%的健康管理机构领军人才或学科带头人支撑不够，仅有59%的健康管理机构能组织或承担全国性或区域性的健康管理学科学术会议，部分健康管理机构与健康管理学科建设紧密相关的科研成果产出不足；仅有50%的健康管理机构规范开展检后多学科会诊（MDT），这或许是我国整体健康管理服务仍处于模式单一、服务技术科技含量低的处境的原因。

(三) 服务能力不足

当前健康管理发展的主要矛盾是健康管理医学服务的供给满足不了社会日益增长的健康需求和各级政府对健康管理医学服务的期望与要求。目前已建立的健康管理(体检)机构,学术团队不健全,大多数仍停留在单一体检服务,能够开展健康管理服务的单位较少,不少体检机构只重视各种辅助检查、检验,在体检前缺乏与客户的有效沟通,忽视检前问卷以及病史、个人史、服药史、家族史等方面的问诊,检后也缺乏评估、指导和管理。这种批量化、流水线作业的体检过程,不利于体检后的健康评估、个性化健康管理方案制定、健康干预等闭环式全程连续性健康管理。

(四) 体检规范问题

目前健康管理学理论研究相对滞后,学科建设缺乏标准和规范,行业标准体系尚未建立,一些机构服务内容和服务形式存在不规范。现行的《健康体检管理暂行规定》于 2009 年出台,其中有关体检机构的相关标准等,已落后于当前健康体检行业市场发展的需求。在中华医学会健康管理学分会的引领下,我国出台了部分行业共识与规范,主要有《健康体检基本项目专家共识》(2014 年)、《中国体检人群心血管病危险因素筛查与管理专家共识》(2015 年)、《中国健康体检人群颈动脉超声检查规范》(2015 年)、《中国慢病健康管理专家共识》(2019 年)、《健康体检重要异常结果管理专家共识(试行版)》(2019 年)、《中国首批健康管理(体检)卫生信息团体标准》(2018 年)等。但以上共识规范尚不能满足行业发展的需求,如检后服务规范、体检报告规范、健康管理方案规范、健康体检主检结论词规范等缺失。现有的标准规范推行也存在一定难度,很多标准规范并没有在各健康管理(体检)机构落地实施。

目前少数体检机构存在体检项目收费明细不清、部分体检项目外包或虚假报告、疾病筛查漏诊误诊、开展国家未批准的检查项目、卫技人员配备不达标或使用非卫生技术人员、未经许可开展放射诊疗、未定期检测放射设备与场所、医疗废物处置不规范、执业范围与许可条件不一致(如设立门诊部、开展健康体检)等与医疗质量相关的问题,亟待建立规范体系,加强监管,杜绝上述情况发生。

第二节 中国香港、台湾健康体检模式

一、中国香港健康体检模式

香港的医疗服务体系也有公立和私立之分,公立医院实现管办分开,由 1991 年成立的医院管理局统一负责管理。全港被划分为若干个联网,每个联网都设有一个核心医院,旗下又有若干康复医院、安养中心、普通科诊所等,从而实现小病不出社区,大病不出联网和双向转诊。香港的私营医疗系统有相当的规模,为了善用这部分优质医疗资源,不增加市民的经济负担,香港政府提出"公私营协作计划(public private partnership,PPP)"。2016 年特区政府与民间机构合作,推行公私营协作的医养结合试点,为需要长期护理的长者提供机构养老与医疗保健相结合的专业服务。香港卫生部门会提供一些由其购买的健康体检服务,实施与分级诊疗体系紧密结合。如香港地方政府推行的"大肠癌筛查计划",主要面向 50～75 岁的香港居民,基本服务包由政府支付,超出基本服务包费用由个人负担,但有一定的限制。香港地方政府并不将这一服务只发包给当地的公立医疗机构，私立医疗机构也可参与，有意进行筛查的居民可自由选择检查地点。其中很多参与计划的私立机构是自由执业诊所，与香港的分级诊疗体系紧密结合。

二、中国台湾健康体检模式

台湾地区部分大型医院早在20世纪70年代就独立设立健康体检部门，在流程管理上也强调医检分离。台湾在1995年实施全民健保，民众更多地开始关注医疗品质，全民健保普及率现已高达98%～99%。台湾医保部门为部分参保人群提供健康体检福利包，40～64岁参保人每三年一次免费体检，65岁以上参保人每年一次免费体检，特殊疾病患者和弱势群体每年一次免费体检。但可能由于医保涵盖的体检服务过于简单，大部分人并未使用这一服务。更多台湾居民倾向于有不适症状时直接找医生就诊。1999年，台湾医策会成立，引进了美国马里兰州的经验，结合台湾实际情况，建立了一系列医疗机构评估体系，对各层级的医疗行业开展定期评估，并向社会公开。台湾医策会于2011年着手在健康管理领域的品质管理工作，开展台湾“健康检查品质认证”制度。该认证分为申请资格、两阶段审查、健康品质认证循环、认证结果4个步骤。当健康管理机构通过该认证后，台湾医策会将结果公布在卫生福利部门、台湾医疗旅游的官网，优先推荐岛内民众及国际游客选择这些有认证的体检机构。2015年已有66家台湾健康管理机构通过评审，包括长庚医院、荣民总医院、西园医院、马偕医院、新光医院、台北医大附属医院、彰化基督教医院、慈济医院等。

第三节 国外健康体检业发展现状

从全球范围来看，虽然当前全球经济增长普遍放慢，但健康产业发展仍保持较好的增长速度，全球健康产品和健康服务的总需求呈急剧增加的态势。其中，许多发达国家政府不断加大对健康产业的研发投入，增加大健康医疗的支出，使其健康产业尤其是医药和保健品行业在全球市场一直保持领先优势。发达国家的体检服务市场起步较早，行业发展更为成熟，居民对于体检的认知程度较高。然而由于世界各国医疗体系的差异，不同国家健康体检业的发展现状也有所不同。近年来，由于人口老龄化的不断加剧和新冠病毒感染疫情的冲击，个别国家的医疗健康业务面临着严峻挑战。

一、英国健康体检模式

英国医疗健康管理服务主要由英国国家健康保障体系（National Health Service，NHS）主导，以国家税收和国家保障体系为来源的公共基金为所有国民提供全套的医疗服务。英国所有的纳税人和在英国有居住权的人都有免费享受该体系服务的权利。NHS的服务原则是无论个人收入，仅根据个人需求为人们提供全面的免费医疗服务。NHS实行分级保健制度：一级保健称为基础保健，是NHS的主体，由家庭诊所和社区诊所等构成，75%的NHS资金用于此处；二级保健是指医院负责重病和手术治疗，以及统筹调配医疗资源。英国主要的健康服务机构包括英国BUPA健检中心，是由教会主持的国际性机构，服务范围广，包括个人健康、公司健康医疗、长期照顾、护理之家、电话医疗咨询、体能俱乐部等，分支机构遍布100多个国家，在英国拥有健检中心50余家，最大的中心年服务量为3万人。英国Nuffield医疗集团成立于1975年，1991年开始提供全国性健康检查服务，属于慈善性医疗集团，全英国有40个中心，受检者可以就近选择。

然而，英国的NHS体系正在承受压力，受到疫情重创以及愈加严重的人口老龄化影响，NHS正面临前所未有的危机。过去10年NHS减少了数千张病床，然而据英国国家统计局数据，2022年12月约有1/5的英国人正在等待NHS医疗预约及治疗（图5-6）。同时NHS面临着资金不足和人员流失的问题。虽然NHS的预算一直在增加，2023—2024年的NHE预算增加了3亿英镑，但总体而言，经通胀调整后的资金增长率为2.9%，仍低于3.4%的历史平均水平。截至2022年9月，NHS有13.3万员工缺口，而疫情前为8.3万；家庭医生需要每人负责2 300名患者，而2018年为2 100名，员工缺口大、医护平均工资下降、提前退休医生增加，都进一步增加了NHS的人员流失。2023年4月NHS医生进行了罢工行动，将对医疗服务体系造成至少1个月的影响。后疫情时代，NHS的变革迫在眉睫。

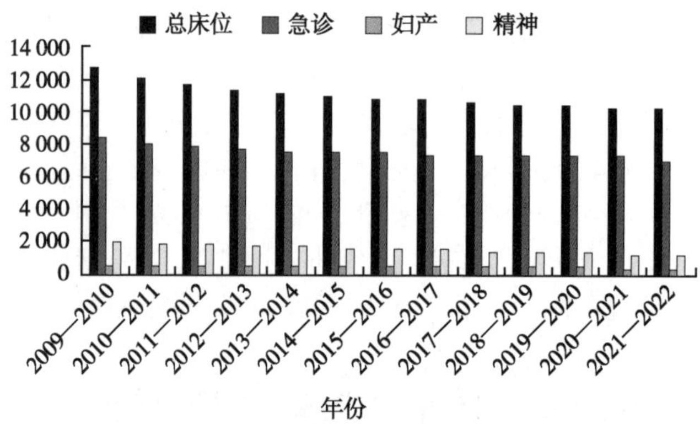

图5-6　2009—2022年英国NHS床位变化图

资料来源：Stats Wales. NHS beds by specialty and year，2009-10 onwards（gov.wales）.

二、日本健康体检模式

日本健康体检历史可以追溯到1916年制定的工厂法；1926年制定了防治工厂危害和卫生规则；1947年制定了劳动基准法、结核病预防法和尘肺法，当时体检手段主要采用胸部X线透视；1979年，日本开始提倡中老年劳动者健康运动；1988年劳动省提倡全年健康计划，包括健康测定、运动指导、心理健康咨询指导、营养指导、保健指导；2000年制定21世纪国民健康运动；2002年制定健康促进法。日本健康诊断的发展经历了治疗医学时代、预防医学时代、健康管理时代、健康促进时代，而对象也由集体转向个人，继而是社会全体。

2020年，日本健康支出占GDP的11.1%（图5-7）。据日本健康体检协会统计，当今每年接受健康体检的人数达到500万人。日本健康体检行业历经长时间发展，已形成一套相对独立完善的医疗健康服务体系。从基础的血液生化检测到高端的CT、MRI、PET-CT检测，先进的诊断仪器及健全的医疗系统，使日本成为世界癌症防治最先进的国家之一。日本健康体检的模式具有社会体系完善、覆盖率高、立法明确的特点。日本针对不同年龄、不同阶层进行针对性的健康体检。几乎每位公民每年都要进行一次健康体检。为了保证高质量的应对，日本制定了对全身体检专科医生的认定制度，致力于培养医学专业人才。日本健康体检包括学校健康体检、职业范围健康体检、居民健康体检、自发进行的健康体检。日本40～74岁所有有保险的国民都必须参与特定健康诊疗及特定保健指导。如果一个社区内居民体检率过低，当地政府还会受到多负担医疗费用的惩罚。日本较为知名的体检公司包括日本 PL 东京健康管理中心，成立于 1970 年，为日本自动化健康体检的先驱，会员制管理，年服务量约 3 万人；日本圣路加国际医院预防医疗中心，1902 年创设，两天一夜式健康体检的创始者，附属于圣路加国际医院，2004 年导入新的健康体检系统，扩充检查项目；日本赤十字社熊本健康管理中心，1978 年成立，1998 年扩建，有两日体检和一日体检项目。

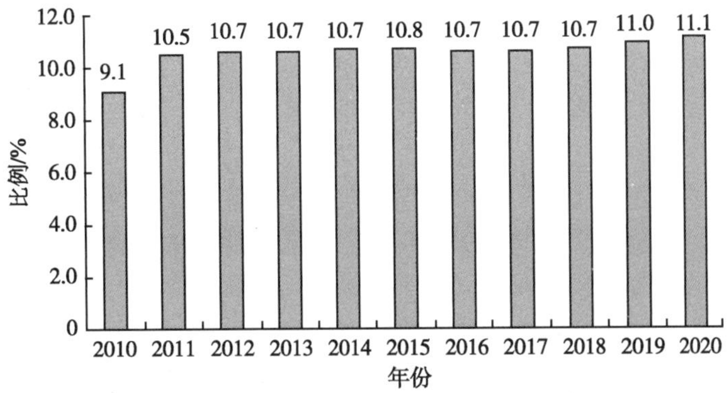

图 5-7 2010—2020 年日本健康支出占 GDP 百分比变化图

资料来源：World Health Organization. Global spending on health 2020：Rising to the pandemic's challenges.

日本医疗机构在提供不同的健康体检、医疗诊断时，服务品质是均质的、连续的。同时，日本卫生监管部门为健康体检服务设立的标准与医疗服务的监管标准是同质的。在此基础上，日式体检具有医疗技术水平精湛、客户体验温馨和谐的特点。如冬季体检时，日本体检超声检查使用的耦合剂是温暖的；提供擦耦合剂的不是卫生纸，而是热毛巾。日本老龄化严重，在老年人落座处，医院会设置拐杖放置卡槽。日本医院对礼仪要求严格，设置专门的日式礼仪师对此进行培训。

经过长达 30 多年的努力，日本人的平均寿命一直呈增长趋势。其中较有代表性的例子是长野县下伊郡高森町实施的健康长寿体操运动。该县为了实现“健康地活着，在没有疾病的情况下迎接自然死亡”的目标，积极让老年人做一套健康长寿操。同时，还鼓励老年人采用更健康的饮食方式，如减少盐分摄取，呼吁老年人吃拉面时把汤留下一半，每天只喝一碗酱汤，只吃一小碟咸菜等。这样的健康改善计划让长野县高龄老人的医疗费用连续 18 年保持全日本最低的纪录，脑血管疾病的死亡率也在 12 年间大大降低。

三、瑞士健康体检模式

瑞士的医疗体系非常复杂，由于直接民主的影响形成了分散监管的框架，各个利益集团在此框架下既有竞争的方面又有合作的方面。政府、民间社会组织（如健康保险商协会、保健提供者协会）、瑞士公民均享有医疗卫生政策的决策权。瑞士的卫生系统在各项评价指标方面均表现良好。瑞士是欧洲预期寿命最高的国家之一，健康预期寿命比欧盟平均水平高出数年。瑞士从 1996 年以来通过强制性健康保险（MHI）确保所有居民都能获得医疗保障，并向无法承担保险费用的低收入者提供补助。标准福利套餐由联邦政府立法规定，其中包含了大部分的全科医生和专科医生的门诊诊疗以及住院服务。民众在该体系下，选择医院和医生方面具有极高的自由度。同时该系统为民众提供了高度便捷的服务，不需要转诊也不需要额外的等待时间即可获取各级医疗保健服务。民众对 MHI 的满意程度很高，普遍认为该体系的服务质量极好。2000 年以来 MHI 的改革使得系统进一步优化，改变了医院的筹资方式，加强了药品和流行病控制方面的法规，并统一了全国各地对人力资源的管理。

然而，MHI 体系仍然存在一些不足之处。瑞士医疗保健系统的成本远远高于欧盟平均水平，2020 年瑞士健康支出占 GDP 的 11.8%。自 2003 年以来，MHI 保费的增长速度超过了居民收入的增长速度。居民的医疗自付费用占医疗总支出的 26%，这一比例与欧盟 16% 的平均水平相距甚远。而对比高收入家庭，中低收入家庭对卫生系统支出的贡献占其收入的份额更大。此外，MHI 体系的组织、规划仍高度分散，各地区卫生保健提供存在差异。MHI 仍需加强以非传染性疾病为重点的疾病预防和健康促进。MHI 现有的服务涵盖新生儿代谢性疾病、宫颈癌、乳腺癌和结肠癌的筛查。但设计和实施健康筛查的责任落实在各州，并非所有州都规划了结肠癌、乳腺癌的健康筛查。瑞士乳腺癌的筛查率约为 45%，而芬兰、丹麦、奥地利和荷兰的筛查率超过 80%。

第四节　体检行业科学发展对策

伴随着国家“十四五”进入高质量发展新阶段和健康中国建设深入广泛发展，我国健康管理将进入新的发展阶段。《“健康中国 2030”规划纲要》和《国务院关于实施健康中国行动的意见》等一系列文件颁布，为健康管理大发展提供了政策支撑，吹响了以提高人民健康为核心，全方位全周期保障人民健康的战斗号角，开启了健康中国建设的新纪元。国民健康需求持续增长和我国慢性病高发态势，新增传染病的威胁，必将推动和促进健康管理医学服务的快速发展。以防治慢性病为突破口，预防、治疗、康复一体化的健康管理服务体系将逐步建立。现代信息技术高速发展，物联网、互联网、大数据、云计算、人工智能开始进入各行各业，数字健康必然广泛兴起。现代化信息技术与健康管理相融合，将成为健康管理医学服务的重要支撑，创新驱动发展，智慧健康管理将大放异彩。

一、建立健全过程管理体系，提供全人群全周期体检服务

通过体检发现问题，及时解决，达到降低慢性病发病风险、提高健康水平是健康管理的目的。以周期性健康体检为入口，专业化的慢性病筛查和检后健康管理是实现这一目的的根本途径。我们应从“周期性健康体检”模式过渡到“检、管、医、保”健康管理服务生态圈模式，将健康体检业务融入健康管理，提供更加多样化和差异化的检后服务（如会员服务、健康家庭服务、慢性病管理服务、抗衰老服务、特殊人群个性化健康管理服务等），向更深入的健康管理、增值服务等领域全方位发展；同时，结合绿色就医、远程医疗、海外医疗等医疗服务及商业保险，实现多元化支付体系，提高受检者黏性。

2017 年印发的《中国防治慢性病中长期规划（2017—2025 年）的通知》，强调了慢性病早期筛查和早期发现，实施早诊早治，降低高危人群发病风险，推动由疾病治疗向健康管理转变，开展个性化健康干预，探索开展集慢性病预防、风险评估、跟踪随访、干预指导于一体的健康管理服务，实现全人群、全生命周期、全流程健康管理。《“健康中国 2030”规划纲要》也提出，要强化慢性病筛查和早期发现，针对高发地区重点癌症开展早诊早治工作，推动癌症、脑卒中、冠心病等慢性病的机会性筛查；基本实现高血压、糖尿病患者管理干预全覆盖，

逐步将符合条件的癌症、脑卒中等重大慢性病早诊早治适宜技术纳入诊疗常规。因此，检前问卷、检中评估、检后干预和随访是健康管理服务的核心环节，也是健康管理（体检）机构专业性的重要体现。

在检前评估和筛查方面，可根据《健康体检自测问卷数据集》《健康体检报告首页数据集》等健康管理团队标准，制定符合规范的体检流程。借助信息化工具实现检前预约，根据问卷制定个性化的体检项目，检后给予自动的风险评估、干预指导等服务，提升健康管理服务的专业内涵，树立整体思维，真正把预防关口前移落在实处，做到早发现、早预防、早诊断、早干预、早治疗。

检后服务由健康管理专业人员为受检者提供后续服务，具体包括体检报告解读、健康教育、健康问题跟踪随访、就医指导和服务、疾病自我管理指导等服务。健康体检报告的解读，是指医生或健康管理师通过适当的方式（面对面或电话等）对受检者的体检结果进行综合分析讲解。通过全面系统的讲解，使受检者了解自己身体的基本状况，可能影响身体健康状况的危险因素，危险因素的防控措施。健康教育是科学指导大众开展自我健康管理的重要方法，通过传播、教育、干预等手段，帮助个体和群体改变不健康行为、建立健康行为，促进健康、预防疾病。对体检的异常结果进行跟踪随访，提醒受检者做到生活方式干预及定期随访复查，同时，给予就医指导服务和疾病自我管理指导。

健康风险评估是一种用于描述或估计某一个体或群体未来发生某种特定疾病，或因某种特定疾病导致健康损害甚至死亡可能性的方法或工具。通过健康风险评估的方法和量化工具，评估服务对象当前的身体状况及未来患某病和/或死亡的概率，帮助个体综合认识其健康状况及存在的危险因素，为制定健康指导方案和个性化干预措施提供指导，改变个体不良的生活行为方式、减少危险因素，延长生命长度、提高生命质量。持续监测、评估、修正服务对象的健康风险评估，真正做到对疾病尤其是慢性病、生活方式相关疾病和代谢性疾病的早期发现及干预，是预防疾病发生、控制疾病发展的有效手段。健康干预是有计划、个性化地干预和管理健康，主要针对影响健康状况的不良行为生活方式等危险因素，由全科医生或健康管理师进行个体指导，设定个体目标，为个体提供健康咨询与指导，并动态追踪效果。制定健康干预计划、实施健康干预计划、评估健康干预计划是三个连续性阶段，不断往复，最终形成一个闭合环。具体步骤可分为健康问题分析、健康危险因素分析、确定干预计划、评价干预效果等。随着行业集中度不断提高，我国健康体检行业的竞争方式将从单点业态竞争向连锁业态竞争转变，竞争格局将从区域性竞争向跨区域竞争转变，与互联网、保险行业深度融合，提供全面体检、健康银行、健康咨询、就医直通、精准医疗，进而实现检前、检中、检后的健康管理全程保障，已成为行业发展的底层逻辑。

二、完善三级网络化质控体系，推动体检质量标准建设

健康管理（体检）工作需要多名医务工作者的共同参与和协作，流程环节复杂，工作周期长，涉及临床多个科室。因此，建立符合健康管理（体检）机构的方案、法规、规章、规范等质量管理制度是健康管理（体检）科的重中之重。标准化管理是一种现代科学管理方法，健康体检服务业标准化管理是近年来的发展趋势，是一种新型的管理模式。健康管理机构应以问题为导向，通过顶层设计，建立多面化、规范化、系统化的适合本院的科学实用的标准体系，深化认识，理性思考，构建结构合理、层次分明、重点突出、科学实用的标准体系。

通过加强标准宣贯培训、标准体系运行监督检查和考核，运用标准解决问题的管理机制，强度按标准做起，提高标准自觉，使标准内化于心、外化于行，达成医院治疗安全管理目标的有效途径。完善三级网络化质控体系，推动体检质量标准建设，从人员资质、专业设置、工作流程、操作规范、异常结果处理、紧急情况处理、持续质量改进等多方面设立明确标准和规范，实施严密监管，改进体检工作服务质量，推动学科建设的进展。国家卫健委、行业学会/协会加快形成健康管理学科定位与专业设置的中国专家共识，加快制定健康管理服务的行业标准体系与专业技术规范，加快推进与标准规范配套的健康管理职业岗位制度设置与第三方评价认证体系，形成从标准规范制定到实施的全流程管理。

加强健康管理学相关专业人才培养，包括健康教育、健康管理、医疗、公共卫生、护理、康复及中医药等领域，优化人力资源配置，提高核心岗位能力，满足与健康学科发展及市场实践相适应的师资队伍及实用教程培训需求。支持高校设立健康促进、健康管理等相关专业，加强有针对性的继续医学教育，着力培养慢性病防治复合型、实用型人才。健康管理医学应明确学科定位，厘清学科体系及学科要素，同时要体现医学专业内涵及特色，也建议健康管理学科专业发展重点向健康体检专业、慢性病健康管理专业、老年健康管理专业、儿童健康管理专业等方面倾斜，使新时期的健康管理具备危险因素和慢性病管理救治的先进理念和技术。

在人力资源管理上，建议将人力资源管理提升到机构发展的战略高度，制定员工系统化培训体系，提供职业规划空间、职称晋升和学术交流机会；构建科学合理的岗位、工作评价体系，将薪酬和福利有效地与绩效挂钩；同时，通过机构的文化建设，提升团队的凝聚力。

在体检机构，充分发挥全科医生的健康管理作用，借助全科医生的核心胜任力，将有助于更好地满足服务对象日益更新的健康需求。全科医学与健康管理学的最终目的都是维护居民的健康，就此而言，两者的根本目的是一致的，实施方式上也没有本质差别。全科医学的主旨强调以“人”为中心，以家庭为单位，在“医学-心理-社会”新的医学模式指导下，为居民提供从生到死全生命周期覆盖的医疗健康保障服务，通过疾病监测、疾病诊治和预防指导等方式对个体及其家庭的健康进行综合性、连续性的维护与促进。全科医生为居民个体及其家庭提供综合性、连续性、可及性的医疗服务，其最终目的是守护个体和家庭的健康。全科医生通过对服务对象各项健康指标进行分析、管理，提供个体化的健康咨询及指导服务，以促进或维护健康，延缓慢性病进程，改善生活质量、延长寿命。因此，在体检机构人员配置中，提高全科医生比例，充分发挥全科医生的健康管理作用，将有助于提高体检机构的健康管理服务能力，通过健康筛查，早期识别疾病并尽可能地消除潜在的危险因素，预防疾病发生，真正做到“预防前移”；适时采用健康干预手段，促进亚健康的服务对象向健康转变，及时阻止疾病的发生；通过健康干预和管理，让患者得到更加便利、有效的治疗，逐渐恢复健康。

医疗健康大数据共享平台将成为重要支撑，全科医生或健康管理医师利用此平台大数据，进行常见疾病的发生、发展、筛查干预及诊疗的科学研究，也会促进健康管理方法、技术等的研究和开发。另外，将体检大数据进行深度分析，有利于医疗服务质量和医疗绩效的评价，辅助管理者及时发现问题，科学决策，有利于制定科学的商业保险政策和保费费率，有利于医疗辅助诊断、慢性病管理纵向业务发展，有利于老年康养、精准医疗等横向业务延伸。因此，基于以上健康服务和技术的优势，未来社会办健康管理（体检）机构将深耕科技创新，探索健康管理服务新模式和新途径。

三、AI助力精准预防，构建互联网+体检新格局

中共中央国务院印发《“健康中国2030”规划纲要》提出，发展基于互联网的健康服务，要推进医学科技进步，加强慢性病防控、精准医学、智慧医疗等关键技术突破，全面建成统一权威、互联互通的人口健康信息平台，规范和推动“互联网+健康医疗”服务，创新互联网健康医疗服务模式，持续推进覆盖全生命周期的预防、治疗、康复和自主健康管理一体化的国民健康信息服务。《中国防治慢性病中长期规划（2017—2025年）的通知》指出，促进互联网与健康产业融合，发展智慧健康产业，探索慢性病健康管理服务新模式。完善移动医疗、健康管理法规和标准规范，推动移动互联网、云计算、大数据、物联网与健康相关产业的深度融合，充分利用信息技术丰富慢性病防治手段和工作内容，推进预约诊疗、在线随访、疾病管理、健康管理等网络服务应用，提供优质、便捷的医疗卫生服务。

加强健康医疗大数据应用体系建设，推进基于区域人口健康信息平台的医疗健康大数据开放共享、深度挖掘和广泛应用。消除数据壁垒，建立跨部门跨领域密切配合、统一归口的健康医疗数据共享机制，实现公共卫生、计划生育、医疗服务、医疗保障、药品供应、综合管理等应用信息系统数据采集、集成共享和业务协同。建立和完善全国健康医疗数据资源目录体系，全面深化健康医疗大数据在行业治理、临床和科研、公共卫生、教育培训等领域的应用，培育健康医疗大数据应用新业态。加强健康医疗大数据相关法规和标准体系建设，强化国家、区域人口健康信息工程技术能力，制定分级分类分域的数据应用政策规范，推进网络可信体系建设，注重内容安全、数据安全和技术安全，加强健康医疗数据安全保障和患者隐私保护。加强互联网健康服务监管。

在“互联网+”时代以及人工智能时代的大环境下，健康管理学科各项疾病筛查和慢性病管理的适宜技术得到了长足发展，各种数据管理平台层出不穷，也为健康管理学科和全科医学科的发展注入了新的活力。全国互联网医院广泛兴起，慢性病健康管理将成为互联网医院主要服务内容和技术手段，在创新医学服务模式与路径和“管好慢性病”环节中将发挥重要作用。

在科技驱动创新的大环境下，人工智能逐渐从前沿技术转变为现实应用，应用场景越发丰富。如通过智能移动可穿戴设备，实现健康数据实时监测和即时管理；通过人工智能，辅助医生诊疗，有效缓解漏诊误诊和医生供需缺口大的问题。健康管理（体检）机构/中心内，不再是简单的体检项目叠加，将出现越来越多智能功能的个体化体检项目定制和预约系统、智能导诊或机器人引导体检和智能化（如人工智能语音等）检后解读、随访服务等。未来，在大数据和人工智能的支撑下，健康管理的服务能力和成效将大为提升。

四、全国防控重大慢性病创新融合试点项目

习近平总书记在党的二十大报告中指出，“坚持预防为主，加强重大慢性病健康管理，提高基层防病治病和健康管理能力”，将健康管理提到极为重要的位置。为全面推进健康中国建设，加快实施健康中国行动，中华医学会健康管理学分会郭清主委提出“533健康管理工程”，即5G技术+三早（早筛查、早评估、早干预）+三全（全人群、全方位、全生命周期）的健康管理服务系统。“533健康管理工程”项目是利用互联网、物联网、数联网及智联网等人工智能信息化技术手段，创新集约式应用早筛查、早评估、早干预的“三早”全周期健康管

理服务模式，其服务应用覆盖到全人群、全方位、全生命周期。该项目通过专业服务平台化赋能，形成全民健康管理的联动机制，切实有效贯彻“预防为主”方针，建立健全健康教育体系，切实可行地服务基层医疗及关联健康机构，从根源上帮助人民群众树立正确健康观念，倡导“每个人是自己健康第一责任人”的理念，带动和帮助广大人民群众培养并建立健康的行为和生活方式。郭清教授领衔的《如何创建 5G+“三早”全周期健康管理系统》成为 2021 年中国科协重大科学问题十大工程技术难题中唯一入选的生命健康领域项目。

2022 年 7 月 18 日，由健康中国行动推进委员会办公室指导支持，中华医学会健康管理学分会、中国疾控中心慢病中心、中国健康促进基金会共同发起建立的“全国防控重大慢性病创新融合试点项目”正式发布。该项目经国务院健康管理中国行动推进办公室批准，并被纳入健康中国行动重点项目，旨在贯彻落实《“健康中国 2030”规划纲要》《健康中国行动（2019—2030 年）》等文件要求，坚持预防为主、关口前移，探索符合我国国情的重大疾病防控模式，创新健康管理路径，创新实践重大慢性病防控可持续发展模式，助力“健康中国”落地实践。首批入围单位全国共 35 家，截至 2023 年 3 月 1 日已累计完成 30 家单位的考评工作。该项目计划在当前健康管理服务的基础上，选择一批医院开展重大慢性病创新融合试点，通过个性化健康教育、膳食营养指导、健身运动辅导等有效管理方式，定期随访评价，形成闭环的健康管理服务模式，首批开展健康管理包括“体重管理、5G+ 三早全周期健康管理、三高共管、肺结节管理”等专项，总结推广规范管理的技术路径以及扩大与专科医生、基层医疗卫生机构合作模式，积极争取与基本医保、商业健康保险开展合作，探索有利于促进健康管理的政策和工作机制，实现“由单纯体检向健康管理转变、单纯经营型向学科建设型转变、套餐式体检向个性化体检转变”的三个转变，落实以“疾病治疗为中心”向“健康管理为中心”转变的理念，创新实践重大慢性病防控可持续发展模式，全面推进健康中国战略的实施。

案例：

5G+“三早”健康管理系统应用（以体重管理为例）

应用 5G+“三早”健康管理系统针对超重 / 肥胖群体开展连续性管理，强化早筛查、早评估、早干预理念，可有效控制肥胖相关慢性病的风险。

（一）管理模式

开展全科医生为主导，全人全程全方位全生命周期健康服务理念为基础的精准健康管理，通过全科医师、健康管理师、营养师的团队协作，采用多维度评估，个性化分层，院内院外联动，多学科合作，线上线下高效转化，充分发挥综合医疗服务能力。

（二）真实案例

受检者：女性，51 岁，2021 年 1 月 21 日参加健康体检，有肥胖症、高血压、脂肪肝、糖尿病前期、高尿酸血症、围绝经期病史。

体格检查：身高 163cm，体重 88.2kg，BMI 33.2kg/m^2，腰围 96cm，体脂肪量 40.2kg，体脂率 46.2%，骨骼肌 28.9kg，内脏脂肪面积 172.7cm^2，血压 158/100mmHg。

辅助检查：糖化血红蛋白 7.5mmol/L，空腹血糖 7.46mmol/L，尿酸 420.4μmol/L，谷丙转氨酶 83IU/L，谷草转氨酶 58IU/L，谷氨酰转肽酶 47IU/L。

1. 风险评估

(1) 生活方式风险评估：①健康行为评分 74 分（饮食结构不合理，主食摄入不足，以精白米面、米糊为主，荤菜摄入较多，口味偏咸），膳食营养评分72分——膳食营养风险可疑；②心肺适能评分20分——极差（体力活动不足）。

（2）处于绝经期和围绝经期，激素水平不稳定。

（3）十年心血管病危险程度：心血管病变概率0.8%，是同年龄、同性别人群的1.33倍。

2. 体重管理处方

（1）干预目标：进行为期24个月的体重管理，减重速度控制在每月1～2kg，总共减重目标10～15kg。

（2）饮食干预方案：选择低脂低盐低嘌呤低GI饮食干预方案。

1）初期3个月推荐每天摄入1 600kcal左右，按食物交换份数制作每周季节性养生减重食谱。食谱强调：粗粮粥多水少米，煮沸时间不宜超过15分钟；杂粮饭制作加入1/3糙米、薏米、小米等，不包括各种干豆；烧菜油的用量1～1.5调羹 / 人。每餐摄入的食物上传微信群，帮助指导食物的品种和摄入量控制。

2）第4个月早餐主食由3份改为2份，中晚餐主食的量减少到一个拳头的量。

3）第7～12个月采用轻断食饮食模式：推荐总能量摄入1 300kcal，坚持服用维生素D。

4）减重管理满一年，受检者适应现有饮食模式，继续微信监督，顺利完成维持现有体重，防止反弹的目标。

5）减重第16个月开始，正式采用轻断食（5+2）模式，制作个性化轻断食饮食食谱，上传微信反馈。

6）整个减重饮食干预阶段，前期根据病情及喜好每周制作减重食谱，换季或换阶段时更新食谱，制作、服用季节性代茶饮。

（3）运动干预方案：多学科会诊，选择可长期坚持的运动方式（有氧运动每周4天及以上，一周累计大于150分钟及以上；力量训练每周至少3次以上，每次15～20分钟。增加运动负荷的原则是先增加每天的运动时间，再增加每周运动的天数，最后增加运动强度，循序渐进，逐渐建立运动习惯。运动时应避免憋气和长时间反复深蹲，以免运动中血压突然升高，关节受重）。

3. 干预指导及随访　在全科医生指导下，健康管理师通过微信、智能化体重管理APP、电话等方式对受检者进行指导，及时纠正错误，鼓励和疏导情绪等。受检者通过APP学习体重管理相关知识，并上传体重、腰围、饮食和运动等数据信息。全科医生通过微信群和APP及时了解受检者相关数据。

4. 减重管理12个月随访

（1）体格指标：体重下降14.6kg，腰围下降9cm，BMI下降5.3kg/m^2，体脂肪量下降14.4kg，体脂率下降13.4%，内脏脂肪面积下降53.8cm^2，骨骼肌增加1.6kg。

（2）生化指标：空腹血糖、糖化血红蛋白恢复正常；空腹血糖下降1.2mmol/L，尿酸下降62μmol/L。

（3）血压：血压转为正常，收缩压下降41mmHg，舒张压下降24mmHg。

（4）内分泌激素：促黄体生成素下降5IU/L，促卵泡生成素下降16IU/L。

（5）评估量表：健康行为评分上升16分、膳食营养评分上升9分、心肺适能评分上升7分。

（陈丽英　张　佳　晁冠群　于　力）

参考文献

[1] 司建平，王先菊，郭清. 健康服务与管理本科专业建设现状及发展趋势分析[J]. 中华健康管理学杂志，2022，(2)：111-116.

[2] 武留信. 中国健康管理与健康产业发展报告[M]. 北京：社会科学文献出版社，2022.

[3] 关华，刘玉萍，杨华，等. 健康体检机构精细化质量控制管理体系的建立及效果分析[J]. 中华健康管理学杂志，2019，13(6)：546-548.

[4] 和经纬，李紫琳. 全球最有效率的医疗卫生体系如何应对挑战？——香港特别行政区的医疗管理体制、医疗改革举措及对内地的启示[J]. 中国卫生政策研究，2018，11(12)：72-78.

[5] 潘柳先，黄小知，李卫. 健康体检标准化的建设进展[J]. 中国卫生标准管理，2023，14(05)：1-5.

[6] 白书忠，武留信，吴非，等. "十四五"时期我国健康管理发展面临的形势与任务[J]. 中华健康管理学杂志，2021，15(01)：3-6.

[7] 庄一强. 中国医院竞争力报告(2018—2019)[M]. 北京：社会科学文献出版社，2019.

[8] 谢学华，刘彦，齐云. 程序化和谐护理对提高体检中心护理质量及老年体检者满意度的效果[J]. 中国老年保健医学，2017，15(3)：115-116.

第六章　中医药健康管理服务业发展

中医药是中华民族的瑰宝，是中华民族的伟大创造，传承创新发展中医药是新时代中国特色社会主义事业的重要内容。作为最具中国特色的医学体系和范式，中医药形成于中华民族长期生产生活实践，根植于传统文化土壤，融于华夏文明血脉，服务于中国经济社会发展，其鲜明的“中国烙印”，与中国式现代化的价值相同构，与中国式现代化的本质要求相呼应，将成为推进中华民族伟大复兴的重要助力。国务院办公厅印发的《“十四五”中医药发展规划》提出：“推动中医药高质量发展和走向世界，为全面推进健康中国建设、更好保障人民健康提供有力支撑”“充分发挥中医药在健康服务中的作用，夯实中医药高质量发展基础”。党的二十大报告提出推进健康中国建设，强调促进中医药传承创新发展。新冠疫情3年多来，我国取得疫情防控重大决定性胜利，中西医结合、中西药并用，是这次疫情防控的一大特点，也是中医药传承精华、守正创新的生动实践。

习近平总书记指出，“中医药学是中国古代科学的瑰宝，也是打开中华文明宝库的钥匙。中华优秀传统文化是中华民族的突出优势，中华民族伟大复兴需要以中华文化发展繁荣为条件，必须大力弘扬中华优秀传统文化”。中医药作为中华优秀传统文化的典型载体，可发挥重要作用。本章将对我国中医药健康管理服务国内、国际情况进行概述，介绍近几年中医健康管理的新举措，同时从政策、文化、技术三方面对近年来中医药健康服务领域的发展环境进行简要分析，针对其存在的问题提出相应的对策建议。

第一节　发展现状及趋势

一、中医药健康服务国内发展概况

党的十八大以来，中医药事业备受重视。以习近平同志为核心的党中央，把中医药事业摆在了国家发展战略层面的重要位置布局。2013 年 9 月，《国务院关于促进健康服务业发展的若干意见（国发〔2013〕40 号）》明确指出，当前我国健康服务业的主要任务之一即“发展中医药医疗保健服务”“要充分发挥中医医疗预防保健特色优势”。2016 年 2 月，国务院制定《中医药发展战略规划纲要（2016—2030 年）（国发〔2016〕15 号）》，对新时期推进中医药事业发展作出系统部署，进一步聚焦中医药的继承、创新、现代化、国际化，将中医药发展上升为国家战略。同年 10 月，中共中央、国务院印发《“健康中国 2030”规划纲要》，专章对振兴发展中医药、服务健康中国建设进行系统部署。

《中医药健康服务发展规划（2015—2020）》，明确提出了七项重点任务与中医药医疗保健服务密切相关，一是大力发展中医养生保健服务，支持中医养生保健机构的发展，规范中医养生保健服务，开展中医特色的健康管理；二是加快发展中医医疗服务，鼓励社会力量提供中医医疗服务，创新中医医疗机构的服务模式；三是支持发展中医特色的康复服务，促进中医特色康复服务机构发展，拓展中医特色康复服务能力；四是积极发展中医药健康养老服务，发展中医药特色的养老机构，促进中医药与养老服务相结合；五是培育发展中医药文化和健康旅游等产业；六是积极促进中医药健康服务相关支撑产业的发展，支持相关健康产品的研发制造和应用，促进中药资源的可持续发展，大力发展第三方服务；七是大力推进中医药服务贸易，吸引境外来华消费中医药，推动中医药健康服务走出去。

国家中医药管理局局长王国强提出："中医药不仅是中国独特的卫生资源，也是潜力巨大的经济资源、具有原创优势的科技资源、优秀的文化资源和重要的生态资源，在经济社会发展中具有越来越重要的地位和作用。中医药与现代科学理论、技术和方法渗透结合，能够为'健康中国'目标的实现作出更大贡献。"随着我国中医的繁荣复苏，国家也大力扶持中医药在疾病预防、养生等方面的应用。

1. 中医医疗服务

（1）全国卫生机构、中医机构及人员情况：据国家中医药管理局统计（表 6-1），2021 全国中医药人员总数为 884 815 人，占全国卫生技术人员总数的 8.07%；全国中医机构中医药人员总数为 377 556 人，占全国中医药人员总数的 42.67%；中医机构包含中医、中西医结合、民族医三类机构。根据 2021 年全国卫生机构中医药人员增减情况（表 6-2），2021 年度中医药人员数对比 2020 年度增加 26 493 人，增幅达 7.55%。全国中医、中药人员从 2011—2021 年人数明显增加（表 6-3，图 6-1）。

根据《中国卫生健康统计年鉴 2022》统计，中医类医院达 5 717 家，中医类门诊 3 840 家，分别较 2020 年增加 233 家和 301 家；其中民营机构增加迅猛（表 6-4）。

表 6-1　2021 年全国卫生机构、中医机构的机构、人员情况

卫生机构	机构数	职工总数	卫生技术人员	中医药人员			
				中医执业医师	中医执业助理医师	中药师（士）	见习中医师
全国卫生机构	**1 031 368**	**13 008 754**	**10 958 169**	**621 176**	**110 501**	**136 719**	**16 419**
其中：中医机构	77 336	1 602 459	1 377 362	292 806	20 220	57 596	6 934
中医机构 / 全国卫生机构及人员占比 /%	7.50	12.32	12.57	47.14	18.3	42.13	42.23
卫生部门卫生机构	**411 840**	**8 826 169**	**7 505 928**	**374 367**	**374 367**	**85 864**	**129 452**
其中：中医机构	77 324	1 601 277	1 377 118	292 620	292 620	57 579	22 828
中医机构 / 卫生部门卫生机构及人员占比 /%	18.78	18.14	18.35	78.16	78.16	67.06	17.63

资料来源：国家中医药管理局。

表 6-2　2021 年全国卫生机构中医药人员增减情况

中医药人员	2020 年	2021 年	增减数 / 人	增减幅度 /%
全国中医机构卫技人员数	**1 293 264**	**1 377 362**	**84 098**	**6.50**
其中：中医药人员数	351 063	377 556	26 493	7.55
中医执业医师	270 731	292 806	22 075	8.15
中医执业助理医师	18 650	20 220	1 570	8.42
见习中医师	6 788	6 934	146	2.15
中药师（士）	54 894	57 596	2 702	4.92

数据来源：国家中医药管理局。

表 6-3　全国中医、中药人员历年基本情况

中医药人员	2012 年	2013 年	2014 年	2015 年	2016 年	2017 年	2018 年	2019 年	2020 年	2021 年
全国卫生技术人员数	**6 668 549**	**7 200 578**	**7 579 790**	**7 997 537**	**8 444 403**	**8 978 230**	**9 519 179**	**10 144 010**	**10 668 019**	**10 958 169**
中医执业（助理）医师数	356 779	381 682	418 573	452 190	481 590	527 037	575 454	624 783	682 770	731 677
见习中医师	12 473	13 992	14 686	14 412	14 482	16 218	15 570	15 302	14 938	16 419
中药师（士）	107 630	110 243	111 991	113 820	116 622	120 302	123 913	127 154	131 163	136 719

资料来源：国家中医药管理局。

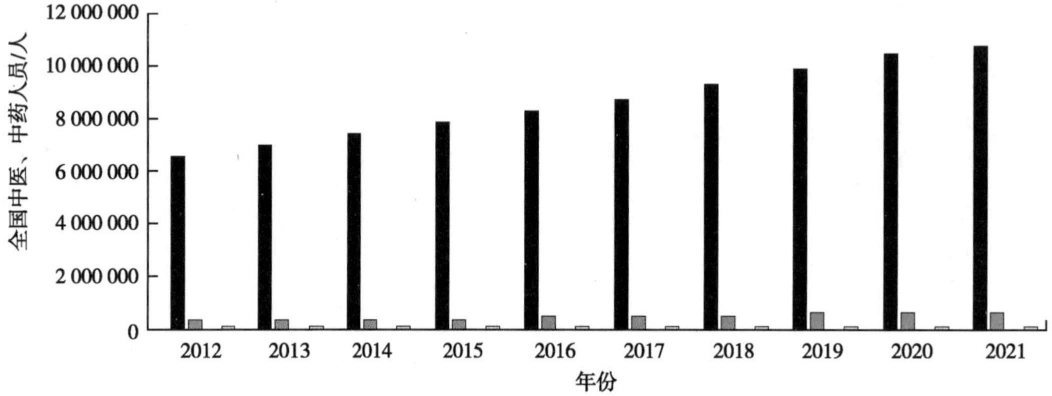

图 6-1　全国中医、中药人员历年基本情况

资料来源：国家中医药管理局。

表 6-4　中医类医疗卫生机构数　　单位：个

机构名称	2010 年	2015 年	2020 年	2021 年
总计	**36 714**	**46 541**	**72 355**	**77 336**
中医类医院	**3 232**	**3 966**	**5 482**	**5 715**
中医医院	2 778	3 267	4 426	4 630
按登记注册类型分				
公立医院	2 328	2 335	2 332	2 347
民营医院	**450**	**932**	**2 094**	**2 283**
按医院级别分				
其中：三级医院	203	399	535	593
三甲医院	145	307	368	377
二级医院	1 585	1 756	1 926	1 948
一级医院	267	513	1 155	1 263
按医院类别分				
中医综合医院	2 365	2 752	3 748	3 929
中医专科医院	413	515	678	701
肛肠医院	42	65	84	81
骨伤医院	146	200	242	248
按摩医院	7	14	18	16
针灸医院	27	24	31	30
其他专科医院	191	212	303	326
中西医结合医院	256	446	732	756
民族医医院	198	253	324	329
蒙医医院	53	69	110	109
藏医医院	41	41	44	42
维医医院	73	96	125	134
傣医医院	1	1	1	1
其他民族医医院	30	46	44	43

续表

机构名称	2010 年	2015 年	2020 年	2021 年
中医类门诊部	**937**	**1 640**	**3 539**	**3 840**
中医门诊部	734	1 304	3 000	3 276
中西医结合门诊部	192	320	508	529
民族医门诊部	11	16	31	35
中医类诊所	32 496	40 888	63 291	67 743
中医诊所	24 978	32 968	53 560	54 434
中西医结合诊所	7 159	7 386	9 090	9 424
民族医诊所	359	534	641	624
中医类研究机构	49	47	43	38
中医（药）研究院（所）	36	35	34	32
中西医结合研究所	3	3	2	1
民族医（药）学研究所	10	9	7	5

资料来源：《中国卫生健康统计年鉴 2022》。

随着国家对于中医药健康服务的愈加重视，逐步加大中医在基层医疗服务中的力度，在支持中医药机构发展、促进中医药服务等方面都取得显著成效。根据《中国卫生健康统计年鉴 2022》统计数据，2021 年提供中医服务的社区卫生服务中心数量为 7 480 个（99.6%），较 2019 年 6 878 个增加 602 个；提供中医服务的社区卫生服务站 11 509 个（93%），较 2019 年 9 981 个增加 1 528 个；提供中医服务的乡镇卫生院达 33 470 个（99.1%），较 2019 年占比增加 2 个百分点；提供中医服务的村卫生室为 447 455（79.9%），较 2019 年占比增加 8.6 个百分点（表 6-5）。

表 6-5　提供中医服务的基层医疗卫生机构数

机构名称	2015 年	2017 年	2019 年	2021 年
社区卫生服务中心 / 个	5 899	6 387	6 995	7 513
提供中医服务的机构 / 个	5 718	6 274	6 878	7 480
所占比重 /%	96.9	98.2	98.3	99.6
社区卫生服务站 / 个	9 552	10 289	11 615	12 381
提供中医服务的机构 / 个	7 734	8 792	9 981	11 509
所占比重 /%	81.0	85.5	85.9	93.0
乡镇卫生院 / 个	33 070	35 509	35 154	33 760
提供中医服务的机构 / 个	33 052	34 095	34 148	33 470
所占比重 /%	93.0	96.0	97.1	99.1
村卫生室 / 个	587 472	584 851	573 186	559 992
提供中医服务的机构 / 个	354 113	388 518	408 588	447 455
所占比重 /%	60.3	66.4	71.3	79.9

注：2015 年起按配备中医类别执业（助理）医师、有中草药收入、中医处方、开展中医医疗技术和中医药健康管理的社区卫生服务中心（站）、乡镇卫生院数及以中医、中西医结合、民族医为主、有中药柜、开展中医医疗技术和中医药健康管理的村卫生室统计；本表不含分支机构。

资料来源：《中国卫生健康统计年鉴 2022》。

近年来，我国积极提升基层中医药服务能力，扎实推进中医适宜技术在基层的发展，为群众提供方便可及的中医药健康服务。根据《中国卫生健康统计年鉴 2022》统计数据，医疗卫生机构中中医类临床科室及床位数较以往呈上升趋势，总体由 2020 年的 284 327 张床位增加到 2021 年的 307 330 张，其中综合性医院 2021 年中医类临床科室床位占同类机构床位数的 3.0%，较 2019 上升 0.5 个百分点；乡镇卫生院中医类临床科室床位数占比为 7.9%，较 2019 年上升 1.9 个百分点（表 6-6）。

表 6-6　其他医疗卫生机构中医类临床科室床位数

科别	其他医疗卫生机构中医类临床科室床位数 / 张			占同类机构床位数百分比 /%		
	2019 年	2020 年	2021 年	2019 年	2020 年	2021 年
总计	236 586	284 327	307 330			
综合医院	115 551	133 628	142 415	2.5	2.9	3.0
专科医院	20 743	26 333	27 311	1.8	2.1	2.0
社区卫生服务中心（站）	13 678	16 167	18 756	5.8	6.8	7.5
乡镇卫生院	81 846	101 833	111 512	6.0	7.3	7.9
其他医疗卫生机构	4 768	6 366	7 336	0.9	1.1	1.2

资料来源：《中国卫生健康统计年鉴 2022》。

（2）全国中医医疗服务量：国家中医药管理局统计数据显示（表 6-7，图 6-2，图 6-3），2020 年全国中医医疗服务总诊疗人次为 105 764.1 万人次，2019 年为 116 390.0 万人次。2020 年全国中医医疗服务总计出院人次 3 504.2 万人次，2019 年为 3 858.9 万人次。中医医疗服务量占医疗服务总量的占比增幅较小，2019 年为 16.4%，2020 年为 16.8%，增长为 0.4 个百分点。

表 6-7　全国中医医疗服务量

指标	诊疗人次 / 万人次		出院人数 / 万人	
	2019 年	2020 年	2019 年	2020 年
中医医疗服务质量总计	**116 390.0**	**105 764.1**	**3 858.9**	**3 504.2**
中医类医院	**67 538.2**	**59 699.2**	**3 274.0**	**2 907.1**
中医医院	58 620.1	51 847.8	2 866.6	2 552.2
中西医结合医院	7 456.6	6 542.4	311.5	276
民族医医院	1 451.5	1 309.1	96.0	78.9
中医类门诊部	**3 182.7**	**3 113.6**	**0.6**	**0.3**
中医门诊部	2 816.6	2 741	0.5	0.2
中西医结合门诊部	360.8	368.2	0.1	0.1
民族医门诊部	5.3	4.4	—	—
中医类诊所	**16 469.8**	**15 738.2**	—	—
中医诊所	13 363.2	12 808.7	—	—
中西医结合诊所	2 987.6	2 816.8	—	—
民族医诊所	119.0	112.7	—	—
中医医疗服务量占医疗服务总量的百分比 /%	**16.4**	**16.8**	**14.6**	**15.3**

资料来源：国家中医药管理局。

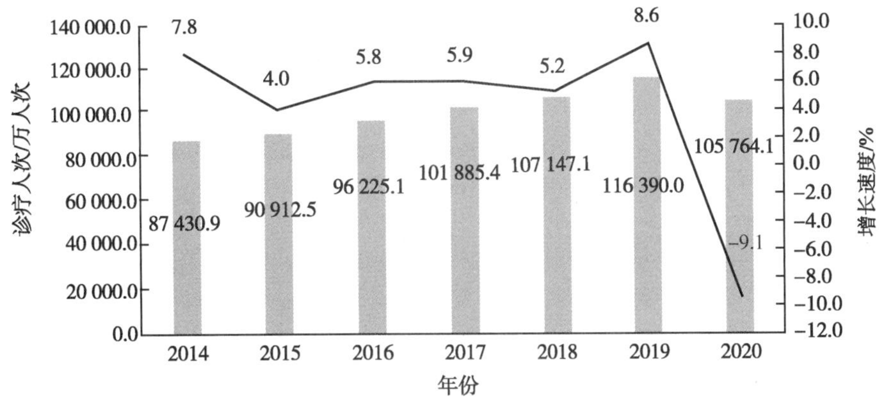

图 6-2 全国中医类医疗机构门诊量及增长速度

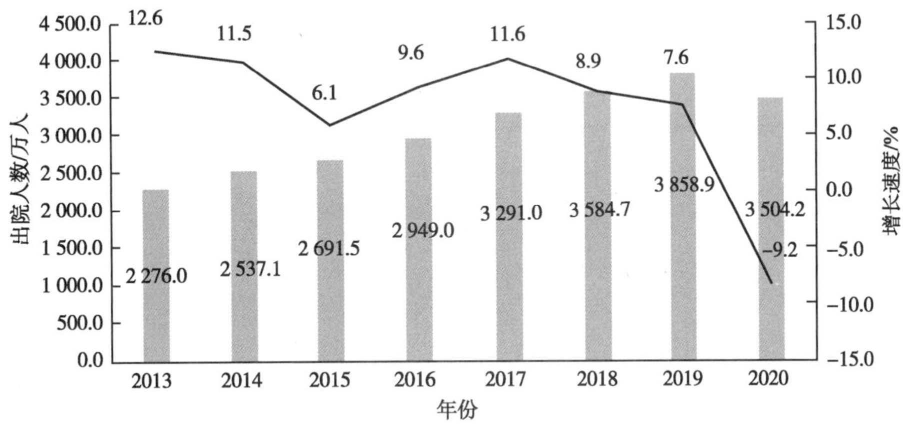

图 6-3 全国中医类医疗机构出院人数及增长速度

（3）全国中医类医院中医特色指标：随着我国治未病工程的开展，2021 年中医健康服务的中医特色指标遴选出五个主要的指标，分别为年内中医治未病服务人次数、院均年末开展中医医疗技术数、年末中药制剂室面积、院均年末中药制剂品种数以及年末 5 000 元以上中医诊疗设备台数。中医药管理局最新统计显示，2021 年中医治未病服务人次为 23 371 493 人次，较 2019 年 40 230 774 人次下降 16 859 281 人次，考虑可能是由于新冠疫情影响；年末中药制剂室面积仍呈现上涨趋势，2021 年为 1 223 998m^2，较 2019 年 979 646m^2 增加 244 352m^2；中医诊疗设备 2021 年为 265 454 台，较 2019 年增加 53 957 台（表 6-8）。

表 6-8 全国中医类医院中医特色指标

指标	2013 年	2015 年	2017 年	2019 年	2020 年	2021 年
年内中医治未病服务人次数 / 人次	19 701 219	39 660 000	36 950 000	40 230 774	20 873 136	23 371 493
院均年末开展中医医疗技术数 / 个	—	37	37	36	34	34
年末中药制剂室面积 /m^2	744 303	784 320	730 732	979 646	1 092 721	1 223 998

续表

指标	2013 年	2015 年	2017 年	2019 年	2020 年	2021 年
院均年末中药制剂品种数 / 种	—	59	66	79	83	90
年末 5 000 元以上中医诊疗设备台数 / 台	113 594	133 328	142 559	211 497	243 393	265 454

资料来源：国家中医药管理局。

（4）医疗机构收入：2021 年我国全国中医医疗机构收入 620 459 021 千元（表 6-9，图 6-4），收益率为 6.00%，较 2019 年收益率（4.92%）增长 1.08 个百分点。中医类医院、与中医类诊所的收入均呈上升趋势，中医类门诊部 2021 年收益率（19.98%）比 2019 年收益率（16.93%）上升 3.05 个百分点。整体数据变化趋势体现在国家宏观政策的引导下，特别是新冠疫情过后，人们对于中医的认可大幅度提升，“以治病为中心”的模式正在向“以健康为中心”的模式转变。

表 6-9　全国中医医疗机构收入收益情况

指标	2011 年		2015 年		2017 年		2019 年		2021 年	
	总收入 / 千元	收益率 /%	总收入 / 千元	收益率 /%	总收入 / 千元	收益率 /%	总收入 / 千元	收益率 /%	总收入 / 千元	收益率 /%
总计	164 652 527	3.66	205 158 939	3.55	416 021 498	1.98	530 419 888	4.92	620 459 021	6.00
中医类医院	159 015 685	3.3	198 803 113	3.2	401 971 093	1.53	509 540 612	4.38	591 048 856	4.95
中医类门诊部	2 802 648	12.2	3 104 843	11.62	6 980 129	11.93	10 508 012	16.93	12 855 486	19.98
中医类诊所	2 834 194	15.35	3 250 983	17.58	707 027	18.02	10 371 264	19.58	16 554 679	33.14

资料来源：国家中医药管理局。

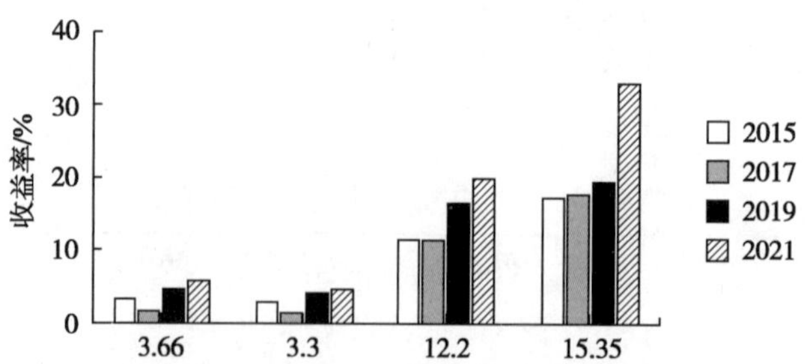

图 6-4　全国中医医疗机构收入收益率

（5）“十三五”期间中医药服务能力：国务院办公厅数据显示，“十三五”期间中医药发展顶层设计加快完善，政策环境持续优化，支持力度不断加大。2017 年，《中华人民共和国中医药法》施行。2019年，中共中央、国务院印发《关于促进中医药传承创新发展的意见》，国务院召开全国中医药大会。中医药服务体系进一步健全，截至2020年年底，全国中医医院达到5 482家，每千人口公立中医医院床位数达到0.68张，每千人口卫生机构中医类别执业（助理）医师数达到0.48人，99%的社区卫生服务中心、98%的乡镇卫生院、90.6%的社区卫生服务站、74.5%的村卫生室能够提供中医药服务，设置中医临床科室的二级以上公立综合医院占比达到86.75%，备案中医诊所达到2.6万家。中医药传承发展能力不断增强，中医药防控心脑血管疾病、糖尿病等重大慢性病及重大传染性疾病临床研究取得积极进展，中医药人才培养体系持续完善，中成药和中药饮片产品标准化建设扎实推进，第四次全国中药资源普查基本完成，公民中医药健康文化素养水平达20.69%。中医药开放发展取得积极成效，已传播到196个国家和地区，中药类商品进出口贸易总额大幅增长。特别是新冠疫情发生以来，坚持中西医结合、中西药并用，中医药全面参与疫情防控救治，作出了重要贡献。

2. 中医健康服务

（1）主动健康需求增加：2023年2月，多家机构联合发布的《居民健康消费指数报告（2022年第四季度）》显示，主动健康消费正在成为居民消费新增长点，健康产品和服务的消费需求显著提升。与主动健康有关的消费产品类目包括营养滋补、健康检测、运动装备、家用医疗设备等，通过对这些产品消费行为的观察，有望更加全面、准确地体现居民健康消费水平。对主动健康相关产品的消费，体现了当下消费观念从“治已病”向“治未病”的转换。由于不同年龄人群对健康的关注点不同，在消费行为上也体现出偏好上的差异。16～25岁的年轻群体，更关注对未来疾病的预防，因此对健康服务的需求更高；56岁以上的人群，保持健康的愿望更加强烈，因此倾向于采取更积极的干预健康措施，其对实物型健康产品的消费需求占比大大高于年轻群体。

据某购物平台消费及产业发展研究院披露，营养消费、特医食品、医疗器械、消费医疗等相关行业市场正呈现稳步上升的趋势。营养保健及滋补品消费增长显著。如保健茶饮，成交额同比增长250%；益生菌、矿物质、钙、肠胃养护等产品成交额增速也较快，其中叶黄素、维生素C等产品同比增长超过140%。此外，居家慢性病管理、健康监测如手表、手环、指尖血糖仪等产品需求呈爆发式增长。

（2）数字技术赋能：在“十四五”规划、全球老龄化等因素驱使下，可穿戴中医检测与监测设备、中医智能康复器具、中医医疗服务机器人及相关辅助器械，是中医器械企业未来重点发展的方向之一。但目前由于中医器械理论体系并未形成共识，政策及标准文件中并未明确分类界定，中医器械生产企业创新能力仍具有很大的进步空间。在政策利好与需求增长等因素的促进下，我国中医医疗器械行业市场规模呈稳步增长之势。据统计，中医产品有效注册数量由2018年的1 154件上升至2021年的2 512件，复合增长率达29.6%。公立医院中医器械采购额由2019年的6 544万元上升至2021年的7 844万元。国内中医医疗服务行业中5 000元以上中医诊疗设备数量也增长迅速，从2015年的133 328台增加至2020年的243 393台，复合增长率为12.8%。

由于能够监测血压、心电图和血氧饱和度等重要健康参数，智能手表正变得越来越流行。得益于人工智能技术的全面应用以及人均可支配收入的增加，2021—2026年，中国成人智能手表市场规模预计呈现逐年上升的态势。经过初步估算，2026年中国成人智能手表市场规模将达到272亿元。

近年来，电磁治疗、康复设备产品逐渐增多，舌像诊断、脉象诊断类产品出现与人工智能、物联网等新兴技术结合的新趋势。此外，便于操作、适于家庭或个人使用的中医检测与监测设备也将成为未来中医医疗器械科创发展的方向。结合老年人康复与护理需要，老年病康复的中医智能康复器具、中医医疗服务机器人及相关辅助器械也将成为研发重点。

（3）中医药文化旅游蓬勃发展：中医药文化旅游产业是一个具有中国特色的环境友好型、和谐社会型、能造福人类身心健康的、前景无限的产业。发展中医药文化旅游产业能让中医药文化通过旅游得以传播、让中医药服务得以创新和扩展，将中医药文化元素和内涵注入旅游业中并与文化创意产业融合，提升了旅游业的品质、创新出旅游新业态、新产品并延长旅游产业链，以满足人们对中医药文化的了解和对中医药养生保健、医疗康复、休闲旅游的更新更高的精神文化和物质文化消费需求。原国家旅游局和国家中医药管理局和多省（自治区、直辖市）推动多地中医药健康旅游示范区创建单位、中医药特色医养结合示范基地、中医药健康养老服务示范单位、中医药文化旅游示范基地等，对企事业单位采取一对一咨询辅导、策划规划与集中培训相结合的方法服务示范基地以促进中医药文化产业的形成和发展。

至 2023 年 4 月，辽宁省已评审命名 60 家辽宁省中医药健康养老服务示范单位和 60 家辽宁省中医药健康旅游示范单位。辽宁省明确建设标准：具有一定中医药健康养老服务能力的医疗机构、养老机构或医养结合机构均可申报建设中医药健康养老服务基地；将中医药健康旅游分为中医药观光旅游、中医药文化体验旅游、中医药养生体验旅游、中医药特色医疗旅游等以及兼具其中两种以上的多种模式，开展中医药健康旅游基地建设主要依托中药资源种植（养殖）基地、中医药自然景观、中医药文化遗址以及中医药养生、保健服务企业等。

自 2013 年起至 2022 年 12 月，浙江已陆续命名 121 家浙江省中医药文化养生旅游示范基地，涵盖历史文化街区、中医药街区、中医药人文旅游景点、文化园、博览园、风景区、度假村、贡茶院、酒店、体验馆、生物科技、药镇、健康小镇等数十种中医药文化旅游形式。

3. 中医药市场需求攀升

（1）后疫情时代中医药备受关注：新冠疫情发生以来，中医药发挥重要作用彰显了中医药力量，更为其产业化发展提供了良好契机，中药材市场也随之被激活。中药产业主要细分为中药材、中药饮片和中成药 3 个大类。国家统计局数据显示，中草药及中成药零售市场 2020 年为 87.86 亿元，同比增长 5.78%。根据《新型冠状病毒感染的肺炎诊疗方案（试行第五版）》，连花清瘟胶囊和连花清瘟颗粒为中医治疗医学观察期推荐用药。此外，产品也被山东、浙江、河北、上海、北京等多个省市发布的防治方案或诊疗方案推荐。2022 年 6 月前，已有超 40 个院内制剂获批，清肺排毒汤、肺炎一号方治疗效果显著；多个省市因地制宜，制定了新冠病毒感染预防方。

各地积极探索如何高质量融入共建中医药国际化，如 2023 年 3 月深圳光明全力建设国际中药港，规划总建筑面积 3.1 万平方米，打造深圳市中药饮片代煎代配中心、粤港医疗机构中药院内制剂中心、深圳市中药材战略储备基地、中西医结合医院、中药材跨境流通及海关监管区域等，并在一期园区建设国际中试车间，与俄罗斯、日本、巴基斯坦、泰国等国合作，探索药品跨境委托监管新模式。

（2）中药饮片市场进一步扩大：2023 年 4 月国务院办公厅颁发的《中医药振兴发展重大工程实施方案》指出，围绕中药种植、生产、使用全过程，充分发挥科技支撑引领作用，加快促进中药材种业发展。大力推进中药材规范种植，提升中药饮片和中成药质量，推动中药产业高质量发展。支持国家药用植物种植资源库建设，引导地方建设一批中药材种子种苗专业化繁育基地，推动制定种子种苗标准，依托第四次全国中药资源普查工作成果，健全中药资源动态监测体系。引导地方建设一批道地药材生产基地，制定常用300种中药材种植养殖技术规范和操作规程，统一中药材追溯标准与管理办法，依托现有追溯平台，建立覆盖主要中药材品种的全过程追溯体系；依托现有药品监管体系，搭建一批中药材快速检测平台。虽然中药饮片面临着监管的难题，但十余年来中药饮片行业依旧保持高速增长。基于新冠疫情的中医属性，补虚药（补气药）、清热药、解表药、止咳祛痰药、理气药、化湿药等中药饮片有望实现销量大涨。随着中医药在新冠病毒感染预防、治疗及康复中显现的有效性与安全性，2022年我国中药饮片市场规模达到1 881亿元，中药饮片的市场规模有望进一步扩容。

（3）中药配方颗粒市场不断增长：中药配方颗粒是指以符合炮制规范的传统中药饮片作为原料，通过现代制药技术制成的颗粒剂，是基于中医药现代化、国际化形势下对传统中药的一种用法补充。自中药配方颗粒结束试点工作，其销售范围由二级及其以上中医院向所有符合相关条件的医疗机构扩容，生产企业牌照限制放开，中药配方颗粒生产企业由牌照制转变为备案制。预计到2030年，由于疫情后医院诊疗恢复、国标数量增加，我国配方颗粒市场规模可达到1 102亿元，年均复合增长率达19.2%。

（4）政策推动中医药传承创新：中医药作为我国独特的卫生资源，经济潜力大，科技资源具特色，文化资源、生态资源优势突出。近年来，中药行业受审评加速影响，产业创新活力更是一直在持续提高。利好政策是推动行业发展的强劲动力，在国家大力推动中医药创新发展的背景下，中药创新将步入新阶段，对企业的激励作用也将持续增强。中药创新药的比重逐年大幅提升，2021年中药创新药申报数量为62个，是2020年的2倍多，是2019年的3倍多。2022年国内有7款中药创新药获批上市。随着新技术与中医药深度融合创新，中药行业预计迎来更多创新成果。

另外，中成药集采方面，最终出台的集采方案相对比较温和，独家品种的价格降幅较小，优势更加明显；循序渐进地启动中药饮片联采相关工作，坚持质量先行的策略方针，持续加大中药材跨区域推广力度。此外，在医保目录中，中成药持续扩容，促进中成药在医院端的持续放量，进一步扩大了市场空间。2020年，医保目录谈判涉及162种药品，谈成119种，谈判成功率73.46%，谈成药品平均降价50.6%，其中中药平均降幅为37%。根据咨询机构预测，未来几年，中药行业将保持快速增长，2025年我国中药行业的市场规模将达到5.8万亿元，行业发展前景广阔。

二、中医药健康服务国外发展概况

中医药是中外人文交流的友好使者。改革开放40多年来，随着中国综合国力不断提升，中医药的国际影响力也越来越大。这一点从遍布世界各地的中医药诊所、逐年增长的中药材和中药产品的出口可见一斑。2019年，第72届世界卫生大会审议通过《国际疾病分类第十一次修订本（ICD-11）》，首次纳入起源于中医药的传统医学章节，脏腑系统疾病、外感病、八纲证、脏腑证等中医病证名称，成为国际疾病“通用语言”。这是中医药国际化的标志性事件。

中国国家卫健委2022年9月公布的数据显示，中医药已传播至196个国家和地区，与外国政府、地区组织签订了86个专门的中医药合作协议，其中绝大多数分布在“一带一路”沿线国家。中医药的国际关注度和接受度日益提升，但也仍面临中外文化差异、国际标准缺乏、法律法规缺位等问题。2022年国家中医药管理局与国家发展和改革委员会共同制定《中医药“一带一路”发展规划(2016—2020)》推进中医药高质量融入共建“一带一路”，是推进健康丝绸之路建设的重要内容，是构建卫生合作伙伴关系的重要举措，是推进共建“一带一路”高质量发展的重要载体，也是推动构建人类卫生健康共同体的重要平台。提出的发展目标是，“十四五”时期，与共建“一带一路”国家合作建设30个高质量中医药海外中心，颁布30项中医药国际标准，打造10个中医药文化海外传播品牌项目，建设50个中医药国际合作基地和一批国家中医药服务出口基地，加强中药类产品海外注册服务平台建设，组派中医援外医疗队，鼓励社会力量采用市场化方式探索建设中外友好中医医院。到2025年，中医药政府间合作机制进一步完善，医疗保健、教育培训、科技研发、文化传播等领域务实合作扎实推进，中医药产业国际化水平不断增强，中医药高质量融入共建“一带一路”取得明显成效。同时确立了中长期发展目标，体现了规划的前瞻性。提出展望2035年，中医药融入更多共建“一带一路”国家主流医学体系，在国际传统医学领域的话语权和影响力显著提升，在卫生健康、经济、科技、文化、生态等方面的多元价值充分发挥，中医药高质量融入共建“一带一路”格局基本形成。近年来，国家中医药管理局以“加强古典医籍精华梳理和挖掘”为重点，实施了一系列中医药古籍保护、研究与利用的重大工程，构建起中医药古籍工作体系，包括完成了400余种海外中医药古籍的回归整理和160余部少数民族医药传统文献的整理工作。开展中医中药海外行、“一带一路”针灸风采行等活动，通过健康咨询、展览展示、体验品鉴等亮点品牌，持续提增海外民众对包括中医药在内的优秀中华文化的理解和认同。

在欧洲，中医诊所数量众多，中医药产品的接受度和影响力也越来越大。建立行之有效的质量标准，即中医药的欧洲标准，至关重要。其实，欧洲药品质量管理局(EDQM)和成员国主管部门也都意识到了这一问题。因此，EDQM主持的欧洲药典(EP)正在制定中药质量专论，德国药品法典(DAC)也正在制定中药配方颗粒剂的质量专论。至2022年，已有80多味中药材质量标准进入了欧洲药典。与DAC合作开展中药配方颗粒质量标准的研究工作也在有序开展。欧盟严格的药品质量管理标准以及各成员国药品监管政策的差异，是中医药在欧洲推广面对的主要挑战。但是，欧盟成员国药品监管政策的差异，也给中药产品进入欧洲市场提供了空间。中医药产品在欧盟成员国正式注册，是保证产品质量和法律认可的重要途径之一。

加拿大对包括中医药等多元文化很有包容性。中医针灸在加拿大卑诗、安大略、魁北克、阿尔伯塔、纽芬兰5个省份已经立法，受益人数占全国人口总数的88%。越来越多的加拿大各族裔民众喜爱和接受中医针灸。疫情前，中医针灸在海外的发展，以争取中医针灸立法、开展中医针灸教育、进行中医针灸临床治疗为主。疫情发生后，加拿大的西医(家庭医生)基本上都是电话咨询和线上开处方，而中医针灸师们必须面对面地对患者进行切脉、望舌和针灸，工作在临床第一线。中医针灸在治疗新冠病毒感染后遗症方面效果显著，吸引了许多患者前来就诊。在教育方面，加拿大联邦层面加快了对中医针灸教育机构认证工作的进程。

争取中医针灸在外国立法，是行业成熟的重要标志。自20世纪末以来，美国、澳大利亚、加拿大等国相继对中医针灸立法。预计未来会有更多国家对中医针灸立法。

三、中医药健康服务实践新成就及展望

习近平总书记多次对卫生与健康工作作出重要指示，中医药这一门历经数千年的古老医学重焕光彩，一项与中国式现代化价值同构、与中华民族伟大复兴血脉相连的中医药事业正扬帆远航。

（一）中医药战略地位跃上新高度

回顾历年政府工作报告，“依法支持中医药发展”“支持中医药事业传承创新发展”“促进中医药振兴发展，加强中西医结合”“坚持中西医并重，实施中医药振兴发展重大工程”“支持中医药振兴发展，推进中医药综合改革”一字一句，映射出中医药在中国式现代化道路上的重要性。陆续出台的方针政策，《中共中央国务院关于促进中医药传承创新发展的意见》《关于加快中医药特色发展的若干政策措施》《“十四五”中医药发展规划》《中医药振兴发展重大工程实施方案》《国务院办公厅关于印发中医药振兴发展重大工程实施方案的通知》、国家八部门联合印发《“十四五”中医药文化弘扬工程实施方案》、财政部《组织申报中央财政支持中医药传承创新发展示范试点项目》，体现党和国家对中医药发展的重视。

（二）中医药在新冠病毒感染防治中发挥特色优势

新冠病毒感染疫情防控进入新阶段以来，综合医院、专科医院积极发挥中医药在“保健康、防重症”中的独特优势和作用，取得了一定成效。我国中医药科研机构持续加大相关领域的科技研发，各地充分发挥中医药在新冠病毒防治中的特色优势，进一步完善中西医协同救治机制，形成了疫情防控的中国方案。三年来，我国各级医疗机构进一步加强新冠病毒感染中西医协同救治，建立了中西医联合处置和救治机制。2020 年，国家中医医疗队 700 多人驰援武汉，中医药参与救治确诊病例的占比达到 92%。湖北省确诊病例中医药使用率和总有效率超过 90%。2022 年 3 月 31 日，《世界卫生组织中医药救治新冠肺炎专家评估会报告》明确肯定了中医药救治新冠病毒感染患者的有效性和安全性。至 2023 年 2 月，我国已建成 35 个国家中医疫病防治基地，成立了 30 多支国家中医疫病防治和紧急医疗救援队伍。

（三）中医药服务能力有了新提升

充分发挥中医药独特优势，以较少的资源总量提供了较多的服务份额，放大了医改惠民效果。十年来，我国中医药服务能力明显提升，98% 以上的社区卫生服务中心、乡镇卫生院能够提供中医药服务，中医药总诊疗人次达 12 亿人次。

2023 年国家中医药管理局印发《社区卫生服务中心　乡镇卫生院中医馆服务能力提升建设标准（试行）》的通知，明确“十四五”期间社区卫生服务中心及乡镇卫生院要设立中医馆，使用面积不得低于 300 平方米，中药房须在中医馆内独立设置，使用面积不低于 40 平方米。中药房的中药饮片品种数不少于 300 种，少数民族医馆可适当降低要求。中医馆也应具备中医医疗和康复服务，包括能够提供中药饮片和 6 类 10 项以上中医医疗技术服务，配备不少于 10 种中医诊疗和康复设备，能够应用中医药康复手段对脑卒中后遗症、肢体残疾等疾病进行康复治疗，积极开展孕产妇、高血压及 2 型糖尿病等中医药健康管理服务，积极参与传染病等突发公共卫生事件的防控、救治等工作。所有家庭医生团队能够提供中医药服务，为辖区居民提供具有中医特色的个性化服务包。中医馆应接入并规范使用中医馆健康信息平台，确保与属地基层医疗卫生信息系统融合联通，实现中医电子病历、中医辨证论治、中医远程会诊等功能。鼓励中医馆使用移动互联网、智能客户端等技术，提供在线预

约诊疗、划价收费、诊疗报告查询、药品配送等服务。

（四）中医药文化发展迈上新台阶

国家中医药管理局、中央宣传部、教育部、商务部、文化和旅游部、国家卫生健康委、国家广电总局、国家文物局关于印发《"十四五"中医药文化弘扬工程实施方案》提出"加大中医药文化活动和产品供给"等12项重点任务，旨在大力弘扬中医药文化，更好满足人民群众对中医药的健康需求和精神需求。总体目标为，到2025年中医药文化产品和服务供给更为优质丰富；打造一批中医药文化品牌活动、精品力作、传播平台；公民中医药健康文化素养水平从2020年底的20.69%提升至25%左右；中医药海外传播半径不断延伸。

（五）古典医籍精华梳理和挖掘工作硕果累累

实施"中医药古籍保护与利用能力建设"项目，出版了416种中医药古籍。推进国家重大文化工程《中华医藏》项目，拟影印出版2 289种经典医籍，目前首批"养生卷"74种医籍已经正式出版。"中医药古籍文献传承专项"等项目，培养一批古籍整理研究的专业人才，制定一系列中医药古籍保护利用的规范和标准，同时也开展了40个病种的古籍文献专题研究。利用中央对地方转移支付资金，改善全国中医药行业古籍馆藏机构的馆藏条件，提升古籍保护能力，修复了一批破损的珍贵医药典籍，同步推进了古籍的数字资源建设，目前已建成"国医典藏"等中医药古籍数字化平台。开展了400余种海外中医药古籍的回归整理和160余部少数民族医药传统文献的整理工作。

（六）中医药科技创新取得新突破

建立了符合中医药发展规律的临床科研一体化新模式，建设了一批国家工程（技术）研究中心、工程实验室和企业技术中心，持续强化中医药创新，形成原创性、引领性的研究成果，并把创新链和产业链真正融合起来，加快科技成果转化和产业化应用。同时关注中药高水平科技平台建设，实现信息化、智能化和工业化融合的中药智能制造。面对人民群众多层次多样化的健康需求，进一步研制更多高疗效的中药创新药，切实保障群众用药需求。

大数据精准治疗驱动中西医结合的发展和中医药发展迫在眉睫，ChatGPT刚刚出现，如果把它应用好，把中医药大量真实世界的数据，与大数据、人工智能有机结合，可能会使医学产生很大的突破，实现跨越式的发展，通过互联网、移动终端让更多老百姓获得收益，真正实现"健康中国"民生的获得感。

（七）中医药人才队伍建设呈现新局面

"十三五"期间国家中医药管理局的岐黄工程已经培养了149名岐黄学者、100名青年岐黄学者、797名中医临床优秀人才和一万多名中医骨干人才，建立31个中医药高层次人才培养基地。同时创新人才培养方式，在个人的培养项目上创新提出了团队培养项目，到目前已经支持建设了15个国家中医药多学科交叉创新团队和20个传承创新团队。建设了2 000多个名老中医专家工作室，通过以上举措搭建了领军人才、骨干人才包括青年拔尖人才这样有序衔接的高层次人才队伍，提升了中医药人才培养能力。

（八）中医药海外发展书写新篇章

中医药已传播至196个国家和地区，与外国政府、地区组织签订了86个专门的中医药合作协议，讲好中医药科学故事，提高中医药与传统医药领域的显示度和影响力，成为卫生与健康领域国际交流合作的新亮点。以中医药为代表的传统医学纳入世界卫生组织国际疾病分类代码（ICD-11），ISO/TC 249正式命名为国际标准化组织中医药技术委员会，已颁布80余项中医药国际标准。

第二节　发展环境分析与展望

一、政策环境分析

（一）全面提升“中医药健康服务能力”

党中央、国务院高度重视中医药发展，将传承创新发展中医药定位为新时代中国特色社会主义事业的重要内容。习近平总书记对中医药工作作出一系列重要论述，指出要着力推动中医药振兴发展，发挥中医药在治未病、重大疾病治疗、疾病康复中的重要作用，强调要建立符合中医药特点的服务体系、服务模式、管理模式、人才培养模式，使传统中医药发扬光大。李克强总理多次主持召开国务院常务会议部署中医药工作，对加强人才队伍建设、促进中药产业质量提升、有效增强中医药防病治病能力等多次作出重要批示。孙春兰副总理多次研究政策措施，部署推进重点工作。中医药服务体系进一步健全。当前，我国慢性病发病率总体呈上升趋势。随着经济社会发展和生活水平提高，人民群众更加重视生命安全和健康质量，健康需求不断增长，并呈现多样化、差异化特点。有效应对多种健康挑战、更好满足人民群众健康需求，迫切需要加快推进中医药事业发展，更好发挥其在健康中国建设中的独特优势。2022 年 3 月，根据《中华人民共和国国民经济和社会发展第十四个五年规划和 2035 年远景目标纲要》，国家中医药管理局会同相关部门印发《“十四五”中医药发展规划》（以下简称《规划》），“提升中医药健康服务能力”作为主要任务被重点提出。要求从“提升疾病预防能力，增强疾病治疗能力，强化特色康复能力”三个方面“彰显中医药在健康服务中的特色优势”。具体措施包括：实施中医药健康促进行动，推进中医治未病健康工程升级。开展重点人群中医药健康促进项目。在各级妇幼保健机构推广中医治未病理念和方法。针对妇女围绝经期、孕育调养、产后康复、亚健康状态和儿童生长发育、脊柱侧弯、肥胖、青少年近视等开展中医适宜技术防治。继续实施癌症中西医结合防治行动，加快构建癌症中医药防治网络。针对重点人群和重大疾病，制定并推广 20 个中医治未病干预方案，制定中西医结合的基层糖尿病、高血压防治指南。在国家基本公共卫生服务项目中优化中医药健康管理服务，鼓励家庭医生提供中医治未病签约服务。持续开展 0～36 月龄儿童、65 岁以上老年人等重点人群的中医药健康管理，逐步提高覆盖率。开展国家中医优势专科建设，以满足重大疑难疾病防治临床需求为导向。大力发展中医非药物疗法，充分发挥其在常见病、多发病和慢性病防治中的独特作用。实施中医药康复服务能力提升工程。探索有利于发挥中医药优势的康复服务模式。促进中医药、中华传统体育与现代康复技术融合，发展中国特色康复医学。针对心脑血管病、糖尿病、尘肺病等慢性病和伤残等，制定推广中医康复方案，推动研发中医康复器具。

此外，《规划》提出创新中医药服务模式，提升中医药健康服务能力。完善以患者为中心的服务功能，优化服务流程和方式，总结推广中医综合诊疗模式、多专业一体化诊疗模式和集预防、治疗、康复于一体的全链条服务模式。推进智慧医疗、智慧服务、智慧管理“三位一体”的智慧中医医院建设。建设中医互联网医院，发展远程医疗和互联网诊疗。持续推进“互联网 + 医疗健康”“五个一”服务行动。构建覆盖诊前、诊中、诊后的线上线下一体化中医医疗服务模式，让患者享有更加便捷、高效的中医药服务。

《规划》目标：到 2025 年，中医药健康服务能力明显增强，在健康中国建设中的独特优势得到充分发挥。中医药产业和健康服务业高质量发展取得积极成效。《规划》各项目标指标、重点任务和重大政策举措的贯彻落实，将推动中医药事业产业发展进入新阶段，使中医药发展成果更好地惠及广大群众，为全面推进健康中国建设、更好保障人民健康提供有力支撑。

（二）中医药健康服务与互联网深度融合

党中央、国务院高度重视中医药发展，将传承创新发展中医药定位为新时代中国特色社会主义事业的重要内容。党的二十大报告明确指出“促进中医药传承创新发展”。信息化作为引领中医药传承创新发展的先导力量，是促进中医药传承创新、实现振兴发展的重要支撑。习近平总书记强调，没有信息化就没有现代化，信息化为中华民族带来了千载难逢的机遇。以数字化、网络化、智能化为特征的信息化浪潮蓬勃兴起，云计算、大数据、物联网、人工智能等新一代信息技术迅速发展应用，为中医药信息化高质量发展营造了强大势能、创造了广阔的发展空间，对“互联网 + 中医药”融合发展提出了更高要求，带来了更大可能，中医药信息化发展迎来了历史性的发展战略机遇期。“十三五”时期，中医药行业贯彻落实国家信息化发展总体部署，坚持“融入、整合、跨越”发展思路，中医药信息化建设不断加强、水平不断提升，但仍存在发展不平衡、不协调、不深入等问题，与数字中国、中医药传承创新发展、全民健康信息化要求存在较大差距。为推进“十四五”时期中医药信息化高质量发展，充分发挥信息化对中医药传承创新发展的支撑作用，2022 年 11 月国家中医药管理局印发《“十四五”中医药信息化发展规划》，围绕中医药信息化高质量发展目标，主要部署了四方面任务。一是夯实中医药信息化发展基础，提出加快信息基础设施提档升级、强化网络和数据安全防护、推进中医药信息标准应用 3 个方面具体措施。二是深化数字便民惠民服务，提出加强中医医院智慧化建设、推动中医药健康服务与互联网深度融合、优化中医馆健康信息平台、做优智慧中医医联体 4 个方面具体措施。三是加强中医药数据资源治理，提出强化中医药政务服务和管理、实施国家中医药综合统计制度、建设中医药综合统计信息平台、推动中医药统计数据开放共享 4 个方面具体措施。四是推进中医药数据资源创新应用，提出加快中医药关键数字技术攻关、助力中药质量控制水平提升、创新中医药数字教育新模式、推动中医药文化数字化建设 4 个方面具体措施。同时，在四大任务下设立 4 个信息化项目专栏，共 14 个项目，全面支撑任务的具体部署、实施和落地。通过系列举措，夯实中医药信息化发展基础、深化便民惠民、加强数据资源治理及创新应用，为推进中医药现代化、推动中医药事业和产业高质量发展、更好地保障人民健康提供有力支撑。

（三）“中医药健康服务高质量发展工程”实施

党的十八大以来，以习近平同志为核心的党中央把中医药工作摆在更加突出的位置，中共中央、国务院出台了《关于促进中医药传承创新发展的意见》，国务院召开全国中医药大会，各级党委政府、各部门对中医药工作的支持前所未有，中医药对新冠疫情防控取得重大战略成果发挥了重要作用，中医药传承创新发展展现出新气象，迎来了历史性的发展战略机遇期。2023 年 2 月，国务院印发《中医药振兴发展重大工程实施方案》，重点实施“中医药健康服务高质量发展工程”，着力彰显优势、夯实基层、补齐短板，健全中医药服务体系，促进优质中医医疗资源均衡布局，发挥中医药整体医学优势，提供融预防保健、疾病治疗和康复于一体的中医药健康服务。

该工程聚焦四个方面的建设：①中医药服务体系“扬优强弱补短”建设。突出特色优势，打造中医药服务新高地；建设基地队伍，提升中医医院应急能力；补齐短板，筑牢中医药服务网底。②中医治未病能力建设。一是推动若干地级市开展区域中医治未病中心试点建设，发挥区域龙头带动作用，探索有利于发挥中医治未病优势和作用的政策机制，指导区域内开展中医治未病工作，健全中医治未病服务网络，进一步提升中医治未病服务能力。二是与实施健康中国行动紧密结合，实施重点人群中医药健康促进项目，开展中医适宜技术防控儿童青少年近视试点、妇幼健康中医适宜技术推广试点，充分发挥中医药在妇女儿童预防保健和疾病诊疗中的独特作用，为妇女儿童提供全方位全周期的优质中医药医疗保健服务。③中医药老年健康服务能力建设。一是通过开展一批省级老年中医药健康（治未病）中心建设，探索完善中医药老年健康服务模式，提升临床、康复、护理、慢性病管理、科学研究、健康管理等能力。二是推动二级以上中医医院老年病科建设，增加老年病床数量，开展老年病、慢性病防治和康复护理，推进中医药健康服务能力提升，促进中医药与养老深度融合，增加中医药老年健康服务供给。同时发挥辐射带动作用，引导鼓励在健康养老服务中更好地运用中医药理念和技术方法，更好地将中医药融入养老全过程，充分发挥中医药在应对人口老龄化中的独特优势和价值作用。④中医药数字便民和综合统计体系建设。实施中医药振兴发展重大工程是贯彻落实党的二十大精神和习近平总书记关于中医药工作重要论述的具体体现，是国家大力发展中医药事业的战略举措，必将为新时期中医药传承创新发展提供有力支撑，注入强劲动力。

二、文化环境分析

中医药是中华民族的瑰宝，也是中华优秀传统文化的重要载体。近年来，中医药高质量融入共建“一带一路”之中，目前已传播至196个国家与地区，国际认可度和影响力持续提升。习近平总书记指出，中医药学是中国古代科学的瑰宝，也是打开中华文明宝库的钥匙，反复强调文化自信是更基础、更广泛、更深厚的自信，没有高度文化自信、没有文化繁荣兴盛就没有中华民族伟大复兴。中医药事业同样需要筑牢文化根基，大力弘扬中医药文化，将为中医药事业高质量发展提供强大的文化动力。《中医药振兴发展重大工程实施方案》明确实施中医药文化弘扬工程，有力推动中医药文化创造性转化、创新性发展，主要从以下四个方面开展工作。一是挖掘和传承中医药精华精髓，开展中医药文化精神标识研究，挖掘阐释并推广普及名医名家、医籍名方等中医药文化经典元素；二是实施中医药文化传播行动，广泛开展中医药文化主题活动，建设一批中医药文化宣传教育基地、体验场馆、知识角，推动中医药文化融入群众生产生活，促进公民中医药健康文化素养水平不断提升；三是打造中医药文化精品，支持创作高质量的中医药图书、纪录片、影视剧以及各类新媒体产品，打造有代表性的中医药文化节目和中医药动漫产品，提升文化影响力；四是推进中医药博物馆事业发展，支持中医药博物馆体系建设，搭建中医药文化展示的高水平窗口。

三、技术环境分析

中医药振兴发展离不开科技支撑，需要科技创新体系提供保障。近年来，国家支持建设了一批中医药领域国家重点实验室、中医类国家临床医学研究中心、国家中医药传承创新中心等，形成了国家级中医药科技创新平台群。通过国家重点研发计划、科技重大专项等对中医药临床与基础研究、中药新药研发等进行重点支持，在中医药防治重大慢性病、传染病等方面取得了积极进展，开发了一批现代中药产品和中医诊疗设备。“十四五”期间，通过实施中医药振兴发展重大工程，围绕国家战略需求及中医药重大科学问题，进一步加快了中医药科技创新平台建设，加强中医药科技创新重点项目和关键技术装备项目布局，推进建设符合中医药特点的中医药科技创新体系。

（一）科研人才

中医药人才队伍是中医药技术的核心要素，为中医药传承创新发展提供坚强的保障。当前，面向生命健康领域的竞争博弈日趋激烈，作为具有原创优势的中医药迎来难得的发展机遇，迫切需要加快推进中医药振兴发展，更好发挥中医药在健康中国建设中的独特优势；迫切需要加快推进中医药人才队伍建设，为中医药振兴发展提供更加坚强的人才保障。2022 年 10 月，国家中医药管理局印发《“十四五”中医药人才发展规划》，提出统筹加强重点领域中医药人才培养，包括“培养中医药健康服务技术技能人才”。鼓励职业院校设置健康服务相关专业，培养中药材种植养殖、中药鉴定、中药炮制、中药制剂、中医养生、中医康复、老年护理等中医药健康服务人才。推进高职中医药类高水平专业群建设，深化科教融合和产教协作，依托科研院所和中医药大中型企业建设产业人才培育平台，开展中医药高素质应用型、复合型、创新型、技能型产业人才培养。鼓励建立各级中医药健康服务人员培训基地，面向健康服务行业人员开展中医药技术技能培训。

近年来，中医药人才规模总量稳步增长。中医药人才素质不断提高，中医药科研人才队伍不断壮大。2021 年科学研究与试验发展（R&D 活动）人员数达 9 504 人，研究生学历技术人员数量达到 5 004 人（图 6-5）。

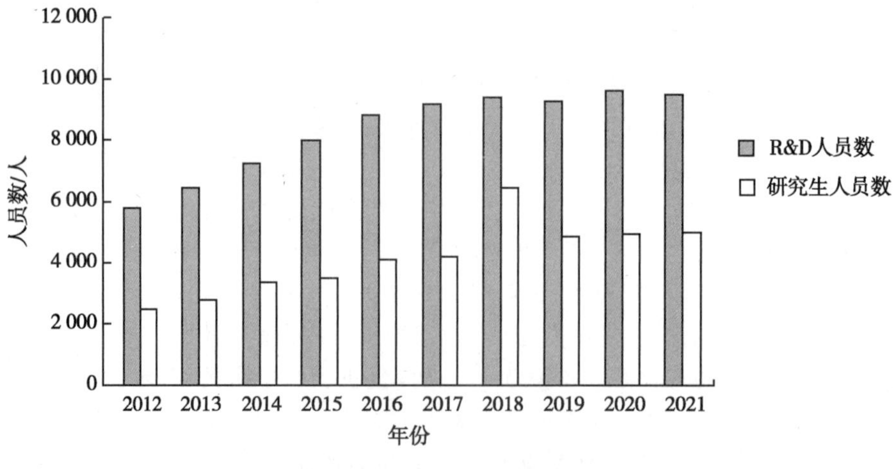

图 6-5　中医药科学研究与技术开发机构 R&D 人员情况

资料来源：国家中医药管理局。

（二）科研成果

随着中医药科研人才的稳步增加，中医药领域涌现大量科研成果。中医药科研院所 2012—2021 年在研课题和研究经费数量稳步增长（图 6-6），2021 年度科学研究与技术开发机构在研课题 3 339 个，发表中医药科技论文 6 391 篇、出版科技著作 274 种、专利授权 685 件。2020 年和 2021 年分别形成国家或行业标准数 29 项和 49 项（图 6-7）。

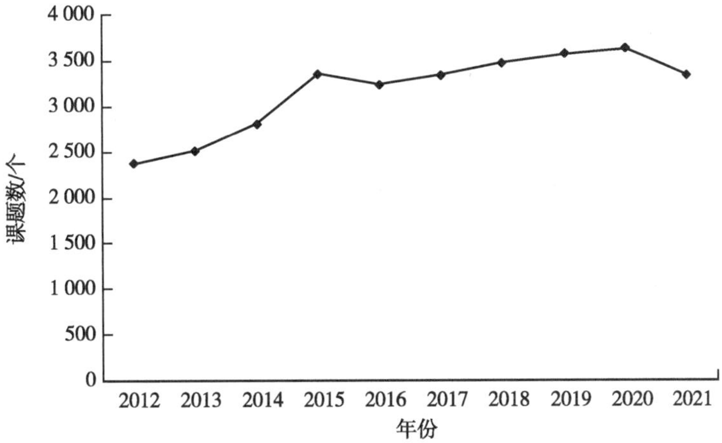

图 6-6　中医药科研院所在研课题数

资料来源：国家中医药管理局。

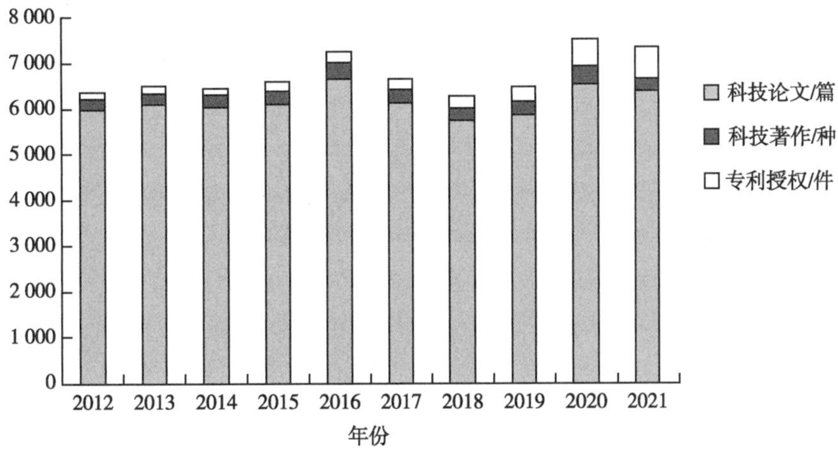

图 6-7　中医药科研院所科研成果统计

资料来源：国家中医药管理局。

（三）临床技术

近年来，科技部、国家卫健委等部门多举措支持中医药科技创新发展，疫情期间开展有效方药筛选、临床疗效评价等领域科研攻关，为中医药的临床发挥提供了科技支撑。为了加强中医药领域的科研攻关，国家中医药管理局会同科技部、国家卫健委等部门建设了 14 个国家重点实验室、2 个中医类国家医学研究中心、1 个国家工程技术研究中心、5 个国家工程研究中心、6 个国家工程实验室。中医药科技创新能力持续提升。随着国家对中医药投入的加强，中医药自身的科技创新能力显著进步。

另外，中医药适宜技术的推广是中医药技术服务大众健康的关键，部分省市大力开展中医药适宜技术推广。同时随着中医适宜技术的推广，中医药治未病服务能力也进一步提高，2021 年中医类医院中医治未病服务达两千多万人次，开展技术 34 个，极大地丰富了治未病服务内容（表 6-10）。

表 6-10　2021 年全国中医类医院中医特色指标

医院类型	机构数 / 个	年内中医治未病服务人次数 / 人次	院均年末开展中医医疗技术数 / 个
中医类医院	5 715	23 371 493	34
中医医院	4 630	20 260 823	35
中西医结合医院	756	2 294 377	26
民族医医院	329	816 293	30

资料来源：国家中医药管理局。

案例：

中国国家博物馆举办中医药文化展

中医药作为中华优秀传统文化的杰出代表，是中国各族人民在几千年生产生活实践和与疾病斗争中逐步形成并不断丰富发展的医学科学，具有鲜明而又独特的生命观、健康观、疾病观和防治观，实现了自然科学与人文科学的融合和统一，蕴含了中华民族深邃的哲学思想，为中华民族的繁荣昌盛作出了巨大贡献，亦对世界文明的进步产生着积极影响。2023 年 1 月 18 日，“智慧之光——中医药文化展”在中国国家博物馆开幕。“智慧之光——中医药文化展”是认真贯彻落实党的二十大精神，深刻阐释中医药文化与中华优秀传统文化的内在联系，引导广大观众深刻感知中华民族对于生命健康、人类福祉孜孜不倦的上下求索，使中医药成为群众促进健康的文化自觉。

《黄帝内经》《伤寒论》《本草纲目》等杏林典籍浩如烟海，扁鹊、张仲景、华佗、孙思邈、李时珍等岐黄名家灿若星辰，集中闪耀着中华民族的博大智慧之光。中医药学作为中华民族创造的自主知识体系，不仅是崇尚“天人合一”“阴阳平衡”“辨证论治”“上工治未病”的求真求实之问，还是致力于“悬壶济世”“大医精诚”的扶弱行善之学，更是追求“上医医国”“良相知医”的治国理政之道。时至今日，中医药已经融入中华民族的血脉之中、广大群众的生产生活之间，并在新时代继续焕发着源源不断的生机与活力。

展览以中医药文化为主线，精心遴选 500 余件（套）文物藏品，类型涵盖玉石、陶瓷、骨器、金银器、古籍、书画、革命文物等，辅以 200 余件（套）药材实物。按照“文明之钥”“摄生之道”“灵兰秘典”“器药撷英”“传承创新”五个单元，从发展历程、防治观念、医学典籍、中医药材、诊疗器具、未来展望、国际合作等不同角度出发，辅以多个数字影像和互动项目。力求充分展现具有悠久历史和独特理念的中医药文化体系，深刻反映中医药自主知识体系的形成、演进和对世界的杰出贡献，深刻阐释中医药文化与中华优秀传统文化的内在联系，引导广大观众深刻感知中华民族对于生命健康、人类福祉孜孜不倦的上下求索。

（史　鑫　孙志芳　彭伟伟）

参考文献

[1] 郭清. 我国近十年来中医药发展状况与趋势分析[J]. 浙江中医药大学学报，2019，10（43）：1045-1049.

[2] 八点健闻，复旦大学健康传播研究所. 居民健康消费指数报告（2022 年第四季度）[R]. 上海：八点健闻，复旦大学健康传播研究所，2023.

[3] 中国中医药报. 在中国式现代化中发挥中医药价值. 中国中医药报[N]，2022-10-19（1）.

第七章　妇幼健康服务

党的十八大以来，党中央将妇幼健康事业发展纳入顶层设计，妇幼健康指标逐步纳入国民经济和社会发展总体规划与专项规划，成为国家人权保障事业的重点关注领域。2020 年，十九届五中全会《中共中央关于制定国民经济和社会发展第十四个五年规划和二〇三五年远景目标的建议》指出，提高优生优育服务水平，提高人口素质。2021 年，中国孕产妇死亡率、婴儿死亡率均降至历史最低水平，位居全球中高收入国家前列。2023 年 4 月 7 日召开的全国妇幼健康工作电视电话会议，肯定了党的十九大以来我国在妇幼健康工作中的成效，并要求在全面贯彻落实党的二十大精神基础上，坚持以妇女儿童健康为中心，全面推进妇幼健康事业更高质量发展。

第一节　妇幼健康服务发展概况

一、全球妇幼健康现状

联合国儿童基金会数据显示，全球孕产妇死亡率从 2000 年到 2020 年下降了 34%，即从每 342 万活产 223 例死亡降至 100 例。2000—2015 年在降低全球孕产妇死亡率方面取得了显著进展，2016—2022 年趋于稳定。由于经济发展水平的差异，发达国家与发展中国家孕产妇死亡率存在明显差距。大部分欠发达地区减缓速度停滞不前，西欧、北美、拉丁美洲和加勒比地区，孕产妇死亡率在 2016—2022 年期间有所增加，其发展趋势在全球范围是不均衡的。

2021 年，全球有 500 万名 5 岁以下儿童夭折。全球范围内，5 岁以下儿童死亡的主要原因仍然是传染病，包括肺炎、腹泻和疟疾，早产和产时并发症也是主要原因之一。全球 5 岁以下儿童死亡率从 1990 年的每 1 000 个活产婴儿中 93 个下降到 2021 年的 38 个，下降幅度为 59%。2021 年，全球每天就有大约 13 800 名 5 岁以下儿童夭折。自 1990 年以来，全球大多数地区和 200 个国家中的 162 个至少将其 5 岁以下儿童死亡率减半。在所有国家中，46%（92 个国家）在同一时期内将其 5 岁以下儿童死亡率至少降低了三分之二，其中 39 个是低收入或中等偏下收入国家，这表明，虽然儿童死亡率的负担在全球范围内分布不均，但即使在资源有限的环境下，依然可以改善儿童生存状况。

二、政策动态

妇女儿童健康是全民健康的基石，是衡量社会文明进步的标尺。人均预期寿命、婴儿死亡率和孕产妇死亡率一直被作为衡量一个国家人民健康水平的主要指标。《柳叶刀》在线发表的《柳叶刀中国女性生殖、孕产妇、新生儿、儿童和青少年健康特邀重大报告》指出：未来10年是中国致力于实现联合国可持续发展目标和"健康中国2030"的关键期，中国的妇幼健康领域也正处于从注重"生存"到转向"繁荣"的过渡时期，伴随着妇女儿童群体对高质量健康保健服务的需求以及若干新出现的问题及挑战，针对当前该领域存在的问题及挑战，该报告制定了一个面向"健康中国2030"的妇幼健康战略框架。"RMNCAH for all（妇幼健康为全民）"和"all for RMNCAH（全民为妇幼健康）"应该成为一项全民共识，为每一位妇女、儿童和青少年创造一个健康和友好的环境。

在保障妇幼健康方面，我国付出了巨大努力。1949年9月中国人民政治协商会议审议通过《中国人民政治协商会议共同纲领》，明确提出"注意保护母亲、婴儿和儿童健康"。自卫生部成立，内设妇幼卫生局，地方各级卫生部门内设妇幼卫生处（科），建立了自上而下完整的妇幼健康行政管理体系。随后逐步完善妇幼健康信息统计制度，推动妇幼健康法制化建设；颁布《中华人民共和国母婴保健法》及其实施办法；政府连续实施三个周期的中国妇女儿童发展纲要。2012年，世界卫生组织宣布中国消除新生儿破伤风，标志着中国妇幼健康服务质量和可及性达到新水平。

十八大以来，党中央将妇幼健康事业发展纳入顶层设计，妇幼健康指标逐步纳入国民经济和社会发展总体规划与专项规划，成为国家人权保障事业的重点关注领域。2021年，《母婴安全行动提升计划（2021－2025年）》印发，提出将进一步推进规范孕产妇建档产检工作，实现孕产期全程预约诊疗，建档期起确定主管责任医师，为孕产妇提供全程系统保健服务。2022年7月，国家卫健委等17个部门联合印发《关于进一步完善和落实积极生育支持措施的指导意见》，加快建立积极生育支持政策体系。为在全国范围内实现消除母婴传播目标，2022年12月30日发布《消除艾滋病、梅毒和乙肝母婴传播行动计划（2022－2025年）》，有效提升幼儿健康水平。宫颈癌是常见的女性恶性肿瘤，为有效统筹各方资源，提高广大妇女健康素养，促进宫颈癌早发现、早治疗、早预防，2023年1月20日《加速消除宫颈癌行动计划（2023—2030年）》文件发布与实施，以实现加强妇女救治保障力度，完善宫颈癌综合防治体系，逐步提升妇幼保健健康意识。2023年4月7日召开的全国妇幼健康工作电视电话会议，肯定了党的十九大以来我国在妇幼健康工作中的成效，并坚持在全面贯彻落实党的二十大精神基础上，坚持以妇女儿童健康为中心，进一步全面推进妇幼健康事业高质量发展。

2022年12月，国务院应对新型冠状病毒感染疫情联防联控机制综合组部署进一步做好当前孕产妇和儿童健康管理与医疗服务保障工作，要求切实维护母婴安全，最大限度保护孕产妇和儿童生命安全与身体健康。整体工作要求涵盖健康宣教指导、服务随访、医疗服务、绿色通道、门诊就医、住院安全、关爱患者和医务人员、医疗资源储备八个方面。各地区充分利用"互联网＋健康"，运用APP、微信小程序等形式做好妇幼保健服务与健康管理；开展风险评估"五色管理"；推动建立社区与专门医疗机构的对接机制；建强建优中医临床科室，充分发挥中医药在妇女儿童新冠病毒感染诊疗和预防中的重要作用；助产机构要完善孕产妇入院筛查流程和应急预案；完善物资储备清单，实行物资设备动态储备，物资和药品储备量应满足孕产妇和儿童等人群医疗服务需求等。

进入新发展阶段，广大妇女儿童的健康主题已经从生命安全守底线扩展到全面健康促发展，对健康多元化需求更旺盛，对美好生活向往更强烈，对妇幼健康服务能力、服务模式、服务理念都提出了新的更高要求（表7-1）。

表7-1 我国妇幼健康相关政策文件汇总

文件	发文号	实施时间
《启用出生医学证明（第七版）》	国卫办妇幼发〔2023〕4号	2023.03
《加速消除宫颈癌行动计划（2022－2030年）》	国卫妇幼发〔2023〕1号	2023.01
《预防艾滋病、梅毒和乙肝母婴传播工作规范（2022－2025年）》	国卫妇幼发〔2022〕32号	2022.12
《推进妇幼健康领域中医药工作实施方案（2021－2025年）》	国卫妇幼函〔2021〕86号	2022.11
《"十四五"国民健康规划》	国发办〔2022〕11号	2022.05
《国家卫生健康委关于贯彻2021－2030年中国妇女儿童发展纲要的实施方案》	国卫妇幼函〔2022〕56号	2022.04
《母婴安全行动提升计划（2021－2025年）》	国卫妇幼发〔2021〕30号	2021.10
《妇幼健康文化建设工作方案（2021－2025年）》	国卫办妇幼函〔2021〕401号	2021.07
《儿童和孕产妇新型冠状病毒感染的肺炎疫情防控工作》	肺炎机制发〔2020〕17号	2020.02
《卫生计生委关于加强母婴安全保障工作的通知》	国卫妇幼发〔2017〕42号	2017.07
《母子健康手册推广使用工作方案》	国卫办妇幼发〔2017〕3号	2017.01
《三级和二级妇幼保健院评审标准实施细则（2016年版）》	国卫办妇幼发〔2016〕36号	2016.09
《各级妇幼健康服务机构业务部门设置指南》	国卫办妇幼发〔2015〕59号	2015.12
《关于做好新形势下妇幼健康服务工作的指导意见》	国卫妇幼发〔2014〕32号	2014.06
《关于启用新版〈出生医学证明〉的公告》	国家卫生计生委2013年第6号	2013.04
《孕产期保健工作管理办法》和《孕产期保健工作规范》	卫妇社发〔2011〕56号	2011.07
《新生儿疾病筛查技术规范（2010年版）》	卫妇社发〔2010〕96号	2010.12
《2010年妇幼卫生综合项目管理方案》	卫办妇社发〔2010〕137号	2010.09
《农村孕产妇住院分娩补助项目管理方案》	卫妇社发〔2009〕91号	2009.09
《关于进一步加强农村孕产妇住院分娩工作的指导意见》	卫妇社发〔2009〕12号	2009.02
《灾后妇幼卫生服务应急方案》	卫办妇社发〔2008〕37号	2008.07
《全国人口和计划生育科学技术"十一五"发展规划》	国办发〔2006〕107号	2006.07
《母婴保健专项技术服务许可及人员资格管理办法》	卫妇发〔1995〕7号	1995.08

三、妇幼信息化管理建设

全国卫生健康信息化发展指数（2022）数据显示，至2022年卫生健康信息化发展总指数为74.02，直辖市、省会及副省级城市总指数为77.67，其他地市级城市总指数为73.49。治理水平、建设水平及应用水平分指数分别为81.00、68.56、70.60。该数据表明，我国妇幼健康信息化、数字化正积极向着协调、持续、高质量方向发展。完善出生医学证明信息化发展，认真落实好母子健康手册信息化建设，有效提升信息收集整理质量，保障信息安全。

近年来，随着加快全面健康信息化步伐，有力推进互联互通与服务应用，将"互联网+"先进信息技术与卫生健康服务结合，"互联网+妇幼健康"服务模式不断发展完善。国家对于妇幼健康信息化持续推进建设十分重视，国家卫健委办公厅印发《推进妇幼健康文化建设工作方案（2021－2025年）》，以改善妇幼健康服务环境为方向，明确发展"互联网+妇幼健康"的重要性。截至2023年年初，"互联网+妇幼健康"服务模式已在多个地区妇幼保健医院运行，实现了“互联网 +”带动下的妇女儿童预防、保健、治疗、康复以及康复管理的全生命周期一体化健康服务。

在疾病谱日渐复杂与医疗诊断技术不断发展的新时期下，我国妇幼健康事业深入开展，受社会经济发展水平制约，妇幼健康工作面临发展不平衡、服务不充分等诸多挑战，服务资源总量不足、分布不均、优质资源短缺等问题。面对不断提高的妇幼人群健康管理需求，借助智能手段及信息化技术，重塑妇幼人群就医流程，建立基于妇幼人群健康管理全流程信息化平台，有助于实现妇幼人群健康信息与服务互联共享，促进优质医疗资源下沉，惠及并带动基层，以信息化建设妇幼保健工作新路径，满足妇幼健康需求增长态势新要求，提高妇幼人群健康水平。

第二节　全生命周期妇幼健康服务

一、妇幼健康基本情况

（一）孕产妇死亡率

孕产妇是母体与婴儿的双重健康载体。回顾我国 20 年发展期间孕产妇死亡率统计数据（表 7-2），总体孕产妇死亡率持续下降，其中农村孕产妇死亡率整体高于城市孕产妇死亡率。2002 年农村孕产妇死亡率约为城市孕产妇死亡率的 2 倍（城市为 22.3/10 万、农村为 58.2/10 万），2011 年城市与农村的孕产妇死亡率基本持平（城市为 25.5/10 万、农村为 26.5/10 万），截至 2021 年城市与农村孕产妇死亡率分别下降至 15.4/10 万与 16.5/10 万。2002－2021 年农村孕产妇死亡率下降明显，与 2002 年比较下降幅度达 41.7/10 万（2002 年为 58.2/10 万，2021 年为 16.5/10 万），城市孕产妇死亡率下降趋势维持平稳（图 7-1）。

表 7-2　全国孕产妇死亡率　　单位：1/10 万

年份	城市	农村	合计	年份	城市	农村	合计
2002	22.3	58.2	43.2	2012	22.2	25.6	24.5
2003	27.6	65.4	51.3	2013	22.4	23.6	23.2
2004	26.1	63	48.3	2014	20.5	22.2	21.7
2005	25	53.8	47.7	2015	19.8	20.2	20.1
2006	24.8	45.5	41.1	2016	19.5	20	19.9
2007	25.2	41.3	36.6	2017	16.6	21.1	19.6
2008	29.2	36.1	34.2	2018	15.5	19.9	18.3
2009	26.6	34	31.9	2019	16.5	18.6	17.8
2010	29.7	30.1	30.3	2020	14.1	18.5	16.9
2011	25.2	26.5	26.1	2021	15.4	16.5	16.1

资料来源：国家统计局。

造成孕产妇死亡的主要疾病包括：产科出血、妊娠期高血压、心脏病、羊水栓塞以及产褥期感染、肝病（图 7-2）。其中产科出血致孕产妇死亡率最高，产科出血比例 2017 年下落后自 2019 年出现小幅度回升，目前下降趋势不明显（2017 年为 29%，2019 年为 16.9%，2020 年为 25.3%，2021 年为 22.1%）；羊水栓塞占死亡总数比例过去五年内下降速度明显（2017 年

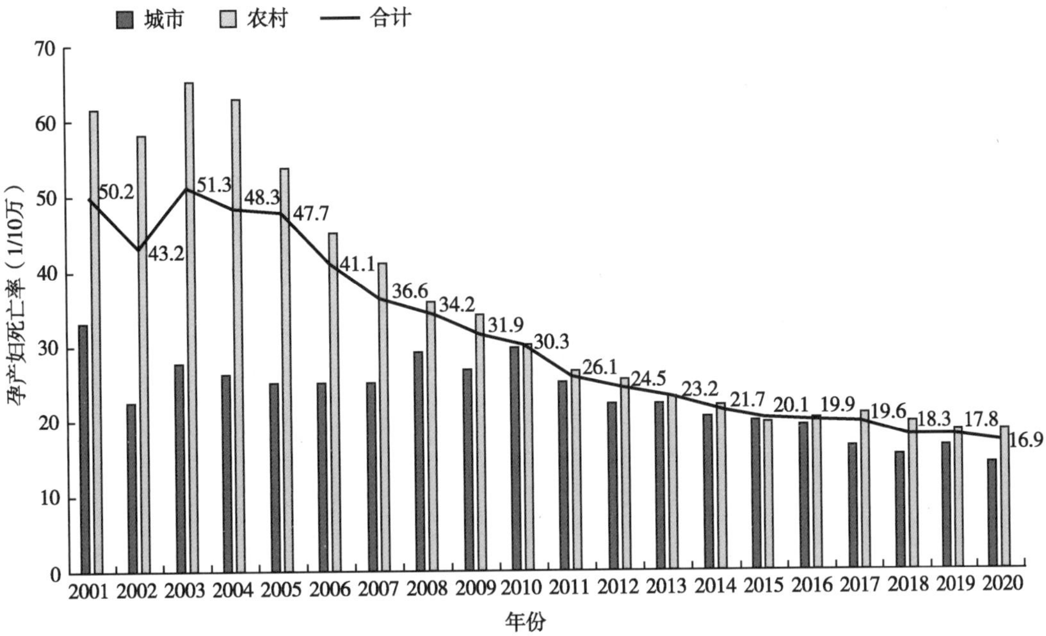

图 7-1 孕产妇死亡率

资料来源：国家统计局。

为 13.9%，2021 年为 6.2%）；心脏病致孕产妇死亡比例以 2019 年为分界线，之前为上升趋势之后为下降趋势（2017 年为 7.9%，2018 年为 10%，2019 年为 14.5%，2020 年为 12.7%，2021 年为 11.5%）；妊娠期高血压、肝病与产褥感染五年内比例整体起伏不大。

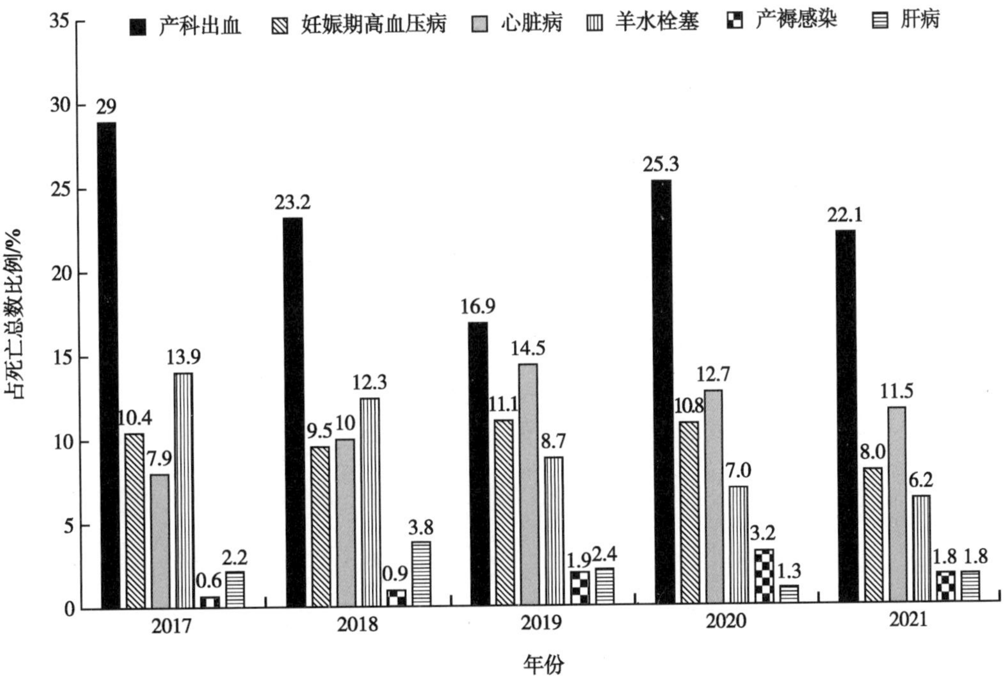

图 7-2 全国孕产妇死亡疾病占比

资料来源：《2021 中国卫生健康统计年鉴》。

（二）妇女疾病情况

《2021 年中国卫生健康统计年鉴》的数据显示（图 7-3），5 年内我国妇女疾病患病率最高的疾病分别为：乳腺癌、宫颈癌、尖锐湿疣、滴虫性阴道炎、宫颈糜烂、卵巢癌。其中患病率排名前三名的疾病为乳腺癌、宫颈癌、尖锐湿疣。患病率最低的疾病为卵巢癌。2020 年乳腺癌患病率为 41.9/10 万，2019 年为 43.4/10 万；2020 年宫颈癌患病率为 38.5/10 万，2019 年为 43.3/10 万，两种疾病的下降幅度不明显。尖锐湿疣患病率下降趋势较大，2016 年为 35.6/10 万，2020 年为 17.8/10 万。宫颈糜烂患病率 2020 年为 4.1/10 万，2016 年时为 9.5/10 万。滴虫性阴道炎与卵巢癌患病率的整体趋势无明显波动。

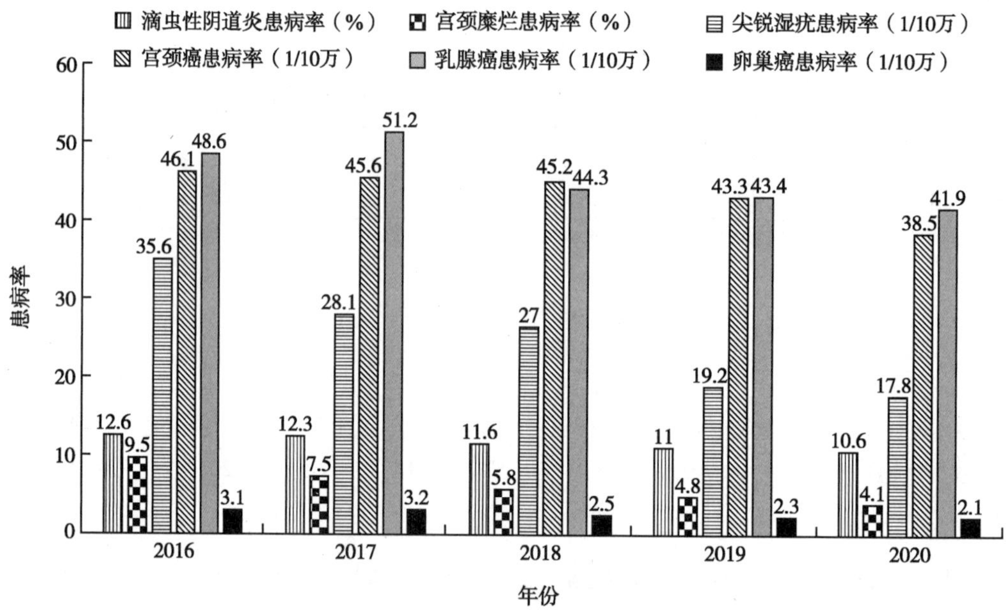

图 7-3 全国妇女疾病患病情况

资料来源：《2021 中国卫生健康统计年鉴》。

（三）新生儿出生率

国家统计局人口统计数据显示（图 7-4），2017－2021 年我国人口出生率与自然增长率逐年下降，且下降趋势明显。2021 年人口出生率为 7.52‰，人口自然增长率仅为 0.34‰。

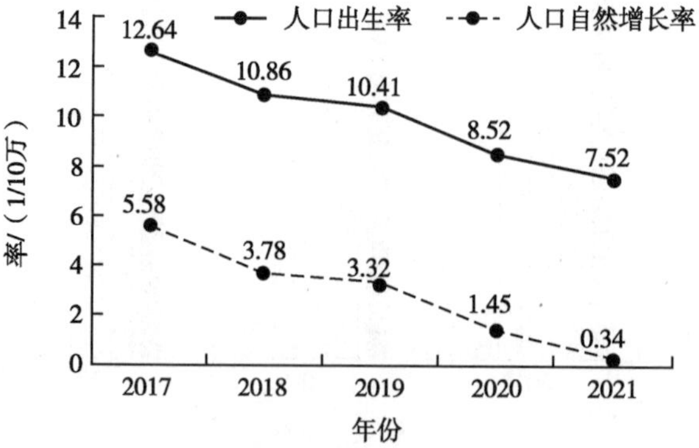

图 7-4 人口出生率走势

资料来源：国家统计局。

对比 2017 年人口出生率(12.64‰),人口自然增长率(5.58‰),下降幅度分别为 5.12 个千分点与 5.24 个千分点。通过人口出生率走势分析得出,目前我国新生儿人口出生形势严峻,情况不容乐观,我国社会经济、医疗、健康今后的发展将面临极大的挑战。

(四)儿童患病率及死亡率

国家统计局数据显示,2017—2021 年新生儿死亡率、婴儿死亡率、5 岁以下儿童死亡率均呈现下降趋势。其中 2017—2021 年新生儿死亡率分别为:2017 年 4.48‰、2018 年 3.9‰、2019 年 3.5‰、2020 年 3.4‰、2021 年 3.1‰(图 7-5)。2017—2021 年婴儿死亡率分别为:2017 年 6.77‰、2018 年 6.1‰、2019 年 5.6‰、2020 年 5.4‰、2021 年 5‰(图 7-6)。2017—2021 年 5 岁以下儿童死亡率分别为:2017 年 9.05‰、2018 年 8.4‰、2019 年 7.8‰、2020 年 7.5‰、2021 年 7.1‰(图 7-7)。

其中农村新生儿死亡率、婴儿死亡率以及 5 岁以下儿童死亡率均高于城市,且存在明显城乡差距,2021 年农村新生儿死亡率为 3.6‰、婴儿死亡率为 5.8‰、5 岁以下儿童死亡率为 8.5‰;2021 年城市新生儿死亡率为 1.9‰、婴儿死亡率为 3.2‰、5 岁以下儿童死亡率为 4.1‰,农村约为城市的 2 倍。2017—2021 年农村新生儿死亡率、婴儿死亡率与 5 岁以下儿童死亡率下降幅度较城市更加明显。

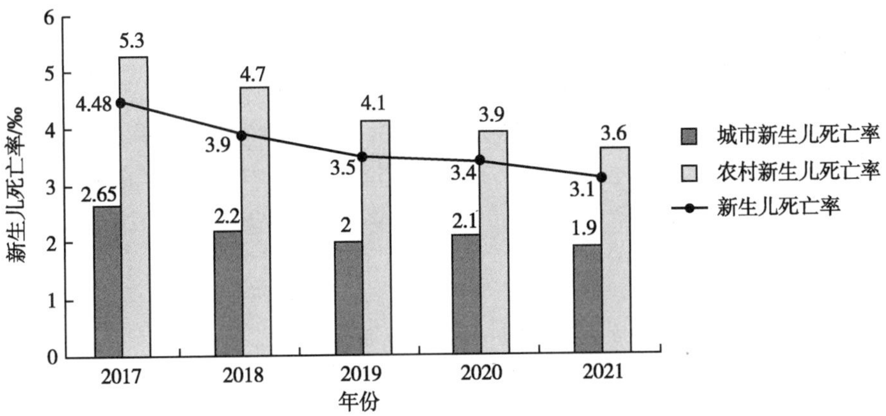

图 7-5 新生儿死亡率变化趋势

资料来源:国家统计局。

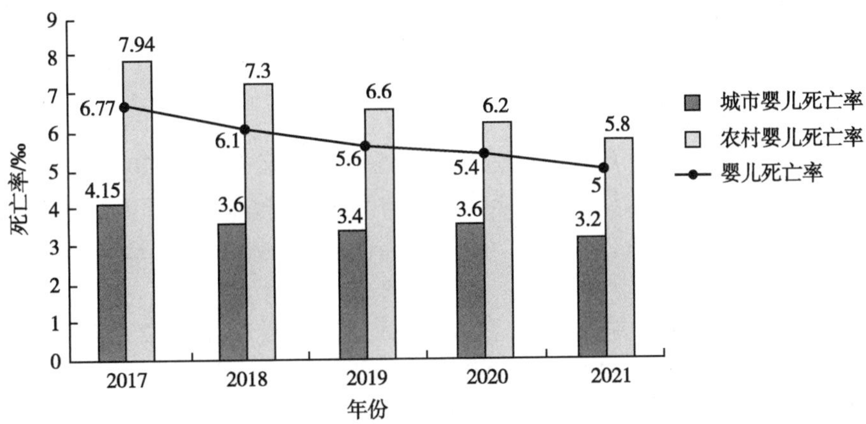

图 7-6 婴儿死亡率

资料来源:国家统计局。

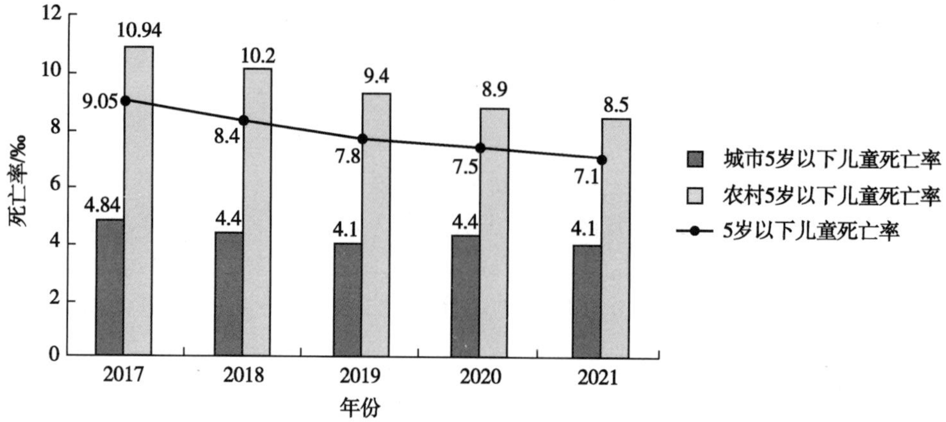

图 7-7　5 岁以下儿童死亡率

资料来源：国家统计局。

二、妇幼健康服务现状

（一）妇幼健康服务机构数量及床位现状

我国卫生健康事业发展统计公报数据显示：2021 年妇幼保健机构数合计 3 032 个，床位数 26.01 万张；2020 年妇幼保健机构数合计 3 052 个，床位数 25.29 万张；2019 年妇幼保健机构数合计 3 071 个，床位数为 24.32 万张（表 7-3）。自 2019 年起我国幼保健院数量逐年下降，2019—2021 年减少 39 个，但床位数逐年增加，2019 年—2021 年共增加 1.69 万张。

表 7-3　妇幼保健机构数量与床位数

年份	2019 年	2020 年	2021 年
机构数 / 个	3 071	3 052	3 032
床位数 / 张	243 232	252 920	260 132

资料来源：国家统计局，2021 年卫生健康事业发展统计公报。

（二）妇幼健康服务提供情况

2021 年全国妇幼保健院（所、站）诊疗人次数达到 3.07 亿人次；2020 年我国妇幼保健院（所、站）诊疗人次为 2.73 亿人次；2019 年我国妇幼保健院（所、站）诊疗人次为 3.15 亿人次。根据近三年的妇幼保健院（所、站）诊疗人次数增幅走势，2021 年比 2020 年增加 0.34 亿人次，而 2021 年比 2019 年则减少 0.08 亿人次（图 7-8）。

2021 年全国妇幼保健院（所、站）入院人数达到 927.8 万人，比 2020 年（893.9 万人）增加 33.9 万人，较 2019 年（1 047.21 万人）下降 119.41 万人（图 7-9）。

2021 年妇幼保健院（所、站）病床使用率为 57.8%，比 2020 年（56.9%）增加 0.9 个百分点，比 2019 年（68.9%）下降 11.1 个百分点（图 7-10）。

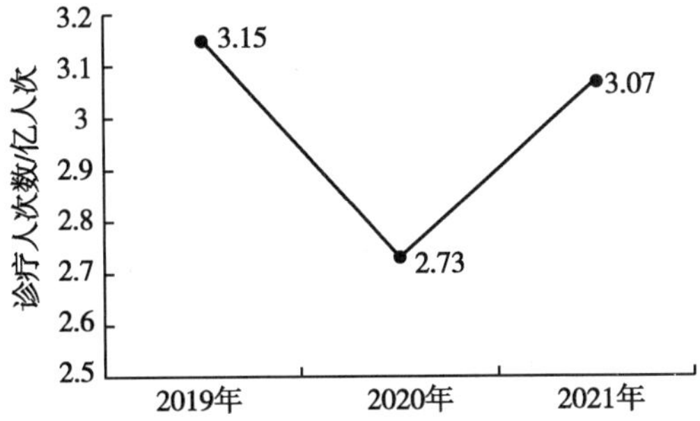

图 7-8　2019—2021 年妇幼保健院（所、站）诊疗人次数

资料来源：国家统计局。

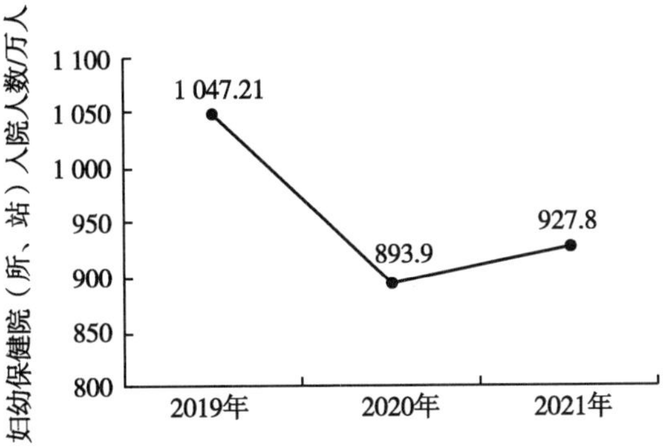

图 7-9　2019—2021 年妇幼保健院（所、站）入院人数

资料来源：国家统计局。

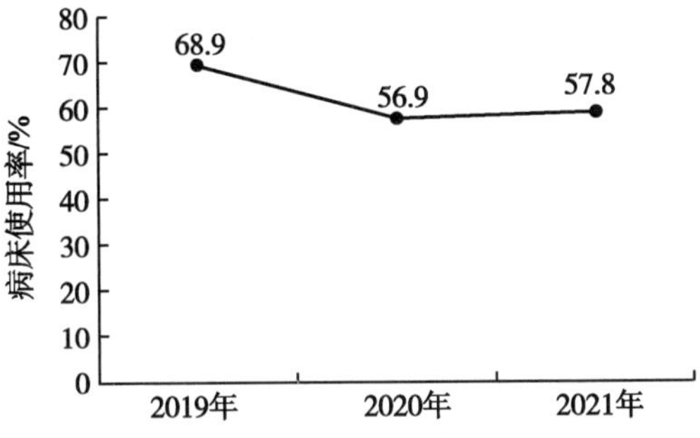

图 7-10　2019—2021 年妇幼保健院（所、站）病床使用率

资料来源：国家统计局。

（三）妇幼健康服务机构的人力资源配置

2020 年与 2021 年我国卫生健康事业发展统计公报数据显示：2021 年妇幼保健机构人员数 54.2 万人，卫生技术人员 45.4 万人；2020 年妇幼保健机构人员数 51.5 万人，卫生技术人员 42.9 万人；2019 年妇幼保健机构人员数 48.7 万人，其中卫生技术人员 40.5 万人（表 7-4）。

表 7-4 妇幼保健机构人员配置

年份	2019 年	2020 年	2021 年
人员数 / 万人	48.7	51.5	54.2
卫生技术人员 / 万人	40.5	42.9	45.4

数据来源：国家统计局，2021 年卫生健康事业发展统计公报。

（四）妇幼健康服务的主要医疗指标

1. 产前检查率 2021 年孕产妇产前检查率为 97.6%，对比 2020 年产前检查率 97.4%，基本上持平（表 7-5）。

2. 产后访视率 2021 年全国孕产妇产后访视率为 96%，比 2020 年度略有升高（表 7-5）。

3. 住院分娩率 2021 年住院分娩率为 99.9%（其中市 100.0%，县 99.9%），截至 2021 年我国孕产妇基本实现全部住院分娩（表 7-5）。

4. 3 岁下以下儿童系统管理率 2021 年我国 3 岁以下儿童系统管理率为 92.8%，较 2020 年 3 岁下以下儿童系统管理率 92.9%，基本持平（表 7-5）。中国儿童的健康状况明显改善，儿童的生长发育状况逐年改善。

5. 产妇系统管理率 2021 年我国产妇系统管理率为 92.9%，较 2020 年的 92.7%，增加了 0.2 个百分点。

表 7-5 孕产妇及儿童保健情况

指标	2020 年	2021 年
产前检查率 /%	97.4	97.6
产后访视率 /%	95.5	96.0
住院分娩率 /%	99.9	99.9
市	100.0	100.0
县	99.9	99.9
3 岁以下儿童系统管理率 /%	92.9	92.8
产妇系统管理率 /%	92.7	92.9

资料来源：2021 年卫生健康事业发展统计公报。

三、妇幼健康服务全面发展

（一）完善妇幼健康法律与政策体系

近年来，我国不断完善妇幼健康相关制度建设，不断推动完善妇幼健康法律法规和专业技术标准，健全监督、评估制度和工作规范；强化母婴保健技术服务日常监督管理；加强人类辅助生殖技术临床应用管理（表 7-6）。

表 7-6 我国妇幼健康相关法律文件汇总

法律文件	实施时间
《中华人民共和国妇女权益保障法》（第二次修改）	2023.01
《中华人民共和国基本医疗卫生与健康促进法》	2020.06

续表

法律文件	实施时间
《中华人民共和国妇女权益保障法》(第一次修改)	2018.10
《中华人民共和国母婴保健法》(第二次修正)	2017.11
《中华人民共和国传染病防治法》	2013.06
《中华人民共和国妇女权益保障法》发布实施	2005.12
《中华人民共和国人口与计划生育法》	2002.09
《中华人民共和国母婴保健法》	1995.06

（二）提升基层妇幼健康服务能力

国家卫健委在总结党的十八大以来妇幼健康工作成就时提到，妇幼健康服务公平性和可及性不断增强。十八大以来，国家卫健委不断完善以妇幼保健机构为核心、以基层医疗卫生机构为基础、以大中型医院和相关教学科研机构为支撑的妇幼健康服务网络，提升妇幼健康服务供给能力和水平。一方面，要求省、市、县级各设置 1 所政府举办、标准化的妇幼保健机构。其中，省级、市级和有条件的县级妇幼保健机构达到三级妇幼保健院标准；辖区人口 30 万人以上的县级妇幼保健机构普遍达到二级妇幼保健院标准，辖区人口 30 万人以下的县级妇幼保健机构应开设门诊。持续推进妇幼保健机构标准化建设和规范化管理，改善基础设施条件，加强重点设备配备，强化人才队伍建设。另一方面，全面开展妇幼保健机构绩效考核，强化考核结果运用。规范妇幼保健机构评审，督促落实功能定位和职责任务。推进妇幼保健机构机制创新，落实“两个允许”要求，建立保障与激励相结合的运行新机制，完善内部薪酬分配制度。加强各级妇幼保健机构和综合医院妇产科、儿科临床能力建设，依托专科联盟、医疗集团、业务托管等多种形式促进优质医疗资源下沉基层。在提升基层妇幼健康服务能力方面，主要体现在以下方面：①建设县、乡、村基层妇幼健康服务网络：对脱贫地区在政策供给、资金投入、保障措施上予以倾斜支持，进一步健全防止因病返贫监测帮扶机制，强化巡诊、派驻，确保群众及时获得医疗卫生服务。②培养使用基层妇幼健康急需人才：各地区重点加强人员能力素质的培养，提高现有人员服务能力。根据政策要求和实际需求配置每个层级的妇幼服务机构及卫生人员，并大力培养相关人才，完善相关待遇。③基层医疗卫生机构全科医生岗位特设：编制直接关系着特岗全科医生可以享受到的待遇，以及获得生活保障等切身利益，拿出部分编制岗位面向服务期满特岗全科医生进行定向招聘，确保用好人、留住人。

（三）加大妇幼健康保障力度

立足卫生健康科技创新发展，以妇幼健康需求为导向，在生殖健康、心理健康、体检及出生缺陷防治、保险体系建设、生育医疗费用待遇等方面不断推进保障工作。

1. 生殖健康方面　国家重视生殖健康的质量发展。在法律法规上，2023 年 3 月 20 日通过的《中华人民共和国人口与计划生育法》(第二次修订）对生育调节明确规定：“国家提倡适龄婚育、优生优育”“国家创造条件，保障公民知情选择安全、有效、适宜的避孕节育措施”“育龄夫妻自主选择计划生育避孕节育措施，预防和减少非意愿妊娠”，以强制性、权威性的手段切实保护妇女的生殖健康。在政策方针上，“十四五”国家重点研发计划“生育健康及妇女儿童健康保障”按程序启动，多所妇幼保健院积极实施“十四五”发展规划建设，积极投入提升妇女生殖健康与减少缺陷儿出生方面中来，实现从“以疾病治疗为中心”向“以预防和人民健康为中心”转变，有效解决出生缺陷问题，提高医学技术和完善出生缺陷政策援助与体系建设到能够在生殖阶段就明确胎儿畸形发生机制、提高产前畸形检出率、提高胎儿疾病宫内治疗成功率等方面保障生殖健康，有效降低出生缺陷。到2021年，我国人类辅助生殖技术机构共有539家，人类精子库有27家，每年人类辅助生殖技术总周期数超过100万。

2. 妇幼心理健康方面　孕产妇心理健康值得重视。冯雅慧等研究显示孕晚期抑郁的发生率为16.52%，焦虑的发生率为11.13%，孤独的发生率为26.26%。同时，《儿童蓝皮书：中国儿童发展报告（2021）》显示，过去十年来我国儿童抑郁症发生率由2000年之前的18.4%，到2016年后已经上升到26.3%。因此要对其进行科学合理的心理健康疏导与教育，使其能够更好地应对心理应激，切实保证孕产妇和儿童心理健康。可通过开设孕前咨询门诊，提供生育力评估、备孕指导，树立科学孕育观，强化孕妇及家属健康教育与健康促进，普及孕育健康知识，正确认识异常情绪表现的原因，及时有效采用科学的方法帮助孕妇排解消极情绪对心理健康的影响，提升其健康素养和技能。

3. 妇幼体检方面　依据《健康体检管理暂行规定》《健康体检中心基本标准（试行）》《健康体检中心管理规范（试行）》中关于健康体检机构应当具备的诊疗科目、科室、人员、基本设施设备等要求，严格按照健康体检机构准入条件，加强对区域内健康体检机构的管理，结合健康体检需求进行合理规划。制定合理的健康体检流程，严格执行有关技术规范、标准和操作规程。

4. 出生缺陷防治方面　国家卫健委指导各地规范开展婚前保健、孕前保健及产前诊断技术，落实孕妇外周血胎儿游离DNA产前筛查与诊断技术规范等一系列规范指南，不断提高服务质量。完善以感染孕产妇及所生儿童为中心的服务模式，提供病情监测与评估、规范用药、安全助产与科学喂养等“一站式”服务。对感染孕产妇严格实行专案管理，做好艾滋病、梅毒感染孕产妇的早诊断、早治疗，为符合治疗标准的乙肝感染孕产妇提供规范的抗病毒治疗。加强对感染孕产妇所生儿童的健康管理，确保感染儿童及早获得规范的诊断和治疗。健全中医药参与预防母婴传播的工作机制。

5. 妇幼保险体系建设方面　为加强不孕不育患者医疗保障，医保部门将符合条件的生育支持药物纳入医保支付范围。在医疗服务项目医保支付管理方面，国家医保局将指导各地根据国家人口政策及时调整完善医保支付政策，逐步把医保能承担的技术成熟、安全可靠、费用可控的治疗性辅助生殖技术按程序纳入医保支付范围。近年来，浙江、陕西等省份积极探索多元化的孕育保险制度，部分商业保险公司也推出针对“不孕不育”辅助治疗的保险产品，一定程度上减轻了不孕不育患者的医疗负担。支持地方深入实施《母婴安全行动提升计划（2021—2025年）》，落实母婴安全五项制度，进一步提升优生优育服务水平。

6. 生育医疗费用待遇方面　生育保险基金按规定支付参保女职工住院分娩、计划生育和产前检查的医疗费用。在生育津贴方面，女职工享受产假和计划生育手术休假期间，按规定享受生育津贴。未实现稳定就业女性的生育医疗费用待遇，可以通过参加城乡居民医保解决。

7. 加大补贴支持方面　《国务院办公厅关于促进3岁以下婴幼儿照护发展的指导意见》提出，3岁以下婴幼儿照护应以家庭为主、托育为补充。国家通过多种渠道完善家庭和儿童支持政策，降低家庭抚育成本。其中包括通过基本公共卫生服务补助资金、重大传染病防控经费，支持地方开展脱贫地区新生儿疾病筛查、营养改善，提供0～6岁儿童健康管理，为适龄儿童免费接种脊髓灰质炎疫苗等 14 种免疫规划疫苗，不断提升儿童健康管理水平。加大对城乡居民基本医疗保险基金的支持力度，有效减轻包括儿童、学生等在内的城乡居民就医负担。

（四）推进妇幼中医药融合发展

中医药在妇女儿童预防保健和疾病诊疗中有独特作用，妇幼健康领域中医优势专科建设是发展基础，妇幼保健机构全面开展中医药服务，优化中医临床科室的诊室布局和服务流程，大力发展中医妇科、中医儿科，筛选中医治疗优势病种和适宜技术，及时总结形成诊疗方案，有助于提供优质完善的中西医结合医疗保健服务。推动中医药治未病与妇幼保健服务深度融合，组织开展小儿推拿、产后康复等中医药适宜技术和中成药用药培训。鼓励中医妇科、儿科领域的国医大师、全国名中医等在妇幼保健机构设置传承工作室，开展传承带教和示范指导。创新完善妇幼中医药服务模式，充分利用孕妇学校、家长学校等，推广中医治未病理念和方法，提升群众自我保健意识。

我国在推进妇幼健康领域中医药工作中成效明显（图 7-11）。2022 年 12 月 2 日《关于妇幼健康领域中医药工作推进情况的通报》指出，我国妇幼中医药服务能力显著增强。2022 年，我国有 1 317 家妇幼保健机构可为住院的妇女儿童提供中医药服务。

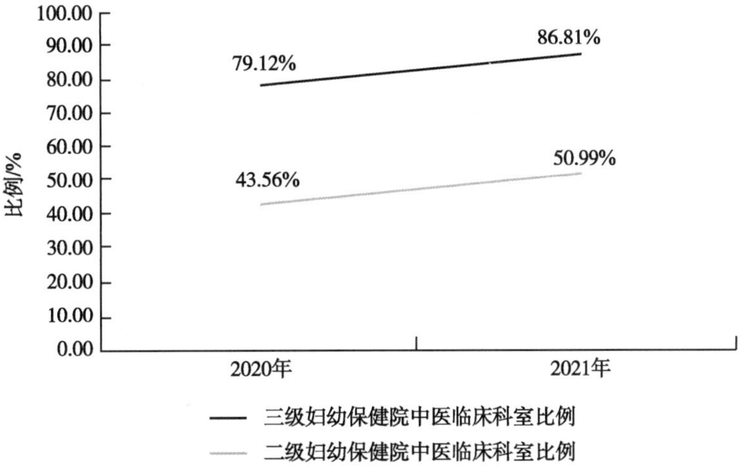

图 7-11　三级和二级妇幼保健院设置中医临床科室的比例

近年来，各地不断推进妇幼中医药融合发展。如北京推进中医专科示范建设，对遴选出的每家单位给予经费 100 万元。广东开展全省妇幼保健机构中医药工作示范基地建设，利用 3 年时间培育 15 家典型机构，对每家机构补助工作经费 50 万元。湖南安排中医药专项经费，支持省级妇幼保健院建设省级中西医结合“旗舰”医院，支持湖南省儿童医院中医科建设省级中西医结合“旗舰”科室。河北开展中医特色专科建设活动，遴选邯郸市妇幼保健院等 30 家机构作为首批省级妇幼健康中医特色专科建设单位，发挥典型示范作用。浙江开设 10 余个中医药特色科室和门诊，内容涵盖妇科、儿科、推拿科、备孕科等，形成了“看病有专科 - 保健有专技 - 养生有专方”的特色模式。甘肃省妇幼保健院设置中医妇科、中医保胎、中医痛经、中医不孕不育等 8 种中医专病专科门诊。浙江省瑞安市妇幼保健院开设妇女中医馆和小儿中医馆，针对复发性流产、不孕不育、儿童抽动症等妇女儿童疾病开展中医特色诊疗。

第三节　妇幼健康服务的发展前景

一、行业需求

（一）保健需求

对妇幼保健服务的需求由改善母亲怀孕期间和怀孕后以及儿童健康状况的需要所驱动。这种需求是由各种因素形成的，近年来已转向发展更加全面和专业的妇幼保健服务，以满足孕妇及其子女的保健需求（表 7-7）。

表 7-7　2021 年母婴保健技术服务职业机构数

年份	婚前医学检查机构 / 个	产前诊断机构 / 个	助产技术机构 / 个	结扎手术机构 / 个	终止妊娠手术机构 / 个
2021	3 601	1 069	21 932	19 757	27 158

数据来源：国家统计局，2022 中国卫生健康统计年鉴。

1. 孕产妇保健需求　孕产期妇女需要定期接受产前检查、妊娠期保健、孕产期营养指导、分娩等方面的服务。在身体方面，孕妇需要定期体检和监测，以确保胎儿正常发育，并确定和解决任何潜在的并发症。若出现妊娠期糖尿病或子痫前期等情况，可能需要专门的护理。在心理方面，须预防孕产期抑郁等不良情绪及心理问题的发生。在产后，妇女可能需要母乳喂养、产后抑郁症和产后身体恢复方面的支持。

2. 婴幼儿保健需求　新生儿需要进行新生儿疾病筛查、生长发育监测和指导、喂养指导等服务；幼儿需要进行常规健康检查、疫苗接种、营养指导、常见病预防和治疗等服务（表 7-8）。

表 7-8　儿童保健情况

年份	低出生体重率 /%	5 岁以下儿童低体重患病率 /%	新生儿访视率 /%	3 岁以下儿童系统管理率 /%	7 岁以下儿童保健管理率 /%	0~6 岁儿童眼保健和视力检查覆盖率 /%
2010	2.34	1.55	89.6	81.5	83.4	—
2013	2.44	1.37	93.2	89.0	90.7	—
2014	2.61	1.48	93.6	89.8	91.3	—
2015	2.64	1.49	94.3	90.7	92.1	—
2016	2.73	1.44	94.6	91.1	92.4	—
2017	2.88	1.40	93.9	91.1	92.6	—
2018	3.13	1.43	93.7	91.2	92.7	—
2019	3.24	1.37	94.1	91.9	93.6	—
2020	3.25	1.19	95.5	92.9	94.3	—
2021	3.70	1.21	96.2	92.8	94.6	93.0

数据来源：国家统计局，2022 中国卫生健康统计年鉴。

3. 儿童保健需求　儿童需要接受身体发育检查、心理行为评估、营养指导、运动康复等方面的服务。

4. 妇女保健需求　妇女需要接受妇科疾病筛查和治疗、妇科保健、家庭计划生育等服务。

（二）康复需求

1. 产后康复需求　产后康复是根据妇女产后身体变化，运用现代科技手段，针对妇女产后乳房、卵巢、子宫、盆底、阴道、形体等变化进行全面而主动的健康恢复治疗。主要包括：产后恢复、乳房护理、心理疏导等方面的服务（图 7-12）。

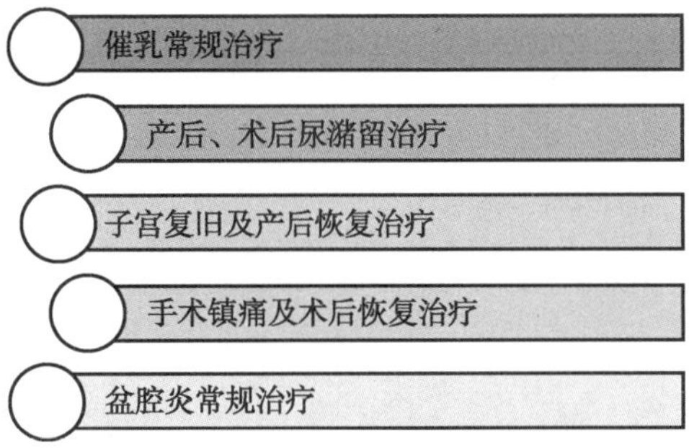

图 7-12　常见产后康复治疗方式

2. 儿童早期干预需求　“早期干预”的概念是在 20 世纪 60 年代末期由美国专家首先提出来的，当时主要是针对经济、文化等环境不利儿童采取的一系列补救性措施进行补偿性的教育，在世界特殊教育领域引起了广泛关注，并逐步成为各国特殊教育的重要理念之一。早期干预理论对于特殊儿童的教育和残障儿童的康复具有非常重要的积极意义，也是特殊教育未来发展的主要趋势。

3. 孕育辅助需求　《中国辅助生殖行业现状深度分析与未来前景预测报告（2023—2030 年）》显示，辅助生殖行业发展迅速。辅助生殖行业以 ART 技术为核心，通过技术干预，使受孕发生。按照流程来看，辅助生殖行业可分为生殖健康检测和辅助生殖治疗。三孩政策、辅助生殖技术推广、不孕率上升等成为孕育辅助需求增长的驱动力。自 2015 年起中国辅助生殖市场规模持续上升且增速保持在 10% 以上，受疫情反复影响，2021 年市场规模增速下滑至 14.5%。但随着“三孩政策”出台，我国晚婚晚育群体持续扩大，平均生育年龄提高及不孕率上升态势明显，市场对辅助生殖服务需求持续攀升，2022 年起中国辅助生殖市场规模逐渐回暖。此外，虽然受限于我国辅助生殖起步较晚，具备丰富经验的医护人员数量稀少，而培养优质医疗团队同样需要较长的周期与充足的资源，且国家对于辅助生殖机构的监管较为严格，审批周期较长，但随着国内辅助生殖技术与治疗水平进一步优化，患者对辅助生殖的接受度逐渐提升，以及当代年轻人不健康的生活方式、环境污染以及生活压力较大等因素也会进一步提高不孕症的患病率等，都将推动辅助生殖市场规模的增长，实现行业稳定发展。预计 2025 年，我国辅助生殖行业市场规模有望达到 854.3 亿元，年复合增长率为 14.5%（图 7-13）。主要包括：不孕不育夫妻需要进行不孕不育诊治、人工受孕、辅助生殖技术等方面的服务。

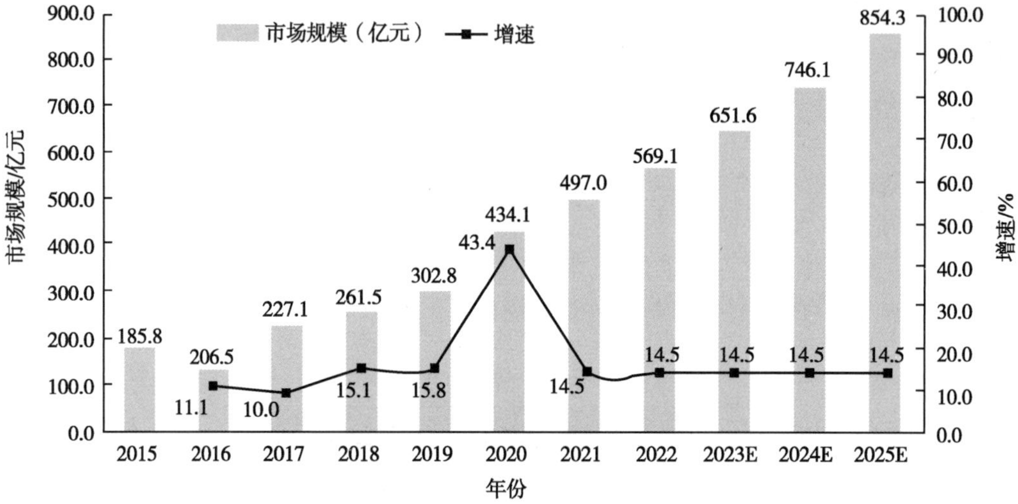

注：2023E、2024E、2025E表示预测数据。

图 7-13　2015—2025 年中国辅助生殖市场规模及增速预测

二、产业链分析

妇女儿童保健产业链是一个复杂的、多层次的系统，涉及各种利益相关者，如医疗专业人员、制药公司、医院、诊所、保险机构、监管机构和患者权益团体。产业链大致分为以下几个阶段：①研究和开发阶段。这一阶段涉及妇女保健的新药、医疗设备和技术的开发。制造商在研发方面投入大量资源，以开发满足妇女特定保健需求的新产品，如避孕药、荷尔蒙替代疗法（hormone-replacement therapy，HRT）和乳腺癌筛查工具。②制造和分销阶段。在研发阶段之后，产品被制造出来并分销给医疗服务提供者、药房和医院。这一阶段涉及质量控制、测试和遵守监管要求。制造商还与分销商合作，以确保产品及时进入医疗机构。③医疗保健服务阶段。这一阶段涉及向妇女提供保健服务，如初级保健、妇科保健和生殖健康服务。医疗专业人员，如产科医生、妇科医生和初级保健医生，在提供这些服务方面发挥着关键作用。他们使用医疗设备、技术和药品诊断和治疗各种健康状况，如月经紊乱、不孕症和乳腺癌。④保险和支付阶段。这个阶段涉及医疗服务和产品的支付和报销。健康保险供应商在这一阶段发挥了关键作用，为妇女的保健需求提供保险，包括预防保健、诊断测试和治疗。妇女也可能需要为其保险计划未涵盖的一些服务和产品支付自费费用。⑤患者倡导阶段。这个阶段涉及患者宣传团体，他们致力于促进妇女的保健，提高对早期筛查、早期评估以及早期干预重要性的认知。这些团体向妇女提供资源、支持和教育，并倡导改善获得保健服务和产品的政策。

《2021—2027 年中国产后康复设备行业发展现状及未来前景分析报告》显示：近两年来，我国孕产妇总数增长、医疗保健支出增长、产后保健服务逐渐普及等驱动因素，推动我国产后康复行业进入爆发增长期，预计市场规模为 76.3 亿元。

三、互联网 + 妇幼健康服务

（一）“5G+ 妇幼健康”服务

“5G+ 妇幼健康”融合互联网与妇幼健康，借助 5G 技术的带宽、时延及可靠的诸多优势特征，较4G网络提升近百倍。因此，基于5G、区块链、物联网、移动医疗等新兴技术，围绕妇幼健康为核心的三级防控体系搭建、多学科诊疗远程平台建设和多渠道便民服务模式的一系列创新实践，推动互联网妇幼健康服务不断发展。

国家财政部、国家卫生健康委下发多个文件推进省域妇幼健康“大手拉小手”行动，不断加强远程医疗信息系统建设，促进医疗机构间的远程协作，提升基层医疗保健机构妇幼健康服务能力。在国家卫健委和北京市卫健委的统筹领导下，北京妇幼保健院自2021年起开始建立并完善北京市“云上妇幼”平台。平台由“云上妇幼”支撑平台和“云上妇幼”服务微信小程序组成，主要包括远程培训、远程会诊/指导、远程转诊、危重新生儿转运、超声诊断远程会诊、阴道镜远程指导、腹腔镜远程指导、病例诊断远程会诊、远程考试和运行绩效管理功能。北京市各级妇幼保健机构、市级危重孕产妇救治中心、产前诊断机构已依托平台广泛开展培训、指导相关工作。目前，北京市已建立妇幼健康远程医疗信息系统和工作机制，促进优质医疗资源下沉基层。“云上妇幼”平台还结合北京实际，在完善与辖区医疗机构连接的妇幼健康远程医疗信息工作机制基础上，建立北京“云上妇幼”远程医疗信息系统，充分利用互联网平台开展远程培训、远程医疗、智慧服务、健康管理四大云端结合应用模式，提高患者对妇幼健康服务的满意度和获得感。

上海市妇产科专科医院探索“互联网+妇幼健康”服务模式，中国福利会国际和平妇幼保健院为牵头单位，9个省级行政区的33家签约单位，利用5G等新技术构建整体妇幼健康的业务场景。其中，一级医疗机构占39.4%，二级医疗机构占15.2%，三级医疗机构占45.4%。该模式以5G为基础完善妇幼健康医联体组织架构，对医疗服务模式、学科合作交流及信息互联互通三个方向的内容进行细化；搭建医联体信息平台，兼容业务功能（远程会诊、远程专家咨询、远程疑难病例讨论和远程教学培训等）及管理功能（权限管理、专家库管理、病历管理、质控管理和统计数据管理等）。模式以医院的技术优势、人才优势、品牌优势为基础，在专科专病临床能力建设、远程医疗平台搭建、人才培养体系建立、临床多中心研究合作等方面积极探索实践（图7-14）。

（二）母子健康手册

母子健康手册的发放与国家基本公共卫生服务项目中的孕产妇健康管理、儿童健康管理和预防接种服务，计划生育服务管理中生育登记等工作和信息有机衔接，要与家庭医生签约服务有机结合。基层医疗卫生机构医务人员可提供的相应服务及时记录到电子信息系统和手册，手册中医务人员检查记录可作为国家基本公共卫生服务项目考核数据来源和依据。国家卫生健康委将适时对各地开展督导调研，各地要将母子健康手册考核工作与基本公共卫生服务考核、妇幼重大公共卫生服务考核相结合。

近年来，“互联网+”通过网上移动预约挂号、候诊、导诊、缴费、查询检验报告等，优化孕产就诊服务流程。“三孩政策”的实施将妇幼健康领域的空间再度扩大，也拓展了人工智能引擎在母子健康领域的应用。一方面，应用“互联网+”技术的可穿戴设备的发展及竞争将更加激烈。如孕妇可在家中自行监测胎心情况，如出现异常，数据能及时上传到监测中心，医生获取数据后，及时给予相应的干预处理，既方便了孕妇，也缓解了妇幼保健服务的压力。另一方面，妇幼群体对医疗健康服务具有长期、高频的需求，其垂直领域目前仍是热门方向，如国家卫健委统一制定并逐渐推广《母子健康手册》等便民免费妇幼健康服务。

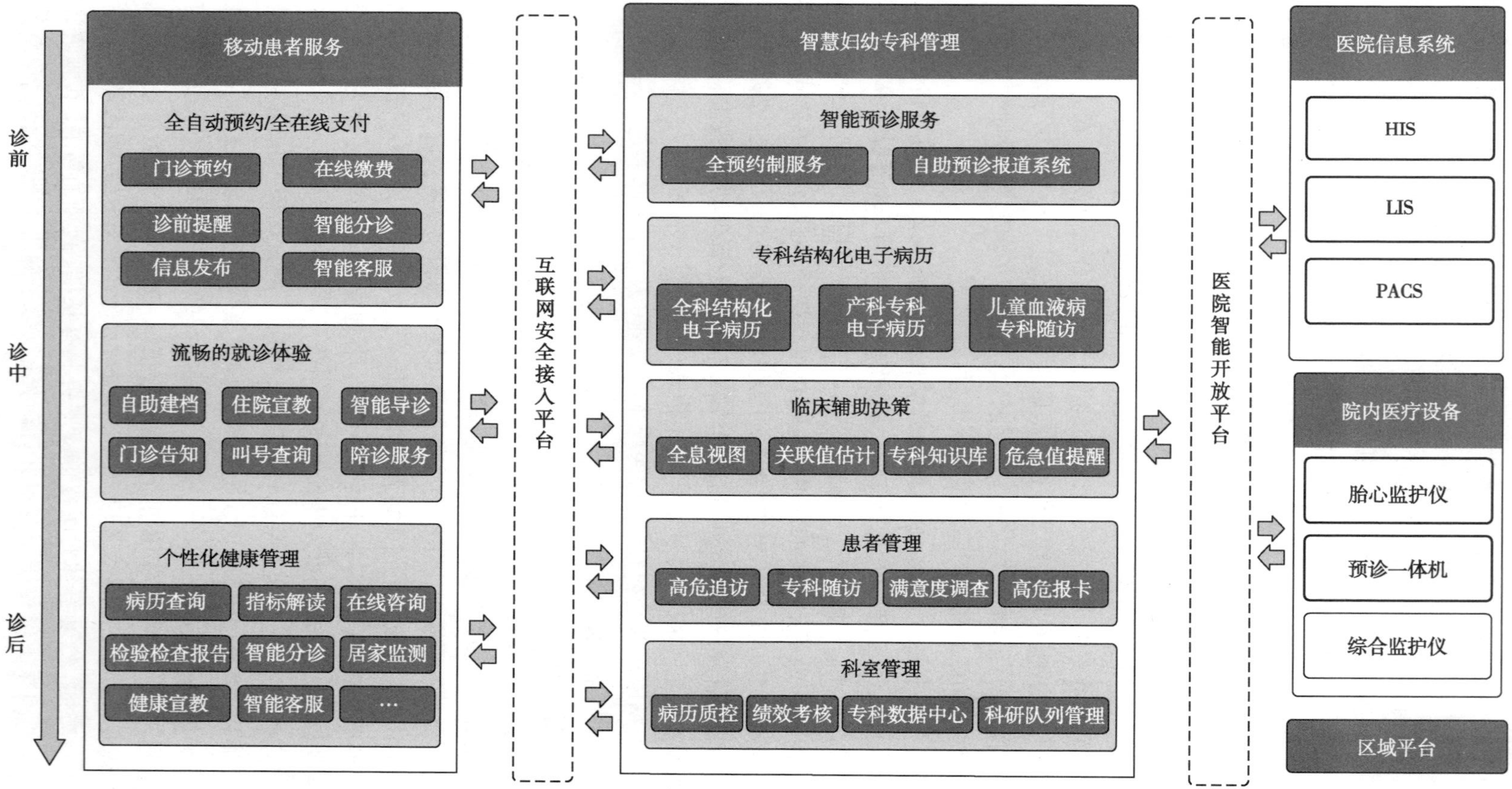

图 7-14 利用 5G、区块链、物联网和移动医疗等新技术拓宽整体妇幼健康的业务场景构建

资料来源：妇产科专科医院“互联网＋妇幼健康”服务模式探索与实践。

母子健康手册APP：随着"互联网+"战略的推进，"互联网+医疗"行业发展得到了党中央、国务院高度重视。为深入贯彻习近平总书记关于推进"互联网+医疗"，让百姓少跑腿、数据多跑路，不断提升公共服务均等化、普惠化、便捷化水平的指示要求，2016年国家试点《母子健康手册》，杭州以妇幼信息互联互通为基础，在全国率先研发并全面免费推广使用电子版《母子健康手册》，实现了孕产妇保健册、儿童保健册、计划免疫接种证及生育登记证四证合一。手册拓展了医疗服务的时间空间，包含：自助建卡、在线家庭医生签约和咨询、诊疗信息查询、在线健康教育、自我监测、机构导航等内容，提供贯穿孕前、孕中、产后、育儿的连续服务模式，成为孕产妇家庭指尖上的必备健康管家。近年来，《母子健康手册》不断优化升级，通过母子健康手册APP、医生服务APP以及区域妇幼平台的对接，可为妇幼人群提供基于互联网的政策宣传、服务提醒、结果查询、健康指导、互动交流等服务；可以与区域妇幼保健平台无缝衔接，真正实现数据"一处采集、全程查看、永久保存"，全面助力妇幼保健服务的全程化、便捷化、互动化和可及化（图7-15）。

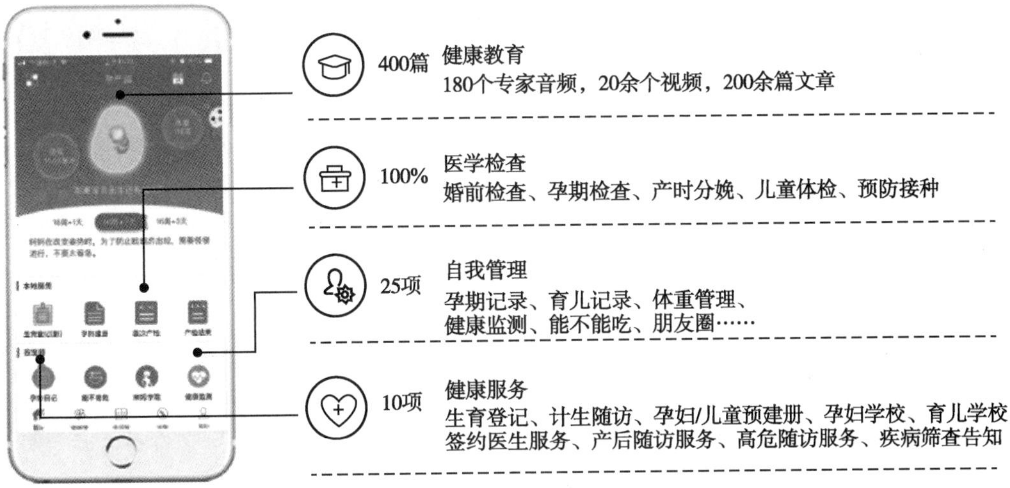

图7-15　母子健康手册APP展示图

案例：

杭州市临平区"好孕来临"应用护航孕产妇和婴幼儿生命健康

"好孕来临"应用是列入浙江省重大改革中"浙有善育"重大应用的重要内容，由杭州市临平区按照省卫生健康委部署要求试点建设。项目承建方杭州某科技有限公司应用多方数据交换、人工智能等技术，构建孕产妇生育风险智能预警、精准防控，婴幼儿成长情况实时关注、持续保障的服务模式，精准护航孕产妇、婴幼儿生命健康。

一、需求分析

近年来，高龄高危产妇比例逐年递增，不良妊娠和出生缺陷风险有所增加，反映当前妇幼健康领域存在的短板问题：一是"优生两免"政策落实不到位，日常通过微信公众号、公益广告、宣传册等形式宣传"免费婚前医学检查""免费孕前优生检测"政策，缺乏点对点的宣传载体，部分新婚及待孕夫妇对婚检、孕检政策知晓率低或重视程度不高，没有做到应检尽检，难以筑牢预防出生缺陷的第一道防线。二是孕产妇风险评估不精准，由于区内医疗机构的诊疗数据不共享，医生一般根据产科内检验检查结果、自述病史来判断孕产妇的身体状况，难以精准评估孕产妇孕期风险、胎儿出生缺陷风险。一些非本地户籍的孕产妇存在漏建档情况，风险无法知晓。三是婴幼儿健康服务不完善，婴幼儿在孕期、出生、疫苗接种等不同时段的健康信息分散在不同系统，缺乏婴幼儿健康综合评估平台，难以对婴幼儿早期生长问题及时预警、及早干预。因此，亟须通过数字化手段整合妇幼健康资源，重塑婚检、产检、新生儿筛查、儿童健康档案管理等核心业务，打造全方位的母婴医疗服务格局。

二、场景建设

应用协同卫生健康、民政、公安、教育等15个部门和医疗机构，打通省民政厅婚姻登记系统、省卫生健康委优生两免系统、市社区卫生服务信息系统、市产时管理信息系统、区流动人口管理平台、区产前筛查信息管理系统等9个系统，归集婚姻登记、流动人口、医院诊疗信息等近20亿条数据，主要建设3个子场景。

1. 孕前“全闭环婚检”　当男女双方提交婚姻登记申请后，应用通过“浙里办”服务端和短信将婚/孕前健康宣教、免费婚/孕检等“优生两免”政策推送至男女双方，推动新婚夫妇应知尽知、应查尽查。同时，打通区公立医疗机构诊疗数据，获取婚检人员的既往就诊记录，智能推荐出符合个人情况的特殊检查项目。检查结果自动上传至应用，对于结果异常者，自动发送短信提醒体检人员和主检医生。双方可通过应用在线或电话咨询、随访跟踪。特殊高危异常人员可通过应用预约专家门诊。

2. 孕期“五色智控码”　归集既往病史、产前检查、实验室检查、临床诊断以及既往妊娠风险标准等数据，建立孕产妇妊娠风险智能评估模型，对孕产妇健康状态进行评测，形成孕产妇健康画像，分类赋“绿（低风险）、黄（一般风险）、橙（较高风险）、红（高风险）、紫（传染病）”五色智控码。孕产妇在医院就诊时，接诊医生可通过医院管理信息系统查看“五色智控码”，并将赋“橙”“红”“紫”色的孕产妇作为重点人群，由建档医院高危管理专职人员建立专案随访管理。孕产妇个人可通过“五色智控码”进入“历次产检列表”，查看每次产检的详细高危因素及相应解读，包括注意事项、指导建议等。当孕产妇接受医生治疗好转后，智控码的颜色会自动发生转变。针对当前流动孕产妇管理难问题，应用基于全区医疗机构诊疗数据和区人口数据库，进行智能比对，动态形成辖区内未建档的流动孕产妇名单，依托社区卫生服务中心的社区医生全面排查、规范建档。

3. 千天“一站式服务”　综合管理儿童在生命早期1 000天的健康状况。儿童千天档案模块，集成孕前、孕期、分娩、儿童体检、生长发育记录、就诊记录等数据，生成儿童健康档案报告，筛选出高危儿，在儿童日常体检、就诊时，医生可以有针对性地采取医疗措施。生成儿童整体生长发育曲线图，如发现儿童的生长发育相比同龄儿童有明显偏差时，及时短信提醒家长到专业机构做进一步评估干预。妇幼居家监测模块，运用物联网技术，对妇幼睡眠、幼儿黄疸、产妇盆底康复治疗等情况进行连续性监测。儿童入园体检模块，家长通过应用在线完成儿童入园体检登记及预约，体检结果经医生审核提交后同步推送至家长端、幼儿园管理平台和杭州市托育平台，儿童入园时无需携带纸质体检报告，幼儿园保健老师也无需将体检结果手工录入杭州市托幼机构管理系统。

三、改革突破

1. 创新孕产妇生育风险智能预警机制　改革前，孕产妇的高危因素主要依靠产科医生人工评估。改革后，区内各医院共享孕产妇信息，为孕产妇就诊提供更全面的诊断依据，同时依托孕产妇妊娠风险智能评估模型，对孕产妇健康状态进行自动评测、精准分级、动态监管、风险智能预警，大大提高危险因素防控水平。

2. 完善妇幼院内院外一体化健康服务　改革前，孕产妇和新生儿的诊疗行为主要发生在医院内，出院后的健康监测、咨询跟踪缺少有效途径。改革后，通过使用可穿戴监测设备、远程遥测数据上传、电子病历共享、在线问诊咨询等方式，实现医院内外病情信息无缝衔接、监测数据实时共享、医患双方无障碍交流。对于建立专案管理的高危孕产妇，由专人通过健康档案中的动态监测和健康评估数据，给予饮食、运动、生活习惯和用药指导等，提供院内院外一体化、规范化、系统化健康管理服务。

3. 优化婚孕儿童健康检查线上流程　改革前，婚孕中心和儿童入园（托）体检均采用纸质版本、手工录入，程序烦琐，耗费人力。改革后，打破部门、医院数据互通壁垒，开发婚/孕前检查预约、报告查询、在线咨询、专家预约、儿童体检等全套婚育服务线上办理功能，实现信息多跑路、群众少跑路，有效提升健康管理服务效率。

（王玮珏　张　妮）

参考文献

[1] HUANG A，WU K，ZHAO W，et al. Attendance at prenatal care and adverse birth outcomes in china：A follow-up study based on maternal and newborn's health monitoring system[J]. Midwifery，2018(57)：26-31.

[2] ENGLISH M，GATHARA D，NZINGA J，et al. Lessons from a health policy and systems research programme exploring the quality and coverage of newborn care in kenya[J]. BMJ Glob Health，2020，5(1)：e001937.

[3] Acog committee. Acog committee opinion no. 736：Optimizing postpartum care[J]. Obstet Gynecol，2018，131(5)：e140-e150.

[4] CARBILLON L，BENBARA A，FERMAUT M，et al. The incorporation of telehealth in high-risk pregnancy follow-up needs tailored optimized care scheduled in a strict care protocol[J]. Am J Obstet Gynecol，2021，225(5)：586.

[5] KIKUCHI K，OKAWA S，ZAMAWE C O，et al. Effectiveness of continuum of care-linking pre-pregnancy care and pregnancy care to improve neonatal and perinatal mortality：A systematic review and meta-analysis[J]. PLoS One，2016，11(10)：e0164965.

[6] BOUVARD V，WENTZENSEN N，MACKIE A，et al. The iarc perspective on cervical cancer screening[J]. N Engl J Med，2021，385(20)：1908-1918.

[7] LOBO R A. Hormone-replacement therapy：Current thinking[J]. Nat Rev Endocrinol，2017，13(4)：220-231.

[8] HORTON L R. Food and drug administration[J]. BMJ，2007，334(7584)：55-56.

[9] SINGH N S，SMITH J，ARYASINGHE S，et al. Evaluating the effectiveness of sexual and reproductive health services during humanitarian crises：A systematic review[J]. PLoS One，2018，13(7)：e0199300.

[10] 郭清. 5G+“三早”健康管理系统的构建及应用前景探析[J]. 健康研究，2021，41(04)：361-364，386.

[11] QIAO J，WANG Y，LI X，et al. A Lancet Commission on 70 years of women's reproductive，maternal，newborn，child，and adolescent health in China[J]. The Lancet，2021，397(10293)：2497-2536.

[12] 国家卫生健康委员会. 国家卫生健康委关于印发贯彻2021-2030年中国妇女儿童发展纲要实施

方案［EB/OL］.（2022-04-02）［2023-03-05］. https://www.gov.cn/zhengce/zhengceku/2022-04/09/content_5684258.htm.

[13] 江帆. 从生存到发展：推动儿童早期发展在中国妇幼健康领域的实践［J］. 中华儿科杂志，2021，59（3）：4.

[14] 王瀛培. 国家卫生行政与城市妇幼卫生的基层实践——以 20 世纪 50 年代上海联合妇幼保健站为中心的考察［J］. 妇女研究论丛，2023（1）：18.

[15] 秦宇龙.《推进妇幼健康领域中医药工作实施方案（2021-2025 年）》印发［J］. 中医药管理杂志，2021，29（9）：1.

[16] 王颖. 新中国 70 年中国妇女健康事业发展回顾［J］. 中国妇运，2019（11）：4.

[17] 石晶金，陈磊，季新华. 妇产科专科医院"互联网＋妇幼健康"服务模式探索与实践［J］. 中国妇幼保健，2021，36（9）：4.

[18] 李文先，曹秀菁. 中国妇幼健康的进展与成效［J］. 中华疾病控制杂志，2022，26（9）：4.

[19] 钟小燕，白晶，罗荣，等. 地市级妇幼保健机构"互联网＋妇幼健康"服务提供现状调查［J］. 中华医院管理杂志，2019，35（8）：5.

[20] 崔明明，徐轶群，刘文倩，等. 0～3 岁儿童家长对母子健康手册认知和利用现状的定性研究［J］. 中国健康教育，2021（011）：037.

[21] 国家卫生健康委员会. 健康儿童行动提升计划（2021-2025 年）［EB/OL］.（2021-11-05）［2023-02-20］. http://www.nhc.gov.cn/fys/s3585/202111/554a64ff0eff4971a37db413a00083a6.shtml.

第八章　健康养老服务

第一节　中国健康养老服务业发展环境分析

一、我国人口老龄化数据分析

民政部发布的《2021 年民政事业发展统计公报》显示，截至 2021 年年底，全国 60 岁及以上老年人口 26 736 万人，占总人口的 18.9%，其中 65 岁及以上老年人口 20 056 万人，占总人口的 14.2%（图 8-1）。截至 2021 年年底，全国共有 3 994.7 万老年人享受老年人补贴，其中享受高龄补贴的老年人 3 246.6 万人，享受护理补贴的老年人 90.3 万人，享受养老服务补贴的老年人 573.6 万人，享受综合补贴的老年人 84.2 万人。全国共支出老年福利资金 386.2 亿元，养老服务资金 144.9 亿元。截至 2022 年年底，全国 60 岁及以上人口占总人口比重达到 19.8%，其中 65 岁及以上老年人口 20 978 万人。据国家卫健委数据预测，2035 年左右，我国 60 岁及以上老年人口将突破 4 亿，在总人口中的占比将超过 30%，进入重度老龄化阶段。

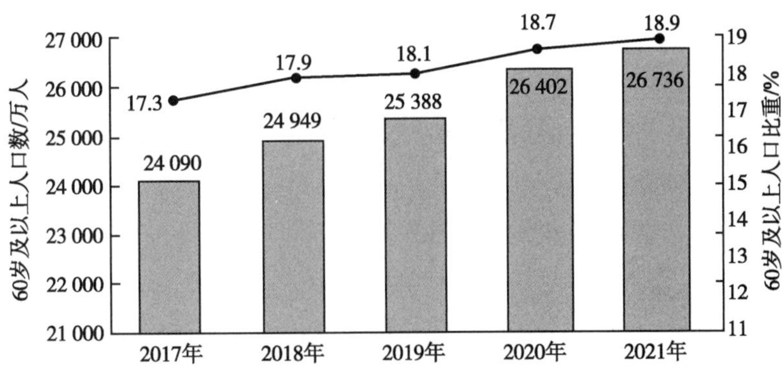

图 8-1　2017—2021 年 60 岁及以上老年人口及其占全国总人口比重

数据来源：国家统计局。

二、我国人口老龄化的主要特点

国家统计局数据显示，2021 年我国 60 岁及以上人口的比重达到 18.90%，其中 65 岁及以上人口比重达到 14.20%，人口老龄化的主要特点有以下几方面。

第一，老年人口规模庞大。我国 60 岁及以上人口有 2.6 亿人，其中，65 岁及以上人口

2 亿人。全国 31 个省份中，16 个省份的 65 岁及以上人口超过了 500 万人，其中，6 个省份的老年人口超过了 1 000 万人。

第二，老龄化程度进一步加深。2022 年年底，60 岁及以上人口为 28 004 万人，占 19.8%，其中 65 岁及以上人口为 20 978 万人，占 14.9%。与 2021 年相比，60 岁及以上人口增加 1 268 万人，比重上升 0.9 个百分点；65 岁及以上人口增加 922 万人，比重上升 0.7 个百分点。

第三，老龄化水平城乡差异明显。从全国看，乡村 60 岁、65 岁及以上老年人的比重分别为 23.81%、17.72%，比城镇分别高出 7.99 个百分点、6.61 个百分点。老龄化水平的城乡差异，除了经济社会原因外，与人口流动也有密切关系。

第四，老年人口质量不断提高。60 岁及以上人口中，拥有高中及以上文化程度的有 3 669 万人，比 2010 年增加了 2 085 万人；高中及以上文化程度人口比重为 13.90%，比十年前提高了 4.98 个百分点。十年来，我国人口预期寿命也在持续提高，2020 年 80 岁及以上人口有 3 580 万人，占总人口的比重为 2.54%，比 2010 年增加了 1 485 万人，比重提高了 0.98 个百分点。

人口老龄化是社会发展的重要趋势，也是今后较长一段时期我国的基本国情，这既是挑战也存在机遇。党的二十大报告指出，实施积极应对人口老龄化国家战略，发展养老事业和养老产业，优化孤寡老人服务，推动实现全体老年人享有基本养老服务。这一重大部署，为我国养老服务发展明确了方向，提供了根本遵循。

2023 年《政府工作报告》中提到，加强社会保障和服务。建立基本养老保险基金中央调剂制度，连续上调退休人员基本养老金，提高城乡居民基础养老金最低标准，稳步提升城乡低保、优待抚恤、失业和工伤保障等标准。积极应对人口老龄化，推动老龄事业和养老产业发展。发展社区和居家养老服务，在税费、用房、水电气价格等方面给予政策支持；推进医养结合；基本养老保险参保人数增加 1.4 亿人、覆盖 10.5 亿人，基本医保水平稳步提高；将养老保险单位缴费比例从 20% 降至 16%，同时充实全国社保基金，储备规模从 1.8 万亿元增加到 2.5 万亿元以上；加强养老服务保障，完善生育支持政策体系。

第二节 健康养老服务市场发展前景及需求分析

一、中国健康养老服务业发展环境分析

（一）市场销售情况

健康管理服务发展离不开政策支持，2013 年 9 月 6 日国务院在《国务院关于加快发展养老服务业的若干意见》（国发〔2013〕35 号）中提出“到 2020 年，全面建成以居家为基础、社区为依托、机构为支撑的，功能完善、规模适度、覆盖城乡的养老服务体系”，同月，国务院印发《关于促进健康服务业发展的若干意见》（国发〔2013〕40 号），针对“推进医疗机构与养老机构等加强合作”提出在养老服务中充分融入健康理念，加强医疗卫生服务支撑。习近平总书记在十九大报告中提出“积极应对人口老龄化，构建养老、孝老、敬老政策体系和社会环境，推进医养结合，加快老龄事业和产业发展”，更是首次在国家战略层面将医养结合确定为老龄事业和产业发展的新方向、新要求。2017 年国务院印发《“十三五”国家老龄事业发展和养老体系建设规划》（国发〔2017〕13 号）为养老服务体系确立了建设指标，为养

老服务建设体系提供了可操作路线图。2019 年 4 月 16 日发布的《关于推进养老服务发展的意见》(国办发〔2019〕5 号)中提出 28 条具体举措，直指为养老服务打通“堵点”消除“痛点”。一系列党和政府的重要文件为医养结合模式不断发展指明了方向，提供了动力。2019 年 7 月 15 日，国务院印发《国务院关于实施健康中国行动的意见》(国发〔2019〕13 号)指出实施老年健康促进行动。面向老年人普及膳食营养、体育锻炼、定期体检、健康管理、心理健康以及合理用药等知识。健全老年健康服务体系，完善居家和社区养老政策，推进医养结合，探索长期护理保险制度，打造老年宜居环境，实现健康老龄化。到 2022 年和 2030 年，65～74 岁老年人失能发生率有所下降，65 岁及以上人群老年期痴呆患病率增速下降。

2022 年 2 月，国务院发布《“十四五”国家老龄事业发展和养老服务体系规划》，围绕推动老龄事业和产业协同发展、推动养老服务体系高质量发展，明确了“十四五”时期的总体要求、主要目标和工作任务。部署了织牢社会保障和兜底性养老服务网、扩大普惠型养老服务覆盖面、强化居家社区养老服务能力、完善老年健康支撑体系、大力发展银发经济、践行积极老龄观、营造老年友好型社会环境、增强发展要素支撑体系、维护老年人合法权益 9 方面工作任务。“十四五”时期，积极应对人口老龄化国家战略的制度框架将基本建立，老年人获得感、幸福感、安全感显著提升。

2022 年 2 月，民政部、财政部、住房和城乡建设部、中国残联 4 部门联合印发《关于推进“十四五”特殊困难老年人家庭适老化改造工作的通知》，提出“十四五”时期支持 200 万户特殊困难高龄、失能、残疾老年人家庭实施适老化改造。在综合考虑各地分散供养特困人员数量、低保家庭中老年人数量等因素基础上，确定了各省(自治区、直辖市)改造任务，要求县级民政部门严格按照受理申请、评估设计、施工监督、竣工验收、资料归档、绩效评价等步骤推进适老化改造工作，加强全过程规范管理。

2022 年 10 月，党的二十大报告提出，“实施积极应对人口老龄化国家战略，发展养老事业和养老产业，优化孤寡老人服务，推动实现全体老年人享有基本养老服务”(表 8-1)。

表 8-1　2011 年以来重要养老政府文件

文件名称	最新实施日期	主要内容
《中国老龄事业发展“十二五”规划》	2011 年	加快居家养老服务信息系统建设
《关于加快发展养老服务业的若干意见》	2013 年	发展居家网络信息服务
《关于积极推荐“互联网 +”行动的指导意见》	2015 年	明确提出“促进智慧健康养老产业发展的目标任务”
《关于鼓励民间资本参与养老服务业发展的实施意见》	2015 年	鼓励民间资本参与居家和社区养老服务，推进养老服务信息化建设
《国务院办公厅关于促进和规范健康医疗大数据应用发展的指导意见》	2016 年	推动健康医疗大数据融合共享、开放应用
《指挥健康养老产业发展行动计划(2017—2020 年)》	2017 年 2 月	建立指挥健康养老英语示范基地、领军企业、产品和服务标准；到 2020 年，基本形成覆盖全生命周期的智慧健康养老产业体系
《“十三五”国家老龄事业发展和养老体系建设规划》	2017 年 3 月	健全养老服务体系
关于印发《服务业创新发展大纲(2017—2025)》的通知	2017 年 6 月	鼓励发展智慧养老

续表

文件名称	最新实施日期	主要内容
《关于开展智慧健康养老应用试点示范的通知》	2017 年 7 月	支持建设一批示范企业、示范街道（乡镇）、示范基地
《智慧健康养老产品及服务推广目录（2018 年版）》	2017 年 8 月	产品和服务类别
《国务院办公厅关于促进“互联网 + 医疗健康”发展的意见》	2018 年 4 月	开展第二批智慧健康养老应用试点示范工作
《关于开展第二批智慧健康养老应用试点示范的通知》	2018 年 9 月	企业申请智慧养老示范点工作通知安排
《关于推进养老服务发展的意见》	2019 年 4 月	深化放管服改革、拓宽养老服务投融资渠道、扩大养老服务就业创业、扩大养老服务消费、促进养老服务高质量发展、促进养老服务基础设施建设
《关于实施健康中国行动的意见》	2019 年 7 月	实施老年健康促进行动
《关于建立健全养老服务综合监管制度促进养老服务高质量发展的意见》	2020 年 12 月	建立健全养老服务综合监管制度
《关于促进养老托育服务健康发展的意见》	2020 年 12 月	促进养老托育服务健康发展
《关于建立健全养老服务综合监管制度促进养老服务高质量发展的意见》	2021 年 3 月	完善养老服务体系
《“十四五”民政事业发展规划》	2021 年 6 月	民政事业发展规划
《智慧健康养老产业发展行动计划（2021—2025）》	2021 年 10 月	智慧健康养老发展行动计划
《“十四五”国家老龄事业发展和养老服务体系规划》	2022 年 2 月	明确了“十四五”时期的总体要求、主要目标和工作任务，部署了织牢社会保障和兜底性养老服务网、扩大普惠型养老服务覆盖面、强化居家社区养老服务能力、完善老年健康支撑体系、大力发展银发经济、践行积极老龄观、营造老年友好型社会环境、增强发展要素支撑体系、维护老年人合法权益 9 方面工作任务，“十四五”时期，积极应对人口老龄化国家战略的制度框架将基本建立，老年人获得感、幸福感、安全感显著提升
《关于开展特殊困难老年人探访关爱服务的指导意见》	2022 年 10 月	旨在化解独居、空巢、留守、失能、重残、计划生育特殊家庭等特殊困难老年人的居家养老安全风险，部署建立探访关爱服务机制、丰富探访关爱服务内容、充实探访关爱服务力量、提升探访关爱服务质量效率、做好探访关爱服务应急处置 5 项重点任务

（二）养老服务供给增长较缓，社会化养老成为趋势

虽然当前的养老服务供给不断增长，截至 2020 年年底，全国社区养老服务机构和设施达到 28.1 万个，社区互助型养老设施 14.6 万个，社区养老床位数 340.8 万张。每千名老年人拥有养老床位仅 30.5 张，远低于发达国家 50～70 张 / 千人的水平，养老服务、人员、标

准、硬件等都与需求存在比较大的差距。

在“9073”目标下，养老床位数增长迅速，同时也带来了高空置率。根据民政部数据显示，2021 年第一季度，养老床位数增加至 519 万张，同比增长了 10.9%，同时，养老机构的床位数增长显著高于社区养老床位数的增长。

从养老机构的角度来看，目前我国主要分为政府组织的非营利救助型养老机构，和市场上的商业养老机构。养老企业业务布局集中在高净值客群，这就导致占八成人数的中等收入水平的老年人需求被忽略，他们既不能满足政府的最低保障，入住公办养老院，又支付不起高昂的高级养老院费用，这也是我国一方面养老床位一床难求，另一方面商业养老院的用床空置率高达 45% 的关键原因。

人口老龄化增速较快同服务供给缓慢的现实让社会化养老服务成为趋势。在这种状况下，如果由政府统管或投入，其人力、物力和财力等资源不可能满足规模日益扩大的社会化养老需求，而且，由政府直接管理养老服务资源，也难以准确把握老年人的意愿和需求，必然造成投资利用率低，服务资源浪费，供给与需求结构性失衡等问题。养老服务具有精细化、优质化、便利化、个性化等特征，而社会化养老服务能有效地利用资金或物质资源，为老年人提供优质服务让其享受生活服务（送餐、协助洗浴、洗头理发、修甲、配料）、家政服务（日常保洁、门窗清洗、衣物换洗晒、水电维修）、健康服务（身体检测、陪医就诊、肌肉注射、消毒换药）等。

互联网的发展让“线上与线下”相结合的社会养老服务体系更能满足老年人的各项需求。尤其是空巢老人、失能和半失能的老年人，选择机构养老，更能保障他们晚年生活的幸福。“十四五”时期，我国人口老龄化程度将持续加深，根据推算，到 2050 年我国 80 岁及以上高龄老年人将达到 1.08 亿，临终无子女的老年人将达到 7 900 万左右，失能老年人将达到 1 亿左右，独居和空巢老年人将占 54% 以上。

（三）健康养老市场需求巨大，产业有效供给不足

国内养老潜在市场空间超 5 000 亿元。按照各地颁布的“9073”养老办法，90% 的老年人为居家养老；7% 的老年人适用社区养老，即只需要护理不需要床位；3% 的老年人适用机构养老，即既需要床位也需要护理。据推算我国养老产业潜在市场空间将达到 5 110 亿元，其中，居家养老 3 101 亿元，机构养老 1 283 亿元，社区养老 725 亿元。而在经济较为发达地区服务收费则更高，如浙江养老服务床位为 4 000～10 000 元之间。若考虑老龄化加剧和居民收入水平及退休待遇提升，产业潜在空间还会继续扩大。

我国的养老产业还处在初级阶段，养老产业发展空间广阔。从全球养老产业发展情况看，养老行业已发展成规模庞大、举足轻重的产业。2015 年欧洲养老产业占 GDP 的比例高达 28.5%，美国养老产业占 GDP 的比例为 22.3%，对比国际我国养老产业规模仍比较小，2015 年我国养老产业规模仅为 4.1 万亿元，占 GDP 比重的 7%，行业发展潜力巨大（图 8-2）。预计到 2050 年，我国养老产业规模将达到 110 万亿元。

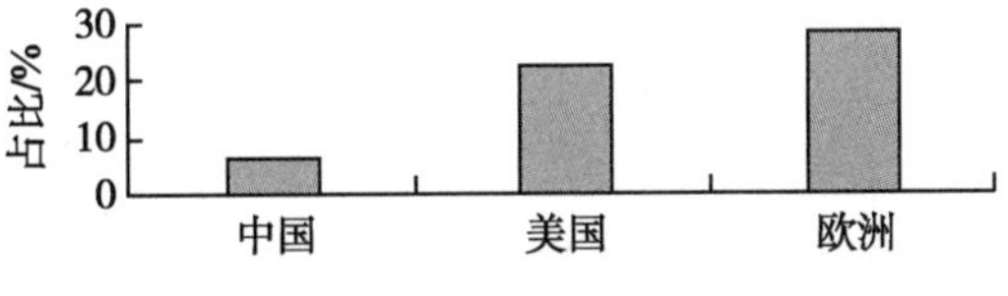

图 8-2　养老产业 GDP 占比对比

以养老床位测算，按照国际通行的5%（60岁以上老龄人口中5%进入养老机构）标准，我国目前至少需要1 200万张床位，而实际养老床位仅669.8万张，缺口巨大。预计从2015年至2050年，全社会用于养老、医疗、照料、福利与设施方面的费用占GDP的比例将由7.33%增长到26.24%，增长18.91个百分点。

（四）医养结合成热点，健康养老业态不断创新

医养结合将医疗资源和养老资源有机结合，在保证老年人老有所养的同时提高老年人的健康水平，目前成为社会热点。老有所医成就了养老健康产业，消费力不断上升带来行业快速增长。

失能、疾病是老年人面临的两大主要风险，目前中国有超过4 000万失能失智老年人，随着年龄的增长，老年人对健康维护和疾病治疗的需求非常突出。老年人及其家庭的消费观念不断升级，促使对“大健康”的潜在需求转变为实际的购买行为。主要包括：老龄健康用品；老年心灵健康产品；康复辅具（运动功能、认知技能训练辅具；家用理疗、体疗设备等）；保健品（分为保健功能纺织品、保健器械、特殊用途化妆品、五官保健用品和其他保健用品五个类别）；医药用品（药品和医疗器械）。

养老地产开始重视管理运营，产业迎来新一轮升级。早在2010年前后，以老年人为客户群体的机构就开始布局养老地产，2013年养老政策元年后，陆续有大批地产开发商、保险机构、医疗机构等大规模进入产业，但大多机构都是为了圈地而并非为了做养老，进入2020年，随着房市进入休整期和服务付费意识的增强，养老地产开始逐步走向精耕细作。

二、中国健康养老服务业市场需求分析

（一）老年人群消费需求特点与支付能力分析

在生理需求方面，老年人随着自身身体功能的下降，理解问题、认识问题的能力下降，对健康的需求更强烈，如老年人的健康管理、慢性病管理、健康咨询等。

随着老龄化进程不断加快，中老年人成为金融资产的主要持有人，银发金融产品和普及教育、风险防范教育刻不容缓。

在情感、归属与爱的需求方面，空巢老人大范围存在。尊重需求是老年人重要的精神需求之一。

老年人同时还拥有学习的需求，当下，更多老年人开始使用智能手机、平板电脑等设备，开始使用QQ、微信等社交工具。老年人对信息工具、电子产品的兴趣日渐升温，如何使用这些设备、软件的学习需求应运而生。对于老年人学习智能手机的使用等这类学习的需求，目前，设备、软件厂商还没有提供融入此类服务。而老年人因学习惯性或弥补等原因的学习需求，目前已经很多机构如老年大学、兴趣班等提供服务。

老年人的审美需求目前是较为被市场忽视的一部分。在服装、服饰等有较大审美价值的商品中，针对老年人的商品一向以实用性为目的，而缺乏审美价值。此外，老年娱乐目前在我国发展较慢，在未来的十到二十年中，符合当代中老年人生经历的，或能够将老年人与当今社会进行链接的娱乐作品都会受到各方欢迎。

高收入老年人口是未来消费市场不断扩大的主要动力（图8-3）。从消费内容，老年人的日常消费主要集中于娱乐社交、疾病管理、养生健康及日常生活四个方面。从消费金额来看，老年人年均消费约22 600元，其中日常生活15 560元，约占总消费的69%；健康养生2 763元，约占总消费的12%；疾病管理1 665元，占7%；娱乐社交2 585元，占11%。老年

人主要消费支出为日常生活开支，其次是养生健康及娱乐社交（图 8-4）。

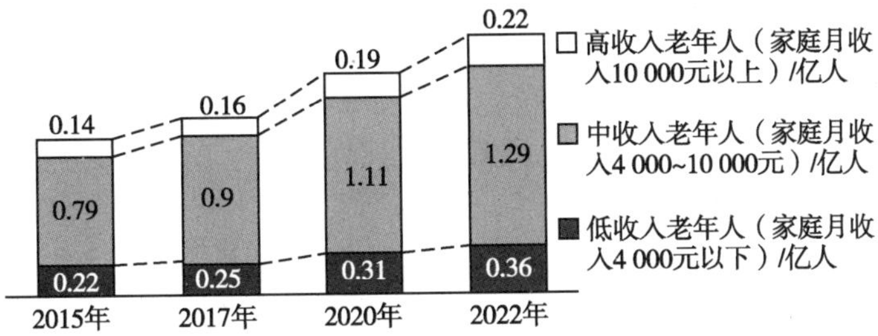

图 8-3　城镇中高收入老年人口测算图

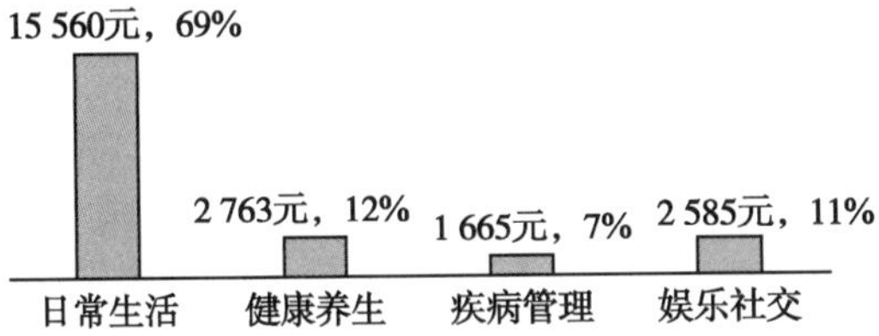

图 8-4　老年人消费金额占比图

（二）健康养老服务业各细分业态消费需求预测

2020 年养老行业规模达 7.18 万亿元，2030 年规模将达 13 万亿元，年复合增长率达 30%。按目前 60 岁以上老人 2.4 亿计算，假设所有老年人基础消费 500 元 / 月，医疗服务费 500 元 / 月，失能失智老年人占比达 20%，护理费用 1 500 元 / 月，则静态养老市场空间近 4 万亿元，加上重病费用、居住费用、休闲娱乐等，市场空间约在 4.5 万亿元左右。

老年群体消费呈现出三大显著特征：追求产品品质和生活质量，旅游、养生等销售型消费成为潮流；社交需求强烈，乐于接受亲友的建议，喜欢结伴消费；社交媒体的蓬勃兴起和移动支付的便利，让年轻的老年群体消费思维模式不断更新，更乐于接受移动支付、网购等新鲜事物，对与健康相关的智能化、数字化产品尤其感兴趣。大多数老年人未来在以下四个方面增加支出：疾病管理（43%）、营养品（29%）、旅游（25%）、食品餐饮方面的日常支出（22%）。

三、中国健康养老服务产业链分析

（一）横向产业链条——面向老年人基本需求的市场专业化加深

老年人日常消费规模巨大，随着老年人收入增长和消费升级，未来 5 年将保持快速增长。老年人收入水平的提高将促进老年人选择日用品时从价格优先向质量优先的消费行为转变，老年人在购物时更加注重服务质量、购物体验和购物场所的便利性。

老有所居是老年人最基础需求，住家里还是住养老机构是重要选择。中国大部分老年人住在哪，取决于老年人的身体状况和心理状况，在老年人生活可以自理的情况下，除非生活异常枯燥孤单，一般会选择居住在家中，这就需要居家养老和社区养老来满足老年人的基本需求。如果选择机构养老，根据老年人的健康状况和老年人意愿，可将养老地产分为：老年养生社区、老年公寓、独居式住宅、良好的小型公寓、养老院、护理院。

老有所养让老年人对营养品和家用理疗器械的需求仍然存在但日趋理性，明确其辅助治疗而不能作为主要治疗手段的功能定位。老年人健康保健意识增强，愿意为“治未病”进行健康投资，同时愿意为以按摩类产品为主的享受性需求买单。中医养生市场将持续升温，中医的养生理念在老年人群中深入人心。

老有所乐是要求更高的精神文化需求，由于富裕人群对文化精神需求方面有了更高的追求，老有所乐（娱乐、学习和公益）将迎来爆发。我国每年老年人旅游人数占全国旅游总人数的比重超过 20%，成为仅次于中年旅游市场的第二大旅游市场，旅游已经成为老年人重要的生活方式之一。随着老年人群消费升级和补偿性消费需求的增加，老年人旅游市场将持续增长，预期可到达 23% 的市场增速，未来 5 年老年旅游市场将超 7 000 亿元。

（二）纵向产业链条——业态交叉与融合发展

养老行业在新时代背景下与保险、金融、房地产、旅游、互联网行业深度融合发展。

金融支持，推动建设。与传统服务业不同，养老社区投资规模大、回报周期长、资金流动性弱。将寿险融入养老社区中，可以为社区建设和运营提供资金来源，充分利用寿险的经验和优势，提高社区服务质量，使寿险资金获得丰厚回报。同时，投资基金扩宽了养老社区建设的融资渠道。据有关数据统计，美国保险资金中有 80% 以上为寿险资金，寿险资金中约 48% 是 20 年以上的长期资金，25% 为 5～20 年的中期资金，与养老社区的投资回报期十分匹配。

房产运营，保障品质。养老社区的开发商根据运营商或投资商的要求为其开发养老社区，然后按照约定的价格卖给运营商或投资商，运营商或投资商以担保的形式为开发商提供一些融资便利。

从运营商的角度看，按照服务类别，养老社区分为活跃长者社区、生活自理型社区、生活协助型社区和专业护理型社区四类。老年人可以根据自己的需求选择社区模式，每种模式的社区针对不同的老年人群提供相应的基本服务。各类社区对老年群体的定位不同以防止产生竞争。根据老年人所需护理程度的不同，各个社区收取的费用也不相同。养老社区收入大部分来自提供护理服务。

医养融合，服务提升。养老社区的成功经营也催生其产业链健康发展，最主要是老年人相关的社交平台以及文化娱乐产业。围绕“休闲、养生、度假、体验”，带动旅游度假、旅游文化、旅游地产、会展旅游等业务的融合发展。养老产业和生物医药产业，形成康养综合服务商，已成为大健康产业发展新趋势。

智慧平台，互联互通。大数据、智能化、互联网的崛起，改变着人们的消费行为和服务方式。全方位的数据监控，清晰的展现界面，掌握老年人实时的生命体征数据，异常情况及时响应，老年人的日常生活处于远程监控状态。

智慧养老平台能够整合区域养老资源，与医疗、家政、餐馆、商场等服务机构签订协议，以信息平台为载体，充分利用互联网、人工智能等技术，设立智能综合服务平台，实现老年人、子女、机构、服务的连接，形成紧密、联动的服务生态圈。

（三）养老产业要点发展

养老产业是个非一朝一夕就能发展起来的社会问题。其具有福利性、微利性和缓慢性，这些特殊属性决定了在现阶段，至少在规模化和品牌化之前，它并不能给企业立刻带来盈利，甚至需要倒贴。所以，因为单纯的市场潜力巨大或稳定性而盲目进入该市场是不理智的，比起“多快好省”“挣快钱”的短期主义，长期主义的发展定位更契合投资养老服务。

在如今这个机遇和挑战并存的初级阶段，无论是提供养老服务的服务供应商，还是整合综合养老方案的大资本，该如何抓住市场红利呢？对于任何企业来说，都应有明确的运营理念和商业逻辑，目标纯正，重视核心业务、核心专长、核心市场和核心客户。对于养老服务市场而言，由于多行业跨界交叉和用户的特殊性，高质量的服务和人才建设将是企业从始至终需要解决的关键点和与其他企业的竞争核心点。

第三节　中国健康养老服务的发展对策

随着人口老龄化的加剧，老年人群的健康、医疗、养老问题日益凸显，健康养老服务的发展对策也成为当前社会发展的重要课题，是国家现今和未来政策规划的重要内容。根据“十三五”时期的工作总结，我国老龄化程度不断加深，60 岁及以上老年人口在 2018 年首次超过 0～15 岁少儿人口，对国家发展全局和百姓福祉都有深刻影响。以习近平同志为核心的党中央总揽全局，坚持应对人口老龄化和促进经济社会发展相结合，努力挖掘人口老龄化给国家发展带来的机遇，做到及时应对、科学应对、综合应对，推动老龄事业改革发展和为老服务体系建设取得重要进展。根据《“十四五”规划纲要》提出的推进健康养老服务发展的重要政策，包括加强养老服务政策体系建设、改善养老服务资源配置、推进养老服务技术创新、提升养老服务管理水平、改善养老服务质量等诸方面，并结合现今老龄化社会现状，以国家政策为导向，根据《“十四五”健康老龄化规划》文件，多角度阐述健康养老服务的发展对策。

（一）强化健康教育，提高老年人主动健康能力

1. 以国家职能部门为主导，拓展老年健康教育内容　在全社会开展人口老龄化国情教育，树立积极老龄观。引导老年人将“维护机体功能，保持自主生活能力”作为健康目标，树立“自己是健康第一责任人”的意识，强化“家庭是健康第一道关口”的观念，促进老年人及其家庭践行健康生活方式。普及营养膳食、运动健身、心理健康、疾病预防、合理用药、康复护理、生命教育、应急救助等老年健康知识，宣传维护感官功能、运动功能和认知功能的预防措施，不断提高老年人健康核心信息知晓率和健康素养水平。

2. 形成多元化的老年健康教育服务供给格局　通过国家政策支持，鼓励各类教育机构将老年健康教育纳入课程内容，面向老年人及家属、照护者开设养生保健、照护技能培训等课程。依托全国开放大学、老年教育机构、社区教育机构、老年协会、城乡社区党群服务中心、基层医疗卫生机构、文化体育场馆等，提高城乡老年健康教育服务覆盖率。

3. 创新老年健康教育服务提供方式　政府组织开展全国老年健康宣传周、世界防病日等主题宣传活动。开发科普视频，建设开放共享的数字化国家级老年健康教育科普资源库。充分利用传统媒体、短视频、微信公众号、微博、移动客户端等多种方式和媒体媒介，传播老年健康相关知识。鼓励各地探索可行模式，充分发挥老年人在老年健康教育中的示范引领作用，增强健康教育效果。

（二）完善身心健康并重的预防保健服务体系

1. 提高基本公共卫生服务促进老年人健康的能力　建立综合、连续、动态的老年人健康管理档案，鼓励各地整合老年人健康体检信息，优化老年人健康体检项目，提升健康评估和健康指导能力。推动地方积极开展老年健康与医养结合服务。将失能、高龄、残疾、计划生育特殊家庭等老年人作为家庭医生签约服务重点人群，拓展签约服务内涵，提高服务质量。

2. 完善老年人预防保健服务体系 依托疾病预防控制机构和各级各类医疗卫生机构，健全三级预防体系，构建慢性疾病综合防治服务体系。推动老年人高发恶性肿瘤早期筛查，加强癌症早诊早治。实施老年口腔健康行动，开展口腔健康知识宣传和老年口腔健康公益活动。实施老年营养改善行动，启动老年人营养风险筛查试点。实施老年痴呆防治行动，建立老年痴呆早筛查、早诊断、早干预的综合防控机制。建立老年人突发公共卫生事件应急处置机制，加强老年重大传染病防控。加快无障碍环境建设和住宅适老化改造。

3. 开展老年人心理关爱服务 完善精神障碍类疾病早期预防及干预机制，开展老年人心理健康状况评估、早期识别和随访管理，为老年人提供心理辅导、情绪纾解、悲伤抚慰等心理关怀服务。

4. 推进体卫融合 加强城乡社区、医养结合机构健身设施建设，提高适老化程度。推广适合老年人的体育健身休闲项目、方式和方法，发布老年人体育健身活动指南。将运动干预纳入老年人慢性病防控与康复方案。组织开展适合老年人的赛事活动。

（三）以连续性服务为重点，提升老年医疗服务水平

1. 增强老年疾病诊治能力 在医疗机构推广多学科诊疗模式，加强老年综合征管理，推进老年医学专科联盟建设，通过专科共建、教育培训协同合作、科研和项目协作、中医与西医协作等多种方式，提升老年医疗服务能力和管理水平。

2. 加强康复和护理服务 充分发挥康复医疗在老年健康服务中的作用，为老年患者提供早期、系统、专业、连续的康复医疗服务，促进老年患者功能恢复。推广康复医师、康复治疗师、康复辅具配置人员团队协作模式。建立覆盖老年人群疾病急性期、慢性期、康复期、长期照护期、生命终末期的护理服务体系，完善以机构为支撑、社区为依托、居家为基础的老年护理服务网络。

3. 发展安宁疗护服务 发展完善安宁疗护多学科服务模式，提高临终患者生命质量。推动相应医疗卫生机构合理开设安宁疗护病区或床位，按照“充分知情、自愿选择”原则，为疾病终末期患者提供疼痛及其他症状控制、舒适照护等服务，为患者及家属提供心理支持和人文关怀。发展社区和居家安宁疗护服务。

4. 创新连续性服务模式 鼓励康复护理机构、安宁疗护机构纳入医联体网格管理，为网格内老年人提供疾病预防、诊断、治疗、康复、护理等一体化、连续性医疗服务。加大居家医疗服务支持力度，健全居家医疗服务的风险防控机制，完善价格等相关政策。应用互联网等信息技术拓展医疗、护理、康复等服务空间和内容。

（四）健全居家、社区、机构相协调的失能老年人照护服务体系

1. 居家（社区）照护服务 建设社区、机构为失能老年人家庭提供家庭照护者培训和“喘息”服务，公益志愿者对居家失能老年人开展照护服务。统筹社会力量，利用社区配套用房或闲置用房开办护理站，为失能老年人提供居家健康服务。鼓励社区卫生服务中心与相关机构合作，增加照护功能，为居家老年人提供短期照护、临时照护等服务。

2. 促进机构照护服务发展 在社区卫生服务中心、乡镇卫生院等基层医疗卫生机构增设护理床位或护理单元。在医养结合机构开展失能老年人照护服务工作。具备服务能力和相应资质的机构将照护服务向社区和家庭延伸，辐射居家失能老年人。推进照护机构老年痴呆患者照护专区和社区老年痴呆患者照护点建设，满足老年痴呆患者照护服务需求。

（五）深入推进医养结合发展

1. 增加医养结合服务供给 以需求为导向，合理规划、建设和改建医养结合机构。在

养老机构设置医疗卫生机构，并按规定纳入医保定点范围。激发市场活力，引导社会资本举办医养结合机构。

2. 提升医养结合服务质量 健全医养结合标准规范体系。提升医养结合信息化水平，发展面向居家、社区和机构的智慧医养结合服务，开展老龄健康医养结合远程协同服务，为老年人提供优质高效的远程医疗服务。推动医养结合机构规范开展医疗卫生服务和养老服务。提升医养结合机构传染病防控能力，保障老年人生命安全和身体健康。

（六）发展中医药老年健康服务

1. 提升老年人中医药健康管理水平 发挥中医药健康管理在基本公共卫生服务项目实施中的独特优势和中医药在老年预防保健、综合施治、老年康复、安宁疗护方面的独特作用。为老年人提供个性化中医药服务，不断丰富老年人中医健康指导的内容，加强老年人养生保健行为干预和健康指导。

2. 加强中医药健康养老服务能力建设 加强中医药健康养老服务能力、人才培养能力、技术推广能力建设，提升老年人常见病多发病的中医药服务能力和水平。培训推广中医适宜技术，提升中医药特色服务能力。

3. 加大中医药健康养生养老文化宣传 积极宣传适宜老年人的中医养生保健知识、技术和方法，推动优质中医药服务进社区、进农村、进家庭。积极开展中医健康体检、健康评估、健康干预以及药膳食疗科普等活动，推广中医传统运动项目，培养树立健康科学的生活方式和理念。

（七）加强老年健康服务机构建设

1. 加强老年医疗卫生机构建设 打造老年健康促进、诊疗、科研高地。通过新建/改扩建、转型发展，加强老年医院、康复医院、护理院（中心、站）以及优抚医院建设，鼓励公共医疗资源丰富的地区将部分公立医疗机构转型为康复、护理机构。支持社会力量参与社区护理站建设。

2. 加强医疗卫生机构老年医学科建设 推动老年医学科临床专科能力建设。推动医疗卫生机构老年医学科高质量发展。

3. 建设老年友善医疗机构 从文化、管理、服务、环境等方面推进医疗卫生机构全面落实老年人医疗服务适老政策，切实解决老年人在运用智能技术就医方面遇到的困难，为老年人提供友善服务。

（八）提升老年健康服务能力

1. 加强老年医学及相关学科专业建设 支持开办医学专业的院校和医疗卫生机构加强老年医学及相关学科专业建设，开放大学开设老年医学、药学、老年护理、康复、心理、安宁疗护等相关专业和课程，在公共卫生、临床医学、中医药等专业中开展老年医学内容的学习，加强老年健康相关复合型人才培养。

2. 加大老年健康专业人才培训力度 加强对老年医学科、安宁疗护科和医养结合机构卫生健康专业人才培训，加强老年护理专业护士培训，提升高水平老年医学专业人才在老年健康队伍中的比例。加强院校与医疗卫生机构人才培养培训合作。

3. 强化老年健康照护队伍建设 增加从事老年护理工作的医疗护理员数量，加大培训力度，开展职业技能培训和就业指导服务，加快培养服务于老年健康的社会工作者、志愿者队伍，通过入户、社区活动等形式为老年人提供便利可及、针对性强的健康服务。

4. 健全老年健康标准规范体系 健全老年健康基础标准、老年医疗服务标准、老年公共卫生标准、老年社会支持标准、医养结合服务管理标准等。制定老年常见疾病诊疗指南和临床操作技术规范。

（九）促进健康老龄化的科技和产业发展

1. 加强老年健康科学研究 加强衰老机制的基础性研究，加强老年慢性病和共病诊疗技术、老年康复护理技术、老年功能维护技术等应用性研究，提升老年重大疾病防治水平。加强适宜技术研发推广。

2. 推动老龄健康产业可持续发展 推动老年健康与养老、养生、文化、旅游、体育、教育等多业态深度融合发展，大力推动老年健康领域新产业、新业态、新商业模式发展。支持新兴材料、人工智能、虚拟现实技术等在老年健康领域的深度集成应用与推广。提升产品的适老化水平，推进老年产品市场提质扩容。发展健康管理与服务、健康检测与监测等智慧健康养老服务。

3. 强化信息化支撑 充分运用互联网、物联网、大数据等信息技术手段，创新服务模式，提升老年健康智能化服务质量和效率。整合各类老年健康相关数据，实现信息共享，为服务老年人提供信息化支撑。

根据“十四五”发展目标（表 8-2），“十四五”时期积极应对人口老龄化国家战略的制度框架基本建立，老龄事业和产业有效协同、高质量发展，居家社区机构相协调、医养康养相结合的养老服务体系和健康支撑体系加快健全，全社会积极应对人口老龄化格局初步形成，让老年人的获得感、幸福感、安全感显著提升。

表 8-2 “十四五”时期国家老龄事业发展和养老服务体系主要指标

指标	2025 年目标值
1. 养老服务床位总量	达到 900 万张以上
2. 特殊困难老年人月探访率	达到 100%
3. 新建城区、新建居住区配套建设养老服务设施达标率	达到 100%
4. 养老机构护理型床位占比	达到 55%
5. 设立老年医学科的二级及以上综合性医院占比	达到 60% 以上
6. 本科高校、职业院校养老服务相关专业招生规模	明显增长
7. 每千名老年人配备社会工作者人数	保持 1 人以上
8. 老年大学覆盖面	每个县（市、区、旗）至少 1 所
9. “敬老月”活动覆盖面	每个县（市、区、旗）每年开展 1 次

综上所述，中国健康养老服务的发展需要国家主导统筹，充分利用社会各方面的力量，发挥政府政策的指导性、科技的先进性和经济的适应性来共同应对完善健康养老服务体系。

案例：

博鳌乐城国际医疗旅游先行区健康服务业发展

海南是我国改革开放的重要窗口，是我国最大的经济特区，地理位置独特，生态环境优美，同时又是相对独立的地理单元，具有成为全国改革开放试验田的独特优势。建设自由贸易试验区、探索推进中国特色自由贸易港、国务院批复设立海南博鳌乐城国际医疗旅游先行区等，在发展健康服务业上具备政策优势。

基于《海南省健康产业发展规划（2019—2025 年）》及《海南博鳌乐城国际医疗旅游先行区医疗产业发展规划纲要（2015—2024 年）》，对博鳌乐城国际医疗旅游先行区健康服务业发展概述如下。

一、产业发展基础和优势

（一）区位和自然资源优势

海南省定位为国际旅游岛，2022 年全省接待游客总人数 6 000 万人次，旅游总收入 1 040 亿元，同时又是“二十一世纪海上丝绸之路”发展规划的重要枢纽地带，区位优势得天独厚。先行区位于琼海市嘉积镇城区和博鳌论坛核心区之间的万泉河两岸，距离海口约 90 公里，距离三亚约 200 公里，交通发达，地势平整，生态环境优美，气候宜人，有着丰富的自然资源和发展旅游业的先天优势，是休闲旅游的最佳场所。

（二）政策优势

国务院批准设立海南博鳌乐城国际医疗旅游先行区，同时赋予先行区九大优惠政策，即：加快医疗器械和药品进口注册审批；按照医疗技术临床应用管理办法和医疗技术临床研究有关规定实施医疗技术准入，可申报开展干细胞临床研究等前沿医疗技术研究项目；卫生部门审批先行区非公立医疗机构及其开设的诊疗科目时，对其执业范围内需配备且符合配置标准要求的大型医用设备可一并审批；境外医师在先行区内执业时间试行放宽至三年；允许境外资本举办医疗机构；适当降低部分医疗器械和药品进口关税；适当增加海南省新增建设用地计划指标；支持先行区引入生态、医疗、新能源等相关国际组织，承办国际会议；鼓励先行区利用多种融资渠道，吸引社会投资。这些优惠政策体现了中央对于发挥海南独特优势、实现更高层次开放发展的高度重视，也为先行区的建设和发展指明了方向，确定了基本思路。

（三）品牌优势

博鳌亚洲论坛自 2001 年首次成功举办以来，在国际上的影响力日益凸显，享有“东方达沃斯”美誉，目前已经逐渐发展成为中国高端对外交流平台、世界顶级国际会议中心。先行区借助博鳌品牌和影响力，加快发展海南省医疗旅游业和相关高端医疗服务，是博鳌亚洲论坛的延伸和发展，被誉为博鳌亚洲论坛的第二乐章。

（四）产业前景优势

医疗旅游是健康服务业的重要组成部分和新业态，是朝阳产业，市场容量大。一般估算，一个医疗旅游者可为目的地市场带来平均约 1 万美元的收入，远远高于通常意义的国际游客对于目的地市场经济收入的贡献。亚洲目前正成为全球“医疗旅游中心”，周边国家和地区医疗旅游业正蓬勃发展，泰国、新加坡、印度、日本、韩国、中国台湾地区等医疗旅游业发展已呈明显优势。特别是印度，医疗旅游发展迅速，近几年医疗旅游人数一直保持年均 30% 的增速。近年来，国内外来琼游客的疾病治疗和预防、养生康复等需求日益增长，加上潜在的生态环境、气候条件和旅游资源优势，未来在先行区政策指引和推动下，海南医疗旅游将有望撬动国内外庞大的医疗旅游需求市场，成为推动海南国际旅游岛建设的新引擎。

二、功能定位及发展目标

（一）功能定位

先行区是充分利用中央赋予的政策支持，引进世界先进医学技术和药物，开展高端医疗和医养综合服务、具有规模效益的医学园区，将其打造成国际医疗旅游目的地、尖端医学研发和转化基地、国家级新医疗机构集聚地；通过紧密结合临床建设若干国家级重点专科和实验室，将先行区打造成领先的国家医学科研基地。

（二）发展目标

到2025年，先行区在建设特色技术先进临床医学中心、尖端医学技术研发转化基地等方面取得突破性进展，实现医疗技术、装备药品与国际先进水平“三同步”。

到2030年，医疗服务及科研达到国内领先、国际先进水平，充分形成产业集聚和品牌效应，建设成为世界一流的国际医疗旅游目的地和医疗科技创新平台。

为实现这一总体目标，分三个阶段部署推进。

第一阶段：五年内建成国家级特色高地（特色明显、技术先进的临床医学中心、国际标准的健康体检中心、全国最大药品保健品免税店、国家特色药械流通地）。

第二阶段：十年内成为价值医疗模式输出国（国家著名医疗机构在中国展示窗口和后续治疗中心，国际知名、国内领先的中医康养胜地，国内领先特许医疗教育和国际医学交流中心）。

第三阶段：十五年内成为全球药械创新高地（尖端医学技术研发转化基地、国家罕见病临床医学中心、国际一流的药械创新研发临床专家基地、国内领先的医疗上市园区平台公司）。

三、重点发展领域

围绕多层次、多样化健康需求，聚焦重点领域和关键环节，利用好“国九条”，先行区产业重点发展领域主要包括：特许医疗、健康管理、照护康复、医学美容和抗衰老等，形成为游客提供体检、健康管理、医疗服务、康复、养生（护）等完整的医疗产业链。

（一）特许医疗

充分利用先行区享有的医疗新技术、新器械、新药品（未列入国家允许临床应用医疗技术目录）和境外医疗资本的准入政策，引进一流的医疗机构和医疗服务团队，建设若干个医疗中心，打造特许医疗平台。

（二）健康管理

在健康管理领域，建立现代健康管理组织，充分运用和发挥健康大数据的基础支撑作用，开发和应用健康管理软件，建立数字化健康信息系统和管理体系。

（三）照护康复

以养生（护）、母婴、康复为重点，发展老年人健康管理、乐活休闲、康复促进、生活支援、医疗护理等服务，拓展老龄旅游、老龄社区、老龄保险等服务领域。发展适应不同人群需求的备孕调理、生产全程护理、孕妇产后康复、母婴专业营养饮食、新生儿早期智力开发等新业态、新模式。

（四）医学美容和抗衰老

以安全可靠和政策法规允许为必要前提，发展以个性化订制为特色的医疗美容项目和抗衰老服务。

（五）博鳌第三方医学检测

支持新型第三方医学检测技术开发和服务模式创新，培育第三方医学检测机构，优化配置医学检测技术、设备以及人员等资源，提高检测的稳定性、先进性和精确性。健全医学检测报告互认制度，加强医学检测数据管理，促进第三方医学检测行业规范化、标准化、市场化发展。

（六）构建国家级医学科研基地

依托进入先行区的医疗机构，紧密结合临床，积极建设若干国家级重点专科和实验室，开展医学科研和先进技术的引进，一方面在医疗服务中形成科研，建设真实世界研究平台；另一方面以科研支持医疗服务，取得经济效益和技术效益的最佳结合。

四、博鳌健康产业论坛

在博鳌亚洲论坛基础上，积极创建一批以生命与健康为主题论坛。博鳌健康产业发展论坛、西普会等会议已成为先行区的品牌，进一步扩大先行区的知名度，助推先行区建设、带动区域经济快速发展。

五、发展现状

先行区目前已有25家医疗机构开业运营，医疗体系逐步完善，已在肿瘤防治、辅助生殖、医美抗衰、干细胞研究等领域初步形成产业集聚，引进院士专家团队51个，在应用国际医疗新药品、新设备、新技术方面创造了280余例国内首例，乐城已经成为国际创新药械在中国率先使用的加速通道。

（孟凡莉　熊　军　马晓蕾　边森森　齐　娜　林杨明）

参考文献

[1] 王萍萍. 人口总量略有下降 城镇化水平继续提高［EB/OL］.（2023-01-18）［2023-05-13］. http://www.stats.gov.cn/sj/sjjd/202302/t20230202_1896742.html.

[2] 宁吉喆. 第七次全国人口普查主要数据结果新闻发布会答记者问［EB/OL］.（2021-05-11）［2023-4-13］. http://www.stats.gov.cn/tjsj/zxfb/202105/t20210511_1817274.html.

[3] 国家发展和改革委员会. "十四五"规划《纲要》解读文章之30| 实施积极应对人口老龄化国家战略［EB/OL］.（2021-12-25）［2023-05-11］. https://www.ndrc.gov.cn/fggz/fzzlgh/gjfzgh/202112/t20211225_1309718_ext.html.

[4] 国家卫生健康委，教育部，科技部，等. 关于印发"十四五"健康老龄化规划的通知. 国卫老龄发〔2022〕4号［EB/OL］.（2022-02-07）［2023-04-13］. http://www.gov.cn/zhengce/zhengceku/2022-03/01/content_5676342.htm.

[5] 国务院. 国务院关于印发"十四五"国家老龄事业发展和养老服务体系规划的通知. 国发〔2021〕35号［EB/OL］.（2022-02-21）［2023-04-11］. http://www.gov.cn/zhengce/content/2022-02/21/content_5674844.htm.

[6] 海南省人民政府办公厅. 海南博鳌乐城国际医疗旅游先行区医疗产业发展规划纲要（2015—2024年）［EB/OL］.（2015-03-17）［2023-04-11］. https://www.hainan.gov.cn/hainan/szfbgtwj/201503/735a72f0a3f942d4ab76faced25362f3.shtml?from=singlemessage.

[7] 北京市卫生和计划生育委员会. 解读《"健康北京2030"规划纲要》［EB/OL］.（2017-09-14）［2023-03-15］. http://wjw.beijing.gov.cn/zwgk_20040/ghjh1/201912/t20191216_1242806.html.

[8] 闫梅，刘翊，刘国平. 北京健康服务业发展态势及对策研究［J/OL］. 前线，2018：12. http://www.71.cn/2018/1213/1027903.shtml.

[9] 吴凌放，金春林，谢春艳，等，健康服务业发展策略分析：以上海为例［J］. 中国卫生资源，2016，19（2）：149-153.

[10] 高鹏飞，张健明，郭丽娜. 上海发展养老服务业的供给问题研究［J］. 科学发展，2018（11）：99-103.

[11] 张晓利. 上海社会办医的春天更近了［J］. 中国医院院长，2018，327（16）：34-35.

[12] 上海市人民政府. 上海市人民政府关于推进健康服务业高质量发展加快建设一流医学中心城市的若干意见[EB/OL].(2018-07-25)[2023-04-25]. http://www.shanghaigov.cn/nw2/nw2314/nw2319/nw12344/u26aw56500.html

[13] 金春林,何达,付晨,等. 高端医疗服务的概念、内涵与优先发展领域:以上海为例[J]. 中国卫生政策研究,2015,8(3):1-4.

[14] 海南省人民政府. 海南省健康产业发展规划(2019-2025 年)琼府〔2019〕1 号[EB/OL].(2019-01-04)[2023-03-25]. https://www.hainan.gov.cn/data/zfgb/2019/03/4273/.

[15] 国务院. 中国(海南)自由贸易试验区总体方案国发〔2018〕34 号[EB/OL].(2018-09-24)[2023-03-25]. https://www.gov.cn/zhengce/content/2018-10/16/content_5331180.htm.

[16] 国务院. 国务院关于促进健康服务业发展的若干意见 国发〔2013〕40 号[EB/OL].(2013-10-18)[2023-03-25]. https://www.gov.cn/zhengce/content/2013-10/18/content_6067.htm?ivk_sa=1024320u.

[17] 海南省人民政府办公厅. 海南省“十四五”卫生健康规划琼府办〔2021〕22 号[EB/OL].(2021-06-18)[2023-03-25]. https://www.hainan.gov.cn/hainan/szfbgtwj/202106/75e46854f4214209b83533146fdb819d.shtml.

[18] 国务院. 中共中央 国务院关于印发《“健康中国 2030”规划纲要》的通知 中发〔2016〕23 号[EB/OL].(2016-10-25)[2023-03-25]. https://www.gov.cn/zhengce/2016-10/25/content_5124174.htm.

第九章 慢性病健康管理服务

第一节 中国慢性病及危险因素流行状况

根据中国居民营养与健康状况监测数据，2019 年中国居民慢性病死亡占总死亡人数的 88.5%，其中心脑血管疾病、癌症和慢性呼吸系统疾病为主要死因，占 80.7%；高血压、糖尿病、高胆固醇血症、慢性阻塞性肺疾病（慢阻肺）患病率和癌症发病率与 2015 年相比有所上升，中国 18 岁及以上居民高血压患病率为 27.5%，糖尿病患病率为 11.9%，高胆固醇血症患病率为 8.2%，40 岁及以上居民慢性阻塞性肺疾病患病率为 13.6%。

一、中国主要慢性病发病及患病情况

1. 高血压及心血管疾病 高血压是以血压升高为主要特点的全身性疾病。《中国居民营养与慢性病状况报告（2020 年）》显示，我国 18 岁及以上居民高血压患病率为 27.5%，其中 18～44 岁、45～59 岁和 60 岁及以上居民高血压患病率分别为 13.3%、37.8% 和 59.2%。我国居民高血压患病率总体呈上升趋势，目前成人高血压患病人数估计为 2.45 亿。高血压是导致冠心病、脑卒中等心血管疾病及死亡的主要原因之一。中国居民高血压的知晓率、治疗率和控制率分别为 42.7%、38.3% 和 14.5%，治疗控制率为 38.0%。女性高血压知晓率、治疗率和控制率均高于男性，城市居民均高于农村居民。

中国心血管疾病患病率处于持续上升阶段。2019 年农村和城市心血管疾病死亡人数分别占总死亡人数的 46.74% 和 44.26%，每 5 例死亡者中就有 2 例死于心血管疾病。推算中国心血管疾病现患人数为 3.3 亿，其中脑卒中 1 300 万，冠心病 1 139 万，心力衰竭 890 万，肺源性心脏病 500 万，心房颤动 487 万，风湿性心脏病 250 万，先天性心脏病 200 万，下肢动脉疾病 4 530 万，高血压 2.45 亿。

2. 糖尿病 中国是全世界糖尿病患者数量最多的国家，2021 年中国糖尿病报告患者人数达 1.4 亿人，较 2019 年增加了 537 万人，占全球报告患者总人数的 26.2%。随着我国居民健康意识的提升、疾病治疗管理的普及，预计未来糖尿病患病人数增长将有所放缓。

一项基于 2013—2014 年与 2018—2019 年两轮全国代表性人群的横断面调查表明，2013 年—2018 年我国糖尿病患病率从 10.9% 增加到 12.4%，女性的糖尿病患病率均低于男性。糖尿病患病率也随着年龄的增长而增加，18～29 岁人群患病率在五年间仍维持为 5.0%，70 岁以上人群患病率从 2013 年的 20.7% 上升至 2018 年的 27.3%。

3. 慢性阻塞性肺疾病 我国 20 岁及以上人群慢阻肺的患病率为 8.6%，40 岁及以上人

群患病率为 13.7%，以此估算我国患病人数接近 1 亿。慢阻肺患病率随年龄的增长而呈现增高趋势，70 岁以上人群患病率最高（图 9-1），为 18.7%（95%*CI*：15.89%～21.71%），城市居民慢阻肺患病率为 9.25%（95%*CI*：8.03%～10.55%），与农村居民患病率 10.60%（95%*CI*：9.08%～12.22%）相近。

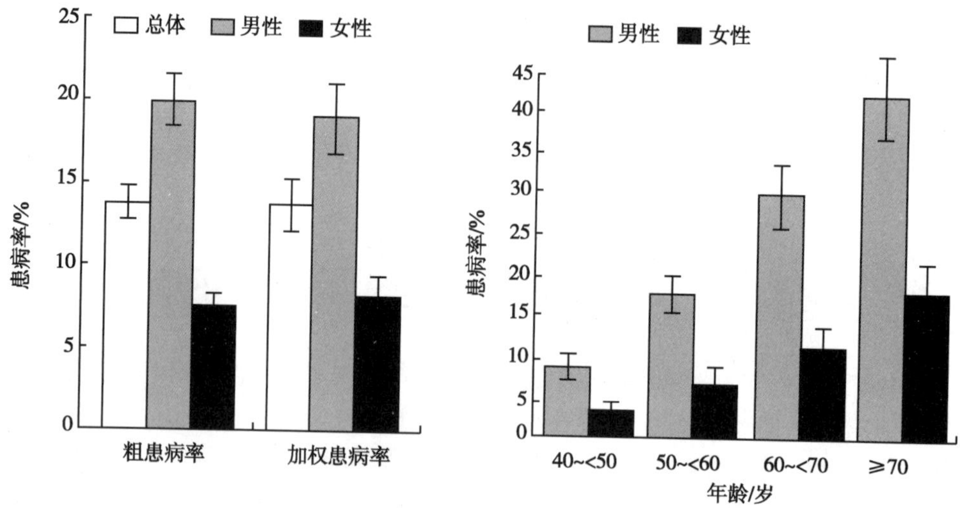

图 9-1 2018 年中国人群慢阻肺患病率情况

资料来源：Chronic obstructive pulmonary disease in China：a nationwide prevalence study[J]. Lancet Respir Med，2018，6（6）：421-430.

4. 血脂异常 2018 年全国调查结果显示，≥18 岁成人血脂异常总患病率为 35.6%，其中高总胆固醇血症（总胆固醇≥6.2mmol/L）患病率的增加最为明显。与 2015 年数据相比，2018 年高胆固醇血症年龄标化患病率增高近 1 倍，从 4.9% 增至 8.2%。高低密度脂蛋白血症患病率也持续上升，2018 年≥18 岁成人低密度脂蛋白≥4.1mmol/L 的比例为 8.0%，而 2010 年和 2015 年≥18 岁成人低密度脂蛋白≥4.1mmol/L 的比例分别为 5.6% 和 7.2%。

5. 癌症 国家癌症中心 2022 年发布的肿瘤登记数据显示，2016 年中国居民癌症新发病例 406.4 万，世标发病率为 186.46/10 万，其中男性为 207.03/10 万，女性为 168.14/10 万，男性高于女性。中国癌症发病率较高的前五位癌种分别为肺癌、结直肠癌、胃癌、肝癌和乳腺癌。男性发病依次为肺癌、肝癌、胃癌、结直肠癌和食管癌；女性癌症发病首位为乳腺癌，其次为肺癌、甲状腺癌、结直肠癌和宫颈癌（图 9-2）。我国传统高发的食管癌、胃癌、肝癌等肿瘤呈现持续下降趋势，但疾病负担仍然较重。发达国家高发的结直肠癌、乳腺癌、甲状腺癌、前列腺癌等肿瘤的发病呈持续上升趋势。

癌症新发病例总体城市（189.7/10 万）高于农村（176.2/10 万）。其中，城市发病率高于农村的肿瘤为肺癌、乳腺癌、结直肠癌、前列腺癌；农村高于城市的肿瘤为胃癌、肝癌、宫颈癌及食管癌。

二、中国居民慢性病死亡状况

1. 慢性病总体死亡概况 中国居民慢性病死亡率为 685/10 万（死亡 731 万），占全部死亡的 88.5%，城市为 449.4/10 万、农村为 594.5/10 万，农村高于城市。心脑血管疾病、癌症和慢性呼吸系统疾病占全部死亡人数的 80.7%。中国居民前 10 位死因慢性病分别为：心脑血

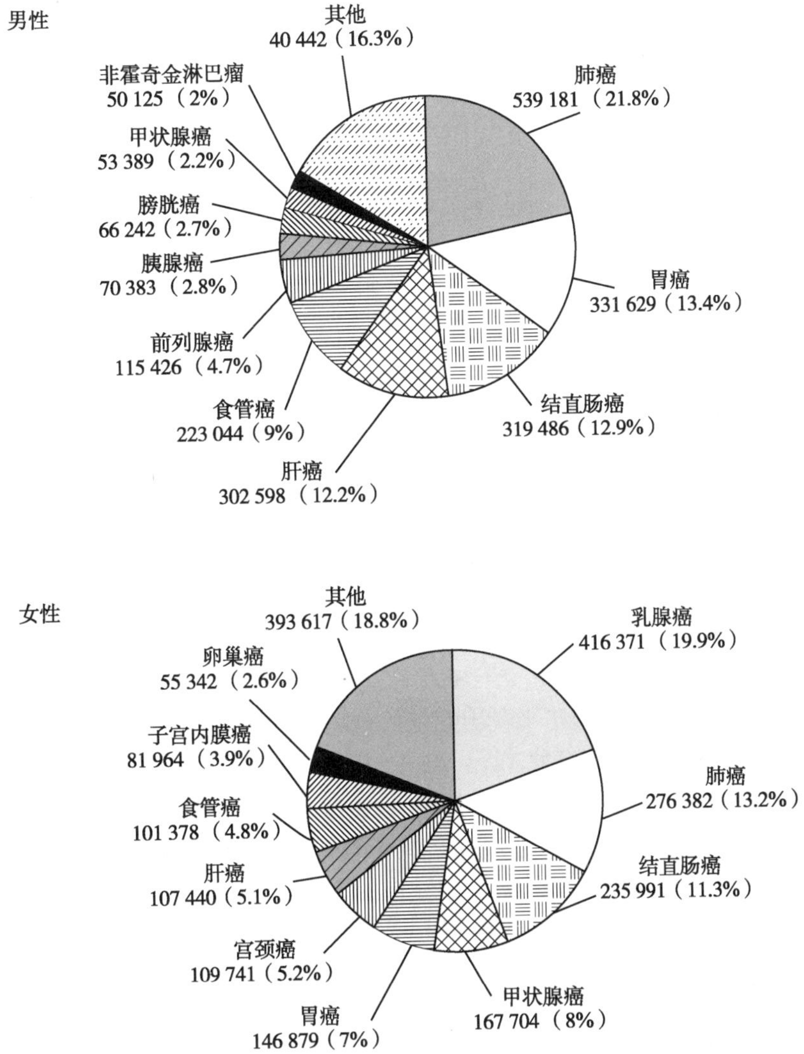

图 9-2　2020 年中国男性、女性癌症新发病例数前十的癌症类型

管疾病、癌症、慢性呼吸系统疾病、消化系统疾病、内分泌营养代谢疾病、神经系统和精神障碍疾病、泌尿生殖系统疾病、先天异常、肌肉骨骼和结缔组织疾病以及其他肿瘤。男性前 10 位死因分别为：心脑血管疾病、癌症、慢性呼吸系统疾病、消化系统疾病、内分泌营养代谢疾病、神经系统和精神障碍疾病、泌尿生殖系统疾病、先天异常、其他肿瘤以及肌肉骨骼和结缔组织疾病。女性前 10 位死因分别为：心脑血管疾病、癌症、慢性呼吸系统疾病、内分泌营养代谢疾病、消化系统疾病、神经系统和精神障碍疾病、泌尿生殖系统疾病、先天异常、肌肉骨骼和结缔组织疾病以及其他肿瘤。男性和女性死因主要区别表现在男性的消化系统疾病位次高于女性，而女性的内分泌营养代谢疾病高于男性。

2. 主要慢性病死亡情况

（1）心脑血管疾病死亡情况：中国居民心脑血管疾病死亡率为 312/10 万（死亡 375 万），脑卒中死亡率为 147.04/10 万（死亡 152.5 万），缺血性心脏病死亡率为 98.0/10 万（死亡 135 万），其中，农村心血管疾病死亡率均高于城市，变化趋势详见图 9-3。

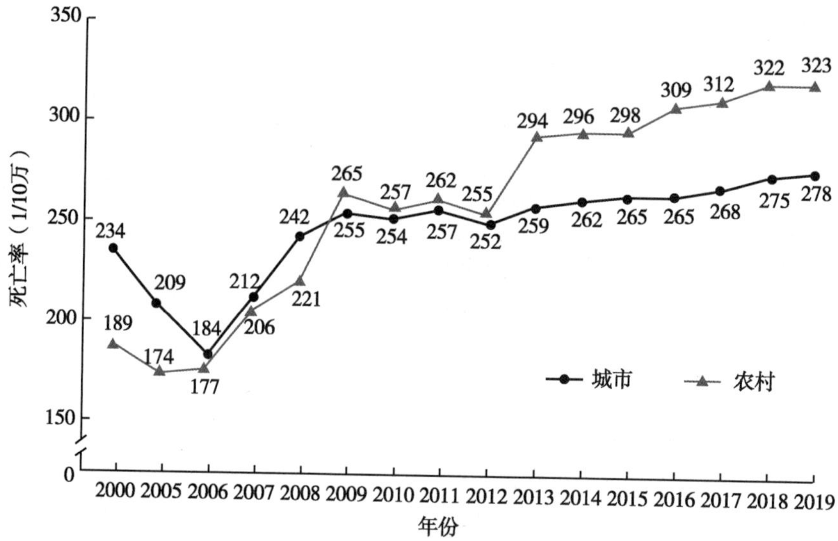

图 9-3 2002—2019 年中国城乡居民心血管疾病死亡率变化趋势
资料来源：《中国心血管健康与疾病报告》(2021)。

（2）癌症死亡情况：我国癌症粗死亡率仍然呈现上升趋势，但调整人口年龄结构后，标化死亡率呈现下降趋势，反映近年来我国癌症综合防控取得初步成效。2016 年，我国因癌症死亡人数约为 241.4 万，世标死亡率为 105.19/10 万，男性高于女性。我国死亡率较高的前五位癌症分别是肺癌、肝癌、胃癌、结直肠癌和食管癌。男性和女性死亡率最高的癌种均为肺癌。癌症死亡率农村（106.1/10 万）高于城市（102.8/10 万），城市高于农村的肿瘤为肺癌、结直肠癌、乳腺癌和前列腺癌，农村高于城市的为肝癌、胃癌、食管癌和宫颈癌。我国传统高发而预后较差的食管癌、胃癌、肝癌等癌症死亡率逐年降低，但宫颈癌死亡率仍呈上升趋势；发达国家高发的结直肠癌、乳腺癌、甲状腺癌、前列腺癌等癌症的死亡率呈现持续上升趋势（图 9-4）。

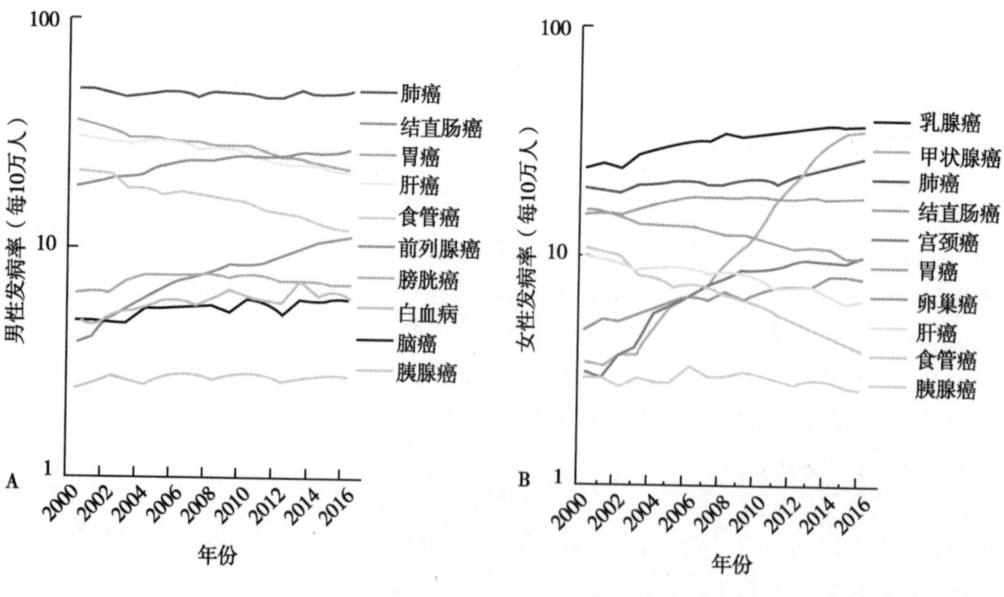

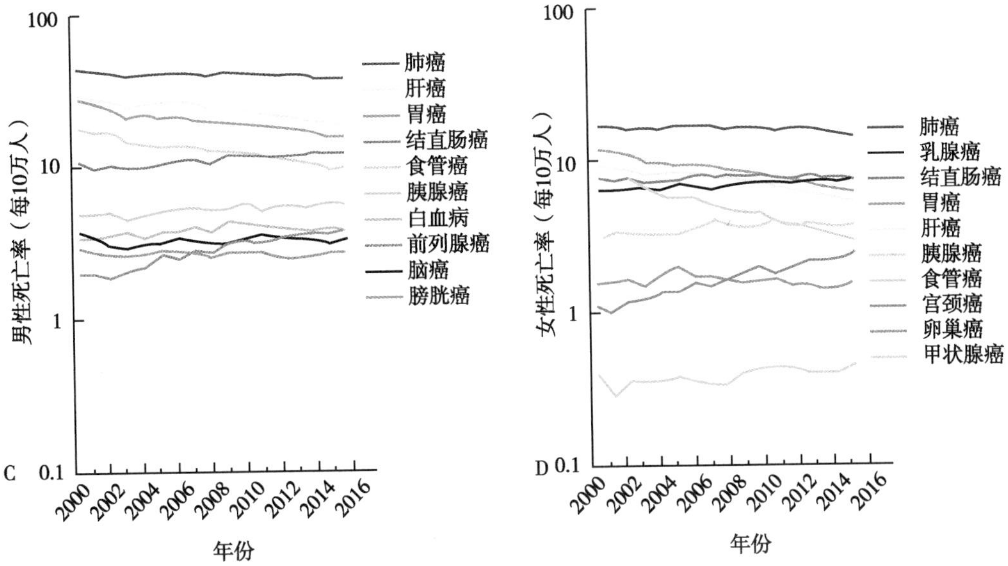

图 9-4　2000—2016 年中国男性及女性肿瘤发病率及死亡率变化趋势

资料来源：Cancer incidence and mortality in China，2016[J]. Journal of the National Cancer Center，2022，2(1)：1-9.

（3）慢性呼吸系统疾病死亡情况：中国居民慢性呼吸系统疾病死亡率为 94.9/10 万（死亡 95 万）。1990—2019 年慢阻肺死亡人数和标化死亡率呈下降趋势，死亡人数从 1990 年的 124.4 万例降至 2019 年的 103.7 万例；标化死亡率从 1990 年的 217.9/10 万（163.3/10 万～242.0/10 万）降至 2019 年的 65.2/10 万（55.5/10 万～80.1/10 万）。支气管哮喘死亡人数从 1990 年的 4.0 万（3.0 万～5.8 万）例降至 2019 年的 2.5 万（2.0 万～3.1 万）例；标化死亡率从 1990 年的 6.4/10 万（4.7/10 万～9.5/10 万）降至 2019 年的 1.5/10 万（1.2/10 万～1.9/10 万）。尘肺死亡人数从 1990 年的 1.1 万（0.8 万～1.4 万）例降至 2019 年的 1.0 万（0.8 万～1.4 万）例；标化死亡率从 1990 年的 1.4/10 万（1.0/10 万～1.7/10 万）降至 2019 年的 0.5/10 万（0.4/10 万～0.7/10 万）；肺间质性疾病和肺结节病死亡人数从 1990 年的 0.3 万（0.3 万～0.6 万）例增至 2019 年的 0.8 万（0.6 万～1.0 万）例；标化死亡率在 1990—2019 年变化不大。

三、中国慢性病相关危险因素流行状况

中国居民不健康生活方式仍广泛存在，行为危险因素尚未得到有效控制。中国居民膳食脂肪提供的能量比例已超过《中国居民膳食指南（2022）》推荐的上限，烹调用盐摄入量依然过高。中国现有吸烟人数超过 3 亿，男性吸烟率始终保持在较高水平，非吸烟者中暴露于二手烟的比例过高。饮酒者中有害饮酒率近 1/10。成人经常锻炼率处于较低水平。吸烟、过量饮酒、身体活动不足和高盐、高脂等不健康饮食是慢性病发生、发展的主要行为危险因素，但这些危险因素尚未得到有效控制。

中国慢性病前瞻性研究项目显示，随访 7.2 年期间，30～79 岁人群如果能具备不吸烟或尽早戒烟、每日饮酒<30g、参加身体活动、蔬果摄入充足、少摄入红肉、健康体重中的至少 4 项，严重冠心病事件、冠心病、脑梗死风险可分别降低 58%、43%、39%；心血管疾病负担随着所拥有的健康生活方式因素增加而减少。

（一）不合理膳食

1. 脂肪供能比超过上限 中国居民膳食脂肪提供的能量比例为34.6%，其中城市为36.1%，农村为29.7%。近十年来脂肪供能比逐年增高，与《中国居民膳食指南（2022）》推荐的30.0%上限相比，城市超过6.1个百分点，农村接近上限。

2. 烹调盐摄入量过高 中国18岁及以上居民平均烹调盐摄入量为9.3g，低于1992年的12.9g和2002年的12.0g，但居民烹调盐摄入水平依然过高。《中国居民膳食指南（2022）》建议值为人均每日不超过5g，18岁及以上居民平均摄入量比推荐量高86.0%。

（二）烟草使用

1. 成人现在吸烟率 全球成人烟草调查结果显示，中国现有吸烟人数超过3亿，15岁及以上居民现在吸烟率为26.6%。其中，男性现在吸烟率高达50.5%，女性为2.1%。农村居民吸烟率为28.9%，城市居民吸烟率为25.1%，农村高于城市。

使用2000年人口普查数据进行标化，中国15～69岁居民标化现在吸烟率1996年为33.7%，2002年为28.3%，2010年为27.9%。1996—2002年，标化现在吸烟率平均每年下降0.9%；而2002—2010年，标化现在吸烟率年均下降幅度仅为0.1%，提示中国居民现在吸烟率有微弱下降，但男性吸烟率依然维持在高水平。

2. 青少年现在烟草使用率 中国青少年烟草调查结果显示，初中学生现在烟草使用率为6.9%。男生（11.2%）高于女生（2.2%）；农村（7.8%）高于城市（4.8%）；初三（9.1%）高于初二（7.3%），初二高于初一（4.4%）。

农村男生现在烟草使用率（12.7%）高于城市男生（7.4%），女生现在烟草使用率城乡之间无差别。不同年级学生现在烟草使用率有所不同，初三男生最高（15.1%），初二男生次之（11.5%），初一男生最低（7.0%）；女生初二（2.6%）和初三（2.6%）无差别，均高于初一女生（1.5%）。

3. 二手烟暴露率 二手暴露率指所有非吸烟者中，每周至少有1天暴露于二手烟的比例。中国15岁及以上非吸烟者中，暴露于二手烟的比例为68.1%。男女之间、城乡之间无统计学差异。二手烟暴露最严重的室内公共场所为：网吧（89.3%）、酒吧和夜总会（87.5%）、餐馆（73.3%）。在咖啡店和茶馆、大学、政府大楼、医疗卫生机构、出租车内、中小学校、公共交通工具看到有人吸烟的比例依次为48.4%、33.3%、31.1%、24.4%、23.5%、23.4%和12.9%。

（三）酒精摄入

1. 酒精摄入量 中国18岁及以上居民年人均酒精摄入量（折合为纯酒精体积）为12.7L。其中男性16.7L，女性5.8L，男性显著高于女性；农村高于城市；年龄分组中以50～59岁组的酒精摄入量最高。

2. 有害饮酒率 有害饮酒为男性平均每天摄入61g及以上纯酒精、女性平均每天摄入41g及以上纯酒精的饮酒行为。中国18岁及以上居民饮酒者中有害饮酒率为9.3%，男性、女性分别为11.1%和2.0%。城市和农村居民饮酒者中有害饮酒率分别为7.5%和10.2%，农村高于城市。

（四）身体活动

我国20～69岁居民经常锻炼率为14.7%，城市为19.5%，农村为10.4%，城市比农村高9.1个百分点。研究人员通过对全球12项前瞻性队列研究和144万参与者进行汇总分析，整个运动研究数据统计从1987年到2004年，研究了运动与26种不同类型癌症风险相关的情况，比较运动量最大（高水平）的 10% 人群和运动量最小（低水平）的 10% 人群。发现同低水平的运动相比，高水平的运动与 13 种癌症的风险降低相关：食管腺癌、肝癌、肺癌、肾癌、胃贲门癌、子宫内膜癌、骨髓性白血病、骨髓瘤、结肠癌、头颈部癌、直肠癌、膀胱癌和乳腺癌。

（五）大气污染

中国疾病负担研究显示，环境大气污染和室内空气污染是影响中国伤残调整寿命年（DALY）的第四位和第五位危险因素。细微颗粒（$PM_{2.5}$）、二氧化硫（SO_2）、氮氧化物（NO_x）浓度、总悬浮颗粒浓度与心血管疾病发病、死亡呈正相关。

大气污染长期作用对心血管疾病的影响更大。香港对 66 820 名≥65 岁老年人基线居住地大气颗粒物暴露量与 10～13 年随访的心血管疾病死亡队列进行分析后发现，老年人群居住地 $PM_{2.5}$ 浓度每升高 10μg/m^3，全因死亡风险增加 14%，总心血管疾病死亡风险增加 22%，缺血性心脏病死亡风险增加 42%，缺血性脑卒中发病风险增加 21%。

第二节 慢性病健康管理政策

随着慢性病患者生存期的不断延长，加之人口老龄化、城镇化、工业化进程加快和行为危险因素流行对慢性病发病的影响，我国慢性病患者基数仍在不断扩大。目前我国因慢性病导致的死亡占总死亡的 88.5%，其中心脑血管疾病、癌症、慢性呼吸系统疾病死亡比例为 80.7%，所导致的疾病负担占总疾病负担的 70% 以上。

一、中国防治慢性病的相关政策

（一）中国慢性病防治策略

慢性病是严重威胁我国居民健康的一类疾病，已成为影响国家经济社会发展的重大公共卫生问题。慢性病影响因素的综合性、复杂性决定了防治任务的长期性和艰巨性。

早期中国慢性病的防控策略以“三级预防”体系为主，主要指：①一级预防，又称病因预防，是在疾病尚未发生时针对致病因子、可疑致病因子或因素所采取的措施，也是预防疾病发生和消灭疾病的根本措施，一级预防主要包括健康促进和健康保护两方面。②二级预防，又称“三早”预防，即早发现、早诊断和早治疗，早发现是其中的重要环节，主要方法包括筛查、普查、定期健康检查等。③三级预防，又称临床预防，主要目的是阻止病残的进行性发展和促进机体功能的恢复，提高生存质量，延长寿命和降低病死率。

WHO 慢性病防治综合控制策略：综合控制多种危险因素，整合一、二、三级预防，特别是结合全人群策略和高危个体策略；以健康促进为手段，多部门和多学科密切合作控制慢性病和相关危险因素；建立以社区为基础的慢性病防控试点，带动辖区的慢性病防控工作。

中共中央、国务院高度重视慢性病防治工作，《“健康中国 2030”规划纲要》《健康中国行动（2019—2030 年）》《中国防治慢性病中长期规划（2017—2025 年）》《“十四五”国民健康规划》等均提出了有关慢性病防治的重点内容。目前中国慢性病防治的综合防治策略可以概括为：政府主导、部门协作、动员社会、全民参与。

（二）“健康中国 2030”规划纲要、健康中国行动（2019—2030 年）、健康中国行动 2023 年工作要点

《“健康中国 2030”规划纲要》是中国政府于 2016 年发布的一份规划纲要，旨在到 2030 年

建设一个全民健康的中国。《健康中国行动(2019—2030年)》是2019年发布的，是在《“健康中国2030”规划纲要》的基础上进一步具体化和落实。《健康中国行动2023年工作要点》是2023年发布的一个工作计划，是在前两个文件的基础上，针对当前形势和任务，提出的具体工作要点。

三个文件都是关于中国健康事业的规划和实施文件，是一个逐步深化和细化的过程。其中，每个文件都有其独特的重点和任务，但它们之间相互联系和衔接，共同构成了中国健康事业的发展框架和路线图。三个文件都对慢性病的防治提出了相关政策要求，可概括为以下内容。

1. 加强慢性病预防和管理　制定并实施慢性病管理服务标准，建立完善慢性病患者健康档案，完善慢性病医疗保障体系，提高患者健康素养和自我管理能力。

2. 推进慢性病集成管理　实施医疗卫生机构、社区、家庭三级联动的慢性病防治模式，开展慢性病综合管理，加强转诊管理和远程医疗服务，提高诊治水平和慢性病患者的生活质量。

3. 加强健康生活方式干预　鼓励人们增加体育锻炼、控制饮食、戒烟限酒、保持心理健康等，培育健康生活方式和行为。

4. 开展慢性病预防和控制科学研究　加强慢性病的监测和评估，开展疾病风险评估和筛查，推广新的预防干预措施和技术，提高慢性病防治的科学性和有效性。

5. 提高基层医疗卫生机构慢性病诊治能力　加强基层医疗卫生机构慢性病诊疗、管理和综合干预能力，推广慢性病知识和技能培训，提高医务人员和健康管理人员的素质和能力。

二、中国防治慢性病中长期规划(2017—2025年)

《中国防治慢性病中长期规划(2017—2025年)》(简称《中长期规划》)是首次以国务院名义印发的慢性病防治规划，是今后5～10年做好慢性病防治工作、提高居民健康期望寿命、推进健康中国建设的纲领性文件。《中长期规划》明确指出，到2025年，慢性病危险因素得到有效控制，实现全人群全生命周期健康管理，力争30～70岁人群因心脑血管疾病、癌症、慢性呼吸系统疾病和糖尿病导致的过早死亡率较2015年降低20%。逐步提高居民健康期望寿命，有效控制慢性病疾病负担。《中长期规划》提出了降低因重大慢性病导致的过早死亡率的核心目标。

围绕核心目标，《中长期规划》从防治效果、早期发现和管理、危险因素控制、健康支持性环境建设等方面设置了16项量化指标，从政策支持、社会支持和技术支持等方面提出了8条措施要求，主要包括：①加强健康教育，提升全民健康素质；②实施早诊早治，降低高危人群发病风险；③强化规范诊疗，提高治疗效果；④促进医防协同，实现全流程健康管理；⑤完善保障政策，切实减轻群众就医负担；⑥控制危险因素，营造健康支持性环境；⑦统筹社会资源，创新驱动健康服务业发展；⑧增强科技支撑，促进监测评价和研发创新。

三、“十四五”国民健康规划

自国务院印发《关于实施健康中国行动的意见》以来，各地各有关部门认真贯彻落实，扎实推进健康中国建设，启动实施健康中国行动，深入开展爱国卫生运动，持续完善国民健康政策。目前重大疾病防治成效显著，重大慢性病过早死亡率呈现下降趋势，重点人群健康服务不断完善，但我国慢性病发病率仍呈上升且年轻化趋势，人口老龄化进程加快，康复、护理等需求迅速增长。

为加快完善国民健康政策，持续推进健康中国建设，不断满足人民群众日益增长的健康需求，国务院于2022年印发了《“十四五”国民健康规划》（简称《规划》）。《规划》是根据《中华人民共和国国民经济和社会发展第十四个五年规划和2035年远景目标纲要》《“健康中国2030”规划纲要》所制定。

（一）基本原则

1. 健康优先，共建共享 加快构建保障人民健康优先发展的制度体系，推动把健康融入所有政策，完善政府、社会、个人共同行动的体制机制，形成共建共治共享格局。

2. 预防为主，强化基层 聚焦重大疾病、主要健康危险因素和重点人群健康，强化防治结合和医防融合，坚持以基层为重点，密切上下协作，提高基层防病治病和健康管理能力。

3. 提高质量，促进均衡 加快优质医疗卫生资源扩容和区域均衡布局，提高基本医疗卫生服务公平性和可及性，缩小城乡、区域、人群之间资源配置、服务能力和健康水平差异。

4. 改革创新，系统整合 破除重点领域关键环节体制机制障碍，统筹预防、诊疗、康复，优化生命全周期、健康全过程服务，发挥中医药独特优势，促进中西医相互补充、协调发展。

（二）发展目标

到2025年，卫生健康体系更加完善，中国特色基本医疗卫生制度逐步健全，重大疫情和突发公共卫生事件防控应对能力显著提升，中医药独特优势进一步发挥，健康科技创新能力明显增强，人均预期寿命在2020年基础上继续提高1岁左右，人均健康预期寿命同比例提高。展望2035年，建立与基本实现社会主义现代化相适应的卫生健康体系，中国特色基本医疗卫生制度更加完善，人均预期寿命达到80岁以上，人均健康预期寿命逐步提高。

（三）针对慢性病管理的具体规划

1. 织牢公共卫生防护网 强化疾病预防控制体系军民融合、防治结合、全社会协同，强化医疗机构公共卫生责任，落实城乡基层医疗卫生机构疾病预防控制、公共卫生管理服务职责，完善疾病预防控制部门与城乡社区联动机制，夯实联防联控、群防群控的基础。持续完善国家基本公共卫生服务项目和重大传染病防控等项目，优化服务内涵，提高服务质量，实行科学动态调整，做到有进有出，提高防治结合和健康管理服务水平，推进基本公共卫生服务均等化。

2. 全方位干预健康问题和影响因素

（1）普及健康生活方式。通过加强健康促进与教育，鼓励医疗机构和医务人员开展健康促进与健康教育。深入开展健康知识宣传普及，提升居民健康素养。推行健康生活方式，全面实施全民健康生活方式行动，推进“三减三健”等专项行动。实施国民营养计划和合理膳食行动，强化重点区域、重点人群营养干预。开展控烟行动，大力推进无烟环境建设，持续推进控烟立法，综合运用价格、税收、法律等手段提高控烟成效，强化戒烟服务。加强限酒健康教育，控制酒精过度使用，减少酗酒。

（2）强化慢性病综合防控。加强国家慢性病综合防控示范区建设，到2025年覆盖率达到20%。提高心脑血管疾病、癌症、慢性呼吸系统疾病、糖尿病等重大慢性病综合防治能力，强化预防、早期筛查和综合干预，逐步将符合条件的慢性病早诊早治适宜技术按规定纳入诊疗常规。针对35岁以上门诊首诊患者，积极推进二级以下医院和基层医疗卫生机构开展血压普查工作。在医院就诊人群中开展心脑血管疾病机会性筛查。推进机关、企事业单位、公共场所设置免费自助血压检测点，引导群众定期检测。推进“三高”（高血压、高血糖、高血脂）共管，高血压、2 型糖尿病患者基层规范管理服务率达到 65% 以上。将肺功能检查纳入 40 岁以上人群常规体检，推行高危人群首诊测量肺功能，提升呼吸系统疾病早期筛查和干预能力。多渠道扩大癌症早诊早治覆盖范围，指导各地结合实际普遍开展重点癌症机会性筛查。以龋病、牙周病等口腔常见病防治为重点，加强口腔健康工作，12 岁儿童龋患率控制在 30% 以内。强化死因监测、肿瘤随访登记和慢性病与营养监测体系建设，探索建立健康危险因素监测评估制度。逐步建立完善慢性病健康管理制度和管理体系，推动防、治、康、管整体融合发展。

（3）维护环境健康。加强环境健康管理。深入开展污染防治行动，基本消除重污染天气，完善水污染防治流域协同机制，基本消除劣Ⅴ类国控断面和城市黑臭水体。加强噪声污染治理，全国声环境功能区夜间达标率达到 85%。加强噪声对心脑血管疾病、心理疾病等的健康风险研究。开展新污染物健康危害识别和风险评估。强化公共场所及室内环境健康风险评价。完善环境健康风险评估技术方法、监测体系和标准体系，逐步建立国家环境与健康监测、调查和风险评估制度。提升居民环境与健康素养，构建各方积极参与、协作共建健康环境的格局。

（4）深入开展爱国卫生运动。全面推进卫生城镇和健康城镇建设，总结推广健康城市试点的有效经验，打造一批健康城市样板，创造健康支持性环境。广泛开展健康县区、健康乡镇和健康细胞建设，培育一批健康细胞建设特色样板。创新社会动员机制，推动爱国卫生运动与传染病、慢性病防控等紧密结合，加大科普力度，倡导文明健康、绿色环保的生活方式。促进爱国卫生与基层治理工作相融合，完善社会力量参与机制，培育相关领域社会组织和专业社工、志愿者队伍，推动爱国卫生运动融入群众日常生活。

3. 全周期保障人群健康

（1）完善生育和婴幼儿照护服务。实施三孩生育政策，完善相关配套支持措施，完善托育服务机构设置标准和管理规范，建立健全备案登记、信息公示和质量评估等制度，加快推进托育服务专业化、标准化、规范化。

（2）保护妇女和儿童健康。改善优生优育全程服务，加强产前筛查和产前诊断。发展妇女保健特色专科，促进生殖健康服务，推进妇女宫颈癌、乳腺癌防治，进一步提高筛查率和筛查质量。

（3）促进老年人健康。强化老年预防保健，开展老年人健康素养促进项目和教育，加强老年期重点疾病的早期筛查和健康管理。提升老年医疗和康复护理服务水平以及医养结合发展水平，推动开展老年人健康综合评估和老年综合征诊治，促进老年医疗服务从单病种向多病共治转变，健全医疗卫生机构和养老服务机构合作机制，开展医养结合示范项目，提升服务质量和水平。

（4）加强职业健康保护。强化职业健康危害源头防控和风险管控，构建职业病危害风险分类分级、预测预警和监管机制，强化重点行业职业病危害专项治理。完善职业病诊断和救治保障，健全职业病诊断与鉴定制度，实施分类救治救助。加强职业健康促进，开展职工健康管理，加强职业健康管理队伍建设，提高劳动者职业健康素养，倡导健康工作方式。

（5）保障相关重点人群健康服务。巩固拓展健康扶贫成果同乡村振兴有效衔接，加强脱贫地区乡村医疗卫生服务体系达标提质建设，结合脱贫地区实际，推广大病专项救治模式，巩固并逐步提高重点人群家庭医生签约服务覆盖面和服务质量。维护残疾人健康，全面推进残疾人家庭医生签约服务，加强和改善残疾人医疗服务，完善医疗机构无障碍设施，加强残疾人心理健康工作，做好残疾人健康状况评估。

四、全国防控重大慢病创新融合试点项目

二十大报告为重大慢性病健康管理做了顶层设计，促健康、防大病、管慢病。立足当下，着眼未来，我国面临着人口老龄化和重大慢性病的双重考验，慢性病防控没有现成模式，如何系统突破和落地开展，是作为健康管理学科应该承担的责任。在此背景下，“全国防控重大慢病创新融合试点项目”（简称“试点项目”）自“2022 健康中国发展大会”正式发布，自“第十五届中国健康服务业大会暨中华医学会第十三次全国健康管理学学术会议”正式启幕。

“试点项目”由健康中国行动推进办公室批复同意并作为指导单位支持开展，由中华医学会健康管理学分会、中国疾病预防控制中心慢性非传染性疾病预防控制中心、中国健康促进基金会共同发起的健康中国行动的重点项目之一。“试点项目”依托健康中国行动，旨在实现从以体检为中心向以健康管理为中心的转变，建立适合我国国情的重大慢性病防控模式，实现可落地、可持续、可推广的健康中国行动示范样板。

“试点项目”重点关注心血管疾病、糖尿病、肿瘤等重大慢性病的防控，涉及包括医疗卫生、科技创新、公共管理等多个领域，开展防控重大慢性病的基础研究和临床研究、推广创新的诊疗技术和药物，建立慢性病预防和管理体系，加强对慢性病患者的健康教育和心理干预等。

“试点项目”启动多方项目合作，由政府部门、医疗机构、科研机构、医药企业、社会组织等多方力量共同参与，通过建立多层次、多领域、多形式的合作机制，加强信息共享、资源共享、经验共享，提高防控重大慢性病的综合治疗效果和管理水平。

“试点项目”成立项目管理委员会，细化阶段性目标，健全构建职能和管理机制等工作，推进项目有序开展。为全面部署工作，加快“试点项目”实施进度，剖析解决项目落地难点，管理委员会召开多次工作推进会，详细阐述项目的总体目标、主要目标以及未来的分阶段目标、任务措施、实施步骤等，对“开展专项健康管理年度考评标准”进行讨论，内容包含考评目的和作用、考评内容、主要考评指标、中长期考评指标等。通过考评促进健康管理服务水平的进一步提高，促进慢性病健康管理适宜技术的应用，发挥试点医院在慢性病防控中的重要作用。

“试点项目”计划在试点医院通过个性化健康教育、膳食营养指导、健身运动辅导等有效管理方式，定期随访评价，形成闭环的健康管理服务模式，首批开展健康 4 个专项管理，包括“体重管理、5G+ 三早全周期健康管理、三高共管、肺结节管理”。同时，专家组对首批入围单位开展实地考察，对单位健康管理学科现状、健康管理工作开展情况、人才培养和梯队建设情况进行考评，查看了解项目场地设施、医疗设备、人员配置及服务流程等，对单位推进进度和特色专项项目进行指导，为扎实推进有关单位的各项工作实施提供有力支撑和保障。

第三节 中医药在慢性病健康管理中的实践

随着人口老龄化的逐渐加深，慢性病防控已经成为当前卫生领域中的一项重要任务。由于慢性病的顽固性和长期危害性，采取科学有效的预防和管理措施，可以更好地保障人

民群众的身体健康和社会和谐稳定。随着社会经济发展和人民生活水平的提高，慢性病成为当今世界面临的重要健康问题之一。慢性病治疗的过程往往需要长期用药和管理，给患者和医生带来极大的挑战。传统中医药作为中国自有的医学体系，在慢性病管理中具有独特的优势和价值。

一、中医药在中国慢性病管理中的地位和作用

1. 中医药融合现代医学的发展历程　中医药是中国自有的医学体系，可以追溯到 4 000 年前的商朝时期。长期以来，中医药被广泛应用于疾病预防、保健以及治疗。然而，在现代化进程中，随着西方医学的传入和现代化技术的发展，中国的医疗体系也逐步向西方医学靠拢，中医药的地位和作用逐渐被忽视。

2. 中医药在慢性病管理中的优势和价值　中医药作为传统医学体系，具有独特的理论体系和实践经验，其治疗思路强调整体观念、个性化治疗和综合调理。相较于现代医学，中医药在以下方面具有独特优势和价值。

（1）个性化治疗：中医药根据患者的体质、生活环境、病情等综合因素制定个性化的治疗方案，因材施治，充分考虑患者的情况和需求。

（2）整体观念：中医药强调人与自然、人体内部各系统之间的协调与平衡，通过整体调理来提高机体免疫力和自我修复能力。

（3）综合调理：中医药注重运用中药、针灸、推拿、气功等多种治疗手段，通过多角度、多层次的综合调理，达到治疗效果的最大化。

3. 国家对中医药在慢性病管理中的支持和政策　为了推进中医药在慢性病管理中的应用，中国政府出台了一系列支持政策（表 9-1）。例如，设立了中医药诊所、强化了中医药在医疗保障中的地位、完善了中医药标准、加大了对中医药研究和开发的支持等措施。这些政策的实施，有效推动了中医药在慢性病管理中的应用。

表 9-1　2020—2023 年国家中医药政策

时间	政策	主要内容
2020 年 9 月	《中药注册分类及申报资料要求》	基于中医药理论和临床实践经验评价中药有效性，新增“古代经典名方中药复方制剂”注册分类，鼓励二次开发
2020 年 12 月	《关于促进中医药传承创新发展的实施意见》	对疾病防治、儿童用药等优先审评实行优先审批，可附条件批准，突发重大公共卫生事件应急所需的中药增加功能主治实施特别审批
2021 年 1 月	《关于加快中医药特色发展的若干政策措施》	支持中医药企业上市融资，鼓励社会资本设立中医药产业投资基金，加大对中医药产业投资力度
2021 年 5 月	《关于支持国家中医药服务出口基地高质量发展若干措施的通知》	提出具体政策措施，支持国家中医药服务出口基地大力发展中医药服务贸易，提升中医药国际影响力
2021 年 7 月	《关于进一步加强综合医院中医药工作推动中西医协同发展的意见》	将中西医结合工作纳入医院评审和公立医院绩效考核，加强综合医院中医临床科室建设
2021 年 12 月	《基于“三结合”注册审评证据体系下的沟通交流技术指导原则》	针对中药新药，在“三结合”审评证据体系下研发，提出不同注册分类临床方面沟通交流要点

续表

时间	政策	主要内容
2021年12月	《国家中医药管理局关于医保支持中医药传承创新发展的指导意见》	加大医保对中医、中药的覆盖；中药饮片保留25%加成，中医医疗服务、院内制剂价格松绑
2022年3月	《"十四五"中医药发展规划》	提出十大任务，支持和促进中医药发展，将中医药相关工作纳入政府绩效考核
2022年6月	《关于加强新时代中医药人才工作的意见》	对各层次中医药人才培育给出政策性倾斜，增加医疗机构中医药资源配置，实现公立中医医院中医医师配置不低于本机构医师总数的60%
2023年2月	《中医药振兴发展重大工程实施方案》	健全中医药服务体系、中西医协同推进、中医药文化建设、中医药开放发展等
2023年3月	《中医诊所基本标准（2023年版）》	完善中医诊所的基本标准，主要包括诊疗科目和中医（专长）医师的执业范围限制；中医诊所所需人员的资质要求；基本设备要求等

二、中医药在我国慢性病管理中的应用

1. 中医药在高血压、高血脂、冠心病等疾病预防和治疗中的应用　随着老龄化进程的不断加速，高血压、高血脂、冠心病等疾病已成为我国慢性病的主要类型之一。中医药作为长期被广泛应用于这些疾病的传统医学体系，在疾病的预防和治疗中发挥着重要作用。例如，《内经》中提到苦参可降血脂，当归、川芎等可活血行气，丹参可扩张冠状动脉，具有预防和治疗高血压、高血脂、冠心病等作用（表9-2）。

表9-2　中医药在高血压、高血脂、冠心病等疾病预防和治疗中的应用

慢性病类型	中医药应用方式	应用效果
高血压	中药治疗、针灸、按摩、太极气功等	降低血压，降低并发症发生率
高血脂	中药治疗、针灸、拔罐、艾灸等	调节血脂代谢，减少动脉粥样硬化风险
冠心病	中药治疗、针灸、推拿、气功等	缓解心绞痛、改善心功能，减少发作频率

2. 中医药在糖尿病、类风湿性关节炎等慢性疾病辅助治疗中的应用　糖尿病、类风湿性关节炎等慢性疾病是导致人体各系统功能障碍的主要原因之一。中医药作为具有整体调理和综合治疗优势的传统医学体系，在这些疾病的辅助治疗中发挥着非常重要的作用。例如，中医药可以有效缓解糖尿病患者的症状、提高胰岛素分泌功能，同时也能帮助类风湿性关节炎患者减轻疼痛、增强机体免疫力（表9-3）。

表9-3　中医药在糖尿病、类风湿性关节炎等慢性疾病辅助治疗中的应用

慢性病类型	中医药应用方式	应用效果
糖尿病	中药治疗、针灸、推拿、气功等	调节血糖、保护胰岛细胞、改善胰岛素抵抗
类风湿性关节炎	中药治疗、针灸、艾灸、拔罐等	缓解疼痛和关节肿胀，改善关节功能

3. 中医药在肿瘤康复管理中的应用　肿瘤康复治疗是目前癌症治疗中广受关注的领域。中医药在肿瘤康复管理中发挥了重要作用，其通过改善患者身体状况、增强机体免疫

力等，降低化疗所引起的不良反应，提高治疗效果，同时还能增强患者的心理抗压能力。

三、中医药与现代医学的结合在慢性病管理中的实践探索

1. 医学融通：中西医结合模式在慢性病防治中的实践 中医药与现代医学的结合是当前我国慢性病管理中比较流行的治疗模式。这种模式的主要特点在于，通过中西医结合的方式治疗慢性病，充分发挥中西医各自的优势，互补互通，达到更好的预防和治疗效果。

2. 科技创新：中医药智能诊疗系统在慢性病管理中的应用 随着计算机技术的发展和人工智能技术的成熟应用，中医药智能诊疗系统已经逐渐出现在慢性病管理领域。该系统采用大数据、云计算和人工智能等技术，为患者提供更加个性化的治疗方案，可以有效提高中医药的临床应用水平，为慢性病的防治提供更好的支持。

3. 多学科合作：中西医结合团队在慢性病管理中的协同作战 中医药与现代医学相结合，需要跨越不同学科的壁垒，形成一个协同作战的大团队。在这样的大团队中，中医药与现代医学专业人员相互协作，共同治疗慢性病，充分发挥各种治疗手段的优势，以最大限度地提高治疗效果。

四、中医药在慢性病管理中的未来展望和挑战

中医药作为中国特色的传统医学体系，在慢性病管理中具有独特的优势和价值。随着中西医结合的模式不断深化，中医药信息化、智能化的管理模式不断成熟，中医药在慢性病管理中的应用前景广阔。因此，需要政府、企业和社会各界共同努力，加强中医药的推广和发展，提高中医药技术和人才培养水平，不断挖掘中医药在慢性病管理中的价值，为推进全民健康事业作出更大的贡献。同时，也需要继续加强中西医结合的研究和实践，建立完善的评估和管理体系，确保中医药应用的质量和安全性，增强广大患者对中医药的信心和认可。

案例：

“互联网+”慢性病管理：推进全民健康体系建设

随着“健康中国”战略的不断推进，“互联网+”慢性病管理模式应运而生。该模式将互联网、大数据、物联网、云计算等新一代信息技术与慢性病预防、治疗、管理相结合，通过信息化手段实现慢性病患者的全程管理、个性化指导、精准诊疗。其最大特点是将医疗服务从传统的医院转移到了社区、企业、家庭等处，提高了医疗资源的利用效率，降低了医疗成本。同时，“互联网+”慢性病管理也能更好地实现个体化、精准化、智能化的诊疗服务。这种模式已经成为解决慢性病高发、就医难、就医贵等问题的重要途径。

目前，我国“互联网+慢性病管理”取得了一定的发展成效。例如，重庆市通过建立移动医疗APP管理慢性病模式成功改善慢性病高危人群生理水平，提高自我效能，修正不良行为，填补传统管理不足；山东省潍坊市通过组建慢性病服务中心，充分发挥“互联网+医保+医疗+医药”的优势，实现全面线上线下服务，加强患者管理，控制慢性病发展；浙江省杭州市临平区开展医防融合“两慢病”数字化管理，为慢性病患者提供即时、精准、有效的慢性病管理服务，全面提升慢性病患者就医满意度。

其中，上海市静安区利用新兴的信息化技术，聚焦高血压、糖尿病等慢性病一体化公共

卫生服务新模式，建立具有静安特色的中医参与慢性病一体化综合防治信息化系统，形成了独具中医特色"互联网 +"慢性病健康管理模式。在此模式下，该系统利用"互联网 +"的方式来推广中医康复。通过门户网站、医生工作站和移动终端，医生可以实现对慢性病患者的中医健康管理，全面介入患者的日常生活方式，从而提供以人为中心的完整的中西医结合的健康管理服务。同时，该系统会对中医慢性病健康管理的数据进行统计监管，以便医院管理者及时作出正确的决策和调整，提高中医干预服务效率，并形成一个有效的慢性病一体化中医健康管理干预服务监管决策系统闭环（图 9-5）。

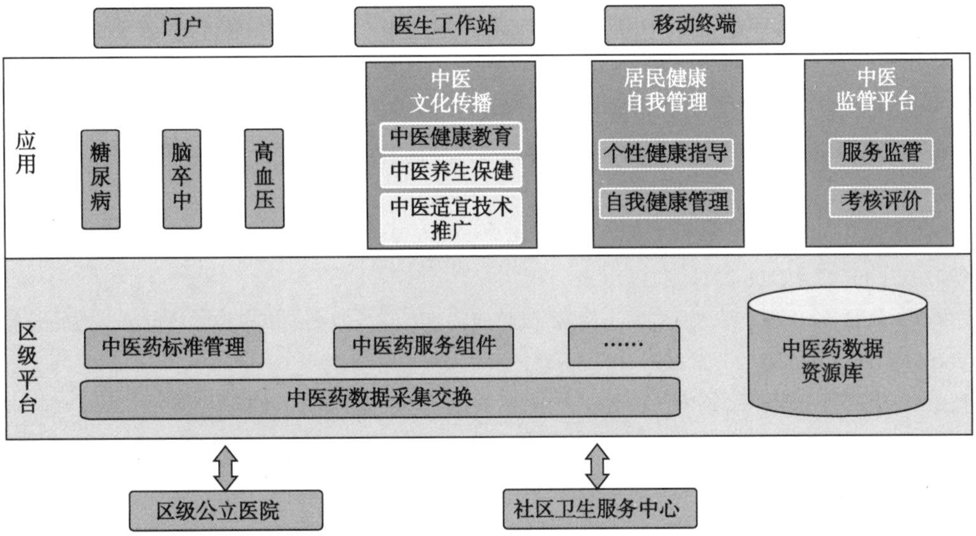

图 9-5　上海市静安区中医参与慢性病一体化综合防治信息化系统

资料来源：赵君，杨莉敏，徐雯．中医参与慢病一体化综合防治信息化系统的设计与应用[J]．中国数字医学，2022，17（2）：48-52.

"互联网 +"慢性病管理模式的优点主要在于提高了医疗服务的效率和便捷性。患者可以通过手机、电脑等终端获取医生的指导和帮助，避免了烦琐的医疗流程和人员排队等待情况，也减少了医疗资源的浪费。同时，这种管理模式还能加强患者的健康教育和自我管理，增强患者的责任感和自我保健意识。但是此模式下，服务的覆盖范围受到网络和技术的限制，部分人口或地区可能无法享受到这样的医疗服务。由于医生和患者之间的信息交流主要通过网络实现，因此信息安全和隐私保护也成为一个难以解决的问题。此外，对于部分疑难杂症和复杂疾病的诊断和治疗，"互联网 +"慢性病管理模式的效果可能并不理想，需要政府和企业加强投入和管理，促进此服务模式健康发展，从而更好地服务于广大患者。

（陈莹琦　孙晓慧　傅传喜　王鸿妮）

参考文献

[1] 陈亚红．慢性阻塞性肺疾病急性加重的风险识别与早期干预[J]．中华全科医师杂志，2019，18（3）：296-298.

[2] WANG C，XU J，YANG L，et al. Prevalence and risk factors of chronic obstructive pulmonary disease in China（the China Pulmonary Health［CPH］study）：a national cross-sectional study[J]. Lancet，2018，391（10131）：1706-1717.

[3] 中国血脂管理指南修订联合专家委员会. 中国血脂管理指南(2023 年)[J]. 中国循环杂志，2023，38(3)：237-271.

[4] WANG L，PENG W，ZHAO Z，et al. Prevalence and treatment of diabetes in China，2013-2018[J]. Jama，2021，326(24)：2498-2506.

[5] 张笑霄，周思敏，谭猛，等. 冠状动脉心肌桥的中医综合慢病管理模式探析[J]. 中医杂志，2022，63(7)：612-617.

[6] 李玲玲，林建，党盛武. 中医传统康复方法对慢性病管理的实用价值探讨[J]. 中医药管理杂志，2022，30(17)：229-231.

[7] 王强，庞国明. 庞国明教授基于中医思维探索糖尿病慢病管理体系的经验[J]. 光明中医，2022，37(15)：2721-2724.

[8] 漆仲文，严志鹏，施琦，等. 慢病防治中的中医药序贯理念[J]. 中医杂志，2022，63(8)：730-733.

[9] 李晓敏. 中医整体观理念下多学科联动在慢病管理中的实践与思考[J]. 中医药管理杂志，2023，31(4)：234-236.

[10] 杨颖，邱景富. 移动医疗 APP 在重庆某地慢病高危人群慢病管理中的应用效果分析[J]. 现代预防医学，2022，49(12)：2206-2211，2217.

[11] 王新玲，韩丽芳，王敏，等."互联网＋慢病管理"服务模式与成效——山东省潍坊市第二人民医院创新实践[J]. 人口与健康，2022，302(10)：35-37.

[12] 黄韶毅，张丽芳，郑纯胜. 慢病防治数据融出"新天地"[N]. 健康报，2022-04-21(006).

[13] 赵君，杨莉敏，徐雯. 中医参与慢病一体化综合防治信息化系统的设计与应用[J]. 中国数字医学，2022，17(2)：48-52.

第十章　5G智慧医疗健康产业

第一节　5G智慧医疗健康发展概况

一、5G智慧医疗概述

5G智慧医疗基于移动通信、物联网、云计算、大数据、人工智能等先进技术，实现患者与医疗人员、医疗机构、医疗设备间的互联互通和信息共享，从而促进医院内外业务协同，实现医疗资源的高效配置。5G智慧医疗主要包括院内医疗、医患服务、远程医疗及应急救援等应用场景，其中远程医疗主要包括远程手术、远程诊断、远程示教等细分应用场景，这些场景要求更大的带宽、更低的时延、更高的可靠性，5G网络具备以上特性，可以满足智慧医疗的发展需求。

5G智慧医疗不是单一的技术，而是以5G和人工智能为代表的信息通信技术在医疗健康领域的实践应用，相关技术很多，近年来，物联网与生物传感技术、深度学习与大模型技术、虚拟现实与元宇宙技术的发展尤其令人瞩目，这些技术的应用深刻改变了医疗健康的工作方式，各种新模式、新业态、新技术快速涌现，成为医疗健康产业发展的新引擎。5G智慧在医疗健康领域的应用，一方面需求牵引供给，促进了5G、人工智能等信息通信技术的发展；另一方面供给引导需求，改善甚至重构了医疗健康的工作流程，辅助医疗健康专家提高工作效率，客户也能更便捷地获得医疗健康服务，医疗健康服务质量提高，种类不断拓展完善，有效提升了客户的体验。

5G智慧医疗健康一直受到党和政府的高度重视，近年来政策支持力度不减，各项政策文件不断细化，从“指挥棒”到“路线图”，从“任务书”到“答题卡”，指引我国5G智慧医疗健康产业不断向前发展。2021年，“如何创建5G+三早全周期健康管理系统?”被列为10大工程技术难题之一。同年，《关于公布5G+医疗健康应用试点项目的通知》公布987个试点项目，5G智慧医疗从前沿科研概念发展为工程实施的具体项目，行业热点包括：5G+医学影像、5G+辅助诊断、5G+智慧服务等，在急诊救治、智能疾控、中医中药方面也有很广泛的应用，如图10-1所示。

展望未来，上有中央部委的政策引导，下有地方政府的配套措施，内有医疗健康的迫切需求，外有数字技术的飞速发展，我国5G智慧技术将持续为健康管理学科提供重要的技术支撑，在克服政策法规、人才培育、数据储备、产业自主、商业模式等方面存在的问题，并有针对性地做出改善后，仍将继续快速发展，信息专家应当提供更好的智慧健康产品，健康专家也应该思考如何发挥自身优势，扮演好自己的角色，不要成为被替代者，而是人工智能和智慧健康的驾驭者。

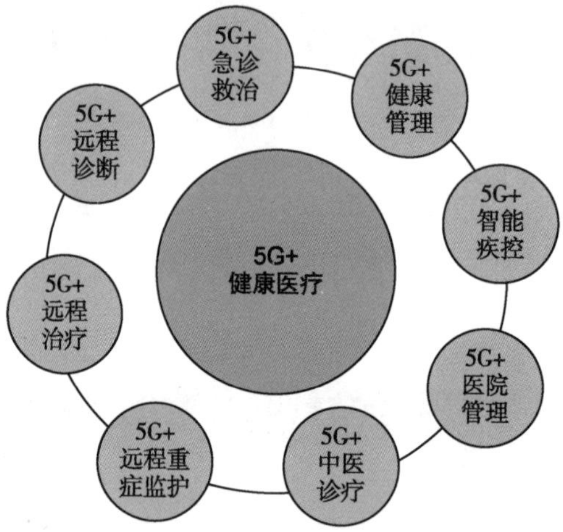

图10-1 5G+医疗健康主要试点应用方向

资料来源：工信部、国家卫健委《关于公布5G+医疗健康应用试点项目的通知》。

二、相关技术发展

5G和人工智能是目前信息技术两大热点研究领域，都是通用基础技术，并非孤立发展。在医疗健康领域应用时，相关技术很多，以下从分物联网与生物传感技术、深度学习与大模型学习技术、虚拟现实与元宇宙技术三个类别加以概述。

（一）物联网与生物传感技术

物联网通过射频识别（RFID）、红外感应器、全球定位系统、激光扫描器等信息传感设备，按约定的协议，把任何物品和互联网相连接，进行信息交换和通信，以实现对物品的智能化识别、定位、跟踪、监控和管理的一种网络。物联网最早出现于1995—1999年的美国，在我国也曾被称为传感网，国际电信联盟于2005年发布了《ITU互联网报告2005：物联网》，正式提出了“物联网”的概念，各国政府为了促进科技发展，寻找经济增长点，都非常重视物联网的发展，2008年美国提出“智慧地球”，2009年欧盟提出物联网行动方案，我国也于2009年提出“感知中国”的方案和计划。中国互联网协会发布的《中国互联网发展报告（2022）》显示，截至2021年，我国物联网市场规模约为2.6万亿元。2021年9月，工信部等八部委印发《物联网新型基础设施建设三年行动计划（2021—2023年）》，明确指出到2023年年底，在国内主要城市初步建成物联网新型基础设施，社会现代化治理、产业数字化转型和民生消费升级的基础更加稳固，并将推动物联网与大数据、人工智能、区块链的技术融合创新列为重点任务，尤其是要面向“5G+物联网”，充分利用5G网络的高可靠、低时延、大连接特点，丰富通信技术供给，拓展物联网应用场景。

全面感知、可靠传输与智能处理是物联网的三个显著特点，健康物联网是物联网的重要应用领域，以标识编码、智能卡、射频识别、短距离无线通信为代表的物联网技术进一步赋能保健、养老、医疗、公共卫生、社区服务等传统领域，促进形成主动健康、智慧养老、慢性病管理、传染病防控、健康社区等新业态的融合应用。健康物联网是实施健康中国战略方针的有力实施途径，是健康产业智能化发展政策的切实落地应用，同时迎合社会发展的当下需求。

物联网的自动识别技术包括条码、生物特征、图像、磁卡、IC 卡、光学字符、射频等识别技术。其中生物特征识别技术是指通过个体生理特征或行为特征对个体身份进行识别认证的技术。传感器是物联网感知的触角，健康物联网常用的传感器有压力传感器、流量传感器、温度传感器、影像传感器、生物传感器等。物联网还可以使用卫星、基站、蓝牙、WiFi 等多种方式实现室内外精准定位。目前物联网及其技术在公共卫生、远程和随身健康监测、智慧医疗等医疗健康的各个领域均有广泛应用。

（二）深度学习与大模型学习技术

2022 年 11 月 30 日，美国 OpenAI 公司发布了聊天机器人 ChatGPT（Chat Generative Pre-trained Transformer）。ChatGPT 使用了 Transformer 神经网络架构，这是一种用于处理序列数据的模型，拥有语言理解和文本生成能力，尤其是它会通过连接大量的语料库来训练模型，这些语料库包含了真实世界中的对话，使得 ChatGPT 具备极大的“知识储备”，还具备能根据聊天上下文进行互动的能力，做到与真正人类几乎无异的聊天交流。ChatGPT 不单是聊天机器人，还能完成撰写邮件、视频脚本、文案、翻译、代码等任务。至 2023 年 1 月底，ChatGPT 的月活用户已突破 1 亿，成为史上增长最快的消费者应用。

ChatGPT 还在快速演进中，2023 年 3 月 15 日，ChatGPT 的架构由 GTP-3.5 升级为 GPT-4，其训练量更大，支持多元输入输出模式，在专业领域的学习能力更强。GPT-4 是多模态大模型，即支持图像和文本输入以及文本输出，拥有强大的识图能力，文字输入限制提升到了 2.5 万字。3 月 24 日，ChatGPT 开始支持第三方插件，解除了无法联网的限制。

ChatGPT 一经发布，便受到广泛应用，用来开发聊天机器人，可以编写和调试计算机程序，还可以进行文学、媒体相关领域的创作，包括创作音乐、电视剧、童话故事、诗歌和歌词等。在某些测试情境下，ChatGPT 在教育、考试、回答问题方面的表现甚至优于普通人类测试者。微软于 2023 年 3 月 16 日宣布推出 Microsoft 365 Copilot，将 ChatGPT 全面植入 Office，使其成为极具潜力生产力工具，很多软件也都公布了植入 ChatGPT 或其他 AI 技术的计划和方案，其中不乏医疗健康应用的案例。

ChatGPT 受到关注的重要原因是引入新技术 RLHF（reinforcement learning with human feedback，即基于人类反馈的强化学习），通过该技术，解决了生成模型的一个核心问题，即如何让人工智能模型的产出和人类的常识、认知、需求、价值观保持一致。ChatGPT 是 AIGC（AI-generated content，人工智能生成内容）技术进展的成果，该模型能够促进利用人工智能进行内容创作、提升内容生产效率与丰富度。除 ChatGPT 外，还有很多其他的 AIGC 工具和模型正在快速发展和兴起。

AIGC 的兴起源于深度学习技术的快速突破和日益增长的数字内容供给需求，深度神经网络在学习范式和网络结构上的不断迭代极大地提升了人工智能算法的学习能力。近年来，超级深度神经网络技术在大模型和多模态两个方向上不断突破，AIGC 的技术和工具仍将快速发展和演进，并将深刻影响医疗健康产业形态。

（三）虚拟现实与元宇宙技术

人机交互是计算机科学的一个重要研究领域。实现自然人机交互，需要研究的技术很多，包括自然语言处理、计算机图像和计算机视觉等，虚拟现实（virtual reality，VR）/ 增强现实（augmented reality，AR）综合使用多种技术，可以提供沉浸式的交互体验。

VR/AR 是以计算机为核心的新型视听技术。结合相关科学技术，在一定范围内生成与真实环境在视觉、听觉、触感等方面高度近似的数字化环境。用户借助必要的装备与数字化环境中的对象进行交互，相互影响，获得近似真实环境的感受和体验，通过显示设备、跟踪定位设备、触力觉交互设备、数据获取设备、专用芯片等实现。VR/AR+ 医疗作为智能医疗市场的新锐，逐渐在虚拟手术，以及疼痛、恐惧症、创伤后应激障碍、烟草依赖治疗等方面获得应用。

2021 年前后，元宇宙的概念不断升温。元宇宙（metaverse）是人类运用数字技术构建的，由现实世界映射或超越现实世界，可与现实世界交互的虚拟世界，具备新型社会体系的数字生活空间。“元宇宙”本身并不是新技术，而是集成了一大批现有技术，包括 5G、云计算、人工智能、虚拟现实、区块链、数字货币、物联网、人机交互等。元宇宙基于扩展现实技术提供沉浸式体验，基于数字孪生技术生成现实世界的镜像，基于区块链技术搭建经济体系，将虚拟世界与现实世界在经济系统、社交系统、身份系统密切融合，并且允许每个用户进行内容生产和世界编辑。

2022 年 10 月 28 日，工信部等五部门联合印发《虚拟现实与行业应用融合发展行动计划（2022—2026 年）》，指出虚拟现实（含增强现实、混合现实）是新一代信息技术的重要前沿方向，是数字经济的重大前瞻领域，将深刻改变人类的生产生活方式，产业发展战略窗口期已然形成，要求加速十大行业场景应用落地，虚拟现实 + 体育健康、虚拟现实 + 残障辅助位列其中。

近期，元宇宙的热度虽有所降低，但其理念、相关技术对未来医疗健康服务体系的构建有很好的借鉴意义。

第二节　中国 5G 智慧医疗健康产业实践

一、中国的相关政策

在中国，5G 智慧医疗健康产业受到了党和政府的高度重视。2021 年以来，支持 5G 智慧医疗健康产业发展的文件数量和力度不减。

2021 年 7 月 5 日，工信部等十部门印发《5G 应用“扬帆”行动计划（2021—2023 年）》，指出 5G 融合应用是促进经济社会数字化、网络化、智能化转型的重要引擎，大力推动 5G 全面协同发展，深入推进 5G 赋能千行百业，促进形成“需求牵引供给，供给创造需求”的高水平发展模式，将 5G+ 智慧医疗作为社会民生普惠行动的重点赋能领域，要求开展 5G 医用机器人、5G 急救车、5G 医疗接入网关、智能医疗设备等产品研发。加强 5G 医疗健康网络基础设施部署，重点优化覆盖全国三甲医院、疾病预防控制中心、便民医疗点、医养结合机构等场所，打造面向院内医疗和远程医疗的 5G 网络、5G 医疗边缘云。丰富 5G 技术在医疗健康行业的应用场景，重点推广 5G 在急诊急救、远程诊断、健康管理等场景的应用，加快培育技术先进、性能优越、效果明显的智慧医疗服务新业态。

2021 年 12 月 28 日，工信部联合国家卫健委、发改委等印发的《“十四五”医疗装备产业发展规划》明确指出，加快智能医疗装备发展，包括支持医疗装备、医疗机构、电子信息、互联网等跨领域、跨行业深度合作，鼓励医疗装备集成 5G 医疗行业模组，嵌入人工智能、工业互联网、云计算等新技术；鼓励行业企业聚焦智慧医院建设需求，加快研制导诊、门诊筛查、辅助检验、智能无接触式扫描等医疗机器人，着力发展原创性智慧医疗装备；推动运用 5G 改造提升医疗卫生健康网络基础设施，搭建新型数字基础设施和医疗平台，推进“5G+ 医疗健康”新模式发展，为构建有序有效的分级诊疗格局打好基础、做好支撑。

国务院及其部委制定的医疗健康领域的政策都强调信息通信技术的应用。2021 年 6 月 8 日，国家卫健委等联合发布《关于印发加快推进康复医疗工作发展意见》，将“加强康复医疗信息化建设”作为加大支持保障力度的重要措施，指出要充分借助云计算、大数据、物联网、智慧医疗、移动互联网等信息化技术，大力推进康复医疗信息化建设，落实网络安全等级保护制度。借助信息化手段，创新发展康复医疗服务新模式、新业态、新技术，优化康复医疗服务流程，提高康复医疗服务效率。《“十四五”国家临床专科能力建设规划》中强调，积极推动智慧医疗体系建设，加强人工智能、传感技术在医疗行业的探索实践，推广“互联网 +”医疗服务新模式，争取在手术机器人、3D 打印、新医学材料应用、计算机智能辅助诊疗、远程医疗等方面取得积极进展。《“十四五”全民医疗保障规划》中，建设智慧医保是发展目标之一，各个环节都离不开信息智能技术的支撑，强调加快医保信息化建设，要求全面建成全国统一的医疗保障信息平台、完善“互联网 + 医疗健康”医保管理服务，提升医疗保障大数据综合治理能力。《智慧健康养老产业发展行动计划（2021—2025 年）》《健康儿童行动提升计划（2021—2025 年）》也都强调智慧健康服务的应用。

2022 年 7 月 29 日，科技部等六部门印发《关于加快场景创新以人工智能高水平应用促进经济高质量发展的指导意见》，8 月 12 日发布《科技部关于支持建设新一代人工智能示范应用场景的通知》，将智慧家居、智能诊疗列入首批 10 个示范应用场景。

二、科技攻关与产业引导

（一）科技攻关

2021 年 2 月 4 日，为研判世界科技未来发展趋势、前瞻谋划和布局前沿科技领域与方向，推进世界科技强国建设，中国科协通过全国学会、学会联合体、企业科协，面向广大科技工作者征集“2021 重大科学问题和工程技术难题”。

2021 年 7 月 28 日，中国科协在第二十三届中国科协年会闭幕式上发布了 10 个对科学发展具有导向作用的前沿科学问题、10 个对工程技术创新具有关键作用的工程技术难题、10 个对产业发展具有引领作用的产业技术问题。由中华医学会健康管理学分会主任委员郭清教授领衔申报的“如何创建 5G+ 三早全周期健康管理系统？”被列为 10 大工程技术难题之一。该申报认为，慢性病是一类严重影响公众健康的疾病，借助“云端”可以实现早筛查、早评估和早干预，有效防控慢性病的发生和发展。研究基于 5G 构建健康管理系统，规范数据、统一格式，整合医院、社区卫生服务中心、家庭与个体智能监测终端形成数据共享云平台，记录动态数据，形成动态健康档案，实现早筛查；进而通过风险预测模型进行早评估；并通过系统制定干预方案，实现早干预，消除或减轻疾病的危险因素。同时，通过数据对比进行干预效果评价，形成连续周期性全程健康管理。

（二）科研导向

自 2019 年起，国家自然科学基金就为健康管理设置了专门的申请代码：G040605 健康服务管理；2021 年起，项目代码更新为：G0405 健康管理与政策。医疗健康类的科研项目主要在生命科学部、医学科学部申报，每年也都有很多医疗健康与信息通信交叉学科的项目在信息科学部与交叉科学部获得资助。

（三）产业引导

2020 年 11 月 27 日，为深入贯彻落实党中央、国务院关于加快推进 5G 网络等新型基础设施建设的决策部署，落实《国务院办公厅关于促进“互联网 + 医疗健康”发展的意见》（国办发〔2018〕26 号）要求，工业和信息化部和国家卫生健康委员会决定联合组织开展 5G+ 医疗健康应用试点项目申报工作。试点的目标是充分发挥 5G 技术的特点优势，着眼丰富 5G 技术在医疗健康行业的应用场景，征集并遴选一批骨干单位协同攻关、揭榜挂帅，重点形成一批技术先进、性能优越、效果明显的 5G+ 医疗健康标志性应用，为 5G+ 医疗健康创新发展树立标杆和方向，培育我国 5G 智慧医疗健康创新发展的主力军。

（四）试点应用

2021 年 9 月 29 日，《关于公布 5G+ 医疗健康应用试点项目的通知》发布，经各地申报、专家评审及公示等程序，工业和信息化部、国家卫生健康委员会确定了 987 个 5G+ 医疗健康应用试点项目。并要求各地工业和信息化主管部门、卫生健康委、通信管理局发挥属地管理作用，营造良好的政策环境，推动试点承担单位高质量完成项目建设工作，加强成果转化推广。

987 个项目共分为 9 个方向，其中 5G+ 健康管理的项目最多，共 251 项；其次是 5G+ 远程诊断和 5G+ 急诊救治，分别有 216 和 196 项。这三个方向占了项目总数的 67.2%（图 10-2）。

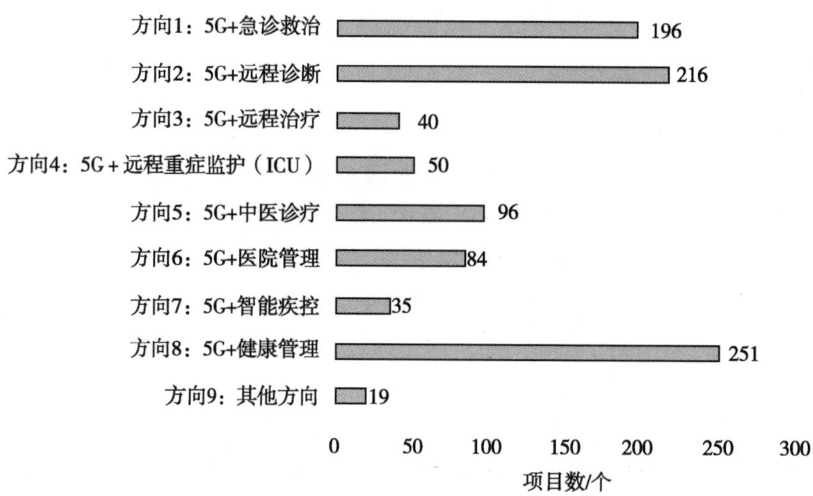

图 10-2　5G+ 医疗健康应用试点项目在 9 个方向上的分布

资料来源：工信部、国家卫健委《关于公布 5G+ 医疗健康应用试点项目的通知》。

31 个省（自治区、直辖市）均有项目立项，北京、浙江、上海、广东最多，分别立项 128 项、98 项、84 项、81 项；西藏、青海最少，各有 3 个项目。总体上看，各地区立项数目与其社会经济和健康管理发展水平密切相关（图 10-3）。

这些试点项目都着眼于解决医疗健康的实际问题，相信落地实施后，会极大地促进 5G 及智慧医疗健康的发展。

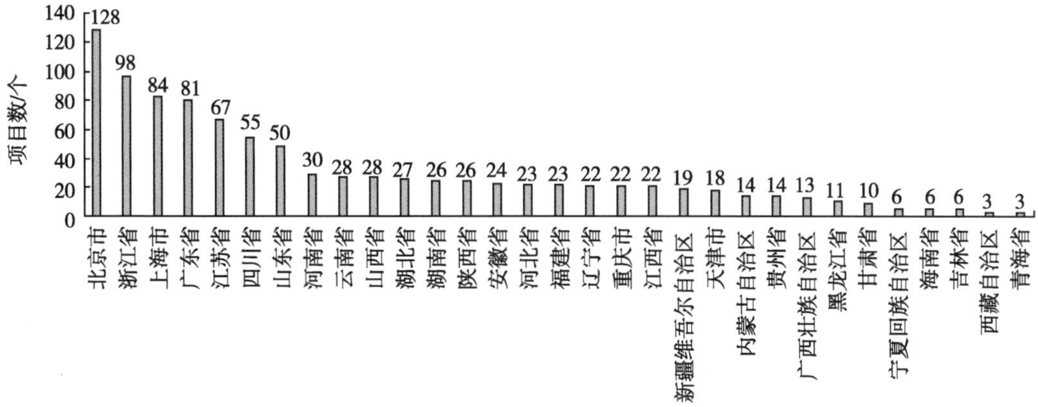

图 10-3　不同省份 5G+ 医疗健康应用试点项目数

资料来源：工信部、国家卫健委《关于公布 5G+ 医疗健康应用试点项目的通知》。

三、行业热点

中国的智慧医疗行业有着广阔的发展空间和投资市场。2022 年 5 月 25 日，弗若斯特沙利文于“医疗智能，创赢未来”线上研讨会上正式发布《医疗智能行为白皮书》，该白皮书认为，中国医疗产业正由 1.0 医疗信息化逐步发展为 3.0 医疗智能化，在大数据、云计算、AI 等技术能力、医学知识与场景经验、场景与算法高频迭代等 5 大核心要素协同下，产出智能决策，实现为医疗行业参与方赋能，从而构建高效、个性化、精准化、可及、以价值为导向的医疗体系，实现产业升级。据统计，我国医疗智能市场规模 2016—2021 年分别为 131 亿元、179 亿元、235 亿元、316 亿元、419 亿元和 568 亿元人民币，2022 年预计为 791 亿元，并将继续保持每年 30.0%～37.5% 的年均增长速度，到 2030 年将超过 1.1 万亿元人民币（表 10-1、表 10-2、图 10-4）。

表 10-1　2016—2030 年我国医疗智能市场增速（以五年为期间）

年份	政府 & 医疗机构板块 CAGR	生命科学板块 CAGR	商业保险板块 CAGR	健康管理模块 CAGR	整体 CAGR
2016—2020	27.3%	59.1%	28.8%	36.7%	33.8%
2020—2025	30.1%	61.0%	35.8%	32.5%	40.2%
2025E—2030	37.5%	36.2%	38.6%	38.1%	37.4%

资料来源：弗若斯特沙利文《医疗智能行为白皮书》(2022-05-25)。

表 10-2　2016—2030 年我国医疗智能市场规模　　单位：10 亿元

版块	2016	2017	2018	2019	2020	2021	2022	2023	2024	2025	2026	2027	2028	2029	2030
政府 & 医疗机构	4.2	5.4	6.7	8.6	10.9	13.9	18.0	23.4	30.8	40.8	54.7	74.3	102.1	142.1	200.5
生命科学	1.2	1.7	2.7	4.6	7.8	13.2	22.1	36.1	56.2	84.2	120.5	168.5	228.6	304.1	394.9
商业保险	5.0	6.9	8.7	11.3	13.8	17.3	22.7	31.1	43.8	63.6	90.7	127.5	176.6	241.3	325.2
健康管理	2.7	3.9	5.4	7.1	9.4	12.4	16.3	21.1	27.8	38.6	55.3	77.5	109.2	148.5	193.6
合计	13.1	17.9	23.5	31.6	41.9	56.8	79.1	111.7	158.6	227.2	321.2	447.8	616.5	836	1 114.2

资料来源：弗若斯特沙利文《医疗智能行为白皮书》(2022-05-25)。

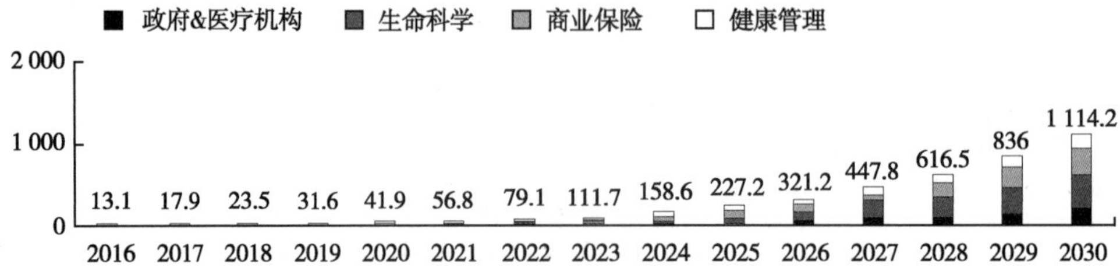

图 10-4　2016—2030 年我国医疗智能市场规模及增速

资料来源：弗若斯特沙利文《医疗智能行为白皮书》(2022-05-25)。

2020 年，我国医疗健康行业的并购交易活跃度相比 2019 年仍明显增长（图 10-5），2021 年这种增长的势头继续保持，全年并购交易数达 263 笔（不含未披露交易及交易金额超过 10 亿美元的超大交易），较 2020 年增加 72 笔，已披露交易金额约 280 亿美元，同比增加 27.9%。2022 年上半年，投资者对并购交易更为审慎，海内外资本均趋于冷静，并购事件数和并购金额均同比下滑，但仍高于 2019 年及 2020 年上半年水平。从细分行业来看，生物药（生物科技 + 细胞与基因治疗）仍是最热门的领域，其次是医疗器械，越来越多的资金和并购转向创新医疗器械领域，中药行业同样值得关注，2022 年上半年共发生 7 笔交易，已与 2021 年全年持平。

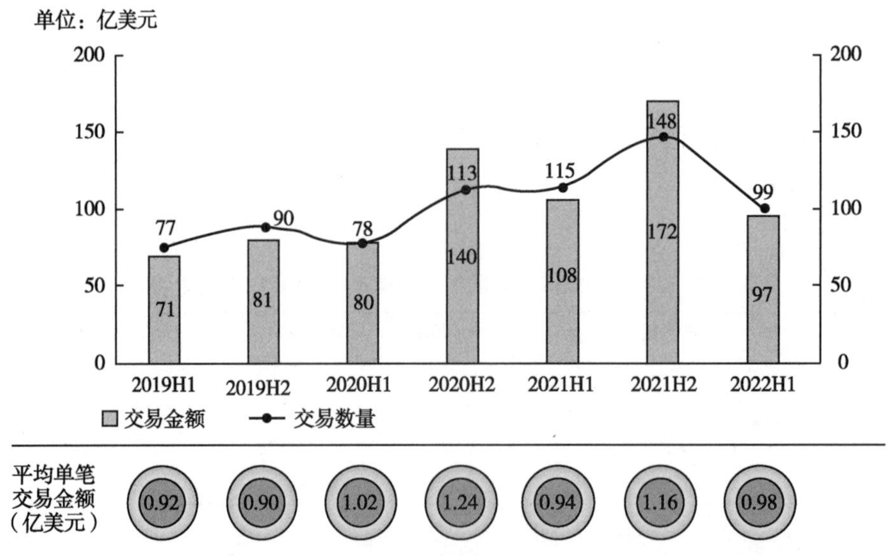

图 10-5　2019 年至 2022 年上半年我国医疗健康行业并购交易

资料来源：德勤中国《2023 年中国生命科学与医疗行业投融资与并购市场展望》。

我国医疗智能市场的行业热点包括医学影像、辅助诊断、智慧服务、中医诊疗等。

（一）5G+ 医学影像

5G+ 医学影像的应用主要包括两方面，一是利用 5G 等高速信息网络实现医学影像的快速传输，使远程影像中心及远程影像会诊获得广泛应用；二是利用人工智能技术辅助影像阅片，提高影像诊断的工作效率。

近年来，人工智能（AI）技术在医学影像应用方面进展很快，早已从实验研究走向工程应用阶段，AI 阅片已经在各医疗机构以及健康管理中心得到广泛应用，且从单一功能向系统整合应用方向发展。比如，前几年 AI 阅片关注肺结节的诊断，现在又结合肺结节的良恶性 AI 判断，开发出一整套肺结节智能筛查与随访系统。

肺癌是全球范围内发病率及死亡率最高的恶性肿瘤，患者早期往往没有任何临床症状而被忽视。研究表明，肺癌患者五年生存率为 10%～16%，大多数患者检出时都失去了早期根治的机会，早发现、早诊断及早治疗可以显著提高肺癌患者五年生存率。低剂量胸部 CT 具有较高的空间分辨率、扫描时间快及可对病变进行三维重建等优点，广泛应用于肺结节的检出及鉴别诊断。然而，CT 筛查数量急剧增加及层厚越来越薄，影像医生工作强度显著提升，临床工作中漏诊及误诊现象时有发生。

利用 AI 算法对肺结节进行检测是人工智能医疗器械发展的热点方向，AI 可协助医生快速准确地发现肺结节，提早判断肺癌风险，增强体检和筛查在肺癌防治方面的效率和作用。目前，我国人工智能医疗器械在肺结节方面的预期用途包括肺结节的识别、分割、筛查、分类、辅助诊断等。在国家政策的支持和鼓励下，我国相关产业发展迅速，已有相关产品获得三类 NMPA 医疗器械注册证。

AI 肺结节智能筛查系统能够智能精准定位 3mm 以上肺结节，在平均每例 1 个假阳性时，对早期肺癌的检出敏感度达 95%。在检出结节的同时，该系统可以自动计算结节大小、密度等量化参数，同时对结节进行 3D 渲染显示，并通过智能算法为医生提供结节恶性程度的定量参考，辅助医生精准高效诊断。智能随访分析系统搭载智能结节筛查、语义感知影像配准、便捷式同步阅片与精准病灶跟踪四大功能模块，实现全自动化、智能化的随访评估分析，助力医生准确高效地获取随访量化分析结果，提高肺结节筛查与随访评估的准确性与有效性。

（二）5G+ 辅助诊断

5G+ 辅助诊断是应用于医疗健康领域的决策支持系统，让信息系统智能化，从而具备辅助诊断的能力，有两种途径，一是将健康医学知识通过规则或硬编码的方式维护到信息系统之中，从而让信息系统忠实地按照要求执行相关的评估逻辑；另一种是通过已有的数据，运用机器学习的方法，让计算机自动进行分析，发现规律，识别模式。

近年来，随着优质数据的不断积累，算法的不断演进，算力的提升，深度学习网络的应用，计算机辅助诊断的能力仍在不断提高。在一些特殊领域，其预测诊断的能力甚至超过人类。

痴呆症患者人数的迅速增加已成为一项全球卫生挑战，阿尔茨海默病（Alzheimer's Disease，AD）最常见，占比达 60%～70%，我国总体痴呆症患病率约为 6.0%，目前有 1 507 万老年痴呆症患者。痴呆症早期表现为轻度认知障碍，此时患者记忆力或其他认知功能进行性减退，但不影响日常生活能力，且未达到痴呆的诊断标准。越来越多的证据表明，早期诊断和及时干预可以延缓认知衰退，因此在痴呆临床前阶段进行早期筛查是必要的。有公司将 VR 头显和眼动追踪技术结合，采用 VR 沉浸式地展示一系列认知测试任务，通过眼动追踪检测受试者是否注视正确目标或依据提示移动关注点，其评估结果与国内外通常选用简易精神状态检查量表（mini-mental state examination，MMSE）和蒙特利尔认知评估量表（Montreal cognitive assessment，MoCA）均呈强正相关性，已在很多神经内科和体检中心推广使用。此外，VR 相关技术在老年照护、康复、心理评估和指导等很多领域得到了广泛的使用。

（三）5G+ 智慧服务

5G+ 智慧医疗健康服务首先体现在利用 5G 等信息通信技术优化医疗健康服务的流程，智慧医院的建设让信息多跑路，患者少跑路，使以往处处排队的就医历程顺畅了很多，互联网医院甚至能够让很多服务在家里动动手指就能获得。

机器人技术是 5G+ 智慧服务的优秀代表，客服机器人越来越广泛地应用于医院和健康管理中心的导医导诊，它们拥有大量的知识库，对客户进行回访、回答客户的简单问题、与客户确定就医和体检预约等。具有类人形态的实体机器人也越来越多地出现，它们具有一定路径规划能力，在特定的场地为客户提供相应服务。

除客服机器人外，近几年，很多专用机器人，如发药机器人、导医导诊机器人也已广泛应用于医疗健康领域。2023 年 1 月 18 日，工信部等十七部门联合印发《"机器人 +"应用行动实施方案》，计划到 2025 年，制造业机器人密度较 2020 年实现翻番，服务机器人、特种机器人行业应用深度和广度显著提升，机器人促进经济社会高质量发展的能力明显增强。方案建议：聚焦 10 大应用重点领域，突破 100 种以上机器人创新应用技术及解决方案，推广 200 个以上具有较高技术水平、创新应用模式和显著应用成效的机器人典型应用场景，打造一批"机器人 +"应用标杆企业，建设一批应用体验中心和试验验证中心；推动各行业、各地方结合行业发展阶段和区域发展特色，开展"机器人 +"应用创新实践；搭建国际国内交流平台，形成全面推进机器人应用的浓厚氛围。在 10 大应用重点领域中，医疗健康、养老服务均位列其中，机器人将在医疗健康领域获得更加广泛的应用。

随着 ChatGPT 之类的对话大模型的成功应用，解决了健康辅助机器人的一大应用难题，可以预见，机器人在医疗健康领域的应用也将迎来爆发式增长。

除以上行业热点外，5G 智慧医疗在急诊救治、智能疾控、中医中药方面也有很广泛的应用。

第三节　5G 智慧医疗健康产业展望

一、5G 智慧医疗健康产业发展的促进因素

（一）政策支持

2019 年 12 月 28 日，《中华人民共和国基本医疗卫生与健康促进法》通过，第四十九条明确指出：国家推进全民健康信息化，推动医疗健康大数据、人工智能等的应用发展，加快医疗卫生信息基础设施建设，制定医疗健康数据采集、存储、分析和应用的技术标准，运用信息技术促进优质医疗卫生资源的普及与共享。

2022 年 11 月，党的在二十大报告中，健康中国的建设为未来我国 5G 智慧医疗健康产业定下了快速发展的基调，将延续"十四五"规划中的发展重点进一步深化和加速发展。以医疗改革为轴心，创新创造为推动，基础研究和资本为支撑，我国未来医疗健康产业将呈现出新的发展格局。

如前所述，5G 智慧医疗健康一直受到党和政府的高度重视，各类政策文件不断发布，可以预见，5G 智慧健康产业仍将长期享有政策红利，在各项政策文件的支持下继续保持快速发展。

（二）内在需求

我国目前仍面临着越来越严峻的慢性病和人口老龄化的挑战，全国 18 岁以上成人高血压患病率达 27.5%，糖尿病患病率 11.9%，高胆固醇血症患病率 8.2%，一半以上的人口超重或肥胖，40 岁以上人口慢阻肺发病率 13.6%；2021 年年底 60 岁及以上老年人占总人口的 18.9%，其中 65 岁及以上占 14.2%，失能半失能老年人 4 000 万。

我国国民经济保持中高速增长的长期态势未变，经济总量稳居世界第二，人均国民生产总值连续 4 年超过 1 万美元，已成为全球规模最大的中产阶级崛起及消费升级的主要经济体，现行标准下农村贫困人口全部脱贫，民众生活已进入相对富裕阶段，消费层次持续提升，生存型消费向发展型消费升级，物质型消费向服务型消费升级，传统消费向新型消费升级。社会资本多元化渗入，民营医疗机构涌现，不断填补个性化医疗需求的空白，同时外资医疗机构进入，满足高端健康服务的需要。

2021 年 3 月 12 日，《中华人民共和国国民经济和社会发展第十四个五年规划和 2035 年远景目标纲要》对外公布，提出了全面推进健康中国建设、实施积极应对人口老龄化国家战略，报告了 2020 年我国健康指标的现状，并制定了 2025 年要达到的具体指标，如人均预期寿命要提高 1 岁，人均健康预期寿命要有所提高，孕产妇死亡率从 16.9/10 万降至 14.5/10 万以下，重大慢性病过早死亡率从 16.0% 降至 15% 以下，居民健康素养从 23.15% 增至 25.0% 以上……所有这些指标的改善，都意味着医疗健康机构必须付出艰辛的努力。这些目标必须依靠健康产业的不断发展才能切实实现。

在此环境下，病有所医已不能满足人们的需求，大健康服务模式正在形成，从传统的门诊诊治到全人全程全方位健康服务的愿景，人民群众的健康服务需求不断增多，新的需求不断出现，本已超负荷运行的医疗卫生机构难以满足这些新型需求，迫切需要借助信息技术的帮助提质增效。

（三）技术进步

未来，我国的科技实力和创新能力仍将快速发展，技术的发展将持续赋能健康产业。尤其是数字科技新技术必将给健康产业发展带来更大、更新的变革。

新一轮科技革命在健康产业领域催生出一批新业态，5G、大数据、人工智能、VR/AR、区块链、可穿戴技术等的应用场景不断拓展，加快驱动健康资源数字化、健康产业融合化、健康服务虚拟化，必将催生健康产业新业态与新模式，创造全新健康体验。

人工智能等信息化管理技术将与生命科学、生物技术、信息技术等一系列科学技术实现相互融合，且随着健康大数据工作的开展，人工智能在健康管理场景下的应用程度将进一步提高。

生命科学研究、生物技术发展不断取得重大突破，全基因组检测、基因治疗、细胞治疗、细胞 3D 打印技术等领域将有望率先实现产业化，从而为满足人类生命健康需求提供新手段、新途径。

二、问题与建议

（一）政策法规

1. 产品注册监管　人工智能应用于医疗领域，首先要加强准入管理。2022 年 3 月 7 日，国家药监局器审中心医疗器械技术审评中心发布《人工智能医疗器械注册审查指导原则》，其适用范围不仅包括人工智能医疗器械，还包括人工智能独立软件和含有人工智能软件组件的医疗器械的注册申报。该文件对人工智能医疗器械类型进行了界定：从医疗器械软件角度可分为人工智能独立软件和人工智能软件组件，从用途角度可分为辅助决策类和非辅助决策类，从功能角度大体上可分为处理功能、控制功能、安全功能，从算法角度具有多种类型划分维度，从成熟度角度可分为成熟和全新两种类型；还对人工智能医疗器械生存周期过程，包括需求分析、数据收集、算法设计、验证确认、更新控制等环节做出了规定，并提供了16类技术考量因素。该文件是供注册申请人、审评人员和检查人员使用的指导文件，为我国人工智能医疗器械注册审查提供了规范的参考依据。

2. 知识产权保护 人工智能在医疗领域应用的最大价值是研发，能迅速分析大量数据得到精确的成果。人工智能创作的出现给传统知识产权保护体系带来巨大挑战，但对于人工智能作品的版权归属问题，仅依靠现有法律体系很难做出界定。能否对人工智能产品在应用中产生的技术成果作为知识产权进行保护，值得在实践中进行探讨。人工智能生成内容（AIGC）大模型的兴起让知识产权保护面临更多的问题，AIGC的生成实质上是基于其大量的学习样本，这种生成是大面积的抄袭，还是有意义的借鉴提升甚至是开拓创造？AIGC生成的内容具不具有版权，其版权归谁所有？这些都是亟待解决的问题。

3. 人工智能应用过程中的医疗安全保护 医疗健康专家在工作中也会出错，这些差错的责任和主体是容易界定的，在工作中运用AI辅助技术，在某些领域替代了医务人员的某些重复劳动，提升了诊治的准确率和工作效率，但AI还是受到诸多的限制，模型的缺陷、训练数据的质量和数量、难以预测的意外，很多原因都可能导致AI辅助工具出现差错，如何界定这些差错的责任主体仍存在争议，日本等国家已经在此领域进行了积极探索，将这些AI工具定位为辅助角色，相关的责任由使用人员承担，这对AI辅助工具的研发具有积极意义，能够推动AI产业的快速发展和在医疗健康领域的广泛应用。随着AIGC类工具智能化程度的不断提升，其出具的内容准确度和可信度从总体上来说在不断提高，此时反而对使用人员提出了更高要求，他们需要具备相应的能力，尤其要时刻保持警惕，注意甄别这些内容的真伪，从绝大多数正确的答案中排除那些可能发生的低级错误。

（二）人才储备

人才匮乏制约我国智能医疗健康产业发展。我国5G+AI+医疗健康的发展方兴未艾，专业人才需求量巨大，而且作为一个交叉学科，对人才的要求更高。当前，我国的人工智能学科教育体系还不够完善，专业化人才培养仍然经验不足，促进高端、顶尖人才孵化的环境仍有待培育，相对于快速发展的市场，不断膨胀的需求而言，人才相对匮乏的问题亟待解决。

2022年1月25日，由清华大学计算机系AMiner团队领衔发布了人工智能全球最具影响力学者榜单（简称“AI 2000”），从学者国家分布来看，美国入选及提名学者最多，共1 146人次，占57.3%，超过总人次的一半以上；中国以232人次紧随其后，占11.6%；英国115人次，占5.75%；其他国家人数都没有超过100人次。从入选人数上看，谷歌、Meta（原Facebook）及微软三大科技公司占据优势地位，其中谷歌共181人次入选。我国的AI人才相比美国差距明显，但已有了较大的进步。

2022年，专注科技界的风险投资公司Thundermark Capital推出了当年的全球AI研究年度排名，排名前50的国家如表10-3所示，美国以1 801.3的指数高居榜首，中国431.1位居第 2。全球排名前 20 的大学如表 10-4 所示，美国独占 12 所；中国清华大学、北京大学两所高校上榜，另有 11 所大学进入前 100 排名。全球排名前 20 的企业中，美国占 11 家；中国占 4 家，另有 16 家企业进入前 100 排名（表 10-5）。

表 10-3　2022 年人工智能研究国家 / 地区排名

排名	国家 / 地区	指数	排名	国家 / 地区	指数	排名	国家 / 地区	指数
1	美国	1 801.3	8	瑞士	100.2	15	意大利	23.7
2	中国	431.1	9	以色列	73.1	16	俄罗斯	18.9
3	英国	189.0	10	日本	62.1	17	奥地利	18.0
4	德国	131.8	11	新加坡	46.4	18	沙特阿拉伯	14.1
5	加拿大	123.4	12	澳大利亚	46.1	19	瑞典	13.0
6	法国	116.3	13	荷兰	33.2	20	丹麦	12.3
7	韩国	101.1	14	印度	31.2			

资料来源：Thundermark Capital 于 2022 年发布的全球 AI 研究年度排名。

表 10-4　2022 年人工智能研究学校排名

排名	学校	指数	排名	学校	指数
1	麻省理工学院（美国）	107.1	17	新加坡国立大学（新加坡）	35.2
2	斯坦福大学（美国）	102.7	18	佐治亚理工学院（美国）	33.7
3	卡内基梅隆大学（美国）	86.0	19	哥伦比亚大学（美国）	32.9
4	加利福尼亚大学伯克利分校（美国）	82.3	20	多伦多大学（加拿大）	32.4
5	牛津大学（英国）	67.7	27	上海交通大学（中国）	25.2
6	清华大学（中国）	65.5	43	中国科技大学（中国）	16.0
7	加利福尼亚大学洛杉矶分校（美国）	48.0	48	南京大学（中国）	14.2
8	苏黎世联邦理工学院（瑞士）	47.7	53	香港中文大学（中国）	13.7
9	得克萨斯大学奥斯汀分校（美国）	47.6	54	香港科技大学（中国）	13.1
10	普林斯顿大学（美国）	44.8	62	浙江大学（中国）	10.8
11	洛桑联邦理工学院（瑞士）	42.5	73	中国科学院（中国）	9.0
12	韩国科学技术院（韩国）	42.4	84	复旦大学（中国）	7.6
13	北京大学（中国）	41.1	88	香港大学（中国）	6.7
14	康奈尔大学（美国）	39.6	90	中山大学（中国）	6.6
15	华盛顿大学（美国）	39.4	92	中国人民大学（中国）	6.4
16	纽约大学（美国）	36.6			

资料来源：Thundermark Capital 于 2022 年发布的全球 AI 研究年度排名。

表 10-5　2022 年人工智能研究企业排名

排名	企业	指数	排名	企业	指数
1	谷歌（美国）	200.2	19	NEC（日本）	5.0
2	微软（美国）	79.3	20	VinAI（越南）	4.5
3	Meta（美国）	54.9	23	字节跳动（中国）	3.5
4	亚马逊（美国）	26.5	24	京东（中国）	3.5
5	IBM（美国）	26.3	25	快手科技（中国）	3.2
6	华为（中国）	21.8	26	旷世科技（中国）	3.0
7	阿里巴巴（中国）	13.1	27	商汤科技（中国）	2.9
8	英伟达（美国）	12.5	30	蚂蚁集团（中国）	2.5
9	腾讯（中国）	10.2	37	地平线机器人（中国）	1.6
10	三星（韩国）	10.0	41	网易（中国）	1.4
11	百度（中国）	9.7	42	联发科（中国）	1.3
12	NTT（日本）	7.5	50	快手国际版（中国）	1.2
13	苹果（美国）	7	54	平安科技（中国）	1.0
14	OpenAI（美国）	6.7	62	启元世界（中国）	1.0
15	英特尔（美国）	6.7	66	第四范式（中国）	0.9
16	Adobe（美国）	6.2	79	美团（中国）	0.7
17	Salesforce（美国）	6.0	80	海康威视（中国）	0.7
18	Yandex（俄罗斯）	6.0	97	滴滴出行（中国）	0.5

资料来源：Thundermark Capital 于 2022 年发布的全球 AI 研究年度排名。

国家对人工智能发展越来越重视，广阔的应用场景也具有人工智能学科发展的土壤，相信相关人才的培养数量和质量必将迅速提升，人才外流的不良趋势也将得到有效遏制。

（三）数据储备

高质量的数据是训练人工智能工具的能源，人工智能，尤其是医学人工智能离不开医学大数据。虽然医学数据的产生快速增长，但由于医学信息系统的特殊要求和部署环境，大量数据藏在医院无法公开和访问的病例资料里，无法被计算机识别和处理。当前医疗健康人工智能发展面临的首要问题，还停留在数据层面。

医疗健康领域数据产生和累积的速度非常快，但却不能满足 AI 训练的需求，原因有以下几方面：一是医疗健康领域数据的特殊性质，出于隐私和法律的保护需求，以及各机构自身信息安全的防护，大部分数据无法共享；二是医疗数据大而不精，数据量虽然非常庞大，但质量不高，结构化和标准化不足，且可能分散在各个孤岛中难以汇集，清洗、脱敏、结构化工作量巨大；三是健康医学领域的特殊性，对数据进行高质量标注非常困难；四是医疗健康过程中对患者和客户的关注点很多，对同一数据对象需要有多维度的评价结果，很多不同数据对象又需要相互参照，综合判断，这也对 AI 模型的构建方式和工作机制提出了更高的要求。

（四）产业自主

以 5G 和人工智能为代表的信息通信技术的发展日益深刻地影响着社会的方方面面，受到世界各国不断加深的关切和重视，产业自主成为我国面临的严峻挑战和近切需要解决的问题。这些问题不仅在硬件领域存在，如芯片制造原材料、制造设备、GPU 和 CPU 架构都与国外存在代差；在软件领域同样如此，比如人工制能的基础算法和平台。目前，我国正在发挥新型举国体制优势，加大投入，不断向着产业自主的方向迈进。

（五）商业模式

1. 可持续的商业模式亟待建立　医疗人工智能产品的特点之一是前期研发投入巨大，产品投用前难以获得营收，大多以软硬件销售的方式由医院付费，但医疗收费管理非常严格，这些费用难以向客户转移，即使有较大的功能提升，可能仍需按常规收费标准收取费用，购买人工智能产品的额外费用需要医疗机构自身消化。当然，AI技术的应用从长期和总体方向上来看，具有多方共赢的潜在效益，但构建一个兼顾多方利益、有效控制各方风险的商业模式，是促进AI在医疗健康领域稳步发展的重要保障。

2. 行业标准匮乏　在缺乏国际国内标准的环境下，AI在健康领域的快速扩张应用，应该说还处于野蛮生长的阶段。2022年《人工智能医疗器械注册审查指导原则》发布，但该原则仍然是指导原则，不是行业或国家标准，离正式标准的构建，从而形成真正规范的市场监管还有很长的路要走，但该问题已得到国际国内政府、组织、业界的高度重视，相信相关的标准会快速构建完善。

三、展望

信息通信技术一直被视为健康管理学科重要的技术支撑，上有中央部委的政策引导，下有地方政府的配套措施，内有医疗健康的迫切需求，外有数字技术的飞速发展，信息技术一直在医疗健康产业中发挥着重要的作用。5G技术不仅是通信技术的迭代升级，更是连接所有信息技术和各行各业的高速公路，通过这条高速公路，最新的通信技术成果正在以前所未有的速度，深刻地影响着各行各业的产业形态，包括医疗健康产业。

得益于飞速增长的算力，不断演进的深度学习算法和模型，以及海量的数据信息，以ChatGPT为代表的各种生成内容式的人工智能模型和工具必将不断涌现和快速演进，ChatGPT已经在多模态、跨领域、自然交互、逻辑推理等方面有了远超预期的表现，我们暂时不必要陷入其是否拥有真正的智能和创新能力的争论，但有迹象表明，它将可能成为与搜索引擎相提并论的信息和知识门户，可能成为与健康专家自然交互、理解和分发任务智能助理，可能成为各种机器工具的大脑，总之，医疗健康的智慧化进程将显著加快，健康信息系统的构建和流程将被快速重构，健康专家的工作方式乃至健康产业的业态也会在其影响下发生颠覆性的改变。

新一轮智能工具是基于深度学习大模型的应用，此类模型需要训练以千亿为级别的参数，需要上万块最先进的顶级GPU，硬件投入数亿美元，每次训练的数据以TB为单位，甚至每次的训练都要耗费数千万美元，更不用说需要的顶级AI人才，能够投入研发的公司，即便是放眼世界，也屈指可数。这种在人才、硬件、经费、先发优势等方面的综合门槛很有可能催生出新的人工智能霸权，但此类工具向普通个人提供可及的应用入口，也是向大众信息、知识和技术的赋能，对于提高个人的工作效率和能力也将产生积极的影响。

人工智能的发展，以及在智慧健康领域的应用，仍然存在着知识产权、安全、伦理、环境、可信度等诸多挑战，但它正在加快成为现实，其势头不可逆转，甚至无法减缓。智慧健康正从5G高速公路上快速到来，健康专家该思考如何发挥自身的优势，扮演好自己的角色，不要成为被替代者，而是人工智能和智慧健康的驾驭者。

案例：

手术机器人

手术机器人是将外科手术与机器人技术，以及 5G 等信息通信技术结合的高端医疗装备。2000 年，达芬奇手术系统获美国 FDA 批准，经过三次升级后已经广泛应用于普外科、泌尿外科、心血管外科、胸外科、妇科、五官科及小儿科等外科手术，目前是最受欢迎的腔镜手术机器人。2010 年开始，各种术式的手术机器人开始迅速涌现。

截至 2021 年年末，达芬奇手术机器人全球共安装 1 347 台，较 2020 年增长了 43.91%，全球累计安装达 6 730 台；2021 年达芬奇手术机器人辅助手术量已达 159.4 万例。

2020 年，中国进行的腔镜机器人辅助手术为 47 379 例，渗透率为 0.5%，远低于当时美国的 13.3%。上海、北京率先展开试点将机器人辅助手术纳入医保，2021 年 4 月，上海将“人工智能辅助治疗技术”纳入基本医保，限定支付范围为腔镜手术机器人的四类手术，报销比例为 80%。2021 年 10 月 23 日起，北京医保报销范围同时全面覆盖了脊柱、创伤、关节三大类骨科机器人手术。

2021 年开始，国产手术机器人品牌陆续获批，其中腔镜手术机器人已有图迈等四款产品获批上市，对标达芬奇手术机器人；骨关节专科也有四款国产品牌；骨科 - 脊柱手术机器人在 2021—2022 年上市了三款新产品，其中两款为国内品牌。据未来智库测算，2022—2023 年，国内腔镜手术机器人市场空间有望从 35 亿元增长至 282 亿元。

早在 2018 年 12 月 18 日，由解放军总医院第一医学中心肝胆外二科主任刘荣主刀，利用 5G 网络，远程无线操控机器人床旁系统，为 50 公里外福建医科大学孟超肝胆医院动物实验室内一只实验猪进行肝小叶切除手术，这是世界首次 5G 远程外科手术测试。2023 年 2 月 16 日，浙大邵逸夫医院的梁霄主任使用医生控制台，向阿拉尔医院手术室内的机械臂发出动作指令，成功为一名患者实施了胆囊切除术。这是世界首例机器人辅助下超远程 5G 肝胆外科手术，开创了我国 5G 远程机器人手术全新里程碑。数据显示，2022 年 6 月至 2023 年 3 月，图迈机器人已累计完成 5 例 5G 超远程手术，包括 3 例泌尿外科手术和 2 例肝胆外科手术。

5G+ 手术机器人在我国具有非常重要的意义。我国地域辽阔，医疗资源分布不均，通过远程教学示范、手术过程指导，可以打破医疗资源的时空限制，使优质的医疗资源下沉到基层医疗机构，符合我国的国情和需求。

（安　辉　孙晓燕　袁贞明）

参考文献

[1] 徐晓乐，金鑫俊．浙江中医药大学郭清教授领衔申报的难题被列为中国科协发布 2021 年十大工程技术难题之一［EB/OL］．（2021-08-03）［2023-03-15］．https://zhejiang.eol.cn/zhejiang_news/202108/t20210803_2142578.shtml．

[2] 工业和信息化部办公厅，国家卫生健康委员会办公厅．关于公布 5G+ 医疗健康应用试点项目的通知［EB/OL］．（2021-09-03）［2023-03-15］．https://www.miit.gov.cn/zwgk/zcwj/wjfb/tz/art/2021/art_fb28832015e1451da43aaed11a3c8026.html．

[3] 中国互联网协会．中国互联网发展报告（2022）［EB/OL］．（2022-09-14）［2023-03-15］．https://www.isc.

org.cn/article/13848794657714176.html.

[4] 工业和信息化部，中央网络安全和信息化委员会办公室，科学技术部，等. 物联网新型基础设施建设三年行动计划（2021—2023 年）[EB/OL].（2021-09-10）[2023-03-15]. http://www.gov.cn/zhengce/zhengceku/2021-09/29/content_5640204.htm.

[5] 百度百科. ChatGPT（OpenAI 发布的聊天机器人模型）[EB/OL].（2023-03-14）[2023-03-20]. https://baike.baidu.com/item/ChatGPT/62446358.

[6] 中国信息通信研究院. 人工智能生成内容（AIGC）白皮书（2022 年）[EB/OL].（2022-09-02）[2023-03-15]. http://www.caict.ac.cn/sytj/202209/t20220913_408835.htm.

[7] 中国信息通信研究院. 可信人工智能产业生态发展报告（2022 年）[EB/OL].（2022-09-06）[2023-03-15]. http://www.caict.ac.cn/sytj/202209/t20220913_408839.htm.

[8] 百度百科. 元宇宙（人类运用数字技术构建的虚拟世界）[EB/OL].（2023-03-03）[2023-03-15]. https://baike.baidu.com/item/ 元宇宙 /58292530.

[9] 工业和信息化部，教育部，文化和旅游部，等. 虚拟现实与行业应用融合发展行动计划（2022—2026 年）[EB/OL].（2022-10-28）[2023-03-15]. http://www.gov.cn/zhengce/zhengceku/2022-11/01/content_5723273.htm.

[10] 工业和信息化部，中央网络安全和信息化委员会办公室，国家发展和改革委员会，等. 5G 应用“扬帆”行动计划（2021-2023 年）[EB/OL].（2021-07-05）[2023-03-15]. http://www.gov.cn/zhengce/zhengceku/2021-07/13/content_5624610.htm.

[11] 工业和信息化部，国家卫生健康委员会，国家发展和改革委员会，等. “十四五”医疗装备产业发展规划[EB/OL].（2021-12-21）[2023-03-15]. http://www.gov.cn/zhengce/zhengceku/2021-12/28/content_5664991.htm.

[12] 国家卫生健康委，国家发展改革委，教育部，等. 关于加快推进康复医疗工作发展的意见[EB/OL].（2021-06-08）[2023-03-15]. http://www.gov.cn/gongbao/content/2021/content_5633458.htm.

[13] 卫生健康委. “十四五”国家临床专科能力建设规划[EB/OL].（2021-10-09）[2023-03-15]. http://www.gov.cn/zhengce/zhengceku/2021-10/18/content_5643488.htm.

[14] 国务院办公厅. “十四五”全民医疗保障规划[EB/OL].（2021-09-23）[2023-03-15]. http://www.gov.cn/gongbao/content/2021/content_5643264.htm.

[15] 工业和信息化部，民政部，卫生健康委. 智慧健康养老产业发展行动计划（2021-2025 年）[EB/OL].（2021-10-20）[2023-03-15]. http://www.gov.cn/zhengce/zhengceku/2021-10/23/content_5644434.htm.

[16] 卫生健康委. 健康儿童行动提升计划（2021-2025 年）[EB/OL].（2021-10-29）[2023-03-15]. http://www.gov.cn/zhengce/zhengceku/2021-11/05/content_5649019.htm.

[17] 科技部，教育部，工业和信息化部，等. 关于加快场景创新以人工智能高水平应用促进经济高质量发展的指导意见[EB/OL].（2022-07-29）[2023-03-15]. http://www.gov.cn/zhengce/zhengceku/2022-08/12/content_5705154.htm.

[18] 科技部. 科技部关于支持建设新一代人工智能示范应用场景的通知[EB/OL].（2022-08-12）[2023-03-15]. http://www.gov.cn/zhengce/zhengceku/2022-08/15/content_5705450.htm.

[19] 中国科协办公厅. 中国科协办公厅关于征集 2021 重大科学问题和工程技术难题的通知[EB/OL].（2021-02-04）[2023-03-15]. https://www.cast.org.cn/art/2021/2/4/art_458_146959.html.

[20] 中国科协学会学术部. 中国科协发布 2021 重大科学问题、工程技术难题和产业技术问题[EB/OL].（2021-07-28）[2023-03-15]. https://www.cast.org.cn/art/2021/7/28/art_79_164911.html.

[21] 工业和信息化部办公厅，国家卫生健康委员会办公厅. 关于组织开展 5G+ 医疗健康应用试点项目申报工作的通知[EB/OL].（2020-11-18）[2023-03-15]. https://www.miit.gov.cn/zwgk/zcwj/wjfb/txy/art/2020/art_36fdd2f6d5be42c282362bd2bea6dbb6.html.

[22] 弗若斯特沙利文. 医疗智能行业白皮书[EB/OL].（2022-05-25）[2023-03-15]. http://legacy.frostchina.com/?p=17404.

[23] 德勤中国. 2023 年中国生命科学与医疗行业投融资与并购市场展望[EB/OL].（2022-12-14）[2023-03-15]. https://www2.deloitte.com/cn/zh/pages/life-sciences-and-healthcare/articles/pr-2023-china-lshc-investment-and-ma-outlook.html.

[24] 工业和信息化部，教育部，公安部，等. "机器人 +"应用行动实施方案[EB/OL].（2023-01-18）[2023-03-15]. http://www.gov.cn/zhengce/zhengceku/2023-01/19/content_5738112.htm.

[25] 第十三届全国人民代表大会常务委员会第十五次会议. 中华人民共和国基本医疗卫生与健康促进法[EB/OL].（2020-01-02）[2023-03-15]. http://www.npc.gov.cn/npc/c30834/201912/15b7b1cfda374666a2d4c43d1e15457c.shtml.

[26] 国家卫生健康委疾病预防控制局. 中国居民营养与慢性病状况 2020 年报告[M]. 北京：人民卫生出版社，2020.

[27] 国家统计局. 中华人民共和国 2021 年国民经济和社会发展统计公报[EB/OL].（2022-02-28）[2023-03-15]. http://www.gov.cn/xinwen/2022-02/28/content_5676015.htm.

[28] 国务院办公厅. "十四五"国民健康规划[EB/OL].（2022-05-20）[2023-03-15]. http://www.gov.cn/zhengce/zhengceku/2022-05/20/content_5691424.htm.

[29] 国家药监局医疗器械技术审评中心中心. 人工智能医疗器械注册审查指导原则[EB/OL].（2022-03-07）[2023-03-15]. https://www.cmde.org.cn//xwdt/shpgzgg/gztg/20220309090800158.html.

[30] 清华大学计算机系 AMiner 团队. 2022 年人工智能全球最具影响力学者榜单 AI 2000[EB/OL].（2022-01-25）[2023-03-15]. https://www.cs.tsinghua.edu.cn/info/1088/4796.htm.

[31] THUNDERMARK CAPITAL. 全球 AI 研究年度排名[EB/OL].（2022-05-23）[2023-03-15]. https://baijiahao.baidu.com/s?id=1733546266932365879.

[32] 中国信息通信研究院. 中国 5G 发展和经济社会影响白皮书（2022 年）[EB/OL].（2023-01-07）[2023-03-15]. http://www.caict.ac.cn/kxyj/qwfb/bps/202301/t20230107_413792.htm.

[33] 前瞻经济学人. 2023 年中国人工智能行业全景图谱[EB/OL].（2022-12-04）[2023-03-15]. https://baijiahao.baidu.com/s?id=1751263227500038283.

[34] 未来智库. 手术机器人行业深度研究：国产手术机器人迎来产业化元年[EB/OL].（2023-02-17）[2023-03-15]. https://baijiahao.baidu.com/s?id=1758040921015570036.

第十一章　健康保险业

国务院办公厅印发的《"十四五"全民医疗保障规划》（以下简称《规划》）指出，医疗保障是减轻群众就医负担、增进民生福祉、维护社会和谐稳定的重大制度安排，要加快建立多层次医疗保障体系。健康保险是我国医疗保障体系的重要组成部分，本章所指的健康保险是广义的健康保险，既包括社会基本医疗保险，也包括商业健康保险。为促进我国医疗保障体系不断发展和完善，既需要持续完善基本医疗保障制度，也需要鼓励和支持商业健康保险的发展。本章在回顾健康保险业发展概况、存在问题的基础上，对健康保险业未来的发展提出展望。

第一节　健康保险业的发展概况

一、社会基本医疗保险的发展状况

（一）2021—2022 年社会基本医疗保险运行概况

2021 年全国医疗保障事业发展统计公报显示，2021 年全国基本医疗保险参保人数接近 136 297 万人，参保率约为 95%。基本医疗保险基金总收入约 28 727.58 亿元，总支出 24 043.10 亿元，当期结存 4 684.48 亿元，累计结存 36 156.30 亿元。2022 年医疗保障事业发展统计快报显示，截至 2022 年年底，基本医疗保险参保人数 134 570 万人，较 2021 年下降 1.3%，但参保率仍稳定在 95% 以上。2022 年全国医疗保障事业发展统计公报显示，2022 年基本医疗保险基金总收入为 30 922.17 亿元、总支出为 24 597.24 亿元，基金累计结存 42 639.89 亿元。

1. 参保人数情况

（1）职工基本医疗保险：2021 年，职工基本医疗保险（以下简称"职工医保"）参保人数 35 431 万人，比上年增长 2.8%。在职、退休职工医保参保人员结构如图 11-1 所示。2022 年，职工医保参保人数 36 243 万人，比 2021 年增长 2.3%。其中，在职职工 26 604 万人，退休职工 9 639 万人。

（2）城乡居民基本医疗保险：2021 年，城乡居民基本医疗保险（以下简称"居民医保"）参保人数约为 100 866 万人，比上年减少 0.8%。成年居民、中小学生儿童、大学生分别占参保总人数的 73.6%、24.4%、2.0%。2022 年，居民医保参保人数 98 328 万人，比 2021 年下降 2.5%。

2. 基金收支情况

（1）职工基本医疗保险：2021 年，职工医保基金收入 19 003.10 亿元，基金支出

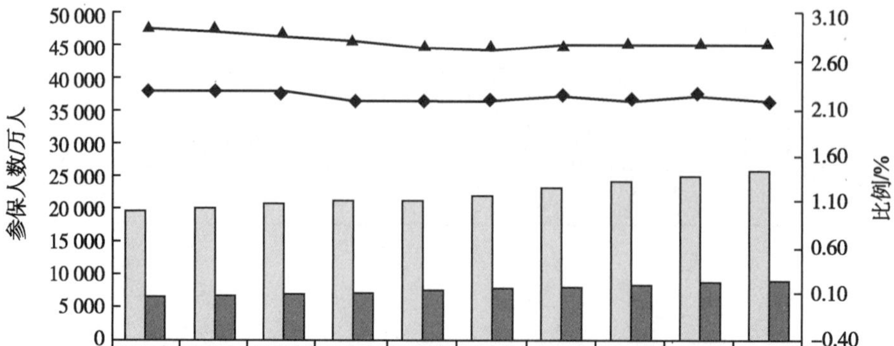

	2012年	2013年	2014年	2015年	2016年	2017年	2018年	2019年	2020年	2021年
在职参保人数	19 861	20 501	21 041	21 362	21 720	22 288	23 308	24 224	25 429	26 106
退休参保人数	6 624	6 942	7 255	7 531	7 812	8 034	8 373	8 700	9 026	9 324
在职退休比	3.00	2.95	2.90	2.84	2.78	2.77	2.78	2.78	2.82	2.80
剔除农民工在职退休比	2.29	2.28	2.28	2.2	2.2	2.21	2.21	2.23	2.26	2.18

图 11-1　2012—2021 年职工医保参保人员结构

资料来源：2021 年全国医疗保障事业发展统计公报。

14 746.73 亿元。其中，职工医保统筹基金收入 11 864.04 亿元，统筹基金支出 9 321.27 亿元，累计结存 17 685.74 亿元；2021 年，职工医保个人账户收入 7 139.06 亿元，支出 5 425.46 亿元，当期结存 1 713.60 亿元，累计结存 11 753.98 亿元。2022 年，职工医保基金收入 20 637.18 亿元，同比增长 8.6%；基金支出 15 158.30 亿元，同比增长 2.8%。职工医保基金年末累计结存 35 003.83 亿元，其中统筹基金累计结存 21 470.04 亿元，个人账户累计结存 13 533.79 亿元。

（2）城乡居民基本医疗保险：2021 年，居民医保基金收入 9 724.48 亿元，支出 9 296.37 亿元，居民医保基金当期结存 428.11 亿元，累计结存 6 716.58 亿元（图 11-2）。2021 年，居民医保人均筹资 889 元。2022 年，居民医保基金收入 10 060.55 亿元，同比增长 3.5%；支出 9 273.42 亿元，同比降低 0.2%；年末累计结存 7 536.90 亿元。

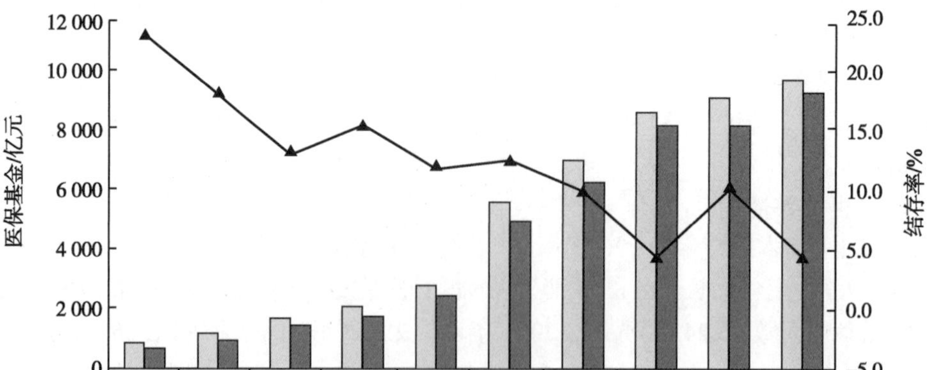

	2012年	2013年	2014年	2015年	2016年	2017年	2018年	2019年	2020年	2021年
基金收入	877	1 187	1 649	2 109	2 811	5 653	6 971	8 575	9 115	9 724
基金支出	675	971	1 437	1 781	2 480	4 955	6 277	8 191	8 165	9 296
结存率	23.0%	18.2%	12.9%	15.6%	11.8%	12.4%	10.0%	4.5%	10.4%	4.4%

图 11-2　2012—2021 年居民医保基金收支情况

数据来源：2021 年全国医疗保障事业发展统计公报。

3. 待遇情况

（1）职工基本医疗保险：2021 年，参加职工医保人员享受待遇 20.40 亿人次。其中，普通门急诊 17.23 亿人次，门诊慢特病 2.58 亿人次，住院 0.59 亿人次（图 11-3）。

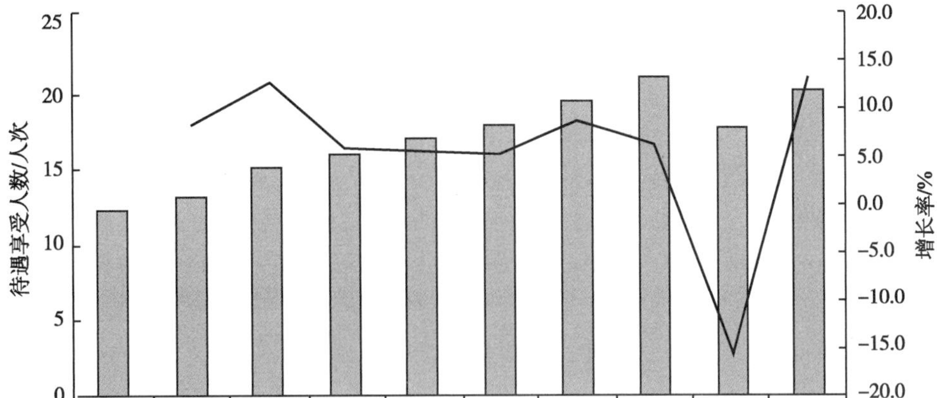

	2012年	2013年	2014年	2015年	2016年	2017年	2018年	2019年	2020年	2021年
待遇享受人次	12.3	13.4	15.2	16.2	17.1	18.1	19.8	21.2	17.9	20.4
增长率		8.9%	13.4%	6.6%	5.6%	5.8%	9.4%	7.1%	-15.6%	13.9%

图 11-3　2012—2021 年职工医保享受待遇人次

资料来源：2021 年全国医疗保障事业发展统计公报。

2021 年职工医保参保人员医疗总费用 14 997.37 亿元。职工医保次均住院费用和住院率如图 11-4 所示：职工医保参保人员住院率为 17.7%，次均住院费用为 12 948 元，次均住院床日为 10.0 天。职工医保住院费用基金支付比例 84.4%。

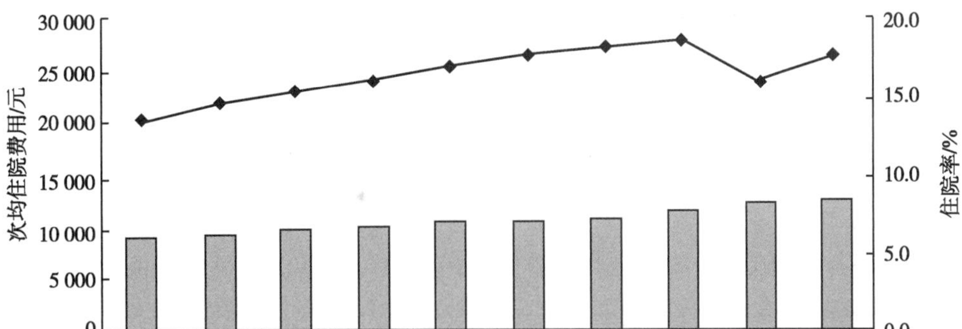

	2012年	2013年	2014年	2015年	2016年	2017年	2018年	2019年	2020年	2021年
次均住院费用	9 313	9 693	10 095	10 414	10 825	11 000	11 181	11 888	12 657	12 948
住院率	13.5%	14.6%	15.4%	16.5%	17.1%	17.9%	18.4%	18.7%	15.9%	17.7%

图 11-4　2012—2021 年职工医保次均住院费用和住院率

资料来源：2021 年全国医疗保障事业发展统计公报。

（2）城乡居民基本医疗保险：2021 年，居民医保参加人员共享受待遇 20.8 亿人次（图 11-5）。其中，普通门急诊 16.83 亿人次，门诊慢特病 2.44 亿人次，住院 1.53 亿人次。

2021 年，居民医保医疗总费用 15 107 亿元。居民医保参保人次均住院费用为 8 023 元，参保人住院率为 15.2%，次均住院床日为 9.4 天（图 11-6）。居民医保政策范围内住院费用基金支付比例为 69.3%。

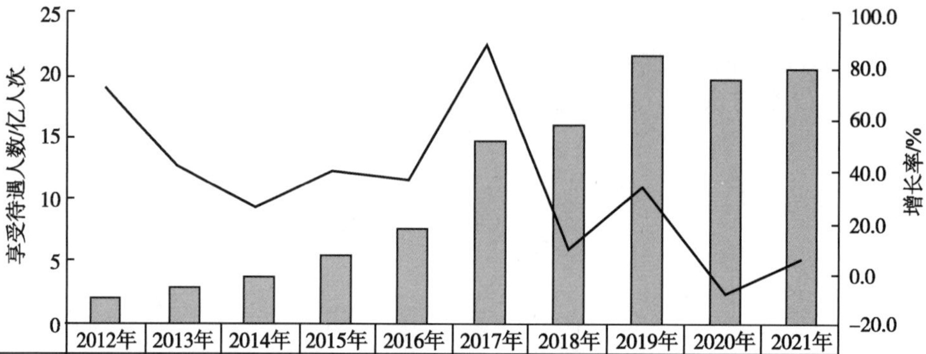

	2012年	2013年	2014年	2015年	2016年	2017年	2018年	2019年	2020年	2021年
享受待遇人次	2.3	3.3	4.1	5.8	7.9	14.9	16.2	21.7	19.9	20.8
增长率	72.1%	41.9%	26.4%	39.7%	36.1%	88.5%	8.4%	34.0%	−8.4%	4.7%

图 11-5　2012—2021 年城乡居民医保享受待遇人次

资料来源：2021 年全国医疗保障事业发展统计公报。

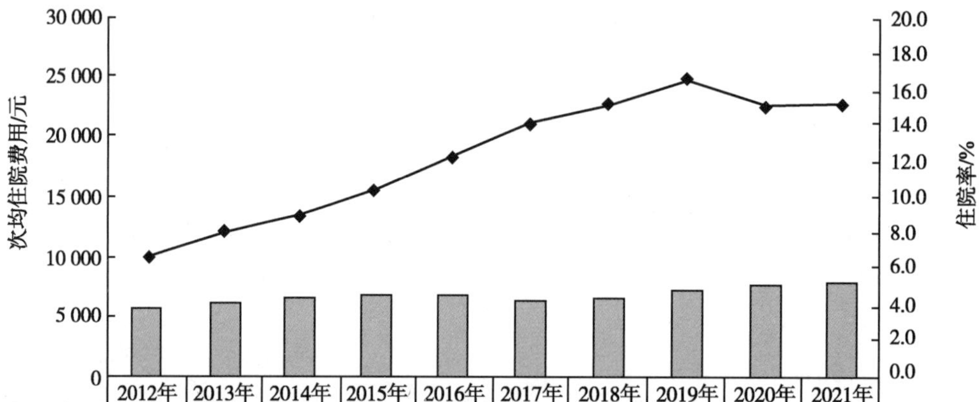

	2012年	2013年	2014年	2015年	2016年	2017年	2018年	2019年	2020年	2021年
次均住院费用	5 698	6 146	6 653	6 821	6 663	6 100	6 577	7 049	7 546	8 023
住院率	6.6%	8.1%	8.9%	10.4%	12.3%	14.1%	15.2%	16.6%	15.1%	15.2%

图 11-6　2012—2021 年居民医保次均住院费用和住院率

资料来源：2021 年全国医疗保障事业发展统计公报。

4. 医保药品目录　根据《国家基本医疗保险、工伤保险和生育保险药品目录（2021 年）》，2021 年共 2 860 种药品纳入医保药品目录，74 种药品为新纳入。2021 年，协议期内 221 种谈判药报销人次达 1.4 亿人次，累计减负 1 494.9 亿元。《国家基本医疗保险、工伤保险和生育保险药品目录（2022 年）》显示，2022 年共有 2 967 种药品纳入医保药品目录，较上年新增 111 种。2022 年，协议期内 275 种谈判药报销人次约 1.8 亿人次，累计减负 2 100 余亿元。

5. 医保支付方式改革　2021 年，疾病诊断相关分组付费（diagnosis-related groups，DRG）和基于大数据的病种分值付费（big data diagnosis-intervention packet，DIP）持续推进，全国已有 30 个 DRG 付费试点城市和 71 个 DIP 付费试点城市进入实际付费阶段。2022 年，全国共 206 个统筹地区实现了 DRG/DIP 支付方式改革实际付费。其中，按 DRG/DIP 付费的定点医疗机构达到 52%，病种覆盖范围达到 78%，按 DRG/DIP 付费的医保基金支出占统筹地区内医保基金住院支出比例达到 77%。

6. 医疗保障基金监管　2021年，医保行政部门继续加强专项检查和医保经办机构日常核查，共检查定点医药机构70.8万家，处理违法违规机构41.4万家，处理参保人员45 704人，共追回医保资金234.18亿元。2022年，医保系统共检查定点医药机构76.7万家，处理违法违规机构39.8万家，处理参保人员39 253人，共追回医保资金188.4亿元。

7. 长期护理保险　2021年，全国已有49个长期护理保险试点城市，约1.4亿人参加长期护理保险，享受待遇人数达到108.7万人。2021年，长期护理保险基金收入260.6亿元，支出168.4亿元。

（二）社会基本医疗保险运行的主要特点

1. 基本医疗保险参保人群稳步增长，待遇水平稳步提高　2021年，全国基本医疗保险参保人数136 297万人，总体上基本医疗保险参保率在95%以上，基本实现了基本医疗保险服务的全民覆盖。2022年，由于清理重复参保人员，基本医疗保险参保人数同比下降1.3%，但参保率稳定在95%以上，参保质量持续提升。

2021年，职工、居民医保参保人待遇与上年相比有所提高。职工医保参保人的住院费用基金支付比例提升到84.4%，居民医保参保人的住院费用基金支付比例为69.3%。

2. 基本医疗保险基金收入支出均有上升，医保基金结余较多　医保基金数据显示，相比于2021年，2022年基本医疗保险基金收入、支出均有上升，医保基金收支结余较多。2021年，职工医保基金收入比上年增长20.8%，基金支出比上年增长14.6%；居民医保基金收入比上年增长6.7%，基金支出比上年增长13.9%。职工医保基金收入、支出增速明显高于居民医保。2022年，职工医保基金收入、支出增速也均高于居民医保。2021年，职工医保统筹基金当期结存2 542.77亿元，个人账户当期结存1 713.60亿元；居民医保基金当期结存428.11亿元。2022年，职工医保统筹基金累计结存21 470.04亿元，个人账户累计结存13 533.79亿元；居民医保基金累计结存7 536.90亿元。无论职工医保统筹基金、职工医保个人账户还是居民医保统筹基金，都存在积累资金过多的问题，对基金监管提出了更高要求。

3. 职工基本医疗保险门诊共济保障机制日益完善　2021年4月13日，国务院办公厅印发《关于建立健全职工基本医疗保险门诊共济保障机制的指导意见》(国办发〔2021〕14号)（以下简称《意见》)。《意见》明确要在各地市建立健全职工医保门诊共济保障机制，将门诊费用纳入职工医保统筹基金支付范围，改革职工医保个人账户制度，为职工医保改革指明了方向。在此背景下，各省市相继出台职工医保门诊共济实施方案，推动政策落地实施。门诊共济保障机制的建立对于为职工医保参保人报销更多门诊费用，逐步减轻普通门诊就医负担，实现制度更加公平更可持续至关重要。

4. 医保支付方式改革不断深化　科学合理的医保支付方式是提高医保基金使用效能的有效手段。《“十四五”全民医疗保障规划》明确提出，要持续优化医保支付机制，推进医保支付方式改革。在实践中，为适应不同疾病和医疗服务的特点，医保支付方式逐步从单一的按项目付费发展为多元复合式支付方式。针对不同疾病、不同医疗服务特点，分类推进医保支付方式改革。针对住院医疗服务，各地逐步探索出了DIP、DRG等支付方式；对长期、慢性病住院医疗服务探索出按床日付费的方式；对基层医疗服务，探索出按人头付费与慢性病管理相结合的支付方式。当前医保支付方式在经办管理、保障能力、信息化建设等方面，积累了宝贵经验。

二、商业健康保险业的发展状况

我国商业健康保险的功能定位是基本医疗保障制度的有益补充，最常见的类型是医疗保险和疾病保险。其作用主要是为重特大疾病患者提供补充保障，进一步减轻患者和家庭就医经济负担，以及丰富医疗保险产品供给和保险服务，满足群众多元化需求，提供多元化的健康保障。

《"十四五"全民医疗保障规划》指出，健全多层次医疗保障制度体系需要进一步鼓励支持商业健康保险、慈善捐赠、医疗互助等协调发展。要求更加注重发挥商业医疗保险作用，引导商业保险机构创新完善保障内容，提高保障水平和服务能力。

目前我国商业健康保险仍处在发展的初级阶段，在产品供给、风险保障、经营服务等方面仍存在诸多不足。在老龄化与健康保险业内外部环境剧烈变化的背景下，厘清商业健康保险市场的总体概况与特点是促进其发展的第一步。

（一）2021—2022 年商业健康保险运行概况

1. 商业健康保险收入与赔付　2021—2022 年商业健康保险行业整体保持增长，但保费收入增速下降：中国银行保险监督管理委员会数据显示，2021 年健康险保费收入为 8 447.02 亿元，2022 年为 8 652.94 亿元，保费同比增速分别为 3.36% 和 2.38%。2021 年我国商业健康险赔付支出 4 028.50 亿元，2022 年赔付支出 3 599.53 亿元（表 11-1、图 11-7）。

赔付率是指一定时间内赔款支出与保费收入的百分比，可以间接衡量某类保险产品或保险公司的盈利水平，是健康险产品的重要经营指标。赔付率持续保持高位，说明长期经营和风险管理出现问题；赔付率过低，则说明产品设计有缺陷，未能实现健康保障的定位。2021 年我国商业健康保险赔付率为 47.69%，2022 年为 41.60%，整体赔付率不高。

表 11-1　2009—2022 年我国商业健康保险保费收入、赔付支出与赔付率

年份	保费收入 / 亿元	赔付支出 / 亿元	赔付率 /%
2009	573.98	217.03	37.81
2010	677.47	264.02	38.97
2011	691.72	359.67	52.00
2012	862.76	298.17	34.56
2013	1 123.50	411.13	36.59
2014	1 587.18	571.16	35.99
2015	2 410.47	762.97	31.65
2016	4 042.50	1 000.75	24.76
2017	4 389.46	1 294.77	29.50
2018	5 448.13	1 744.34	32.02
2019	7 066.00	2 351.00	33.27
2020	8 172.71	2 921.16	35.74
2021	8 447.02	4 028.50	47.69
2022	8 652.94	3 599.53	41.60

资料来源：中国银行保险监督管理委员会。

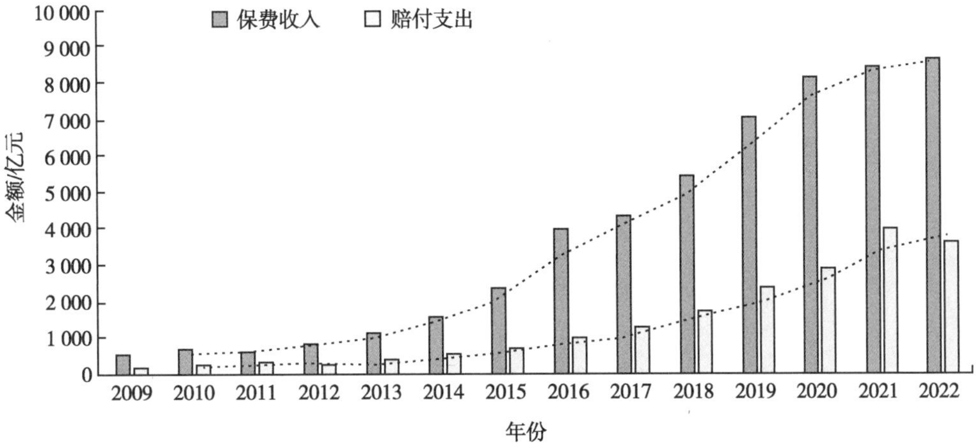

图 11-7 2009—2022 年我国商业健康保险收入、赔付额度与变化趋势

资料来源：中国银行保险监督管理委员会。

2. 商业健康保险赔付占卫生总费用的比例 商业健康保险占卫生总费用的比例上升，意味着上升的部分应该成为“置换”部分个人卫生费用自付比例的下降，从而降低个人卫生支出。2020 年我国商业健康险赔付支出 2 921.16 亿元，2021 年为 4 028.50 亿元，分别占当年卫生总费用的 4.05% 和 5.24%，占比总体呈上升趋势（表 11-2、图 11-8）。

表 11-2 2009—2021 年我国商业健康保险占卫生总费用的比例

年份	保险赔付支出 / 亿元	卫生总费用 / 亿元	占比 /%
2009	217.03	17 541.92	1.24
2010	264.02	19 980.39	1.32
2011	359.67	24 345.91	1.48
2012	298.17	28 119.00	1.06
2013	411.13	31 668.95	1.30
2014	571.16	35 312.40	1.62
2015	762.97	40 974.64	1.86
2016	1 000.75	46 344.88	2.16
2017	1 294.77	52 598.28	2.46
2018	1 744.34	59 121.91	2.95
2019	2 351.00	65 841.39	3.57
2020	2 921.16	72 175.00	4.05
2021	4 028.50	76 845.00	5.24

资料来源：中国银行保险监督管理委员会，国家统计局。

3. 商业健康保险深度与密度

（1）保险深度：保险深度是特定国家或地区保费收入占该国或地区国内生产总值（GDP）的比重，反映该地健康保险业在国民经济中的地位。计算公式如下：

$$保险深度=\frac{统计区当年保费收入}{统计区当年国内生产总值}$$

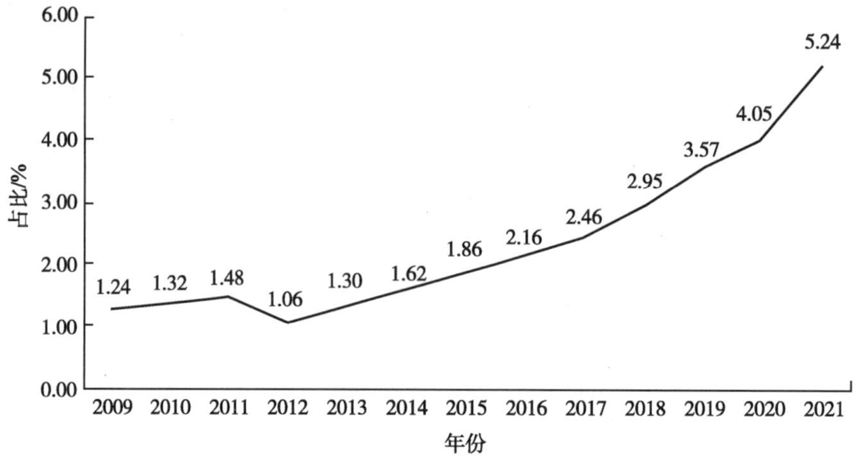

图 11-8 2009—2021 年我国商业健康保险占卫生总费用的比例

资料来源：中国银行保险监督管理委员会，国家统计局。

2021 年，我国 GDP 为 1 149 237 亿元，商业健康保险深度为 0.74%；2022 年 GDP 初步核算为 1 210 207 亿元，商业健康保险深度为 0.71%（图 11-9）。我国商业健康保险深度仍须提高。

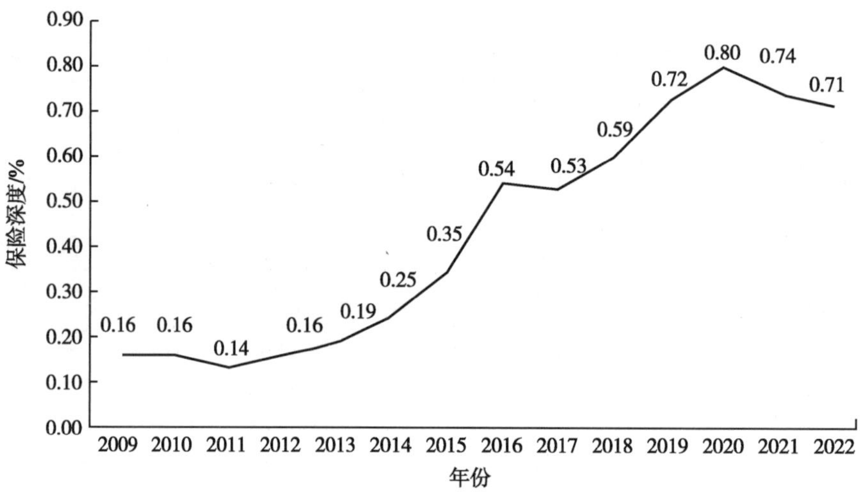

图 11-9 2009—2022 年我国商业健康保险深度

资料来源：中国银行保险监督管理委员会，国家统计局。

（2）保险密度：保险密度是根据特定国家或地区常住人口计算的人均投保水平，反映一个国家或地区保险的普及程度以及保险业的整体发展水平。计算公式如下：

$$保险密度=\frac{统计区当年保费收入}{统计区当年常住人口数}$$

2021 年末全国人口 141 260 万人，2022 年末全国人口 141 175 万人，商业健康保险密度 2021 年达 598 元，2022 年达 613 元（图 11-10）。2021 年居民人均可支配收入为 35 128 元，2022 年为 36 883 元，人均商业健康保险筹资占可支配收入的比例 2021 年为 1.70%，2022 年为 1.66%。

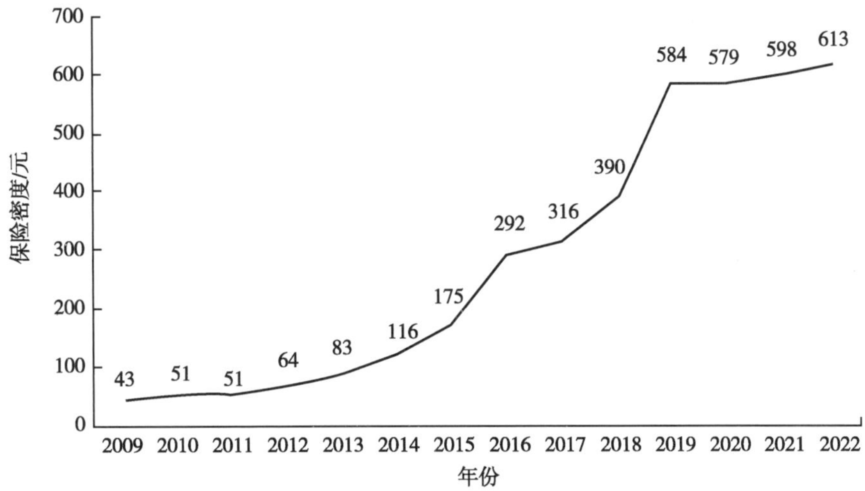

图 11-10　2009—2022 年我国商业健康保险密度

资料来源：中国银行保险监督管理委员会，国家统计局。

4. 商业健康保险区域市场份额　2022 年各地区商业健康保险费收入见表 11-3。不同省（自治区、直辖市）保费差异较大。广东、江苏、山东、北京保费收入位居前四，均超过 500 亿元（图 11-11）。

表 11-3　2022 年各省（自治区、直辖市）商业健康保险保费收入及排名

地区	保费收入 / 亿元	排名	地区	保费收入 / 亿元	排名
广东	764.85	1	辽宁	186.68	17
江苏	640.59	2	江西	169.89	18
山东	619.58	3	山西	164.25	19
北京	506.69	4	广西	158.68	20
河南	465.49	5	云南	150.42	21
浙江	433.09	6	吉林	148.53	22
四川	432.67	7	新疆	134.00	23
湖北	394.77	8	内蒙古	125.58	24
河北	368.76	9	天津	116.06	25
上海	351.58	10	贵州	79.79	26
湖南	328.50	11	甘肃	78.49	27
安徽	250.48	12	宁夏	36.14	28
福建	236.14	13	海南	33.38	29
黑龙江	226.46	14	青海	16.32	30
重庆	212.71	15	西藏	3.90	31
陕西	187.55	16			

资料来源：中国银行保险监督管理委员会。

我国各种类型的商业健康保险中，重疾险占比最大，医疗险处于快速发展时期，失能收入损失险和长期护理保险占比较低。重疾险理赔报告是健康管理的风向标，但目前 10 万元以下重疾险保单占比较高，家庭配置保额不足，人均保额较低。

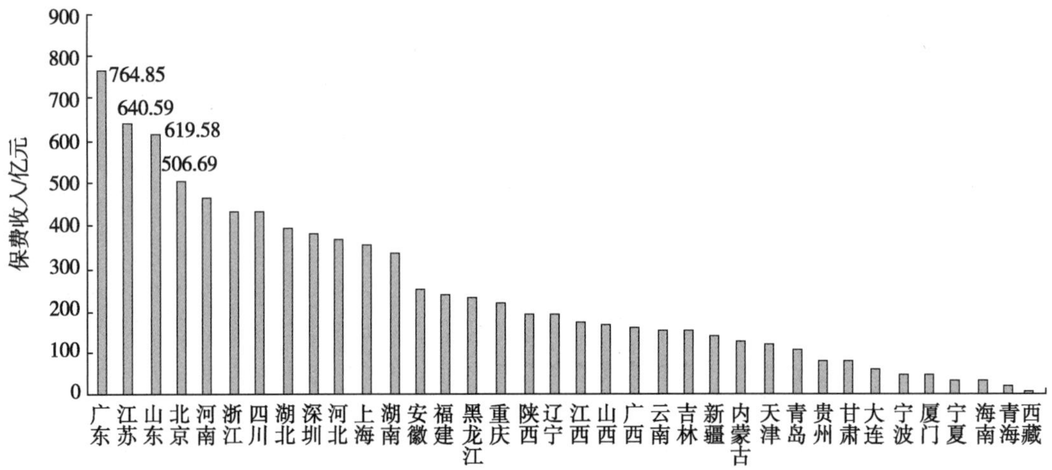

图 11-11　2022 年各省(自治区、直辖市)商业健康保险保费收入

资料来源：中国银行保险监督管理委员会。

医疗险在各赔付类型中，赔付件数最多；在医疗理赔案件赔付金额方面，疾病医疗赔付金额多于意外医疗。在百万医疗、惠民保等医疗险产品的发展推动下，医疗险通过互联网等渠道已被更广大的公众所接受。目前大多互联网形态的医疗险价格低廉，保费收入和保单件数增长迅速。普惠型医疗保险（惠民保）是以“政府主动介入、保险公司市场运营、居民自愿参保、保障重特大疾病”为主要特点，具有“低门槛、低保费、高保额”等普惠性特征的商业医疗保险，是一种介于商业保险与基本医疗保险之间的商业健康保险产品。普惠型医疗保险放宽了等待期和年龄等投保限制范围，报销范围涵盖了医保目录中的特药报销与医疗费用，具有兜底、基础、普惠特性。2021 年普惠型医疗保险发展势头迅猛，有研究发现允许医保个人账户缴纳保费地区普惠型医疗保险合计参保人数超 4 100 万人，总保费超过 42 亿元。

截至 2021 年年底，我国 60 岁以上老年人口已达 2.7 亿，其中失能人数在 4 500 万左右，老年人对长期护理保障的需求大幅增长。长期照护保险是指对经评估达到一定照护需求等级的长期失能人员，为其基本生活照料和全方面持续性照护提供服务或资金保障的保险。我国长期护理保险仍处于试点起步状态，产品以公共长期护理保险为主，针对个人层面的商业产品较少但处于加速发展期。

（二）商业健康保险市场运行的主要特点

1. 基本医疗保险广覆盖，商业健康险居于补充地位　2009 年《中共中央国务院关于深化医药卫生体制改革的意见》正式提出“多层次医疗保障”的概念，初步明确了“基本医疗保障为主体，其他多种形式补充医疗保险和商业健康保险为补充”的总体架构，此后发挥补充保障功能的商业健康保险不断发展。

在以基本医疗保险为主体的市场，商业健康保险始终居于补充的地位。商业健康保险用户的需求会根据基本医疗保险政策的改变而调整，同时基本医疗保险覆盖的广度和深度决定了商业健康险产品的发展趋势。我国基本医疗保险具有“低水平、广覆盖”的特点，医疗保障的深度较为欠缺。因此，商业健康保险用户最迫切的需求是大病保障，住院保险和重疾险是用户首选。我国商业健康保险参保比例也明显低于社会医疗保险：2003—2018 年，基本医疗保险的参保比例由 22.1% 增加到 96.8%，商业健康保险的参保比例则由 9.4% 增加到 13.6%。我国商业健康保险保费收入占社会医疗保险基金收入的比例不足三分之一，赔付支出占个人卫生支出的比例小于 15%，商业健康保险市场规模较小，保险保障水平不高。

2. 缺乏竞争性医疗服务市场，社会责任缺失　我国医疗服务市场之间的竞争较弱，在缺乏医疗资源的地区，公立医疗服务容易造成地区性垄断；医疗资源丰富的地区，公立医院体量大，相对保险支付方仍有较大优势。这导致商业健康保险机构议价能力弱，很难和公立医院谈判进行控费，只能限制用户使用，导致发病后单一赔付的局面。

此外，商业健康保险公司与社会基本医疗保险系统、医药企业等其他卫生机构存在壁垒，没有市场化以外的社会责任，导致商业健康保险没有动机对医疗服务、医药价格进行控费。同时商业健康保险公司目前只是营利性的金融组织，缺乏政府认可和推广，导致商业健康保险与医疗资源构成竞争，产品普遍规模较小，难以建立独立的医疗服务系统。

3. 团体保险市场可扩展性较弱，个人短期健康保险市场庞大　我国健康险主要是通过给予更高收益来吸引用户购买，以此获得了市场的高增速。团体保险更容易分摊风险，理赔压力较小，但由于团体保险市场的可扩展性较弱，市场竞争多采取价格战的形式，导致保险盈利能力不强，赔付率也低。同时，团体保险更多提供给企业员工，作为医保之上的再报销，大病保障能力相对有限。个人短期健康险则以重疾险为核心，综合赔付率差距巨大，行业整体赔付率偏低，保费规模增长迅速，但也导致整体综合成本率较高，保险公司之间缺乏有力的实质性竞争。2020—2022 年，我国财险公司个人短期健康险的增速分别为 32.6%、23.7% 和 17.7%，远高于财险行业整体增速水平；2022 年，经营短期健康险的规模已经达 1 580 亿元，整个行业的规模则超过 3 000 亿元。

4. 商业健康保险密度快速提升，市场潜力大　商业健康保险已经成为保险行业发展最快、最稳健的险种。中国保险行业协会发布《2020 年度及 2021 年一季度健康险发展形势调研报告》指出，2020 年健康险业务稳健增长，重疾险业务表现平稳，各险种渠道保费增长结构发生了一定分化，专业代理和保险经纪渠道是保费增长的重要推动力。我国商业健康保险保持持续快速稳定的发展势头，保费收入由 2012 年的 862.76 亿元增长到 2022 年的 8 652.94 亿元，年均复合增长率超过 30%，增速为寿险、财险等其他险种的 2～3 倍。但根据 2020 年医疗卫生支出的筹资结构，政府筹资占比高达 68.2%，商业健康保险仅占 4.0%，基本医疗保障承担着医疗费用报销的绝对责任，商业健康保险低水平的筹资占比表明其作用相对有限，未能有效回应市场需求，商业健康保险尚未有效减轻居民的就医负担，其潜在市场空间广阔。

第二节　健康保险业发展存在的问题

一、社会基本医疗保险存在问题

（一）社会基本医疗保险统筹层次不高

1. 基本医疗保险统筹层次较低，各方主体利益难以均衡　目前我国基本医疗保险以市级统筹为主，部分地区探索实施了省级统筹模式，各地筹资、待遇、政府补贴标准不尽相同，主要形成了风险调剂金模式（如宁夏、河南等）和统收统支模式（如上海、天津等）。风险调剂金模式保留了属地化管理，但可能阻碍医疗保险资金的流动；统收统支模式虽有利于基金在地市级层面的积累，但存在较大的基金管理风险。整体而言，基本医疗保险统筹层次相对较低，医保基金无法实现大范围的统筹，也无法更好地分担患者的经济负担，医保基金的互助共济保障功能有限。同时，省级统筹将医保基金收归省级统一调配，可能会产生利益纠结，导致提高统筹层次的动力不足。

2. 现有经办管理体制难以适应更高的统筹层次　实施省级统筹后，如何理顺不同区域、不同层级的医保经办机构的职权关系和经办管理权限，如何进一步发挥省级经办机构的统筹管理作用、充分调动各级经办机构工作积极性亟待解决。同时，省级统筹后基金规模和参保人数将迅速增多，给各级医保经办机构的医保经办能力建设提出了更大挑战。

（二）社会基本医疗保险筹资机制不健全

1. 基本医疗保险筹资责任分担不合理，个人承担责任较弱　针对职工医保，用人单位与职工医保参保人的筹资责任划分不清，责任分担失衡，单位缴费压力较大，参保人个人的筹资责任相对不足。针对居民医保，居民医保参保人个人与政府的筹资责任问题划分失衡，个人筹资责任逐渐弱化。居民医保等额筹资的方式掩盖了不公平性，政府补贴和自愿参加相结合的筹资方式容易导致逆向补贴，加剧了筹资不公平。

2. 城乡居民医保筹资渠道单一，筹资水平不高　目前各地针对城乡居民医保的筹资机制各有不同，但均没有建立规范化的筹资机制。在筹资渠道方面，城乡居民医保筹集资金大多数源于国家财政补助或居民个人支付的参保金，以政府为主，个人为辅，筹资水平的提高受政府和个人经济承受能力制约。从筹资水平来看，2021 年我国参保居民人均筹资水平为 889 元，但 2021 年居民医保参保患者次均住院费用高达 8 023 元，筹资水平虽然增高，但医疗费用也在快速提升。筹资水平不高直接导致医保基金规模较小，抗风险能力差，一定程度上影响了城乡居民基本医疗保险制度的实际效用。

（三）社会基本医疗保险实际待遇水平有限

1. 不同地区、制度间待遇差距较大，居民医保实际待遇支付水平偏低　由于制度分设，职工医保与居民医保制度在待遇水平上存在较大差距。2021 年，职工医保的住院费用基金支付比例高出居民医保约 15%，两类参保人群待遇公平性不足。不同地区间，基本医疗保险待遇水平也存在差距，待遇公平性较低。从实践来看，基本医疗保险的实际待遇支付水平偏低。2021 年，居民医保政策范围内住院费用基金支付比例为 69.3%，距离“二八原则”还有较大差距，需要进一步提高基本医疗保险的待遇支付水平，尤其是居民医保参保患者的待遇水平。

2. 基本医疗保险“过度保障”与“保障不足”并存　随着社会经济和医疗保障的不断发展，基本医疗保险在实践中出现了“过度保障”和“保障不足”并存的问题。过度保障是指过度检查、过度治疗，浪费医疗资源和医保统筹基金等。过度保障会导致参保人缺乏自我约束，容易造成医疗服务、医保的过度使用和浪费，不利于制度的安全和可持续性。保障不足是指，目前仍然有部分人群没有参加基本医疗保险制度，部分人群依然存在因病致贫、因病返贫情况。保障不足使得基本医保制度难以真正化解疾病经济风险，难以减轻群众就医负担。

（四）社会基本医疗保险支付方式有待完善

1. 按病种付费的病种分组与付费标准设计不完善，信息化水平不足　作为按病种付费的典型代表，目前推行的 DRG 和 DIP 付费方式的病种分组标准与付费标准还存在不完整与不合理。一方面，因历史数据不完整、病例填报不规范和信息技术薄弱，实际操作过程中容易出现歧义病例。另一方面，病种的确定需要大量数据来建立标准数据库，这需要消耗大量的人力物力财务。在确定付费标准时，当前的付费制度设计未能考虑不同患者的病情程度，付费标准不够科学。此外，DRG/DIP 付费方式对数据数量、质量的要求较高，信息化水平不足，难以支撑 DRG/DIP 付费模式的推广落实。

2. 高套编码现象普遍存在，DRG/DIP 付费方式的控费效果不佳 目前实行的按 DRG 付费主要适用于短期急性住院病例，对于门诊服务、精神类疾病等并不适合。由于具有捆绑预付的特点，其可以激励医院控制成本，降低费用增长速度，但也会导致高套编码和挑选患者的情况，在 DIP 付费方式的实践中也存在上述情况。部分医院通过高套编码等手段，获取不正当收益，医保基金安全受到威胁。对于医保支付方来说，现阶段很难判断 DRG/DIP 的医保支付价格与其真实成本之间的差距，难以真正实现价值购买，因而控费效果的不确定性风险大，控费效果不佳。

（五）社会基本医疗保险基金监管能力不足

1. 医保制度碎片化管理，监管有效性弱化 当前“以收定支”的模式加上较低的统筹层次，导致各地医保筹资、支付以及管理方式存在较大差异。现有制度的“碎片化”，导致基金监管机构监管的有效性削弱，容易造成医疗保险基金的浪费，影响监管的有效性。

2. 医保基金监管手段较为单一，部门之间协调机制尚需磨合 目前医保监管手段较为单一，监管方式不尽完善。一方面，部分地区医保基金监管并未制定合理有效的激励方式，不利于提升基金监管的积极性。另一方面，医保基金监管部门的职能定位不够明确，难以对违法骗保行为实施惩处。此外，医政、医保等部门之间尚未建立有效的协调机制，彼此之间尚未形成监管合力，从而降低监管的有效性。

二、商业健康保险存在问题

（一）产品结构失衡，与社会需求不匹配

我国商业健康保险主要随基本医疗保险的发展而发展，是医保发展过程中的“附属品”，其设计和运营体制老旧，产品设计多依附于社会医疗保险，定位不清，盈利模式不清。由此导致诸如产品同质化严重、佣金制度不合理、保障与免责条款严苛等问题。我国社会对商业健康保险的认知更偏向“健康投资”，而非“健康保障”。

表 11-4 展示了 7 家专业健康保险公司各产品的数量。其中意外险产品中绝大多数为意外伤害保险，失能险份额过低。专业健康保险公司在售产品中，大多为长期险，与寿险产品差别不大，一旦被投入市场，就会被动地与传统寿险产品进行同质化的价格竞争。

表 11-4 专业健康保险公司在售保险产品分类与数量统计表（截至 2021 年 11 月）

公司名称	医疗保险	意外保险	疾病保险	长期护理险	失能收入损失险
A	65	25	27	14	3
B	67	9	11	1	0
C	13	11	13	11	0
D	35	22	20	10	0
E	21	6	4	2	0
F	9	1	8	0	0
G	15	9	7	4	0

注：A～G 为我国不同的 7 家专业健康保险公司，数据来源于 7 家公司的网页数据。

随着老龄化进程加快，经济水平提升，人们对健康保障的要求进一步提高。百万医疗险、惠民保的发展促使大量中小公司涌入商业健康保险市场，价格竞争激烈，但碍于保险形态的局限性，在售的保险产品健康险产品同质化严重，投保人群和保障责任高度相似，单纯经济赔付的健康险产品路线逐渐难以满足人们需要。同时我国中高端医疗服务供给较少或设置较高的门槛条件，在满足该类服务需求方面存在明显不足。

（二）可持续经营能力不强，参保率整体偏低

我国商业健康保险面临可持续经营能力不强的问题。一是由于我国专业健康保险机构经营时间短，专业数据积累不足，已经积累的小部分数据也缺乏深度的挖掘和整理。二是目前保险公司健康管理融合度不够，缺乏对客户事前和事中健康管理。三是长期健康保险处于发展初期，应对医疗费用通胀、选择性退保、过度医疗等内外部风险的能力不足。四是由于缺乏统一费率，参保人逆向选择，导致部分保险项目不可持续，同时短期保险市场庞大，存在业务最低赔付水平的要求，保险公司面临亏损问题。

保险的基本原理是利用大数法则对小概率的个体风险进行群体分散，可分散的群体（即参保人）越多，均分后的风险（即保费）越小。但民众购买商业健康保险的比例较低：2022 年全国健康保险深度为 0.71%，保险密度为 613 元，而与国务院 2014 年就提出的 2020 年我国保险深度和密度分别需要达到 5% 和 3 500 元的发展目标，依然相距甚远。实际参保率偏低可能会出现参保人群结构和实际人口结构差距较大、实际赔付率与设计赔付率不符的情况，导致产品定价失准，难以实现可持续经营。

（三）政策保障不到位，监管协同不足

目前保险行业仍在探索创新市场业务模式、保障责任、费率水平、增值服务等，暴露出了诸多问题，如保障方案数据基础不足、缺乏医保数据进行精算定价等。除了法规政策不完善，也存在地方政府与卫生系统支持不到位的原因。我国税优政策也未取得预期效果：税优健康险要求保险公司降低健康门槛、实行保本微利，使保险公司缺乏经营动力；我国制定的个人税收优惠额度较小，购买税优健康险的程序复杂，消费者兴趣不大。此外，健康险产业链主体趋向多元化，覆盖人群增加，随之而来的风险强度和监管难度也日趋见长，对政府也提出了更高的风险监测、数字化监管要求。

（四）产品智能化不足，缺乏创新性

当前商业健康保险公司整体数据管理能力欠缺和信息利用程度较低，保险公司获取相关核心数据难度大，保险机构数据管理体系不健全。新兴的互联网技术对健康险业务的推动作用也并不充分，健康保险产品以单纯销售为主，保险赔付的深度和个性化程度不够，辅助服务浮于形式。此外，保险科技行业内部的大数据共享尚未形成明确的体系，与医疗服务机构及医保相关部门联动并不紧密，共享数据壁垒依旧存在，导致健康保险产品的定价粗放化严重。

三、社会基本医疗保险与商业健康保险衔接机制不健全

（一）发展定位不明确，顶层设计不完善

目前我国社会基本医疗保险与商业健康保险之间边界模糊、定位不清。首先，政府主导的社会基本医疗保险在保障范围、保障水平和服务内容等方面承担了群众过高的期待，导致基本医保责任边界不断拓展，责任泛化，医保基金支付压力不断增大，并且挤压商业健康保险的发展空间，限制其健康保障能力和业务经营发展。其次，社会基本医疗保险与商

业健康保险间缺少宏观政策上的统筹协调，商业健康保险在多层次医疗保障体系中的补充和延伸作用没有充分发挥，目前还缺乏基本医疗保障引入社会化服务的机制，“社商合作”中双方的角色和作用并不清晰。

（二）系统独立运行，难以实现互联互通

目前，我国社会基本医疗保险与商业健康保险两个系统各自独立运行，而不完善的顶层设计导致政府部门分割下医保改革面临行政掣肘和“多头化”，社会基本医疗保险与商业健康保险之间缺乏信息互联、数据互通、合作互信。信息壁垒的存在既不利于经办社会基本医疗保险，开展补充性大病保险业务，也不利于相关商业健康保险产品的设计及衍生产品的开发，阻碍我国多层次医疗保障体系的建设和完善。在实践过程中，社会基本医疗保险与商业健康保险之间的衔接机制尚不完善，尽管我国已经因地制宜探索出“湛江模式”“太仓模式”等模式，但均存在试点时间较短、机制设计不够细化、数据积累不足等问题。商业健康保险如何与社会基本医疗保险紧密衔接还需进一步探索。

第三节 健康保险业发展展望

一、社会基本医疗保险发展展望

（一）提升社会基本医疗保险统筹层次，增强基金抗风险能力

1. 选择适当路径，推动制度整合，逐步推进省级统筹 在提升基本医疗保险统筹层次方面，应由低级统筹向高级统筹逐渐过渡，分制度、分阶段、分区域推进。具体模式大致可分为两类：调剂金模式和统收统支模式。调剂金模式是指，在不改变各地原有医保制度和管理主体的条件下，由各统筹地区向省级缴纳一定比例的调剂金形成基金池，用于统筹调剂各统筹地区的医保基金余缺。统收统支模式是一种按照省级行政区划，实行统一政策设计和统一管理服务的基金共济模式，实质是在更大的区域范围内，通过扩充参保规模来增强基金的抗风险能力。在推进路径上，有核心纳入式和多点准入式两种路径。核心纳入式是指，将省会城市的统筹层次设置为最高层次，通过制定相应的准入标准，将省内其他城市逐步纳入最高层次，最终实现全省统筹；多点准入式是指，在全省范围内选择多个中心城市，以这些中心城市为核心，设定多个统筹层次，然后按照省级统筹的标准逐步调整政策，最终实现全省统一。在实践中，不断推动地区间制度整合，优先考虑调剂金模式，再平稳过渡到统收统支模式。在具体路径上可分步进行，由区域统筹逐步过渡到省级统筹。

2. 完善经办管理体制，助力省级统筹开展 在推进基本医疗保险省级统筹进程中，提升统筹层次给省级经办管理能力带来了严峻挑战。为激励和调动各级医保经办机构的工作积极性，提高工作效率，需要进一步完善经办管理体制建设，推动省级统筹顺利实施。

（二）完善社会基本医疗保险筹资机制，提高筹资水平

1. 建立合理的责任分担机制，完善责任均衡的多元筹资机制 进一步建立健全基本医保筹资机制，合理划分参保人、单位和政府的筹资责任，合理调整筹资比例，完善三方的责任分担机制。对于职工医保，合理调整个人与单位的筹资比例，适当降低单位筹资水平，提高个人筹资水平。同时，完善职工医保个人账户制度，推进职工医保门诊共济保障制度建设。通过改革个人账户筹资政策，合理调整统筹基金划入个人账户的比例，进一步优化职

工医保筹资机制。对于居民，可适当提高个人筹资标准，进一步缩小职工医保、居民医保的筹资水平差距，合理提高基本医保筹资水平。

2. 拓展筹资渠道，提高筹资水平 进一步拓宽基本医保筹资渠道，探索筹资新路径。拓宽职工医保筹资渠道，探索建立退休人员参保缴费机制。逐步改革居民医保的定额筹资制度，探索按居民人均可支配收入的一定比例进行筹资的方式，探索税收资金划拨用于补助居民医保的路径，缩小两种基本医保制度的筹资差距。此外，还可加快发展商业健康保险和补充医疗保险，减轻基本医疗保险的筹资压力，提升筹资水平。

（三）提高社会基本医疗保险待遇水平，减轻群众就医负担

1. 缩小不同地区、制度间的待遇水平差距，适当提升基本医疗保险待遇水平 为缩小地区间待遇水平的差距，需要进一步明确基本医保政策调整权限、规范决策程序，逐步上收基本医保政策调整权限，自上而下有效治理部分地区待遇过高、过低的不平衡问题，从而提高地区间待遇水平的公平性。为缩小制度间待遇差距，需要维持职工医保的待遇水平，逐步提高居民医保的待遇水平。进一步健全基本医保待遇补偿机制，减轻参保者的医疗负担。在保障住院待遇的同时，积极推进门诊统筹政策，适当提高门诊报销比例，提高封顶线、降低或取消起付线。同时，完善医保药品目录的动态调整机制，进一步减轻患者的用药负担。

2. 合理确定保障水平，公平保障 确定适度的保障水平，实现基本医保制度和医保基金的可持续性。进一步完善针对个人自付负担过重的保障机制，对个人自付负担过重人群给予二次报销，为困难人群和因病致贫、因病返贫人群提供更充分的综合待遇保障，更好地减轻其个人自付费用较高的风险，减少因病致贫、因病返贫的发生。

（四）持续深化基本医疗保险支付方式改革

1. 进一步完善细分病种分组与付费标准，加大信息化建设力度 基于规范的临床诊疗技术，及时动态更新病种分组与调整付费标准。医保经办机构应积极与临床、医保专家协商，及时调整病种分组、付费标准，进一步完善 DRG/DIP 付费方式的病种分组与付费标准，健全按病种付费机制。DRG/DIP 付费方式对信息化提出了更高要求，因此需要建立和完善高效的信息化管理平台，助力 DRG/DIP 付费方式在实践中进一步推广。

2. 实施区域总额预算管理，提高控费效果 总额预算可以有效控制医疗费用的过快增长。在前期实践过程中，总额预算较多采用单个医疗机构为主体的总额预算方式，对于区域总额预算的探索较少。总额预算下医疗机构会增强成本节约意识，积极推行区域总额预算管理，结合 DRG/DIP 付费方式，可以有效发挥医保基金战略购买作用，进一步提高控费效果。

（五）强化社会基本医疗保险基金监管，优化基金管理方式

1. 完善医保基金监管制度 坚持以政府为主导制定区域性的医保基金监管制度，提升制度透明化和规范化。推动医保基金业务规范化，加强信息共享，推动医保基金业务规范化、系统化。有机整合日常监管和专项监管制度，结合医保基金监管工作要求，采取日常监督与专项监督审核的方法，提升医保基金监管效果。

2. 建立多元化的基金监管框架，健全综合监管制度 结合实际情况，以政府为主体，构建多元化的医疗保险基金监管框架。推行多元化监管方式，并强化卫生行政管理部门的监管力度。适应医疗保障管理服务特点，由医保局牵头，各部门相互配合，明确各个部门的分工和责任，建立健全联防联控机制与综合监管制度。

二、商业健康保险发展展望

（一）拓宽保险产品范围，满足群众多样化健康保障需求

为了适应人口老龄化社会的健康需求，健康保险公司应配合基本医疗保险政策，开发特定责任产品，注重赔付方式的创新，如开发针对白血病等特定病种、针对靶向药等特定药品的专属保险产品。积极发展失能收入损失保险产品，目前我国缺乏失能收入补偿方面的风险保障，是一个潜在的商业健康保险增长点。商业健康保险产品设计环节同样需要注重专业化和特色化，拓宽可结合健康管理服务的保险产品范围，如养老保险、寿险等险种可以纳入健康管理服务。

（二）提高精细化运营能力，加入激励性条款，鼓励参保

目前商业健康保险公司通常仅提供健康风险的资金保障，不提供健康管理服务，也缺乏对健康数据深度处理的能力。商业健康保险公司可以通过专业的第三方服务提升其服务和运营水平；采用数据驱动的管理方式，减少人力成本，提高风控能力；提供多场景健康服务与个性化定制路线。同时保险公司可以设计加入激励性条款，如为每年健康指标合格的人群降低投保费用或返还部分保费，鼓励更多健康群体参保。

（三）积极发挥政府指导作用，支持与规范商业健康保险制度建设

为了更好促进商业健康保险的发展，政府的首要任务是尽快促使商业健康保险相关制度成熟定型，明确政府与市场责任边界，形成有规模的商业健康保险市场。同时，有必要建立数据共享规则，利用当地医保使用情况、筹资和支付能力、医疗费用水平及医保覆盖能力等数据，同保险公司合理设定保费、保额、免赔额及保障范围，进行精准保障。必要时通过信用背书及主动介入来弥补商业保险公司缺乏公信力的难点，提高公众对产品的认可度。在资金管理方面，政府需要对保险公司收支结构进行有效监督，强化产品的信息披露制度。

（四）科技赋能保险，积极探索“保险＋健康管理”新模式

近年来，我国商业健康保险公司开始通过保险科技的赋能来实现健康险的创新，从科技角度增加保险产品的竞争力。例如，构建保险科技平台、智能营销平台和扁平化代理人展业平台，充分运用人工智能、大数据、云计算等新兴科技，专业化精确定价，通过多场景用户互动提升运营效率。保险公司可以依据价值诉求和业务需求进行切实可行的数字化转型，围绕数据治理、数据资产管理和跨业态合作等领域，制定业务指导、技术标准和行业准则；搭建数字化的组织管理架构，培育和引进专业人才团队，建立融合发展的企业文化。

《“十四五”国民健康规划》指出，鼓励保险机构开展管理式医疗试点，建立健康管理组织，提供健康保险、健康管理等服务。健康管理服务已经成为整个保险行业的发展趋势，保险公司可以通过整合健康服务产业链，连接养老、护理、体检、教育等各个健康服务领域，强化健康保险与健康产业协同发展的能力，探索“保险＋健康管理”新模式。

三、鼓励社会基本医疗保险与商业健康保险融合发展

（一）加强顶层设计，明确社会基本医疗保险与商业健康保险发展定位

为促进我国商业健康保险的发展，需要明确我国医疗保障体系的定位和分工。首先需要加强顶层设计，包括完善商业健康保险相关立法及政策，对社会基本医疗保险、商业健康保险的责任边界做出明确定位，合理设定双方的保障范围和定价标准。其次，需要明确社会基本医疗保险在多层次医疗保障体系中的主体层地位，强化其“保基本、强基层”的职责；

明确商业健康保险在多层次医疗保障体系中的补充层地位，满足居民多样性的医疗保障需求，提升多层次医疗保障体系整体的可持续性。

（二）发挥各自优势，加快社会基本医疗保险与商业健康保险融合

社会基本医疗保险与商业健康保险有各自的优势，两者合作有利于多层次医疗保障体系的落地和全面保障人民健康，因此可以进一步鼓励商业保险机构拓展团体保险市场，与社区门诊等基层医疗服务机构合作，提供团体健康保障方案设计、保障咨询、医疗服务调查等优质服务。医保部门需要支持商业保险机构在社会基本医疗保险的基础上开发设计更多健康险种，实现大人群保障。同时，可以充分发挥商业保险机构保险精算和风险抵御的优势，合理厘定费率，提高成本效率，加快培育健康保险市场；还可以将商业健康保险的专业化优势引入社会基本医疗保险费率动态调整和支付方式改革中，助力医保经办机构实现医保控费和提升服务水平，实现多方共赢局面。

案例：

“70万元一针”诺西那生钠注射液进医保，天价药降至3.3万元

2016年，全球首个治疗脊髓性肌肉萎缩症（SMA）的精准靶向药物诺西那生钠注射液在美国问世。诺西那生钠注射液进入中国时，一针定价69.97万元，患者需要在前63天注射4针，之后每4个月注射1针，终身用药。由于高昂的价格，普通家庭无法承受治疗的经济负担。让诺西那生钠进入医保，是患者和家属共同的呼声。2021年11月，经过国家医保局的8轮谈判“砍价”后，原价70万元一针的天价药，最终降至“地板价”3.3万元，并纳入我国2021版医保药品目录，大幅降低了群众就医负担。

一款药物在谈判前，需要由药物经济学测算组和医保基金测算组相互独立分别给出参考价，最终由国家医保局基于两组价格综合确认一个推荐价格，也就是“信封价”或底价。经过谈判代表与企业现场磋商，谈判成功的药品将进入医保药品目录，谈判结果将被确定为全国统一的医保支付标准。2022版医保药品目录新增111个药品，药品总数达到2 967种，谈判和竞价新准入的药品价格平均降幅达60.1%。其中西药1 586种，中成药1 381种；中药饮片892种，涵盖抗肿瘤、新冠病毒治疗、罕见病治疗、慢性病治疗等领域药品。

药品和高值医用耗材集中带量采购是党中央、国务院部署的重大改革任务，习近平总书记多次作出重要指示，强调要坚持不懈、协同推进“三医”联动。在国家组织药品集采改革前，由于流通环节多、带金销售等问题，药品价格的形成机制严重失真，加之药品品种规格繁多、市场分散、涉及利益链长，药品价格虚高问题由来已久。而企业之所以愿意将罕见病“天价药”以“地板价”进入医保目录，主要原因一是通过医保以价换量，获得更大的市场；二是廉价替代药品和仿制药的出现迫使企业不得不降价。

2021年11月，国务院办公厅印发的《关于健全重特大疾病医疗保险和救助制度的意见》明确提出，探索建立罕见病用药保障机制，整合医疗保障、社会救助、慈善帮扶等资源，实施综合保障等。我国政府坚持“人民至上、健康至上”的理念，着力破解罕见病用药难题，逐步建立医保药品目录动态调整机制，明确药品常规准入和谈判准入规则，充分发挥基本医疗保险的兜底作用，在兼顾患者需求和医保基金承担能力的同时扩大普惠性，努力守护每一名参保人的健康底线。

（张　慧　李雪竹　杨心怡）

参考文献

[1] 张旭升，刘海兰，安然．社会医疗保险研究的现状、热点与趋势（2011—2020）——基于 Citespace 可视化视角［J］．卫生职业教育，2022，40（16）：147-150.

[2] 樊美琪，蔡滨，张莹，等．浅析城乡居民基本医疗保险制度运行存在的伦理问题及策略［J］．医学与哲学，2022，43（15）：23-25.

[3] 王文棣，周钰涵，侯庆丰．中国基本医疗保险体系公平性研究［J］．云南农业大学学报（社会科学），2019，13（02）：65-70.

[4] 何丽，郭玉琳，谢慧玲．我国提升基本医疗保险统筹层次的回顾与思考［J］．中国农村卫生事业管理，2021，41（08）：539-542.

[5] 宋燕，程艳敏．基本医疗保险省级统筹的障碍因素及推进建议——以山东省为例［J］．中国农村卫生事业管理，2022，42（09）：665-669.

[6] 袁涛．医保省级统筹的目标价值和实践路径［J］．中国社会保障，2022（03）：52-53.

[7] 王延中，龙玉其．中国医疗保障制度改革的回顾、挑战与展望［J］．北华大学学报（社会科学版），2022，23（01）：77-85，2，153.

[8] 蔡滨，周罗晶，王静成，等．权责对等视角下我国城乡居民基本医疗保险筹资机制改革探讨［J］．中国卫生经济，2022，41（06）：19-22.

[9] 朱坤，林玲．我国基本医疗保险筹资机制研究［J］．卫生经济研究，2020，37（08）：17-21.

[10] 谭中和．待遇水平要与社会经济发展水平相适应［J］．中国医疗保险，2019（04）：28.

[11] 王宗凡．医疗保障待遇政策的完善［J］．中国医疗保险，2019（10）：35-38.

[12] 陈德专．医疗保险基金监管风险问题研究［J］．中国集体经济，2022（28）：91-93.

[13] 王艳茹．加强医疗保险基金监督管理的研究［J］．中国卫生标准管理，2021，12（21）：7-10.

[14] 贾洪波．基本医疗保险制度可持续发展的功能定位与新作为［J］．卫生经济研究，2019，36（12）：33-35.

[15] 张刘晋，马文雯，张加良，等．商业健康保险与基本医疗保险融合发展的国际经验及启示［J］．卫生经济研究，2023，40（03）：61-64.

[16] 宋新权，黄薇，张岚．论商业健康保险与基本医疗保险衔接策略［J］．中国保险，2021（05）：31-36.

[17] 中国发展研究基金会．织牢织密健康保障网商业健康保险与基本医疗保险衔接机制研究［EB/OL］．（2019-03-22）［2023-4-10］．https://www.cdrf.org.cn/jjh/pdf/jiankang.pdf.

[18] 国家医疗保障局．2021 年全国医疗保障事业发展统计公报［EB/OL］．（2022-06-08）［2023-4-13］．http://www.nhsa.gov.cn：8000/art/2022/6/8/art_7_8276.html.

[19] 张璐莹，陈文．中国普惠型商业医疗保险发展研究［M］．上海：复旦大学出版社，2021：2-23.

[20] 苏泽瑞．普惠性商业健康保险：现状、问题与发展建议［J］．行政管理改革，2021（11）：90-99.

[21] 黄薇，张岚，郑小华，等．新形势下商业健康保险产品开发思路与策略［J］．卫生经济研究，2021，38（2）：26-29，34.

[22] 许荣庭，沈袁恒．普惠型医疗保险发展：实践困境与优化方向［J］．西南金融，2022（01）：40-51.

[23] 张宗良，褚福灵．中国多层次医疗保障体系再思考：兼析补充保障的模式创新与协同发展［J］．经济社会体制比较，2023（01）：79-92.

[24] 陈莹，赵桂芹．社会医疗保险、自我保护与商业健康保险［J］．财经理论与实践，2022，43（05）：42-48.

[25] 胡芳，彭琛，陈小红．健康中国战略下保险科技赋能商业健康保险发展研究［J］．西南金融，2021（06）：73-84.

[26] 高鹏，陈佳，黄秀娟. 医保药品目录改革、健康改善与医疗服务利用[J]. 保险研究，2023(01)：101-115.
[27] 朱晓伟，马雷. 医保支付方式改革的国际实践及对我国的启示[J]. 继续医学教育，2023，37(01)：165-168.
[28] 王景帅. 基于医保 DRG 付费模式的医院绩效改革探索[J]. 财会学习，2023(05)：96-98.
[29] 国家医疗保障局. 2022 年医疗保障事业发展统计快报[EB/OL].（2023-03-09）[2023-4-10]. http://www.nhsa.gov.cn/art/2023/3/9/art_7_10250.html.
[30] 袁涛. 基本医疗保险省级统筹的科学内涵与路径优化[J]. 中州学刊，2022(12)：85-94.
[31] 国家医疗保障局. 2022 年医疗保障事业发展统计公报[EB/OL].（2023-07-19）[2023-4-10]. http://www.nhsa.gov.cn/art/2023/7/10/art_7_10995.html.

第十二章　药　品

第一节　化学药品

“十四五”时期是我国全面建成小康社会、实现第一个百年奋斗目标之后，乘势而上开启全面建设社会主义现代化国家新征程、向第二个百年奋斗目标进军的第一个五年。关于国民经济和社会发展第十四个五年规划和2035年远景目标纲要的决议，提出全面推进健康中国建设，把保障人民健康放在优先发展的战略位置。

药品，是指用于预防、治疗、诊断人的疾病，有目的地调节人的生理功能并规定有适应证或者功能主治、用法和用量的物质，包括中药、化学药和生物制品等。药品作为一种特殊的商品，主要作用是维护人民群众生命健康，其社会效益大于经济效益。本章围绕药品分类及对应的发展现状、服务状况和发展趋势分别进行阐述。

一、化学药行业发展概述

（一）化学药定义及分类

化学药物是指从天然矿物、动植物中提取的有效成分，以及经过化学合成或生物合成而制得的药物，具有预防、治疗、诊断疾病以及调节人体功能的作用。

2007年6月18日，国家食品药品监督管理局发布了《药品注册管理办法》(2007年第28号)，将化学药按注册分类分为6个类别；2016年《化学药品注册分类改革工作方案的公告》(2016年第51号)中，将原本6类化学药品分类调整为5类。其中第1类为境内外均未上市的创新药，这是我国药品监管机构第一次正式提出创新药的概念，并做了明确的定义，标志着我国创新药正式从“中国新”走向“全球新”。2020年《化学药品注册分类及申报资料要求》的通告（2020年第44号）中，将5类化学药品分类进行了细化。主要改动的地方有：①“原料药及制剂”“制剂”改为“药品”；②3类和4类药品的定义中强调了一致性评价；③5.1分类中增加了改良型新药和境内上市的境外原研药品新增适应证在国内申报上市。

（二）政策环境

1985年我国第一部药品管理法正式实施以来，从法律层面为药品监管提供制度保障，更好地维护了药品行业健康有序发展。近年来，国家为了推动医药产业创新升级，先后印发了《关于改革药品医疗器械审评审批制度的意见》《关于深化审评审批制度改革鼓励药品医疗器械创新的意见》等一系列重要文件。2019年新修订的《中华人民共和国药品管理法》

中明确规定，国家鼓励研究和创制新药，增加和完善了10多个条款，明确鼓励方向、健全审评机制、优化临床试验、建立关联审评审批、实行优先审评审批、建立附条件批准制度六个方面的举措，为我国药品创新发展提供了更广阔的发展空间。

近3年化学药各类行政法规、部门规章和规范性文件：

1.《国家药监局关于发布化学药品注册分类及申报资料要求的通告》(2020年第44号)。

2.《国家药监局关于开展化学药品注射剂仿制药质量和疗效一致性评价工作的公告》(2020年第62号)。

3. 国家药品监督管理局药品审评中心关于发布《境外已上市境内未上市化学药品药学研究与评价技术要求(试行)》的通告(2021年第21号)。

4. 国家药监局药审中心关于发布《创新药(化学药)临床试验期间药学变更技术指导原则(试行)》的通告(2021年第22号)。

5. 国家药监局药审中心关于发布《化学仿制药口服片剂功能性刻痕设计和研究技术指导原则(试行)》的通告(2020年第35号)。

6. 国家药监局药审中心关于发布《化学药品注射剂仿制药质量和疗效一致性评价技术要求》(2021年5月14日颁布)。

7. 国家药品监督管理局药品审评中心关于发布《化学药品创新药Ⅰ期临床试验申请药学共性问题相关技术要求指导原则》(2021年4月15日颁布)。

8. 国家药监局药审中心关于发布《创新药人体生物利用度和生物等效性研究技术指导原则》的通告(2022年第4号)。

9. 国家药监局药审中心关于发布《化药口服固体制剂混合均匀度和中控剂量单位均匀度研究技术指导原则(试行)》的通告(2022年第19号)。

10. 国家药监局药审中心关于发布《化药复方药物临床试验技术指导原则》的通告(2023年第15号)。

11. 国家药监局药审中心关于发布《化学药品仿制药溶液型滴眼剂药学研究技术指导原则》的通告(2023年第8号)。

二、化学药行业发展现状

IMS Health数据显示，2021年全球医药行业市场规模达14 526亿美元，预计2021—2024年全球医药行业市场规模复合年均增长率达4.50%。中国医药市场规模近年来持续增长。Frost&Sullivan数据显示，我国医药市场规模2022年达16 586亿元，预期2025年达22 873亿元，复合年均增长率达7%(图12-1)。

中国医药产业由化学药、生物药及中药三大板块构成，目前的市场份额中三者分别占比47.2%、25.8%和27.0%(图12-2)。由此可见，化学药是医药产业中重要的组成部分。从国内化学药行业发展进程来看，我国化学药仿制起步，经历了普药到难仿药到创新药的过程，相比于发达国家的医药产业，具有技术创新能力低、研发投入少、仿制药物占比高等弱点。近年来，随着新医保目录、集采扩围等政策颁布，仿制药竞争愈发激烈，创新药市场优势愈发显著，对化学药制药企业发展战略产生较大影响。

(一) 创新化学药

当前市场环境下，随着政策利好的加持，化学药创新药的发展将依旧保持良好的发展前景。数据显示，近10年来，全球创新药物市场规模持续增长，2021年全球创新药物市场规模达 9 787 亿美元，同比增长 5.00%，近年来，我国相关部门在加强临床试验数据核查、加快创新药审评审批等方面出台支持政策，中国作为新兴创新药物市场正保持快速增长势头，市场规模不断扩大（图 12-3）。2022 年中国化学药物市场规模达 7 585 亿元，预计未来 5 年还将持续平稳增长（图 12-4）。

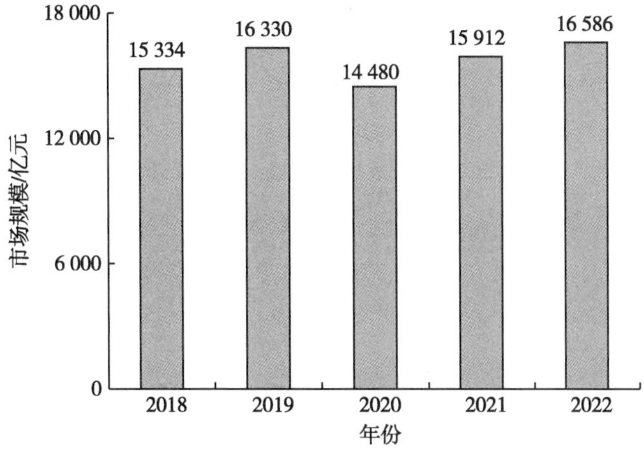

图 12-1 近 5 年中国医药市场规模

资料来源：Frost & Sullivan，中商产业研究院。

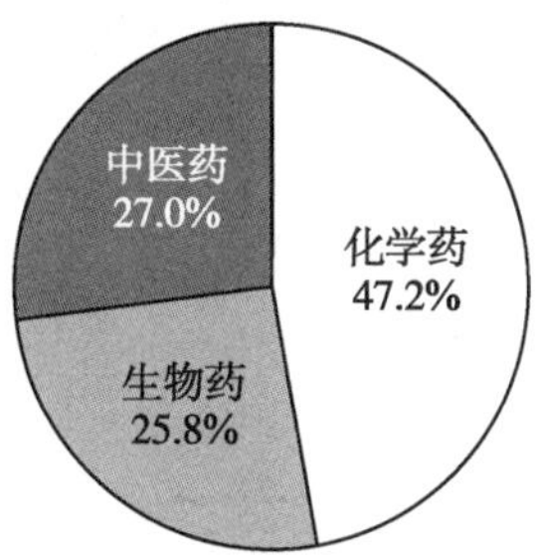

图 12-2 2021 年中国医药产业市场份额占比

资料来源：Frost & Sullivan，中商产业研究院。

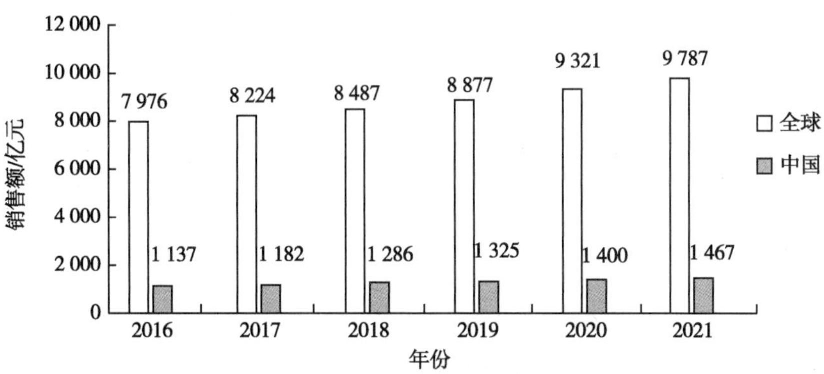

图 12-3 2016—2021 年创新药市场规模统计

资料来源：Frost & Sullivan，中商产业研究院。

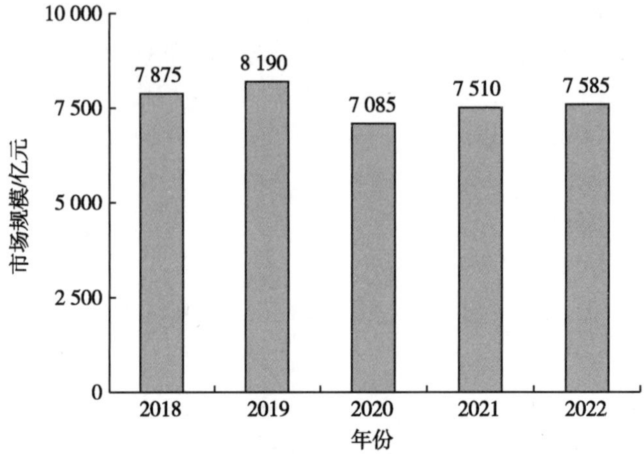

图 12-4 近 5 年中国化学药市场规模

资料来源：Frost & Sullivan，中商产业研究院。

据统计，近 5 年药监局受理和批准化学药创新药注册申请批件数逐年提高（图 12-5、图 12-6）。2021 年共受理 1 166 件（508 个品种），同比增长 125.00%，其中受理新药临床试验申请（IND）1 134 件（487 个品种），受理新药上市申请（NDA）32 件（21 个品种）。2021 年共批准创新化学药 1 029 件（463 个品种），同比增长 44.32%；其中批准新药临床试验申请（IND）994 件，批准新药上市申请（NDA）35 件，其中抗肿瘤药 8 个，抗感染药 8 个，麻醉药 2 个，调节内分泌药 2 个（表 12-1）。创新化学药的受理量和批准量均远多于创新中药和创新生物制品。

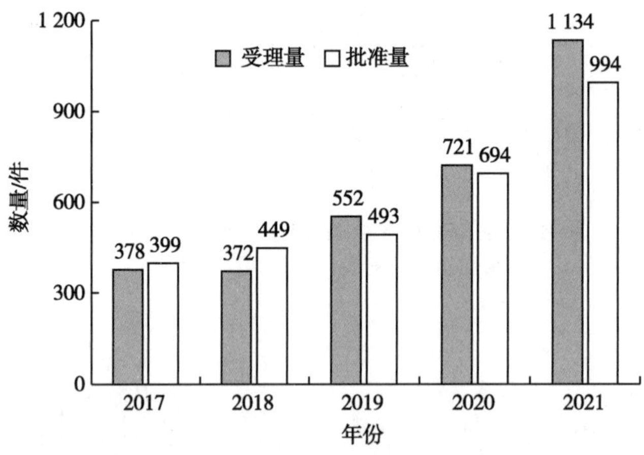

图 12-5 2017—2021 年创新化学药 IND 受理量和批准量

资料来源：国家药品监督管理局药审中心。

（二）化学药改良型新药

2 类改良型新药是在已知活性成分的基础上，对其结构、剂型、处方工艺、给药途径、适应证等进行优化，且具有明显临床优势的药品。其强调“优效性”，具有高成功率、高回报、低风险、生命周期长等优势，已成为全球新药研发的主流。在我国带量采购和鼓励药品创新等政策的影响下，改良型新药将持续被市场看好，高销售费用向高研发投入的转变将成必然。

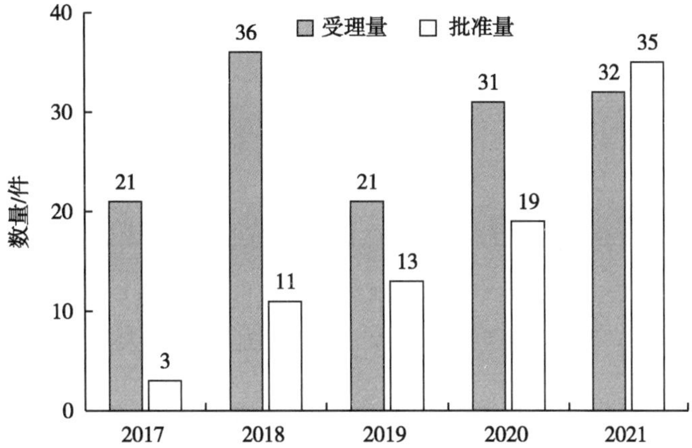

图 12-6 2017—2021 年创新化学药 NDA 受理量和批准量

资料来源：国家药品监督管理局药审中心。

表 12-1 2021 年国家药品监督管理局批准的创新化学药

序号	药品名称	药品上市许可持有人	药品类型	适应证类型
1	优替德隆注射液	成都华昊中天药业有限公司	化学药	抗肿瘤药物
2	甲磺酸伏美替尼片	上海艾力斯医药科技股份有限公司	化学药	抗肿瘤药物
3	普拉替尼胶囊	Blueprint Medicines Corporation	化学药	抗肿瘤药物
4	帕米帕利胶囊	百济神州（苏州）生物科技有限公司	化学药	抗肿瘤药物
5	甲苯磺酸多纳非尼片	苏州泽璟生物制药股份有限公司	化学药	抗肿瘤药物
6	赛沃替尼片	和记黄埔医药（上海）有限公司	化学药	抗肿瘤药物
7	羟乙磺酸达尔西利片	江苏恒瑞医药股份有限公司	化学药	抗肿瘤药物
8	奥雷巴替尼片	广州顺健生物医药科技有限公司	化学药	抗肿瘤药物
9	艾米替诺福韦片	江苏豪森药业集团有限公司	化学药	抗感染药物
10	注射用磷酸左奥硝唑酯二钠	扬子江药业集团江苏紫龙药业有限公司	化学药	抗感染药物
11	康替唑胺片	上海盟科药业有限公司	化学药	抗感染药物
12	苹果酸奈诺沙星氯化钠注射液	浙江医药股份有限公司新昌制药厂	化学药	抗感染药物
13	艾诺韦林片	江苏艾迪药业股份有限公司	化学药	抗感染药物
14	阿兹夫定片	河南真实生物科技有限公司	化学药	抗感染药物
15	注射用甲苯磺酸奥马环素	再鼎医药（上海）有限公司	化学药	抗感染药物
16	甲苯磺酸奥马环素片	再鼎医药（上海）有限公司	化学药	抗感染药物
17	环泊酚注射液	辽宁海思科制药有限公司	化学药	镇痛药及麻醉科用药
18	注射用磷丙泊酚二钠	宜昌人福药业有限责任公司	化学药	镇痛药及麻醉科用药
19	西格列他钠片	成都微芯药业有限公司	化学药	内分泌系统药物
20	脯氨酸恒格列净片	江苏恒瑞医药股份有限公司	化学药	内分泌系统药物

续表

序号	药品名称	药品上市许可持有人	药品类型	适应证类型
21	利司扑兰口服溶液用散	F.Hoffmann-La Roche Ltd	化学药	神经系统疾病药物
22	海曲泊帕乙醇胺片	江苏恒瑞医药股份有限公司	化学药	血液系统疾病药物
23	海博麦布片	浙江海正药业股份有限公司	化学药	循环系统疾病药物
24	枸橼酸爱地那非片	悦康药业集团股份有限公司	化学药	生殖系统疾病药物

2021 年和 2022 年国家药监局新受理化学药 2 类改良型新药均在 200 个以上，较 2020 年之前有明显提高（图 12-7）。但与 1 类创新药相比，受理量还存在较大差异，未来发展空间较大。

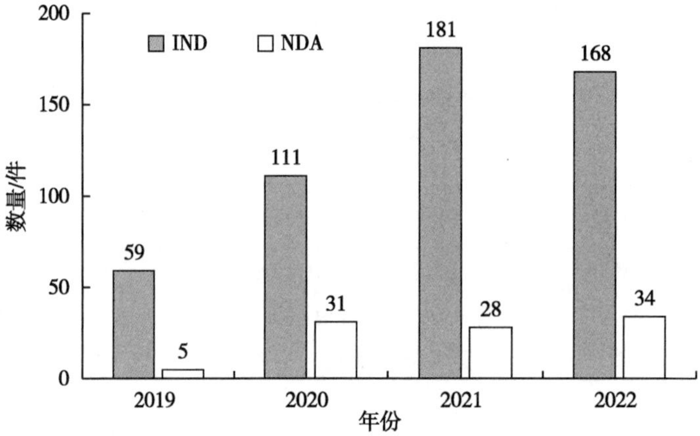

图 12-7 2019—2022 年改良型化学新药注册申请受理情况

资料来源：国家药品监督管理局药审中心。

2021 年和 2022 年化学药 2 类改良型新药完成审评也均在 200 个品种以上。其中，2022 年完成 IND 评审 170 个品种，完成 NDA 评审 39 个品种，获批上市 30 个品种，涉及抗肿瘤、神经系统和血液系统等领域（图 12-8）。

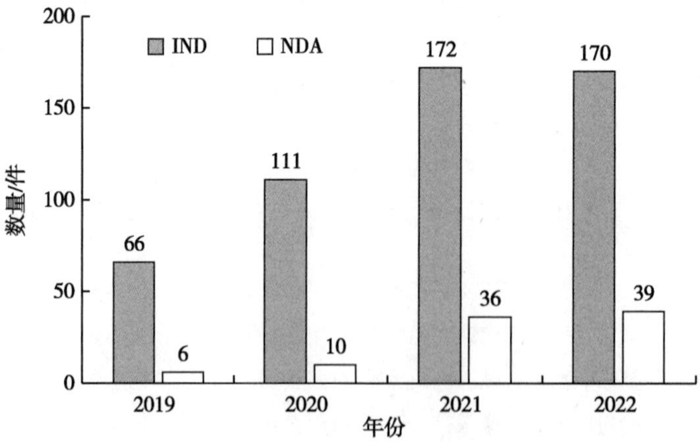

图 12-8 2019—2022 年改良型化学新药完成审评情况

资料来源：国家药品监督管理局药审中心。

（三）仿制药

3 类仿制药指境内申请人仿制境外上市但境内未上市原研药品的药品。4 类仿制药指境内申请人仿制已在境内上市原研药品的药品。这两类药品均应与原研药品的质量和疗效一致。

仿制药的发展是各国政府降低药价、提高药品可及性和增进全民健康福祉的重要途径。中国是仅次于美国的仿制药大国，根据 Frost & Sullivan 分析，2022 年我国仿制药市场规模达到 9 801 亿元（图 12-9）。随着仿制药一致性评价的持续推进、“4+7”带量采购的落地，中国仿制药市场格局正在逐步重塑，大批劣质仿制药将被淘汰，预期未来仿制药市场增幅受影响放缓。

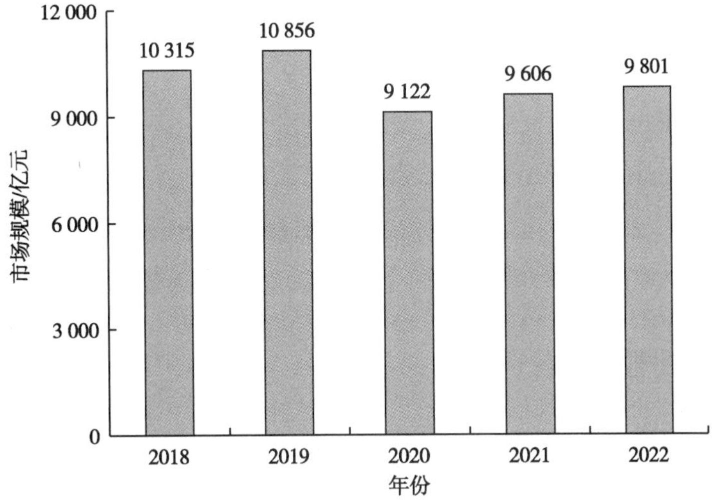

图 12-9　2018—2022 年中国仿制药市场规模

资料来源：Frost & Sullivan，中商产业研究院。

截至 2022 年 7 月 28 日，2022 年获 CDE 承办的仿制药数量按受理号计为 1 241 个，按申报产品计为 482 个，按申报企业计为 594 家。对比 2021 年同期数据，承办的仿制药受理号同比增加 46.17%，产品数量同比增加 31%，申报企业同比增加 41.8%。仿制药申报企业 TOP10 见图 12-10，仿制药申报药品 TOP10 见图 12-11。

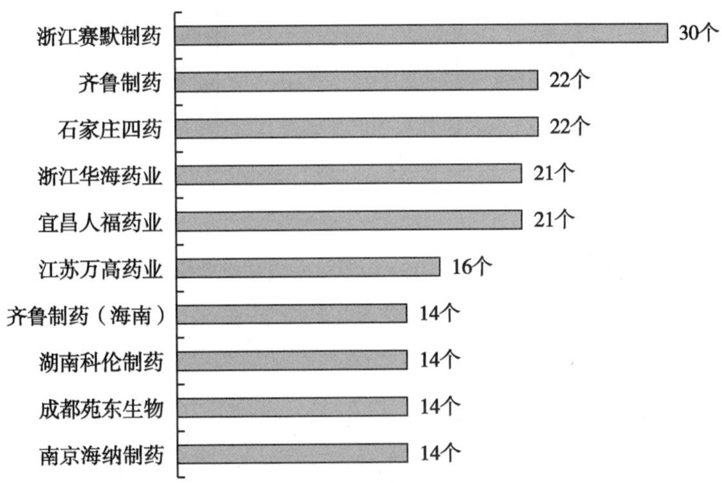

图 12-10　2022 年仿制药申报企业 TOP10

资料来源：药融云中国药品审评数据库。

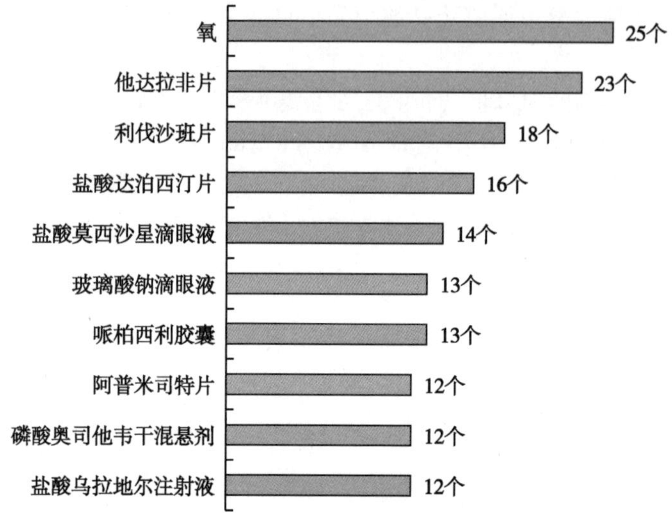

图 12-11　2022 年仿制药申报药品 TOP10

资料来源：药融云中国药品审评数据库。

三、化学药物服务收益情况

近 10 年来，我国化学药物行业收入呈稳定增长，2021 年销售收入为 9 267.8 亿元（图 12-12）。在化学药品治疗领域，抗肿瘤药物、抗感染药物、神经系统药物、消化系统及代谢药物和心血管系统药物市场销售额排名前五。

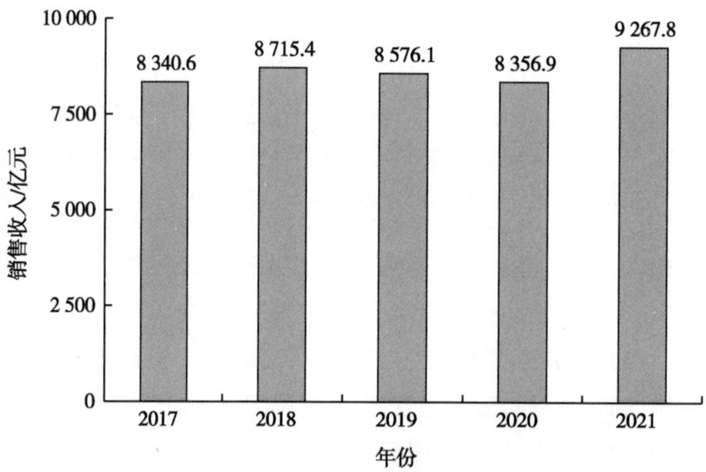

图 12-12　2017—2021 中国化学制剂行业销售收入

资料来源：中商产业研究院。

（一）抗肿瘤药物

全球和中国每年新发癌症患者数和死亡人数持续上升。全球 2020 年抗肿瘤药物的市场规模为 1 503 亿美元，预期于 2025 年达 3 048 亿美元，2030 年达 4 825 亿美元，2020—2025 年的复合年增长率为 15.2%，2025—2030 年的复合年增长率为 9.6%。中国 2020 年抗肿瘤药物的市场规模为 286 亿美元，预期于 2025 年达 603 亿美元，2030 年达 990 亿美元，2020—2025 年的复合年增长率为16.1%，2025—2030年的复合年增长率为10.4%（图12-13）。

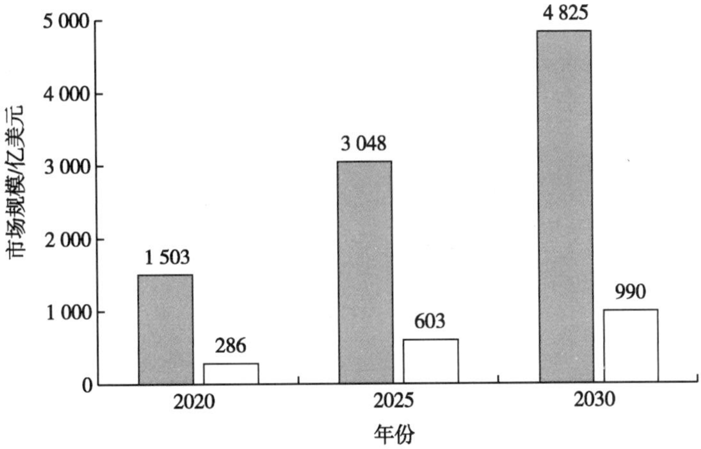

图12-13 全球及中国抗肿瘤药物市场规模统计及预测

资料来源：Frost & Sullivan。

2017—2021年，我国抗肿瘤药物医院内市场销售额持续增长，2021年超885亿元（图12-14）。2022年我国抗肿瘤药物销售额前十排行榜中，贝伐珠单抗以32.38亿元的销售额位居第一；紧随其后的是曲妥珠单抗，销售额为27.39亿元。

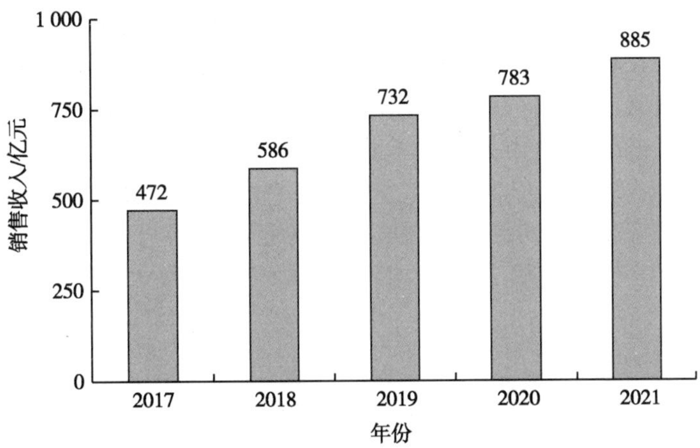

图12-14 2017—2021年中国抗肿瘤药医院销售情况

资料来源：药融云。

（二）抗炎药物

抗生素为最大的抗感染药物类别，占整个抗感染药物的90%左右。全球抗生素产业已进入成熟期，由于研发及上市的新药数量减少、部分国家对抗感染药使用进行规范以及市场竞争加剧，全球抗感染药增长速度放缓。中金企信国际咨询统计数据显示：2010—2022年，全球抗菌药物市场复合年均增长率约为2.2%。到2020年，全球抗生素及疫苗市场规模为550亿～580亿美元。

在国家规范管理抗生素使用的大背景下，抗感染药品作为基础性药物，其市场规模依然庞大。近5年我国抗生素药物销售额总体已呈回升趋势，2017年销售额为1 533亿元，2021年上升至1 863亿元，较2017年同比增长21.53%，2017—2019年复合增长率达到5.09%（图12-15）。

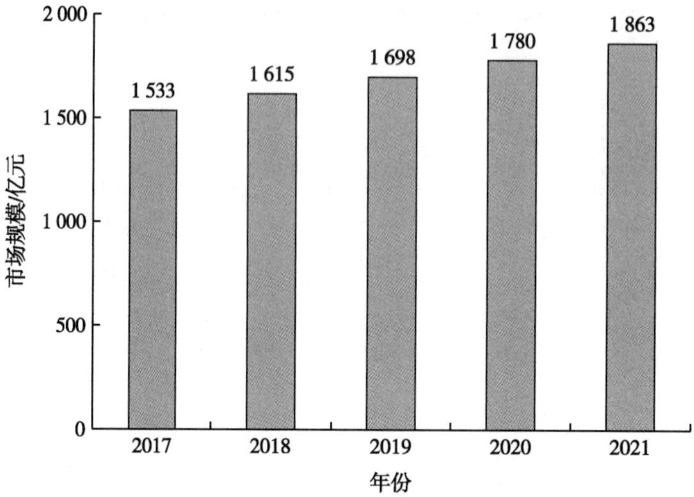

图 12-15 2017—2021 年中国抗生素市场规模

资料来源：中商情报网。

（三）心血管系统药物

目前，心血管疾病已成为全球面临的重大公共卫生问题，随着人口老龄化的加剧，心脑血管疾病已成为老年人常见疾病之一。PDB 数据显示，2019 年中国心血管系统药物在整个样本医院数据中占比为 8.89%。产品结构，从样本医院心血管系统药物大类中各小类销售占比来看，降血脂药在心血管系统药物中占大头，2019 年其占比达到 18.88%。尤其在近两年提升较快，主要系第三代他汀（阿托伐他汀、瑞舒伐他汀、匹伐他汀）保持增长态势。其次钙拮抗剂、血管扩张素Ⅱ受体拮抗剂、周围血管扩张药、β- 阻滞剂等都是占比较大的小类。

尽管近年来心血管系统用药（不含中成药）的总体医院内市场有所下降，但相关用药市场需求依然可观。数据显示，2019 年中国心血管系统用药（不含中成药）院内市场销售额峰值近 900 亿元，近两年有所下滑，2021 年销售额为 805 亿元（图 12-16）。

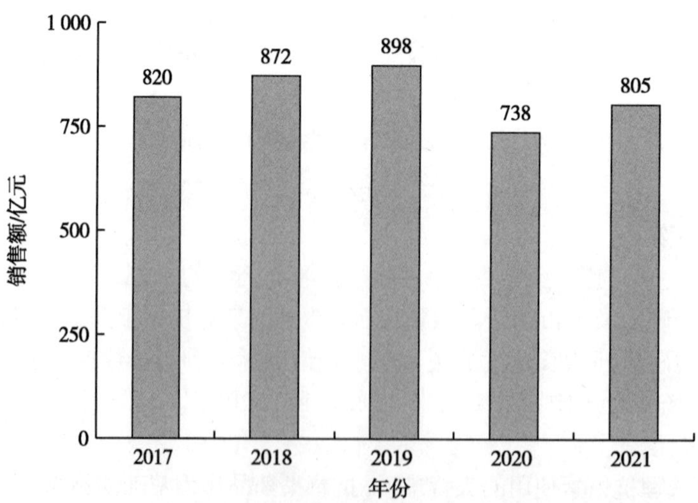

图 12-16 2017—2021 年中国心血管系统用药医院内市场销售额

资料来源：中商情报网。

四、化学药行业发展趋势

1. 政策加持下化学创新药迎来行业发展新机遇 近年来，国内发布一系列创新药物领域的支持政策，随着“优先审评”“快速通道”“突破性治疗”“有条件批准”等特殊审评审批通道的开通，创新药注册申请数量呈持续增长状态。根据CDE注册申报数据，2021年和2022年国家药监局新受理化学药2类改良型新药均在200个以上，其中，2022年完成IND评审170个，完成NDA评审39个品种，获批上市30个品种，涉及抗肿瘤、神经系统和血液系统等领域。

2021年12月，工信部、国家发改委等9部门联合发布《“十四五”医药工业发展规划》，指出要发展若干创新药、新型医疗器械重磅产品，提高对行业增长的贡献率。2021年，我国化学药品制剂行业市场规模约为7 510亿元，占医药行业市场规模的比例为48.96%。

2. 以临床价值为导向，化学药创新从多方向布局向重点发展 2019年国家医保目录的调整，使得抗肿瘤药物、罕见病药物、儿童用药等品种被优先考虑纳入医保范畴。未来符合医保目录要求的创新药进入医保目录的速度将加快，我国的创新药研发也将从多方向布局向恶性肿瘤、心脑血管疾病、糖尿病等慢性病领域以及临床急需的药品等方向发展。

2021年药监局共受理和批准化学药创新药1 166件（508个品种），同比增长125.00%，其中受理新药临床试验申请（IND）1 134件（487个品种），受理新药上市申请（NDA）32件（21个品种）。创新化学药的受理量和批准量均远多于创新中药和创新生物制品。从数据来看，优先审评资源更多地聚焦到具有明显临床价值、临床急需和临床优势的药品上来。

3. 从仿创结合到创仿结合转变 目前，中国的化学药市场中，仿制药和专利过期的原研药仍占据绝大部分市场份额。尽管我国医药产业发展加速，国内仿制药质量仍参差不齐，仿制药与原研药相比质量不高。2018年，我国开始对仿制药实施质量“一致性评价”，建立现代化仿制药审评体系，使仿制药的研发和质量切实得到了提升，仿创结合成为近年来我国药品研发的主流模式。2022年我国仿制药市场规模达到9 801亿元，获CDE承办的仿制药数量按受理号计为1 241个，按申报产品计为482个，按申报企业计为594家。

带量采购的实施，使得药价大幅降低，而且明确规定，化学药采购要约定采购量。受此影响，越来越多的化学药企业开始思考做仿制药所能带来的效益和对企业发展的作用。相比而言，创新药则更有发展优势，政策的偏向将为创新药从研发到上市提供保障，将来创新药的研发势必会得到更多资金投入，成为药品研发的重点，我国化学药研发的方向也将向创仿结合转变。

第二节 中药药品

一、中药行业发展概述

（一）中药定义及分类

中药，即“传统中医”或“传统中医药”，是指以中医药理论为指导，有着独特的理论体系和应用形式，用于预防和治疗疾病并具有康复与保健作用的天然药物及其加工代用品，主要包括中药饮片、配方颗粒、中药提取物、医疗机构中药制剂及中成药。

1. 中药饮片 是指在中医药理论指导下，根据辨证施治和调剂、制剂的需要，对中药材进行特殊加工炮制后的制成品，中药饮片一般由中药饮片加工企业提供。

2. 中药提取物 是采用先进的工艺技术对中药材或中药复方进行提取分离加工而得到的一种具有相对明确药效的物质基础，质量标准严格的一种中药产品。一般分为总提取物、有效部位和有效成分三类。

3. 中药配方颗粒 是由单味中药饮片经水提、分离、浓缩、干燥、制粒而成的颗粒，在中医药理论指导下，按照中医临床处方调配后，供患者冲服使用。

4. 医疗机构中药制剂 是指医疗机构根据本单位临床需要经批准而配制、自用的固定的中药处方制剂。

5. 中成药 系指根据疗效确切、应用广泛的处方、验方和/或秘方，以中药饮片等为原料配制加工而成的药品，如丸、散、膏、丹、露、酒、锭、片剂、冲剂、糖浆等。中成药应由依法取得药品生产许可证的企业生产，质量符合国家药品标准，包装、标签、说明书符合相关规定。

（二）中药相关政策文件法规等

1.《药品管理法》《中华人民共和国药品管理法》(简称《药品管理法》)，于1984年9月20日经第六届全国人民代表大会常务委员会第七次会议通过，2001年2月28日第九届全国人民代表大会常务委员会第二十次会议第一次修订，2013年12月28日第十二届全国人民代表大会常务委员会第六次会议《关于修改〈中华人民共和国海洋环境保护法〉等七部法律的决定》第一次修正，2015年4月24日第十二届全国人民代表大会常务委员会第十四次会议《关于修改〈中华人民共和国药品管理法〉的决定》第二次修正。2019年8月26日，新修订的《药品管理法》经第十三届全国人大常务委员会第十二次会议通过，于2019年12月1日起施行。

新版《药品管理法》对中药内容作出多项修订，增加"国家支持中医药继承和创新，推进中医药现代化和国际化。建立中药传统知识保护名录，以中医药理论传承和发展为基础，通过技术创新与多学科融合，丰富和发展中医药理论，构建适合中医药特点的药物评价和标准规范体系，提高临床疗效，促进中医药事业的健康发展"等内容。

2. 中药新药研制的管理规定 新版《药品注册管理办法》于2020年7月1日起施行。为贯彻落实《药品管理法》《中医药法》，配合《药品注册管理办法》(国家市场监督管理总局令第27号)实施，国家药品监督管理局组织制定了《中药注册分类及申报资料要求》，于2020年9月28日颁布，为中药新药研制提供了法律依据。关于中药注册申报资料，自2021年1月1日起，一律按新要求提交申报资料。

2023年2月10日，国家药监局发布《中药注册管理专门规定》(以下简称《专门规定》)，自2023年7月1日起施行。《专门规定》共11章82条，包括总则、中药注册分类与上市审批、人用经验证据的合理应用、中药创新药、中药改良型新药、古代经典名方中药复方制剂、同名同方药、上市后变更、中药注册标准、药品名称和说明书等内容。《专门规定》与新修订《药品管理法》《药品注册管理办法》有机衔接，在药品注册管理通用性规定的基础上，进一步对中药研制相关要求进行细化，加强了中药新药研制与注册管理。

3. 中药配方颗粒管理规定 中药配方颗粒的质量监管纳入中药饮片的管理范畴，其在临床使用、价格、医保支付等方面政策，由相关部门研究制定或明确。中药配方颗粒在临床应用上给医生和患者多了一种选择。2021年2月10日，《国家药监局 国家中医药局 国家卫生健康委国家医保局关于结束中药配方颗粒试点工作的公告》(2021年第22号)发布，为加强中药配方颗粒的管理，规范中药配方颗粒的生产，引导产业健康发展，更好满足中医临床需求，经研究决定结束中药配方颗粒试点工作，自2021年11月1日起施行。同日，国家药品监督管理局发布《中药配方颗粒质量控制与标准制定技术要求》(简称《技术要求》),要求中药配方颗粒的国家药品标准与省级药品监督管理部门制定的标准均应当符合《技术要求》的规定，于颁布日起实施。

国家药品监督管理局在前期工作的基础上，组织国家药典委员制定相关程序，开展中药配方颗粒国家药品标准制定工作。经过标准研究起草、生产验证、标准复核、专业委员会审评、公开征求意见、审核等，截至 2023 年 2 月，批准颁布的中药配方颗粒国家药品标准有 248 种。

4. 医疗机构中药制剂　医疗机构中药制剂对于满足中医药服务社会需求、提高中医临床疗效、保持发挥中医药特色与优势、推动中医药守正创新具有重要意义。新版《药品注册管理办法》规定，医疗机构配制制剂，应当经所在地省(自治区、直辖市)人民政府药品监督管理部门批准，取得《医疗机构制剂许可证》。无《医疗机构制剂许可证》的，不得配制制剂。医疗机构配制的制剂，应当是本单位临床需要而市场上没有供应的品种，并须经所在地省(自治区、直辖市)人民政府药品监督管理部门批准，法律对配制中药制剂另有规定的除外。2023 年 1 月国家局发布《国家药监局关于印发进一步加强中药科学监管促进中药传承创新发展若干措施的通知》，提出积极推进院内制剂向新药转化，发挥人用经验对医疗机构中药制剂的安全性、有效性的支持作用，支持将疗效确切、特色优势明显、不良反应少的医疗机构中药制剂品种向新药转化。

二、中药行业发展现状

中医药因能有效缓解症状、减少轻症向重症发展、提高治愈率、促进恢复期人群机体康复等广受关注。随着国家出台多项利好政策，中医药产业加快向现代化发展。

(一) 中药饮片

中药饮片是我国中医药的精华所在，中医临床的辨证论治，对症施药要通过中药饮片实现。2016 年《中华人民共和国中医药法》出台，中药饮片被纳入国家基本药物目录。目前，中药饮片产业的市场容量不断增大，中药饮片加工行业已进入一个全面快速发展的新时期。国家药品监督管理局于 2018 年在全国范围内开展了饮片质量整治工作，监管力度的加强导致饮片加工行业规模在 2018—2020 年出现负增长，2017—2020 年年均复合增长率为 −6%。根据《中国医药工业经济运行报告》，2021 年我国中药饮片加工市场规模达 2 057 亿元，增速达 15%，预计 2023 年我国中药饮片加工市场规模将达 2 607 亿元(图 12-17)。

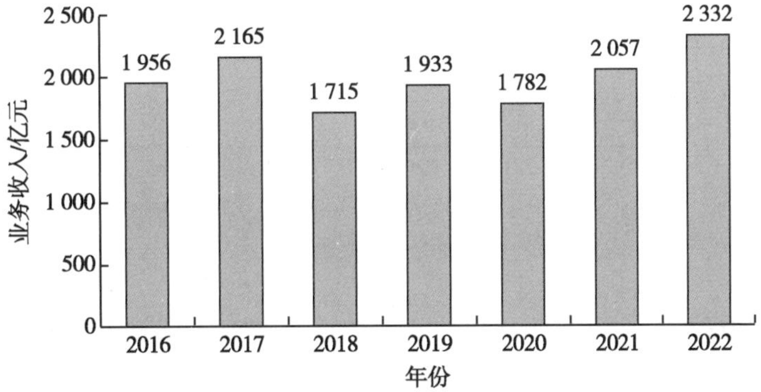

图 12-17　2016—2022 年中国中药饮片加工行业市场规模统计

资料来源：中商产业研究院。

（二）中药配方颗粒

自从2001年国家发布《中药配方颗粒管理暂行规定》，将中药配方颗粒纳入中药饮片范畴并进行企业研究生产后，至今中药配方颗粒行业在我国迅速发展了将近20年的历史。20年来，中药配方颗粒市场获得了较大的关注，市场规模也在迅速扩大。

据中国医药工业信息中心数据统计，2021年我国中药配方颗粒市场规模达到252.45亿元，同比增长32.87%（图12-18）。随着中药配方颗粒销售范围由二级及以上中医院向所有符合相关中医执业资质的医疗机构扩容，市场有望迎来数倍增长空间。预计2025年市场规模将达到532.18亿元。

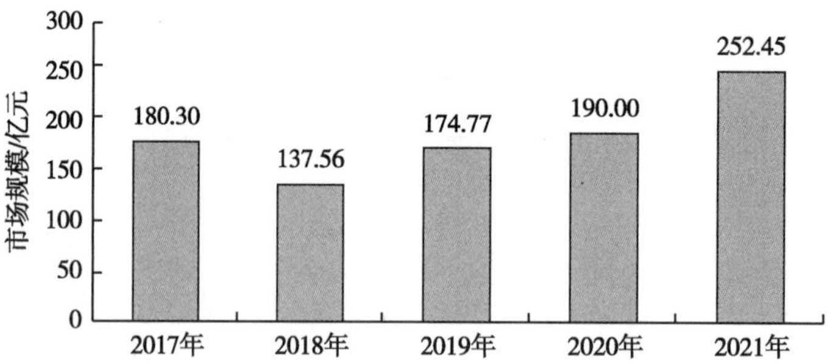

图12-18 2017—2021年中药配方颗粒市场规模统计

资料来源：中国医药工业信息中心，华经产业研究院。

（三）中成药

中成药是在中医理论的指导下，以中药饮片为原材料，按照一定的方剂和精制工艺加工而成的可以直接使用的制剂，包括用中药传统制作方法制作的各种蜜丸、水丸、冲剂、糖浆、膏药，以及用现代药物制剂技术制作的中药片剂、针剂、胶囊、口服液等专科用药。近年来我国中成药产量呈波动趋势。2018年，我国中成药产量为259.01万吨，较2017年同比下降32.4%。2021年，中国中成药产量为249.95万吨（图12-19）。

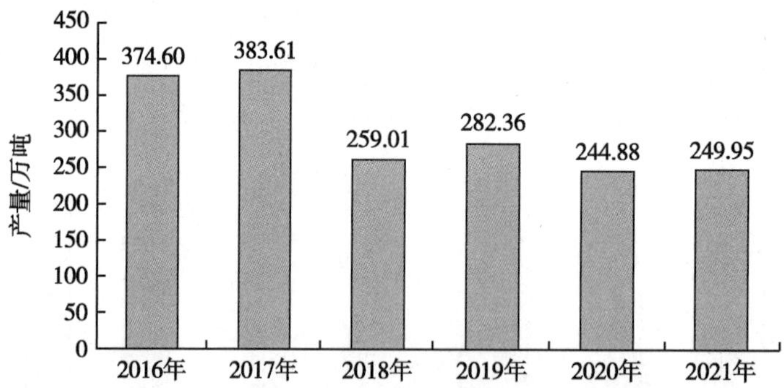

图12-19 2016—2021年中国中成药产量情况

资料来源：国家统计局。

中药新药包括第1～6类中药。新药注册申请包括临床试验申请（investigational new drug application，IND）和生产申请（新药上市申请，new drug application，NDA）2个阶段，分别为完成药物临床前研究和完成临床研究后报送的申请。

2017—2021年中药IND申请、NDA和仿制药注册申请（abbreviated new drug application，

ANDA）等受理情况详见图 12-20。根据国家药监部门发布的药品审评报告，2016—2021 年我国批准上市的中药新药共 20 个（表 12-2），其中 2017 年 1 个，2018 年 2 个，2019 年 2 个，2020 年 4 个，2021 年 11 个。

表 12-2 2017—2021 年批准上市的中药新药

新药	新药批件持有人	注册分类	批准时间
玄七健骨片	湖南方盛制药股份有限公司	1.1	2021 年
芪蛭益肾胶囊	山东凤凰制药股份有限公司	1.1	2021 年
坤心宁颗粒	天士力医药集团股份有限公司	1.1	2021 年
银翘清热片	江苏康缘药业股份有限公司	1.1	2021 年
益气通窍丸	天津东方华康医药科技发展有限公司	3.2	2021 年
益肾养心安神片	石家庄以岭药业股份有限公司	6.1	2021 年
清肺排毒颗粒	中国中医科学院中医临床基础医学研究所	3.2	2021 年
解郁除烦胶囊	石家庄以岭药业股份有限公司	1.1	2021 年
虎贞清风胶囊	一力制药股份有限公司	1.1	2021 年
化湿败毒颗粒	广州一方制药有限公司	3.2	2021 年
宣肺败毒颗粒	山东步长制药股份有限公司	3.2	2021 年
连花清咳片	石家庄以岭药业股份有限公司	6.1	2020 年
筋骨止痛凝胶	江苏康缘药业股份有限公司	6.1	2020 年
桑枝总生物碱片	北京五和博澳药业有限公司	5	2020 年
桑枝总生物碱	广西五和博澳药业有限公司	5	2020 年
芍麻止痉颗粒（止动颗粒）	天士力医药集团股份有限公司	6.1	2019 年
小儿荆杏止咳颗粒	湖南方盛制药股份有限公司	6.2	2019 年
金蓉颗粒（金蓉消癖颗粒）	广州市康源药业有限公司	6.1	2018 年
关黄母颗粒（更舒颗粒）	通化万通药业股份有限公司	6.2	2018 年
丹龙口服液	浙江康德药业集团有限公司	3	2017 年

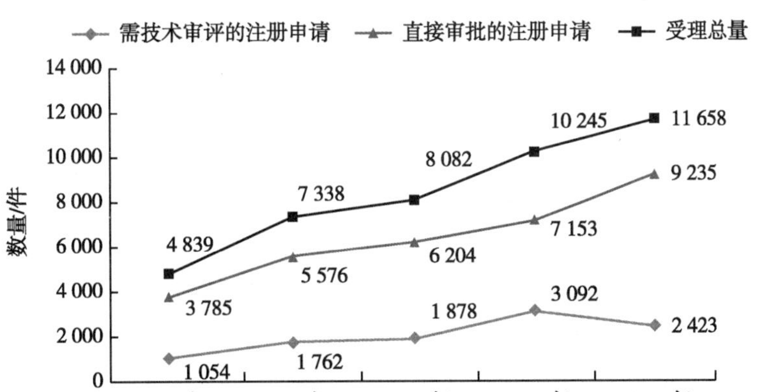

图 12-20 2017—2021 年各类药品注册申请受理情况

资料来源：国家药品监督管理局药审中心。

2021 年中药各类注册申请受理情况详见图 12-21，药监局受理中药注册申请 444 件，其中受理中药 IND 申请 44 件，中药 NDA 申请 10 件。

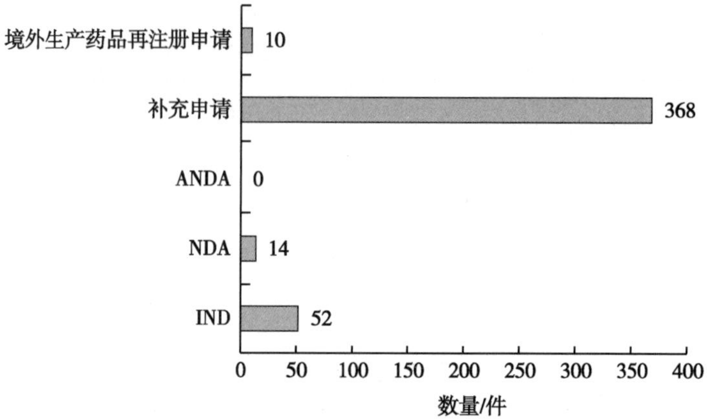

图 12-21 2021 年中药各类注册申请受理情况

资料来源：国家药品监督管理局药审中心。

药监局审评通过批准的 34 件中药 IND 申请中，涉及 13 个适应证领域，其中消化系统 8 件、呼吸系统 6 件、妇科 4 件，共占 52.94%，2021 年批准中药 IND 的适应证领域分布量详见图 12-22。

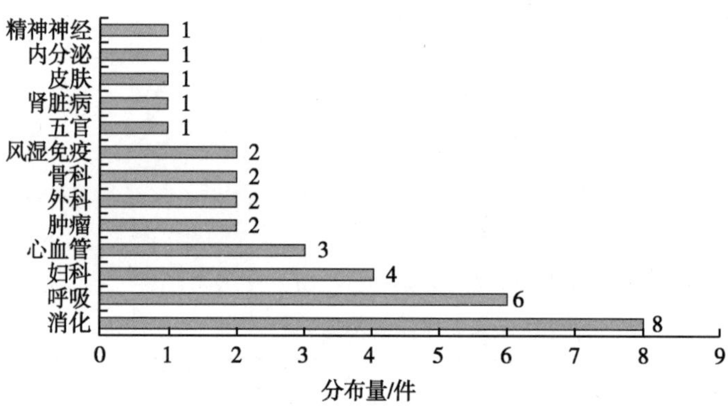

图 12-22 2021 年批准中药 IND 申请的适应证分布

资料来源：国家药品监督管理局药审中心。

三、中药服务收益情况

（一）心脑血管疾病用药

伴随着心脑血管疾病发病率和死亡率逐年增高，中药在心脑血管疾病药物领域渐成气候。心脑血管疾病是全球患病率最高的疾病。在心脑血管疾病治疗中，中药因安全性高、副作用较小而受到市场认可。近年来，医院终端和零售终端心脑血管疾病用中药的销售总额均超过千亿元规模。2015—2018 年，心脑血管疾病用中药销售额呈增长趋势，2019 年销售额 1 109.80 亿元，同比减少 6.49%，主要是医保政策调整、合理用药政策逐步细化。2020 年我国心脑血管疾病用中药销售额持续下滑，为 781.97 亿元，同比下降 29.54%（图 12-23）。

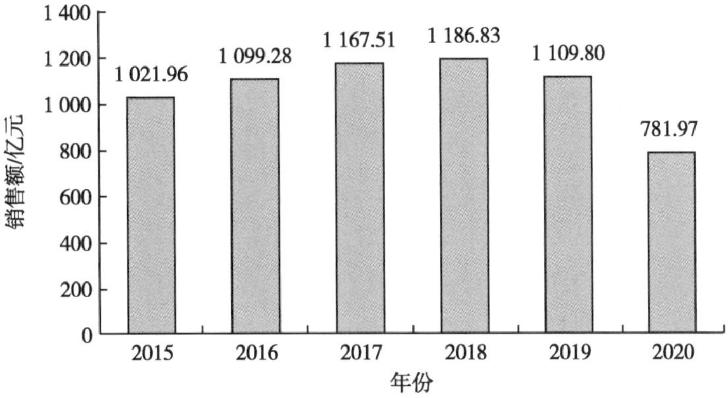

图 12-23 2015—2020 年我国心脑血管疾病用中药销售额

资料来源：米内网，前瞻产业研究院整理。

（二）呼吸系统疾病用药

呼吸系统疾病在城市居民死亡率排名第 3 位，而在农村则占首位。呼吸系统疾病已经成为威胁人类生存的重大疾病之一。近年来，呼吸系统疾病用中药销售额保持逐年增长的趋势。呼吸系统疾病用药大体上可分为止咳祛痰平喘用药、清热解毒用药和感冒用药，每种药对应不同的疾病症状，药品也各有不同，其中止咳祛痰平喘用药占据最大市场份额。2015—2019 年，医院终端和零售终端呼吸系统疾病用中药的销售总额表现为逐年增长趋势。2019 年销售额为 719.09 亿元，同比增长 1.89%；2020 年为 506.96 亿元，同比下降 29.5%（图 12-24）。

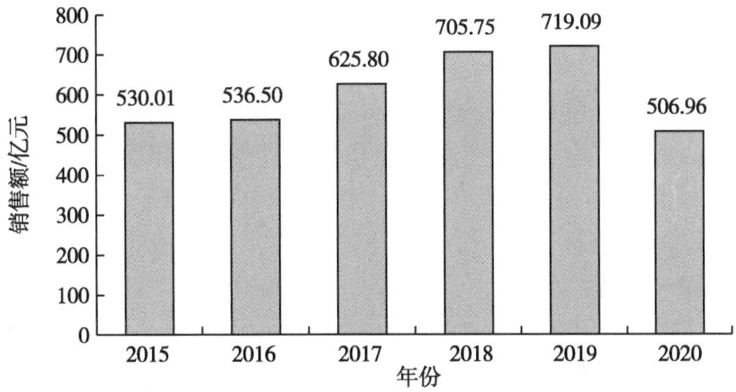

图 12-24 2015—2020 年我国呼吸系统疾病用中药销售额

资料来源：米内网，前瞻产业研究院整理。

四、中药行业发展趋势

1. 利好政策推动中药产业高质量发展 中医药是我国重要的卫生资源、优秀的文化资源、有潜力的经济资源、具有原创优势的科技资源。近年来，国家出台了一系列政策大力发展中医药产业。国家“十四五”规划和 2035 远景目标的重大战略部署，充分发挥中医药独特优势。提高中医药服务能力，推进中医药继承创新。国家“十四五”规划纲要明确提出，推动中医药传承创新，大力发展中医药事业。坚持中西医并重和优势互补，大力发展中医药事业。健全中医药服务体系，发挥中医药在疾病预防、治疗、康复中的独特优势。加强中西医结合，促进少数民族医药发展。加强古典医籍精华的梳理和挖掘，建设中医药科技支撑平台，改革完善中药审评审批机制，促进中药新药研发保护和产业发展。强化中药质量监管，促进中药质量提升。强化中医药特色人才培养，加强中医药文化传承与创新发展，推动中医药走向世界。2023年《中医药振兴发展重大工程实施方案》提到，加强中医药科技创新体系建设，提升传承创新能力，加快推进中医药现代化；大力推进中药材规范种植，提升中药饮片和中成药质量。中医药行业也迎来了《中药注册管理专门规定》《关于进一步加强中药科学监管促进中药传承创新发展的若干措施》等大批重磅利好政策的支持，中医药发展迎来了天时、地利、人和的机会。

2. 中药新药申报与获批数量显著提升 近年来，国家大力鼓励中药创新，针对中药研发出台了多项扶持政策。自新修订的《药品注册管理办法》《中药注册分类及申报资料要求》等一系列符合中药特点的规章及相关技术指导原则相继发布实施以来，中药创新活力和潜能不断释放，中药新药研发动力大增，中药新药质量得到提升。在我国医药行业向高质量发展的新常态下，我国药企新药开发技术不断提升，越来越多中药企业开始重视现代制药新技术在中药生产过程中的应用，进一步加强新药研发。数据显示，2017—2021年我国中药新药注册申请数量分别为20个、27个和54个。2021年中药新药注册申请数量较2020年全年中药新药注册申请量增加100%，中药新药注册申请数量创新高。IND和NDA批准上市数，2021年是2017—2020年4年的总和，批准数的提升说明中药新药研发的规范性及科学性有了明显提升，申报单位的研发能力及水平明显提高，但与化学药和生物药相比，中药新药申请注册数量仍较少，表明中药新药研发的环境还需进一步优化，各类研发主体的积极性可进一步激发调动。

3. "中药+新模式"将成为发展热点 中药休闲农业园是休闲园区的一种新兴形式，以中药生产加工为特色，除生产观光外，能够对传统中医药文化进行宣传，并能结合中医药优势，提供相关养生服务。建设和发展中药休闲农业园，挖掘文化并对场地作出科学合理的规划设计，在保证农业生产的基础上，重点突出其休闲康养、旅游观光功能，推动农业与乡村旅游有机结合。目前，企业和乡镇开始探索中药+旅游、中药+种植园观光、中药+养生体验、中药+购物等多种经营模式。将中药种植园发展建设成中医药旅游生态园，推动中医药健康服务与旅游产业有机融合，更好传播中医药文化。

第三节 生物制品

一、生物制品行业发展概述

（一）定义及分类

生物制品是指以微生物、寄生虫、动物毒素、生物组织作为起始材料，采用生物学工艺或分离纯化技术制备，并以生物学技术和分析技术控制中间产物和成品质量制成的生物活性制剂，包括疫（菌）苗、毒素、类毒素、免疫血清、血液制品、免疫球蛋白、抗原、变态反应原、细胞因子、激素、酶、发酵产品、单克隆抗体、DNA重组产品、体外免疫试剂等。

根据国家药品监督管理局组织制定的《生物制品注册分类及申报资料要求》，生物制品的注册审批分为三类，分别为：①预防用生物制品，为预防、控制疾病的发生、流行，用于人体免疫接种的疫苗类生物制品，包括免疫规划疫苗和非免疫规划疫苗。②治疗用生物制品，指用于人类疾病治疗的生物制品，如采用不同表达系统的工程细胞（如细菌、酵母、昆虫、植物和哺乳动物细胞）所制备的蛋白质、多肽及其衍生物；细胞治疗和基因治疗产品；变态反应原制品；微生态制品；人或动物组织或体液提取或通过发酵制备的具有生物活性的制品等。③按生物制品管理的体外诊断试剂，包括用于血源筛查的体外诊断试剂、采用放射性核素标记的体外诊断试剂等。预防用生物制品的注册分为：1类，创新型疫苗；2类，改良型疫苗；3类，境内或境外已上市的疫苗。治疗用生物制品的注册分为：1类，创新型生物制品；2类，改良型生物制品；3类，境内或境外已上市生物制品。体外诊断试剂的注册分为：1类，创新型体外诊断试剂；2类，境内外已上市的体外诊断试剂。

（二）政策法规

新生物制品的研制和审批按《新生物制品审批办法》及有关规定的要求办理。除体外诊断试剂的临床验证外，其他制品未经批准，不得临床使用。进口生物制品，均需由卫生健康委审批、核发《进口药品注册证》。省（自治区、直辖市）级进口血液制品和防疫制品，需逐次报当地卫生行政部门初审，并由卫生健康委核准。出口防疫用的生物制品均需报卫生健康委批准。其他品种的生物制品出口，按进口国的要求办理相关手续。

《中国生物制品规程》是我国生物制品生产、检定、经营和使用的技术法规，是监督检验生物制品质量的法定标准。国家和省（自治区、直辖市）级卫生行政部门和药品监督员（或特聘专家）按照《药品管理法》、GMP、《中国生物制品规程》和《生物制品管理规定》等法律、规章对本行政区域内生物制品生产和经营单位实施监督检查。新版GMP附录《生物制品》，于2020年7月1日正式生效。该附录是《药品生产质量管理规范（2010年修订）》配套文件，其中对于附录第59条，企业采用实时采集数据的信息化系统记录数据，因信息化建设需要一定周期，应在2022年7月1日前符合相关要求。

生物制品的批签发管理，是对获得上市许可的疫苗类制品、血液制品、用于血源筛查的体外诊断试剂以及食品药品监管总局规定的其他生物制品，在每批产品上市销售前或进口时，指定药品检验机构进行资料审核、现场核实、样品检验的监督管理。

近3年生物制品各类行政法规、部门规章和规范性文件：

1.《生物制品管理规定》原卫生部令第33号。

2.《中国生物制品规程》国药管注〔2000〕337号。

3.《关于预防性生物制品企业注册标准修订及申报的通知》食药监注函〔2005〕46号。

4.《国家食品药品监督管理局关于印发化学药品和生物制品说明书规范细则的通知》国食药监注〔2006〕202号。

5.《关于规范部分细菌类生物制品通用名称的通告》国食药监注〔2007〕287号。

6.《中华人民共和国疫苗管理法》（2019年6月29日第十三届全国人民代表大会常务委员会第十一次会议通过）。

7.《药品GMP生物制品附录》国家药监局2020年第58号。

8.《血液制品GMP认证检查评定标准（征求意见稿）》（国家药监局2020年4月）。

9.《国家药监局关于发布生物制品注册分类及申报资料要求的通告》（2020年第43号）。

10.《生物制品批签发管理办法》（国家市场监督管理总局令第33号2020年12月11日公布）。

11.《疫苗生产流通管理规定（征求意见稿）》（国家药监局2021年2月）。

二、生物制品行业发展现状

全球生物医药产业区域主要分布在美国、欧洲、日本、印度、新加坡、中国等国家和地区，全球生物医药市场规模高速稳定增长，其中，美国、欧洲、日本等发达国家和地区研发实力和产业发展领先全球。我国生物医药行业起步较晚，2005—2015 年是快速发展阶段，从 2015 年开始进入爆发增长阶段。在技术进步、产业结构调整和消费支付能力增加的驱动下，我国生物医药市场规模也呈稳定上升态势。2018—2021 年，我国生物医药市场总体规模从 2 622 亿元增加到 4 644 亿元，年均复合增长率达 20%。目前中国的生物医药发展前景大好，资本规模壮大、研发人才涌现、科研创新成果频出。国内和国际市场对药品需求的继续增加以及医改政策落实等相关政策因素，将使得我国医药行业在国民经济中的地位进一步提高。居民收入与医疗卫生消费的增长将继续带动国内医药行业的整体快速发展，2018—2021 年，我国生物医药市场需求规模从 1 647 亿元增加到 3 574 亿元。

（一）生物制品的研究开发

研究与试验发展（R&D）是衡量一个国家和地区科技发展水平的主要指标，同时也是反映企业自主创新能力的指标。其成果主要是自主知识产权，对企业长期发展作用和意义都是长远和重大的。中国生物医药行业研发投入逐年攀升，2021 年生物制品的 R&D 投入为 272 亿元，新产品开发投入近 344 亿元，新产品销售收入达 3 484 亿元，是 2020 年的 3.5 倍（图 12-25）。

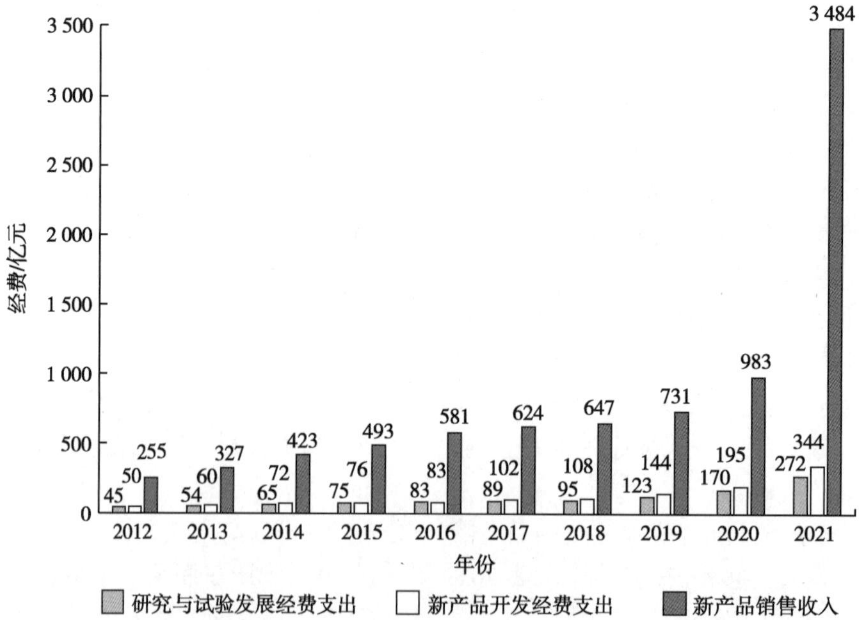

图 12-25 我国生物制品高技术产业新产品研究开发经费支出与新产品销售收入

资料来源：国家统计局。

我国药审改革已提出开展药品专利期限补偿制度试点，建立适合国情的药品试验数据保护制度，进一步解决新药上市后专利期限不足的问题，更好地鼓励创新。随着国家政策支持以及资金投入，企业专利申请数逐年增加，2021 年有效发明专利数已达到了 10 274 件（图 12-26）。

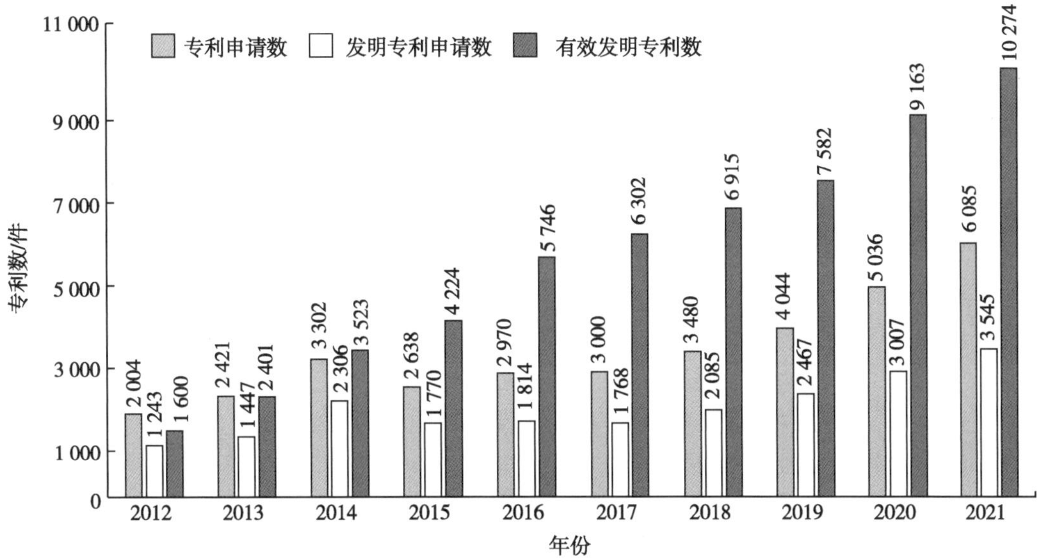

图 12-26 我国生物制品高技术产业专利申请情况

资料来源：国家统计局。

（二）生物制品的注册上市

药品注册申请包括药物临床试验申请、药品上市许可申请、上市后补充申请及再注册申请。2013—2022 年，国家药品审评中心承办的生物制品注册申请数量总体呈上升趋势。受国家食品药品监管总局发布“关于开展药物临床试验数据自查核查工作的公告（2015 年第 117 号）”的《国家食品药品监督管理局临床试验数据核查公告（2015 年第 117 号）影响，2016 年申报总量出现下滑。到 2022 年，生物制品受理数量共计 1 882 件，批准数量为 1 698 件，均创历年新高（图 12-27）。

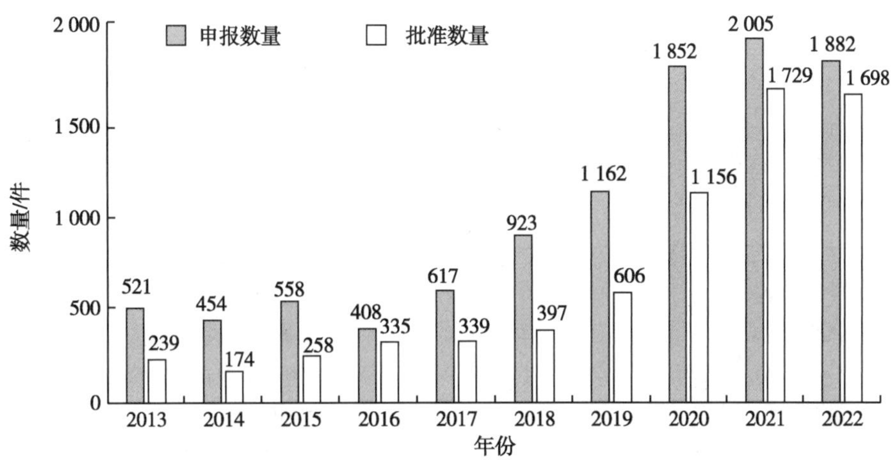

图 12-27 生物制品注册与受理申报与批准情况

资料来源：药智网 - 药品注册与受理数据库。

2016 年以后，生物制品临床申报开始出现爆发式增长，5 年后都逐步进入Ⅲ期临床，无论是新生物制品还是生物类似药，未来生物药市场都将竞争激烈。2021—2022 年，生物制品临床试验申请数量均达800件以上，药品上市申请数量2021年达162件，2022年为129件，略有下降（图12-28）。上市申请数目的大幅度提升，在一定程度上标志着国内生物药企经过多年的布局，逐步进入收获期；跨国药企逐渐提高对中国市场的关注度，未来市场竞争将会更加激烈。伴随着好药、临床急需短缺药等加快步伐进入中国，国内医疗水平有望进一步提升。

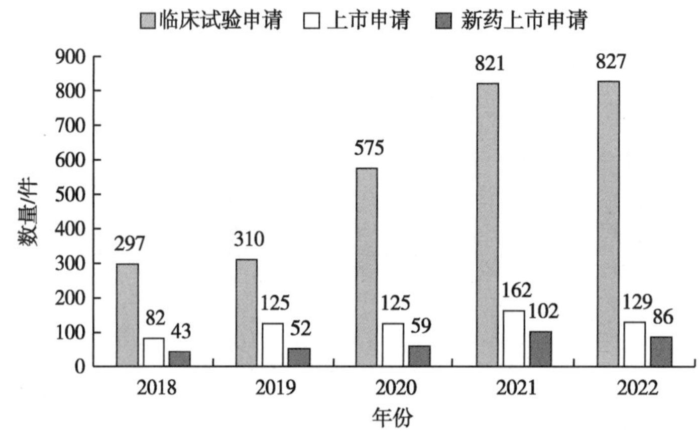

图12-28 生物制品临床试验申请与药品上市申请情况
资料来源：药智网-中国临床试验数据库。

根据药智网药品注册与受理数据库分析系统（RAS）提供的数据，对各种生物制品占该类药品申报总量进行统计分析，发现近五年抗肿瘤和免疫功能调节药占35.01%、系统用抗感染药占18.87%、血液和造血器官用药占16.08%、消化道及代谢用药占15.71%。申报注册的生物制品中，抗肿瘤及免疫功能调节药、抗感染药、血液制品占消费市场的重要位置，是药企主要关注的疾病领域，消化道及代谢治疗领域用药紧随其后（图12-29）。

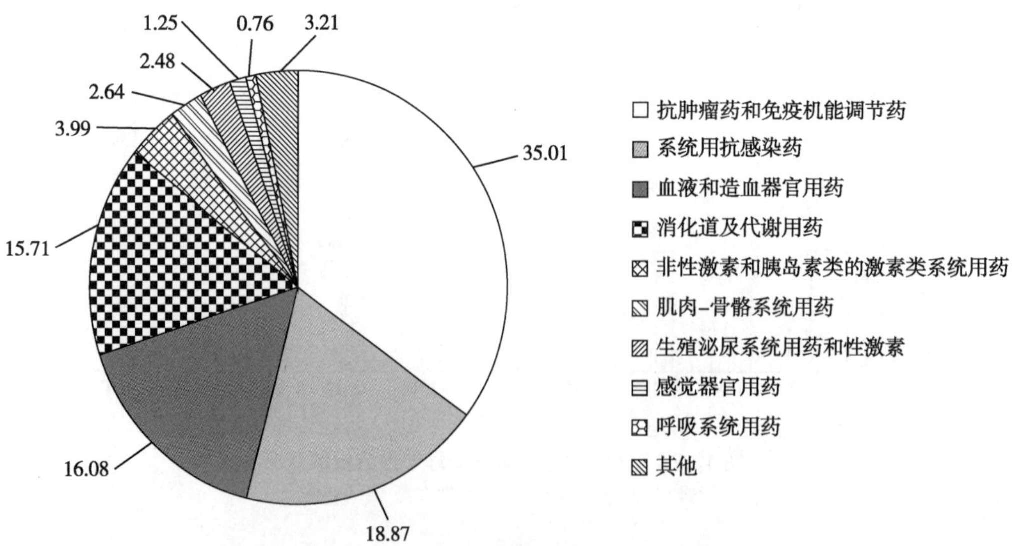

图12-29 2018—2022年生物制品注册申报分类情况
资料来源：药智网-药品注册与受理数据库。

2019 年，最大亮点是国产细胞疗法首次获批临床，正式以药监局批准身份登上历史舞台。嵌合抗原受体 T 细胞疗法（CART）、T 细胞受体基因改造 T 细胞（TCR-T）、干细胞疗法等技术在国内如雨后春笋般涌现，国内细胞疗法方兴未艾，大量基础工作有待开拓，努力突破现有工艺瓶颈，形成自主知识产权（表 12-3）。

表 12-3 2019 年获批临床的细胞疗法项目及适应证

受理号码	药品名称	CDE 源企业	适应证
JXSL1900067	CTL019	诺华（中国）生物	复发性或难治性侵袭性 B- 细胞非霍奇金淋巴瘤成人患者
CXSL1900075	自体人源脂肪间充质祖细胞注射液	西比曼生物科技（上海）	膝骨关节炎
CXSL1900060	全人源 BCMA 嵌合抗原受体自体 T 细胞注射液	南京驯鹿医疗	复发 / 难治性多发性骨髓瘤
CXSL1900016	人脐带间血充质干细胞注射液	上海埃塞尔生物	膝骨关节炎
CXSL1900003	非病毒载体靶向 CD19 嵌合抗原受体 T 细胞注射液	上海细胞治疗集团	CD19 阳性的成人或难治性弥漫大 B 细胞淋巴瘤
CXSL1800128	TAEST16001 注射液	广东香雪精准医疗	组织基因型为 HLA-A*02：01，肿瘤抗原 NY-ESO-1 表达为阳性的软组织肉瘤
CXSL1800117	人胎盘间充质干细胞凝胶	北京汉氏联合生物	糖尿病足溃疡
CXSL1800109	CBM-ALAM.1 异体人源脂肪间充质祖细胞注射液	西比曼生物科技（上海）	膝骨关节炎
CXSL1800106	抗 CD19 嵌合抗原受体 T 细胞注射液	合源生物科技（天津）	复发或难治性急性淋巴细胞白血病
CXSL1800107	抗 CD19 嵌合抗原受体 T 细胞注射液	合源生物科技（天津）	复发或难治性侵袭性 B 细胞非霍奇金淋巴瘤
CXSL1800061	HD CD19CAR-T 细胞	华道（上海）生物医药	r/r B-ALL（难治或复发的 B 细胞急性淋巴细胞白血病）；r/r B-ALL（难治或复发的 B 细胞非霍奇金淋巴瘤）
CXSL1800054	CT053 全人抗 BCMA 自体 CAR T 细胞注射液	上海科济制药	复发难治多发性骨髓瘤
CXSL1800047	CT032 人源化抗 CD19 自体 CAR T 细胞注射液	上海科济制药	复发 / 难治性侵袭性非霍奇金 B 细胞淋巴瘤（B-NHL）
CXSL1800020	ICT19G1	上海斯丹赛生物	成人复发难治 CD19 阳性 B 细胞系急性淋巴细胞白血病
CXSL1800021	pCAR-19B 细胞自体回输制剂	重庆精准生物	3～21 岁 CD19 阳性复发难治性急性淋巴细胞白血病患者
CXSL1700216	靶向 CD19 自体嵌合抗原受体 T 细胞输注剂	博生吉安科细胞	18～70 岁复发或难治性 B 细胞急性淋巴细胞白血病患者
CXSL1700203	靶向磷脂酰肌醇蛋白多糖 -3 嵌合抗原受体修饰的自体 T 细胞	科济生物医药（上海）	GPC3 阳性实体瘤

三、生物制品服务收益情况

中国生物制品批签发数据显示，2018—2022 年国内生物制品市场整体规模持续增长，批签发数量年均增长率约为 17.67%。治疗用生物制品是我国生物医药行业中最重要的细分产品，直接影响生物医药行业市场前景。

2021 年 4 月以后，中检院不再对外披露批签发具体瓶 / 支数量数据，以中检院披露的批次数据为观测指标，发现血液制品行业稳健增长。我国血液制品行业 2021 年总计实现批签发 6 479 批次，较 2020 年增长 7.9%；2022 年总计实现批签发 6 669 批次，增长有所放缓。从品种上来看，白蛋白恢复性增长明显，2021 年，我国白蛋白合计批签发 4 261 次，其中进口白蛋白 2 734 次，进口白蛋白批次占比为 64%；静脉注射用免疫球蛋白合计批签发 986 次；小制品方面，人凝血因子Ⅷ、人纤维蛋白原、人凝血酶原复合物等产品批次呈现较快增长。

2021 年，我国疫苗行业总计实现批签发 5 309 批次，较 2020 年同期增长 2.8%；2022 年总计批签发 4 650 批次，出现负增长。从大品种上看，疫苗行业 HPV 疫苗等大品种实现持续增长，2021 年国产重磅疫苗品种又添新兵，康泰生物 13 价肺炎疫苗获得批签发。此外，部分进口疫苗重磅品种（如辉瑞的 13 价肺炎结合疫苗等）仍表现出旺盛的市场需求和强劲的批签发表现（图 12-30）。

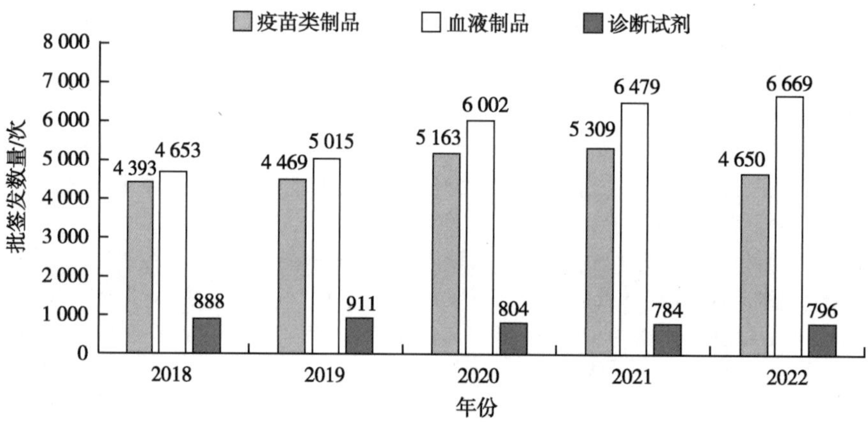

图 12-30　生物制品批签发情况

资料来源：药智网 - 药品注册与受理数据库。

生物制药占市场份额较小，但发展潜力巨大，行业发展速度较快。2019 年我国生物制药行业营收增速达到 10.3%，2022 年同比增长约 7.1%，均高于同期医药行业整体增速及原料药制造、中成药等医药子行业增速。

近五年，前十生物制品销售收入总计近 1 926 亿元，虽然仅有 2 个治疗用生物制品进入榜单，但人血白蛋白销售额遥遥领先于其他药品，达到 725.12 亿元（图 12-31）。随着医疗保障体系的不断完善和对疾病治疗意识的提高，临床中的非保守性手术治疗方法增多，推动了治疗用生物制品市场的发展。临床上常用的治疗用生物制品分为人血白蛋白、各种免疫球蛋白、各种凝血因子三大亚类。在各类手术治疗中，人血白蛋白是治疗因失血、创伤、烧伤、整形外科手术及脑损伤手术的主要药物，也是治疗肝硬化、肾水肿等恶性病变不可或缺的药物，在抗肿瘤及免疫治疗中也有极大需求，因此市场销售额不断扩大。从销售量来看，前十药品销售量中预防用生物制品占了九成。伴随着我国消费者消费能力的增强及对自身健康保护意识的日渐提高，我国对疫苗和诊断试剂的需求与日俱增，市场销量持续扩大（图 12-32）。

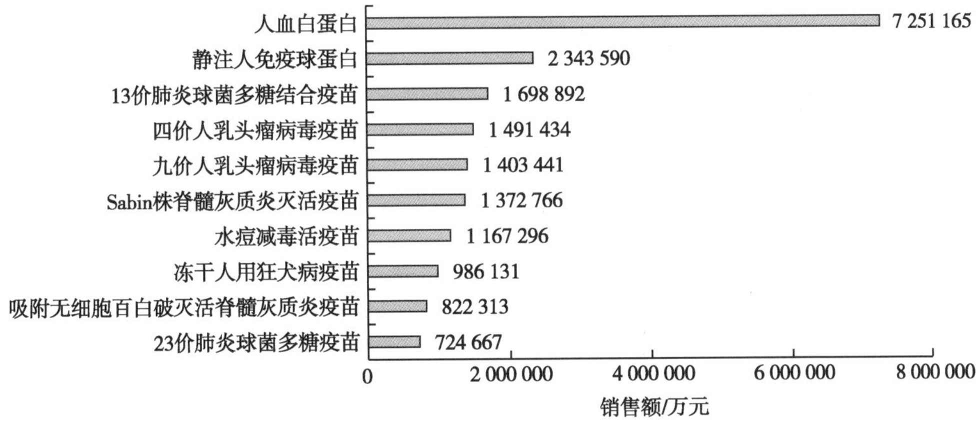

图 12-31 2018—2022 年生物制品销售额排行

数据来源：药智网 - 药品上市数据库。

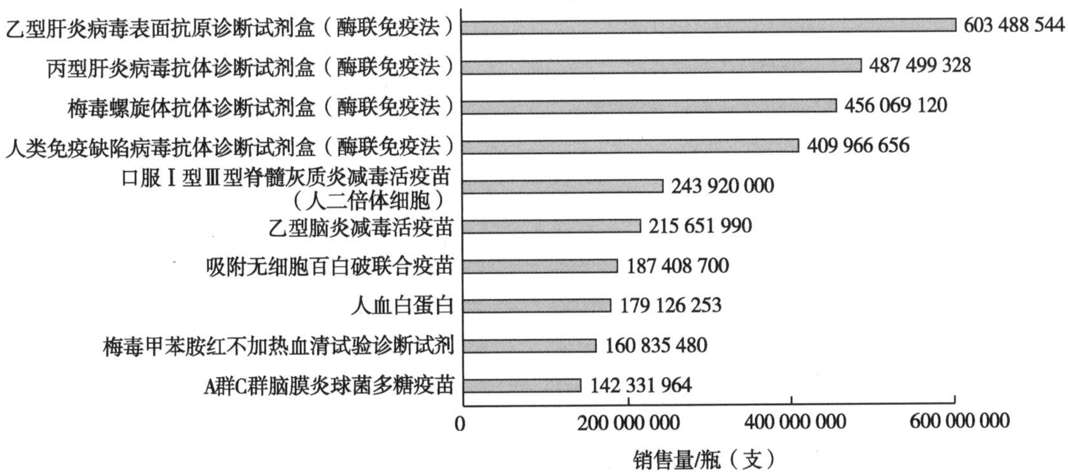

图 12-32 2018—2022 年生物制品销售量排行

资料来源：药智网 - 药品上市数据库。

生物制药的全球市场估值持续上升，数据显示，2021 年生物制品全球销售总额达到 3 430 亿美元，预计 2023 年销售额最高的十大生物制品，销售额都将超过 100 亿美元。2021 年最畅销生物制品代表了两个研发最活跃的领域：癌症和自身免疫性疾病。

癌症领域两个经典的抗肿瘤药物分别位居 2021 年销售额最高生物制品第 4 名和第 9 名。位居第 4 名的 Keytruda 是一种针对多种癌症均有效的抗 PD-1 单克隆抗体。目前该药已经获批用于 18 类肿瘤状况的治疗。Opdivo（nivolumab）也同样为抗 PD-1 单克隆抗体，跻身 2021 年销售额最高生物制品第 9 名，销售额为 76 亿美元，目前在美国已经获批用于 11 种肿瘤的治疗。

免疫性疾病领域的 Humira，位居 2021 年销售额最高生物制品第 2 名，销售额为 207 亿美元，是以 TNF-α 为靶点的单抗，已经获批用于治疗类风湿性关节炎、银屑病关节炎、强直性脊柱炎、克罗恩病、溃疡性结肠炎等免疫性疾病。Humira 曾连续十年位居生物制品销售额榜首。Stelara 位居 2021 年销售额最高生物制品第 7 名，销售额为 91 亿美元，是以 IL-12/IL-23 为靶点的单抗，用于治疗一系列自身免疫性疾病，如克罗恩病和溃疡性结肠炎。

在其他领域，Eliquis（apixaban）位居 2021 年销售额最高生物制品第 6 名，销售额为 108 亿美元，是抑制 Xa 因子的口服抗凝药。Biktarvy（bictegravir，emtricitabine & tenofovir alafenamide）位居 2021 年销售额最高生物制品第 8 名，销售额为 86 亿美元，是一种抗病毒的联合疗法，获批用于 HIV 感染的治疗（图 12-33）。

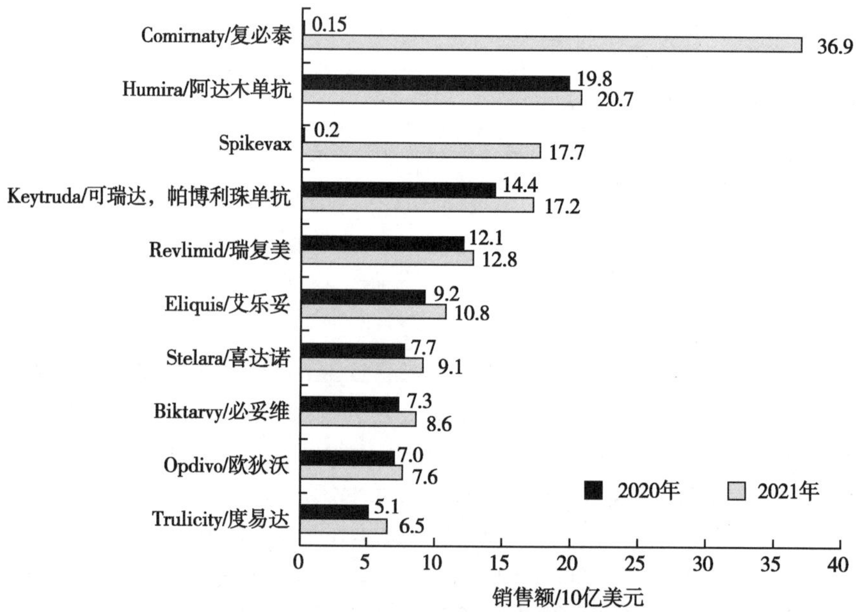

图 12-33 全球前十生物制品销售额排行

数据来源：药智网 - 全球畅销药数据库。

四、生物制品行业发展趋势

1. 国内生物医药产业规模持续增长 近年来，随着人们生活水平的不断提高和对自身健康关注度的不断提升，国家政策的引导和推动，加上生物医药新技术的成熟，我国生物医药市场规模一直保持快速增长。2013 年后我国生物药品制造行业进入快速发展阶段，从行业主营业务收入走势来看，2013—2022 年我国生物制药行业主营业务收入逐年上升，近两年更是出现强劲的增长势头。2021 年，生物制品新产品的销售收入达到 3 484 亿元，是 2020 年的 3.5 倍。2022 年，生物制药行业总利润 287.8 亿元，较 2020 年增长 15.3%。从药物类型上看，癌症和自身免疫性疾病为排名前两位的重大疾病，由于中国人口基数大，癌症新发患者数远超世界其他国家，市场潜力庞大，抗肿瘤和免疫功能调节药占生物制品的 35.01%。国家医保药品目录谈判后，《2022 年国家医保药品目录》中新增药品 111 个，其中抗肿瘤药及免疫调节剂 83 个（单抗克隆抗体和蛋白酶抑制剂占 45 个）。

2. 研发创新投入不断加大 生物医药产业一直以来都具有高投入、高收益、高风险、长周期的特征，需要高额投入作为产业进入和持续发展的条件。因此，为应对科技创新瞬息万变和科技竞争日趋激烈的局势，各大型跨国医药企业争相加大科研投入。近年来，国内排名靠前的头部企业在研发人员的招募和研发资金的投入方面，也都在不同程度地加大力度，对研发的重视程度不断提高。2021 年，生物制品的新产品开发投入近 344 亿元，是 2020 年的 1.7 倍；研究与试验发展（R&D）投入为 272 亿元，是 2020 年的 1.6 倍。

3. 人工智能 + 生物制药成趋势 人工智能有利于促进医药行业制作品质提升，加大药品生产过程中的可追溯性和药品数据的可靠性。因此，近年来大量药企都开始大力探索人工智能与新药研发相结合，通过智能技术加速新药研发进程，提升研发效率。另外，为了减少生产操作人员污染风险，未来几年生物制剂生产技术会向智能化、集约化和一体化发展；同时为了减少企业生产能耗成本并提高产能，在降低生产环境级别为 C 级的条件下，集成具有人工智能、容错率小的一体化高速生产线将会逐渐代替现行的生产设备。

4. 核心城市集中提高，呈产业集聚化发展 由于生物医药行业具有创新成本高、投资风险大、研发周期长等特点，集聚发展不仅有助于生物医药企业快速获取资金、人才、研发等资源支持，还可以提高区域医药产业的综合竞争力。同时，国家政策也鼓励科学规划生物医药产业集聚区的发展。在医药行业自身发展需要叠加国家政策的支持下，我国生物医药产业集聚化发展态势明显，生物产业基地及产业园区发展迅速。从生物医药园区发展来看，据不完全统计，目前我国已形成各类生物医药园区 100 多个，其中经过国家有关部门或地方政府批准的省级以上生物医药园区有 50 多个。未来，我国生物医药区域集中化、行业产业化的趋势将继续维持，各大园区和产业集群在行业结构中的地位更加显著，对进一步扩大行业规模、提升产业竞争力将发挥重要的作用。

案例：

中医药的传承与创新

2021 年 3 月 2 日，国家药品监督管理局通过特别审批程序，在标准不降低、程序不减少的前提下，基于充分的临床证据，经过严格的现场核查，应急批准清肺排毒颗粒上市。中国中医科学院中医临床基础医学研究所获得清肺排毒颗粒上市许可持有人资质，成为全国第一家事业单位药品上市许可持有人。自 2023 年 4 月 1 日起，清肺排毒颗粒按照新的支付标准纳入国家医保药品目录。

3 年多来，国内外医学期刊发表了大量关于清肺排毒汤（颗粒）的科研论文，相关研究成果涵盖全球 30 多个国家，包括加拿大、美国、英国、德国等，显示了国际医学界对清肺排毒汤（颗粒）的高度关注，为其进一步在全球推广奠定了坚实基础。

2023 年，清肺排毒颗粒在加拿大获批作为非处方药上市，成为我国首个进入发达国家市场的抗疫中药，标志着中医药走向世界迈出重大步伐。据悉，加拿大卫生部在我国已批准的清肺排毒颗粒所有适应证基础上，根据相关研究成果，增加批准了“用于流行性感冒上述症状者”的新适应证，扩大了现有适应证范围。目前，清肺排毒颗粒已经完成品种注册、生产认证、贸易销售许可的全链条审批流程，具备了合法进入该国药品市场销售的资质。

此次清肺排毒颗粒在海外上市，我国采取了独立自主的国际持证新模式，这在历史上尚属首次。作为清肺排毒颗粒的国际持证商，中国中医科学院中医临床基础医学研究所全链条把控该药的海外注册、生产和销售环节，保护了药品的实际所有权，避免了以往出口药品被境外代理商持证的被动局面，也为保护其国际知识产权提供了新路径。当前，中医药迎来天时、地利、人和的大好发展时机，期待更多良医良方竞相涌现，推动中医药事业更好地传承创新发展，为维护人类健康作出更大贡献。

（资料来源：人民日报、人民网）

（石森林　张　婷　周俐斐　徐蓓华）

参 考 文 献

[1] 徐挺军，赵英莉，李英勇．化学药物数据集[J/OL]．中国科学数据，2019，4(1)．(2018-11-22)．DOI: 10.11922/csdata.2018.0061.zh.

[2] 国家药品监督管理局．《药品注册管理办法》政策解读[EB/OL]．(2020-03-31)[2023-03-12]．http://www.nmpa.gov.vn/WS04/CL2067/376183.html.

[3] 国家药品监督管理局药品审评中心．2021 年度药品审评报告[R/OL]．(2022-06-01)[2023-03-15]．https://www.nmpa.gov.cn/xxgk/fgwj/gzwj/gzwjyp/20220601110541120.html.

[4] 国家药品监督管理局．《科学监管、严守底线、仿创并重——新《药品注册管理办法》亮点解析》[EB/OL]．(2020-04-09)[2023-03-12]．https://www.nmpa.gov.cn/directory/web/nmpa/xxgk/zhcjd/zhcjdyp/20200409120001417.html.

[5] 健康界．抗肿瘤药销售 Top10 公布[EB/OL]．(2022-10-09)[2023-04-01]．https://www.cn-healthcare.com/articlewm/20221009/content-1446799.html.

[6] 东方财富网．抗肿瘤药物市场调查[EB/OL]．(2022-10-28)[2023-03-21]．https://caifuhao.eastmoney.com/news/20221028161149494027170.

[7] 国家药品监督管理局．国家药监局关于发布《中药注册管理专门规定》的公告(2023 年第 20 号)[EB/OL]．(2023-02-10)[2023-03-10]．https://www.nmpa.gov.cn/xxgk/fgwj/xzhgfxwj/20230210173401120.html.

[8] 国家中医药管理局．深入贯彻“十四五”规划 推进中医药振兴发展发布会[EB/OL]．(2021-03-29)[2023-03-21]．http://www.natcm.gov.cn/bangongshi/gongzuodongtai/2021-03-29/21070.html.

[9] 中华人民共和国中央人民政府．中华人民共和国国民经济和社会发展第十四个五年规划和 2035 年远景目标纲要[EB/OL]．(2020-04-09)[2023-03-21]．http://www.gov.cn/xinwen/2021-03/13/content_5592681.htm.

[10] 国家药品监督管理局．国家药监局关于发布《中药配方颗粒质量控制与标准制定技术要求》的通告(〔2021〕16 号)[EB/OL]．(2021-01-26)[2023-03-09]．https://www.nmpa.gov.cn/xxgk/ggtg/qtggtg/20210210145453181.html.

[11] 国家药品监督管理局．国家药监局关于印发进一步加强中药科学监管促进中药传承创新发展若干措施的通知(国药监药注〔2023〕1 号)[EB/OL]．(2023-01-04)[2023-03-17]) https://www.nmpa.gov.cn/xxgk/fgwj/gzwj/gzwjyp/20230103172324162.html.

[12] 融中财经．2020 年中国生物医药行业发展报告[R/OL]．(2020-07-31)[2023-03-21]．https://baijiahao.baidu.com/s?id=1673713343849220969&wfr=spider&for=pc.

[13] 国元证券．2020 年一季度血制品行业批签发跟踪[EB/OL]．(2020-04-13)[2023-03-23]．https://www.fxbaogao.com/detail/1997138.

[14] 制药网．中国生物医药产业发展势头强劲，正呈现出 4 大趋势[EB/OL]．(2020-12-04)[2023-03-07]．https://www.zyzhan.com/news/detail/77762.html.

第十三章 医疗器械

我国政府重视医疗器械发展，在中国共产党第十九次全国代表大会上，习近平总书记指出要推进健康中国建设，加快构建以卫生健康为中心的全民健康服务体系，支持医疗卫生领域创新发展，促进药品、医疗器械等行业高质量发展。当前，我国要加快实现高端医疗器械和关键技术自主可控，重视医疗器械相关领域的学科建设和加大对高端医疗器械创新的资金支持力度，促进医疗器械国产替代，以高端医疗器械科技创新助力中国式现代化建设，满足人们对健康生活的新期待。医疗器械产业是与人类健康密切相关的产业，医疗器械的现代化程度也是健康服务现代化程度的重要标志。本章将从健康服务业发展视角出发，对医疗器械行业发展的概况、康复医疗器械以及眼科医疗器械的发展现状和前景进行阐述。

第一节 医疗器械行业发展概况

一、医疗器械概述

2022 年，我国医疗器械行业在“健康中国 2030”“中国制造 2025”、《“十四五”医药工业发展规划》等政策指引和推动下保持较好发展，医疗器械行业生产和经营企业的数量均得到一定程度的增加，医疗器械进出口贸易继续保持增长趋势；医疗器械产业研发投入不断加大，创新能力显著增强。随着医改的进一步深入推进，由国家医疗保障局主导的药品和医用耗材集中采购进行了多种形式的探索。

目前，我国医疗器械产业依然保持着良好的发展态势。综合分析，未来我国医疗器械行业仍将处于快速发展的“黄金时期”。

医疗器械相关主要行政法规、部门规章和规范性文件如表 13-1 所示。

表 13-1 我国医疗器械相关政策文件汇总

文件	发文号	实施时间
《医疗器械临床试验质量管理规范》	国家药品监督管理局 国家卫生健康委员会 2022 年第 28 号公告附件	2022.05
《医疗器械经营监督管理办法》	国家市场监督管理总局令第 54 号	2022.05
《医疗器械生产监督管理办法》	国家市场监督管理总局令第 53 号	2022.05
《医疗器械注册与备案管理办法》	国家市场监督管理总局令第 47 号	2021.10

续表

文件	发文号	实施时间
《医疗器械监督管理条例》	国务院令第 739 号	2021.06
《国家医疗器械质量抽查检验工作程序》	药监综械管〔2021〕46 号	2021.04
《国家药监局综合司关于印发 2020 年医疗器械行业标准制修订计划项目的通知》	药监综械注〔2020〕48 号	2020.05
《第一批国家高值医用耗材重点治理清单》	国卫办医函〔2020〕9 号	2020.01
《医疗器械检验工作规范》	国药监科外〔2019〕41 号	2019.08
《国家药监局关于扩大医疗器械注册人制度试点工作的通知》	国药监械注〔2019〕33 号	2019.08
《国务院办公厅关于印发治理高值医用耗材改革方案的通知》	国办发〔2019〕37 号	2019.07
《医疗器械唯一标识系统试点工作方案》	药监综械注〔2019〕56 号	2019.07
《医疗器械不良事件监测和再评价管理办法》	国家市场监督管理总局、国家卫生健康委员会令第 1 号公布	2019.01

二、我国医疗器械行业发展现状

目前，我国医疗器械行业正处于快速发展时期，市场增速高出全球平均水平，市场规模位列全球第二。我国医疗器械市场蓬勃发展主要得益于政策的支持、临床需求的扩大等方面，从依赖进口逐渐转为国家自主生产，并保持着快速增长的良好势态。2022 年，我国医疗器械市场规模达 11 710 亿元，近 7 年复合增速约 17.5%，预计 2023 年我国医疗器械市场规模将达到 12 948.9 亿元。“十四五”时期以来，产业总体进入高速增长的阶段，工业增加值在全国 GDP 中所占比重持续上升。目前，我国已初步建立医疗器械产业体系，并且医疗器械产业已成为国家重点支持的战略新兴产业，具有十分广阔的发展前景。

健康中国战略和《“健康中国 2030”规划纲要》的落实，推动以“大健康、大卫生、大医学”为基础的医疗健康产业持续壮大，其中，医疗器械发挥着至关重要的作用。因此我们可以预期，未来我国医疗器械行业将持续快速发展，中国也有望形成世界上最大的医疗器械市场。

（一）市场销售情况

2022 年我国新增医疗器械 A 股上市企业 16 家，2022 年上半年 113 家医疗器械上市公司收入共计高达 1 689.78 亿元，同比增长 30.02%。其中，有 2 家医疗器械上市公司营业收入超过百亿元。2022 年，中国医疗器械规模以上生产企业的营业收入占全行业比重超过了 60%。从领域划分看，中国医疗器械行业主要细分为四大领域，分别为医疗设备、高值耗材、低值耗材与体外诊断。其中，医疗设备占据了市场份额的最大部分。相关数据显示，目前我国医疗器械行业市场集中度约为 14.2%，与发达国家相比差距仍然很大。由此得知，我国医疗器械行业还有很大发展空间，集中度有望提升。

（二）生产及经营企业情况

1. 生产企业情况　国家药品监督管理局信息统计数据显示，自 2015 年以来，我国医疗器械生产企业数量保持逐年增多的趋势。截至 2022 年年底，全国共有 33 788 家医疗器械生产企业，较 2021 年同比增长 16.7%（图 13-1）。其中，有 23 538 家企业可生产Ⅰ类产品；

15 840家企业可生产Ⅱ类产品；2 312家企业可生产Ⅲ类产品。

2022年全国医疗器械生产企业数量持续稳步攀升。从地区分布来看，企业数量最多的省份是广东省，共5 966家；江苏省、山东省分别以4 110家、3 870家排名第二、第三；浙江省（2 628家）、河北省（1 983家）、河南省（1 587家）、湖北省（1 483家）、上海市（1 214家）、湖南省（1 174家）、北京市（1 126家）分列第四至第十。整体排名较2021年变化不大，其中，广东省凭借良好的政策条件和地域优势位居医疗器械生产企业总数榜首。

现阶段，我国医疗器械企业呈现数量多但规模小的特征，医疗器械行业的整体集中度比较低，因此，未来医疗器械行业的整合空间较大。

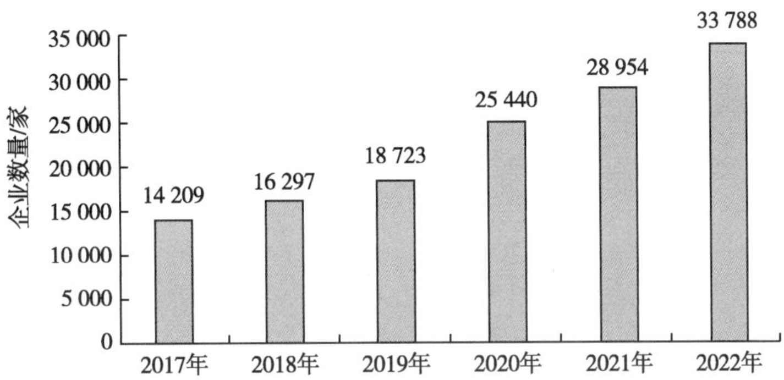

图13-1 2017—2022年我国医疗器械生产企业数量统计

资料来源：医械数据云《2022年各省医疗器械生产企业数量对比》。

2. 经营企业情况 近5年，医疗器械经营企业数量增长率基本保持在15%，其中2018年、2020年增长率高达30%以上。国家药品监督管理局统计数据显示，截至2022年第三季度，我国有102.92万家医疗器械经营企业，同比增长29.39%（图13-2）。数量最多的是经营Ⅱ类医疗器械产品的企业，为68.44万家，占比达到66.50%；Ⅱ和Ⅲ类医疗器械产品同时经营的企业数量则达到了26.32万家，占比25.57%。

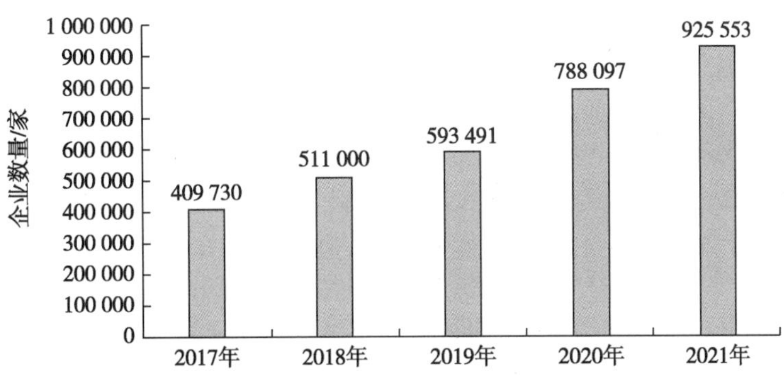

图13-2 2017—2021年我国医疗器械经营企业数量

资料来源：众成数科《数说产业丨2021我国医疗器械产业年度数据洞察》。

（三）进出口情况

中国医保商会统计资料显示，我国2021年医疗器械对外贸易总额为1 349.4亿美元，同比下降18.8%。其中，进口额和出口额分别为502.1亿美元、847.3亿美元。从产品种类看，2021年贸易总额最低的是口腔设备与材料，为26.4亿美元，占比2.0%；贸易总额最多的是医用耗材，为 574.4 亿美元，占比高达 43.3%。进口方面，IVD 试剂的贸易额最高，高达 142.2 亿美元，同比增长 28.2%；IVD 仪器的进口贸易额增幅最大，接近 50%。出口方面，医用耗材的贸易出口额最高，为 467.2 亿美元，同时，其降幅也最为明显，同比下降 50.4%；出口贸易额增长最快的是 IVD 试剂，同比增长 151.7%（表 13-2）。

整体看来，一方面，我国医疗器械对外贸易的结构得到了持续优化，效益和质量皆有所提高；另一方面，我国医疗器械工业也正在受到国外产品的冲击和竞争压力，医疗器械工业的国际化趋势越来越激烈，尤其是附加值高的大型医疗器械设备和高新技术医疗器械产品将会受到更大的冲击。

表 13-2　2021 年我国医疗器械进出口贸易主要商品汇总统计情况

商品名称	贸易总额/亿美元	占比	进口额/亿美元	同比增长	出口额/亿美元	同比增长
医用耗材	574.4	43.3%	117.2	−2.7%	467.2	−50.4%
IVD 试剂	275.8	20.4%	142.2	28.2%	133.6	151.7%
诊疗设备	209.5	15.5%	107.5	14.0%	101.9	3.0%
IVD 仪器	101.8	7.5%	66.4	49.9%	35.4	14.0%
其他	78.1	5.8%	43.9	21.4%	34.2	−25.6%
保健康复	44.4	3.3%	6.3	37.4%	38.1	4.5%
医用敷料	29.2	2.2%	6	37.6%	23.3	14.4%
口腔设备与材料	26.4	2.0%	12.7	40.2%	13.7	38.0%

资料来源：中商产业研究院《年度总结：2021 年中国医疗器械进出口贸易数据汇总分析》。

中国海关数据显示，意大利、韩国、泰国、印度尼西亚等是我国医疗器械的主要出口国家。2021 年我国从“一带一路”沿线国家进口医疗器械商品总额为 80.07 亿美元，同比增长 20.6%，新加坡、韩国、马来西亚、以色列等是主要的进口国家；向“一带一路”沿线国家的出口医疗器械商品总额为 241.1 亿美元，同比下降 24.4%。近年来，我国不断深化与“一带一路”沿线国家在医疗领域的合作，同时，医疗器械也有望成为我国最具出口潜力的产品。

（四）专业服务与创新情况

截至 2022 年 6 月，我国目前有 1 741 家动物实验机构，其中大部分机构仅具有实验动物使用资质，共 1 346 家，占比 77.31%；177 家机构仅具有实验动物生产资质，占比 10.17%；218 家机构兼具实验动物生产和使用资质，占比 12.52%。2022 年，我国临床试验机构的数量为 1 186 家，同比增长 10.33%。相关数据显示，截至 2022 年 3 月，我国共有 513 家医疗器械第三方物流企业，东部沿海、长三角以及环渤海湾地区是我国医疗器械第三方物流企业的主要分布区域。其中，北京、上海、江苏以及湖北四地的企业总数占比高达 40%。此外，我国医疗器械高新技术企业数量也在持续增长，2017 年我国共有医疗器械高新技术企业 2 593 家，2021 年增长至 6 279 家。

（五）医用耗材集中采购现况及趋势

2019 年 7 月，国务院办公厅印发《治理高值医用耗材改革方案》，针对高值医用耗材价格虚高、过度使用等重点问题推进改革。此纲领性文件明确指出了医疗器械行业未来发展方向，标志着医疗器械行业进入严格监管的新时代。政策出台呈上升趋势，据不完全统计，2021 年国家及各省（自治区、直辖市）总共发布涉及医疗器械领域集中采购文件 300 余件，数量为医改各方面之首。2021 年 6 月，国家医保局等八部委发布《关于开展国家组织高值医用耗材集中带量采购和使用的指导意见》，提出对高值医用耗材进行带量采购，将采购量合并，统一竞价，公平竞争。同时，国家医保局会同相关部门制定了一系列的配套政策，如中选产品使用、基金预付和结算、质量监管等，推动医用耗材集中带量采购的制度框架更加完善、成熟，并且更具备可操作性。

1. 改革方案落地成效显著 针对医药器械领域价格虚高、过度使用等问题，国家层面提出了“促降价、防滥用、严监管、助发展”的新要求。2021 年，各省地市医用耗材集中采购持续快速推进，目前，带量采购和挂网准入已经基本全部覆盖；仍有 5 个省份（浙江、福建、山西、广西、宁夏）采用原方式，山东省则采用了建立低值耗材直购专区的其他方式。目前，青海、江西、江苏、山东、甘肃、湖南、河北、海南、四川、陕西、福建、天津、广东等地都制定并发布了省级治理高值医用耗材的改革方案，对集中采购作出了规定。据统计，截至 2022 年 2 月 28 日，全国共 389 个在执行医用耗材（含试剂）集中采购项目，其中 4 个为国家级项目、231 个为省级项目、145 个为市级项目。

2. 高值医用耗材集采范围扩大 我国集中采购进入到“常态化、制度化”发展阶段，高值医用耗材国家联采及各省地市带量采购持续探索，规则不断完善，覆盖范围进一步扩大，价格有所下降，行业经营生态正在得到改善。推进和落实高值医用耗材带量采购不但有利于减轻患者的经济负担，还有助于医疗器械市场的规范以及监管力度的进一步加大。继心脏冠脉支架集采后，国家组织集采的第二批高值医用耗材人工关节的工作于 2022 年在各省份陆续展开和落实。本次人工关节集采包括初次置换人工全髋关节和人工全膝关节两种产品。具体来看，髋关节和膝关节的平均价格分别从 3.5 万元和 3.2 万元降到了 7 000 元和 5 000 元左右，平均降价超八成。首年意向采购量高达 540 000 套，预计全年共可节约费用 160 亿元。人工关节降价，将在很大程度上减轻患者负担，提高其生活质量。2022 年，继冠脉支架、人工关节集采后，第三批国家组织高值医用耗材集采正式启动，产品为骨科脊柱类医用耗材。

第二节 康复医疗器械

一、康复医疗器械概述

康复医疗器械是指在康复医疗中用于康复评定、训练与治疗、有效改善或恢复患者功能的医疗设备，在康复医疗以及现代医疗事业中具有十分重要的作用。按照作用方式不同，康复医疗器械可分为物理治疗设备、运动训练设备以及评估判断设备；按照技术原理不同，康复医疗器械可分为电刺激类、磁刺激类、电生理类和康复机器人四大类（图 13-3）。

康复医疗器械相关产业在国家战略新兴产业中占据较为重要的地位，我国对于康复事业的重视程度已经到达历史新高。为了促进行业的发展，近年来国家和各省市相关部门陆续出台一系列政策和法规来促进康复医疗器械产业的高质量发展。2021 年出台的《医疗装备产业发展规划（2021—2025 年）》对保健康复设备提出要求：提高康复辅具等传统保健康复装备设备水平，推动系统化、定制化发展，将现代技术应用到保健康复装备的设计和研发中，开发出新型护理装备和康复装备；要重点推广针对老年人、残疾人、慢性病患者等不同群体需求的医疗器械和康复设备，积极开展基于互联网技术和智能化手段的康复辅助产品

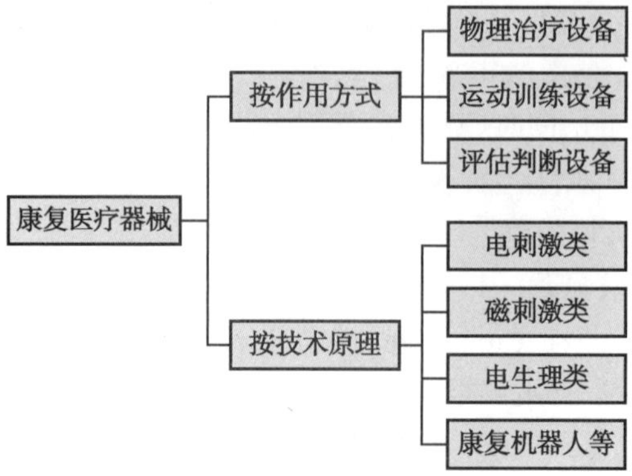

图 13-3 主要康复医疗器械分类

和服务创新，提高产品的专业化、差异化水平，满足不同程度的康复训练和辅助功能需求。《中华人民共和国国民经济和社会发展第十四个五年规划和 2035 年远景目标纲要》提出，要加强预防、治疗、护理和康复的有机衔接。《十四五医疗装备产业发展规划》提出，要聚焦保健康复装备等七大重点领域，基本涵盖了全人群全方位全生命周期医疗健康服务装备需求。

康复医疗体系在当代卫生服务体系中具有非常重要的位置。当前，随着经济水平的提高，大众对康复的需求不断增加，再加上我国老龄化现象的加剧，慢性病人群越来越多，给康复医疗的发展带来了新的契机。目前，我国康复医疗体系可分成三级，以社区卫生服务机构为基础、二级康复专科医院为核心、三级综合医院康复学科为引领，服务于各类具有不同需求的人群。我国康复医疗器械行业已经形成了比较成熟的产业链：康复医疗的上游产业主要分为两类，即康复医疗器械和康复医疗药品，其中康复医疗器械的上游行业主要为医疗器械零组件制造，涉及电子、生物化学等制造业；中游行业主要为康复医疗器械的研发设计、生产销售等；而下游应用领域主要是医疗卫生健康行业，包括各类医疗机构和个人等。

二、康复医疗器械市场及发展现状

我国是世界上康复需求最大的国家，拥有庞大的需要康复的人群，如产妇、精神残疾患者、慢性病患者、术后康复患者、老年人等，因此具有巨大的康复医疗服务及康复医疗器械市场需求，而目前我国康复医疗服务规模仍较小。2020 年中国康复行业市场规模为 1 220 亿元，其中康复医疗服务市场规模为 840 亿元，未来将持续保持增长的趋势，预计到 2025 年，我国康复医疗器械的市场规模将达到 810 亿元。

（一）生产经营情况

1. 生产情况 近年来，康复医疗器械生产企业的数量及规模不断扩大。截至 2021 年年底，我国康复医疗器械生产企业将近 5 200 家，但业内相关上市公司数量较少。2022 年 10 月，我国现有康复医疗器械企业超过 3 000 家，仅有 9 家上市企业。从全国各省市对比看，2022 年全国康复器械生产企业区域分布前三位为河北省（351 家）、广东省（342 家）、江苏省（195 家），而康复医疗器械上市企业主要集中在江苏省和山东省。从康复医疗器械出口来看，我国的康复医疗器械出口大多聚集在广东、浙江、江苏三大地区。其中，广东省 2021 年上半年康复医疗器械出口额达 5.81 亿美元，为全国第一；浙江和江苏分别位列第二和第三，其出口额均超 2.5 亿美元。

2. 经营情况 目前，我国是康复需求最大的国家，需求共计 4.6 亿人次。近年来，在国家政策支持、人口老龄化程度加深、慢性病患者数量逐年增加、“三孩政策”放开后产妇数量有所增多的大背景下，我国康复医疗器械行业得到了前所未有的快速发展。资料显示，2017 年以来我国康复医疗器械行业市场规模实现了持续增长，2022 年我国康复医疗器械行业市场规模为 511 亿元，同比增长达 13.5%，预计我国康复医疗器械行业市场规模在 2023 年将增长至 615.7 亿元（图 13-4）。

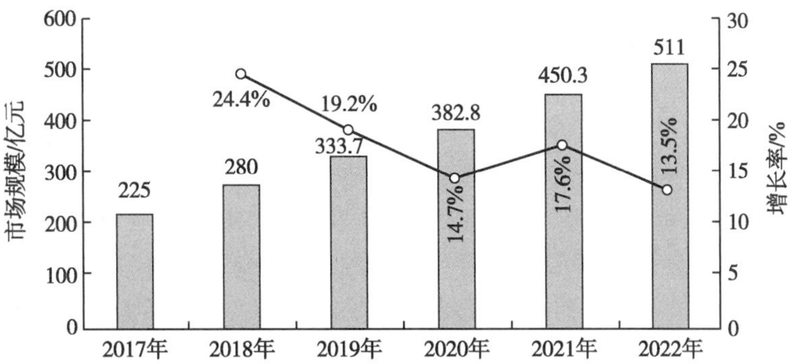

图 13-4 2017—2022 年中国康复医疗器械行业市场规模

资料来源：华经产业研究院《2022 年中国康复医疗器械行业现状、市场竞争格局及重点企业分析》。

（二）研发与创新情况

康复医疗器械产品整体数量较少，主要生产企业分布在东部沿海地区及华中地区。2022 年年底，全国康复器械产品注册证数量区域分布前十位为广东省、江苏省、河北省。截至 2022 年年底，我国康复器械高新技术企业主要集中区域为广东省（107 家）、江苏省（63 家）、山东省（34 家）、浙江省（31 家）。随着现代科技的飞速发展，新型康复医疗器械正在不断研发和推广，如智能假肢、神经影像诊断和康复系统等，与人工智能等新兴信息技术相融合已成为康复医疗器械行业实现可持续发展的必然要求和趋势。

（三）细分领域和市场

1. 细分领域 目前，我国康复医疗器械细分领域中，电刺激类、磁刺激类、电生理类和康复机器人四个领域技术和市场发展迅速，特别是磁刺激康复医疗器械和康复机器人，其市场尚处于刚刚起步阶段，具有较大的发展空间。资料显示，2021 年我国电刺激类市场规模为 14.3 亿元，同比增长达 26.5%；Frost & Sullivan 预测数据显示，2023 年我国电刺激类康复医疗器械市场规模将达到 20.2 亿元。2021 年我国磁刺激类市场规模为 17.8 亿元，同比增长 29.9%。2021 年我国电生理类市场规模为 7.9 亿元，同比增长 6.8%；Frost & Sullivan 预测数据显示，2023 年我国电生理类康复医疗器械市场规模将达到 8.5 亿元。2021 年我国康复机器人市场规模为 9.8 亿元，同比增长 58.1%；Frost & Sullivan 预计，2018—2023 年我国康复医疗机器人市场规模将保持高速增长，其间复合增速达到 57.6%，在 2023 年市场规模将达到 20.4 亿元（图 13-5）。

2. 细分市场

（1）残疾人康复市场：党的十八大以来，党中央高度重视残疾人事业的发展，不断出台相关政策和文件来推进残疾人的康复。国务院印发的《“十四五”残疾人保障和发展规划》制定和完善了康复服务标准和规范，对提高康复医疗服务能力作出相应统筹和安排。在政

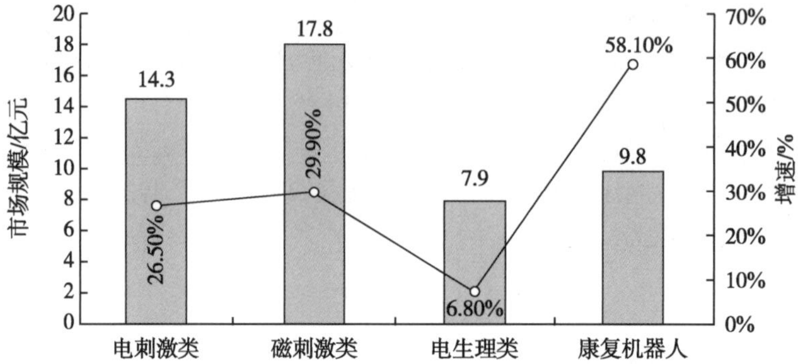

图 13-5 2021 年我国康复医疗器械各领域市场规模

资料来源：华经产业研究院《2022 年中国康复医疗器械行业现状、市场竞争格局及重点企业分析》。

策扶持下，我国残疾人康复服务行业取得了飞速发展，我国得到基本康复服务的持证残疾人数呈上升趋势（图 13-6）。2022 年，得到基本康复服务的持证残疾人及残疾儿童数量为 856.7 万，得到基本辅助器具适配服务的残疾人有 164.8 万人。取得康复服务的持证残疾人中，言语残疾人 5.6 万、听力残疾人 67.4 万、视力残疾人 75.5 万、肢体残疾人 414.3 万、精神残疾人 157 万、智力残疾人 65.6 万以及多重残疾人 49.7 万。截至 2022 年年底，全国有残疾人康复机构 11 661 个。康复机构在岗人员达 32.8 万人，其中，管理人员 3.4 万人，业务人员 23.9 万人，其他人员 5.5 万人。全年完成康复专业技术人员规范化培训 1.7 万人。此外，我国还建立了一批残疾人康复中心、听力语言康复中心、残疾人辅助器具中心等专业康复机构。总体看来，在国家对残疾人康复服务的大力推动下，我国残疾人康复事业得到了迅速发展，但相比较我国庞大的残疾人数量，目前得到基本康复服务的残疾人占比依旧较低，还有更多残疾人的康复服务需求未能得到满足；此外，目前国内残疾人康复机构数量相对较多，但在专业化康复机构方面仍有较大的提升空间。

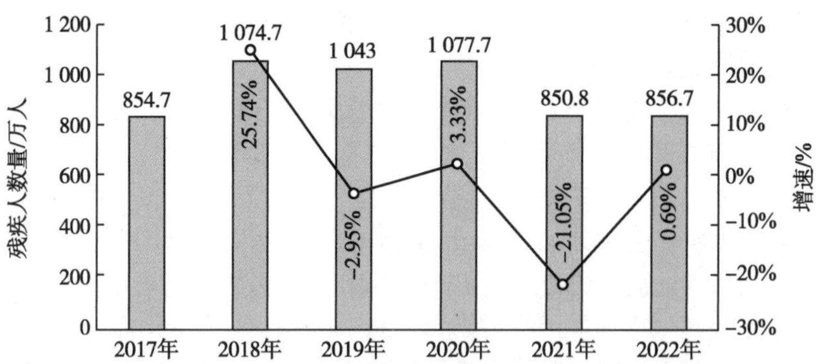

图 13-6 2017—2022 年我国得到基本康复服务残疾人数量及增速

资料来源：根据中国残疾人联合会《2017—2022 年残疾人事业发展统计公报》。

（2）老年人市场：近年来我国老龄化程度迅速加深，老年人口数量庞大。根据国家统计局公布的数据，2022 年年末全国人口 14.12 亿人，其中，60 岁及以上人口 2.80 亿人，占 19.8%，65 岁及以上人口 2.10 亿人，占 14.9%，需要康复服务的人群几乎在半数。据中国老龄事业发展基金会报告，预计到 2025 年我国 65 岁以上老年人将达到 3.63 亿。我国老年抚养比从 2014 年以来持续上升，2021 年我国老年抚养比已达到 20.8%。随着年龄的增长，人体的部分功能逐渐退化，出现各种老年病和慢性病，如骨质疏松、退行性关节病、脑卒中等，甚至一些老年人因为疾病而失去了生活自理能力，这些都需要借助康复医疗器械进行治疗和康复。80 岁以上老年人中重度失能率已高达 20%，85 岁以上老年人失能率更是接近 50%。在年轻人工作压力大、工作节奏快，没有充足时间照顾老年人的现实情况下，康复疗养机构成了越来越多老年人的选择，因此，人口老龄化在很大程度上推动了我国康复医疗需求的增长，并且在未来的发展中，老年人康复医疗器械市场预计会继续快速增长，并将成为国内康复行业的主要驱动力之一。2021 年《“十四五”国家老龄事业发展和养老服务体系规划》明确，在“十四五”时期，国家将加强老年医疗、康复护理和安宁疗护服务的发展，以增强医疗卫生机构为老年人提供服务的能力。同时，贯彻健康中国行动，加强老年健康服务体系建设，支持康复医疗城市医联动项目建设，重点为老年人提供医疗康复和医疗护理服务。此外，全面推进老年人长期护理和居家养老服务，促进老年人自我管理和自我护理，满足老年人日益增长的多层次、高品质健康养老需求。中商情报数据显示，2019 年中国老年人康复医疗器械市场规模约 312 亿元，预计到 2025 年将超过 600 亿元。此外，我国慢性病人群基数较大，而慢性病具有病程长、费用贵、致残和致死率高的特点，因此慢性病康复治疗的早期介入对于慢性病管理治疗有着极大作用。目前，我国有超过 1.8 亿老年人患慢性病，其中患一种及以上慢性病的人群比例高达 75% 且八成的慢性病患者需要康复治疗。老龄人口疾病谱的改变以及老年人保健意识的加强，使得慢性病康复需求逐步扩大，加上原有慢性病致残带来的需求，老年人慢性病康复市场的开拓空间也将越来越广阔。

(3) 产后女性康复市场：从生命周期来看，女性从 14 岁左右进入青春期后，各个阶段不同社会角色的转换，都需要女性迅速调整状态来适应生理与心理上的变化。而在女性围生期、产褥期和围绝经期阶段，这种变化则尤为显著。其中，生育对女性产生的影响深远。盆底功能障碍性疾病是全球性妇女常见病，会随着年龄的增长患病率逐渐提高，相关调查显示，中国成年女性盆底功能障碍性疾病的发病率为 50%，就诊滞后约为 10 年。在压力性尿失禁方面，我国成年女性压力性尿失禁的发病率约为 18.9%；盆腔器官脱垂方面，北京协和医院朱兰教授团队发现，我国成年女性症状性盆腔器官脱垂患病率达 9.6%，9.7% 的女性对此有轻中度困扰，年龄和多次阴道分娩增加了各种盆腔器官脱垂的疾病风险。以上疾病大大影响了女性的健康和生活质量，也衍生出巨大的女性康复市场。因此，产后女性人群是我国女性康复市场两大主力人群之一。随着女性健康意识的增强，对自身健康重视程度的提高以及对产后修复认识加深，其康复需求快速增加。由于国家全面放开“三孩政策”及百姓稳定增长的可支配消费能力，产后康复正迎来重要发展机遇期，产后康复需求群体不断扩大。根据《柳叶刀》研究统计，我国已经是世界上产后康复需求最大的国家，而产后恢复的主要目标消费群涵盖了产后 5 年的孕产女性。根据 Frost & Sullivan 的调查，2014—2018 年我国月子中心行业市场规模从 46.2 亿元上升至 92.5 亿元，复合年均增长率为 19.0%，预计在 2023 年将达到 201.8 亿元。月子中心市场规模保持快速增长，将带动产后康复相关医疗器械市场的发展，也反映出产后康复市场的刚性需求。2021 年“三孩政策”落地，将进一步推动我国产后康复市场的发展。

三、康复医疗器械行业存在的问题

虽然我国康复医疗领域得到较快发展，康复医疗器械产业未来整体发展态势向好，但整体上仍属于新兴产业，依旧存在一系列制约产业发展的因素，面临许多亟待解决的问题，存在行业整体集中度不高，创新能力薄弱，行业出现“规模小、资源配置效率低且运营混乱”等局面。

（一）行业集中度低，市场较为分散

目前康复医疗器械行业集中度较低。我国康复医疗器械生产企业数量不断增加，但业内相关上市公司数量较少。目前盘点的上市公司其营收占整个市场份额均较低，行业集中度 CR7 仅为 7.7%，可见市场比较分散，暂未形成规模化的龙头企业。

（二）国产化率高，但高端产品仍依赖进口

康复医疗器械是一种较为专业的医疗器械，其技术含量较高，对品质、安全性等方面有更高的要求。虽然目前我国康复医疗器械市场已经有了很多国内厂家，国产化率在不断提高，但主要集中在中低端市场，高端市场仍然被外资品牌所占据，国产替代仍有很大空间。截至 2022 年 10 月，医用康复器械有效产品共 5 049 款，其中国产有效产品 4 945 款，占比超过 90%。同时，我国康复医疗器械中低端产品单体价格不高，但体量规模较大，而高端康复设备仍以进口产品为主导。

（三）创新能力薄弱，存在一定程度的同质化

我国康复医疗行业产业链上游康复医疗器械相较过往成长速度较快，但整体产品的同质化比较严重，创新能力和竞争力不足。目前，国内康复医疗器械的研发、制造仍以低端产品为主，大多数康复医疗器械厂商的主营产品仍然是传统的声疗、光疗、电疗、磁疗、物理治疗及康复评定等，产品在智能化、科技化方面的研发不足，其原因不仅在于国内企业未掌握核心技术，也与行内企业的投入情况存在一定联系。相关数据显示，国内康复医疗器械企业的研发费用占同期营业收入的比例均不足 10%。因此，我国康复产品同质化严重且缺乏创新性。

四、康复医疗器械行业发展建议及展望

（一）康复医疗器械行业发展建议

1. 精准产品定位，适应多种市场需要　我国拥有庞大的需要康复的人群，如产妇、精神残疾患者、神经系统疾病患者、骨关节肌肉疾病患者、老年人等，因此，具有巨大的康复医疗服务及医疗器械需求市场。不同人群有不同的康复医疗器械需求，因此，我国的康复医疗器械企业应着眼、立足于特定人群，因人制宜，瞄准目标人群和市场，注重应用需求导向，针对性地设计、研发产品。

2. 坚持前沿科技，加强技术创新能力　随着科学技术的不断进步以及临床需求的日益多样化，康复医疗器械生产企业需要掌握先进的生产工艺及设计理念，勇于突破高精尖技术难题，为医务人员和患者提供人性化的产品，不断提升行业的技术壁垒。同时，由于康复医学涉及多个科室的协同诊疗，甚至医联体合作，对康复医疗器械的智能化和数字化提出了更高要求。因此，一是要加快学科交叉的产学研用建设，紧密结合中国国情和应对人口老龄化的国家战略，围绕“健康中国”的目标，加强产业、学术界和研究机构间的合作与沟通；同时，借鉴远程医疗器械的发展经验，打破学科和行业之间的壁垒，促进康复医疗器械领域的学科交叉和创新。二是推进产业链的融合和发展，继承与创新结合，积极借鉴和利用现代科学技术，实现引进消化吸收再创新。从产业链之间的协同合作来看，通过加强产业链之间的信息交流、技术转移等方式，让上下游企业共同推进康复医疗器械产业的创新和发展。与此同时，还需加强康复医疗器械领域新技术的开发和研究，包括人工智能、大数据、物联网、远程医疗等技术。从国内生产企业来看，我国康复医疗器械企业需要加强自身

的研发能力，推进核心技术创新和产品的差异化，提升产品质量和技术水平，在国内市场中获得更大的市场份额。

3. 推广示范模式，拓展国际合作业务 一是加强康复医疗器械的应用示范和推广工作，支持企业和医疗机构加强协同创新，通过在全国各区域范围内建立康复医疗器械的应用示范和推广中心，建立和完善康复医疗器械信息共享和管理平台，系统开展康复医疗器械创新产品的临床评价和应用推广研究。二是推进康复医疗器械朝着国际化方向前进和发展，提升我国康复医疗器械在国际上的综合影响力与市场竞争力，加强国际间的科技合作研究，积极探索国际合作的新模式，以科技创新来扩大我国康复医疗器械产品在国际市场的份额。

（二）未来发展趋势

近年来，随着我国人口老龄化日趋严重，群众健康意识不断增强，康复医疗市场需求不断加大，产业呈逐年上升趋势。但目前我国的康复医疗器械行业尚处于初级阶段，与发达国家相比仍存在差距，因此，我国康复医疗器械在未来存在巨大的发展空间。

1. 行业集中度将进一步提升 近年来，国家及各省市层面陆续颁布的行业法律法规及政策引导我国康复医疗器械行业的健康发展，同时也对行业在人才、技术、渠道等方面提出了更严格的标准和要求。大型企业可凭借自身优越的研发、资本、规模和渠道条件等进一步实现集约化生产和经营，推动行业集中度提升；而规模较小、研发创新能力较弱、管理不够规范、品牌竞争力较弱的企业则将面临更为激烈的市场竞争和较大的经营压力。

2. 产品朝智能化、品质化方向发展 康复医学治疗的对象包括各种原因引起的功能障碍者、慢性病患者、亚健康人群以及数量庞大的老年人群。2021年，国家卫健委对康复医疗器械行业的发展提出更为明确和具体的要求：积极支持研发和创新高科技、高智能以及高品质的康复辅助器具产品和康复治疗设备等，逐步满足人民群众日益增长的康复需求。随着生物工程技术、电子信息技术、计算机科学技术的快速发展，其与康复医疗器械行业的深度结合，将催化产生更多多样化、智能化、高效化的康复医疗器械，利用现代康复技术，以高端的信息化手段实现不同设备以及不同康复机构之间的互联和互通，通过整合康复医疗资源，使得三级医院、二级医院和社区卫生服务机构结合起来推动三级康复服务网络的建设，为患者提供更好的康复服务。

3. 朝着居家化、小型化、多元化发展 当前，我国康复医疗器械行业正朝着便携化的方向发展，居家康复医疗器械迎来广阔的市场前景。具体的产品应用领域包括慢性病疼痛治疗、护理、助行、助眠、助听等康复辅助器具，此类产品具有一定程度的预防、诊断、治疗以及康复等功能。随着小型便携的家用康复器械的普及和流行，患者将更便捷实现居家预防、诊断、保健、治疗和康复。在“医养结合”政策的支持、群众康复医疗意识不断增强、家庭可支配收入不断增加的背景下，家庭康复有望成为我国康复医疗器械的新的发展领域，推动“医疗机构 - 社区 - 家庭”三位一体康复治疗格局的形成。

第三节 眼科医疗器械

一、眼科医疗器械概述

眼科医疗器械是用于预防、诊断、治疗和缓解眼部疾病、损伤及相关症状的各种医疗器械。眼科医疗器械包括设备器械和耗材器械，按照功能主要分为以下四类：以眼科手术用显微镜、手术刀、手术剪为代表的手术用器械；包括裂隙灯、电生理检查仪等用于眼部疾病检查和评估的眼科检查用器械；以激光治疗仪为代表的用于眼部疾病治疗和康复的眼科治疗用器械；人工晶体、隐形眼镜等用于辅助治疗或帮助患者缓解症状的眼科辅助用器械（表 13-3）。眼科医疗器械根据器械使用频率和价格可分为眼科高值耗材和眼科低值耗材。眼科高值耗材指指单价较高且用途通常较为独特，仅供一次性使用的医疗器械；眼科低值耗材则指单价相对较低，但使用量较大并需要定期更换的医疗器械或设备（表 13-4）。眼科医疗器械是眼科医生进行诊疗和手术所必需的重要工具，对于预防和治疗眼部疾病及保护视力、提高生活质量具有重要意义。如何通过眼科医疗器械的创新推进健康中国建设，提升保障人民眼健康的力度，是值得关注和研究的重要问题。

表 13-3 主要眼科医疗器械

一类类别	二类类别	代表品名
眼科无源手术器械	眼用刀 眼用剪 眼用钳	一次性使用无菌眼科手术刀 巩膜穿刺刀 眼用止血钳
眼科无源辅助手术器械	眼用穿刺器 点眼棒 眼用压迫器	一次性使用无菌眼科穿刺器 玻璃点眼棒 巩膜压迫器
视光设备和器具	验光设备和器具 视功能检查设备和器具 视觉治疗设备	视力筛选仪 视野计 弱视近视综合治疗仪
眼科测量诊断设备和器具	眼科激光诊断设备 眼科超声诊断设备 光学相干断层扫描仪	激光间接检眼镜 眼科 AB 型超声诊断仪 眼科光学相干断层扫描仪
眼科治疗和手术设备、辅助器具	眼科超声手术设备 眼科激光治疗设备 眼科冷冻治疗设备	白内障超声乳化手术仪 飞秒激光眼科治疗机 二氧化碳眼科冷冻治疗仪
眼科矫治和防护器具	防据器具 助视器	激光防护眼镜 光电弱视助视器
眼科植入物及辅助器械	人工晶状体 青光眼引流装置 义眼台	后房人工晶体 青光眼引流器 义眼台

资料来源：国家中医药管理局《医疗器械分类目录》。

表 13-4 眼科耗材分类

耗材分类	代表耗材
眼科高值耗材	人工晶体 视网膜成形术产品 玻璃体手术产品 慢性静脉导管 眼底镜

续表

耗材分类	代表耗材
眼科低值耗材	眼药水 角膜接触镜 硅胶环扎带 泪道扩张引流管 气压式眼保健仪

资料来源:《医疗器械蓝皮书:中国医疗器械行业数据报告(2022)》。

二、眼科医疗器械发展现状

党的十八大以来,党中央高度重视国民眼健康情况和眼科医疗行业发展,从国家战略高度对促进国民眼健康和眼科医疗行业创新发展作出周密部署。2016 年国务院印发《健康中国行动(2016—2020 年)》,提出关于眼健康的重要内容。其中,明确提出要加强视力保健,提高青少年近视防控能力,推广先进的眼科技术,提高眼病诊治水平等目标,并制定具体的政策措施。2018 年国家卫健委印发《全民眼健康行动计划(2018—2022 年)》,提出要推进眼健康宣传教育、提高基层医疗机构眼科服务能力和水平、提高眼科医疗服务质量和水平以及加强眼科健康大数据建设等方面工作。国家卫健委发布《"十四五"全国眼健康规划(2021—2025 年)》,提出要推进眼科技术创新,加强眼科临床研究和医学影像技术,推广智能眼科诊疗技术和人工智能辅助诊断系统。这一系列文件均将眼科行业创新发展作为重点,为眼科医疗器械等赛道的发展带来了新活力。

前瞻产业研究院于 2022 年发布《2023—2028 年中国眼科器械行业市场前瞻与投资战略规划分析报告》(以下简称《报告》)指出,近年来我国眼科医疗相关服务需求激增,随着我国眼健康和眼科医疗行业相关的一系列政策的出台,国家对眼部问题重视程度的提高,眼科医疗器械生产企业的数量及规模不断扩大,眼科医疗器械市场发展潜力正在被逐步挖掘。随着眼科诊疗需求的不断增加,中国眼科医疗器械市场呈现蓬勃发展的景象,融资市场的规模和热度也在快速扩大。《报告》同时指出,在眼科医疗器械融资市场当中,眼科影像设备及其他眼科诊断设备较受欢迎,成为备受关注的领域。

(一)生产注册情况

近年来眼科医疗器械生产企业的数量及规模不断扩大。国家药品监督管理局发布的《2021 年度医疗器械注册工作报告》中指出,2021 年度注册数量第五的进口医疗器械是眼科器械,相较于 2020 年增加了 33 项,但眼科医疗器械却在 2022 年跌出进口注册数量前五。其中,人工角膜成为 2021 年国家药监局审批通过的创新医疗器械之一,国家药监局在 2022 年还审批通过了眼底图像辅助诊断领域和人工晶状体领域的创新眼科医疗器械。

从全国各省市对比来看,眼科医疗器械相关企业较多聚集在广东地区,其次是山东省,甘肃、云南、江苏等地相关企业数量也较多。

(二)市场规模

随着我国眼科疾病患者基数不断增加和眼健康发展战略的推行及相关支持政策出台,眼科医疗行业服务体系健全发展、医疗器械行业监管条例不断完善,将为我国眼科器械行业发展带来新的推进力和前进趋势。中商产业研究院将我国眼科医疗器械市场分成眼科诊断器械市场、眼科治疗器械市场、眼科耗材市场、眼科技术服务器械市场。2016—2019 年,我国眼科医疗器械行业市场总规模持续增长，2020 年呈先缩水而后增长趋势。2021 年我国眼科医疗器械行业市场规模约为 155 亿元（图 13-7）。其中，眼科耗材在我国眼科医疗器械行业规模当中占比较大，2021 年约占眼科医疗器械总市场规模的 44.5%，其次是眼科治疗器械。眼科医疗器械市场分类中，眼科诊断器械市场呈稳定发展趋势，2020 年市场规模保持不变，预计在未来一段时间发展中，各项眼科医疗器械需求持续上升，我国总眼科医疗器械市场规模仍将保持快速增长的趋势，相关报告指出，年均复合增长率将保持在 10%～20% 之间，预计 4 年后总市场规模将超越 380 亿元。

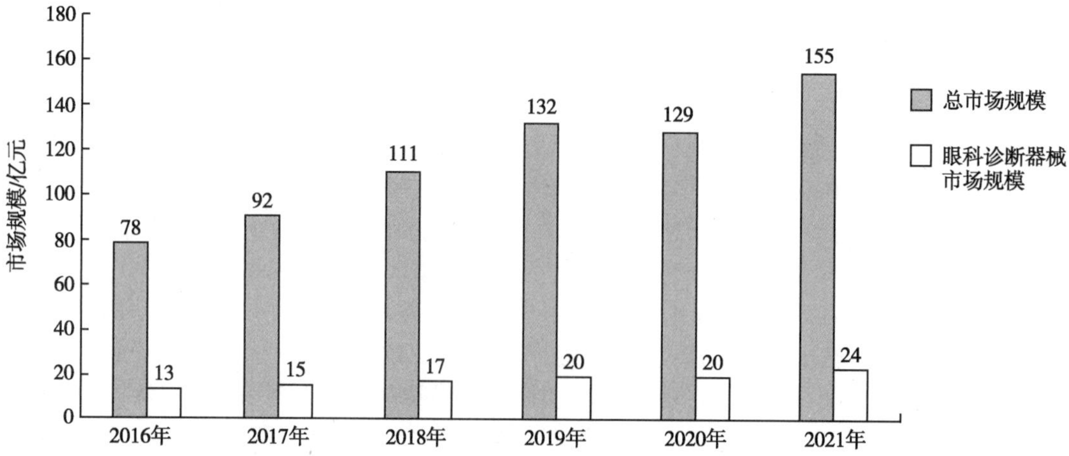

图 13-7 2016—2021 年我国眼科医疗器械市场规模

来源：中商产业研究院。

三、行业存在的问题

尽管整个医疗器械产业的未来发展趋势令人鼓舞，但仍然面临一系列制约行业发展的因素。眼科医疗器械行业存在较高的“材料壁垒”和“技术壁垒”，外企占据大部分市场，存在一定规模的进口垄断情况。国企缺乏全行业、全产品覆盖能力，市场集中度不高。

（一）国企市场占有率低

随着“眼健康”领域服务需求的提升，我国眼科医疗器械行业正在不断发展。从分类来看，以光学相干断层扫描仪（OCT）、视野计算机、电生理功能检查仪等为主的眼科诊断器械，以及以激光手术设备、眼压调节器及视网膜激光光凝设备等为主的眼科治疗器械需求增长较快，眼科耗材需求也保持持续增长的趋势。从市场来看，眼科医疗器械进口规模和出口规模都呈现不断增加的态势，但我国医疗器械行业技术积累不足，国企进入市场较慢，产业链不完整，进口规模远大于出口规模。由于国家政策导向，国内眼科医疗器械产品相对于进口产品在价格上存在优势，但在中高端眼科医疗器械市场存在竞争劣势。目前我国眼科医疗器械市场中，德国、日本和美国的外企几乎垄断了高端治疗设备和高端诊断设备，占据我国 80% 以上眼科高值耗材的市场份额和 95% 左右的眼科医疗设备市场份额，而生产眼科医疗器械的国企市场份额大多属于中低端医疗耗材器械。

（二）创新能力薄弱

随着国家“眼健康”相关政策导向和政府扶持，国内眼科医疗器械行业整体水平不断提升。但在高端医疗器械领域的创新上，仍然相对薄弱，诸多因素影响制约着我国眼科医疗器械行业的创新发展。本土企业发展存在技术壁垒，部分关键核心技术和设备还需要借助外部合作或引进，尤其是在高附加值的眼科医疗企业领域，其中OCT作为医疗领域中非常重要、技术难度极高的产品之一，在国内市场的临床价值尤其突出。尽管国内企业在不断更新换代，技术方面取得了一定进展，但与国外企业相比仍存在一定差距。与此同时，生产眼科医疗器械的一些关键零部件和材料仍需进口，难以实现国产化。此外，专业人员的缺乏也制约我国眼科医疗器械行业创新发展。眼科医疗器械行业属于医疗器械行业的一个分支，需要相关医疗、生物、光学等专业人才。但此类学科在国内的发展历史相对较短，培训体系还不够完善。同时，眼科医疗器械的研发难度较大，需要掌握相关专业知识和技术以及有着长时间实践经验的人才。相对于其他医疗器械领域，眼科医疗器械起步较慢，发展历史较短，于近几年才呈现上升趋势。行业早期发展时吸引人才存在一定困难，创新与研发也需要时间成本。因此技术壁垒、材料进口、专业性差、人才缺乏以及时间成本会限制我国眼科医疗器械行业创新发展的能力。

（三）标准化建设亟待完善

科学技术发展较快，眼科医疗器械产品发展迅速，但目前相关标准还不够完善，无法及时发现存在的漏洞。一些眼科医疗器械的标准尚未明确，可能导致不同厂家生产的相同产品参数存在差异，影响产品的交互性和互换性，主要代表有水晶体、角膜接触镜和眼底照相机。水晶体是用于白内障手术的人工晶体，不同生产厂家的水晶体形态、材质、光学性能等参数可能存在差异，这些差异可能影响手术效果；不同生产厂家生产的角膜接触镜由于使用的材料、透氧性等参数不同，可能导致产品的适配性和舒适度存在差异；不同厂家的眼底相机可能采用不同的传感器、光源等技术，导致相片的色彩、清晰度等存在差异，影响医生的判断和诊断。基于此，以国家市场监督管理总局为代表的相关政府部门和机关应当制定符合国际标准和行业实际情况的标准。

（四）检验评估体系建设仍在发展

我国眼科医疗器械检验评估体系还不完善，为进一步提高注册审查质量，2021年国家药品监督管理局组织制定了医疗器械临床评价技术指导原则等5项技术指导原则，其中包括眼科医疗器械的相关检验要求和评估方法，但仍处于起步阶段。现阶段仍需要进一步加强对这些指导原则的实践应用以及不断完善，推进眼科医疗器械的检验评估工作，确保医疗器械的质量安全，提高其临床治疗效果，并促进整个行业的健康发展。

四、眼科医疗器械行业展望

（一）眼科医疗器械行业发展建议

1. 推进眼科医疗器械创新发展新步伐 我国眼科医疗器械的创新发展是关乎民生健康的大事，促进其发展需要多方面共同努力。一是从前期投入上加强科研投入，政府、企业和学术机构等应当加大资金、技术等方面的支持，在眼科医疗器械领域展开更为深入的科研，推动眼科医疗器械技术的前沿研究和应用，力争打破“技术壁垒”。二是在研究创新过程中要推进产学研合作。政府可以鼓励和支持医院和企业之间合作，在多方面协同下，提高眼科医疗器械的技术含量和创新水平，以更好地满足患者需求。三是在眼科医疗器械生产关键零部件和原料上加强创新能力。目前我国眼科医疗器械常用制造原料进口依存度较高，且关键零部件与原料是眼科医疗器械生产的基础，对于提高其质量和技术含量至关重要，因此需要在关键零部件和原材料上加强创新，提高产品质量和技术含量，力争打破“材料壁垒”。四是推动眼科医疗器械专业人才的培养。政府方面要加强教育系统与行业部门联动，加强人才需求预测、预警、培养、评价等方面协同，实现眼科医疗器械相关专业与行业需求紧密对接强化协同联动。同时还需加大对高素质领军人才的支持力度。政府可以通过提供奖励、优惠税收等政策，吸引和留住具有创新意识和能力的高素质人才。高校方面需结合产业需求培养具备创新能力的高层次研究人员和技术人才，加强实践教学。通过实验课程、创新创业实践项目等方式，培养眼科医疗器械相关专业人才的创新意识、实践能力和技术水平。五是增强市场竞争。开放市场竞争有助于提高产品质量和降低成本，政府可以通过放宽市场准入、优化审批流程等措施，加快眼科医疗器械创新产品的上市速度，提升市场竞争力。

2. 健全眼科医疗器械标准体系 一是加强标准制定工作。国家药品监督管理局需加强对眼科医疗器械行业标准制定的支持，规范标准制定流程和工作要求，提高标准的科学性、权威性、专业性和全面性。二是注重行业集中度。加强眼科医疗器械行业发展的统筹规划，鼓励国内和国外优质厂商参与制定行业标准，提高行业集中度，形成有利于标准化建设的产业生态。三是借鉴国内外先进经验。借鉴国际标准和国内外最佳实践经验，在适当吸收引进的基础上，制定适合中国眼科医疗器械行业的标准。

3. 完善眼科医疗器械检验评估体系 一是推进国家药品监督管理局相关检验评估标准文件的发布和更新。二是建立全面覆盖的检测机构。政府需加大对眼科医疗器械检验机构建设的投入，建立覆盖全国、衔接国际的眼科医疗器械检测网络，设立标准化、专业化的检测实验室，提高检测的科学性和权威性。三是加强市场监管。政府等相关部门需严格执行相关法律法规，规范市场行为，对违规产品采取严厉处罚措施。同时要加强对产品质量、安全的监督检查，及时发现和处置不合格产品，保障消费者的权益。四是建立健全眼科医疗器械信息公示平台。建立独立、完善的信息公示平台，向公众公开眼科医疗器械检验评估标准、检测结果等信息，提高工作透明度，促进市场规范发展。

（二）未来发展趋势

国家卫生健康委 2022 年 1 月 4 日发布的《“十四五”全国眼健康规划（2021—2025 年）》提出了未来五年我国眼科行业发展的前进方向，同时也明确指出我国眼科医疗器械行业未来的发展目标：加强眼科医疗器械前沿技术研究，促进眼科医疗器械向高端、智能化方向发展；加快眼科医疗器械技术研发和产业化，掌握核心技术和自主知识产权，推动相关产品在国内市场占有率提升；加强眼科临床试验，不断完善医学相关法律法规，提升医疗器械研发的安全性和可靠性；完善眼科医疗器械标准化工作，建立健全产品质量监督体系，提高产品合格率和合格检测机构的信誉度；推广普及适宜、经济、高效的眼科医疗器械，促进城乡居民眼健康水平均衡提升。

1. 眼科医疗器械产品研发趋于智能化、数字化 从眼科医疗器械生产来说，一些用于诊断和手术的眼科医疗器械的上游原材料和人工晶体、角膜塑形镜等眼科耗材的上游原材料的生产逐渐趋于智能化。各大厂家借助互联网技术进行信息共享和加工生产，提高生产效率。同时智能化和数字化也在眼科诊断和治疗医疗器械工作过程中发挥巨大的作用，随着人工智能技术的发展，眼科医疗器械也在逐渐结合人工智能。例如，在眼底病变的诊断中，可利用深度学习和神经网络等人工智能技术对眼底图像进行分析，并准确诊断病变类型和程度。在眼部手术中，利用机器视觉和自动化技术可以提高手术精度和效率，同时降低手术风险。目前国内某医疗科技集团的眼科器械产品线已经趋向智能化和精准化发展，覆盖了眼底病、白内障、青光眼、屈光、视光及眼表等眼科全病种；广州某医疗软件有限公司最新推出近视防控领域的数字疗法产品，采用数字化技术实现在线诊疗和数据分析，可有效提高近视防控的效率和精度；某企业尝试将人工智能技术引入眼科手术当中，近年的研究表明了使用 AI 算法能够提高 ICL 手术术后的预测率，同时研究结果也彰显了 AI 技术能够提高人工晶体处方设计的精确性和便利性。随着科技的不断进步，智能化、数字化眼科医疗器械将是未来的重要发展趋势。

2. 近视相关眼科预防医疗器械市场前景广阔 随着电子产品的普及，青少年近视率大幅度提升，且近几年国家对青少年近视领域相关问题保持高度重视。2018 年国家卫健委联合教育部等八部委发布《关于做好儿童青少年近视综合防控工作的意见》，提出 2030 年小学生、初中生、高中生近视率的防控目标；2021 年教育部等 14 个部门联合发布《儿童青少年近视防控光明行动工作方案（2021—2025）》，提出要将儿童青少年近视率控制在 3 年内基本稳定；2023 年教育部印发《2023 年全国综合防控儿童青少年近视重点工作计划》，明确表明要将儿童青少年近视防控工作、总体近视率等指标纳入政府绩效考核。政府部门的一系列文件表明，未来青少年近视防控将成为我国眼健康的重要领域，与此同时相关眼科医疗器械市场前景也会相当广阔。随着人们健康意识提升和健康管理概念的普及，改善近视率情况不应只局限于患近视后的干预和诊疗，而应将重心下放至预防阶段。目前尚未有特定的眼科医疗器械能应用于近视的预防，而一些视觉训练工具和方法可能有助于减少近视的发生和减缓其发展。在未来以远红外线照射器、视力保健仪、视觉训练器为代表的近视预防医疗器械将会得到更多的关注和投入。

3. 创新性眼科治疗器械发展潜力大 近视、青光眼相关的创新性眼科治疗器械正得到广泛关注和应用，成为眼科医疗器械市场未来的重要发展方向之一。角膜塑形镜是一种非手术的物理矫形治疗方法，可以摆脱眼镜的束缚，又能有效避免近视加深等问题，在近视治疗方面有较好的应用前景，越来越受到人们的青睐。同时角膜塑形镜还具有其他功能，例如改善夜间视力、减少干眼症状等。眼科微创靶向性青光眼手术（MIGS）是一种创新的治疗青光眼的方法，MIGS 手术器械使用微小设备，通过非侵入性的方式降低眼压，从而有效控制眼病的进展。MIGS 在青光眼治疗手段中受到关注，是因为相对于青光眼侵入性手术可能造成的不可逆并发症风险与药物治疗带来的副作用风险和用药依从性挑战，MIGS 技术拥有微创、安全的优势。我国现有青光眼手术是作用于青光眼中后期，而 MIGS 手术主要应用于早期青光眼，青光眼造成的视力损失不可逆，早期治疗能够带来更大的健康收益，因此 MIGS 手术的优先级较高。目前我国 MIGS 手术和技术主要在一些青光眼学术会议上出现，具体落地临床还需要一定的发展历程。未来，角膜塑形镜和 MIGS 相关眼科医疗器械等创新性眼科治疗器械的市场将不断扩大，同时也会吸引更多的企业和专业人才加入该领域。

案例：

眼科光学相干断层扫描仪

光学相干断层扫描成像技术（optical coherence tomography，OCT），是一种通过利用光学干涉技术可视化物体内部结构的非侵入性医学成像技术。此技术来源于早期飞秒激光的生物医学应用研究，1991 年由美国麻省理工学院的研究小组首次提出。

眼科光学相干断层扫描仪，是一种基于 OCT 技术，利用光学原理测量眼部组织反射和散射光以得到图像，检测眼科疾病的非侵入性成像设备。世界上首台 OCT 仪器是美国麻省理工学院的 Fujimoto 教授等开发的。眼科光学相干断层扫描仪于 1993 年首次商业化推广，并在 1996 年获得美国 FDA 批准，首台商业化的 OCT 设备 1996 年由 Humphrey 公司推出。我国于 2008 年 9 月 2 日首次注册眼科光学相干断层扫描仪[粤食药监械（准）字 2008 第 2220311 号]，2017 年被收录于国家药品监督管理局发布的《医疗器械分类目录》眼科测量诊断设备和器具类别当中，管理类别为Ⅱ类，产品编码为 16-04-04。

眼科光学相干断层扫描仪主要由宽带光源、单模光纤、光谱分析器、标准光谱比较器、样本和探测器等部件组成。其成像原理依据光的干涉原理，通过使用光源发射出的光束与回弹的光束之间的干涉现象，获取图像或数据。眼科光学相干断层扫描仪的工作机制第一步是发射宽带光源。第二步是光束在探头中被分离，将可见光导入单模光纤中，将其分离成两束光线：一束被用作参考光，另一束照射样本。第三步是光束照射样本。第四步是采集反射或散射光信号，参考光不接触样本，全部经过另一个光路。两个光路的光线汇入探测器中。因为样本部位反射或散射了一定光量，光线在光程中产生差异——被反射或散射的光线路径较长。第五步是光信号的合成与处理，光学检测系统检测光信号的差异，比较光源信号和反射或散射光信号，生成反射或散射光信号的图像。同时，光信号会被数字化处理，通过计算机图像处理技术可获得准确、高分辨率的眼部组织结构横断面图像。眼科光学相干断层扫描仪可以获得眼内超微结构的横断面图像，且具有非侵入性、非接触性等优点。

眼科光学相干断层扫描仪有广泛的应用领域。在视网膜病变的诊断领域，眼科光学相干断层扫描仪可以精确反映视网膜及其血管的形态和异常变化，帮助医生发现和诊断多种视网膜病变，如黄斑裂孔、视网膜前膜、糖尿病视网膜病变等。在青光眼的诊断和治疗领域，眼科光学相干断层扫描仪可测量眼内视神经纤维层的厚度，用于青光眼的筛查和诊断，并可用于监测疾病的进展和治疗效果。

在白内障手术前后的评估领域，眼科光学相干断层扫描仪可对白内障手术前后的晶状体进行成像，评估手术效果和患者视力恢复情况。在角膜疾病的诊断和治疗领域，眼科光学相干断层扫描仪可用于观察角膜的曲率和厚度，帮助医生诊断干眼症、眼部感染等角膜疾病，并指导手术治疗。在中心性视网膜炎的监测领域，眼科光学相干断层扫描仪可以追踪病变的变化，帮助医生制定相应的治疗方案。眼科光学相干断层扫描技术已成为眼科诊断和治疗中不可替代的重要手段之一，对改善患者视力和生活质量具有重要作用。

（任建萍　王锦晶　吴亮锋）

参考文献

[1] 腾讯新闻. 2022 医疗器械行业半年报盘点：总营收净利润增速均超 30%，研发投入持续加码[EB/OL].（2022-09-22）[2023-04-23]. https://new.qq.com/rain/a/20220922A0AHER00.

[2] 健康界. 2022 年各省医疗器械生产企业数量对比[EB/OL].（2023-01-11）[2023-04-23]. https://www.cn-healthcare.com/articlewm/20230111/content-1496951.html.

[3] 中商情报网. 年度总结：2021 年中国医疗器械进出口贸易数据汇总分析[EB/OL].（2022-01-28）[2023-04-23]. https://www.askci.com/news/chanye/20220128/1536371739415.shtml.

[4] 华经情报网趋势频道. 2022 年中国实验动物行业市场规模、需求量及机构分布情况[EB/OL]. (2023-03-06)[2023-04-23]. http://huaon.com/channel/trend/874140.html.

[5] 慕欣. 医械第三方物流升级在望[N]. 医药经济报，2022-11-10(007).

[6] 王宝亭，耿鸿武. 中国医疗器械行业发展报告(2022)[M]. 北京：社会科学文献出版，2023.

[7] 彭韵佳，龚雯，沐铁城. 平均降价 84%，预计每年节约费用 260 亿元[N]. 新华每日电讯，2022-09-28(003).

[8] 郭霁莹. 骨科脊柱类高值医用耗材国家集采启动[N]. 中国证券报，2022-07-13(A05).

[9] 齐颖. 我国康复医疗体系的现状、问题及对策[D]. 北京：北京协和医学院，2022.

[10] 健康界. 2022 年全国医用康复器械产业地图[EB/OL]. (2023-03-28)[2023-04-23]. https://www.cn-healthcare.com/articlewm/20230324/content-1528249.html.

[11] 中商情报网. 2021 年上半年中国康复医疗器械行业进出口贸易大数据分析[EB/OL]. (2021-08-31)[2023-04-23]. https://www.askci.com/news/chanye/20210831/0904211571890.shtml.

[12] 中国残疾人联合会. 2022 年残疾人事业发展统计公报[EB/OL]. (2023-04-06)[2023-04-23]. https://www.cdpf.org.cn/zwgk/zccx/tjgb/4d0dbde4ece7414f95e5dfa4873f3cb9.htm.

[13] 张良. 养老机构中康复服务细分市场的进入策略[J]. 中国市场，2020，1050(23)：1-3.

[14] 中华医学会妇产科学分会妇科盆底学组. 女性压力性尿失禁诊断和治疗指南(2017)[J]. 中华妇产科杂志，2017，52(05)：289-293.

[15] PANG H，ZHANG L，HAN S，et al. A nationwide population-based survey on the prevalence and risk factors of symptomatic pelvic organ prolapse in adult women in China-a pelvic organ prolapse quantification system-based study[J]. BJOG，2021，128(8)：1313-1323.

[16] 观研天下. 我国康复医疗器械行业政策、现状及需求分析：市场潜在需求广阔[EB/OL]. (2022-07-21)[2023-04-23]. https://baijiahao.baidu.com/s?id=1738930445064659613&wfr=spider&for=pc.

[17] 顾捷. 国产康复医疗器械行业的大变革与新趋势[J]. 张江科技评论，2020，19(02)：49-51.

[18] 李智筠，范焜. 中国康复医疗行业发展趋势研究[J]. 管理观察，2019，738(31)：172-173.

[19] 前瞻网. 预见 2022：《2022 年中国眼科医疗器械行业全景图谱》[EB/OL]. (2022-07-20)[2023-04-02]. https://www.qianzhan.com/analyst/detail/220/220720-0525e667.html.

[20] 国家药品监督管理局. 2021 年度医疗器械注册工作报告[N]. 中国医药报，2022-02-09(B01).

[21] 陈孟. 从科学基金角度剖析广东人工智能产业发展现状[J]. 控制工程，2023，30(1)：186-192.

[22] 中商情报网. 深度分析：2022 年中国眼科医疗器械市场数据汇总预测分析[EB/OL]. (2022-07-28)[2023-04-02]. https://www.askci.com/news/chanye/20220728/1028141936193.shtml.

[23] 马祥，洪宝玉，刘文丽，等. 眼科光学相干断层扫描计量研究进展[J]. 计量科学与技术，2022，66(4)：26-33.

[24] 高雅. 新医改背景下我国医疗器械行业发展的思考[J]. 中国医疗器械信息，2022，28(7)：46-48.

[25] 周双林，徐霞，鲁瑶，等. 医疗器械人才培养与产业发展的匹配度及其对策研究[J]. 医疗卫生装备，2019，40(1)：88-92.

[26] 高峰，路铁. 对《医疗器械临床评价技术指导原则》的思考[J]. 中国医疗器械信息，2018，24(1)：11-12.

[27] 王睿敏，常波，負志强，等. 全生命周期视域下体卫融合发展的理性思考[J]. 文体用品与科技，2022(18)：49-51.

[28] 郭怡琳，于娜. "让医疗 AI 更加可及"[N]. 华夏时报，2023-02-06(008).

[29] 何佳敏，李红艳，杨创豪，等. 中国青少年近视多元主体协同防控研究[J]. 中国学校卫生，2023，44

（1）：11-16.

[30] 江苏省教育厅，江苏省卫生健康委员会，江苏省体育局，等．省教育厅等八部门关于做好儿童青少年近视综合防控工作的意见[EB/OL]．（2019-04-28）[2023-04-09]．http://www.moe.gov.cn/jyb_xwfb/xw_zt/moe_357/jyzt_2019n/2019_zt7/zcjj/df/201905/t20190506_380691.html.

[31] 中国眼镜科技杂志编辑部．聚焦近视防控，我们正在行动：中国眼镜行业近视防控面面观（下）[J]．中国眼镜科技杂志，2023（4）：6-7.

[32] 王仁威，周明军，伍晓艳，等．中国儿童青少年近视防控政策的量化研究[J]．中国学校卫生，2023（4）：617-621.

[33] 李艾家，李鸿．微创青光眼手术的研究进展[J]．重庆医学，2022，51（14）：2515-2520.

[34] 周晓洁，吴仁毅．微创青光眼手术在儿童青光眼治疗中的应用现状和展望[J]．国际眼科杂志，2023，23（1）：53-57.

[35] 唐仕波，樊华．光学相干断层扫描在眼底疾病中的应用与进展[J]．眼科新进展，2015，35（1）：1-4.

第十四章　健身服务与产品

本章重点阐述近三年来全民健身公共服务的政策环境、发展现状及发展策略；分析健身服务市场的发展现状、发展策略及发展趋势；阐述健身产品（尤其是健身器械、智能穿戴健身设备及云健身相关产品）的发展现状、发展趋势及发展中遇到的问题及对策。

第一节　我国全民健身公共服务概况

一、政策环境

随着全民健身计划的实施，我国国民的全民健身意识逐渐增强，参与体育运动的人数不断增加，全民健身运动成绩斐然，体育产业已经成为有活力、高渗透性、拉动型的朝阳产业。为构建更高水平的全民健身公共服务体系，近三年来国家出台了一系列全民健身相关政策和措施，助力推动全民健身事业的发展，相关政策（表 14-1）及内容如下。

表 14-1　2020—2023 年全民健身相关国家政策及文件内容

发布时间	发布单位	产业政策
2020 年 9 月	国务院办公厅	《关于加强全民健身场地设施建设发展群众体育的意见》
2021 年 8 月	国务院	《全民健身计划（2021—2025 年）》
2022 年 1 月	国家体育总局	《“十四五”体育发展规划》
2022 年 3 月	中共中央办公厅、国务院办公厅	《关于构建更高水平的全民健身公共服务体系的意见》
2022 年 6 月	中华人民共和国第十三届全国人民代表大会常务委员会第三十五次会议	《中华人民共和国体育法》修订
2023 年 3 月	国家体育总局办公厅	《2023 年群众体育工作要点》

2020 年 9 月国务院办公厅印发《关于加强全民健身场地设施建设发展群众体育的意见》（以下简称《意见》），其主要工作目标是完善健身设施建设顶层设计，增加健身设施有效供给，补齐群众身边的健身设施短板。《意见》提出，要重点建设一批便民利民的中小型体育场馆、公众健身活动中心、户外多功能球场、健身步道等场地设施。鼓励社会力量建设小型化、多样化的活动场馆和健身设施，政府以购买服务等方式予以支持。在城市社区建设 15 分钟健身圈，新建社区的体育设施覆盖率达到 100% 等。争取到 2025 年，有效解决制约健身设

施规划建设的瓶颈问题，相关部门联动工作机制更加健全高效，健身设施配置更加合理，健身环境明显改善，形成群众普遍参加体育健身的良好氛围。

2021 年 8 月，国务院印发《全民健身计划（2021—2025 年）》（以下简称《计划》），提出了八个方面的主要任务，包括加大全民健身场地设施供给、广泛开展全民健身赛事活动、提升科学健身指导服务水平、激发体育社会组织活力、促进重点人群健身活动开展、推动体育产业高质量发展、推进全民健身融合发展、营造全民健身社会氛围等。其总体要求是：到 2025 年，全民健身公共服务体系更加完善，人民群众体育健身更加便利，健身热情进一步提高，各运动项目参与人数持续提升，经常参加体育锻炼人数比例达到 38.5%，县（市、区）、乡镇（街道）、行政村（社区）三级公共健身设施和社区 15 分钟健身圈实现全覆盖，每千人拥有社会体育指导员 2.16 名，带动全国体育产业总规模达到 5 万亿元。《计划》还围绕目标任务的完成，从加强组织领导、壮大全民健身人才队伍、加强全民健身安全保障、提供全民健身智慧化服务等方面提出了保障措施。

2022 年 1 月国家体育总局发布的《"十四五"体育发展规划》（以下简称《规划》）点明了 2035 年体育强国建设远景目标和"十四五"时期体育发展的主要目标。《规划》要求构建更高水平的全民健身公共服务体系，包括构建体制机制更灵活、要素支撑更强大、资源分布更均衡、健身设施更便捷、赛事活动更丰富、体育组织更健全、健身指导更科学、群众参与更广泛的全民健身公共服务体系。其中，在全民健身方面，人均体育场地面积要从 2020 年年底的 2.2 平方米增加到 2.6 平方米，经常参加体育锻炼人数比例要从 2020 年底的 37.2% 增长到 38.5%，每千人拥有社会体育指导员 2.16 名。在体育产业方面，目标是总规模达到 5 万亿元，增加值占国内生产总值比重达到 2%，居民体育消费总规模超过 2.8 万亿元，从业人员超过 800 万人。

2022 年 3 月中共中央办公厅、国务院办公厅印发了《关于构建更高水平的全民健身公共服务体系的意见》，主要内容包括总体要求、体制机制、均衡发展、设施载体、赛事活动、广泛参与、标准化科学化、社会氛围等八个方面三十二项重点内容。提出了"要紧紧围绕满足人民群众需求，统筹建设全民健身场地设施，构建更高水平的全民健身公共服务体系。要推动健康关口前移，建立体育和卫生健康等部门协同、全社会共同参与的运动促进健康新模式。"

《中华人民共和国体育法》已由中华人民共和国第十三届全国人民代表大会常务委员会第三十五次会议于 2022 年 6 月 24 日修订通过，于 2023 年 1 月 1 日起施行。体育法修订，标志着我国体育法治建设进入了新阶段，新修订的体育法将原第二章"社会体育"章名修改为"全民健身"，鼓励和支持公民参加健身活动，促进全民健身与全民健康深度融合。

2023 年 3 月国家体育总局办公厅印发了《2023 年群众体育工作要点》，其中明确指出，开展健身设施强基础、提质量、优服务、增效益等四大行动，进一步补齐健身设施短板。坚持发展以人民为中心的体育，着力于群众身边，不断增强全民健身公共服务供给均衡性和可及性。努力将健身设施打造成有场地服务、有健身组织、有赛事活动、有健身指导、有传播推广的"五有阵地"，在推进中国式现代化进程中努力探索一条中国特色群众体育发展之路。

二、发展现状

随着全民健身计划的实施，我国全民健身体育场地面积、人均体育场地面积、体育场馆个数均有不同程度的增加。全民参与体育运动的人数不断增多，人均体育消费逐年上升，全国体育赛事成绩斐然。国家统计局最新发布的《中华人民共和国2022年国民经济和社会发展统计公报》数据显示，我国2022年末体育场地面积已达37.0亿平方米，全国共有体育场地从2020年末的371.3万个，到2022年末增至422.7万个。人均体育场地面积从2020年的2.2平方米，到2022年末达2.62平方米。2022年全年我国运动员在15个运动大项中获得93个世界冠军，共创11项世界纪录，体育赛事成绩斐然。

（一）全民健身服务供给的发展情况

1. 15分钟健身圈初步形成　城镇老年人选择的15分钟步行范围内的锻炼主要场所是公共体育场馆、广场空地或道路、健身路径、社区体育场地、公园内园路与铺装场地等。2022年6月17日国家国民体质监测中心发布的《2020年全民健身活动状况调查公报》显示：居民使用政府兴建的公共体育场馆和公园内场地进行体育健身的比例分别为26.9%和9.0%；80.7%的成年人与老年人步行15分钟范围内有体育健身场所，全民健身场地与设施有效供给增加，15分钟健身圈初步形成。

2. 参与体育健身组织和赛事活动呈现"身边化"特征　2022年冬奥会冰雪项目等相关赛事受到较多的关注，观看赛事已逐渐成为民众的娱乐习惯。篮球、羽毛球以及足球比赛等体育赛事受到年轻人的广泛关注。参加体育健身组织和赛事活动的"身边化"特征日益凸显。据报道，34.4%的成年人与老年人参加了体育健身组织，其中参加"朋友、熟人成立的体育健身组织"及"社区健身团队"的比例明显高于其他类别的体育健身组织；35.8%的居民参加过群众体育赛事活动，主要形式为"自发组织""社区/村举办"和"单位举办的体育赛事活动"。

3. 体育健身指导服务覆盖范围有所扩大　我国成年人获得体育健身指导的主要途径为"同事、朋友互相指导""看体育健身指导相关资料"和"专业人士（社会体育指导员、专业教练等）指导"。据报道，68.5%的成年人和44.5%的老年人获得过体育健身的专业指导。

（二）全民健身活动的基本情况

1. 参加体育锻炼人数比例持续增长　国家国民体质监测中心发布的《2020年全民健身活动状况调查公报》显示：37.2%的居民能经常参加体育锻炼，经常参加体育锻炼人数与2014年调查相比比例上增长3.3个百分点；67.5%的7岁及以上居民能每周参加1次及以上体育锻炼。

2. 体育健身呈现人群差异性，各类新兴运动在年轻人中快速风靡　随着全民运动的兴起，民众运动积极性不断提高，在运动项目上，传统体育项目跑步、球类、游泳等保持广泛的受众群体。体育健身呈现人群差异性和项目的特征性。比如，学龄前儿童参加的体育活动项目主要是跑和跳、骑儿童自行车、体育游戏、骑滑板车和跳绳等；7～18岁儿童青少年参加的体育项目主要是跑步、羽毛球、跳绳、乒乓球等；成年人参加的体育项目主要是健步走和跑步，其他依次为羽毛球、骑自行车和篮球等；老年人参加的运动项目主要是健步走，其他依次为跑步、广场舞、骑自行车和羽毛球等。随着居民收入水平的增加、体育消费升级以及体育项目多元化发展，越来越多的年轻消费者开始投入到更加细分的新兴体育运动中，比如瑜伽、普拉提、攀岩、冰雪运动、露营、徒步、登山、马拉松、漂流、跳伞、潜水、垂钓等。

3. 居民对运动促进健康的认知度较高，体育消费结构优化升级　近年来，随着生活水平的提高，全民健身的理念渐入人心，全民健身的氛围愈发浓厚，运动健身正在成为不少百姓的生活方式。92.7%的成年人与老年人关注体育资讯，其中，26.6%的人通过互联网获取体育资讯。在"十四五"规划明确提出要在2035年建成体育强国后，各部门再次多项政策齐发。在一系列政策的带动下，我国体育市场主体不断扩大，体育消费潜力加速释放。国家国民体质监测中心数据显示，居民人均体育消费由2014年的926元增长至2020年的1 330元，体育消费水平显著提升。此外，居民体育消费结构发生明显变化，消费倾向从实物型逐渐向参与型和观赏型消费转变，体育消费结构优化升级。

三、发展策略

（一）促进城乡体育公共服务均衡化

目前城乡体育发展仍存在不均衡的情况：一是目前农村地区仍存在居民健身意识不强、体育设施利用率低的情况；二是城乡体育资源分配不均衡，农村体育公共服务总量不足，一部分单位、乡镇（村）体育基础设施建设，因场地、资金等多种原因没有重新规划建设，导致建设滞后的情况；三是在政策法规、信息宣传、体育指导、赛事多样性等方面缺乏相应保障。

促进城乡体育公共服务均衡化需多方举措：一是加大宣传力度，强化农村体育活动的开展意识，积极组织开展体育科普教育、体育“三下乡”等主题交流活动，做好农村体育文化活动的宣传工作，激发农民群体自主参与体育文化活动的意识；二是加快补齐农村体育场地设施建设短板，推进城乡一体发展，主动融入乡村建设行动，利用文化礼堂等场所推进美丽乡村体育设施建设，增加农村地区体育健身设施供给；三是推动薄弱区域体育发展，在扶持政策、赛事资源和产业发展上倾斜，有效促进体育公共服务均衡化；四是着力破解城乡二元结构，城乡一体设计、一体实施，实现全民健身公共服务内容和形式的统一衔接。

（二）提升居民体育健身科学性

科学健身是一个庞大的体系，需要指导人们运动项目的选择、运动量的规划、运动装备运动器械的使用，以及如何避免运动伤害出现等，缺乏科学健身指导，容易发生诸如运动损伤、运动猝死等情况。如何科学健身并通过全民健身真正实现全民健康，成为全社会共同关注的课题。

科学的健身指导，是新发展理念在体育领域的具体运用实践，是推动全民健身提质增效的强力引擎，也是提升人民群众获得感、幸福感的有效途径。因此，一是要发挥体育社会组织、体育人才队伍龙头引领作用，有必要以体育社会组织为主体，搭建体卫融合运动健身促进平台，围绕科学健身指导、运动技能培训及体质健康测试等，广泛开展体育健康促进活动，切实推进体卫融合发展，充分发挥体育、医疗的资源优势和互补作用，开展国家级运动健康中心建设试点，推广就医诊疗、运动指导“双处方”；二是宣传普及科学健身理念，搭建起全方位、全覆盖的新媒体宣传阵地，建立线上线下贯通的健身知识普及平台，提供更多简便易行、科学有效的体育健身知识与方法；三是建立健全全民健身分类指导体系，以年龄、性别、运动习惯、健康状况等划分，制定更加细致精准的分类指导体系；四是发挥行政职能对科学健身安全监管的护航作用，对高危险性体育项目经营场馆开展专项执法检查，每年开展游泳救生员培训、防溺水培训等，体育行业安全环境进一步优化。

（三）构建更高水平的全民健身公共服务体系

提升人们的获得感和幸福感，满足社区居民参与群众体育活动的需求。营造全民健身浓厚社会氛围，倡导体育生活化、健身经常化；建立健全群众性体育赛事体系，提供公共体育社交新平台，积极倡导健康文明生活新风尚，形成良好的群众性体育赛事氛围；紧盯基层、扩大覆盖，以举办社区运动会、全民健身运动会和主题示范活动为引领，深入推动全民健身活动广泛开展，大力建设群众身边、小型多样的体育健身场地设施，引领推动各地方开展社区运动会等群众身边、小型多样的全民健身赛事活动，把社区运动会办到最基层、办到群众身边；坚持便民利民，结合地域特色，打造一批老百姓身边的群众性体育赛事活动品牌，提升社会力量在基层群众性体育赛事中的参与程度，探索完善社会化力量办基层群众性体育赛事的体制机制。

（四）打通全民健身公共服务"最后一公里"

近年来，国家和地方出台了全民健身公共服务相关标准和重要文件，文件要求夯实社区全民健身基础，将全民健身公共服务纳入社区服务体系，鼓励和支持公民参加健身活动，促进全民健身与全民健康深度融合。各地区出台相应政策，探索全民健身公共服务的均等化、标准化、融合化和数字化。如居住区按照标准配建公共健身设施，社区健身设施落实免费或低收费开发相关规定，加强社会体育指导员站点或协会建设，探索医疗、医保、体质检测等数据共享以推进体医融合；提供组织、经费、用地、人员保障等。

第二节　健身服务市场

一、概述

中国的健身服务市场在过去几年里发展迅速，随着城市化进程的加速和人们对身体活动和健康生活方式认识的提高，人们越来越需要在工作和生活中寻找一种方式来减轻压力和保持身体健康。2018—2021 年，国内健身市场规模分别为 5 574 亿元、6 488 亿元、7 151 亿元、7 866 亿元，预计 2021—2026 年复合年增长率为 13.5%，2026 年国内健身市场规模有望增长至 14 793 亿元（图 14-1）。随着科技的发展和智能设备的普及，健身服务市场也在不断创新和升级。许多健身企业正在开发和引进智能健身设备，如智能健身自行车和可穿戴设备，以提供更个性化和智能化的健身服务。目前，国内健身市场主要有传统健身房、私教工作室、新兴健身机构和线上健身平台等四大发展模式。

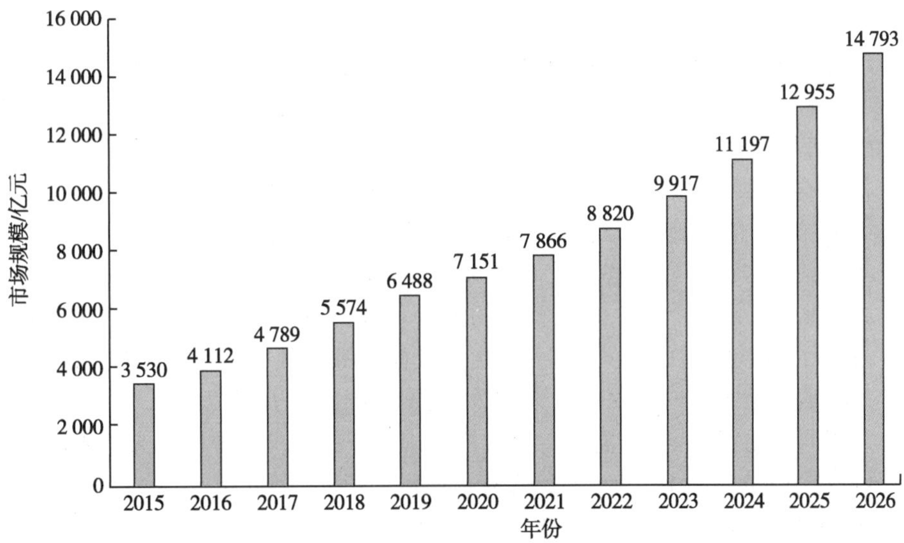

图 14-1　2015—2026 年中国健身行业市场规模统计及预测图

数据来源：灼识咨询、智研咨询。

二、发展现状

随着国民生活质量的提高以及全民健康意识的加强，我国健身行业发展的速度依然比较可观。健身行业的服务提供方主要包括线下健身房运营商以及线上健身平台，行业规模增长稳定。

（一）健身市场发展模式

商业型传统健身房的人员以私人教练、会籍顾问、团操教练等为主，场地设施一般“大而全”，选址多选在社区、学校、办公区等客流量较大及人员流动性较大的区域，课程设计主要面向各年龄段的消费群体。

2020 年初，受新冠疫情影响，健身房行业整体从春节假期起暂停线下门店营业，到 2020 年 3 月起，各城市健身房陆续提交复工申请，恢复部分门店营业。后疫情时期全民健康意识提高、健身意愿高涨，健身房行业受疫情影响，短期现金流收紧，但长期不影响行业加速发展的整体趋势。中国的健身俱乐部市场仍然是全球最大的健身市场。《2021 中国健身行业数据报告》显示，2021 年中国健身行业逐步回暖，健身会员和健身人口渗透率呈现出连续五年增长的态势。截至 2021 年 12 月，全国健身会员达到 7 513 万人，相比 2020 年增长了 6.89%，健身人口渗透率也从 2017 年的 3.46% 增长至 2021 年的 5.37%。从市场结构来看，传统健身房在我国健身房行业市场中占据主导作用，是我国健身房市场的主要构成部分，占据了 85% 的市场份额。

健身私教工作室是一种服务精准、专业性强的小规模健身场所，具有高端化、私密化、科学化、个性化等特点。健身教练通过对健身会员提供定制化私人指导服务以满足会员的个性化健身需求。21 世纪初期，我国正式出台了相关规定，即《健身私人教练培训管理工作规定》，规定中指出健身私人教练是对雇主本人在群众性健身消费和体能锻炼活动中传授知识和提供技能指导的工作人员。

在我国，健身私教工作室还处于发展的初级阶段，经营模式尚不固定，数量也相对较少。国内运营成功的私教工作室绝大多数主理人都是从业多年的私人教练，他们大多拥有一定的客户资源和较为丰富的私教经验。由于私教工作室需要的场地较小，投资较少，所以部分教练独立创业后选择了经营健身私教工作室。据不完整统计，现阶段一线城市的健身工作室装修较为精致，面积在 150～300 平方米。从资金投入角度来讲，私教工作室也较有优势，由于房租和成本得到了控制，主理人仅需要对健身设备进行采买。不仅如此，私教工作室的健身会员黏性较强，会员续费率较高，这也是与传统大型健身房拉开差距的主要原因之一。普拉提、瑜伽等有氧运动成为支撑私教工作室运营的主力课程。但相对于传统健身房以年卡或月卡的形式出售相关健身课程，私教工作室的费用以购买减肥或者塑形的课程为主，一般以节为课程单位。在普通的健身私教工作室，一节课的价格往往在 100 元以上。并且，为了能够达到较好的塑身减肥以及健身锻炼效果，私教工作室的课程大都以 20 节课起售，这对于普通的工薪阶层来说或许会存在一定的经济压力。但总的来说，私教工作室作为小而精的健身场所，能够给会员们带来很好的健身效果而被人们所接受。

新兴健身机构是自 2016 年起健身服务行业涌现出的“互联网 +”、智能化、个性化的新兴机构。“小而精”是新兴健身机构的特点，其也因此广受追捧。

新兴健身机构以健身月卡及课程次卡的付费机制提升了新用户的尝鲜意愿，降低了老用户的复购门槛；用重课时费分成的收入模式倒逼健身教练通过提升服务质量促进用户复购、提升自身收入。此外，与重资产、重销售的传统健身房不同，新兴健身机构在门店运营模式上以碎片化收费、轻资产模式运营，降低负债率与开店成本，现金流较为健康，抗风险能力更强。新兴健身机构积极应用并打造自身技术壁垒，不仅拥有后台交易系统、约课平台和内容分享社区等数字化工具，同时也在尝试智能健身系统与智能物联等更先进的数智化健身软硬件设备。其采用减少器械、取消淋浴等方式充分利用空间，提高了门店坪效。新兴健身房未来发展潜力巨大。预计2030年，中国新式健身房市场规模将占到24%。

某运动是新兴健身房的代表。杭州某网络技术有限公司成立于2015年，某运动是杭州的健身产业互联网平台。某运动线下采用“24小时”“月付制”“智能化”“全程无推销”的健身房模式，以用户运营为核心，构建数智中台，打通场景、用户、教练、服务，对健身产业进行数字化升级改造，提高运营效率和供应链管理能力，搭建健身服务新零售生态，助推数字经济与健身产业深度融合发展。某运动在门店地域覆盖方面实现快速拓展，目前主要在杭州，同时在北京、上海、深圳等一线城市和一些二线城市开设店面。此外，从无人值守健身舱起步，随后经历转型团体课健身零售探索的超级某某也是新兴健身房的代表。超级某某针对不同消费者需求，在门店模式上分为团体课工作室和健身舱，凭借个性化设计在深圳、上海、北京、广州、南京、杭州、武汉、成都等一线及新一线城市拥有超过100家直营门店。

综合来看，新兴健身机构倾向于扎根一线城市的繁华地段，凭借7×24小时营业、通关式游戏健身、主打课程次卡、健身月卡、智能化、全程无推销等新模式，赢得了年轻人的青睐，同时也备受投资人关注，从而获得快速发展的机会，其持续增长潜力很大。

相比传统健身房，线上健身平台的运营模式更灵活，服务种类更多元，丰富了健身行业的服务业态，进一步降低了健身的参与门槛。从市场规模来看，2021年中国线上健身市场占中国整体健身市场的47%，市场规模为3 697亿元，预计2026年市场规模将达到近9 000亿元（图14-2）。从线上健身渗透率情况来看，某线上健身平台招股说明书数据显示，2021年中国在线健身人群渗透率为45.5%，未来仍有较大的提升空间。从用户规模来看，数据显示，线上健身会员及健身内容的年平均月活跃用户从2016年的约140万增加至2021年的1.38亿，预计到2026年将达到2.38亿。尤其是新冠疫情期间，居家生活给线上健身平台带来了用户增长，但该领域同质化严重、受众群较窄、活跃用户与付费用户增速缓慢等问题持续存在。

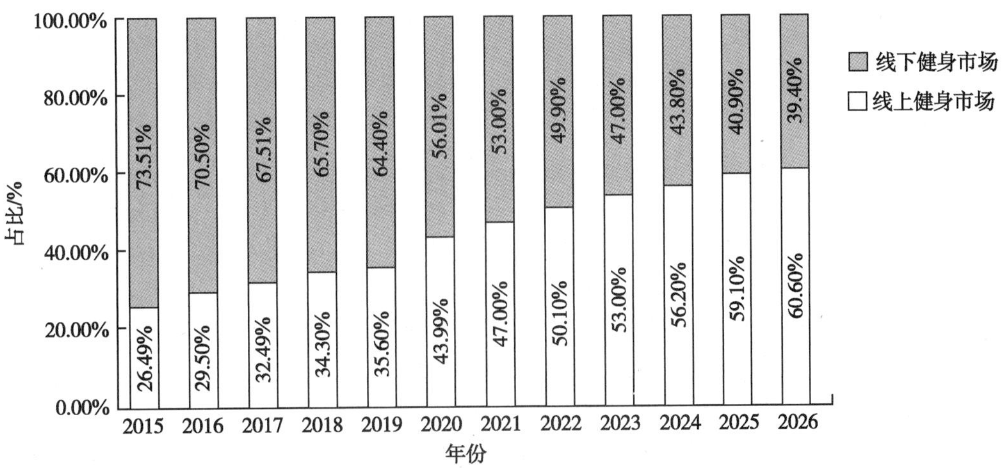

图14-2 2015—2026年中国线上及线下健身市场规模统计及预测图

数据来源：灼识咨询、智研咨询。

北京某科技有限公司是一家全球化运动科技公司，旗下某App是中国及全球最大的线上健身平台。该平台通过人工智能辅助的个性化训练计划，提供广泛、专业及一流的健身内容；过去几年，某App在智能化产品上不断探索，陆续推出跑步机、椭圆机、智能单车等可以居家使用的运动器械。然而，除某App外，多家健身企业也在尝试推出类似的健身硬件产品。行业同质化问题严重，不论是内容端还是硬件端，如线上健身平台相继推出同类型的私教课程、舞蹈课、有氧操课以及跑步记录功能等，尚未有一家平台突破僵局。

随着健身需求愈发旺盛，国内健身行业发展迅速并在互联网、人工智能、大数据等前沿科技加持下开始从线下往线上转型。新冠疫情背景下，大众居家健身渐成习惯，进一步推动了线上健身市场的发展。在此背景下，包括线上健身平台、线上健身器材、可穿戴的健身配套产品等产业也将迎来新机遇（表14-2）。

表14-2　中国健身城市排名

排名	城市	排名	城市
1	上海市	6	重庆市
2	北京市	7	武汉市
3	深圳市	8	长沙市
4	广州市	9	苏州市
5	杭州市	10	成都市

数据来源：中国报告大厅。

（二）健身教练

中国健身服务市场迅速发展，不仅健身房模式呈现多样化发展，健身教练数量也在不断增加。从2015年开始，国家体育总局联合某调研机构进行了大规模且系统性的针对健身教练及健身人群的调查研究，数据显示：我国健身教练人数正在不断攀升，根据全国健身场馆和店均教练人数的推算和统计，截至2020年12月，我国健身教练从业人数约为90万，其中在健身房从业的教练达到61.2万，在私教工作室从业的教练有28.8万。

2016年，获得国家职业资格证书的健身教练数量约为3.5万名，到2018年健身教练持证人数已达约8万名，相较2015年更是翻了4倍。近年来，随着人们健康意识的不断提高，越来越多的人开始重视健身和运动，健身消费需求不断增长，从而带动了健身服务行业的发展。我国对健康服务产业异常重视，国家体育总局更是出台了相关政策，要求加强对健身行业的管理以及健身教练从业人员专业素质的把控，对于健身教练的考核将愈加严格和规范。在未来，拥有国家职业资格证书和经过专业培训机构的健身教练会成为健身市场上的主流，成为健身行业最大的宝矿。总的来说，随着行业的发展和需求的增长，健身教练的职业前景看好。但是，需要注意的是，健身教练市场的竞争也越来越激烈，要想在市场中立足，教练们需要具备专业知识、良好的服务态度和口碑、不断更新自己的技能和知识等等。此外，政府对行业的监管也在不断加强，要求健身教练具备相应的职业资格证书，缺乏证书的教练可能会受到限制或职业发展受影响。因此，健身教练们需要注重提高自己的专业素养和职业技能以不断适应市场需求的变化。

综上所述，除了传统的健身房，越来越多的健身服务商开始向多元化方向拓展，如健身培训、线上健身课程等。健身平台线上化运作已成为行业的必然发展趋势。除线上化趋势外，健身服务行业的发展趋势将整体倾向于精细化、科学化与智能化发展。随着市场规模的不断扩大，健身服务商之间的竞争也日趋激烈，行业内的优胜劣汰现象也越来越明显。为了保障消费者权益，政府对健身服务行业的监管力度也在不断加大。此外，随着健身行业发展势头强劲，健身市场对健身教练需求旺盛，健身教练是俱乐部价值的核心创造者，健身教练职业前景看好，就业机会增多。但由于健身会员需求不断升级，要求个性化的健身指导，对教练的专业性要求也更高。因此，需要加大对健身教练人才培养的力度，保持健身教练从业的稳定性，更好地为健身教练提供价值创造的驱动力。

三、发展策略

目前我国健身服务市场存在以下问题：一是国内健身俱乐部品牌区域化显著，主要集中在上海、北京等特大城市，缺少全国性的超级连锁品牌；二是健身行业仍存在盈利模式单一、同质化现象严重的问题，传统主流健身房仍然采取年卡加私教模式，面向的客户群体多为一二线城市的高收入阶层；三是健身教练质量参差不齐，一些健身教练没有经过系统的专业培训，水平参差不齐，存在技术不过关、服务态度差、教学方法不科学等问题；四是我国的健身服务市场仍处于成长期，缺乏统一的行业标准和市场机制，管理水平较低，健身服务质量不稳定，一些健身服务商的设施、器材等设备缺乏维护，卫生情况较差，给健身会员带来不便和卫生安全隐患；五是私教工作室管理混乱与福利待遇薄弱，容易造成优质私教资源的流失；六是优秀教练的稀缺阻碍了我国健身服务市场的发展。

综上所述，加强健身服务质量管理，建立健身服务质量评估和监督体系，推进健身服务设施和器材的标准化建设，加强对服务商卫生、安全等方面的监督和管理对于健身服务行业的发展十分重要。只有在加强行业监管、提高健身教练质量和稳定健身服务质量的前提下，中国健身服务行业才能不断发展壮大，提升市场竞争力和消费者满意度。经历新冠疫情催化，消费者自主健身意识快速提升，催生了户外健身、居家健身等多样化健身场景，也加速了线上运动类 App 的发展。因此针对以上问题，健身服务市场未来发展可以采取以下对策。

1. 加快传统健身房转型以及单店面积减少 随着北京、上海等特大城市房屋租金、人力成本等逐年升高，为了控制成本，更加专注于打造课程精品，新开健身房面积应该考虑相比之前减少以进行转型。此外，应该提供更加精细化和专项化的服务，使目标客群精准化；设置更精细化和个性化的课程，满足健身会员个性化需求；同时，改变品牌区域化显著的现况，优质健身品牌可以考虑将城市布点由一二线城市下沉到三四线城市，并持续提升健身房整体品质。

2. 降低运营成本，多元化盈利模式 随着 5G 时代的到来与智能化发展，健身房可以引进先进的智能管理系统来降低运营成本。通过智能化的指导，可以让会员实现自助健身，大大减少了健身房的人工成本。此外，健身会员在健身运动的需求之外，还产生了对健康低脂饮食、皮肤保养以及健身服装等相关产品及服务的需求。因此，目前大型健身俱乐部可以推出健康讲座、健康减脂餐指导服务、大型会员活动、健身服装售卖等延伸业务，以扩大盈利模式。

3. 覆盖线上流量业态复合化，扩大盈利范围 线上健身平台已成为当下趋势，数字化健身进一步兴起，通过数字化的方法为健身会员提供更加便利以及多场景化的趣味性高且具有互动性的服务，帮助平台吸引新用户及增加老用户黏性。深挖用户需求，推出多样化的课程以及健身器械以满足不同人群的健身需求；在平台现有基础上，开发一套改善健身者使用感受的健身服务系统；此外，传统健身房也应该实现业态复合化、多种业态跨界发展，不仅针对健身爱好者，也应考虑满足各类人群不同需求的业态，与商业合作伙伴之间更好地实现客群共享。

4. 加强行业监管　建立行业标准和规范，制定健身服务商的资质认证和执照管理制度，加大对健身服务市场不正当竞争行为的打击力度。由市场监管、消防、卫健、公安、体育等多个部门组成健身行业监管联动执法机制，成员单位加强沟通配合，不定期抽查健身机构的常态运行情况，明确收费标准等。此外，设置一定的健身行业准入门槛，每家健身机构必须购买履约保证保险或将预付卡资金存入银行专户作存管资金管理。这样当消费者与健身机构发生消费纠纷时，保障消费者能够获得赔偿，从而保证消费者的合法权益。

5. 构建中华体育特色文化　可以结合中国本土的文化特色，糅合不同民族的运动元素，把弘扬中华体育精神同坚定文化自信结合起来，打造适合国人的健身项目，如太极和八段锦等。通过线上线下互动，加强各大场馆体育特色文化宣传力度。通过与地方性健身产业联手，定期举办健身文化节等大型活动，让中华体育特色文化根植消费者心底。

6. 培养复合型专业教练　对健身教练从业人员进行专业的培训，建立全面、系统、科学的培训体系，严格考核和审核教练的职业资格，保障健身教练的素质和水平。加强企业人才引进与管理，鼓励健身教练定期进修与再培训。对于这个岗位培训而言，需要遵循三点基本原则：第一，强化理论基础，健身教练应该认真学习及掌握六项学科知识，如运动营养学、生物力学、生理学、心理学等，以开展正确的健身指导；第二，提升专业知识及技能，指导教练对健身者的健身计划进行合理干预并对健身者体能或机体有无创伤进行正确评估；第三，行业约束，建立健全行业规章制度、人事制度等奖惩制度。

第三节　健身产品

一、发展现状

为了提高国民健康素质，近年来国家出台多项政策助推体育健康产业发展，给我国健身产品行业发展带来利好，促进了我国健身产品行业市场的壮大。2022 年我国健身器材市场规模达 222.74 亿元，中国健身产品市场规模保持增长趋势。同时，随着互联网技术和智能技术的发展，智能化、个性化、网络化的健身产品也逐渐走向市场，例如智能健身器械、智能健身应用程序、智能穿戴设备等。这些产品具有更加智能化、个性化的功能，可以为用户提供更加便捷、精准的健身体验。目前，综合电商是相关产品的主要购买渠道，运动健身 App 商城也在逐渐打开局面，成为用户购物的新选择。

（一）健身器械

健身器械市场可以分为有氧器械、力量器械、柔韧性训练器械、健身辅助器械四个大类。其中，有氧器械占据了市场的最大份额。在健身器械市场中，目前跑步机、健身车、综合训练器等器械销售较为火爆。受到新冠疫情影响，2022 年中国的健身行业呈现出逆势增长的趋势，健身器材行业市场规模达 621 亿元，同比增长了约 6.7%（图 14-3）。新冠疫情之后，越来越多的人选择在家中锻炼，促进了室内健身器械的销售增长。《2022 年健身器材及跑步机消费洞察报告》显示，在居家健身器材消费的整体增长下，跑步机正成为增速最快的品类，其次是杠铃和综合训练器。此外，线上健身产品和服务受到了极大的关注，产生了极大的需求，健身器材的线上销售也得到了快速的发展。

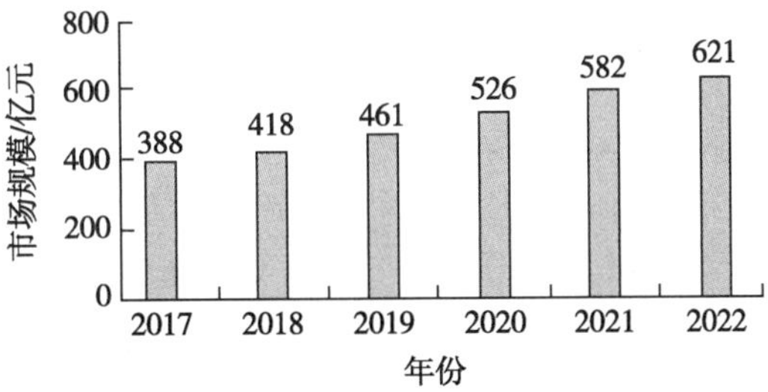

图 14-3　2017—2022 年中国健身器械市场规模

数据来源：中商产业研究院。

（二）智能健身设备

智能健身设备是指具备智能化功能的健身器材，可以通过互联网和移动设备进行控制和监测，提供更加智能化、便捷化和个性化的健身体验。目前，我国的智能健身设备市场呈现出快速增长的态势。相关数据显示，2019 年我国智能健身设备市场规模达到了 64 亿元，同比增长了 27.6%；2020 年市场规模进一步扩大至 93 亿元，同比增长了 45.3%。预计未来几年，智能健身设备市场仍将保持高速增长的趋势。

在智能健身设备市场中，智能跑步机、智能动感单车、智能力量训练设备等产品成为热门。如智能动感单车提供了更加多元化的课程选择和交互体验，用户可以通过互联网观看在线课程，还可以参加虚拟竞赛和社区互动。智能力量训练设备则通过智能化传感器和控制系统，实现更加准确的运动姿势检测和智能化调节，提高了训练的效果和安全性。此外，switch 健身环、健身镜等新型智能居家健身设备也在慢慢释放消费潜力，今年上半年，健身镜在"什么值得买"的消费热度同比增长 952.41%，switch 健身环热度也实现了同比增长 30.68%。

（三）云健身相关产品

云健身是指通过互联网平台提供在线健身课程和服务，让用户可以在家中随时随地进行健身锻炼。在疫情期间，云健身得到了进一步推广和发展。目前，我国的云健身市场呈现出快速增长的态势。相关数据显示，2020 年我国云健身市场规模达到了 18.7 亿元，同比增长了 160%。预计未来几年，随着消费者对健康和健身需求的不断增长，云健身市场仍将保持高速增长的趋势。

在云健身市场中，主要的业务模式包括在线健身课程、虚拟健身社区、智能硬件配套等。在线健身课程是云健身市场的主要形式之一，用户可以通过互联网平台观看在线视频课程，并根据自己的时间和需求进行自主选择。虚拟健身社区则提供了更加多元化的健身体验，用户可以与其他健身爱好者进行互动和交流，分享健身心得和经验。智能硬件配套则为用户提供更加个性化和智能化的健身体验，如通过智能跑步机、智能手环等设备实现健身数据的实时监测和反馈。

二、发展趋势

（一）市场集中度向优质企业集聚

当前，我国健身器材企业主要集中于制造环节，市场集中度相对较低、规模化企业数量较少，随着产业链分工模式日趋成熟，中小企业受限于生产效率、产能规模、销售渠道等方面，面临的竞争压力不断增加；大企业凭借在研发设计能力、工艺技术先进性、快速反应能力和规模化生产能力等方面的优势，进入了国内外知名健身器材品牌商的供应链体系，且随着健身器材制造商和品牌商合作的加深，逐渐形成了深入、稳定的合作关系。未来，随着行业优势企业在技术研发储备、生产管理能力、资金实力方面的持续提升，其行业竞争优势有望进一步增强，行业集中度亦有望进一步提升。

（二）专业化分工趋势明显

在社会化大生产的过程中，专业化分工是发展的必然趋势。目前，运动健身器材的各大品牌，特别是家用健身器材的知名品牌，主要着力于品牌价值的塑造、产品设计及营销渠道的建设，而将运动器材的制造委托专业制造商完成。尤其是以互联网模式为主的家用健身品牌普遍采用此类专业化分工模式。在专业化分工的大趋势中，运动健身器材制造商和品牌运营商相互依存，一款新产品的上市需要双方共同参与完成。尤其是国际知名运动品牌，随着自身经营规模的扩展，为降低供应商管理难度，聚焦品牌塑造、运营效率、产品设计、市场营销等，在选择供应商时倾向于寻找大型专业运动健身器材制造企业合作，以满足其对设计开发能力、产品质量、交付及时性、快速响应能力、批量化生产能力等的全方位要求。

（三）向数字化和智能化方向发展

随着科技的不断发展，传统健身器材单一的机械健身功能已无法满足使用者需求，使用者对健身过程中的娱乐性、共享性、互动性、科学性、安全性等多方面提出更高要求。智能健身器材的特点体现在科学的健身指导，与大数据联合健身数据共享化、健身过程安全高效、健身过程更具有趣味性、健身效果直观明了等方面，健身器材的智能化趋势不可逆转。

智能化健身器材对比传统的健身器材具有更高的安全性，其通过感知人体运动过程中的生理特征变化，如血压、肌肉兴奋度、呼吸速度、心率、速度、体温、步态等参数，实时掌握健身者在运动时的真实生理安全、运动情况等，能对这些参数进行分析处理，及时调整控制系统，以防止运动健身时出现不适应的状况或伤害；与传统的健身器材只能依靠健身教练得到比较好的健身锻炼方法不同，智能健身器材为健身者提供高效的健身指导方法，智能健身器材集成了心率计、电子秤、血压测量器、体能测试器、身体成分检测仪器等多种身体检测仪器，能及时把控使用者身体情况，例如智能跑步机、智能动感单车、智能力量器械等都可以全面检测身体状况，如代谢情况、心肺功能、体能状况、肌肉状况和关节情况等，根据这些数据来定制合理的健身指导方案。

（四）健身产品线上线下深度融合

新冠疫情和政策的影响促使健身行业加速数字化转型和线上线下融合的进程。在2020年新冠疫情暴发期间，健身行业受到了较大冲击，很多健身房和健身中心被迫关闭，很多人也开始在家中锻炼。这促使健身行业将大部分业务开始转向线上，加强线上健身产品和服务的开发和推广。居家锻炼的热潮也推动了健身行业线上线下融合的发展，比如许多品牌推出了线上直播课程，提供了更多元化的课程选择和灵活的学习方式。同时，这些品牌也加强了线下店面的数字化改造，引入了更多智能化的设备和技术，提升了用户的使用体验和便利性。另外，一些品牌也开始探索社区化的运营模式，通过社群化运营和会员管理，增强品牌与用户之间的互动和黏性。

（五）品牌化运营成为必然选择

长期以来，我国大部分健身器材厂家主要通过为国际知名品牌贴牌加工参与国际市场竞争。要想在产业价值链上获得更高的附加值，就应走品牌化路线。当前在中国健身器材市场中，国家对于打造“新国货”健身器材品牌的支持，将为企业品牌化运营提供良好的政策环境。健身器材企业将借助政策优势，不断增强研发实力、品牌运营能力以及资金实力，提升用户黏性以及忠诚度，追求更高的产业价值链附加值，开拓国货市场的新天地。近年来随着国产运动品牌在技术层面持续增加产研投入，相继设立自主研发中心，以及消费者民族自豪感、文化自信心持续增强，国产品牌在科技含量和市场规模层面逐渐缩小与国际品牌的差距，凭借“硬实力”抢占消费者购物车。

三、发展中遇到的问题及对策

（一）健身产品质量不稳定

健身产品质量不稳定是当前我国健身产品市场存在的一个普遍问题。由于缺乏一套完整的相关质检标准和监管机制，一些不良商家为了降低成本，可能会采用低质量的材料，制造出有安全隐患的健身产品，这不仅会影响消费者的使用体验和安全，也会损害整个健身产品市场的声誉。健身产品的质量和安全问题是影响消费者购买意愿的重要因素之一。在此背景下，消费者在选购健身产品时会更加谨慎和挑剔，也给诚信企业带来了更大的挑战。

解决策略：一是加强市场监管。应该建立健全相关的监管机制，加大对健身产品市场的监督和检测力度，对违法违规的企业进行处罚和整顿。二是建立相关标准和认证机制。建立健身产品相关的标准和认证机制，对符合标准的企业和产品进行认证，提高消费者对健身产品的信任度。三是提高企业自律意识。企业应该自觉遵守相关的行业标准和规范，提高企业的自律意识，保证产品质量的稳定和安全。四是加强消费者教育。加强消费者对健身产品的了解和认知，让消费者学会辨别和选择优质的健身产品，提高消费者的消费水平和素质。

（二）产品研发和创新不足

由于健身产品市场的快速发展和品牌数量的增加，同质化竞争现象愈加严重，很多品牌在产品的设计和功能上相似度较高，难以在市场上脱颖而出。同时，一些企业缺乏创新意识，产品更新换代缓慢，不能满足消费者的多样化需求，这也给消费者选择带来了一定的困惑和挑战。对于企业来说，如何在产品设计和定位上差异化，提高产品竞争力，成为一个亟待解决的问题。这对企业的长远发展和市场竞争力都会带来影响。

解决策略：一是提高企业研发投入。企业应该加大对研发的投入，引进人才和技术，及时将新材料、新工艺、新技术应用于生产实际，建立完善的研发体系，加强产品的技术创新和研发能力。二是加强市场调研。企业应该加强市场调研，了解消费者的需求和趋势，强化健身器材的科技性和人性化，抓住市场机会，开发满足消费者需求的新产品。三是建立开放式创新机制。企业应该建立开放式创新机制，与供应商、客户、科研机构等各方合作，实现创新资源的共享，促进创新的持续发展。四是提高企业创新意识。企业应该加强创新意识的培养，提高员工的技术水平和素质，营造鼓励创新的企业文化和氛围。

（三）品牌认知度低

相比于一些国际品牌，国内健身产品品牌的知名度较低，消费者对于国内健身产品品牌的了解程度不够，难以建立起品牌忠诚度。这也导致了消费者的购买决策主要是基于价格等因素而非品牌价值，限制了健身产品市场的发展。由于市场营销力度不足和品牌建设不完善，一些优质品牌无法得到应有的曝光度和市场份额，而一些低质量的产品则可能会通过低价竞争获得一定的市场份额。

解决策略：一是加强品牌建设。企业应该注重品牌建设，通过多种途径提高品牌曝光度和知名度，打造自己的品牌形象和品牌文化。二是提高产品品质。企业应该注重产品的品质和性能，提高产品的使用价值和用户体验，增强消费者对品牌的信任度和忠诚度。三是加强市场营销。企业应该加大市场营销力度，通过多种途径开展市场推广，提高品牌曝光度和知名度，提高消费者的认知度和信任度。四是加强对健身建立品牌认知度和忠诚度。企业应该通过建立品牌认知度和忠诚度，提高品牌影响力和品牌忠诚度，从而增强品牌溢价能力，提高产品的定价能力。

综上所述，要解决我国健身产品市场存在的问题，需要加强市场监管，建立健全相关标准和认证机制，加强品牌建设和营销推广，建立健全的售后服务机制以及价格监管机制。只有通过全面推进市场监督和管理，加强品牌建设和营销推广，提高健身产品质量和服务水平，才能满足消费者对健身产品的需求，促进健身产业的可持续发展。

案例

云健身热潮

云健身是指依靠手机等直播工具，健身教练通过直播的方式在线上授课讲解，健身者可以在家中进行健身的一种模式。受疫情影响、奥运会运动热情的激发，并在各大关键意见领袖（key opinion leader，KOL）的不断助动下，“云健身”模式受到了众多健身爱好者的喜爱，居家健身近年来成为国民健身运动的重要选择。过去人们以 App 为指导核心的户外运动场景逐步变为以 KOL 为引导核心的居家运动场景形式。据报道，目前运动健身 KOL 关注人群有 5.89 亿人，是其 App 用户（0.69 亿）的近九倍，同时运动健身 App 用户中超六成也在关注该领域的 KOL，基于 KOL 的运动健身市场营销价值更加凸显。相关报告显示，中国在线健身市场占了整体健身市场的 47.0%，预计 2026 年将占 60.6%；线上健身市场预计将从 2021 年的 3 701 亿元，增长到 2026 年的 8 958 亿元，复合年增长率为 19.3%。目前，线上健身依然处于起步阶段，行业竞争激烈，不管是健身行业的内容端还是硬件端，相同类型的私教课程、舞蹈课、有氧操课以及跑步记录功能等，同质化问题依然存在。随着物联网与人工智能技术开始全面成熟，越来越多企业认为，人工智能物联网技术加持下的硬件产品将取代纯粹的软件服务，从而打破同质化僵局，再次激活现有内容资源，提升现有用户的黏性和时长，打开市场的天花板。目前，无论是在《中华人民共和国体育法》还是在《全民健身条例》中，都缺乏对于线上健身 App 市场的准入条件、线上健身提供的内容的标准、线上健身配套产品设备等在内的相关内容的规范制约，为此，国家体育总局对“云健身”虚拟运动及其周边市场进行调研，并根据调研中存在的问题，制定相应的条例予以规范和约束，以进一步完善健身市场，推进全面健身战略的贯彻落实。（备注：关键意见领袖是指在微信公众号、微博、小红书、抖音、快手、哔哩哔哩等互联网平台上持续发布内容、产生影响力的个人或机构。）

（陈 燕 王斌艳 袁 爽）

参考文献

[1] 国务院. 国务院办公厅印发《关于加强全民健身场地设施建设发展群众体育的意见》: 国办发〔2020〕36 号[A/OL]. (2020-10-10)[2023.4.3]. http://www.gov.cn/zhengce/content/2020-10/10/content_5550053.htm.

[2] 国务院. 国务院关于印发全民健身计划(2021—2025 年)的通知: 国发〔2021〕11 号[A/OL]. (2021-7-8)[2023.4.3]. http://www.gov.cn/zhengce/content/2021-08/03/content_5629218.htm.

[3] 国家体育总局. 国家体育总局印发《“十四五”体育发展规划》[EB/OL]. (2021-10-26)[2023.4.3]. https://www.sport.gov.cn/n20001280/n20745751/c23657399/content.html.

[4] 中华人民共和国中央人民政府. 中共中央办公厅 国务院办公厅印发《关于构建更高水平的全民健身公共服务体系的意见》[EB/OL]. (2022-3-23)[2023.4.3]. http://www.gov.cn/gongbao/content/2022/content_5683839.htm.

[5] 国家体育总局. 体育总局办公厅关于印发《2023 年群众体育工作要点》的通知[EB/OL]. (2023-3-8)[2023.4.3]. https://www.sport.gov.cn/n315/n20001395/c25347287/content.html.

[6] 国家统计局. 中华人民共和国 2022 年国民经济和社会发展统计公报[EB/OL]. (2023-02-28)[2023.4.3]. http://www.gov.cn/xinwen/2023-02/28/content_5743623.htm.

[7] 国家体育总局. 国家国民体质监测中心发布《2020 年全民健身活动状况调查公报》[EB/OL]. (2022-06-07)[2023.4.3]. https://www.sport.gov.cn/n315/n329/c24335053/content.html.

[8] 长沙市体育局. 关于促进我市群众体育均衡发展的建议[EB/OL]. (2022-09-02)[2023.4.3]. http://csty.changsha.gov.cn/zfxxgk/ztzl/tyfzdjt_2022/202209/t20220902_10784697.html.

[9] 广西南宁市体育局网站. 推进科学健身 加快建设体育强市 构建更高水平的全民健身公共服务体系[EB/OL]. (2022-08-26)[2023.4.3]. http://ty.nanning.gov.cn/zwdt/t5308926.html.

[10] 浙江省体育局. 2022 年浙江省全民健身活动状况调查报告[R/OL]. (2023-03-30)[2023.4.3]. https://tyj.zj.gov.cn/art/2023/3/30/art_1229251254_5087090.html.

[11] 上海市杨浦区人民政府. 一图读懂《上海市社区全民健身公共服务标准》, 打通全民健身公共服务的“最后一公里”! [EB/OL]. (2022-08-31)[2023.4.3]. https://www.shyp.gov.cn/shypq/yqyw-wb-tyjzl-tygl/20220831/414212.html.

[12] 国家体育总局. 内蒙古数字化服务 打通全民健身“最后一公里”[EB/OL]. (2022-08-24)[2023.4.3]. https://www.sport.gov.cn/n20001280/n20001265/n20067533/c24626042/content.html.

[13] 吕倩. 魔镜魔镜救不了我: 线上健身如何留住“忠粉”[N]. 第一财经日报, 2023-03-29: A01.

[14] 张德健. 广州市健身私教工作室发展前景研究[D]. 广州: 广州体育学院, 2017.

[15] 猎云网.《2020 中国健身行业数据报告》发布! 332 项经营与消费数据为体育健身场馆提供决策参考[EB/OL]. (2021-3-22)[2023.4.3]. https://baijiahao.baidu.com/s?id=1694929653922000877&wfr=spider&for=pc.

[16] 中国新闻网. 2021 年底全国健身会员达到 7513 万 连续五年增长[EB/OL]. (2022-06-13)[2023.4.3]. https://baijiahao.baidu.com/s?id=1735514585385835819&wfr=spider&for=pc.

[17] 华经情报网. 2022 年中国健身房行业发展历程、上下游产业链分析及市场竞争格局[EB/OL](2022-12-5)[2023.4.3]. https://view.inews.qq.com/a/20221205A01LQN00.

[18] 李哲海. 健身私教工作室运营浅析[D]. 重庆: 重庆大学, 2013: 59-63.

[19] 张雨霏. 上海市健身私教工作室运营管理现状的调查及对策研究[D]. 上海: 华东师范大学, 2022.

[20] 喻彩. 健身私教工作室发展研究[J]. 环渤海经济瞭望，2020，307(04)：147.

[21] 艾瑞咨询. 2022 年中国新式健身房行业研究报告：健康需求或成行业发展最大助力[EB/OL].(2022-08-23)[2023.4.3]. https://m.jiemian.com/article/7955774.html.

[22] 智研咨询. 2022 年中国新式健身房行业发展现状及未来发展趋势分析[EB/OL].(2021-8-16)[2023.4.3]. https://zhuanlan.zhihu.com/p/554369378.

[23] 卫世霳 LING. 健身报告 | 中国城市健身房市场概览 & 领先健身房代表(附《2020 中国健身房白皮书》)[EB/OL].(2021-11-26)[2023.4.3]. https://zhuanlan.zhihu.com/p/438099060.

[24] 行行查. 2022 年中国健身行业研究报告[EB/OL].(2023-04-07)[2023.4.3]. https://zhuanlan.zhihu.com/p/569343523.

[25] 华经情报网. 干货！一文看懂线上健身行业发展现状：全民健身迈上“云端”市场[EB/OL].(2023-04-10)[2023.4.3]. https://baijiahao.baidu.com/s?id=1758043404862692819&wfr=spider&for=pc.

[26] 常州政协. 健身房行业频现另类“跑路”，如何加强监管[EB/OL].(2019-9-16)[2023.4.3]. https://www.sohu.com/a/341579183_120055960.

[27] 贝哲斯咨询. 2022 年全球与中国健身器材行业趋势及发展潜力研究报告[EB/OL].(2022-10-20)[2023.4.3]. https://bbs.csdn.net/topics/608711996.

[28] 周结友，彭文杰. “互联网 + 健身”消费特征及其形成机理解析[J]. 西安体育学院学报，2020，37(5)：551-557.

[29] 华经情报网. 2021 年中国健身器材行业发展现状分析，政策利好行业规模有望持续扩张[EB/OL].(2022-06-11)[2023.4.3]. http://huaon.com/channel/trend/811099.html

[30] 廖钟锋，黄亚玲. 共享经济模式下全民健身治理路径研究[J]. 体育文化导刊，2019(06)：30-34.

[31] 中商情报网. 2022 年中国健身器材市场规模及行业竞争格局预测分析[EB/OL].(2022-09-23)[2023.4.3]. https://www.163.com/dy/article/HHV9KOR1051481OF.html.

[32] 中华人民共和国中央人民政府. 关于促进消费扩容提质加快形成强大国内市场的实施意见：发改就业〔2020〕293 号[A/OL].(2020-02-28)[2023.4.3]. http://www.gov.cn/zhengce/zhengceku/2020-03/13/content_5490797.htm.

[33] 中华人民共和国中央人民政府. 构建健康大数据平台，加强健康管理与慢病防控——健康产业将步入数字化管理新阶段[EB/OL].(2017-11-16)[2023.4.3]. http://www.gov.cn/xinwen/2017-11/16/content_5240051.htm.

[34] 中研网. 2023 智能健身设备行业市场竞争分析与趋势预测[EB/OL].(2023-04-02)[2023.4.3]. https://www.chinairn.com/hyzx/20230402/163907930.shtml.

[35] 沈克印. “双循环”新发展格局下体育产业高质量发展的宏观形态与方略举措[J]. 体育学研究，2021(02)：11-19.

[36] 国家体育总局. “认证”助力体育产业质量提升[EB/OL].(2020-09-24)[2023.4.3]. https://www.sport.gov.cn/n20001280/n20067608/n20067635/c20227617/content.html.

[37] 前瞻产业研究院. 2020 年中国体育产业市场现状及发展趋势分析 体育消费日渐线上化、多元化发展[EB/OL].(2020-06-11)[2023.4.3]. https://bg.qianzhan.com/report/detail/300/200611-bf2ea4b9.html.

[38] 华经产业研究. 中国健身器材行业驱动因素、上下游产业链分析及发展趋势[EB/OL].(2022-06-27)[2023.4.3]. https://baijiahao.baidu.com/s?id=1736766636845364029&wfr=spider&for=pc.

[39] 刘冬磊，王子朴，刘朝霞. 经济转型背景下扩大体育消费的动因剖释、发展趋向与路径优化[J]. 成都体育学院学报，2020，46(6)：80-85.

[40] 数局. QuestMobile：2022 运动健身消费洞察报告［EB/OL］.（2022-07-05）［2023.4.3］. https://www.163.com/dy/article/HBHFHAS40511B3FV.html.

[41] 贾东明，孙飙. “人工智能 + 大数据”技术在运动戒毒工作中的运用［J］. 健康教育与健康促进，2020，15（03）：326-329.

[42] 张强，葛佳鑫. 跨国并购的行业政策风险控制分析：以汤臣倍健并购 LSG 为例［J］. 当代会计，2021（17）：136-138.

第十五章 保 健 用 品

本章从保健用品的概念界定和分类入手，分析保健用品行业发展现状与行业环境，并对老年人、女性、婴幼儿等特殊消费群体保健用品行业的细分业态的特点、产品种类、市场现状展开研究，最后通过对中国保健用品行业发展趋势的分析，提出未来行业发展的建议，并介绍了典型案例。

第一节 中国保健用品行业发展现状

一、保健用品的定义与分类

我国国家层面和学界对保健用品的定义尚无统一的界定。相对接受度较高的概念是中国保健协会编著的《保健蓝皮书》中对保健用品概念的界定："个人不以治疗疾病而以日常保健为目的，直接或间接使用的，具有缓解疲劳、调节人体机能、预防疾病、改善亚健康状态、促进康复等增进健康的特定功效的用品。"广义的保健用品包括保健食品、保健药品、理疗产品和器械、健身产品等。"保健用品"的概念在国外并没有直接对应的概念，按照中文的译文 health（care）products，国外主要是指保健食品或者膳食补充剂。从监管角度，广义保健用品中的保健食品、保健药品、医疗器械、消毒产品等的监督管理都有全国适用的专门法律法规，因此这些类目的健康产品没有列入本章保健用品的研究范畴，而是单独列出，在本书的其他章节予以详细讨论。

（一）保健用品的界定

1. 监管角度对保健用品概念的定义 目前保健用品的概念在国家层面监管政策中并没有明确界定，但在部分省份出台的地方性法规和政策文件中有所界定，比较突出的是陕西、河南和吉林等省出台的相关管理条例中对保健用品概念进行了界定。河南省健康产业发展研究会研制的地方性标准《保健用品生产质量管理规范》中将保健用品界定为：不以预防和治疗疾病为目的，已在民间长期使用，方法简便，安全有效，直接或者间接作用于人体皮肤表面，具有日常保健、调节身体功能、缓解身体不适症状、促进康复和健康作用，适用于亚健康人群，用于调理及养生保健的贴剂、膏剂、搽剂、喷剂、艾灸等产品；法律、法规对药品、保健食品、医疗器械、特殊用途化妆品、消毒产品、体育器械等另有规定的除外。《陕西省保健用品管理条例》中明确规定，保健用品指列入保健用品类别目录，具有调节人体机能、增进健康和有益养生保健等特定保健功效的外用产品，但法律、行政法规另有规定的除外。《吉林省保健用品管理条例》指出，保健用品是指直接或者间接作用于人体皮肤表面，不以治疗疾病为目的，具有调节人体机能、增进健康或者促进康复功能，并列入本省保健用品类别目录的外用产品，但是法律、行政法规另有规定的除外。

2. 从功能角度对保健用品的定义 学界多从功能角度对保健用品定义展开研究。比较有代表性的有：刘建书在《保健用品研究指南》一书中提到，保健用品既有治疗作用，又有提高机体的免疫力、促进身心健康、预防疾病的作用，是指一种使受用者本人达到预防疾病、延缓衰老、减轻病痛、恢复功能以保持和促进身心健康的用品。金银龙在《保健用品定义和分类方法初探》一文中提出，保健用品指通过个人直接使用或通过媒体改善生活小环境质量等可达到调节机体机能、增进健康的物品。该文章还特别对保健用品和保健食品、医疗器械的区别展开分析。文章提出，保健用品和医疗器械相比，使用人是个人而非专业医护；使用的目的是“调节机体机能和增进健康”而不是治疗疾病；使用的要求上特别凸显可操作性和安全无害性。而保健用品和保健食品相比，保健用品一般是外用而不是内服，通过穿、戴、坐、卧、按摩等方式，“通过媒体改善生活小环境质量等”来达成促进健康的功效，因此在监管和产品特性上和保健食品、保健药品有明显的区别。韩良峰等在《保健用品的发展管理与“2000 年人人享有卫生保健”目标》一文中对保健用品概念的定义有类似的功能界定，文章提到，保健用品应符合一般生活用品的基本要求，供消费者个人使用并且无须医务人员参与和指导，不以治疗疾病为目的，对人体无毒，有助于增进人体健康。

经归纳，保健用品的定义应包括以下几个方面：①用于人体外部；②对人体无毒；③不以治疗疾病为目的；④增进人体健康；⑤国家法律法规另有规定的产品除外。通过对保健用品定义的分析，本报告中保健用品的定义为：适用于一般和特殊人群，具有调节身体机能、促进健康、预防疾病的作用，不以疾病治疗为目的的外用健康类产品，不包括保健药品、保健食品、医疗器械、消毒类产品等已明确有相关法律、法规、规定、办法等进行管理的产品。

（二）分类

符合保健用品一般认知的产品众多，国内外的认知差异也极大。在国外并没有“保健用品”这一名词，与之相关的产品也没有在产业门类划分中成为正式门类，按照我们定义的保健用品，在国外具体的产品分类主要体现在具有保健作用的家用保健器械和保健日用品。

按大众认知度较高的分类方法，保健用品可按照使用部位、作用途径、使用人群和保健功能进行划分。具体见表 15-1。

表 15-1 保健用品不同标准的分类表

分类标准	保健用品具体种类
使用部位	①口腔保健用品；②视力保健用品；③听力保健用品；④肢体保健用品；⑤手足保健用品；⑥内脏保健用品；⑦生殖器官保健用品；⑧局部保健用品；⑨全身保健用品
作用途径	①经皮肤；②经呼吸道；③经口；④其他途径
使用人群	①婴幼儿保健用品；②儿童保健用品；③中老年保健用品；④学生保健用品；⑤孕妇保健用品；⑥妇女保健用品；⑦男性保健用品；⑧职业性保健用品；⑨残疾人保健用品；⑩其他人群保健用品
保健功能	①调节机体机能；②改善微循环；③改善性功能；④改善视力；⑤改善生活质量；⑥特指的保健功能

中国保健协会编著的《保健蓝皮书》中对保健用品进行了更加细致的分类，综合相关资料，可以将保健用品分为保健功能纺织品、保健器械、特殊用途化妆品、五官保健用品、生殖健康保健用品、其他保健用品六大类，具体见表15-2。

表15-2 保健用品的具体细分类目表

类别名称	定义	细分代码及名称
保健功能纺织品	指具有发射远红外线功能、产生磁场功能、抗菌功能等作用，有利于调节和改善机体功能，对人体不产生任何毒副作用，可达到保健目的的一类纺织品	(1)床上用品：被、床垫、枕、枕套、被套、床单、睡袋等 (2)服饰制品：内衣类、护身类、袜类、帽子、手套等 (3)其他用品：窗帘、地毯、垫类等
保健器械	指不以治疗为目的，但具有促进健康、预防疾病等保健功能的器具	(1)健康体检仪器(血压计、体温计、血糖仪) (2)其他(催眠器、电脑辐射消除器) (3)康复器械 (4)家用理疗机(磁疗机、电灸器、热敷器) (5)健身器械(跑步机等) (6)美容美体类(甩脂机、美腿器、减肥器具、瘦脸仪) (7)饮水保健(保健饮水机、净水器、碱离子分解器) (8)按摩类(按摩椅、按摩床、按摩枕、足浴盆、足疗机、气血循环机) (9)空气净化(空气负离子发生器、制氧机)
特殊用途化妆品	指以涂擦、喷洒或者其他类似的方法，散布于人体表面任何部位(皮肤、毛发、口唇等)，具有特定功能的化妆品，即适用于特定人群，具有调节和改善肌肤的功能，以达到育发、染发、烫发、脱毛、美乳、健美、除臭、祛斑、防晒等特殊功能的化妆品。保健化妆品具有化妆品的性质，不仅有局部小修饰的作用，还有透皮吸收、外用内效作用。中国的特殊用途化妆品必须经过国家卫健委的批准，取得准文号后方可生产销售。目前特殊化妆品的审批字号仍是“妆”字号	(1)育发化妆品：有助于毛发生长、减少脱发和断发的化妆品 (2)染发化妆品：具有改变头发颜色作用的化妆品 (3)烫发化妆品：具有改变头发弯曲度，并维持其相对稳定的化妆品 (4)脱毛化妆品：具有减少、消除体毛作用的化妆品 (5)美乳化妆品：有助于乳房健美的化妆品 (6)健美化妆品：有助于使体型健美的化妆品 (7)除臭化妆品：用于消除腋臭等体臭的化妆品 (8)祛斑化妆品：用于减轻皮肤表皮色素沉着的化妆品 (9)防晒化妆品：具有吸收紫外线作用，减轻因日晒引起皮肤损伤的化妆品
五官保健用品	指个人不以治疗疾病而以日常保健为目的，直接或间接用于口腔、眼、耳、鼻、喉部位，具有调节人体机能、预防疾病、清洁保护等特定功能的用品	(1)口腔保健用品：保健牙膏、牙刷、牙线棒等 (2)眼部保健用品：护眼仪、眼部按摩器、近视治疗仪等 (3)耳鼻喉部保健用品：助听器、鼻腔清洗器等

续表

类别名称	定义	细分代码及名称
生殖健康保健用品	指能够起到调节和改善生殖系统及其功能和过程所涉及的一切适宜身体、精神和社会等方面的健康状态的保健用品	(1)计划生育用具器械类：橡胶避孕套、宫内节育器、早孕检测试纸、人绒毛膜促性腺激素(HCG)检测试纸、节育注射剂、节育埋藏片、节育环、阴道隔膜、宫颈帽和宫内避孕环(IUD)
		(2)性保健医疗器械：男性性功能康复治疗仪、乳腺诊断仪、精子质量检测系统
		(3)成人玩具类
		(4)辅助类：泡沫制剂、凝胶制剂、栓剂、卫生消毒剂、润滑剂
其他保健用品	根据以上规则不能概括的，未来会出现的保健用品	(1)膏贴洗液类：外用膏剂、喷涂剂、清洗液、保健贴
		(2)中医保健类：刮痧板、保健拔火罐、针灸针、温灸棒、经络疏导仪、艾灸养生用具
		(3)保健器材：保健杯、保健锅、电脑辐射消除器等
		(4)其他保健用品

资料来源：《保健蓝皮书》。

二、保健用品行业的发展现状及环境分析

（一）国内保健用品行业发展现状概述

中国现今是世界保健用品最大的生产国及消费国。在政策鼓励、社会老龄化以及居民收入增多等多重因素影响下，我国保健用品市场规模持续上涨，随着保健用品需求增加，保健用品市场规模将继续攀升，加快向高质量发展。

中国保健用品行业发展的原因主要有以下几个方面：首先，随着人们收入和健康意识的提高，人们对保健用品的需求不断增加。人们开始意识到预防疾病和保持身体健康的重要性，因此对保健用品的需求也不断增加。其次，政府对保健用品行业的支持力度不断加大。政府在政策层面上对保健用品行业进行了支持，如加强监管、完善市场准入等，为行业发展提供了有力保障；同时，政府还鼓励企业加强科技创新、提高产品质量，以满足人们对高品质保健用品的需求。最后，电子商务的发展也为保健用品行业提供了巨大的市场。随着电商平台的兴起和普及，人们可以更加方便地购买到各种保健用品，这为行业的发展提供了更广阔的空间。

（二）保健用品行业发展的环境分析

1. 保健用品行业发展的政策法规环境

(1) 政策支持：中国相关部门对保健用品持鼓励和支持的态度。国务院印发的《关于促进健康服务业发展的若干意见》(以下简称《意见》)提出“健康服务业以维护和促进人民群众身心健康为目标，涉及药品、医疗器械、保健用品、保健食品、健身产品等支撑产业”。《意见》中明确了国家对保健用品行业发展的政策支持，将保健用品行业与药品、医疗器械、保健食品、健身产品共同列为健康服务业五大支撑产业，提出了保健用品行业发展的总体性规划。保健用品目前处于在国务院政策指导下的发展阶段，相关法律、法规也在随着发展不断完善，国家层面还没有授权哪个部门许可监管，按照《中华人民共和国产品质量法》和全国工业产品生产许可证发证产品目录，保健用品属于“没有实施批准文号管理的产品”，

目前不需要行政许可，适用《中华人民共和国行政许可法》第13条之市场自律和行业自律来管理。《意见》还明确了实施放宽市场准入政策措施。建立公开、透明、平等、规范的健康服务业准入制度，凡是法律法规没有明令禁入的领域，都要向社会资本开放，并不断扩大开放领域；凡是对本地资本开放的领域，都要向外地资本开放。民办非营利性机构享受与同行业公办机构同等的待遇。国家颁布并实行保健行业孵化、扶持、收税补贴、低息贷款等政策，帮助企业融资，度过新冠疫情难关，足见国家对保健用品行业的重视程度。

（2）政策监管存在不足

1）监管主体不清：由于目前国家法律对保健用品没有明文规定，也没有统一的审理机构，加之部门之间监管权限不明确，现在医药市场上各类保健用品大行其道。保健用品有别于保健食品、保健药品和医疗器械，所以保健食品的"健字""消字"类批准文号，药品的"药字"批准文号，医疗器械的"医字""医械字"批准文号对保健用品来说都不适用。国家在保健用品行业监管上并无统一规定与标准。从监管主体来说，部分省份出台的保健用品相关法规文件中规定了食品药品监管部门、卫生健康管理部门和省级人民政府对保健用品行业的监管职责，但大多数省份没有明确规定保健用品行业监管的主体。

2）缺少全国性的法律法规：目前保健用品监管还缺乏全国性的法律法规。保健用品既非药品也非医疗器械，其审批与注册应有别于药品和食品，但国家对此并无统一规定与标准。为规范保健用品生产管理，确保保健用品质量可控、安全有效，国家市场监督管理总局以及吉林、贵州、陕西、黑龙江、浙江、云南等地，对保健用品的定义目录、注册许可、生产经营、监督管理、法律责任等的规范进行了积极探索。对1998—2022年出台的有关"保健用品"的法规、文件进行搜索，排除已经失效的文件，共搜索出58部，其中地方性法规4部、地方政府规章5部、地方规范性文件22部、地方工作文件27部。

从政策内容来看：上述法规、文件要求，涉及内容最多的是卫生相关监管政策（38部），其次还包括知识产权（4部）、劳动与工会（4部）、质量监管与监督（2部）等内容。具体要求包括：保健用品生产企业应当具有符合保健用品生产要求的场所、设备设施和卫生环境；具有符合要求的专业技术人员；具有健全的卫生管理制度和质量保证体系；严格按照规范组织生产；建立生产、检验和销售记录；标签、说明书应当符合标签说明书规定。保健用品广告内容应当真实、合法，与保健用品批准证书一致，不得涉及疾病的预防和治疗功能。政府主管部门设立由有关专家组成的保健用品评审委员会，负责保健用品的产品配方或者结构图、生产工艺、保健功能、产品卫生质量标准和安全性等方面的评审；定期公布取得保健用品批准证书的产品名单；定期对保健用品进行抽检并公布抽检结果；查处保健用品生产经营的违法行为。这些规章的相继颁布和实施，有力地促进了各地保健用品行业的健康发展，维护了公民健康权利和消费者合法权益。

从政策制定机关来看：制定地方法规、文件靠前的省份分别是陕西省（37部）、贵州省（7部）、江西省（5部）、浙江省（3部）和吉林省（3部）。这也一定程度上反映了地方保健用品产业发展程度和地方对保健用品产业重视程度。表15-3列出了部分中国保健用品行业有关法律法规。

2. 保健用品行业发展的经济和社会环境

（1）市场需求大：随着生活质量的提高和健康意识的增强，人们对保健用品的需求逐步增加，保健用品市场需求大。尤其是随着人口老龄化的加剧，老年人对保健品的需求也不断增长，保健用品市场前景广阔。

表 15-3 中国保健用品行业有关法律法规

颁布时间	法律法规名称	颁布单位	是否有效	法规级别
2022	《贵州省卫生健康委关于进一步加强保健用品行政许可和监督管理工作的通知》	贵州省卫生健康委员会	是	地方性法规
2018	《陕西省保健用品命名规范》	陕西省食品药品监督管理局	是	地方性法规
2018	《陕西省保健用品说明书和标签管理规定》	陕西省食品药品监督管理局	是	地方性法规
2018	《陕西省保健用品生产企业信用等级评定及分类监督管理办法(试行)》	陕西省食品药品监督管理局	是	地方性法规
2018	《陕西省保健用品生产质量管理规范》	陕西省食品药品监督管理局	是	地方性法规
2018	《陕西省保健用品生产备案管理规定》	陕西省食品药品监督管理局	是	地方性法规
2017	吉林省保健用品管理条例	吉林省人大(含常委会)	是	省级地方性法规
2015	陕西省食品药品监督管理局关于全省保健用品品种名单的公告	陕西省食品药品监督管理局	是	地方性法规
2014	陕西省食品药品监督管理局关于加强保健用品再注册工作的通知	陕西省食品药品监督管理局	是	地方性法规
2010	《贵州省保健用品管理条例》	贵州省常务委员会	是	地方性法规
2009	《贵州省保健用品受理审批暂行办法》	贵州省卫生厅	是	地方性法规
2009	《贵州省保健用品管理条例(草案)》	贵州省人民政府	是	地方性法规

资料来源:“北大法宝”网站。

(2) 消费升级:随着经济的发展和人们收入的增加,消费者对个性化、高品质的保健用品的需求不断提高,消费升级也推动了保健用品行业的发展。

(3) 产业链完整:保健用品行业的产业链不断完善,从原材料采购、产品研发、生产制造、销售渠道到售后服务等环节都比较完整,提高了行业的整体效率和竞争力。

(4) 科技创新:保健用品行业加强科技创新,不断推出新产品、新技术、新工艺,提高了产品的质量和科技含量,满足了消费者对高品质、高科技保健用品的需求。

(5) 电商渠道:随着电商平台的兴起和普及,人们可以更加方便地购买到各种保健用品,电商平台拓宽了行业的销售渠道,促进了行业的发展。

综上所述,保健用品行业发展的经济和社会环境主要表现在市场需求大、消费升级、产业链完整、科技创新和电商渠道等方面。这些因素为保健用品行业的发展提供了广阔的市场和良好的发展环境。

3. 保健用品行业发展存在的不足 保健用品行业是一个充满活力和发展潜力的行业,但目前也存在着一些不足之处。

(1) 产品质量和安全问题:保健用品行业的产品种类繁多,但是由于行业监管不够严格,很多企业在产品研发、生产、销售等环节中没有足够地重视产品质量和安全问题,存在虚假宣传、夸大功效等问题。这些问题不仅会误导消费者,也会对消费者的健康造成潜在的安全隐患。

(2) 缺乏行业标准和规范:目前保健用品行业缺乏统一的行业标准和规范,导致市场竞争不够公平,消费者难以选择高品质、高安全性的产品。缺乏行业标准和规范也使得监管部门难以对行业进行有效的监管。

（3）行业发展不平衡：保健用品行业的发展不平衡，有些品类的产品市场竞争激烈，但有些品类的产品存在市场空缺。这种发展不平衡导致了行业资源的浪费，不利于行业的长期发展。

（4）缺乏品牌建设和知名度：保健用品行业中的企业大多数规模较小，品牌知名度不高，缺乏品牌建设和长期的市场营销策略，导致企业在市场竞争中处于劣势地位，难以获得持续的市场份额。

（5）市场监管不到位：尽管政府加强了对保健用品行业的监管力度，但仍然存在市场监管不到位的问题。一些企业存在违规行为，但由于监管部门的力量和技术手段有限，这些问题难以及时发现和处理，给消费者的合法权益带来了损害。

综上所述，保健用品行业存在着产品质量和安全问题、缺乏行业标准和规范、行业发展不平衡、缺乏品牌建设和知名度、市场监管不到位等不足之处。

第二节　中国保健用品行业发展情况

一、老年人保健用品行业

（一）市场概况

数据显示，2021 年我国 65 岁以上老年人口已经增长至 20 360 万人，增速为 6.8%。由于中老年人是保健用品最大的消费人群，保健用品的消费市场也将迎来光明前景。老年人保健用品行业涵盖诸多行业，包括保健器械类行业、保健功能纺织品类行业等等（表 15-4）。

表 15-4　老年人保健用品行业产品分类表

分类	代表产品
保健功能纺织品	远红外健康床垫、被芯、多功能保健内衣、纸尿裤、磁功能鞋、保健功能汽车坐垫等
保健器械	按摩椅、电子血压计、血糖仪、按摩器、家用吸氧机、足浴盆、拔罐器、电子计步器、电子体温计、低频治疗仪、心电生理远程监测仪等
助行用品	轮椅、手杖、串手拐杖、助行架、电动代步车
五官保健用品	助听器、低视力用品、洗牙器、口吃矫正器、鼻腔冲洗器、眼部护理仪等
智能健康产品	智能手环、智能手表、智能血压计、智能血糖仪等

资料来源：《保健蓝皮书》。

在康复医疗器械方面，2015—2021 年中国康复医疗器械市场规模从 2015 年的 145 亿元增长到 2021 年的 450.3 亿元，年复合增长率为 20.79%（图 15-1）。同时，助听器行业市场规模呈现逐年增长的趋势，从 2015 年的 30.1 亿元增长到 2021 年的 61.12 亿元，年复合增长率为 12.53%（图 15-2）。

另外，随着可穿戴设备的兴起，2020 年中国可穿戴设备出货量达 15 972 万台，同比增长 30.36%（图 15-3）。此外，65 岁及以上人口将是智能按摩椅的主力消费人群。在智能按摩器具方面，2015—2020 年我国智能按摩器具市场规模逐年扩大，2020 年市场规模已达 150.3 亿元，较上年增长 8.13%（图 15-4）。这些数据表明，老年人保健用品行业市场前景广阔，而康复医疗器械、助听器、智能按摩器具等产品将成为行业的重要发展方向。

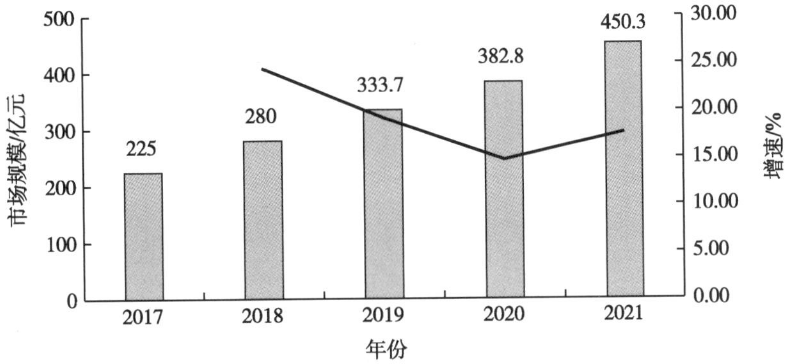

图 15-1 中国 2017—2021 年康复医疗器械市场规模

资料来源：德邦研究所。

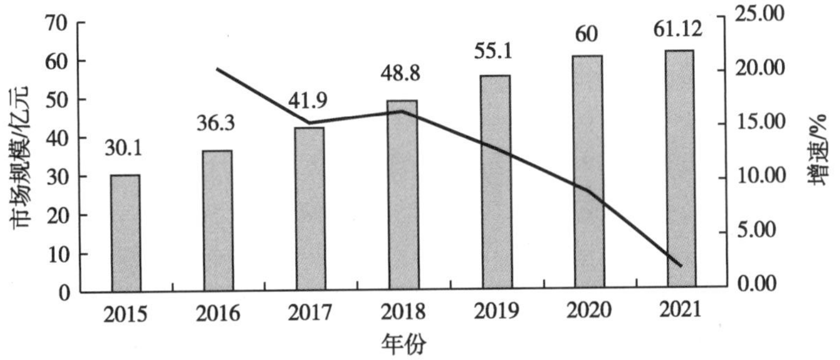

图 15-2 2015—2021 年中国助听器市场及规模

资料来源：智研咨询。

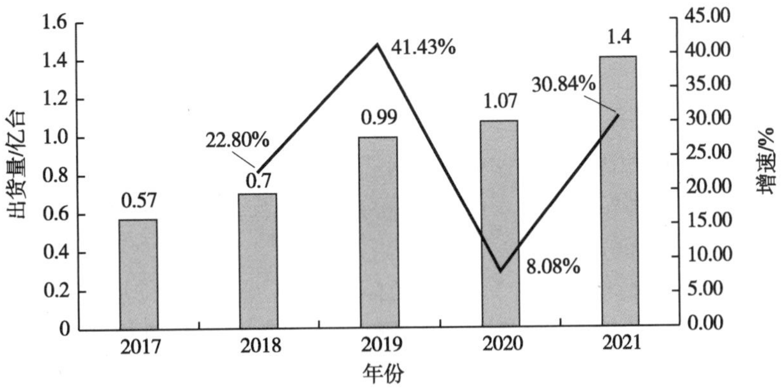

图 15-3 2017—2021 年中国可穿戴设备出货量统计

资料来源：中商产业研究院。

（二）典型细分业态发展——按摩椅市场

按摩椅是一种能够模拟人工按摩的家居健康设备，通常采用电动驱动，内部装有多个按摩头和气囊，能够按摩人体不同部位，如脖子、肩膀、背部、腰部、臀部、手臂和腿部等。按摩椅的功能是通过模拟人工按摩的方式，帮助放松肌肉、舒缓疲劳、促进血液循环，缓解身体不适和改善身体健康。这些功能可以为老年人提供一定的保健和舒适效果。

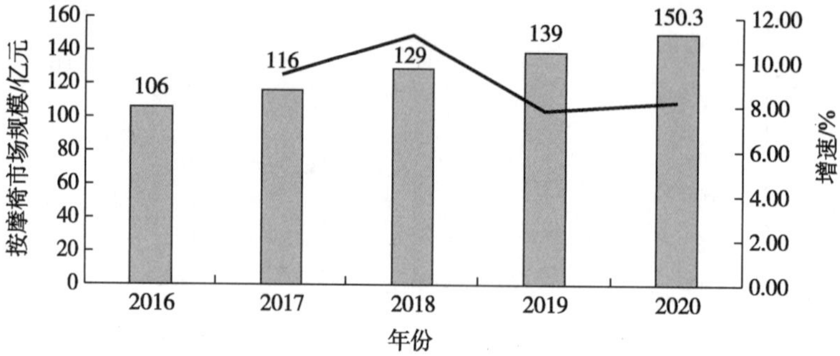

图 15-4 2016—2020 年中国按摩椅市场规模及增速

资料来源：中泰证券研究所。

按摩椅的种类繁多，主要分为三类：全身按摩椅、多功能按摩椅和小型按摩椅。全身按摩椅可以按摩全身各个部位，功能较为全面；多功能按摩椅除了按摩功能外，还具备热敷、音乐播放、氧吧等附加功能；小型按摩椅适合放在办公桌或沙发上使用，比较适合日常的局部按摩。

1. 行业的技术创新

（1）多元化的按摩技术：随着人们对按摩需求的不断增加，按摩椅技术逐渐多元化，包括空气压力按摩、手动按摩、热敷按摩、推拿按摩等多种按摩技术的结合应用，更好地满足了不同人群的按摩需求。

（2）智能化：智能按摩椅开始出现，可以通过手机 APP 远程控制、智能语音交互等方式，让用户更方便地使用按摩椅，并可以根据用户的偏好进行智能化调节和按摩。

（3）人性化设计：按摩椅的设计也越来越人性化，如椅背可以根据不同的人体形态和需要进行自适应调节，座椅可调节高度，座椅和扶手可以加热等等。这些设计可以更好地满足不同人群的使用需求，提升用户的舒适感。

（4）色彩搭配：按摩椅的色彩也开始注重个性化和时尚感，不再局限于传统的黑色或米色，出现了更多个性化、时尚的色彩搭配。

2. 材质与安全是未来行业关注重点

（1）材料选择：随着消费者对健康和环保的重视，厂家越来越注重选择健康、环保、安全的材料生产按摩椅。比如采用环保的人造革、高强度玻璃钢、耐磨的牛皮等材料，以保证产品的使用寿命和健康安全。

（2）安全标准：按摩椅作为一种特殊的家居产品，其安全性非常重要。厂家在生产按摩椅时，应该遵守国家和行业的安全标准，如 GB/T 26182—2022《家用和类似用途保健按摩椅》等，保证产品的品质和安全性。

（3）安全设计：为了保证消费者在使用过程中的安全，厂家需要在设计按摩椅时，考虑到人体工程学和力学等方面的因素，使得按摩椅的各个部件的尺寸、位置、形状等都符合人体工程学的原理，防止因为设计不良导致危险。

（4）安全认证：目前，国内许多按摩椅品牌已经开始主动向第三方权威机构申请安全认证，以提高产品的安全性和可信度。比如，通过 ISO9001 质量管理体系认证、CE 认证、ROHS 认证等，能够证明该产品的质量和安全性符合国际标准。

（三）行业发展趋势

老年人保健用品行业的发展趋势及其影响因素主要有以下几个方面。

1. 健康意识　老年人口增长和老年人健康意识提高是主要的驱动力。随着全球人口老龄化的加速，老年人口数量持续增长，为老年人保健用品行业提供了巨大的市场空间。与此同时，随着医疗保健技术的进步和健康意识的提高，老年人对健康的关注度越来越高，他们愿意花更多的钱和时间来购买和使用保健用品来维护健康。

2. 科技与经济　科技进步、医疗保健技术发展和经济状况改善等方面也在推动该行业的发展。新兴科技的不断发展，如智能健康监测设备、远程医疗等，为老年人保健用品行业带来了新的机遇。随着医疗保健技术的不断发展，老年人保健用品行业也不断涌现新产品和新技术，如假肢、助听器、口腔保健用品等。经济状况也会影响该行业的发展，随着老年人口的增加和社会福利的改善，老年人保健用品行业的发展将更加迅速。

3. 康复医疗器械市场　康复医疗器械市场的发展潜力巨大。未来随着我国经济水平的不断提升、国家政策的持续利好、国内康复医疗医院数量的增加、人口老龄化的加剧以及各类医疗机构对康复科建设的不断重视，我国康复医疗需求将不断释放，我国医疗器械市场规模也将进一步扩大。预计 2023 年我国康复医疗器械市场规模将突破 530 亿元。未来，随着智慧健康养老的发展，康复医疗器械将与智能传感器、物联网、大数据等技术融为一体，朝着智能化的方向发展。随着我国三级康复医疗体系建设的逐步完善，康复医疗资源将向基层医疗机构乃至社区下沉，康复医疗器械行业也将随之迎来更多的机遇。同时，智慧健康养老的发展也将促进老年人保健用品行业的智能化、数字化、个性化等方面的发展，推动行业进一步向着高端化、专业化、品牌化的方向发展。

二、女性保健用品行业

（一）市场概况

根据国家统计局的数据，中国 25～45 岁女性人口接近 3 亿，随着经济收入和社会地位的提高，女性逐渐成为时尚消费品市场的主导力量。国家统计局发布的报告显示，2021 年我国化妆品市场零售规模为 4 026 亿元，同比增长 18.41%（图 15-5）。同时，最新统计数据显示，截至 2021 年，中国女性人口已达到 6.89 亿人，其中约有 4.48 亿女性需要购买卫生用品，占总女性人口的 65%。目前，中国女性卫生用品市场规模已达到 633 亿元，年消费量达到 1 200 亿片（图 15-6）。由于女性卫生用品的刚需性强且需求相对稳定，预计未来女性卫生用品市场将有着广阔的发展前景。另外，2021 年中国功效性护肤品市场规模达到 308 亿元，同

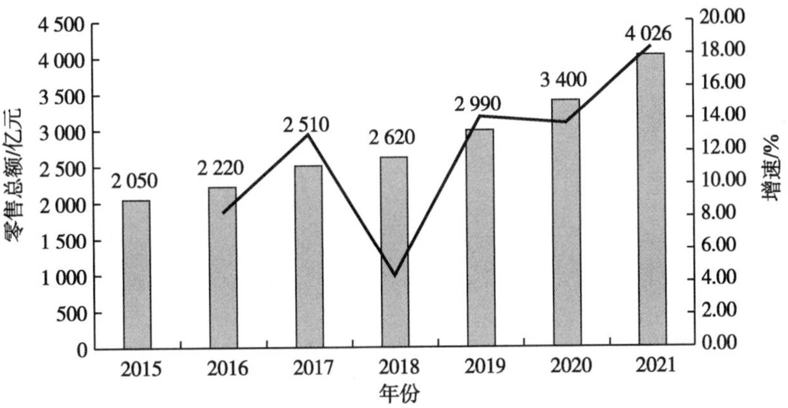

图 15-5　2015—2021 年中国化妆品零售总额及增速

资料来源：国家统计局。

比增长 32.1%。家用电子美容仪作为一种新型美容产品，结合了科技和美容护理的优势，可以通过电磁波、光疗、振动等多种方式改善皮肤状况。随着互联网的快速发展，家用电子美容仪的普及率不断提高，2021 年中国家用美容仪市场销量为 1 348.7 万台，同比增长 2.2%，销售额为 86.78 亿元，较 2020 年增长 10.02 亿元。值得注意的是，我国消费者在护肤品领域人均支出占其可支配收入的比重仍较低，因此护肤品市场还有很大的发展潜力。

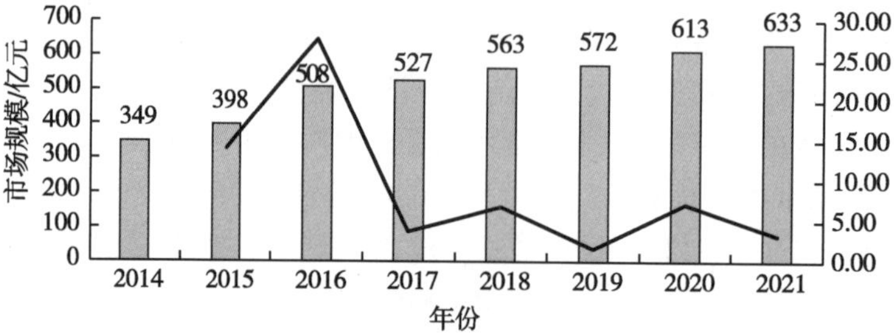

图 15-6　2014—2021 中国女性卫生用品市场规模及增速

资料来源：中国造纸协会。

（二）产品分类

1. 洗护用品　如卸妆洁面的卸妆品、洗面奶、化妆水、洁面皂，洗发护发的洗发水、护发素、发膜、护发精油，身体沐浴的沐浴露、身体乳、浴盐、香皂、按摩膏，护理口腔的清洁漱口水等。

2. 健身用品　如做推、举、提、抛、蹲跳训练的壶铃、杠铃、哑铃，锻炼女性柔韧性、身体各部位控制能力的瑜伽球，塑造女性背、腹、腿、臀等部位的椭圆机，有效提高人体腰、髋、膝关节灵活性、柔韧性的呼啦圈等。

3. 孕产妇用品　如孕产妇在怀孕期、哺乳期所穿着的内衣裤、哺乳文胸、孕产妇鞋、袜子、裙子、防辐射服等，改善、缓解孕期不适的床上用品如侧卧抱枕、床垫等，安全、健康、不含有任何添加剂成分的孕产期护肤品，可帮助子宫收缩、产后体形修复的束腹带、塑身服，以及吸奶器、月子牙刷、产痕修复凝胶等。

4. 生殖健康用品　如卫生护垫、卫生巾、卫生棉条、阴道清洗器等护理器具，清洁护理外用的喷剂、泡沫、粉末、洗液等，水溶性、油性、石油和硅树脂的人体润滑剂，跳蛋、G 点按摩器、缩阴球、乳房按摩器、仿真性器具等健慰器具，以及乳房护理用具等。

5. 其他保健用品　如美体美容仪、瘦身减肥仪、养生仪、产后恢复仪、丰胸仪、脱毛仪、私密仪等。

（三）典型细分业态发展

1. 卫生巾行业　中国卫生巾行业是一个庞大的市场，随着社会经济的快速发展和女性消费者意识的不断提高，中国卫生巾市场规模不断扩大，近年来女性教育水平和就业率提高，女性人口增加，卫生巾市场需求也不断增加。随着消费者对品质、健康和环保等方面的关注度提高，中国卫生巾市场产品结构也在不断升级。高端化、舒适性、安全性、绿色环保等成为卫生巾行业的新趋势。随着电商平台的不断发展，中国卫生巾市场的电商销售量不断增长。消费者可以通过电商平台方便地购买各类卫生巾产品，同时电商平台也为卫生巾企业提供了新的销售渠道。随着市场规模的不断扩大，卫生巾行业的品牌竞争也在加剧。卫生巾企业通过创新产品、提高品质、增加营销投入等方式，争夺市场份额。卫生巾企业也逐渐注重提供健康护理服务。例如，传播生理期健康知识、推出绿色环保卫生巾、提供在线咨询等服务，帮助消费者更好地管理健康。

2. 家用美容仪行业 近年来，随着人们生活水平的提高和美容消费市场的不断扩大，美容仪市场需求也在不断增加。美容仪企业在不断加大研发投入的同时，也在不断推出技术创新，如无创微针、射频、激光、磁场等新技术，提高了美容仪的治疗效果和用户体验。随着消费者对个性化、定制化美容护理需求的增加，美容仪行业也逐渐向高端化、定制化方向发展。企业通过提供个性化的美容方案、定制化的产品和服务等方式来满足消费者需求。美容仪企业通过各种新的营销方式，如线上社交平台、直播、明星代言等，来增强品牌影响力和销售业绩。同时，也通过提供免费试用、优惠券等方式来吸引消费者。美容仪企业逐渐拓展到国际市场，如欧美、东南亚等市场。通过在国际市场的推广和宣传，提高品牌知名度和影响力。

(四) 行业发展趋势

随着女性健康意识的不断提高，中国女性保健用品行业呈现出快速增长的趋势。未来几年，该行业将面临以下发展趋势。

1. 健康管理需求不断增加 随着健康管理的重要性逐渐被认识和接受，女性保健用品市场将受到越来越多的关注。例如，一些保健品牌将加强产品的科学性和实用性，提供更加全面的健康管理解决方案。

2. 产品创新不断升级 女性保健用品市场的竞争将会更加激烈。为了占据市场份额，产品创新和研发将成为品牌差异化的关键。例如，提供更加人性化和实用的产品，以及针对特定问题的解决方案。

3. 多元化消费需求 随着女性对保健的需求逐渐变得多元化，保健品牌需要满足不同消费者的需求。例如，针对年轻女性的产品需求，推出有趣的包装和形式，以及针对更年期女性的产品需求，推出更专业的产品解决方案。

4. 电商渠道增加市场份额 电商渠道的崛起和发展为女性保健用品市场的增长提供了新的机会。以电商平台为代表的电商渠道的增加，为品牌和消费者提供了更加便捷的交易方式。

5. 国际化进程加快 中国女性保健用品市场将越来越受到国际品牌和企业的关注。国际品牌和企业将加大在中国市场的推广力度，提供更加专业的产品和服务，以满足中国消费者的需求。

三、儿童保健用品行业

(一) 市场概况

婴儿推车是宝宝最喜欢的散步交通工具，也是家长带宝宝上街购物时的必备品。根据宝宝的成长和使用用途，婴儿推车又可以分为多种类型，如双胞胎婴儿推车、高景观婴儿车、遮阳篷婴儿推车、口袋车等。2020 年，中国婴幼儿推车成交金额达 2 135.9 亿元。

婴儿纸尿裤一般指尿不湿，是婴儿常用的日用品，包括纸尿片、纸尿裤和拉拉裤。干爽的尿不湿可以让婴儿整夜安睡，因为吸水性强，所以被俗称为“尿不湿”。2021 年，我国婴儿卫生用品市场规模达 530 亿元（图 15-7）。然而，由于国内新生儿人口数量下降，以及新冠疫情危机产生的不确定性和接种疫苗导致部分适龄人群推迟生育计划，2020 年国内婴儿纸尿裤市场规模较 2019 年下降了 2.6%。

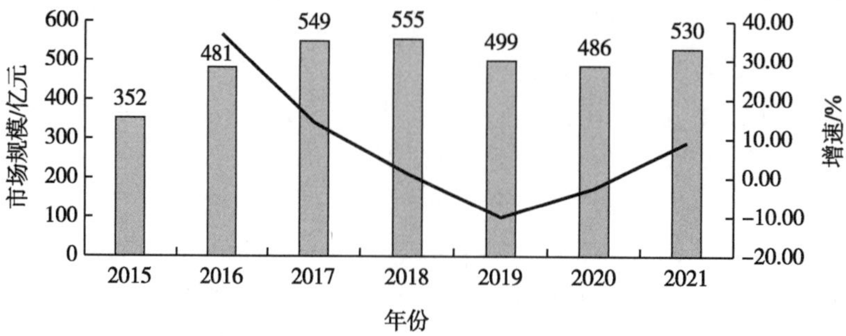

图 15-7 2015—2021 年中国婴儿纸尿裤市场规模

资料来源：中国造纸协会生活用纸专业委员会。

奶瓶是母婴产业中除了奶粉和纸尿裤外的消费大品种，具有市场容量巨大、刚性需求、价格不敏感的市场经济学特点。随着人们对婴幼儿产品安全问题的不断重视，消费者在选择奶瓶时更倾向于选择中高端产品。2021 年，中国奶瓶零售金额为 658 亿元，同比下降 2.7%。

儿童保健用品种类众多，将儿童保健用品按功能和用途进行分类，可以分为以下几类（表 15-5）。

表 15-5 儿童保健用品行业产品分类表

分类	代表产品	功用
喂养类	婴儿奶瓶、奶嘴、婴儿辅食等	用于喂养婴幼儿
清洁类	婴儿尿布、湿纸巾、洗浴用品、按摩油等	用于保持婴儿清洁和舒适
卫生类	婴儿牙刷、牙膏、体温计	用于婴儿口腔卫生和健康监测
睡眠类	婴儿床、床上用品、安抚奶嘴、安全床栏等	用于提供安全、舒适的睡眠环境
出行类	婴儿推车、婴儿背带、婴儿安全座椅	用于方便家长携带宝宝出行
食品和餐具类	婴儿食品、奶瓶刷、餐具等	用于婴儿的饮食和喂养
玩具类	布娃娃、积木、拼图、益智玩具等	用于宝宝的脑力开发
护肤类	润肤露、防晒霜、抗菌喷雾等	用于保护宝宝的皮肤健康
医疗类	儿童眼镜、鼻喷器、吸氧机、儿童药品、口罩等	用于治疗和预防儿童的疾病和保护健康

资料整理于：《保健蓝皮书》。

（二）典型细分业态发展状况

1. 纸尿裤行业

（1）品牌竞争和消费者认知：随着中国经济和消费水平的不断提升，纸尿裤市场的竞争也变得越来越激烈。目前，中国市场上的纸尿裤品牌主要分为国际品牌和国内品牌两大阵营，其中国际品牌在高端市场拥有一定的优势，而国内品牌则在中低端市场占据较大的份额。

为了提升自身在市场中的竞争力，各个品牌都在加大研发投入，不断推出新产品、新技术和新材料，以提高纸尿裤的品质、性能和舒适度。例如，一些品牌推出了采用高分子吸收材料、多重防漏设计等创新技术的纸尿裤产品，以提高产品的性能和使用体验。

除了品质和性能的竞争，消费者对纸尿裤的认知水平也在逐渐提高。随着生活水平和受教育程度的提升，消费者越来越注重纸尿裤的健康性和环保性。他们更愿意选择采用天然、环保材料制作的纸尿裤，并关注纸尿裤产品的生产工艺、质量控制和安全认证等方面。

(2) 材料与技术：随着消费者对于纸尿裤舒适度和安全性要求的提高，纸尿裤行业正不断进行材料和技术创新。在材料方面，许多国内纸尿裤品牌开始采用更加环保的原材料，例如可降解材料和可回收材料等，以减少对环境的影响。同时，纸尿裤厂商还在开发新型的吸水材料和透气材料，以提高纸尿裤的性能和舒适度。

在技术方面，纸尿裤行业也在不断创新。一些纸尿裤品牌采用了智能传感器技术，可以实时监测宝宝的大小便情况，提醒家长及时更换纸尿裤。同时，一些品牌还在开发具有防漏功能的纸尿裤，以提高产品的可靠性。此外，还有一些品牌在开发使用更加方便的纸尿裤，例如可以直接撕开或拉开的设计，以提高消费者的使用体验。随着人们科技和环保意识的不断提高，纸尿裤行业在材料和技术方面也在不断进行创新和改进，以满足消费者对于纸尿裤品质和性能的要求。

2. 奶瓶行业 随着中国消费者对婴幼儿产品安全性的日益重视，奶瓶材质与安全问题成为消费者关注的焦点之一。目前，中国奶瓶行业在材质和安全方面以及设备和技术方面得到了较大的进步和发展。

(1) 材质与安全：首先，奶瓶的主流材质已经从过去的玻璃和塑料向硅胶、PPSU（聚亚苯基砜树脂）等高分子材料转变。硅胶奶瓶具有不含双酚 A（BPA）、耐高温、不易变形、易清洗等优点，逐渐成为市场的主流产品。PPSU 材质奶瓶具有较高的耐高温、耐摔性能，且相对硅胶奶瓶更加耐用。此外，部分品牌还推出了陶瓷和不锈钢奶瓶，这些新材料的应用提高了奶瓶的品质，满足了消费者的多元化需求。

其次，中国奶瓶行业加强了产品的安全性能。国家和行业标准不断升级，强化了奶瓶产品的安全性标准，确保产品在生产、运输、使用过程中符合国家和行业标准。在材质方面，很多品牌使用了不含 BPA 的材料，从根源上保障了产品的安全性。同时，生产工艺、包装和印刷也得到了升级，提高了产品的卫生安全水平。

(2) 设备和技术

1) 奶瓶消毒器：消费者在使用奶瓶时，需要经常进行消毒，以保证宝宝的健康。现在市场上出现了各种型号的奶瓶消毒器，可以采用不同的消毒方式，包括紫外线消毒、高温蒸汽消毒等，以满足消费者的不同需求。

2) 奶瓶温奶器：在喂养宝宝时，温度是非常重要的因素。现在市场上出现了各种型号的奶瓶温奶器，可以根据不同的奶瓶材质和奶量进行智能调节，可以快速又均匀地加热奶瓶，方便了家长的喂养。

3) 奶瓶储存袋：对于需要外出的家庭来说，奶瓶的储存是一个问题。现在市场上出现了各种型号的奶瓶储存袋，可以方便地存储奶瓶和奶粉，而且保温性能较好。

4) 智能奶瓶：随着智能家居和物联网技术的发展，现在市场上也出现了智能奶瓶。智能奶瓶可以通过手机 APP 来控制喂养时间和喂养量，还可以通过传感器检测奶瓶的温度和重量，方便家长进行喂养管理。

在技术方面，现在的奶瓶也不再是单纯的塑料或玻璃材质，还出现了各种新型材料，例如不含 BPA 的环保材料、防摔防烫的硅胶材质、抗菌的银离子材质等等。这些材料的应用使得奶瓶更加安全可靠，并且增加了奶瓶的使用寿命和舒适度。

3. 婴儿推车行业 随着人们对婴儿产品品质和安全的关注度越来越高，中国婴儿推车行业在创新设计和技术方面与材质和安全性方面也出现了一些新的发展。

(1) 创新设计和技术

1) 创新设计：许多国内婴儿推车品牌开始注重产品的外观设计和细节，通过运用新材料和先进技术，开发出更轻便、更易携带、更易操作的推车，更好地满足消费者的需求。

2) 人性化设计：除了外观，许多婴儿推车品牌还在产品设计中融入了更多的人性化元素，例如多功能的转换设计、可调节的推柄高度、防晒、透气、防水等功能，更好地满足消费者对婴儿推车的需求。

3) 技术升级：近年来，许多国内婴儿推车品牌开始引入先进的技术，例如智能感应系统、高端底盘、气囊减震系统等，提升产品的性能和使用体验。

4) 生态材料：随着环保意识的提高，许多国内婴儿推车品牌开始采用更环保的材料，例如有机棉、竹纤维、可降解材料等，以更好地保护环境和婴儿的健康。

5) 产业协同：除了品牌之间的竞争，越来越多的国内婴儿推车企业开始注重产业协同，通过产业链上下游的协作，整合资源，提高效率和产品质量，共同推动中国婴儿推车行业的发展。

(2) 材质和安全性：近年来，中国婴儿推车行业在材质和安全性方面也取得了很大的进步。一方面，越来越多的厂商开始采用高质量、环保的材料来制造婴儿推车，例如优质的铝合金、碳纤维等轻质材质。这些材料具有轻便、结实、耐腐蚀、易清洗等优点，能够极大程度地提高推车的使用寿命和安全性。同时，一些厂商还在推广可持续发展理念，采用再生材料和环保材料来制造婴儿推车，降低了对环境的影响。

另一方面，为了提高婴儿推车的安全性能，中国的厂商也在不断加强推车的安全设计和测试。例如，一些婴儿推车厂商开始引进欧美的安全标准，改进产品设计和生产工艺。同时，国家质量监督检验检疫总局也颁布了多项关于婴儿推车产品的强制性国家标准，规范了婴儿推车的设计、生产、测试、销售等各个环节。这些措施有效地提高了婴儿推车的安全性和质量，并且得到了消费者的广泛认可。

(三) 发展趋势

随着中国家庭经济水平和生活水平的不断提高，人们对儿童保健用品的需求也越来越高。从纸尿裤、奶粉、婴儿车到儿童床等，儿童保健用品已经成为中国消费市场中一个重要的细分市场。未来，儿童保健用品行业的发展趋势将会呈现为以下几个方面。

1. 品牌竞争加剧 儿童保健用品市场竞争越来越激烈，品牌之间的差距逐渐缩小，国际品牌和本土品牌之间的竞争也逐渐激烈起来。未来，品牌在产品质量、服务水平、创新能力等方面的竞争将会成为关键因素。

2. 科技创新和智能化趋势 随着科技的发展，儿童保健用品行业也在不断探索新的技术应用。未来，智能儿童保健用品将会成为发展趋势，例如可穿戴设备、智能监控系统等。同时，科技创新也将带来更加高效、环保、健康的产品。

3. 环保意识不断提高 在当前环保意识日益提高的情况下，儿童保健用品行业也应该向环保、可持续发展的方向发展。未来，消费者将更加关注产品环保性和可循环利用性等问题。行业应该推出更多环保、可循环利用的产品，同时推动整个行业可持续发展。

4. 多元化产品和定制化服务 消费者对于儿童保健用品的需求不断变化，行业应该提供更加多元化、定制化的产品和服务，例如根据不同年龄段儿童的需求推出不同的产品、根据消费者需求提供定制化服务等。

5. 健康概念日益普及 随着人们健康意识的不断提高，健康成为消费者选购儿童保健用品的重要考虑因素之一。未来，儿童保健用品行业将会更加注重产品的健康性、安全性、科学性，例如推出无添加、天然、有机的产品，同时行业也需要推动儿童保健知识的普及，帮助消费者更好地了解儿童健康和养育。

6. 智慧物流和供应链管理　随着物流和供应链管理技术的不断发展，未来儿童保健用品行业也将会面临智慧物流和供应链管理的挑战和机遇。例如，通过物流数据分析和智能化管理，提高供应链的效率和精度，同时降低物流成本，提高用户体验。

第三节　中国保健用品行业发展趋势

中国保健用品行业的发展可以追溯到20世纪80年代，最初是以传统草药、中草药饮品等为主。20世纪90年代以后，随着经济的快速发展和人们健康意识的提高，保健用品市场逐渐扩大，保健用品市场进入快速发展阶段。21世纪初，保健用品市场进入高速增长期，保健用品种类也逐渐增多，包括保健食品、保健器械、保健用品等。

一、保健用品行业发展趋势分析

随着经济的发展、生活水平的不断提高，人们对健康的重视程度日渐提高，传统观念里"有病就上医院去看病"已经逐渐被"在没有生病的时候就要注意"所替代。国务院办公厅印发的《"十四五"国民健康规划》指出，"十四五"时期卫生健康工作坚持以习近平新时代中国特色社会主义思想为指导，把人民群众生命安全和身体健康放在第一位，全面推进健康中国建设，加快实施健康中国行动，深化医药卫生体制改革，持续推动发展方式从"以治病为中心"转变为"以人民健康为中心"，为群众提供全方位全周期健康服务。而保健用品作为预防疾病发生及进一步发展的手段之一，将借此发挥更大的作用。

（一）人口结构改变带来的巨大市场需求

未来几十年内，中国人口将逐渐趋于稳定，目前的人口总量已经超过14亿，预计到2030年左右将达到峰值，然后逐渐趋于稳定。与此同时，伴随着老龄化加剧、生育率下降和医疗水平提高，中国老年人口比例逐渐增加（图15-8）。

预计到2050年左右，65岁及以上的老年人口将占到总人口的三分之一左右。老龄化加剧意味着老年人口的比例增加，同时也意味着社会面临着一系列挑战和机遇。

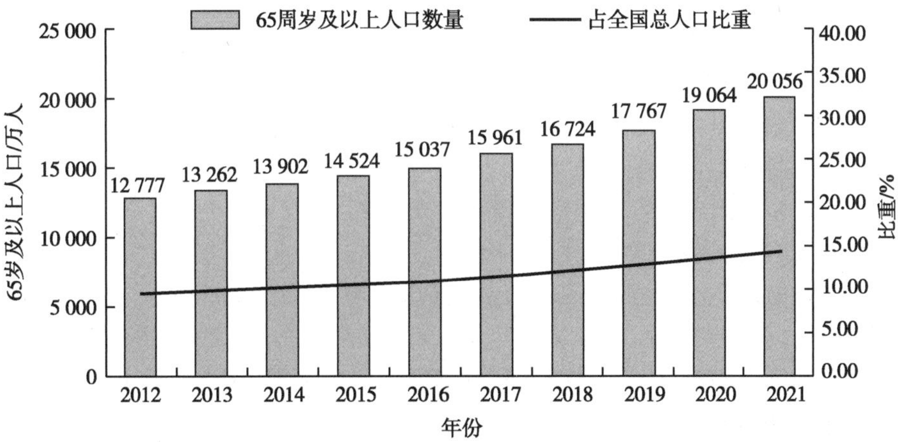

图15-8　2012—2021年全国65周岁及以上老年人口数量及占全国总人口比重

资料来源：卫生健康委网站，2021年度国家老龄事业发展公报。

老年人随着年龄的增长，身体机能逐渐下降，各种慢性病的发病率开始升高，需要更多的医疗和社会支持。此外，老年人口的比例升高，市场上劳动力数量和比例降低，劳动力市场需求旺盛，老年人的子女因为工作问题，时间和精力上都无法照顾老年人。因此，为了自身健康和减轻子女负担，越来越多的老年人会选择进行自我的健康管理：通过改变不良的生活习惯，进行适度锻炼，佩戴智能健康管理设备或使用保健用品等来保持健康。同时，人口红利消失，城市化程度不断提高。伴随着生活方式的改变，城市中，尤其是人口密集的超大型城市，生活节奏的加快给人们生理和心理上都带来了巨大的压力和冲击。一方面，工作强度升高，大大增加了伴随而来疾病和意外发生的风险；另一方面，长期的快节奏生活导致人体健康状况长期处于亚健康状态，各类慢性疾病发生的潜在风险增加。相比于去医院挂号看病，人们对于在疾病和意外发生前就进行预防控制的接受度更高。上述两点都是未来保健用品巨大市场的保证。2013—2023 年中国保健品行业市场规模统计及预测见图 15-9。

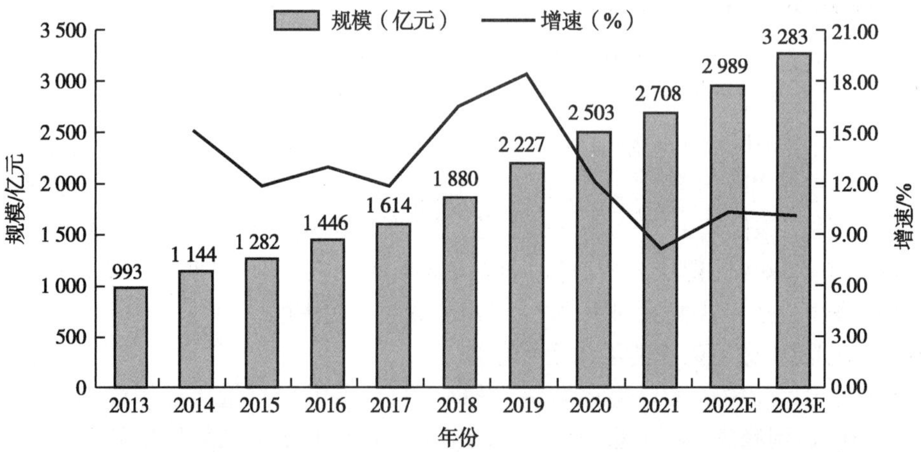

图 15-9 2013—2023 年中国保健品行业市场规模统计及预测

注：2022E、2023E 表示 2022 年和 2023 年为预测结果。

资料来源：2022 年中国保健品行业市场规模及头部企业分析 https://www.chyxx.com/industry/1108738.html.

（二）科技创新进步带来的智能个性服务

从 2019 年 5G 正式开始商用，到今年的人工智能掀起巨大浪潮，科技创新发展对生活中方方面面的影响从原来的“润物细无声”到如今的“不鸣则已，一鸣惊人”，时间沉淀的量变最终促成了科技成果的质变。人类发展的历史已经证明，科技引领着生活方式的改变，保健用品业要从原来固有的发展思维和模式中跳出来，搭乘科技的“快车”。以常见的健身器为例，过去的健身器只是单纯的仪器，人们使用它一段时间后，得到的反馈仅仅只是做了几组训练或者是锻炼了多久，无法得到直观的数据和锻炼效果的评价。当借助智能芯片和智能手机之后，人们在锻炼后，从智能手机上就能得到锻炼期间身体的各项数据变化，直观的数据呈现有利于人们对自己锻炼强度和身体耐受度的判断，大大降低由于错误判断和超量锻炼带来运动伤害的风险。除了智能化，随着人们对个性化和定制化需求的增加，保健用品行业将更加注重为不同人群提供个性化的保健产品。这些产品将会根据不同人的需求和生活习惯量身定制，更加符合消费者的需求。

(三)规范有序发展带来的良性持续循环

作为一个新兴产业,并且未来具有巨大的市场需求和潜力,保健用品产业的发展必须受到政府和企业的双重约束,只有政府和企业的共同合作,才能确保它的规范有序和良性可持续发展。首先,作为政府必须加强监管,出台有针对性的、具体细致的法律法规,对于各种违反市场竞争规则和破坏市场良性发展的行为从重从严处罚,做到零容忍。公平有序的竞争环境是产业健康发展的保证,要确保产业可持续发展,维护企业的合法权益,就要保护企业的知识产权,鼓励企业转变传统发展方式,提高核心竞争力,拥有专有的专利、技术,坚决遏制不利于企业健康发展的无序竞争;对于涉及质量、安全性、有效性的标准,要反复多次进行试验和论证,这不仅关乎当前消费者的生命健康安全,还是未来产业能否长期发展的重要前提和保证。与此同时,作为企业,应该自觉遵守相关法律法规,遵循市场规则,推行良性竞争,建立健全的内部管理制度,并加强对员工的教育和培训,以提高员工的法律意识和职业道德。要确保产品的质量、安全性和有效性,对消费者的利益和健康负责,这也有利于企业的长久发展。

此外,政府和企业还应该共同注重维护消费者合法权益,这也应成为社会共识。消费者维权意识不断增强,政府和企业要重视消费者的合理诉求,维护消费者的合法权益,淘汰不规范的企业,行业内将逐渐以口碑好、产品有特色的较大规模企业为主,形成“良币驱逐劣币”的良好行业氛围。

二、推动保健用品行业未来发展的对策

保健用品行业是一个庞大的行业,包括了多种类型的产品,如保健食品、保健用品、保健器械等。随着人们对健康生活的关注度不断提高,保健用品行业未来发展前景广阔。结合国外发展趋势可以为我国未来发展提供思路与方向。

(一)国外保健用品行业发展趋势

1. 面向高端市场 随着经济的发展和人们健康意识的提高,国外保健用品行业更加关注高端市场,开发更具科技含量的高端产品,如智能健康产品、高端保健器械等。同时,高端市场也能够为保健用品行业提供更高的利润和更好的品牌效益。

2. 个性化定制化产品 国外人们对个性化和定制化需求旺盛,国外保健用品行业更加注重为不同人群提供个性化的保健产品。这些产品将会根据不同人的需求和生活习惯量身定制,更加符合消费者的需求。

3. 智能化产品 由于人工智能技术的发展处于领先地位,国外保健用品行业会推出更多智能化产品,如智能穿戴设备、智能健康管理系统等。这些产品可以更加有效地帮助人们监测健康状况,提供个性化的健康管理建议。

(二)推动我国保健用品行业发展的对策

国外保健用品行业由于起步时间早,已经形成了较为清晰的未来发展趋势,为我国保健用品产业发展提供了新的思路与方向。结合我国国情,尝试融合国外发展趋势中的优势,借助“政产学研资用”模式,联合政府部门、企业单位、高校和研究机构等重点着力于科技创新、市场的开拓维护和管理、产品的研发推广、中医药特色有机结合方面共同助力保健用品行业的发展。

1. 推动科技创新 政府部门要加大对保健用品行业科技创新的投入,支持企业进行技术创新、新产品研发等,建立专门的科技创新基地,提供相关技术、人才、资金及政策支持。

企业单位应当加强自主创新能力，加大研发投入，拓展技术应用领域，加强与高校、研究机构的合作，共同推动保健用品行业的科技创新。作为高校、研究机构，加强科研力量，开展针对保健用品行业的基础研究和应用研究，提供技术支持和人才，形成成熟的人才培养机制。

2. 加强市场的开拓、维护和管理 目前，国内保健用品行业的监管体系还比较薄弱，行业规范化程度有待提高。加强对市场的监管，建立健全的保健用品市场准入制度，完善保健用品质量监管体系，加强对保健用品广告宣传的监管，维护市场秩序。企业需要积极响应国家的政策和法规，规范自身的生产和经营行为，提高产品的质量和安全性，提高消费者的信任度和认可度。随着国内保健用品市场的竞争加剧，品牌建设将成为保健用品企业竞争的重要手段。企业需要加强品牌建设，提高品牌知名度和信誉度，增强品牌在市场中的竞争力。发展专业化市场，如专门针对儿童、老年人、女性等人群的保健品市场，满足不同消费者的需求，提高市场细分化程度，增强市场竞争力。开拓国内外市场，随着国内市场的饱和，国内保健用品行业需要寻求海外市场的拓展，拓宽销售渠道和增加企业收入。企业需要更加了解海外市场的需求和消费习惯，开发适合海外市场的产品。高校、研究机构要开展市场调研，研究消费者需求和市场趋势，为企业提供市场分析和预测，提供营销策略和推广方案。

3. 加大产品研发推广力度 加大对保健用品行业的研发投入，推动中医药与现代科技相结合，建立和完善保健用品行业技术创新和产品研发体系。注重产品研发，推出更具科技含量、更符合消费者需求的保健产品，提高产品品质，国内保健用品行业面临着产品品质参差不齐的问题，需要更加注重产品质量的提高。加强产品推广和营销，提高产品的市场占有率。开展保健用品行业相关的研究和开发，提供技术支持和创新方案，推动保健用品行业的产品研发和推广。

4. 中医药的有机结合 出台相关政策措施支持中医药的发展，加强中药材种植、提取和加工等环节的监管，促进中药材产业和中药制剂产业的发展，为保健用品行业提供更多的中药材和中药制剂资源。注重中药与现代科技的有机结合，研发和推广具有中医药特色的保健用品，加强中药制剂生产技术的研发和应用，提高产品的质量和安全性。加强中医药研究，开展中药的药理学、化学成分研究，为保健用品行业提供中药材、中药制剂和中医药研发的技术支持和创新方案。

总体来说，借助“政产学研资用”模式，共同推动保健用品行业的未来发展，实现面向全人群、全方位、全周期的健康保障，促进保健用品行业的可持续发展。

案例：

保健用品里的新兴公司YY集团

（一）成立背景

YY集团成立于1985年，最初是一家小型医疗器械制造企业，主要生产一些简单的医疗器械，如口罩和一次性注射器等。公司的创始人刘某某是一名医生，他深刻感受到医疗器械对于诊断和治疗的重要性，同时也看到了当时中国医疗器械行业的薄弱和不足。因此，他决定创立一家医疗器械制造企业，以满足中国医疗市场对于高质量医疗器械的需求。

（二）产品发展

YY 集团是一家专注于医疗器械研发、生产和销售的企业，其产品线覆盖了多个领域，包括心血管、呼吸、口腔、妇科、康复辅具等。在产品的研发和生产过程中，YY 集团注重技术创新和质量控制，致力于提供高品质、高性能的产品和服务。YY 集团知名产品包括以下几种。

（1）血糖仪：YY 血糖仪是一种便携式血糖监测仪器，可以帮助糖尿病患者监测血糖水平。YY 血糖仪采用尖端光学技术，准确度高，使用方便，备受糖尿病患者的喜爱。

（2）压缩鼻腔清洗器：YY 压缩鼻腔清洗器是一种治疗鼻炎、鼻窦炎等疾病的医疗器械。其采用压缩空气技术，通过鼻子喷洒药物，清洗鼻腔，能够有效缓解鼻部症状。

（3）智能手环：YY 智能手环是一款智能穿戴设备，可以监测用户的运动量、睡眠质量、心率等健康数据。手环通过与用户手机相连，可以记录用户的步数、运动轨迹等信息，并根据用户的运动数据为用户提供健康建议和运动计划。

（4）眼部按摩仪：这是一款通过微电流按摩眼部、缓解眼疲劳的产品。该按摩仪可以帮助改善眼部血液循环，减轻眼部疲劳和眼袋、黑眼圈等问题。它还适用于干眼症、近视等眼部问题，是一款非常实用的家庭保健产品。

（5）背部按摩垫：这是一款适用于家庭和办公室的按摩器具，可以帮助缓解背部酸痛、僵硬等问题。该按摩垫通过内置的振动和加热模块，可以模拟专业的按摩技术，帮助促进血液循环，缓解肌肉疲劳。这款按摩垫使用方便，适合久坐或长时间站立的人士使用，是一款非常实用的健康产品。

YY 集团生产的产品种类广泛，从家用保健品到专业医疗器械都有涉及。集团在产品研发和创新方面一直保持着领先地位，不断推出新产品、改进现有产品，为用户提供更加优质的产品和服务。

（三）品牌发展

在品牌发展方面，集团一直秉持着“关注健康、呵护生命”的企业使命和价值观，并始终致力于创新、发展和提升品质，为用户提供更好的健康产品和服务。2002 年，集团开始了快速扩张，逐步向家庭保健、健身器材等领域拓展。同时，集团加强了品牌推广和宣传，提高了品牌知名度和美誉度。

2008 年，集团成立了专业的研发中心和营销中心，开始专注于医疗器械和家庭保健产品的研发、生产和销售。此时，集团的产品开始具备更高的技术含量和专业性，品牌影响力和市场占有率也进一步提高。

（四）国际化战略

2012 年，集团开始向国际市场拓展，建立了全球营销网络和分支机构，产品销售网络覆盖全球多个国家和地区。集团在国际市场拓展过程中，积极建立了全球销售网络和分支机构，覆盖全球多个国家和地区，包括欧洲、北美、南美、非洲、中东和亚洲等地。集团注重对当地市场和文化的了解，采取针对性的宣传策略，通过建立全球销售网络，能够更好地了解各地消费者需求，并吸引当地消费者，提供更符合当地市场需求的产品和服务。

集团经常参加国际医疗器械展会，如德国杜塞尔多夫展会、美国拉斯维加斯展会等。通过参展，集团可以与全球医疗器械企业和专业人士交流，了解最新的技术和市场趋势，并展示公司的产品和技术实力。与此同时，集团与国际知名企业进行合作，共同开发新产品和技术，并通过合作共享资源和知识，提高公司的技术实力和市场竞争力。

除了医疗器械领域，集团还开始向其他领域拓展，如医药、健康食品、家庭保健等领域。通过拓展业务，集团能够更好地满足全球消费者对健康产品的需求，提高公司的国际市场竞争力。

（陈雅婷　赵国森　倪艺超）

参考文献

[1] 刘建书，李雪梅. 保健用品研究指南[M]. 陕西：西安出版社，2002：2-3.

[2] 金银龙. 保健用品定义和分类方法初探[J]. 中国卫生监督，1997，4（1）：2.

[3] 韩良峰，黄宝怀，祝刚，等. 保健用品的发展、管理与“2000年人人享有卫生保健目标”[J]. 河南预防医学杂志，1994（05）：283-285.

[4] 杨绍丽. 2022年中国康复医疗器械行业全景速览：多方利好助力行业发展，康复医疗器械市场前景广阔[EB/OL].（2023-03-27）[2023-04-26]. https://www.chyxx.com/industry/1139556.htm.

[5] 林小力，仇依宸，蔡泽莹. 老龄化背景下城市老年群体消费现状及影响因素研究：以保健品消费为例[J]. 商展经济，2023（5）：91-94.

[6] 管小红. 2021年中国美容仪行业发展历程、销售现状及未来发展趋势：线上销售量额齐超线下，市场呈高端化发展趋势[EB/OL].（2022-04-18）[2023-04-26]. https://www.chyxx.com/industry/1105369.html.

[7] 周博宇，孙兰，隋自洁，等. 中国保健用品的发展现状[J]. 中国卫生工程学，2022，21（03）：526-528.

[8] 陈寿，赵瑞丽，王鑫，等. 化妆品行业的数字化转型之路[J]. 中国化妆品，2022（3）：119-123.

[9] 艾瑞咨询. 2022年中国婴儿纸尿裤消费白皮书[EB/OL].（2022-07-04）[2023-04-26]. https://report.iresearch.cn/report/202207/4020.shtml.

[10] 王密. 2021年中国出生人口、奶瓶零售额及发展趋势分析[EB/OL].（2022-06-24）[2023-04-26]. https://www.chyxx.com/industry/1113835.html.

[11] 王密. 2021年中国婴儿纸尿裤行业现状及趋势分析：国产品牌强势突围[EB/OL].（2021-12-09）[2023-04-26]. https://www.chyxx.com/industry/202112/98892.

[12] 国务院办公厅. 关于印发“十四五”国民健康规划的通知：国办发〔2022〕11号[A/OL].（2022-04-27）[2023-04-26]. https://www.gov.cn/zhengce/zhengceku/2022-05/20/content_5691424.htm.

[13] 王贵东. 二孩政策及延迟退休下的中国人口结构测算：2015—2050年[J]. 人口与发展，2019，25（04）：2-10，77.

第十六章　保 健 食 品

后疫情时代，健康的重要性更加深入人心。国民健康意识和居民消费力逐渐增强，健康保健相关产品市场需求的增长显著提速。近年来国家大健康政策逐年利好，保健食品行业已列入国家发展规划。未来，保健食品企业应顺应时代发展趋势，创新推出多元化产品，以高质量服务守护人民美好生活，更好地促进保健食品产业的可持续化发展，助力“健康中国”建设。

第一节　保健食品行业相关概述

一、概述

（一）保健食品原料目录

为进一步推进保健食品备案工作，根据《中华人民共和国食品安全法》《保健食品注册与备案管理办法》和食品安全国家标准等规定，国家市场监督管理总局组织制修订了《保健食品原料目录　营养素补充剂（2022 年版）（征求意见稿）》《允许保健食品声称的保健功能目录　营养素补充剂（2022 年版）（征求意见稿）》和《保健食品原料目录　蛋白质（征求意见稿）》。保健食品原料目录营养素补充剂共包括 24 类 86 种，蛋白质原料包括大豆分离蛋白和乳清蛋白 2 种。在此次修订中保健食品原料目录增加纳入了大豆分离蛋白、乳清蛋白 2 种为功能性保健食品的原料，增加纳入了 DHA、酪蛋白磷酸肽 + 钙、四氢叶酸钙和四氢叶酸、氨基葡萄糖盐 4 种为营养素补充剂的原料。与此同时，市场监管总局组织制修订了人参、西洋参、灵芝三种保健食品原料目录（征求意见稿），对三种原料的用量范围、适宜人群、功效、注意事项以及技术要求都进行了明确规定。营养素补充剂保健功能目录对 15 种保健功能进行了释义，保健功能释义按照现行的 GB 28050—2011《食品安全国家标准　预包装食品营养标签通则》附录 D 内容进行标注；保健食品标签中可使用释义中相应的一条或多条营养成分功能声称标准用语，其中钾、锰、硒、铜、生物素、胆碱、维生素 K、β- 胡萝卜素、n-3 多不饱和脂肪酸这 9 种营养素目前没有给出细化的保健功能释义。

（二）保健食品功能目录

国家市场监督管理总局会同国家卫生健康委、国家中医药管理局根据《中华人民共和国食品安全法》《保健食品原料目录和保健功能目录管理办法》（以下简称《目录管理办法》）制定了《允许保健食品声称的保健功能目录　非营养素补充剂（2022 年版）》（以下简称《功能目录》）及配套文件。目前保健功能目录保留了 24 种保健功能，包括增强免疫力、抗氧化等，相关表述都进行了相应调整和规范，配套文件也对这 24 种保健功能均进行了详细的释义。促进泌乳、改善生长发育、改善皮肤油分这 3 项与现有保健功能定位不符的保健功能被取消，同时抑制肿瘤、辅助抑制肿瘤、抗突变、延缓衰老 4 项保健功能已不再受理审批。而对于已批准的尚未取消也未纳入保健功能目录的保健功能，根据新旧保健功能声称衔接和最新评价要求进行转化；不能转化的，根据《目录管理办法》向审评机构提出拟纳入或者调整保健功能目录的建议，符合要求的纳入或者调整《功能目录》。保健功能自公告发布之日起 5 年后仍未被纳入《功能目录》的保健食品则不得生产销售。

为落实企业研发主体责任，充分发挥社会资源科研优势，提高功能评价方法的科学性和企业开展保健功能基础研究的积极性，提高保健功能目录制定质量和效率，依据《目录管理办法》，在科学研究论证的基础上任何个人、企业、科研机构和社会团体均可提出纳入或调整保健功能目录的建议。主管部门按程序要求组织审查、公开论证，符合要求就可以纳入或调整功能目录。2022 年版原料目录详见表 16-1。

表 16-1 允许保健食品声称的保健功能目录 非营养补充剂（2022 年版）

序号	保健功能目录	序号	保健功能目录
1	有助于增强免疫力	13	有助于改善黄褐斑
2	有助于抗氧化	14	有助于改善皮肤水分状况
3	辅助改善记忆	15	有助于调节肠道菌群
4	缓解视觉疲劳	16	有助于消化
5	清咽润喉	17	有助于润肠通便
6	有助于改善睡眠	18	辅助保护胃黏膜
7	缓解体力疲劳	19	有助于维持血脂（胆固醇 / 甘油三酯）健康水平
8	耐缺氧	20	有助于维持血糖健康水平
9	有助于控制体内脂肪	21	有助于维持血压健康水平
10	有助于改善骨密度	22	对化学性肝损伤有辅助保护作用
11	改善缺铁性贫血	23	对电离辐射危害有辅助保护作用
12	有助于改善痤疮	24	有助于排铅

（三）保健食品功能检验与评价方法及技术指导原则

《保健食品功能检验与评价技术指导原则（2022 年版）》明确了保健食品功能学评价的基本原则，用于保健食品功能检验与评价，包括保健食品的动物学功能评价和人体试食评价。其中保健功能声称有助于增强免疫力、抗氧化、辅助改善记忆、缓解体力疲劳、耐缺氧、控制体内脂肪、维持血脂（胆固醇 / 甘油三酯）健康水平、对电离辐射危害有辅助保护作用 8 种的，需重做或补做功能学试验项目。保健功能检验与评价应符合《保健食品功能检验与评价技术指导原则（2022 年版）》。

《保健食品功能检验与评价方法（2022 年版）》为保健功能目录中 24 种保健功能配套的检验与评价方法。评价方法中详细阐述了每种保健功能的保健食品所需要开展的评价试验项目、试验原则及结果判定。但是保健功能检验与评价方法仅作为推荐性方法，不作为强制性方法。对于已纳入《功能目录》的保健功能，在科学研究论证的基础上任何个人、企业、科研机构及社会团体均可以提出新的功能评价方法，参照功能目录的纳入程序，认可作为功能评价推荐性方法后，可供注册使用。

二、发展环境分析

（一）政策环境分析

近几年国家陆续出台了《“健康中国 2030”规划纲要》《“十四五”国民健康规划》等多项政策，提出“以人民健康为中心”，对包括保健食品在内的大健康产业形成了最有力支撑，保健食品行业受到各级政府的高度重视和国家产业政策的重点支持（表 16-2、表 16-3）。国家推进“放管服”改革，逐步优化营商环境，激发市场主体活力和发展动力。此外，国家不断加大监管力度，持续规范保健食品市场经营秩序。每年两会期间都会有多位代表委员关注保健食品行业的发展，提出相关建议，例如整治保健食品欺诈和虚假宣传。据统计，在 2022 年的全国两会上，国家市场监管总局回复代表及委员的建议和提案共 82 件，与保健食品相关的共 8 件。国家卫健委回复代表及委员的建议和提案共 88 件，与保健食品和新食品原料相关的共有 4 件。在 2023 年的全国两会上，全国人大代表卢庆国提出了 4 份建议，主要涉及中药产业高质量发展、保健食品行业、科技创新等领域。

表 16-2　2021—2023 年保健食品行业法律法规及相关政策

名称	发文单位	政策要点	发布时间
《保健食品原料目录 营养素补充剂（2022 年版）（征求意见稿）》	国家市场监督管理总局	对营养素补充剂的保健食品原料种类进行规定	2021 年 12 月
《允许保健食品声称的保健功能目录 营养素补充剂（2022 年版）（征求意见稿）》	国家市场监督管理总局	对营养素补充剂允许声称的保健功能进行了说明	2021 年 12 月
《保健食品原料目录 蛋白质（征求意见稿）》	国家市场监督管理总局	对蛋白质的保健食品原料种类进行规定	2021 年 12 月
《关于发布允许保健食品声称的保健功能目录 非营养素补充剂（2022 年版）及配套文件的公告（征求意见稿）》	国家市场监督管理总局	对非营养素补充剂允许声称的保健功能进行了说明，同时发布的保健食品功能检验与评价方法、评价技术指导原则可以为保健食品研发生产提供技术指导	2022 年 1 月
《保健食品功能声称释义（2022 年版）（征求意见稿）》等	国家市场监督管理总局	为保健食品制定一套明晰的概念声称体系和遵照标准。随着法律法规的日趋完善，整个行业朝更加有序、健康的方向发展	2022 年 1 月
《市场监管总局关于加强保健食品标志管理的公告（征求意见稿）》	国家市场监督管理总局	为进一步贯彻落实“四个最严”要求，规范保健食品标志管理，维护消费者合法权益	2022 年 3 月
《市场监管总局关于加强保健食品标志管理的公告》公开征求意见的反馈	国家市场监督管理总局	将有关情况说明，意见 60 条，主要集中在《公告》中保健食品标志宽高比例、印刷颜色等方面。经充分研究、论证，部分采纳相关意见和建议	2022 年 6 月

续表

名称	发文单位	政策要点	发布时间
《市场监管总局关于公开征求〈保健食品新功能技术评价实施细则(试行)(征求意见稿)〉意见的公告》	国家市场监督管理总局	规范保健食品新功能的技术评价工作	2022年8月
《市场监管总局关于公开征求人参等三种保健食品原料目录(征求意见稿)意见的公告》	国家市场监督管理总局	为进一步推进保健食品备案工作	2022年10月

表16-3 2019—2023年健康产业相关政策

名称	发文单位	保健食品相关政策要点	发布时间
《健康中国行动(2019—2030年)》	国务院	围绕疾病预防和健康促进两大核心，提出将开展15个重大专项行动，促进以治病为中心向以人民健康为中心转变，努力使群众不生病、少生病	2019年7月
《中华人民共和国基本医疗卫生与健康促进法》	全国人民代表大会常务委员会	国家和社会尊重、保护公民的健康权。国家建立营养状况监测制度，实施经济欠发达地区、重点人群营养干预计划，开展未成年人和老年人营养改善行动，倡导健康饮食习惯，减少不健康饮食引起的疾病风险	2019年12月
《推进中医药高质量融入共建"一带一路"发展规划(2021—2025)》	国家中医药管理局	推动中药类产品以药品、保健品、特殊医院用途配方食品等多种方式在共建"一带一路"国家开展注册	2022年1月
《"十四五"国家老龄事业发展和养老服务体系规划》	国务院	养老服务供给不断扩大，老年健康支撑体系更加健全，为老服务多业态创新融合发展，要素保障能力持续增强，社会环境更加适老宜居	2022年2月
《健康中国行动推进委员会关于印发健康中国行动2021—2022年考核实施方案的通知》	国家卫生健康委员会	强化省级党委和政府全面推进健康中国建设主体责任，推动各地健全完善组织推进机制，加大健康中国行动实施力度，加快把健康融入所有政策，形成"大卫生、大健康"工作格局，确保健康中国行动各项任务有效落实、主要目标指标如期实现	2022年2月
《"十四五"中医药发展规划》	国务院办公厅	融预防保健、疾病治疗和康复于一体的中医药服务体系逐步健全，中医药基层服务能力持续提升。丰富中医药健康产品供给。以保健食品、特殊医学用途配方食品、功能性化妆品、日化产品为重点，研发中医药健康产品	2022年3月

续表

名称	发文单位	保健食品相关政策要点	发布时间
《国家卫生健康委关于印发贯彻2021—2030年中国妇女儿童发展纲要实施方案的通知》	国家卫生健康委员会	加强母乳代用品管理，完善食品安全标准体系。开展儿童生长发育监测和评价，加强运动指导和知识普及，促进吃动平衡，预防和减少儿童超重和肥胖	2022年4月
《国务院办公厅关于印发"十四五"国民健康规划的通知》	国务院办公厅	全面推进健康中国建设，实施积极应对人口老龄化国家战略，加快实施健康中国行动，深化医药卫生体制改革，持续推动发展方式从以治病为中心转变为以人民健康为中心，为群众提供全方位全周期健康服务，不断提高人民健康水平	2022年5月
《关于开展健康中国行动中医药健康促进专项活动的通知》	健康中国行动推进办、国家卫生健康委办公厅、国家中医药局办公室	为贯彻落实《中共中央 国务院关于促进中医药传承创新发展的意见》《国务院关于实施健康中国行动的意见》等要求，在健康中国行动中进一步发挥中医药作用	2022年9月
《健康中国行动推进委员会办公室关于印发健康中国行动2023年工作要点的通知》	国家卫生健康委员会	为全面贯彻党的二十大精神，认真落实《国务院关于实施健康中国行动的意见》《国务院办公厅关于印发健康中国行动组织实施和考核方案的通知》《健康中国行动（2019—2030年）》等要求，进一步推动健康中国行动有关工作落实落地	2023年3月

（二）社会环境分析

历经三年的新冠疫情防控，大家深刻意识到健康的重要性。后疫情时代，随着国民人口老龄化、健康理念兴起、消费升级和"三孩政策"的放开，保健食品市场作为大健康产业的重要组成部分，已显现出巨大的增长潜力。不少消费者对于保健食品的消费需求猛增，直销、电商等渠道的保健品销量都迎来了增长，部分品牌的产品甚至出现了断货的情况。据《2022年电商保健品年度报告》，中国保健品电商市场持续强劲增长，销售额达835亿，同比增长34%。疫情的放开也在利好直销企业，据统计，2022年中国拿牌直销企业总体业绩在1 000亿元左右。《2022全家营养第四餐消费趋势洞察》显示，保健食品是很多消费者三餐之外的"第四餐"，即每天补充保健营养品，已经从个人健康管理演变到全家守护。比如说，从备孕及孕期的叶酸、DHA、维生素、蛋白质等，到婴幼儿的乳铁蛋白、益生菌、叶黄素、钙铁锌等，再到青少年的DHA、胡萝卜素、益生菌等，以及中青年的维生素、花青素等等，还有银发老年人的辅酶Q10、胶原蛋白、深海鱼油等，种类多种多样。

（三）经济环境分析

随着国民生活水平和消费意识不断提高，生活环境及生活方式发生巨大变化，人们对生活质量的追求日益提高，对自身的健康也日益关注，愿意将更多的支出用于自身的医疗保健投入，这将推动整个营养保健食品行业的持续健康发展。国家统计局数据显示，2018—2022年我国居民人均可支配收入总体呈稳定增长的态势（图16-1）。近年来国家也相继推出了支持大健康领域发展壮大的多重举措，《“健康中国 2030”规划纲要》提出健康中国“三步走”的目标，实现健康产业规模显著扩大，建立起体系完整、结构优化的健康产业体系，形成一批具有较强创新能力和国际竞争力的大型企业，成为国民经济支柱性产业，2030 年健康服务业总规模达到 16 万亿元的指标，这些政策举措为营养健康食品市场的发展提供了保证。

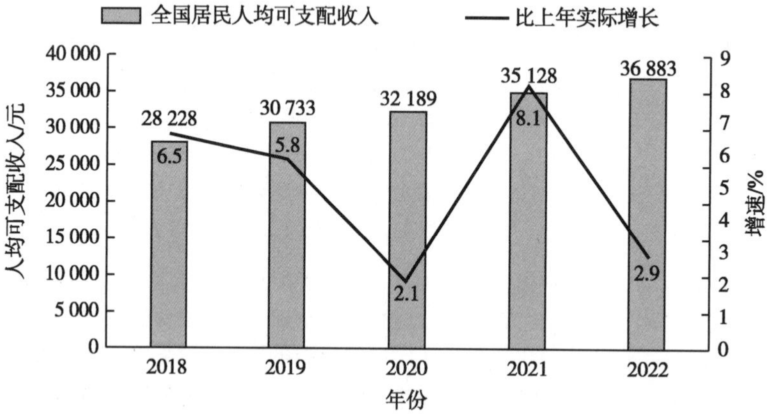

图 16-1　2018—2022 年全国居民人均可支配收入及其增长速度

数据来源：国家统计局。

第二节　保健食品行业发展现状

一、保健食品市场分析

（一）保健食品注册备案情况

通过查询国家市场监督管理总局数据库，对已经注册 / 备案批准的保健食品进行统计。自 2016 年 7 月《保健食品注册与备案管理办法》出台后，2017 年到 2023 年 4 月，我国共批准国产保健食品备案品种 13 918 个，进口保健食品备案品种 171 个；我国已获得保健食品批准证书的国产保健食品数量为 2 849 个，进口保健食品数量为 2 个；各年度分布数据详见表 16-4。

表 16-4　各年度批准保健食品总数

编号	年度	国产保健食品注册个数	进口保健食品注册个数	国产保健食品备案个数	进口保健食品备案个数
1	2017	794	2	303	5
2	2018	11	0	1 732	40
3	2019	575	0	2 301	30
4	2020	685	0	2 226	64
5	2021	276	0	2 977	22
6	2022	359	0	3 360	7
7	2023	149	0	1 019	3

数据来源：国家市场监督管理总局特殊食品查询平台。

（二）保健食品市场规模及竞争格局

1. 保健食品总市场规模　据统计，截至2021年全球消费者保健食品行业规模已达2 732.42亿美元。我国市场规模为485.36亿美元，占全球市场的17.76%，位列第二。2022年因新冠疫情影响，国内线下活动难以开展，药店进店消费严重受限，预计未来有确定性改善。另一压制因素在于消费力，保健食品一定程度上受到经济、消费力的影响，消费力的恢复仍然需要时间，但是方向转好的确定性较强。预计到2025年，我国保健食品行业还会保持每年超过6%的行业增长水平且又好又快地持续发展。虽然我国保健食品消费整体体量较大，但是全国的人均保健品消费水平仍然很低，仅是美国的1/10、日本的1/7。此外，从供给端来看，我国还是全球膳食营养补充剂产业链最为完整的国家之一，也是全球最大的原料供应者，在世界营养健康产业链中具有举足轻重的作用，这都是我国保健品行业能够蓬勃健康发展的优势之一。近年来随着营养保健食品市场的快速发展，行业整合逐渐开始，优秀企业加速扩张，行业集中度开始逐步上升，产业结构逐步优化，营养保健食品行业呈现出良好的发展态势。

2. 保健食品的市场竞争格局　传统滋补类保健食品在我国占据重要地位，国产的传统滋补类保健食品大多以中药材为主，如人参、灵芝、芦荟、花粉、鹿茸、五味子、何首乌、螺旋藻、冬虫夏草、蜂王浆、野菊花、蜂胶等，近些年来中药疗效逐渐得到人们的认可。数据显示，2021年无极限在中国传统滋补类保健品的市场份额最高，占比为5.60%，其次是东阿阿胶，占比4.90%。膳食补充剂是人体补充维生素、矿物质等营养物质的保健食品，研发和上市门槛较低，大量不同厂商生产的同质化产品在市场上激烈竞争，行业集中度较低。数据显示，2021年汤臣倍健在维生素和膳食补充剂类产品的市场份额最高，占比为10.1%，其次是纽崔莱，占比6.0%。体重管理领域的保健食品包括营养粉和混合饮料等代食产品，2021年国内市场规模达224.28亿元。美国品牌康宝莱在此领域占据绝对优势，2021年康宝莱营养在中国体重管理保健品领域占比为19.9%。运动营养类保健食品主要为健身和经常运动的人群补充运动所需的蛋白质等各类营养物质，运动营养保健食品市场规模呈现较高增速，2021年中国运动营养保健品市场规模为51.47亿元。西王食品在并购知名运动营养品牌Muscletech后，2021年市场份额占比已达到31.4%。

（三）保健食品市场品牌分析

我国保健食品企业集中分布在东部地区，广东省是2022年上半年我国保健品企业数量最多的省份，有1 875家保健品生产和供应商。广东省位于东南沿海地区，经济较为发达，消费者的保健品消费能力更强。广东省的保健品企业包括汤臣倍健、无限极、白云山等。另外，山东省的保健品企业数量仅次于广东省，为1 313家，包括东阿阿胶、百合股份、西王食品等。

就目前中国保健品市场的竞争格局来看，行业发展初期就进入市场的汤臣倍健、康宝莱等企业属于第一梯队，在市场中占据较大市场份额，其中汤臣倍健在维生素和膳食补充剂市场的市场占有率最高，而康宝莱在体重管理领域保健品市场属于龙头企业。东阿阿胶等中国“老字号”企业属于第二梯队，这类企业主要扎根于传统滋补类保健品，并在该领域占据较大市场份额。第三梯队主要为潜力较大的海外保健品品牌，例如澳佳宝、Swisses、Comvita等澳新保健品。随着互联网经济的发展和消费观念的升级，以及跨境电商等购物方式的逐渐普及，众多海外保健品品牌被大众熟知，进军中国市场。

2022年上半年汤臣倍健主营产品包括片剂、胶囊、粉剂，营业收入分别为10.83亿元、

7.97 亿元、4.39 亿元，占比分别为 25.66%、18.88%、10.4%。2022 年上半年东阿阿胶主营阿胶及系列产品、其他药品及保健品、毛驴养殖及销售，分别占营业收入的 87.30%、7.55%、3.70%。在保健食品领域，养生堂集科研、生产、销售为一体，是保健食品行业领军者。健康元 2022 年前三季度实现营业收入 130.12 亿元，净利润 11.26 亿元。2022 年上半年健康元主营产品包括化学制剂、化学原料药及中间体、中药制剂、诊断试剂及设备、保健食品，分别实现营业收入 47.99 亿元、27.72 亿元、5.14 亿元、3.46 亿元、0.55 亿元，占比分别为 56.03%、32.36%、6.00%、4.04%、0.64%。2022 年前三季度，交大昂立实现营业收入 2.64 亿元，净利润达 0.37 亿元。

（四）消费产品类型分析

新冠疫情的放开让不少消费者热衷于通过维生素、蛋白粉等保健食品满足自身的健康需求，安利、汤臣倍健等多个品牌的维生素 C 片和泡腾片持续热销，部分品牌的维生素 C 片在较短时间内就被抢购一空。随后有相关研究称新冠病毒可能存在对消化系统、眼部趋向性和心肌炎等方面较为长期性的影响，因此肠道益生菌、叶黄素和辅酶 Q10 等对症的相关保健品搜索量和销量也取得了显著的增长。直销渠道方面，无限极在 2023 年 1 月订单量暴增，个别品类超过去年同期 3 倍。2023 年大年初二开始，无限极（营口）有限公司的口服液生产车间就在持续生产相关产品以提升产品的库存，满足消费者的健康需求。

1. 维生素 C 维生素 C 是一种水溶性维生素，天然存在于某些食物中。它通常被添加到其他食物中，并可作为膳食补充剂使用，对人体生命活动不可或缺。胶原蛋白、L- 肉碱和某些神经递质的生物合成等都需要维生素 C。它也是一种重要的生理抗氧化剂，并能再生其他抗氧化剂，且在免疫功能中发挥重要作用，可改善非血红素铁（植物源铁）的吸收。维生素 C 摄入不足会导致坏血病，其特征是疲劳或疲倦、广泛的结缔组织无力和毛细血管脆弱等。

2023 年 1 月，维生素 C 保健品电商销售额为 2.67 亿，同比增长 295%。维 C 保健品的核心电商销售渠道为天猫和抖音，以天猫 24% 和抖音 23% 的分布占据了电商销售渠道的半壁江山。与此同时，汤臣倍健与同仁堂分别夺得天猫国内与抖音国内平台维生素 C 品类销售额的头筹。天猫和抖音销售额前三的头部品牌均占据了超过五成的市场份额，市场集中度较高，头部品牌竞争力较强。

2. 益生菌 益生菌是一类定植于人体肠道、生殖系统内，能产生确切健康功效从而改善宿主微生态平衡、发挥有益作用的活性有益微生物的总称。数据显示，2022 年中国益生菌行业市场中，杜邦和科汉森两家国外厂商占据大部分市场份额，占比分别约 50%、35%。在本土厂商中，市场份额排名靠前的是微康益生菌、蔚蓝生物和润盈生物三家公司，占比分别约 6.6%、4.1%、2.5%。

国内益生菌行业市场集中度非常高，2022 年 CR4 为 95.7%，CR7 达 99.8%，杜邦和科汉森两家国外厂商合计市场份额达 85%。我国益生菌行业起步晚，国内有竞争力的厂商较少，诸如微康、润盈、一然生物等头部公司尚未上市。在国内益生菌行业上市公司中，科拓生物的益生菌相关业务占比较高，达 98.22%。从业务布局区域来看，上市企业主要分布在国内华北、华东、华中等地区。

3. β- 烟酰胺单核苷酸（NMN） NMN 被称为 β- 烟酰胺单核苷酸，又称烟酰胺单核苷酸，是人体内固有的物质。因烟酰胺属于烟酸，因此 NMN 属于维生素 B 族衍生物范畴，其广泛参与人体多项生化反应，与免疫、代谢息息相关。NMN是必需分子烟酰胺腺嘌呤二核苷酸（NAD）的直接前体，被认为是提高细胞中NAD水平的关键成分。NMN参与细胞内NAD的合成。NAD是体内除水以外最丰富的分子，没有它，生物体就会死亡。有研究表明，NMN有利于保护心脏，预防糖尿病、阿尔兹海默症、肥胖，并具有抗衰老等功效。

目前我国尚未批准任何国产NMN药品、保健品或食品，目前能在国内市场合法销售的主要是进口NMN产品。国内主要是含有烟酸/烟酸胺或烟酸/烟酸胺和其他成分的复合产品，烟酸和烟酸胺结构类似，作用有相似之处。大部分企业多为原材料加工或收购海外品牌通过跨境电商销售相应商品，也有中国厂商通过境外子公司先获取其他国家批准，再通过跨境电商平台线上销售进入国内市场。

（五）产品类型百度指数分析

截至2022年年底，我国网民规模已达10.67亿，公众在互联网上的搜索会侧面反映公众的兴趣倾向和关注偏好，公众网络搜索数据已成为大数据时代了解市场偏好的宝贵资源，科学合理地进行数据挖掘可以更好地了解消费者对于保健食品的关注重点，把握行业发展未来趋势，从而及时调整营销策略。通过百度指数检索我国保健食品行业常见产品类型和保健功能，分析人群画像特征和关注差异。通过数据可以看出，新冠疫情全面放开后，维生素C、益生菌、人参和有关提升免疫力的搜索关注出现了明显的检索高峰，从侧面印证了疫情背景下我国居民对于自身健康的关注（表16-5～表16-8）。

表16-5　5种营养补充类保健食品百度指数（2022年1月—2023年5月）

关键词	搜索指数均值	主要地域分布	人群	性别分布
维生素C	12 499	广东、山东、江苏	各年龄段均有，主要在30～39岁	女：58.04%；男：41.96%
叶黄素	4 050	广东、山东、江苏	各年龄段均有，主要在20～29岁	女：49.27%；男：50.73%
蛋白粉	1 893	广东、山东、河北	各年龄段均有，主要在30～39岁	女：54.24%；男：45.76%
钙	980	广东、山东、江苏	各年龄段均有，主要在30～39岁	女：52.72%；男：47.28%
B族维生素	925	广东、山东、河南	各年龄段均有，主要在30～39岁	女：55.87%；男：44.13%

表16-6　5种功能性保健食品百度指数（2022年1月—2023年5月）

关键词	搜索指数均值	主要地域分布	人群	性别分布
褪黑素	5 609	广东、山东、江苏	各年龄段均有，主要在20～29岁	女：51.17%；男：48.83%
益生菌	3 152	广东、山东、江苏	各年龄段均有，主要在30～39岁	女：60.63%；男：39.37%

续表

关键词	搜索指数均值	主要地域分布	人群	性别分布
阿胶	2 502	广东、山东、江苏	各年龄段均有，主要在30～39岁	女：55.81%；男：44.19%
卵磷脂	1 350	广东、江苏、山东	各年龄段均有，主要在30～39岁	女：52.42%；男：47.58%
鱼油	1 265	广东、山东、江苏	各年龄段均有，主要在20～29岁	女：55.3%；男：44.7%

表 16-7 5种传统滋补类保健食品百度指数对比（2022年1月—2023年5月）

关键词	搜索指数均值	主要地域分布	人群	性别分布
石斛	6 175	广东、江苏、山东	各年龄段均有，主要为≥50岁人群	女：49%；男：51%
人参	4 113	广东、浙江、山东	各年龄段均有，主要为≥50岁人群	女：44.96%；男：55.04%
三七	2 885	广东、山东、河南	各年龄段均有，主要在20～29岁	女：48.22%；男：51.78%
虫草	2 703	广东、四川、浙江	各年龄段均有，主要在40～49岁	女：53.88%；男：46.12%
灵芝	2 603	广东、浙江、山东	各年龄段均有，主要为≥50岁人群	女：47.43%；男：52.57%

表 16-8 5种保健功能百度指数对比（2022年1月—2023年5月）

关键词	搜索指数平均值	主要地域分布	人群	性别分布
免疫力	640	广东、江苏、山东	各年龄段均有，主要在30～39岁	女：57.3%；男：42.7%
护肝	595	广东、江苏、浙江	各年龄段均有，主要在20～29岁	女：36.94%；男：63.06%
增肌	567	重庆、广东、吉林	各年龄段均有，主要在20～29岁	女：37.64%；男：62.36%
护眼	507	广东、山东、浙江	各年龄段均有，主要在20～29岁	女：48.33%；男：51.67%
减重	190	广东、江苏、北京	各年龄段均有，主要在30～39岁	女：58.5%；男：41.5%

二、保健食品消费市场分析

（一）消费人群分析

1. 男性保健食品市场 据魔镜市场情报，药品仍是男性健康问题的主流解决办法，保健食品 / 健康食品见效较慢，市场份额逐渐下降，药品份额已近七成。男性保健品大多围绕玛卡、牡蛎等有助于补充精力的成分展开，Swisse 男性保健品含八大营养成分，凭借 Swisse 品牌本身的影响力和日益增长的消费者需求，2022 年前三季度销售额同比上升 251.3%；诺特兰德推出锌镁片以健身补剂切入市场，通过社媒营销进行市场教育从而扩大产品影响力，另外迎合市场需求品牌推出了添加人参粉的玛卡片，丰富该赛道产品矩阵，2022 年前三季度同比上升 383.7%。

2. 女性保健食品市场 近年来随着健康知识的不断普及，女性的健康意识逐步提升，对健康类产品的关注度也明显提升，营养保健、传统滋补、户外运动等产品中女性品类增速领先。根据《中国科学营养新趋势白皮书》报告显示，无论已婚还是未婚的女性对孩子和父母的关爱都明显高于男性，其中给父母购买营养品的女性占比高达 55.6%。2022 年，女性健康膳食补充剂市场价值 25.2 亿美元，同时，新推出的膳食补充剂中，声称女性健康的产品占比 4.7%。中青年女性首次购买营养品时主要考量的两大因素是成分有效性和成分的构成。对于 90 后、95 后青年女性群体，社交媒体推广是影响购买决策的重要渠道。

3. 母婴保健食品市场 近年来随着各地“三孩政策”的推广，消费者健康观念的加强，国家推动“全民健康”，再加上疫情的冲击，“加强免疫力”成为全民刚需，未来中国母婴营养品市场也将迎来广阔的前景。数据显示，2021 年上半年，营养品细分品类中益生菌、DHA、乳铁蛋白销售额占比分列前三；其中 DHA 的份额大幅提升；排在第五的蛋白质粉份额也提升较高。DHA 作为益智类营养品增幅最大，表明越来越多的消费者关注宝宝的智力发育，给宝宝补充有益大脑发育的营养品。2021 年上半年营养品销售额贡献主要来自 1～2 月龄段，其次是 2～3 月龄段。营养品消费者主要集中在 0～12 月龄婴儿，其次是 1～2 岁儿童，孕期和 6 岁以上者占比较低。

4. 老年人保健食品市场 老年保健品市场一直是我国老龄健康产业中发展较早且发展较快的领域。但在其发展中，由于市场环境体系不完善、监管机制不健全，生产销售过程中经常发生一些负面影响事件，因此一个时期内，老年保健品市场的消费认可度不高，市场秩序较乱。但随着经济社会的不断发展，人们收入水平与健康意识的不断提高，大家对保健品的认知更加客观，也为保健品市场环境的改善奠定了基础，行业逐步迈入新的发展阶段。从未来趋势来看，老年保健品市场的消费需求将会随着人口老龄化进程的不断加快而进一步提高，受众群体将进一步扩大。尤其是在新冠疫情之后，老年群体健康、保健、养生的意识进一步提高，特别是中医药及相关保健品开始备受关注与信任，这使得以中医理论为基础的中医药保健品在未来将迎来一个新的发展机遇。此外，随着国内保健品市场的整体整顿，监管更加严格，市场发展环境不断优化，老年保健品市场的发展将会更加有序，产业品牌也将会进一步崛起。

（二）消费途径分析

保健食品的销售渠道主要包括线上渠道和线下渠道两种。线下渠道主要有药店、商超、便利店、母婴店、线下直销等，保健食品在线下渠道销售时需要设置专柜，不得与普通食品和药品混放。目前直销、药店等线下渠道整体消费占比下滑，商超和母婴店渠道有望受益于需求的日常化和细分化发力。线上渠道以医药平台和直播电商为主，目前电商渠道销售高速增长且持续高增。目前保健食品的销售渠道以直销、药店及电商渠道为主，共占据约90%的市场份额，其中电商约40%，直销约30%，药店约20%。

1. 直销 是由企业的直销员在固定营业场所之外直接向最终消费者推销产品的经销方式，直销员可通过人与人之间的关系建立消费者对产品的信任。在消费者对保健食品的认知度低的行业发展初期，直销在保健食品的销售中发挥重要作用。近年来直销模式不断报道出非法传销、虚假夸大宣传等负面新闻，造成了消费者对直销信任度不断降低，国家也加大了对直销的管控力度。随着保健食品行业的日益成熟以及线上渠道的冲击，消费者不再依赖直销模式下口口相传的市场教育方式，自2016年后直销渠道份额开始大幅萎缩，市场份额不断下降。

2. 药店 相比于其他的销售渠道，药店的专业性最强，公众的信任度也最高，有利于药店渠道保健食品的销售。老年人是药店消费的主力人群，也是保健食品的主要消费人群，因此药店是老年人购买保健食品的主要渠道。2020年9月《基本医疗保险用药管理暂行办法》实施，规定禁止使用医保卡购买保健食品，对药店的保健食品销售造成一定冲击，而药店相对其他渠道保健食品定价更高，且近年来因疫情因素线下人流量也不断减少，导致市场份额不断缩小。但在保健食品的推广和销售中，药店的专业背书依然占据重要位置，因此药店渠道有望受益于主力消费群体的场景黏性和导购需求企稳。

3. 电商 目前电商在保健食品的销售中占据重要位置，主要得益于消费者购物习惯的变迁、消费群体的年轻化、跨境电商对海外保健食品的宽松政策以及直播电商的整体红利。随着年轻群体对保健食品需求的增加以及保健食品企业销售重心向线上转移，电商渠道有望继续保持高速增长。近年来众多国外保健食品依托跨境电商平台打开国内市场，主要是因为国外保健品无须在国家药监局注册或备案，即可通过跨境电商平台向国内消费者销售。

第三节 保健食品行业发展趋势

一、保健食品行业发展存在问题

（一）行业集中度较低，竞争日趋激烈

我国保健食品行业经过多年的发展已经形成了一定的规模。从竞争格局来看，国内保健食品行业产品品种众多，从事保健食品生产的市场参与者主要有两类：一类是缺乏自主品牌、专门从事合同生产的企业，这类企业注重前端的研发、生产、质量控制及供应链管理，主要配套服务于国内外品牌运营商；另一类则是同时具备研发、生产、质量控制、供应链管理以及销售能力的混合型企业，这类企业产业链完善，能及时根据终端的消费需求调整自身产品结构，保证产品的研发、生产与市场需求的同步，具备较强的竞争优势。整体来看，我国营养保健食品行业竞争较为充分，市场化程度高，参与企业数量众多，行业集中度较低，企业间竞争日趋激烈。

（二）中国市场品类发展尚不均衡，细分赛道渗透率有较大提升空间

我国保健食品行业发展逐步规范化，增长中枢落在5%～10%之间。中国维生素和膳

食补充剂市场经历了粗放发展、监管强化、并购整合三个阶段，2019 年“权健事件”引发了消费者对行业乱象的广泛关注，行业经营触底，但乱象陆续出清后，行业发展变得更加理性从容，2017 年至今行业维持 6% 的复合增长率，2022 年市场规模已经达到 2 000 亿。其中，维生素约占 15%，膳食补充剂占比 37.8%，而中草药类的膳食补充剂及口服液产品占比也高达 33.4%。分品类看，保健食品品类发展尚不均衡，膳食补充剂多集中在免疫系统和骨骼、关节类产品，规模达 250 亿以上，其中关节类产品过去 4 年复合增速接近 30%。对比成熟市场相对均衡的品类占比，其余细分赛道渗透率仍有较大提升空间。

（三）保健食品行业声誉需要重塑

保健食品主要用于调节人体机能，往往需要长期服用，无法像药物一样获得快速的疗效反馈，见效缓慢，且受个人体质差异影响，部分消费者对产品的体验感不够强烈。加之行业发展初期的粗放式发展和部分企业对产品功能的虚假夸大宣传，造成消费者对产品不合理的心理预期，导致消费者常常将保健食品与传销、智商税等负面词语挂钩，行业声誉较差。尽管中国逐步推出一系列法律法规规范行业发展，但偶有发生的保健品行业负面新闻，仍然不断打击人们对行业的信任。

我国消费者对保健食品的认知模糊，一些非法添加的、假冒伪劣的没有批文的产品，在出现问题后通常被归为保健食品，因此需要不断加强对消费者的科普教育，提高其正确的保健食品认知。

（四）产品功能同质化严重，细分化保健需求难以满足

根据国家市场监督管理总局规定我国保健食品允许声称的功能有 24 项以及补充维生素、矿物质功能。目前已获批产品的产品类型主要集中在增强免疫力和补充维生素、矿物质两种，两种类型产品合计占比近五成。从近几年国家市场监督管理总局的数据来看，目前每年获批的保健食品类型仍以这两类为主，产品同质化严重。国家对保健食品的严格监管在确保产品安全性和市场规范发展的同时，一定程度上限制了产品创新。随着年轻消费者在生活质量方面的养生需求不断增加，消费者的保健功能诉求不断细分化，现有保健食品或将难以满足。

二、保健食品行业发展前景展望

（一）保健食品行业监管力度加大，行业集中度将进一步提升

由“权健事件”所引发的负面舆情促使行业主管部门对保健食品行业开展了一系列监管行动，颁布相关法律法规，行业监管力度不断加大。随着法律法规的日臻完善，保健食品行业监管体系逐步完善，监管日趋规范，加速行业集中化和规范化，并为行业的长期健康发展保驾护航。

（二）保健食品功能趋于专一化，品种趋于多样化

随着营养保健食品企业对保健知识的宣传力度不断加大，以及人们获得营养保健食品知识渠道的增多，消费者对营养保健食品的认识日益全面、消费理念渐趋成熟，更倾向于选择功能专一化的营养保健食品。同时消费者对于营养保健食品需求的多元化也将带动产品的多样化。市场需求的变化引导生产企业转而重视营养保健食品功能分散化和单种营养保健食品功能专一化。

（三）新资源、食品态保健食品将成为主流

我国传统的营养保健食品剂型以片剂、胶囊等剂型为主；而在欧美和日本等发达国家

市场，软糖、粉剂、口服液等多样化产品形态更多见。随着科技的不断创新，利用新资源（如植物性软胶囊等）开发新的保健食品以满足人们的需要将是未来保健食品发展的一大趋势。在营养保健食品消费人群普及化和年轻化的背景下，兼具安全、方便、有效等优点的食品态营养保健食品将更受消费者的青睐，成为行业发展的主要方向。同时食品态的营养保健食品有利于消费者养成日常习惯性消费，使保健食品逐渐成为日常生活的一部分，可促进营养保健食品市场的长期可持续发展。

（四）消费人群年龄阶层不断扩大，市场需求旺盛

中老年人是我国保健食品的传统消费主流人群，随着我国社会老龄化趋势不断加快，我国老龄人口规模不断增长，以及公众养生保健意识的不断增强，保健食品消费需求稳步增长。近年来随着生活方式的改变和健康理念的普及，尤其新冠疫情放开后，保健养生已经成为我国居民的主流观念，不光是老年人，很多年轻人也加入养生保健的队伍中，保健食品消费人群年龄层不断扩大，保健食品消费需求快速上升，市场需求旺盛。

案例：

直播带货黑幕：直播平台黑心主播演苦情戏坑骗老年人买保健品

2023 年 3 月 15 日，央视“315”晚会曝光了专骗老年人的“苦情”直播间。在这些直播间内，主播们打着帮人解决纠纷、调解家庭矛盾的幌子向老年人推荐号称有着神奇疗效的产品。但实际上这些产品都是固体饮料、压片糖果等普通食品。其中，“小张说事”就是老年人经常关注的一个直播间。在一期直播中，一家名为“利哥供应链”的公司浮出水面，该公司负责人表示，“利哥供应链”主要为主播寻找合适的产品并提供场地，直播间所讲的故事都是编造出来的。负责人介绍，编造这些故事目的就是为了骗老年人买产品，主播获利非常大，成本价 1.2 元 / 盒的产品能卖到 99 元 10 盒，主播佣金达到 80 元，99 元的售价，主播要挣 80 元，目前产品已卖出一两千万盒了。

天眼查 App 显示，利哥（临沂）商贸有限公司成立于 2021 年 5 月，法定代表人为王凯，注册资本 200 万人民币，经营范围包括五金产品批发、日用百货销售、化妆品零售等，由王凯全资持股。风险信息显示，该公司曾因销售标签不符合规定的“维生素固体饮料”，被临沂市兰山区市场监督管理局没收违法所得 55.58 元和不符合规定的产品 12 盒，并罚款 5 000 元。

各方跟进：目前据曝光，被“315”晚会点名的 ID 为“小张说事”的直播间，所讲的故事都是编造出来的，目的就是为了骗老年人买产品。在被曝光后，该账号在短视频平台已经无法被搜到。

其他被点名的同类型直播间如“马洪亮”“三宝妈”“方明快相亲”等也均遭封禁，无法再被访问。

避坑建议：老年人很容易被这些主播演的“苦情戏”打动，建议家人平时要多和家中老年人沟通，并且科普相关的骗术，如果发现不对劲，要及时劝导和制止。可以从以下几方面着手。

（1）子女要帮老年人识别温柔的陷阱：骗子为达目的，迎合了老年人需要陪伴、需要被关注的心里诉苦，子女应向老年人讲道理、说事实，帮助老年人识别“温柔的陷阱”。

（2）经常陪伴、关心、关注老年人：子女不在身边，要常打电话、视频聊天等，让父母减

少孤独感、寂寞感。

(3) 子女要防患于未然：如发现老年人经常拿着一些保健品回家，要引起警惕。

老年人警惕6种“保健”骗局：

(1)“专家”义诊免费讲座：无中生有或有意夸大老年人身体的健康隐患，在讲座现场找“托”掏腰包购买高价产品，制造产品销售火爆的假象。

(2) 用“免费鸡蛋”“免费旅游”“赠送体检”等方法诱导老年人上钩，进一步“洗脑”宣传保健食品。

(3) 大肆宣传疗效：保健食品主要是用于调节机体功能，不能治疗疾病，也不能像药物一样获得快速的疗效反馈。

(4)“陪聊”搞感情促销：见到老年人热情打招呼，还天天上门做家务，取得信任后推销高价产品。

(5)“买保健食品能发财”：厂商宣称“健康投资”回报丰厚，只要购买某家企业生产的保健食品，就能拥有大量该公司的原始股。

(6) 步步设套，最后“走人”：赠送物品后，推销低价物品，再推销高价物品并承诺退款，最后“走人”。

（刘淑聪　曾华英　马玉芳）

参 考 文 献

[1] 第一财经商业数据中心. 2022 全家营养第四餐消费趋势洞察[EB/OL].(2022-11-05)[2023-05-08]. https://www.cbndata.com/report/3055/detail?isReading=report&page=4&readway=stand.

[2] 艾瑞咨询. 2022 年中国保健食品及功能性食品行业研究报告[EB/OL].[2023-05-08]. https://report.iresearch.cn/report_pdf.aspx?id=3985.

[3] 于佳琦，田地，陈书慧. 保健品行业深度报告：千亿保健品，疫后新机遇 - 洞见研报 - 行业报告[EB/OL].(2022-12-03)[2023-05-08]. https://www.djyanbao.com/preview/3381790.

[4] 中商产业研究. 2022 年中国保健品行业市场前景及投资研究报告[EB/OL].(2022-06-23)[2023-05-08]. https://www.askci.com/news/chanye/20220623/1146451899985.shtml.

[5] 重庆本质传媒有限公司. 疫情后时代保健品消费趋势[EB/OL].(2023-03-01)[2023-05-08]. http://www.uprich.com/?a=article&type=0&id=9468.

[6] 智研咨询. 2023—2029 年中国保健品行业市场全景调研及战略咨询研究报告[EB/OL].[2023-05-08]. https://www.chyxx.com/research/202110/978538.html.

[7] 前瞻产业研究院. 保健品行业分析报告 _ 中国保健品行业市场前瞻与投资规划分析报告[EB/OL].[2023-05-08]. https://bg.qianzhan.com/report/detail/5493c85f23304152.html.

[8] 前瞻网. 洞察 2022：中国保健品行业竞争格局及市场份额[EB/OL].[2023-05-08]. https://www.qianzhan.com/analyst/detail/220/220819-9d9e4376.html.

[9] 前瞻网. 预见 2022：《2022 年中国保健品行业全景图谱》(附市场规模、竞争格局和发展前景等)[EB/OL].(2022-09-09)[2023-05-08]. https://www.qianzhan.com/analyst/detail/220/220908-e6dddfbb.html.

[10] 前瞻网洞察 2022：中国益生菌行业竞争格局及市场份额(附市场集中度、企业竞争力评价等)[EB/OL].[2023-05-08]. https://www.qianzhan.com/analyst/detail/220/211209-39f98870.html.

[11] 洞见研报. 2023NMN 市场洞察报告[EB/OL].[2023-05-08]. https://www.djyanbao.com/preview/3461518.

[12] 艾瑞咨询. 2021 年中国科学营养新趋势白皮书[EB/OL]. [2023-05-08]. https://report.iresearch.cn/report_pdf.aspx?id=3923.

[13] 中婴网. 2021 上半年中国母婴实体店消费数据分析报告[EB/OL]. [2023-05-08]. http://report.baobei360.com/detail/100014.

第十七章 健康旅游

第一节 中国健康旅游的发展现状

一、中国健康旅游的发展

社会经济的发展为人们带来美好生活的同时，也带来了繁重的负担，生活节奏的加快、工作的压力的倍增以及民众运动量的不足，致使个体长期处于“亚健康”状态，他们对于休闲娱乐和健康养生的需求愈加强烈，越来越多的游客渴望通过旅游疗愈身心，提升健康。因此，民众对健康旅游的需求呈现出更为多样化的状态。为了有效满足民众的健康需求，市场上涌现出大批以“健康、养生”为主题的旅游新潮流。

国际上，健康旅游（health tourism）出现于20世纪后期，随着经济的发展而迅速崛起。健康旅游在20世纪90年代末发展尤为迅速，已成长为全球增长最快的新兴产业之一。近年来，健康旅游的游客人数快速上升，催生了新的消费模式。据世界卫生组织预测，截至2022年，旅游业占全球GDP的11%，大健康产业占12%，健康与旅游两大产业的有机结合，将成为现代服务业的新亮点和重要的经济增长点。近5年，全球健康旅游增长率为9.9%，是世界旅游业增速的两倍，健康旅游游客为旅游目的地市场创造了人均约10 000美元的收入，远高于一般的国际游客对目标市场的贡献收入。

（一）健康旅游的起源与发展

1. 国际健康旅游 目前，国际上所提及的健康旅游，通常包含康养旅游、养生旅游、医疗旅游等概念。其中，医疗旅游最具有代表性。这部分游客多以治疗某种疾病为主要出行动机，而旅游仅作为开展和实施医疗行为的辅助载体。随着经济水平的提高，游客健康意识增强，游客参与健康旅游的动机则由传统单一的治疗，逐渐转向改善自己的身心健康而旅游，比如，养生旅游、保健旅游、康复旅游、运动旅游、文化旅游等，这部分消费者仍以健康或亚健康游客为主。这一趋势的变化与国际医学模式的变革相一致（由“以疾病治疗为中心”转向“以健康促进为中心”，以形成预防、保健、治疗、康复为一体的医学模式）。

2022年世界旅游理事会（WTTC）发布的《旅游经济影响报告》（以下简称《报告》）显示，旅游业将成为全球经济复苏的重要力量。《报告》预测，未来10年，全球旅游业将创造1.26亿个工作岗位，旅游业的GDP将以年均5.8%的速度增长，超过全球经济2.7%的增长率，达到14.6万亿美元（占全球经济总量的11.3%）。《报告》还显示，到2023年全球旅游业的GDP可能达到疫情前水平，仅比2019年低0.1%。预计至2023年年底，全球旅游业对GDP的贡献将增长43.7%，达到近8.4万亿美元，相当于全球经济GDP总量的8.5%，仅比2019年水平低13.3%。联合国世界旅游组织（UNWTO）最新发布的《2023年全球旅游业晴雨表》预测，2023年全球旅游业将迎来强劲复苏，全球国际游客人数可能恢复到疫情前水平的80%～95%，具体取决于经济放缓情况、亚太地区的旅游恢复情况等因素。

全球健康研究院（Global Wellness Institute，GWI）最新发布的全球健康经济数据显示，世界健康经济价值4.4万亿美元，预计到2025年将达到7万亿美元，对于依赖旅游业的国家来说，健康在其经济中占很大比例。根据健康经济规模与国内生产总值/经济总量的比例对国家进行排名，前五名国家健康市场占GDP总额的比例令人大开眼界（图17-1）：塞舌尔（16.5%）、马尔代夫（14.5%）、阿鲁巴（11.9%）、哥斯达黎加（11.4%）和圣卢西亚（10.0%）。

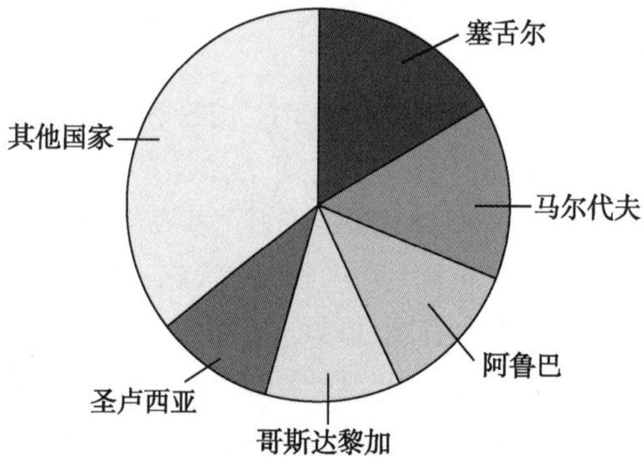

图17-1 健康市场占GDP总额比例

全球健康研究院（GWI）在讨论各地区的大健康支出时还指出：大健康服务将可能成为下一个未来产业，全球预计约有27%的大健康旅游支出来自国际旅行行业，诸如，以温泉、矿泉等水疗中心为主题的健康旅游项目收入，客源市场大部分来自国际游客。

2. 国内健康旅游 我国健康旅游的发展以中国传统的中医养生观为理论指导，在传统旅游的吃、住、行、游、娱、购等环节融入中医“治未病”的相关理念，将中医经典的养生方法诸如饮食养生、情志养生、起居养生、雅趣养生等手段与旅游活动相结合，基于此，形成了独具特色的中医药健康旅游新形式。中医药健康旅游活动能有效满足民众多元化、多层次的健康需求。

在国内，四川省攀枝花市于2012年率先开始探索健康旅游的开发模式。攀枝花市凭借其丰富的自然资源和独特的地理环境，成为我国健康旅游领先者之一。攀枝花市通过整合中医养生和自然疗法等传统养生方法，为游客提供全面康养旅游服务。这种发展模式在攀枝花市取得了显著成果，同时，也为其他地区的健康旅游发展提供了有益借鉴经验。我国健康旅游资源丰富，健康旅游得到较快发展，目前已形成了涵盖东部现代健康旅游区、西部中医治疗旅游区、中部医疗购物旅游区和东北健康休闲旅游区为特色的示范区域，开发了诸如森林旅游、温泉旅游和中医药康养旅游等特色鲜明的健康旅游活动。随着民众健康意识的提升，健康旅游被视为提升游客生命质量和幸福感，获得健康生活有效的实施途径。

随着《"健康中国2030"规划纲要》的推进实施，我国健康产业也在逐年升温。当前，各省开展了有针对性的评估，并深入挖掘地域性康养资源优势，竞相打造独具特色的健康度假旅游目的地，各类健康旅游项目层出不穷，切实推动了健康旅游发展，有效满足了民众对健康生活的追求。

据前瞻产业研究院预测，到2028年，我国健康旅游市场规模将达到约1 630亿元（图17-2）。这一预测数据表明，我国健康旅游产业具有巨大的发展潜力，也标志着健康旅游将有很大可能成为未来旅游市场的重要趋势和新的增长点。

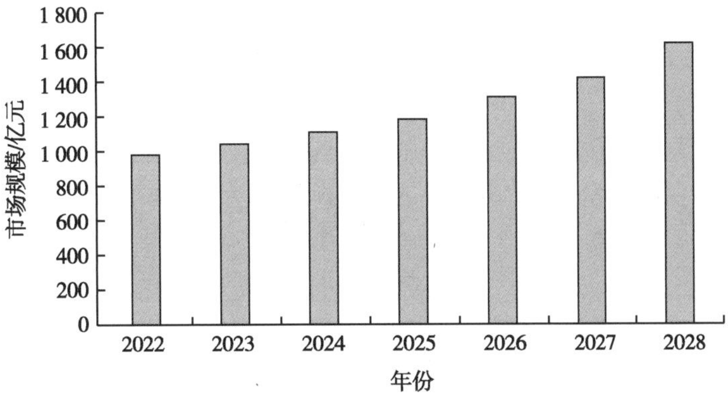

图17-2 2022—2028年中国康养旅游行业市场规模预测

近年来，各级政府部门和行业组织出台了多项支持健康旅游有序发展的政策法规，引领行业实现规范发展。诸如，国务院办公厅转发国家发展改革委《关于恢复和扩大消费措施的通知》（国办函〔2023〕70号）中明确指出："着力提升高质量的健康旅游服务发展等建议"。在《关于促进健康旅游发展的指导意见》《关于促进中医药健康旅游发展的指导意见》文件中也进一步明确了需要加快发展健康产业，促进健康服务与旅游的深度融合。统筹国际国内两个市场，充分调动社会力量的积极性和创造性，丰富服务内容，创新服务模式，突出服务特色，提高服务能力和品质，顺应发展趋势，扩大有效供给，满足群众多层次、个性化健康服务和旅游需求，为经济社会转型发展注入新动力。国务院关于印发《"十四五"旅游业发展规划》的通知（国发〔2021〕32号）指出：要加快推进旅游与健康、养老、中医药结合，打造一批国家中医药健康旅游示范区和示范基地。

2009年以来，学术界对健康旅游领域的相关探究呈现增长趋势，健康旅游成为学者关注的焦点之一。研究热点由最初的医疗旅游、中医药养生旅游，逐渐过渡至健康旅游、旅游疗愈等领域。目前健康旅游逐渐向产业融合、健康中国、乡村振兴等主题发展。

为进一步梳理我国健康旅游研究前沿热点和发展趋势，洞悉当前健康旅游领域关注的研究热点，以"健康旅游"为关键词在中国知网检索近五年的文献（2018—2023年），共得到118篇相关文献。主要主题分布如图17-3所示，文献来源分布如图17-4所示。相关文献主要集中于探究健康旅游的产业融合、发展策略等方面的研究，研究者已开始系统梳理健康旅游的发展逻辑脉络，但相关健康旅游理论的基础类研究仍有空间可挖。

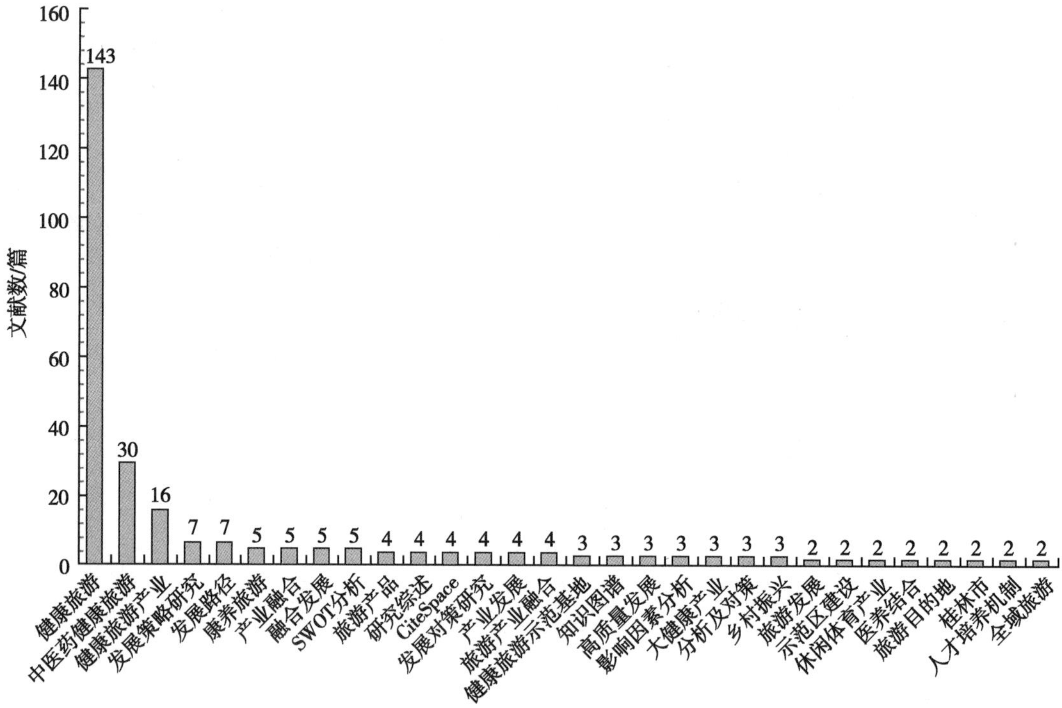

图 17-3　健康旅游研究主要主题分布

图 17-5 为 2018—2023 年健康旅游研究相关文献发表年度分布情况。图中可知，2018—2019 年健康旅游的文献发表数量呈现平稳上升态势；2020 年和 2021 年期间，健康旅游研究相关论文发表数量达到了一个相对的顶峰，年度发文量几乎在 40 余篇；而后，2022 年开始出现下降趋势，至 2023 年文章数量跌落至个位数。

（二）相关行业发展进程

1. 健康旅游目的地 / 基地　健康旅游目的地 / 基地是指吸引游客以治疗、疗养疾病以及增进健康为目的，短暂停留，参观游览的地方。在传统旅游目的地 / 基地的基础上，融入健康元素，可以提升传统旅游基地的度假休闲黏性，在同质化严重的旅游基地项目中脱颖而出。

2017 年 9 月、2018 年 3 月国家相继公布了中医药健康旅游示范区 15 个、健康旅游示范基地 13 个、国家中医药健康旅游示范基地创建单位 73 个。

广西桂林市是我国第一个从政府层面正式规划，打造成健康旅游目的地的城市，全面形成“医、康、养、健、智、学”六位一体的健康旅游产业创新发展格局。博鳌医疗旅游先行区，力争用 10 年左右的时间，将先行区打造成世界一流的医疗旅游目的地和医疗高端人才聚集区，打造健康领域国际交流平台。

根据广西大健康旅游产业发展总体思路，到 2021 年基本形成特色鲜明、布局合理、支撑有力、实力俱增的健康旅游产业体系，健康旅游产业成为广西壮族自治区支柱产业之一。到 2025 年，建成全国大健康旅游强区和世界健康旅游重要目的地，健康旅游产业成为自治区战略性支柱产业。

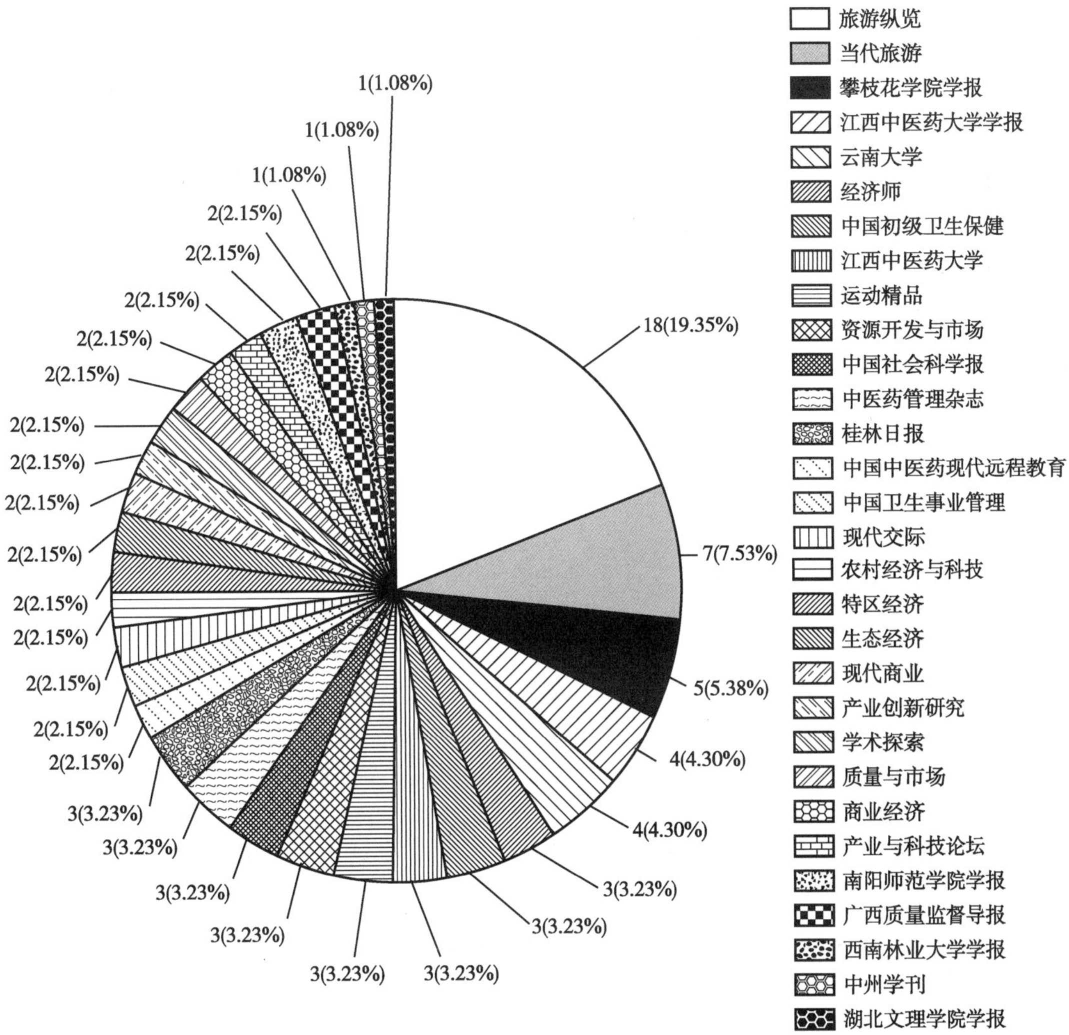

图 17-4　健康旅游研究相关文献来源分布图

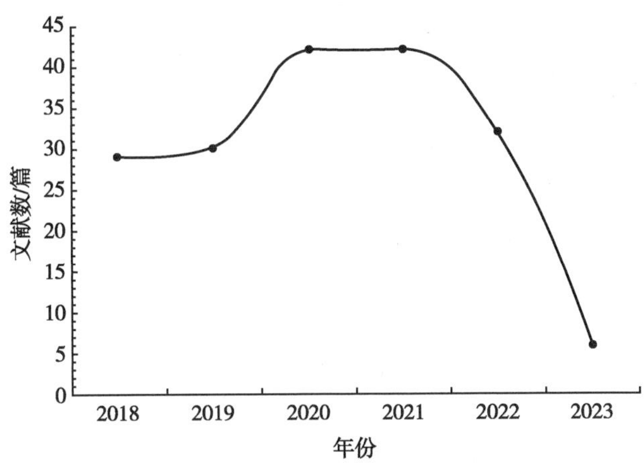

图 17-5　健康旅游研究文献年度分布

2022 年，云南省政府印发《云南省“十四五”健康服务业发展规划》(以下简称《规划》)。《规划》提出，云南将围绕打造健康生活目的地，加快建设特色鲜明的国际康养旅游示范区，到 2025 年争创 1～2 个国家健康旅游示范基地，同步创建一批省级健康旅游示范基地，健康旅游产业等多元发展态势更加明显。

2020 年，中共中央、国务院印发《海南自由贸易港建设总体方案》提出，推动旅游与文化体育、健康医疗、养老养生等深度融合。海南自贸港建设自此全面提速，与健康相关的旅游产业迎来了发展的黄金期，吸引了各大旅游企业加快布局健康旅游市场。后疫情时代，我国健康旅游的国际市场又开始了新一轮的复苏发展，成为吸引外汇来源的新一轮经济增长点。

广西巴马县，长寿文化源远流长，不仅拥有优越的自然生态环境，还有着丰富的壮瑶医药资源，成为家喻户晓的全国养生度假旅游目的地。每年慕名前往的游客不计其数，其共同目的是为了提升自身健康。为给康养旅游者提供更高水平的医疗服务，巴马政府正尝试与深圳合作设立“深巴试验区”。目前，深圳在医药、健康、生命科学发展与创新能力方面处于全球前列，其通过将先进的健康卫生资源置入巴马得天独厚的天然养生空间，力争将巴马打造成辐射“一带一路”、服务“粤港澳大湾区”和东盟乃至全球的大健康产业基地。

2. 健康旅游地产 我国居民正在进入避暑、避霾、避寒、养生、养心、养老的大众旅游时代，民众愈发重视健康和精神享受，康复性旅游流动旅居作为人们逃避恶劣环境主动追求健康的生活方式，逐渐成为休闲生活主流，倍受民众追捧，健康旅游地产业因此应运而生。健康旅游地产主要是指以健康、旅游为目的的房地产模式，主要满足民众的休闲、度假、养老、养生、医疗等功能，大部分以分时度假、产权式酒店、主题社区或景区住宅、养老度假村、登山及滑雪度假村、高尔夫度假村、休闲生态度假村等载体来设计产品。由“健康 + 旅游 + 地产”融合发展的综合业态，逐渐成为拉动国民内需消费的一种新模式。

当前，我国健康旅游地产行业蓬勃发展。例如，恒大养生谷创建全方位全龄化健康养生新生活、高精准多维度健康管理新模式、高品质多层次健康养老新方式、全周期高保障健康保险新体系、租购旅多方式健康会员新机制，创建颐养园、长乐园、康益园、亲子园四大园区，为民众提供 852 项设施设备 867 项服务。泰康集团开发的“泰康之家”，在全国建立了 8 个医养社区，总投资额达到 203 亿元。武当山太极湖的生态文化旅游区，深挖独特的康养资源，建成了武当国际武术交流中心、太极湖医院、太极湖学校和高档居住区，重点打造了太极小镇、武当山功夫城、老子学院、山地运功公园、武当国际会议中心等项目；此外，在太极湖旅游区域内，设计开发了旅游度假、水上游览和户外休闲等体验产品，成为集旅游观光、休闲娱乐、养生养老、度假于一体的健康旅游度假区。

与此同时，各省市也在大力推进健康旅游地产项目的建设，切实推进健康旅游发展，例如，位于浙南的兰巨乡健康小镇，凭借其得天独厚的生态条件和长寿特色，开发了集农业观光、健康餐饮、休闲娱乐、养生度假为一体的健康长寿小镇。湖南宁乡灰汤温泉小镇，主打温泉招牌，大力推进“温泉 X”产业的发展，现已开发建设了温泉酒店、温泉游泳馆、高尔夫练习场等各种休闲健身设施、疗养体检中心等项目，打造了一个集温泉养生、运动休闲、会议培训、健康体检于一体的温泉小镇。江苏大泗镇中药养生小镇，以中药材种植为中心，是产学研相结合的示范性中药科技园。利用原生态环境和高质量老年客户基础，以颐乐学院和雅达国际康复医院为核心配套，建设了特色鲜明的“居 - 医 - 养”养老体系。

3. 健康旅游酒店 早在1800年《国际词典》中就写到酒店是为大众准备住宿、饮食与服务的一种建筑或场所；一般来说是给宾客提供歇宿和饮食的场所。具体而言，酒店指以其建筑物为凭证，通过出租客房、餐饮及综合服务设施向客人提供服务而获得经济收益的组织，也是一类为使用者提供安全、舒适、令利用者得到短期休息或睡眠的空间的商业机构。基于此概念，健康旅游酒店可以定义为以其建筑物为载体，通过出售客房、餐饮及综合服务设施向使用者提供健康、养生、娱乐、休闲、生活服务等功能的歇宿之处和饮食场所，是健康服务体系与酒店管理体系相结合的有形平台。

健康旅游酒店的核心是为顾客提供有利于身体健康、有助于预防疾病的健康客房、健康餐饮和健康服务项目，其提供的产品与服务较为注重顾客的健康获得与感知体验，旨在为客户的身心疗愈提供优质的环境与服务，进而提升顾客的健康。健康酒店的打造尤其需要重视在健康管理、健康环境、健康客房、健康餐饮、健康设施和以人为本等方面的标准。近年来，各大酒店集团瞄准市场契机，大力推进健康酒店的建设，逐步在常规酒店产品中不同程度地融入健康设施与服务，将满足顾客的健康需求作为主要的核心竞争力。

4. 健康旅游医院 健康旅游医院是建设在旅游目的地，满足游客医疗需求，提供医疗服务的专业机构。我国第一家旅游综合医院——桂林旅游综合医院，项目占地面积为310余亩，总建筑面积为20余万平方米，建设床位数为1 300张，总投资9.8亿元，是一所集医疗、科研、预防、保健、康复、培训于一体的综合性现代化三级医院。该医院还建设了以桂林为中心，辐射周边200公里的国际旅游医疗保障中心，以及“弘扬祖国医学、未病先治”的养生康复保健中心。

海南博鳌乐城国际医疗旅游先行区于2013年经国务院批准设立，旨在聚集国际国内高端医疗旅游服务和国际前沿医药科技成果，试点发展特许医疗、健康管理、照护康复、医美抗衰等国际医疗旅游相关产业。目前已有25家医疗机构开业运营，24家医疗机构在建或筹建。乐城国际医疗先行区以多种运营模式创新支持公立医院入驻。与此同时，还引入了一批品牌化、连锁化社会办医资源。先行区依托海南优质的自然资源、旅游资源，目前已推出18条医疗旅游产品路线。

5. 健康旅游保险 在健康旅游行业逐步建立风险治理制度的过程中，商业保险能够为旅游经济及各经济主体提供更专业的风险分散及风险评估服务。作为风险管理的财务手段，保险在健康旅游行业的风险管理中发挥着重要作用。当前，市面上的健康旅游保险主要分为三类，境外旅行险、境内旅行险、跨境旅行险。可供消费者购买的保险主要包括个人投保购买的旅行险和企业为员工购买的商务旅行险，二者皆用于保障员工在旅行过程中的意外事故风险赔偿。

二、中国健康旅游业的需求特征

（一）健康旅游的多元化、多层次需求特征明显

旅游是人类对美好生活的向往与追求，是认识新鲜事物和未知世界的重要途径。随着人口老龄化时代的到来，以及民众健康意识的普遍提高，人们对旅游呈现出多元化的需求，健康旅游作为现代人的重要生活方式，成为人们提高生活品质、提升生命质量的重要组成部分。发展健康旅游，有助于满足新时期人民多元化、多层次的健康需求，全方位全周期维护健康。

1. 自然环境需求 旅游目的地利于游客健康恢复的“特有异质”资源环境是旅游疗愈

的供给载体。人类通过进化适应了自然环境，对自然环境中的某类特质属性有一种强烈而一致的积极偏好。有研究指出，健康旅游者最为注重气候、空气、水和卫生条件等环境因素。自然环境是满足民众健康旅游需求的空间载体，构成了健康旅游目的"地"吸引旅游的资源环境载体，成为健康旅游不可或缺的核心要素。

2. 康养氛围需求 大自然给人体带来积极的健康效益，为旅游者"多重疾病"的改善，以及"生命质量"的提升，营造更多的停泊空间。研究发现，注重健康文化宣扬的环境氛围对人的生理、心理健康提升有积极的正向影响。良好的环境氛围能给健康旅游者提供更多恢复的场所情景，有研究指出，当个体健康水平较低时，对社会环境氛围较为敏感，对自然环境的需求会更高，适合内向型活动；随着个体健康水平的提升，对社会环境氛围的敏感性降低，逐步转向以外向活动为主导的情感参与活动，主动从自然环境和社会环境中获益。

3. 社交人文需求 人是社会的组成部分，具有明显的社会属性，人与社会之间相互影响、互相联系。人处于社会联系之中，并非孤立的个体，个人的活动与社会活动密切联系。旅游活动本身即是一类特殊的社会活动。旅游者希望通过旅游活动实现个体与他人，以及个体迅速适应社会环境，而产生良好的人际关系和实现社会角色的能力。旅游者也希望通过康养旅游活动，逃离"烦忙"的生活，渴望尝试健康旅游目的地营造的新的生活环境，在此类旅游活动中结交新友，增进友谊，研究调查还发现，健康旅游者的社交需更倾向于选择前往相对熟悉的环境。

4. 康养设施需求 健康旅游目的地所能提供的配套设施是健康旅游得以实施的重要支撑。健康旅游目的地系统中，配套的康养设施主要包括：医疗卫生配套设施、交通配套设施以及基础配套设施等要素。健康旅游活动的开展很大程度上依赖旅游目的地相关配套设施。健康旅游目的地提供的专业服务构成了服务设施的重要内容，服务人员所提供的服务质量和水平一定程度上直接影响游客的疗愈满意度。

（二）健康旅游的体验性和功能性增强

体验一词起源于哲学，现象学家胡塞尔和存在主义学者海德格尔将体验的概念引入认知领域，并提出从具身角度理解个体的主观体验，具身性被认为是体验的基本特征。基于具身视角，强调作为主体的"人"对健康旅游资源所提供的旅游产品和服务的生理和心理感知。21 世纪以来，旅游体验已经成为学界关注的重点，在非惯常环境内的旅游体验，被认为是旅游产品和服务设计的核心。与传统的旅游体验相比，健康旅游群体更注重特定时空下的身心健康互动关系，以及自身态度、感觉、知觉、情绪等内隐性体验与健康旅游要素之间的协同发展。

因此，各地所提供健康旅游产品应注重健康旅游的体验性与功能性。例如，在森林康养的旅游体验设计中，应强调康体的理念融入，利用森林这一自然生态环境，开发攀岩、音乐森林、童话森林、户外活动拓展、森林浴场等情景化体验项目。

（三）健康旅游产品与服务的规范性、便捷性、安全性增加

2013 年起，我国相关部门先后出台多项扶持健康旅游发展的政策法规。加强供给侧结构性改革，支持发展健康医疗旅游等健康服务新业态，不断满足人民群众日益增长的多层次多样化健康需求。通过《国家康养旅游示范基地标准》《关于促进旅游业发展的若干意见》《旅游发展规划管理办法》等政策法规的出台，逐步规范健康旅游行业各项制度，为推进健康旅游的有序发展提供了政策参考相关政策（表 17-1）。

表 17-1 健康旅游产业相关政策

序号	颁发部门	政策名称	发布时间
1	中共中央、国务院	《"健康中国2030"规划纲要》	2016年10月25日
2	科技部等六部门	《"十三五"健康产业科技创新专项规划》	2017年5月26日
3	国家发改委等21部门	《促进健康产业高质量发展行动纲要(2019—2022年)》	2019年8月28日
4	国务院	《国务院关于促进健康服务业发展的若干意见》	2013年9月28日
5	国务院	《国务院关于促进旅游业改革发展的若干意见》	2014年8月9日
6	国家卫生计生委等五部门	《国家卫生计生委关于促进健康旅游发展的指导意见》	2017年5月12日
7	国家旅游局、国家中医药管理局	《关于促进中医药健康旅游发展的指导意见》	2015年11月17日
8	国务院办公厅	《国务院办公厅关于促进医药产业健康发展的指导意见》	2016年3月11日
9	国务院办公厅	《国务院办公厅关于印发中医药健康服务发展规划(2015—2020年)的通知》	2015年5月7日
10	国务院	《国务院关于印发中医药发展战略规划纲要(2016—2030年)的通知》	2016年2月26日
11	国务院	《国务院关于加快发展养老服务业的若干意见》	2013年9月6日
12	国务院办公厅	《国务院办公厅关于进一步扩大旅游文化体育健康养老教育培训等领域消费的意见》	2016年11月28日
13	国务院办公厅	《关于推进农村一二三产业融合发展的指导意见》	2016年1月4日
14	国家中医药管理局	《2018年中医药工作要点》	2018年1月20日
15	国家林业和草原局等四部门	《关于促进森林康养产业发展的意见》	2019年3月6日
16	国家发改委办公厅等五部门	《关于发挥国家农村产业融合发展示范园带动作用 进一步做好促生产稳就业工作的通知》	2020年3月23日
17	中共中央、国务院	《中共中央 国务院关于深入推进农业供给侧结构性改革 加快培育农业农村发展新动能的若干意见》	2016年12月31日
18	国家林业局	《林业发展"十三五"规划》	2016年5月6日
19	国家林业局	《中国生态文化发展纲要(2016—2020年)》	2016年4月7日
20	国家发改委、国家旅游局	《全国生态旅游发展规划(2016—2025年)》	2016年8月22日
21	国务院办公厅	《国务院办公厅关于进一步促进旅游投资和消费的若干意见》	2015年8月4日
22	国务院	《"十三五"旅游业发展规划》	2016年12月7日
23	国务院办公厅	《国务院办公厅关于促进全域旅游发展的指导意见》	2018年3月22日
24	文化和旅游部等17部门	《关于促进乡村旅游可持续发展的指导意见》	2018年11月15日
25	国务院	《国务院关于加快发展养老服务业的若干意见》	2013年9月6日
26	国务院	《国务院关于印发"十三五"国家老龄事业发展和养老体系建设规划的通知》	2017年3月6日
27	全国人民代表大会常务委员会	《中华人民共和国森林法》	2020年7月1日

三、中国健康旅游业的供给特征

（一）资源开发利用更特色化，聚焦“品牌化”的发展

资源是一个地方开展健康旅游的先决条件，也是一个地方开发健康旅游产品、创新健康旅游模式所必须依赖的基础。在开发健康旅游资源、建设健康旅游目的地的过程中，中国各地健康旅游供给方愈发重视资源特色性、注重品牌差异化，深刻挖掘独特的自然与人文资源，打造功能各异的健康旅游目的地，为健康旅游需求者提供更为多元化的健康旅游选择。

东北地区发展健康旅游以丰富的森林资源、草原资源、中医药资源为依托，将重点向休闲养生度假旅游发展。

华北地区拥有独特的地域文化，丰富的温泉资源、森林资源、滨海资源。北京作为华北地区强大的健康旅游客源市场，当前，北京周边已形成适合短途旅游的健康旅游目的地，例如，北京郊区乡村健康旅游目的地、秦皇岛滨海健康旅游目的地。

华东地区气候适宜，温泉资源富足，森林资源、海岛资源、中医药资源（如亳州）、文化资源（如徽文化、九华山道教佛教文化）、医疗设施等各类资源均丰富，同时，该地区经济相对发达，拥有庞大的健康旅游客源市场，民众对健康旅游的需求旺盛，基于此，该地区形成了类型丰富、层次多样的健康旅游目的地，随着其旅游服务水平的提升，该区域很有可能被打造为健康旅游示范基地集聚区。

华中地区森林、温泉、湖泊等资源优势较为突出，森林和温泉健康旅游持续成为未来开发健康旅游产品的主流方向。

华南地区地处热带亚热带区域，冬季气候适宜，每年都吸引着我国北方地区的“候鸟”旅游者，该地区冬季适宜环境气候已成为健康旅游的核心卖点。

西南地区海拔相对较高，山地较多，森林资源丰富，气候差异较大，因此，适合打造以森林康养和阳光疗愈为主题的健康旅游。例如，如攀枝花的阳光康养旅游、云南的温泉康养旅游、西藏的藏医康养旅游等。

西北地区是丝绸之路经济带发展的重要节点，拥有最具异域特征的人文资源和粗犷的自然资源，未来沙漠的进一步开发利用，为游客提供沙疗愈和阳光疗愈等成为该地区发展健康旅游的依托方向。

2022 年，广西文化和旅游厅发布了《广西“文旅 +”产业融合培育新业态拓展新消费三年行动计划（2022—2024 年）》，明确指出，要培育 10 个以上国家级健康旅游品牌，打造一批以康养为主题的旅游度假区，凸显了健康旅游业“品牌化”的发展趋势（表 17-2）。

表 17-2 我国各地区发展健康旅游的资源禀赋

地区	当地发展健康旅游的资源禀赋
东北地区	森林、草原、中药资源
华北地区	人文、温泉、森林、滨海资源
华东地区	环境气候、温泉、森林、滨海、中医药、人文、先进医疗设施等资源
华中地区	森林、温泉、湖泊、先进医疗设施等资源
华南地区	环境气候、滨海旅游、海岛资源
西南地区	山地、森林、环境气候、人文资源
西北地区	丝绸之路、人文、矿物质等自然资源

（二）产品与服务更人性化，强调“以人为本”的发展

党的二十大以来，以习近平同志为核心的党中央始终坚持以人民为中心的发展思想，着眼人民美好生活需要，促进健康旅游产品与服务的发展。如何满足游客个体化的健康旅游需求，形成高质量的产品和服务供给，成为当前供给市场需要深入探讨的主题。尤其那些在旅游过程中有效融入健康体检、医疗咨询、美容美体、中医针灸推拿等个性化、品质化服务，以及游客至上、以人为本的经营思想成为健康旅游发展的核心竞争力。例如：全球大型酒店集团近几年不断推出新举措，将健康概念融入客户住宿体验，提供健康设施的健身客房、养生菜单，组织体型训练、精神修炼、烹饪等课程。某养生度假酒店将“健康管理”理念应用于客户入住之后的每一个细节，根据中医理论推出个性化的健康养生膳食；配套瑜伽课程、养正艾灸、周天药浴、熏蒸养护和功法禅修等特色养生服务。

（三）产品与服务技术含金量优势明显，趋向“游必有康”的发展

健康旅游的重要特质是拥有完整的健康促进路径，即旅游者通过健康旅游实现身体上、精神上、心理上的健康、放松和愉悦，涵盖了健康、亚健康人群的保健养生以及患病人群的康复医疗。科技创新与数智化建设是促进健康旅游高质量发展的又一途径。健康旅游的发展与医疗技术、大数据等数智化可穿戴设备高新技术的迭代升级密不可分。尤其以医疗为导向型的健康旅游更为依赖高科技的发展，例如，医疗旅游所涉及的精密体检、干细胞疗法、心脏搭桥手术等医学治疗手段；康养导向型的健康旅游主要包括养生度假、瑜伽推拿、温泉药膳、运动探险等。为健康旅游提供支撑的科技要素也分为两大类：一类是医疗科技，包括中药材研发、医疗技术完善、医护器械升级等；另一类是健康科技，包括探险等运动类的装备保障、美容产品的研发等。

第二节 中国健康旅游发展的机遇与挑战

近年来，随着民众健康意识的增强，以及人口老龄化对健康旅游新需求的激增，中国健康旅游发展迎来了新的机遇。

一、中国健康旅游发展机遇

（一）优质的健康卫生资源供给为健康旅游业的发展夯实了基础

当前，我国东、中、西部地区之间的健康医疗资源配置仍存在不协调、不平衡的现状。优质的三甲医院资源主要集中于一二线大城市，尤以“北上广”为最，西部地区医疗卫生资源配置率明显偏低。2021 年，我国卫生健康事业发展统计公报显示，医院床位 741.3 万张（占 78.5%），基层医疗卫生机构床位 171.2 万张（占 18.1%），从医疗机构床位增幅情况看，大医院床位增加力度远远超过基层医疗卫生机构，医疗卫生资源，尤其是优质医疗卫生资源主要集中在大城市和发达地区，农村和欠发达地区供给不足。2021 年中国共有 2 789 家三甲医院，其中，东部 1 190 家、中部 736 家、西部 863 家。然而，西部的三甲医院集中分布在四川省、云南省和重庆市，中部的三甲医院集中在湖北省、河南省。这两大地理分区的其余省份健康医疗资源还相对匮乏。健康医疗资源相对发达的东部地区医院接诊人次仍远高于中西部地区和东北地区，民众对知名三甲医院的信任程度更高，促使国内有医疗服

务需求居民的跨区域流动。国内医疗旅游供给端对于医疗资源的高依赖性使得医疗旅游供给端的分布状况与中国医疗资源分布状况大致相符，医疗旅游产业依托北京市、上海市、广东省、四川省及其周边省市和地区形成了四大组团，吸引了国内大量有健康旅游需求的游客。

（二）健康旅游在人口老龄化与积极老龄化的政策刺激下需求旺盛

据统计，2021 年我国 60 岁以上人口约 2.67 亿，占人口比例 18.9%；65 岁以上人口约 2.01 亿，占人口比例 14.2%，我国人口老龄化的趋势难以逆转（图 17-6）。老龄人口由于身体功能的衰退更容易患病，也更需要得到相应的医疗护理，医疗需求和医疗费用将明显高于人群平均水平，其治疗慢性疾病、康复疗养以及养老护理的需求也相应增加。此外，聚焦当下的老龄群体，其对健康生活、养生旅游关注程度高。因此，老年人口数量的不断增加对医疗健康旅游消费的拉动作用显著。中国医疗健康旅游产业巨大的需求缺口，再次引起了政府和社会的广泛关注，由老龄化催生的对健康旅游产业的刚性需求必将刺激国内医疗旅游市场的发展，激发医疗旅游产业的市场潜能。

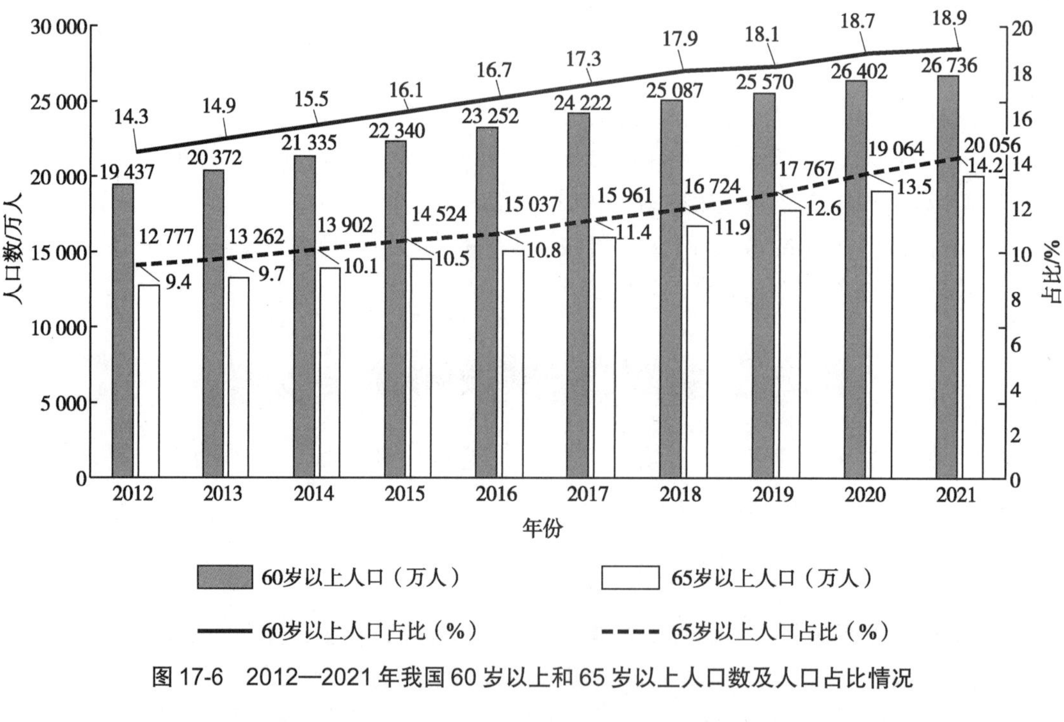

图 17-6　2012—2021 年我国 60 岁以上和 65 岁以上人口数及人口占比情况

（三）交通出行的便捷性加速了民众健康旅游需求的实现

2017 年 2 月，交通运输部、国家旅游局、国家铁路局、中国民航局、中国铁路总公司、国家开发银行六部门联合印发了《关于促进交通运输与旅游融合发展的若干意见》，提出到 2020 年，我国将基本建成结构合理、功能完善、特色突出、服务优良的旅游交通运输体系。为进一步增强交通旅游融合发展的协调性和有效性，截至 2021 年年底，我国铁路营业总里程已突破 15 万公里，其中高铁超过 4 万公里；全国公路总里程超过 520 万公里，高速公路覆盖 98% 的 20 万以上人口城市；全国港口万吨级及以上泊位约 2 660 个；城市轨道交通运营里程 8 708 公里，超特大城市轨道交通加快成网；全国颁证运输机场达 248 个。粤港澳大湾区、苏浙沪几个大城市已经实现一小时生活圈。此外，现代大数据技术在交通运输中的运用，城市指示牌、道路指引牌、停车场指示牌等不断完善，大大提升了城市友好度。交通便捷性的大幅提升，加速了民众健康旅游需求的实现。

（四）国民休闲时间的增多促进了健康旅游需求的倍增

《中国休闲发展年度报告（2022—2023）》系统阐释了大众休闲时间、休闲空间及休闲活动的特征与趋势。报告显示，人民群众的休闲权利意识日渐彰显。国民休闲时间较疫情前大幅提升，2022 年城镇居民和农村居民全年总休闲时长分别为 1 522.4 小时和 1 511.1 小时，相较 2019 年分别增加了 289.3 小时和 365 小时。城乡居民每日休闲时间平均为 3.89～5.66 小时。城镇居民休闲时间与可支配时间紧密相关，周末、节假日每日休闲时间分别为 4.80 小时和 4.61 小时，占一天时间的 20.00% 和 19.21%；工作日只有 3.89 小时，占一天时间的 16.21%。农村居民休闲时间高于城镇居民工作日休闲时间，但低于周末和节假日休闲时间，为 4.14 小时。退休居民休闲时间最长，平均每天 5.66 小时，占全天时间的 23.58%。随着国民生活品质的不断提高，城乡居民用于休闲的时间开始超过照看老年人或孩子、陪孩子学习、家务劳动、看病就医等时间，休闲成为继生理活动、工作之后的首要选择。尽管报告显示我国城乡居民选择消费购物和文化休闲的时间占比分别为 60% 和 20%，但休闲时间的增多为健康旅游的实施提供了支撑条件。

二、中国健康旅游发展存在问题与挑战

（一）行业规范发展标准不健全

一是健康旅游涉及多学科的交叉融合，是一种跨领域的新型特色业态，既有旅游法规仅能在传统旅游涵盖方面予以规范发展，尤其将健康旅游视为一种非药物手段干预游客的健康时，对于旅行环节中的涉医涉药方面难以做到持续监管与规范发展，健康旅游相关的评价指标体系仍有待完持续善。二是我国对涉及健康旅游的市场规模、行业规模、产业水平和效益指标等旅游统计工作还未建立规范标准。三是健康旅游服务机构及服务标准不健全。由于健康旅游方兴未艾，国家尚未形成统一的标准，部分先行发达地区目前提出一些标准试点，例如，浙江省发布《浙江省地方标准——康养旅游服务规范》，规定了康养旅游涉及的服务机构，如康养小镇、旅游养生综合体、生态养生园、休闲养生文化园（村）、康养度假中心（村）、健康主题酒店、温泉康体中心等各类康养旅游服务场所服务总则、服务类型、服务提供、服务人员、服务管理等。从全国来看，目前仍未建立统一规范的标准。

（二）资源开发特色优势不突出

推进健康旅游业的发展，需要找出具有地域性核心竞争力的健康旅游资源，明确市场定位，并针对性地确定开发产品、服务目标群体。例如，印度凭借传统的阿育吠陀医学以及瑜伽吸引了各国旅游者前往印度学习、医疗及旅游度假；韩国以美容整形旅游为特色，形成了集美容整形与观光旅游为一体的韩国旅游模式。现阶段，我国的健康旅游业还未形成独具特色的优势品牌。

（三）产品与服务供给质量参差不齐

健康旅游作为新型融合产业，涉及中介、信息通信、保险等多项服务内容，涉及交通、医疗、住宿等配套设施的支持。中国入境医疗旅游仍落后于韩国、泰国、印度、新加坡等国。

国内的健康旅游多集中于观光游览和康复体验，医疗旅游比重小。一方面，由于国内优质医疗资源多集中于一线城市，现有医疗机构不具备为大批游客开展医疗旅游的能力；另一方面，国内游客在异地医疗社保报销方面无法完全实现便利化，国际游客则在签证、翻译陪同方面存在障碍，致使我国健康旅游产品和服务的供给质量参差不齐。

（四）专业型复合人才供给不足

健康旅游是传统旅游与医疗、保健、康复、疗养的有机结合，在产业发展的过程中，不仅需要大批医疗、护理、导游、营销以及旅游管理等专业领域的技术人才，更需要大量兼具医疗保健和旅游两大领域专业知识的复合型人才。但目前具备此类专业素质的高水平人才仍十分缺乏，严重制约了我国健康旅游产业的发展。此外，国际健康旅游市场庞大，而我国健康照护服务人员语言交流存在障碍，同时，受制于宏观政策，大大削减了我国在国际健康旅游市场中的竞争力。

三、中国健康旅游未来的发展趋势

（一）多学科、多领域交叉融合发展成为必然

学科建设是指导产业发展的基础。健康管理是典型的多学科、多领域融合性学科。随着交叉学科在我国学术领域的逐渐兴起，跨学科跨领域产业融合发展已成为当前健康旅游推进高水平发展必然之路。健康旅游研究涉及旅游学、公共卫生学、健康管理学、大数据信息学、地理学、社会学、中医药学等多领域，该产业涵盖的关联利益方较为复杂，此环境下，只有不断推进学科融合，加强行业之间的规范发展才能有序推进健康旅游的有序发展。因此，要鼓励健康旅游的跨学科交流，增进研究机构和产业之间的互动与合作，进一步提升我国健康旅游研究的整体层次和水平，构建健康旅游学术共同体，提升我国学者在健康旅游领域的国际知名度和话语权，共同推进健康旅游的学术进步。

（二）多业态融合创新，产业发展边际较为模糊

随着社会经济及科学技术的发展，产业之间的界限逐渐模糊化，产业融合普遍存在，逐渐成为一种新时代潮流，文旅产业的融合发展就是非常典型的案例。2016 年 10 月中共中央、国务院发布《“健康中国 2030”规划纲要》，从产业、业态、模式三个层面明晰了推进康养产业与旅游、互联网、健身休闲、食品等众多产业结合，助力康养旅游发展的跨产业和泛行业化。健康旅游是大健康产业与旅游产业的集合体，涉及健康、旅游、保险、交通、出入境管理、跨境贸易等多个产业。健康旅游发展至今，经历了由传统的中医养生概念扩展到包含健康、亚健康、医养全人群的概念。民众对于养生和大健康的需求已并不仅是简单治疗，而是期望在预防、诊断、治疗、康复方面得到一体化医疗照护。作为健康提升的重要载体，健康旅游也要充分适应市场的需求，推进健康旅游的多元化创新与业态融合创新。

（三）技术含量较高，健康功能增强

后疫情时代，“大健康”元素逐渐向智慧健康、生活方式等领域延伸。将大健康元素融入健康旅游的发展依赖于高科技的支撑，要实现健康旅游的高质量发展以及产品的升级迭代组合，有效满足民众的健康需求相关的新技术研发、数智化设备支持、专业人员的供给成为健康旅游发展的核心动能。在激烈的市场竞争中，那些拥有高技术含量的体验设计、适老化的智能设备和具备健康改善功能的产品、高水平的专业服务供给将会更加完善。

(四)产业发展更注重健康互动的人地关系和生态可持续

党的二十大报告指出,"尊重自然、顺应自然、保护自然,是全面建设社会主义现代化国家的内在要求。必须牢固树立和践行绿水青山就是金山银山的理念,站在人与自然和谐共生的高度谋划发展"。推动人与自然和谐共生,就要始终坚持在发展中保护,在保护中发展,坚定不移走生态优先的绿色发展道路。因此健康旅游的发展也应适应环境要求,充分考虑资源承载力,实现人地关系的绿色互动发展。

第三节 中国健康旅游的典型案例与启示

一、典型案例——四川攀枝花康养旅游

攀枝花地处中国西南川滇交界处,作为四川最南端的一座城市,拥有着"南亚热带为基带的立体气候",借助其得天独厚的气候条件、突出的阳光资源优势、丰富的气候资源、多元的民族文化等,同时依托旅游景区建设成绩斐然,拥有多个A级景区、旅客接待人次逐年增加,旅游收入高速增长等发展优势,攀枝花市逐步发展阳光康养产业,着重将阳光康养与运动休闲、健康养生、旅游度假、医疗养老等相结合,主要开发出"康养+农业""康养+工业""康养+旅游""康养+医疗""康养+运动"五种阳光康养模式,成功实现了由钢铁之城向钒钛之都转变,由工矿基地迈向阳光花城,由资源型城市向旅游城市发展的转型道路。

攀枝花市承办多届中国康养产业发展论坛,率先创办国际康养学院,率先发布康养产业地方标准,率先倡导成立全国康养产业城市联盟,率先设立康养产业发展基金,制定《攀枝花市康养产业项目认定标准(试行)》,成功打造了普达阳光国际康养度假区、金杯半山•米易太阳谷康养度假区、红格国际运动康养•温泉度假区等多个康养项目,先后获评首批国家医养结合试点城市、中国最具幸福感城市、中国气候宜居城市等康养领域诸多荣誉,连续多年入选全国康养产业可持续发展能力20强市。

攀枝花市依托得天独厚的"六度"禀赋,做精"康养+农业"、做强"康养+工业"、做特"康养+医疗"、做优"康养+旅游"、做活"康养+运动",增强集聚辐射效应,构筑全方位、多层次、高品质的"青年人养身、中年人养心、老年人养老"康养基地。

目前,通过政府引导、多方协同、创新探索,形成了医疗机构开办养老机构、养老机构内设医疗机构、养老机构与医院结对合作、社区医养护一体化服务四种医养融合模式,让康养群体"养得安心""养得省心"。

二、启示

(一)创新驱动,创建品牌

特色"入口"定位,充分挖掘中医药资源及相关文化,扩大中医药健康旅游的公众认知度,开发中医药健康旅游特色营销模式,创建有中医药特色的健康管理模式,打造中医药健康旅游新格局。当然,其中不可忽视的一是加强传统方法的数据积累和临床试验,为其发挥养生功效提供坚实的科学依据;二是综合利用大众传媒的影响,包括广播、电视、报纸等媒体进行宣传,扩大市场影响力和认知效益;三是建立全方位、多层次的健康旅游产品和服务渠道,针对不同人群提供不同渠道层次的健康旅游产品及服务。

（二）完善立法，加强监管

健康旅游作为新兴业态，绝大部分示范项目并未改变原有的经营管理模式和范畴，相关行业法律法规及规范标准的监管设置，不仅在示范项目的过程中显得尤为重要，也会为后续产业业态发展奠定良好基础。一方面，健全相关法律法规，实行严格合理的认证标准、行业标准和准入机制；另一方面，规范市场监管，倡导跨部门协同规范，构建合法有序的健康旅游监管通道，营造良好的旅游环境。

（三）培育人才，提升服务

产业发展的关键在于人才队伍的建设，人才可持续发展的水平和质量直接关系到产业的可持续发展能力。目前，国内健康旅游态势发展迅猛，由于缺乏专业人才，致使大多数健康旅游经营企业仍停留于概念阶段，缺少实质内涵，产业效能远未充分发挥，譬如人才体制机制还不够完善，人才工作投入不足，发展环境有待进一步优化等。发展健康旅游，一方面要拓展旅游管理专业的边界，进行学科的横向融合，拓宽相关从业人员知识面；另一方面也要深化旅游管理的内涵，关注旅游发展的技术转型和支持，尽快完成高水平成果和高质量教材，培育高质量人才。

（沙 莎 冷志伟 龙 鑫 赵叶青）

参考文献

[1] 世界旅游理事会. 2022 年旅游经济影响报告[EB/OL].（2022-12-20）[2023-04-10]. https://wttc.org/research/economic-impact.

[2] 全球健康研究所. 2022 年全球健康经济报告[EB/OL].（2022-6-16）[2023-04-10]. https://www.sgpjbg.com/info/a09ed0eff23be2723d9374ddc51fb32f.html.

[3] 中共中央，国务院. “健康中国 2030”规划纲要[EB/OL].（2016-10-25）[2023-04-11]. https://www.gov.cn/zhengce/2016-10/25/content_5124174.htm.

[4] 国家卫生计生委，国家发展改革委，财政部，等. 关于促进健康旅游发展的指导意见[EB/OL].（2021-5-17）[2023-04-07]. http://www.nhc.gov.cn/guihuaxxs/s3585u/201705/fd9a24caca8a4553ad6213b6fa6d928f.shtml.

[5] 国家旅游局，国家中医药管理局. 关于促进中医药健康旅游发展的指导意见[EB/OL].（2015-11-20）[2023-04-07]. http://www.natcm.gov.cn/guohesi/gongzuodongtai/2018-03-24/3638.html.

[6] 国务院. 国务院关于印发“十四五”旅游业发展规划的通知[EB/OL].（2021-12-22）[2023-04-09]. https://zwgk.mct.gov.cn/zfxxgkml/ghjh/202201/t20220121_930613.html.

[7] 朱丽都孜•解思思别克，刘庭芳，张丹. 我国健康旅游研究热点及趋势分析[J]. 中国初级卫生保健，2022，36（6）：5-8.

[8] 薛群慧，白鸥. 论健康旅游的特征[J]. 思想战线，2015，41（6）：146-150.

[9] 中共中央，国务院. 关于加强新时代老龄工作的意见[EB/OL].（2021-11-18）[2023-04-09]. https://www.gov.cn/zhengce/2021-11/24/content_5653181.htm.

[10] 中国旅游研究院. 中国休闲发展年度报告（2022—2023）[EB/OL].（2022-12，-13）[2023-04-10]. https://www.mct.gov.cn/whzx/zsdw/zglyyjy/202110/t20211011_928211.html.

[11] 文化和旅游部. 文化和旅游部关于加强旅游服务质量监管提升旅游服务质量的指导意见[EB/OL].（2021-5-22）[2023-04-10]. https://www.gov.cn/gongbao/content/2021/content_5627700.htm.

[12] 马思伟. 海南深耕“康养＋旅游”产业[N/OL]. 中国旅游报，2021-01-14. https://www.mct.gov.cn/whzx/

qgwhxxlb/hn_7734/202101/t20210114_920738.htm.
[13] 兰达治，黎亮豆，魏海斌，等．三亚市东北籍老年人中医药健康旅游需求及其影响因素的质性研究[J]．广西医学，2022，44(15)：1805-1812，1821.
[14] 赵影．中国发展国际医疗旅游的机遇和挑战分析[J]．对外经贸实务，2019(8)：80-83.
[15] 袁珍，朱智英，杨慧，等．中医药健康旅游发展策略研究[J]．中国市场，2018(5)：283-284.
[16] 张颖．国外医疗旅游业发展的经验及对我国的启示[J]．对外经贸实务，2019(7)：34-37.
[17] 保继刚．旅游高等教育高质量发展的思考[J]．旅游学刊，2023，38(1)：14-16.
[18] 张馨心，杨逢柱，刘宁，等．中医药国际健康旅游发展的法律问题探讨[J]．世界中医药，2020，15(1)：120-124.
[19] 刘春放．海南发展中医药健康旅游的思考与探索[J]．当代经济，2018(9)：56-58.
[20] 詹琳，张华．攀枝花市康养旅游产业融合发展 SWOT 分析及策略研究[J]．攀枝花学院学报，2021，38(4)：45-52.
[21] 高海滨，黄国珠，姜枫，等．基于巴马瑶族自治县现状探讨广西壮瑶医药健康养老旅游的开发策略[J]．中国医药导报，2018，15(33)：155-158.
[22] 梁芝羽．攀枝花康养旅游亮相美丽中国行•康养旅游推介大会[N/OL]．非钒钛度客户端，2023-2-23. http://www.pzhnews.org/zx/202302/t20230223_404558.html
[23] 汪聪聪，陈俊男．康养旅游案例：攀枝花“阳光花城”[EB/OL]．(2022-4-19)[2023-04-11]．https://mp.weixin.qq.com/s?__biz=MjM5MDMzNDM0MQ==&mid=2651621072&idx=2&sn=50057d077b34ff9f607fe42075c0cf5c&chksm=bdbe4a3a8ac9c32c6c686a940b0d103baa086566d996123e5c1f5633114911476cb883d3444b&scene=27.
[24] 栾溪，熊为新．攀枝花推进“康养 + 工业”，做好“阳光”与“钢铁”的辩证法！[N/OL]．四川日报，2021-1-18. https://www.sohu.com/a/437326188_355528.
[25] 朱雪天．四川依托安宁河流域优势资源打造阳光康养的“诗和远方”[EB/OL]．(2022-7-14)[2023-04-11]．http://sckywang.com/index.php?m=home&c=View&a=index&aid=1103.
[26] 祝琳．攀枝花：推进“康养 + 医疗”融合发展 探索培育健康服务新业态[EB/OL]．(2020-12-14)[2023-04-10]．https://www.sc.gov.cn/10462/10464/10465/10595/2020/12/14/90744adffef04d36bf4eaae6cd584420.shtml.
[27] 马思伟．四川攀枝花打造金沙江体育旅游品牌[N/OL]．中国旅游报，2019-12-16.https://www.mct.gov.cn/whzx/qgwhxxlb/sc/201912/t20191216_849604.htm.
[28] 周涵维．“长寿之乡”广西巴马：康养旅游开启乡村振兴新动能[N/OL]．农民日报，2021-11-02. https://baijiahao.baidu.com/s?id=1715249702009794640&wfr=spider&for=pc.
[29] 夏天．旅游业人才生态系统健康评价研究：以浙江省为例[J]．武汉理工大学学报(社会科学版)，2019，32(3)：151-157.
[30] 刘海汀．国际养生旅游的发展经验及启示[J]．中州学刊，2020(9)：75-79.
[31] 李新泰．国外健康旅游的发展路径与启示[J]．人文天下，2019(5)：13-18.
[32] 薛群慧，邓永进，顾晓艳．健康旅游开发的若干思考：以浙江为例[J]．经济问题探索，2011(10)：85-89.
[33] 王秀峰．发展国际医疗旅游的意义、经验及建议[J]．中国卫生政策研究，2015(2)：66-70.
[34] PENG J M, YANG X Y, FU S H, et al. Exploring the influence of tourists' happiness on revisit intention

in the context of Traditional Chinese Medicine cultural tourism[J]. Tourism Management, 2022(94): 104647.

[35] MEESTERS A N R, SCHROEVERS M J., STEWART R E, et al. Seasonal patterns in mindfulness in people with Seasonal Affective Disorder(SAD)[J]. Journal of Affective Disorders Reports, 2022(8): 100-341.

第十八章　健康服务人才培养

本章从健康服务人才培养概述、健康服务人才培养现状以及健康服务业人才培养展望三个部分展开论述，重点阐述国内健康服务业人才培养的政策环境、需求现状，以及分析国内外健康服务业人才培养现状和未来展望。

第一节　健康服务人才培养概述

一、健康服务人才的界定

近年来，随着人民群众对健康需求的不断提高，健康服务业在我国得到了快速发展，这对健康服务相关人才队伍建设提出了新的挑战和要求。健康服务人才指掌握健康管理理论、技术与方法，医学基础理论和知识，健康服务相关技能，具备现代健康理念与健康管理特长以及广泛的人文社会科学和自然科学等相关知识的健康服务业人才，包括一切从事健康相关工作的人员，例如医师、护士、健康管理师、养老护理员、药剂师、营养师、育婴师、按摩师、康复治疗师、健身教练、社会体育指导员等。

二、国内政策环境分析

2013 年 10 月 18 日，国务院发布《国务院关于促进健康服务业发展的若干意见》(国发〔2013〕40 号)，明确提出健全健康服务业人力资源保障机制。《“健康中国 2030”规划纲要》第七篇“健全支撑与保障”中，明确要求要加强健康人力资源建设。第一，加强健康人才培养培训。加强医教协同，建立完善医学人才培养供需平衡机制。改革医学教育制度，加快建成适应行业特点的院校教育、毕业后教育、继续教育三阶段有机衔接的医学人才培养培训体系。第二，创新人才使用评价激励机制。落实医疗卫生机构用人自主权，全面推行聘用制，形成能进能出的灵活用人机制。

2017 年 7 月 10 日，全国医学教育改革发展工作会议在北京召开。中共中央政治局常委、国务院总理李克强作出重要批示：人才是卫生与健康事业的第一资源，医教协同推进医学教育改革发展，对于加强医学人才队伍建设、更好保障人民群众健康具有重要意义。7 月 11 日，国务院办公厅公开发布《关于深化医教协同进一步推进医学教育改革与发展的意见》(以下简称《意见》)，文件由教育部、国家卫生健康委、国家中医药管理局牵头，征求国务院教改、医改领导小组成员 28 个部委的意见，经国务院同意后，由国办印发。这是新中国成立以来，第一次以国务院办公厅名义就医学教育改革发展这一专项工作出台文件。国务院副总理出席医学教育改革发展工作会议并作全面系统部署，召开这样高规格、高层次、大规模的会议，在医学教育改革发展历程中是史无前例的。《意见》的出台和会议的召开充分体现了党中央、国务院对新形势下医疗卫生事业和医学教育工作的高度重视。

2019年国家卫生健康委发布《健康中国行动（2019—2030年）》，提出了健康中国建设的目标和任务。《“十三五”卫生计生人才发展规划》明确指出“人才是健康中国建设的重要支撑”。要围绕健康产业发展和健康服务新业态，加强健康服务人才培养和建设力度。推进医疗护理员等职业技能鉴定工作，建设一支社会急需、面向基层、业务拔尖、一岗多能的健康服务技能人才队伍。加强医养结合人才队伍建设，建立医疗卫生机构与医养结合机构人员进修轮训制度，鼓励执业医师到养老机构设置的医疗机构多点执业，养老机构的医护人员在职称评定、技术培训和继续医学教育等方面，与医疗机构医护人员一视同仁。围绕健康服务业发展需求，逐步健全中医药健康服务人才岗位设置，建立适应中医药健康服务发展的职业技能鉴定体系，加快培养中医养生保健、康复、养老、健康管理等技能人才。

2023年2月21日，教育部等五部门印发《普通高等教育学科专业设置调整优化改革方案》，明确指出要加强新医科建设，面向人民生命健康，落实“大健康”理念，加快构建服务生命全周期、健康全过程的医学学科专业体系。

三、国内人才需求分析

当前，随着我国工业化、城镇化进程和人口老龄化趋势的加快，居民的生活节奏越来越快，不健康的生活方式导致居民面临慢性病的巨大威胁。

慢性病人群需要健康服务与管理人员。国家卫健委发布的《中国居民营养与慢性病状况报告（2020年）》显示，全国18岁及以上成人高血压患病率为27.5%，糖尿病患病率为11.9%，高胆固醇血症患病率为8.2%，超重肥胖超过50%，40岁及以上居民慢性阻塞性肺疾病患病率为13.6%。原国家卫计委发布的《中国家庭健康大数据报告（2017）》显示，高血压、糖尿病等传统意义上的老年病，开始向年轻群体蔓延。井喷式增长的慢性病人群需要大量专业的健康服务与管理人员。

人口老龄化需要健康服务与管理人员。老年人群由于机体功能的逐渐衰退，成为患慢性病的主要人群。2021年第七次全国人口普查结果显示，中国60岁及以上人口为26 402万人，占18.70%，其中，65岁及以上人口为19 064万人，占13.50%，人口老龄化程度进一步加深。联合国经济和社会事务部预测，到2050年中国60岁及以上人口数将占总人口数的35.1%，占比高于美国（27.8%）、英国（31.5%）和加拿大（32.0%）。《中国老年社会追踪调查》报告指出，约有五成老年人是空巢老人，约七成老年人患有慢性疾病。全国老龄工作委员会办公室发布了对中国大陆60岁及以上老年人生活状况进行抽样调查的结果，显示我国失能、半失能老年人约4 000万人，占老年人口的18.3%，同时，老年人的精神慰藉服务严重不足。2022年研究报告，我国有1 507万60岁及以上的老年痴呆患者，其中包括983万阿尔茨海默病患者。有研究显示，预计到2030年阿尔茨海默病的患病率将上升至6.7%，届时将约有2 329.07万老年患者，且我国阿尔茨海默病的漏检率较高，医疗成本显著增加。

全人群需要健康服务与管理人员。随着生活水平的提高，以及健康转型、疾病谱变化等，公众的健康意识不断增强，健康观念转变，对健康服务有了更高层次、更多样化的需求。应通过对各年龄段人群的健康管理，实现治病于萌芽、消病于无形、防病于无病，从整体上提高人们的健康水平，提高生活质量。

第二节　国内健康服务人才培养现状

一、健康服务人才培养现状

（一）健康管理人才学历教育

1. 学历教育　为解决健康产业发展的人才缺乏问题，在政府、学界和市场的不断推动下，健康相关专业应运而生，并在近年来如雨后春笋般迅速发展开来。2016 年，教育部首次批准我国 5 所高校开设“健康服务与管理”本科专业，分别是浙江中医药大学、广东药科大学、成都医学院、滨州医学院、山东体育学院。2017 年 3 月，教育部再一次审批通过福建中医药大学、江西中医药大学、齐鲁医药学院、武汉工商学院、海南医学院、四川文理学院等 21 所高校开设“健康服务与管理”专业，该专业为四年制本科，授予管理学学士学位。杭州医学院、武汉商贸职业技术学院等专科学校设有三年制健康管理专业，各具特色的专科教育丰富了健康相关专业的广度，也为社会培养了更多层次的健康相关人才。

2018 年教育部审批通过杭州师范大学、东北大学、南京中医药大学、天津中医药大学、安徽医科大学、广西医科大学等 35 所高校开设“健康服务与管理”专业；2019 年审批通过广州中医药大学、哈尔滨医科大学、长春中医药大学、广西中医药大学、甘肃中医药大学、内蒙古医科大学等 24 所高校开设“健康服务与管理”专业；2020 年审批通过中国药科大学，广东医科大学、山西医科大学、山西中医药大学、河北中医学院、吉林医药学院等 23 所高校开设“健康服务与管理”专业；2021 年审批通过南方医科大学、中国医科大学、河北医科大学、西华师范大学、武汉轻工大学、长治医学院等 15 所高校开设“健康服务与管理”专业；2022 年审批通过北京语言大学、鞍山师范学院、沈阳城市学院、黑龙江中医药大学、莆田学院、枣庄学院等 13 所高校开设“健康服务与管理”专业；2023 年审批通过衡水学院、沈阳医学院、辽宁何氏医学院、苏州城市学院、温州医科大学、新乡医学院等 11 所高校开设“健康服务与管理”专业。由此看来，“健康服务与管理”作为服务于健康服务业的主要专业，越来越受到各级各类院校的青睐。到目前为止，全国总共已有 147 所本科高校开设“健康服务与管理”专业，该专业为四年制本科，授予管理学学士学位。具体情况见表 18-1。

全国 31 个省（自治区、直辖市），除西藏自治区、青海省外，其他省份均开设了“健康服务与管理”本科专业。147 所高校中，四川省有 11 所高校，山东省、辽宁省各有 10 所高校，湖北省、广东省各有 9 所高校，安徽省有 8 所高校，河南省有 7 所高校，广西壮族自治区、黑龙江省、贵州省、陕西省各有 6 所高校，江西省、山西省、江苏省、河北省、重庆市各有 5 所高校，浙江省、吉林省、云南省各有 4 所高校，海南省、福建省、上海市、北京市各有 3 所高校，湖南省、甘肃省、天津市、新疆维吾尔自治区各有 2 所高校，宁夏回族自治区、内蒙古自治区各有 1 所高校。总体而言，东部地区数量最多，共 57 所（38.8%）高校开设该专业；中部地区紧随其后，开设该专业的高校数量为 46 所（31.3%）；西部地区则为 44 所（29.9%）。

2. 健康服务相关支撑产业人才学历教育　我国于 1985 年开始进行卫生事业管理本科教育。据不完全统计，目前已有近 80% 的医学院校开设卫生管理相关专业。当前我国本科院校中卫生事业管理专业的学生比例占全体本科生的 5%。我国卫生相关单位和医疗机构的调查显示，目前就职员工中具有中级及以上职称的卫生事业管理专业人员占比不到 30%，可见卫生医疗机构中卫生事业管理专业方面的高端人才比较匮乏。

表 18-1　147 个“健康服务与管理”本科专业获批年份及所在院校名称

获批年份	数量	院校名称（排名不分先后）
2016 年	5	浙江中医药大学、广东药科大学、滨州医学院、山东体育学院、成都医学院
2017 年	21	成都中医药大学、广西师范大学、贵州医科大学、江西中医药大学、福建中医药大学、海南医学院、湖北医药学院、贵州中医药大学、四川文理学院、上海健康医学院、湖南医药学院、辽宁中医药大学杏林学院、大连医科大学中山学院、珠海科技学院、长春人文学院、南通理工学院、齐鲁医药学院、武汉工商学院、广州新华学院、宁夏理工学院、马鞍山学院
2018 年	35	杭州师范大学、东北大学、南京中医药大学、天津中医药大学、安徽医科大学、广西医科大学、山东中医药大学、湖北中医药大学、河南中医药大学、新疆医科大学、云南中医药大学、西南医科大学、锦州医科大学、陕西中医药大学、齐齐哈尔医学院、蚌埠医学院、西华大学、齐齐哈尔工程学院、新余学院、滇西应用技术大学、天津医科大学临床医学院、北京中医药大学东方学院、新乡医学院三全学院、西南财经大学天府学院、贵州中医药大学时珍学院、昆明医科大学海源学院、山西工商学院、大连东软信息学院、长春建筑学院、安徽新华学院、青岛恒星科技学院、武汉生物工程学院、三亚学院、西安培华学院、陕西服装工程学院
2019 年	24	广州中医药大学、哈尔滨医科大学、长春中医药大学、广西中医药大学、甘肃中医药大学、内蒙古医科大学、佳木斯大学、桂林医学院、赣南医学院、湖北理工学院、牡丹江医学院、右江民族医学院、黄淮学院、新乡学院、菏泽学院、山东女子学院、河南财政金融学院、浙江中医药大学滨江学院、湖北师范大学文理学院、陕西科技大学镐京学院、江西科技学院、安阳学院、广州华商学院、海口经济学院
2020 年	23	中国药科大学、广东医科大学、山西医科大学、山西中医药大学、河北中医学院、吉林医药学院、四川旅游学院、陇东学院、攀枝花学院、张家口学院、山东青年政治学院、北京第二外国语学院中瑞酒店管理学院、安徽医科大学临床医学院、贵州大学明德学院、贵州医科大学神奇民族医药学院、河北科技学院、上海建桥学院、安徽三联学院、皖江工学院、福州理工学院、江西应用科技学院、重庆师范大学涉外商贸学院、成都东软学院
2021 年	15	南方医科大学、中国医科大学、河北医科大学、西华师范大学、武汉轻工大学、上海师范大学天华学院、南京医科大学康达学院、山东财经大学燕山学院、重庆工商大学派斯学院、遵义医科大学医学与科技学院、山西应用科技学院、郑州西亚斯学院、广东东软学院、长治医学院、保山学院
2022 年	13	北京语言大学、鞍山师范学院、沈阳城市学院、黑龙江中医药大学、莆田学院、枣庄学院、湖北科技学院、湖南工商大学、广州南方学院、桂林学院、重庆城市科技学院、重庆财经学院、西安医学院
2023 年	11	衡水学院、沈阳医学院、辽宁何氏医学院、苏州城市学院、温州医科大学、新乡医学院、重庆移通学院、四川师范大学、陕西国际商贸学院、石河子大学、湖北理工学院

从医疗保险改革开始到 2011 年，我国约有 35 所高等院校开办了医疗保险（少数称为健康保险）专业或方向，每年为社会培养和输送的医疗保险专业学生超过千人，在一定程度上缓解了医疗保险专业人才紧缺的状况。在我国面临老龄化现象严重、慢性病高发等健康威胁的社会背景下，医疗保险将发挥愈来愈重要的作用，但目前医疗保险的人才供给远远不能满足社会需求。

2007 年，湖南岳阳职业技术学院等院校开始招收老年护理专业方向学生；2010 年，天津中医药大学开设老年护理专业方向，招收本科生。2013 年，《国务院关于加快发展养老服务业的若干意见》（国发〔2013〕35 号）发布，文件强调，教育、人力资源和社会保障、民政等部门要支持相关院校增设养老服务专业和课程。《“十三五”国家老龄事业发展和养老体系建设规划》（国发〔2017〕13 号）明确强调要壮大人才队伍，加快培养老年医学、康复、护理等人才。目前我国 110 所设置护理专业的院校中，半数以上开设了老年护理课程，养老服务人才队伍正逐年壮大。

中医养生学和保健专业是执行国家“健康中国”和“大健康产业”政策下的新兴专业，主要培养系统掌握中医学以及相关学科的知识，能够在各级医疗卫生、养生保健等机构从事中医养生、治未病和慢性病、康复保健等工作的人才。根据 2016 年度普通高等学校本科专业备案和审批结果，南京中医药大学、成都中医药大学开设的全国首批中医养生学专业，黑龙江中医药大学开设的首个中医康复学专业等新专业获批，并于 2017 年正式招生。中医养生学本科专业学制五年，学生毕业后授予医学学士学位。我国目前仅有几所高职高专院校设立中医养生与保健专业，中医养生与保健专业作为新的学科分支，人才培养模式、学科本身的建设仍在不断探索之中。

（二）健康管理人才职业培养

1. 健康管理师　2005 年，劳动和社会保障部将“健康管理师”正式列入职业目录。2007 年，中华医学会健康管理学分会正式成立，同年 10 月，经国家新闻出版总署批准，由中国科协主管、中华医学会主办的《中华健康管理学杂志》创刊。2009 年，卫生部国家职业技能鉴定与指导中心组建新一届“健康管理师专家委员会”，主要承担对健康管理师进行国家职业标准、题库组建、教材编写的研发及培训，开展职业技能鉴定考试、考评技术和方法的研究，指导和评估健康管理师职业培训、鉴定实施单位的工作等职责。

放眼世界，据环球网报道，健康管理师在欧美一些发达国家发展较好。以美国为例，截至 2012 年，美国已有 31 万专业健康管理师，主要就职于社区、医院、养老院、康复中心等机构。预计到 2022 年，美国健康管理师数量将增长 23%，增加 7.3 万多人。相关统计显示，大约每 10 个美国人中有 7 个享有健康管理服务；如按每 100 人配备 1 名健康管理师计算，在我国，目前健康管理服务比例低至十五万分之一，供需差距悬殊。

国家人力资源和社会保障部宣布，从 2014 年开始，两个与健康管理相关的新职业被纳入中国就业培训技术指导中心（CETTIC）职业培训课程项目，分别是亚健康管理师和儿童健康管理师。最新统计数据显示，我国有超过 3.6 亿少年儿童，但每 36 万人才拥有一名儿童健康管理师，这与发达国家差距极大。据不完全统计，目前我国亚健康管理师、儿童健康管理师的人才供需缺口接近 2 000 万。

2. 康复治疗师　康复治疗技术服务对象几乎覆盖所有人群，随着社会经济发展，康复治疗技术人员需求量增大，但供给量不足，需求缺口数很大。中国康复医学会的调查表明，截至 2019 年，我国从事康复服务的队伍只有 5 600 多人，平均每 10 万人口仅“分摊”0.4 名康复治疗师，即便在医疗相对发达的上海，康复治疗师的数量也远远不够。上海市康复医学会 2018 年对上海康复现状的调研显示，上海全市可提供康复的医疗机构为 434 家，康复治疗师仅 2 116 人，这与发达国家每万人拥有 10～20 名康复治疗师的标准相比，还存在很大缺口。至 2019 年，我国已累计批准 176 所高校开设康复治疗学专业。规范康复治疗师职业培训需要建立完善“康复治疗师”职业（岗位）、职称系列与准入制度，通过各级重点专业、精品课程、实训基地、特色教材等建设项目的支持，有效提升培训水平，进行系统化、高层次和高水平的专业人员培养，培养“一专多能”的社区基层适用的高素质技术技能型康复治疗技术人员。同时，加强社区基层康复治疗技术在岗人员常见病、伤、残康复治疗技能业务培训，形成多层次的康复治疗技术人员培养体系，提高人才培养质量，实现专业教育跨越式发展。

3. 公共营养师　2005年，国家劳动和社会保障部公布“公共营养师”作为第四批新职业之一。2016年，国务院宣布取消公共营养师职业资格许可和认定。2021年，公共营养师重新被纳入国家职业技能标准目录。营养师不仅可以在社区发挥作用，还可为企业员工、学校师生和家庭等提供营养咨询、营养测评、营养指导、营养宣教和营养管理服务，对维持和改善中国居民的健康状况有重要意义。《国民营养计划（2017—2030年）》提出，要加强营养人才培养，推动有条件的学校、幼儿园、养老机构等场所配备或聘请营养师。《中华人民共和国营养条例（草案）》规定：“在托幼机构、养老机构、妇幼保健机构、食品生产企业、医院、学校、餐饮机构、特殊职业工作部门、社区、集体供餐单位均要配备营养师，公共营养师将强制准入。”但我国总体上营养师数量严重不足，截至2017年，我国取得公共营养师资格证书的人数仅为50万人。每10万人口中，美国营养师约为33.81人，日本为72.55人，而我国目前仅为0.77人，尚不能满足每1万人配备一名营养指导员的需求；且我国营养师主要分布在东部及沿海的发达城市和地区，中西部地区和农村的人才缺口问题比较严重。此外，营养师职业群体的定位和认可度问题、职业资格认证和管理问题仍有待解决。

（三）健康服务相关支撑产业人才职业培养

1. 养老护理员　由于当前我国处于社会福利制度由补缺型向适度普惠型转变的过渡阶段，均等化基本公共服务在专业服务人才的配置上准备不足，养老服务领域现有基础性人才从数量和质量均难以适应快速增长的多样化养老服务需求。目前，我国养老护理员数量严重不足，专业技术水平偏低。在我国，从事养老服务的护理员主要分为三种类型：一是家政服务员，二是获民政部门和劳动保障部门颁证的初级、中级、高级养老护理员，三是具有专业职称的护士。前两者多由文化程度低、缺乏医学知识的农民、务工人员组成。据不完全统计，全国养老护理员持证人数不超过6万人，相对于100多万的从业人员规模需求来看，目前持证养老护理员数量不到10%，因此，我国还需很长一段时间来实现养老护理员全面持证上岗。此外，我国目前对养老护理员的培训主要集中在养老护理员的晋级培训，包括初级（国家职业资格五级）、中级（国家职业资格四级）、高级（国家职业资格三级）和技师（国家职业资格二级）。除此以外的规范培训机会较少，覆盖面小，培训时间短，多数养老机构养老护理员入职前仅接受数日的短期培训，其知识和能力远远不能满足老年照护需求。

2. 社会体育指导员　2019年，《国务院关于健康中国实施行动意见》颁布，对我国群众健康知识普及、健康行为参与、健身活动开展提出了新要求，社会体育指导员作为我国群众体育健身知识的传递者、健康行为的引导者、健身活动的指导者，对促进“全民健身”事业的发展及“健康中国”战略的实施，具有重要作用。从我国社会体育指导人员发展情况看，年均增长率为0.06%。中国社会体育指导员协会统计数据显示，2008—2017年社会体育指导员数量呈现明显的逐年递增的发展趋势，2008年我国拥有社会体育指导员数量为106万名，截至2017年已达到364.88万名，我国社会体育指导员的队伍在不断扩大，这对于推动全民健身事业发展的具有重要作用。

社会体育指导员发展的地区差异与区域非均衡分布特征依然明显。其中，区域社会体育指导员发展数量最高的是华东地区（117.74万人），其次是华南地区（51.38万人），人数最少的是西北地区，仅有25万人，社会体育指导员的东西分布差异依然较大。因此，在新时期群众体育事业发展过程中，要建立区域社会体育指导员协调发展新机制，促进区域群众体育服务人才与群众体育事业的协调发展，进而有效地促进“全民健身”与“健康中国”等国家战略行动的有效实施。

二、国内健康服务人才培养模式分析

目前我国已有健康服务与管理专业（或方向）的各所高校结合自身特点，对健康服务人才培养模式进行创新，归纳如下：①进一步完善已有的人才培养模式；②加强师资队伍建设，提高实践能力；③增设素质教育相关课程，不断完善课程体系；④多种教学方法相结合；⑤加强学校、企业合作，共同培养。

147所高校中，按办学性质分，公立大学87所、民办大学41所、独立学院19所；按办学类型分，综合院校51所、西医药院校41所、传统医药院校（含民族医药类）25所、理工院校14所、财经院校8所、师范院校6所、体育院校1所、旅游院校1所，具体信息见表18-2。

表18-2　147个“健康服务与管理”本科专业所在院校的性质类型分布情况

办学性质/类型	综合院校	西医院校	传统医药院校	理工院校	财经院校	师范院校	体育院校	旅游院校	合计
公立大学	23	32	20	3	2	5	1	1	87
民办大学	26	2	1	10	2	0	0	0	41
独立学院	2	7	4	1	4	1	0	0	19
总计	51	41	25	14	8	6	1	1	147

通过官网途径检索发现，147所高校中，35所高校（23.8%）已成立健康管理学院或系部，34所高校（23.1%）将健康服务与管理专业开设在管理学院或系部，17所高校（11.6%）将该专业设在公共卫生学院或卫生管理学院，15所高校（10.2%）设在医学院或药学院，13所高校（8.8%）设在护理学院或康养学院，11所高校（7.5%）设在社会科学学院、法学院、烹饪学院等，另有22所高校（15.0%）未明确归属学院信息，见表18-3。

表18-3　147个“健康服务与管理”本科专业归属学院情况统计表

序号	学院（系/部）	数量（占比）	归属学院/系/部明细
1	健康管理学院/系	35（23.8%）	健康管理学院（12）、健康学院（5）、体育与健康学院（4）、健康管理系（3）、大健康管理学院（2）、大健康与智能工程学院（1）、大健康学院（1）、体育健康学院（1）、健康福祉学院（1）、健康产业学院（1）、健康产业管理学院（1）、生命与健康学院（1）、中医药健康学院（1）、体育与大健康学院（1）
2	管理学院/系	34（23.1%）	管理学院（14）、人文与管理学院（6）、经济与管理学院（1）、人文信息管理学院（1）、人文管理学院（1）、经贸与管理学院（1）、现代服务管理学院（1）、经济管理学院（1）、现代管理学院（1）、商务管理学院（1）、旅游与酒店管理学院（1）、政府管理学院（1）、信息管理学部（1）、经济与管理学部（1）、人文与管理学部（1）、信息管理系（1）
3	公共卫生或卫生管理学院/系	17（11.6%）	公共卫生与管理学院（6）、卫生管理学院（5）、公共卫生学院（2）、公卫系（1）、健康与公共卫生学院（1）、公共卫生与健康学院（1）、公共卫生与健康管理学院（1）

续表

序号	学院(系/部)	数量(占比)	归属学院/系/部明细
4	医或药学院/系	15(10.2%)	医学院(6)、临床医学院(2)、岐伯医学院(1)、医学与健康学院(1)、医养健康学院(1)、大阪大学医工学院(1)、药学院(1)、健康医学院(1)、针灸推拿系(1)
5	护理或康养学院/系	13(8.8%)	护理学院(4)、健康与护理系(2)、养生康复学院(1)、康养产业学院(1)、康保学院(1)、康养学院(1)、康养护理学院(1)、健康与护理学院(1)、中医养生康复学院(1)
6	其他	11(7.5%)	体育社会科学学院(1)、社会与法学院(1)、国际医药商学院(1)、烹饪学院(1)、生物工程学院(1)、健康医疗科技学院(1)、公共课教学部(1)、健康科技学院(1)、应用技术学院(1)、旅游与资源环境学院(1)、城市治理与公共事务学院(1)
7	未查到归属学院	22(15.0%)	—
总计		147	

我国现有健康服务与管理本科专业的办学性质特征是以公办大学为主体，民办大学和独立学院为补充，办学类型是综合院校或医药院校为专业开设主体，理工、财经、师范、体育和旅游院校作为补充。从依托学院角度分析，已有35所高校成立了专门的健康管理学院，更有超过半数高校(81/147)将该专业设在医药、护理、公卫的学科体系内，这些数据均提示健康管理的学历教育已在逐渐向医学技术领域转型。

第三节 国外健康服务人才培养现状和模式

一、国外健康服务人才培养现状

健康管理的观点和实践最早起源于20世纪20年代末的美国，此后芬兰等北欧国家也积极效仿和实施，相继建立起自己的健康管理体系。丹麦、挪威、瑞典、芬兰、冰岛通称“北欧五国”，这五个国家历史背景相似，社会制度相近，宗教信仰基本相同。北欧是世界上幸福指数最高的地区，最新发布的《全球幸福报告》(World Happiness Report)显示，芬兰连续6年成为世界上最幸福的国家，紧随其后的是丹麦和冰岛，瑞典和挪威分别位列第六和第七。幸福指数在一定程度上反映了一个国家的医疗和健康管理水平。以下主要介绍芬兰的健康服务和管理人才培养概况。

芬兰提倡健康服务和社会服务相互融合的服务体系。因此，芬兰大学和高等职业技术学校在健康服务和管理人才培养上以护理、卫生保健、健康科学、管理、社会服务和国家福祉方向为主，并融入康复、营养、数字健康、健康服务设计、行业领导力、健康政策研究等内容。

1. 院系设置 在芬兰的大学，护理专业通常设立在护理学院或者护理系下，健康管理专业则通常设立在公共卫生学院或者管理学院下。此外，芬兰大学也开设了许多与健康和福祉相关的研究所，如健康科学研究所、公共卫生研究所、心理学研究所等。在高等职业技术学校，健康和福祉教育项目设有卫生保健、社会服务或者护理方向。常见的专业包括医学助理、护理、社会服务、健康管理、心理学等。此外，高等职业技术学院也会设立一些实用性强的职业技能课程，如康复治疗师、言语治疗师、营养师等。

2. 学位设置 芬兰的大学和高等职业技术学校在健康和福祉相关专业设置的学位主要包括公共卫生、健康管理以及社会和卫生部门管理等本科学位（bachelor's degree）和硕士学位（master's degree），并且很多专业都提供博士研究生课程，授予博士学位。

（1）公共卫生硕士（master of public health，MPH）：大学和高等职业技术学院基本都设立公共卫生硕士学位，注重培养学生的实际工作能力和应对公共卫生问题的能力。东芬兰大学的公共卫生硕士项目，旨在培养学生在全球卫生领域中担任领导职务的能力。

（2）健康管理硕士（master of health administration，MHA）：健康管理硕士学位设置在社会科学院或医学院的管理学方向。瓦萨大学的健康管理硕士项目旨在为学生提供健康管理、政策制定和创新领导方面的专业知识和实践能力。

（3）社会和卫生部门管理硕士（master of science public health，MSPH）：在芬兰，社会和卫生部门管理硕士专业的培养方向被视为一种新型的卫生管理学科，并为高校、研究机构、政府部门培养科研人才。例如，奥卢应用科学大学和城市应用科学大学的社会和卫生部门管理硕士项目旨在为学生提供卫生政策与管理方向的专业知识和实践能力。

3. 课程设置

（1）本科阶段：学生将会在本科阶段获得扎实的理论知识和实践能力，为后续的学习和职业发展打下良好的基础，本科阶段的课程设置主要包括以下类型的课程：①生物学预备知识：学生需要学习一些基础的生物学课程，包括生物学、人体生理学、微生物学、遗传学等。这些课程为后续健康和福祉相关专业的学习打下基础。②数学预备知识：学生需要学习微积分、统计等数学知识，这些知识在后续的统计学和流行病学等课程中将起到重要作用。③社会科学预备知识：学生需要学习人类学、经济学、政治学、心理学、社会学等社会科学知识，这些知识将有助于学生了解社会背景、社会文化及社会偏好等方面，为后续的卫生政策和管理打下基础。④公共卫生知识：学生需要学习公共卫生统计与概率、流行病学、环境卫生、社区卫生与人类发展、公共卫生微生物学、卫生政策与管理等相关知识。这些课程将有助于学生了解卫生领域的相关知识，包括卫生政策、管理和统计等方面的内容，同时也了解流行病学、环境卫生等相关内容。

（2）硕士阶段：健康和福祉相关专业硕士阶段的课程设置可能会因学校和专业不同而有所差异，但一般包括以下方向：①健康管理与服务：该方向主要关注如何管理医疗机构和提供高质量的医疗服务，涵盖医疗卫生服务管理、健康服务研究方法、质量管理、数据分析、人力资源管理、财务管理等课程。②社区和公共卫生：该方向主要研究如何改善和促进社区和公共卫生，包括流行病学、卫生政策和管理、环境健康、社会和人类发展、预防和控制疾病、健康促进和社区参与等课程。③心理健康和社会福利：该方向主要研究如何帮助人们在社会、心理和情感方面实现更好的健康，包括心理学、社会工作、家庭服务、心理健康评估、康复心理学、健康心理学等课程。

另外，在本科和研究生阶段，学校安排实习项目，甚至提供出国实习的机会，培养国际视野和交流能力。芬兰的学校注重健康专业学生的思维拓展，设置一些未来畅想的课程，如 AI 将会如何改变人类的生活和职业，让学生能深入思考科技如何改变人类社会，并鼓励学生提出自己的想法。学生的团队合作能力也在课程中得到培养和提升。

4. 人才就业状况

（1）就业率：芬兰大学和高等职业技术学校的健康和福祉专业毕业生就业率较高，其中护理专业就业率最高。根据芬兰国家教育局（Finnish National Agency for Education）的数据，护理专业的就业率为 96%。此外，健康管理专业的就业率也较高，为 89%。其他健康和福祉相关专业的就业率也在 85% 以上。

（2）就业机构：健康和福祉专业人才的就业机构主要包括医院、诊所、护理机构、老年人照顾中心、残疾人照顾中心、儿童保育中心、健康管理机构、社会保险机构等。此外，一些健康和福祉相关的组织、机构和公司也需要这些专业人才。在护理领域，护理机构和老年人照顾中心是主要的就业机构。在健康管理领域，政府部门、医院和私营企业是主要的就业机构。

（3）职业和相关人员的主要职责：护理专业人员的主要职责是照顾患者、老年人、残疾人和儿童，帮助他们日常生活的各个方面。护理专业人员包括护士、助理护士等。健康管理专业人员的主要职责是管理和组织健康和福祉服务，以确保公众的健康和福祉得到保障。健康管理专业人员包括健康管理师、健康政策制定者、医院管理者等。

总之，芬兰大学和高等职业技术学院健康和福祉相关专业人才毕业后的就业前景良好，且在社会中扮演着重要的角色。

二、国外健康服务人才培养模式分析——公共卫生护士的培养

近年来，各种传染病尤其是新冠疫情的暴发和大流行，对全球健康、经济和社会带来了严重影响。世界卫生组织呼吁各国从疫情中吸取教训，形成卫生政策和系统的“新常态”，提高对流行病和突发公共卫生事件的防范能力。同时各类非传染性疾病尤其是慢性疾病的增长对世界各国的卫生体系带来沉重负担。这对公共卫生和健康服务管理领域的人力培养和配置提出了新的要求。各国纷纷呼吁建立高素质高水准的公共卫生护理（public health nursing，PHNing）团队，以预防和应对各类疾病的暴发、增长和流行，为人类健康保驾护航。

公共卫生护士（public health nurse，PHN）是公共卫生机构中的重要成员，是社区公共卫生服务的主力军。国外大多数国家，如北欧五国，都设立 PHN，在疾病预防、传染病监测、健康教育、个人以及家庭健康管理和促进等方面发挥重要作用。2000 年 WHO 发布了《慕尼黑宣言》，并在 2001 年进一步界定了 PHN 的角色，主要包括 3 个方面：①家庭照护（family oriented care）；②公共卫生行动（public health action），包括健康保护（health protection）和健康促进（health promotion）；③政策制定（po1icy making）。目前对 PHN 职责比较全面的描述是：确定和评估个人、家庭和社区的健康需求，根据健康需求、护理标准和相关政策对健康需求进行管理；在不同的护理环境中发起或促进公共卫生行动或计划的实施；帮助和促进个人、家庭和社区健康决定因素的管理；与其他专业和部门进行合作；倡导在个人、家庭和社区层面改善健康；对各项健康卫生行动和计划进行评估。与普通护士相比，PHN 更多地聚焦人群健康（如孕产妇、儿童、老年人），在群体和机构层面上开展疾病预防、监控和干预并制定和实施健康方案和计划，如瑞典的 PHN 重点为儿童和学校学生提供保健服务等。芬兰的 PHN 则与全科医生一起，为居民提供全生命周期的健康促进服务，尤其是为妇幼儿童提供健康保障。相比普通护理人员，公共卫生护士对教育背景和学历要求更高。如在瑞典，成为一名 PHN 的基本资质条件为护理本科毕业并具有 1～2 年的临床护士工作经历，通过相应的专业培训（如公共卫生、儿科护理等）才能成为初级 PHN。公共卫生护士还需要定期接受培训，巩固和更新知识和技术。北欧国家对公共卫生护士核心能力有比较统一的认识，

即 PHN 需要具备公共卫生相关知识、工作能力和经验，具备儿童、青少年及其家庭健康管理和健康促进的技能，具备良好的沟通能力，以人为本，有团队合作意识和能力，有不断更新知识和技能的积极性，具有一定的领导力、服务发展与创新能力以及研究能力等。

许多国外高校已经专设“公共卫生护理”本科、硕士、博士项目，为入门级 PHN、PHN 管理者、PHN 科研者设置了不同的培养方案。大多数西欧国家在注册护士（registered nurse，RN）培养体系的基础上提供额外的教育计划以培养 PHN。PHN 在北欧已经有百年的历史，瑞典最早在 20 世纪初建立正式的 PHN 教培体系，挪威和芬兰在 20 世纪 20、30 年代引入 PHNing 课程，丹麦和挪威分别在 1937 年和 1947 年建立 PHN 教育体系。在北欧国家，高等教育机构提供的公共卫生护理教育项目和课程通常建立在对学习目标和职业预期有明确规定的国家指导方针上。

在芬兰，PHN 教育包括 240 个欧洲学分——ECTS（欧洲学分体系，European Credit Transfer and Accumulation System，1 个学分相当于 25～30 小时的学习时间），包括护理教育（180 个 ECTS）和 PHN 专科学习与实践（60 个 ECTS）。学生毕业时获得 RN 和 PHN 的卫生保健学士学位。有经验的 RN 和助产士也可以申请 PHN 教育项目。PHNing 课程主要涵盖以下几方面：健康促进工作方法、研究方法、职业卫生、社区健康、妇幼护理、儿童和青少年护理、普通家庭护理、特殊人群护理等。在 PHN 学习期间，学生至少要进行 25 个 ECTS 的临床实践，主要在公共卫生健康中心（public health centers，PHCs），如妇幼保健诊所、学校和学生保健中心、职业保健中心、家庭护理中心等，由在实地工作的 PHN 和一名辅助教师指导和监督。PHN 可以申请硕士项目——卫生保健硕士或卫生科学硕士，其方向为教学或管理等。根据芬兰教育和文化部规定，成为该项目教师的标准是有三年 PHN 工作经验，具有教学资格并持有硕士学位。

在瑞典，大约有 20 个 PHNing 课程项目，分布在各个高校。PHNing 属于专业护理研究生项目，需要有一年的护理科学硕士（75 个 ECTS）学习才能毕业。入学 PHNing 项目的最低要求是持有护理硕士学位（180 个 ECTS），以及至少一年的护理临床实践。课程涵盖健康促进，预防护理，普通医学，公共卫生，家庭、儿童和学校保健，病理学，某些药物的处方权利，家庭护理以及家庭护理中的高级护理等内容。PHN 项目的教师需要持有 PHN 资质或护理科学硕士学位以及高等教育教学能力，另外只有具有博士学位的教师才有资格为学生的学习进行评定。

在挪威，PHNing 入学条件是完成护理学士学习（180 个 ECTS）和 1 年的护理实践。课程分两个周期，第一周期课程共计 60 个 ECTS，可获得 PHN 资质；第二周期为 120 个 ECTS，完成后可获得 PHN 硕士学位。PHN 专业课程涵盖工作架构及规例、儿童和青年的健康与发展、PHN 工作方法、科学哲学和道德哲学、研究方法等内容。PHN 项目也包括 15 个 ECTS 的临床实习。根据挪威教育部规定，成为 PHN 项目教师的标准是有 PHN 资质、有教学资格，至少有硕士学位。如果设置硕士课程，教育机构必须至少 50% 的科学人员拥有博士学位，10% 是教授。

在丹麦，PHNing 学习项目的申请人必须持有护理学学士学位，全职参与临床实践至少两年，并在以下六个领域中的两个领域具有临床经验，其中一个领域至少有八个月的临床经验：新生儿、儿科、家庭护理、儿科精神病学、产妇护理和全科医生。PHN 课程分为理论和实习两部分，共 90 个 ECTS，其中 60 个 ECTS 是理论，30 个 ECTS 是临床实习。理论涵盖 PHN 概要（包括角色、职业、教育和政治观点等介绍），儿童、青少年和家庭的健康促进和疾病预防等。实习共六个月，分两个阶段：第一个阶段三个月，重点关注儿童、青少年和有普通需求的家庭；第二个阶段三个月，重点关注有特殊健康需求的家庭。最后根据实习完成毕业论文。成为理论教学教师的条件是具备 PHN 资质，具有教学资格，并持有硕士学位。

冰岛于 2015 年推出了 PHN 文凭和硕士教育，目的是加强 RN 的特殊临床和学术技能，从而提高冰岛的 PHNing 水平。学习内容包括：身体和心理健康评估、支持性访谈、家庭护理、临床药理学、高危人群护理服务、共病多病患者健康问题、健康促进等。理论部分的 PHNing 教师需要拥有博士学位，临床部分的教师必须有 PHN 的硕士学位。在拿到护理文凭毕业后，PHN 可以通过获得额外的 60 个 ECTS 获得硕士学位。

除了专业的教育，北欧 PHN 培养也重视专业人士的国际交流能力和科研素养，旨在培养具有国际视野的、有远见的、技能全面的专业护理人才。

反思我国，此次新冠疫情再次凸显了公共卫生在传染病控制中的关键作用和重大价值，同时也揭露了我国对特殊人群（如妇幼人群、老年人等）的健康管理和健康服务方面的不足。目前，我国尚未开展专门的 PHN 人才培养项目，社区护士承担了 PHN 的部分职能，但与 PHN 的要求尚有较大距离。PHNing 人才的需求、定位、培养和职业发展仍有待于深入探讨。相关部门和人员可借鉴国外 PHNing 人才培养和管理的模式和经验，结合我国公共卫生政策、人群健康管理需求以及人力资源实际情况，制定建立 PHNing 体系的方案，开展试点，取得实证经验，为进一步完善我国公共卫生体系和健康服务管理体系提出科学可行的建议。

第四节　健康服务业人才培养展望

2016 年 11 月 3 日，中国健康管理学科发展论坛（U20 峰会，University 20 & United 20）在杭州召开，20 所大学校长，20 个省健康管理学会主委，以及政府、医疗卫生机构、行业协会负责人围绕“人才培养规范及职业规划”等主题充分讨论，在学科建设、人才培养标准、从业人员职业规划、资质许可等问题上达成我国健康管理学科发展的若干共识。

历经 7 年的发展，我国健康管理人才培养和学科建设已有所成效。在此基础上，应发挥中国高校的带头作用，不断培养学科带头人，建设稳定的师资队伍，完善教学条件，促进学科发展；发挥“健康服务与管理”专业联盟的作用，通过举办师资培训班，培养青年骨干教师，提升学科教师素质能力，积极开展科学研究和产学研合作等；建立健康管理专业人才培养的国家标准，打造一流专业；积极争取健康管理学作为二级学科纳入医学一级学科下，积极推动健康管理（管理类）硕士、博士学位授权点建设，或在相关专业下设立研究方向，以拓宽专业人才的上升空间。健康产业机构应加强与各院校之间的协同创新、开展紧密合作，积极联合建立一批教学科研型实践示范基地，强化实践教学和环节，促进健康管理的理论与实践相结合。政府相关部门应尽快建立健康管理人才的终身教育体系，积极稳妥进行毕业后继续教育、在岗职业培训、远程在线教育等内容的尝试。

综上，健康服务业人才培养应坚持以需求为导向，关注影响人民群众健康的各类问题，重点围绕慢性病管理、健康服务模式构建、健康风险评估、健康干预技术的创新等方面开展研究工作，不断调整学科方向，推动、促进健康水平的持续提升。同时，健康服务业人才培养需要大力加强学科建设，高校、行业、政府部门均应参与其中，从以规模效应为主导的外延式发展模式过渡到以学科建设为主导的内涵式发展模式，积极引领健康管理机构与产业的可持续发展。

案例：

国家级一流本科专业建设点：浙江中医药大学健康服务与管理专业

浙江中医药大学是浙江省重点建设高校，是浙江省人民政府、国家中医药管理局、教育部共建高校。学校始创于1953年6月，是全国首批招收和培养中医药研究生、在浙江省属高校中首批获得博士学位授予权和博士后科研流动站的院校。

浙江中医药大学于2011年开始招收公共事业管理（健康管理方向）专业本科生，旨在培养富有创新精神，具备现代健康理念，掌握现代管理理论和信息化管理技术、医学康复理论知识和技能，拥有健康服务技能，能力强、素质高，富有亲和力，能在健康、文教、卫生、社会保险等企事业单位从事技术与管理工作的应用型人才，2015年该学科获浙江省重点一流学科资助。

2016年，郭清教授牵头向教育部申报获批，设立全国首批“健康服务与管理”本科专业并招生，并积极参与全国首套健康服务与管理系列教材的编写工作，郭清教授主编《健康服务与管理导论》，同年招收了“治未病与健康管理”方向的博士研究生。该专业为浙江省重点建设的新兴特色专业，2021年入选国家级一流本科专业建设点，也是全国唯一的国家级一流本科“健康服务与管理”专业建设点。浙江中医药大学注重学生健康素质和管理能力的培养，实行“宽口径、厚基础、重实践”的培养模式。借助本校中医学科背景，借助与国际部分知名高校（美国密西根大学、日本早稻田大学等）的合作平台，重点发展中医健康管理、健康大数据分析方向。其核心课程及课程大纲的设置，着眼于服务国家对中医药、健康大数据等健康服务人才培养的宏观战略及需求。在健康管理人才培养方面，注重“知行合一”，强化实践，以“协同创新”理念引领，进行“3+1”“政产学研用”应用型人才培养模式的探索。

健康事业能否顺利实行，健康人力资源建设起到重要的保障与支撑作用。在此方面，浙江中医药大学一直在努力探索，同时也取得一定的成效与经验，具体包括：

（1）创新人才培养模式，提升健康管理学科建设：以“协同创新”的理念进行“政产学研用”人才培养模式的探索；定期发起国家级健康管理学科论坛，邀请全国顶尖专家和行业精英进行研讨，凝聚健康管理发展共识。

（2）促进产学研结合，积极参与社会服务：重点强调“走出去”“引进来”，积极与政府、企业合作，探索新型“产学研”合作模式；与世界名校合作，搭建高起点、高层次的学术合作平台开展相关研究。此外，为响应国家政策，结合自身健康管理专业特色，为学生提供更多实践的机会和活动。坚持产学融合发展，“政产学研”多方共同研讨及制订本专业的人才培养方案，继续加大实习、实训在教学中的比重，从而最终提高有效健康服务人才培养质量。

（吴夏秋　张立万　陈　安　汪静娜）

参考文献

[1] 中共中央国务院. 中共中央国务院印发《“健康中国2030”规划纲要》[EB/OL].（2016-10-25）[2023-03-01]. http://www.gov.cn/zhengce/2016-10/25/content_5124174.htm.

[2] 国务院. 国务院关于印发“十三五”国家老龄事业发展和养老体系建设规划的通知[EB/OL].（2017-03-06）

［2022-04-16］. http://www.gov.cn/zhengce/content/2017-03/06/content_5173930.htm.

[3] 国家统计局. 第七次全国人口普查主要数据情况［EB/OL］.（2021-05-11）［2022-04-16］. http://www.stats.gov.cn/sj/zxfb/202302/t20230203_1901080.html.

[4] United Nations. Department of Economic and Social Affairs. World Population Ageing 2017［EB/OL］.［2022-04-16］. https://population.un.org/ProfilesOfAgeing2017/index.html.

[5] 马晶，杨晓萍，张洋弋，等. 健康中国背景下某医学高校应用型健康服务与管理本科专业人才培养模式探索［J］. 中华健康管理学杂志，2020（2）：184-187.

[6] 全国老龄工作委员会办公室. 三部门发布第四次中国城乡老年人生活状况抽样调查成果［EB/OL］.［2022-04-16］. http://www.cncaprc.gov.cn/contents/2/177118.html.

[7] REN R，QI J，LIN S，et al. The China Alzheimer Report 2022［J］. Gen Psychiatr，2022，35（1）：e100751.

[8] 白书忠. 中国健康产业体系与健康管理学科发展［J］. 中华健康管理学杂志，2007，1（2）：67-70.

[9] 张玉婷，赵小兰. 健康管理学科发展现状及展望［J］. 世界最新医学信息文摘，2015，15（51）：3-4.

[10] HELLIWELL J F，LAYARD R，SACHS J D. et al. World Happiness Report 2023（11th ed.）［EB/OL］.［2022-04-16］. https://worldhappiness.report/ed/2023/.

[11] United Nations. Department of Economic and Social Affairs. World Population Ageing 2020 Highlights［EB/OL］.［2022-04-16］. https://www.un.org/development/desa/pd/node/3431.

[12] EDMONDS J K，KNEIPP S M，CAMPBELL L. A call to action for public health nurses during the COVID-19 pandemic［J］. Public Health Nurs，2020，37（3）：323-324.

[13] ALSTVEIT M，LAHTI S，JONSDOTTIR S S，et al. Public health nurse education in the Nordic countries［J］. Public Health Nurs，2022，39（1）：270-8.

[14] 胡雁，杜世正，何梦雪，等. 国外公共卫生护士的培养和实践现况及启示［J］. 护理学杂志，2021，36（12）：22-25.

[15] 黄建波，楼招欢，毛盈颖，等. 中医健康管理发展现状和人才需求分析［J］. 中医药管理杂志，2018，26（11）：4-6.

[16] 郭清. 中国健康服务业发展报告 2019［M］. 北京：人民卫生出版社，2020：305-307.

[17] 谭萍芬，万晓文，姚东明，等. 中医药院校健康服务与管理专业人才培养模式研究——基于全国 11 所中医药院校培养方案比较研究［J］. 中国卫生事业管理，2020，37（9）：696-699.

[18] 国家卫生健康委员会. 中国卫生健康统计年鉴 2020［M］. 北京：中国协和医科大学出版社，2020：10.

[19] 张秀娟，张义喜，米岚，等. 健康管理专业人才培养需求调查分析［J］. 中国农村卫生事业管理，2018，38（6）：727-731.

[20] 王晓黎，张亚捷，马爱国，等. 2016—2020 年我国注册营养师发展报告［J］. 营养学报，2022，44（1）：6-9.

[21] 刘兰，陈淑蓉，杨月欣. 中国公共营养师现状调查［J］. 营养学报，2019，41（3）：216-219.

[22] 吴夏秋，曹维明，杨华，等. 中医药健康管理服务人才培养模式探讨［J］. 中华健康管理学杂志，2018，12（2）：188-192.

[23] 秦祖智，宗莉，甘洁月. 医药院校健康服务与管理专业建设路径［J］. 广西中医药大学学报，2021，24（2）：114-117.

第十九章　世界健康服务业发展概述

面对新型冠状病毒的持续大流行，世界健康服务市场需求正在发生倾斜和改变，病毒检测产品、疫苗和抗病毒药物研发与生产等业态，已成为全球健康服务业发展的重点领域。同时，健康老龄化、精神健康问题和妇女儿童健康危机等全球主要健康议题面临更严峻的挑战。因此，加大各重点领域的卫生健康投入，利用5G和人工智能技术升级健康服务业，加强健康服务业的全球合作和资源共享，构建人类健康共同体，是消除健康不平等、促进全球全民健康覆盖、推动健康服务业持续高质量发展的重要途径。

第一节　世界健康服务业发展环境分析

一、当前全球主要健康问题

2020年1月至今，全球卫生健康系统仍然经历着新冠病毒大流行带来的巨大冲击。截至2023年3月26日，全球报告新冠病毒感染确诊病例数超7亿，死亡人数近700万。此外，猴痘、霍乱、登革热等其他传染病近来全球持续高发。同时，在非传染性疾病方面，世界卫生组织（World Health Organization，WHO）最新数据显示，2019年非传染性疾病导致了4 100万人的死亡，占全球死亡人数的74%，1 700万人因非传染性疾病过早死亡（30～70岁死亡）。当前，另一日益凸显的精神障碍问题也引起了全球卫生和健康领域的广泛关注。截至2019年，全球共有9.7亿人患精神障碍，其中焦虑症和抑郁症最为常见。新冠疫情暴发后，精神障碍的发生率呈陡然上升态势，焦虑症和抑郁症人数在2020年分别增加了26%和28%。

在重点人群方面，全球老龄化趋势加剧，2021年全球65岁及以上人口数量已超过7.6亿。在新冠病毒大流行期间，由于医疗挤兑和医务人员缺乏，妇女、儿童和青少年等的健康需求未得到充分保障，甚至出现了倒退。2020年约有28万名妇女在怀孕和分娩期间及之后死亡，几乎95%孕产妇死亡发生在低收入和中低收入国家。尽管过去几十年，全球在降低儿童死亡率方面取得了巨大进步，但在2021年仍有超过500万的5岁以下儿童死亡和超过210万5～24岁人群死亡。在儿童疫苗接种方面，2021年约有2 500万儿童未接种疫苗或接种不足，如接种三剂白喉、破伤风和百日咳疫苗（DTP3）的儿童比例在2019—2021年间下降了5%，仅为81%。

国际冲突、气候变化、自然灾害使得全球健康能力面临更大的风险。近年来，全球部分地区的武装冲突和局部战争时有发生，当地的卫生保健设施遭到破坏，影响基本卫生服务的获得和提供；冲突造成了大量民众流离失所，其健康状况面临更高的脆弱性。全球气温上升导致极端天气事件，如热浪、寒潮、干旱、洪水等，带来了严重的健康威胁，预计到2030年，气候危机每年对健康造成的直接损失（不包括农业、饮用水和环境卫生等健康相关领域）将达到20亿～40亿美元。2023年初，土耳其南部和叙利亚北部突发严重地震，成为全球关注的突发公共卫生事件之一。除了直接造成人员伤亡，地震还带来了继发性健康危机，包括传染性疾病的流行和由于护理及治疗连续性受到干扰造成的非传染性疾病恶化，加剧健康风险。

二、当前全球健康服务市场需求特点分析

（一）控制传染性疾病需要全球合作与持续投资

尽管新冠病毒大流行初期，各国均采取了相应的隔离和防控政策，但全球化进程和人口流动使得传染性疾病全球传播速度更快、范围更广。应对全球性公共卫生危机，需要全球合作、共抗时艰。经过三年抗争，当前全球面临的形势已比大流行刚暴发时有所好转，但仍然面临压力，如病例数与死亡人数仍在不断上升（图19-1、图19-2）；抗病毒药物的研发赶不上病毒的变异，抗病毒药物昂贵且不易获得；疫苗接种率依然不容乐观等。世界卫生组织采取了一系列措施来团结全球力量，号召各国持续性参与和投入。具体包括：召集全球科学家和卫生专业人员，加快病毒研究和药物研发进程，更新防治规范和标准；呼吁全球通过COVID-19临床平台进行数据共享，帮助各国充分了解大流行应对措施、临床管理指南，以完善疫情防控措施；全球共同努力开发和传播疫苗接种的相关指南、工具、宣传材料，推动实现全球范围内的疫苗公平接种。此外，近两年全球还面临猴痘、艾滋病、霍乱等其他传染病的多重压力。2022年5月初，猴痘病例首次在流行国家和多个非流行国家同时出现，部分地区还出现了猴痘和艾滋病病毒重叠流行的现象。自2021年以来，世界正面临着第七次霍乱大流行，到2022年有近30个国家报告了霍乱病例。自然灾害、冲突、人口流动以及其他妨碍清洁用水的因素导致全球霍乱疫情防控形势严峻。虫媒病毒传染病尤其是登革热的流行现已超出了美洲历史传播区域，2022年美洲报告了280万登革热病例和1 290例死亡病例，比2021年分别增加了1倍和2倍。多种传染病高发和并发引发的健康危机，需要全球健康服务业的持续投入，并在世界卫生组织的领导下实现多国多地区多维度通力合作，以最大限度提高全球应对突发公共卫生事件的能力。

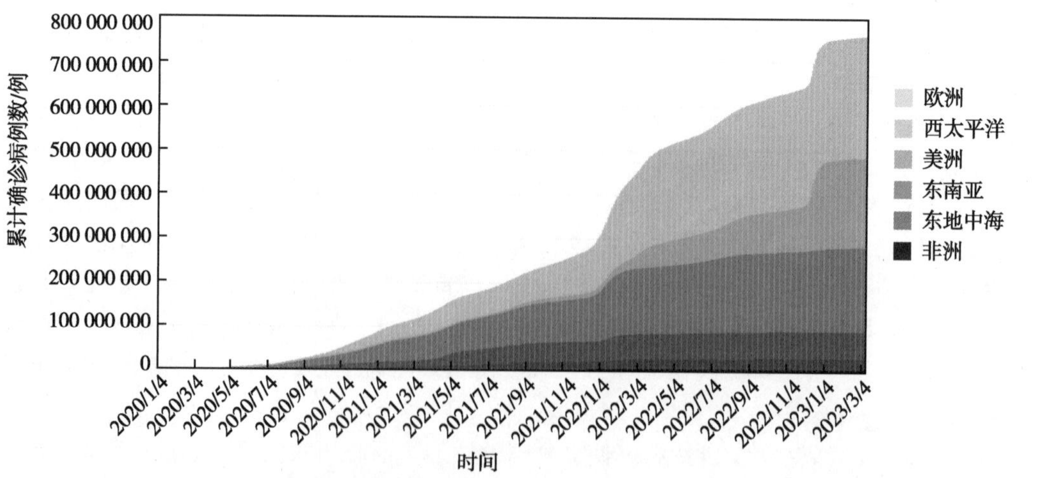

图19-1　全球新冠病毒感染（COVID-19）确诊病例情况（截至2023年3月）

资料来源：世界卫生组织新冠疫情仪表盘。

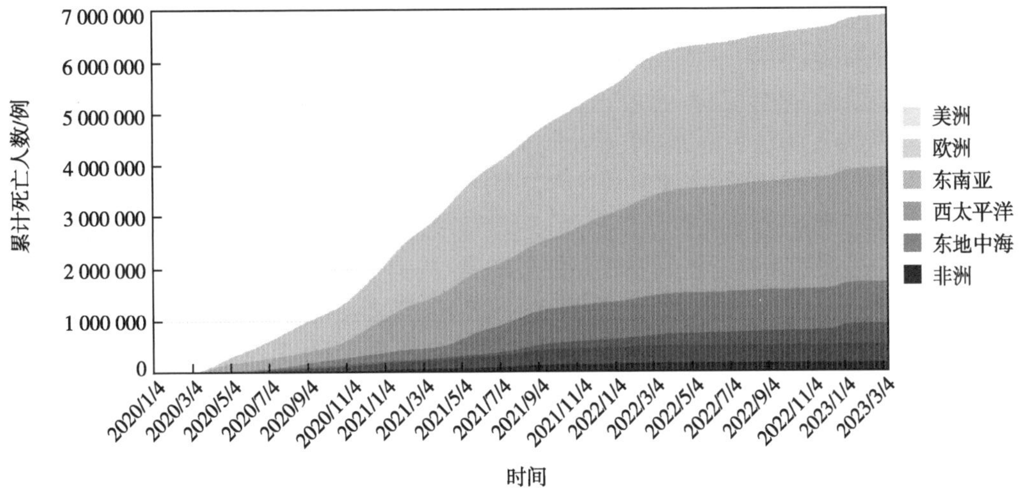

图 19-2　全球新冠病毒感染（COVID-19）死亡情况（截至 2023 年 3 月）

资料来源：世界卫生组织新冠疫情仪表盘。

（二）非传染性疾病仍是健康的头号威胁

非传染性疾病仍是全球公共卫生的头号威胁和医疗保健系统的主要负担。最新数据显示，2019 年非传染性疾病造成的死亡占全球死亡总数的近 74%，全球超过 60% 的疾病负担（伤残调整寿命）来自非传染性疾病，其中 15～69 岁的人群面临更高的疾病负担（图 19-3）。在 COVID-19 大流行时，患有非传染性疾病的人群更容易受到严重影响。数据显示：比利时癌症患者感染新冠病毒之后，30 天住院死亡率比非癌症患者高 34%；墨西哥慢性肾病患者新冠病毒相关死亡是非慢性肾病患者的 2.31 倍，糖尿病、高血压和慢性阻塞性肺疾病患者的死亡风险分别高出 69%、24% 和 20%。联合国可持续发展目标（The Sustainable Development Goals，SDG）中提出，全球要在 2030 年将非传染性疾病造成的过早死亡减少三分之一。而大多数国家在实现这一目标上进展甚微，截至 2021 年仅有 48% 的国家制定

图 19-3　全球非传染性疾病对各年龄组人群造成的疾病负担情况

资料来源：健康指标与评估研究所（IHME）2019 全球疾病负担数据。

了针对性的指导方案；34% 的国家提供了预防和治疗心血管疾病发作的药物和咨询服务；62% 的国家对癌症治疗提供了放射治疗服务。研究表明，为了在全球范围内实现 SDG 对于非传染性疾病领域的具体目标，需要在 2023—2030 年增加投入 1 400 亿美元用于非传染性疾病防控，这些投入可以避免 3 900 万人因非传染性疾病死亡，并产生 2.7 万亿美元的净经济效益。但持续增加卫生健康领域的投入，对大多数国家来说，尤其是低收入和中等收入国家，仍面临诸多现实挑战。

（三）日益凸显的精神健康问题需要更多重视

精神卫生相关健康服务已成为全球卫生保健和全民健康覆盖的重要组成部分。2019 年全球有近 10 亿人（包括 14% 青少年人群）患有精神障碍，造成全球近 1/6 的残疾生命年。COVID-19 大流行、国际冲突与自然灾害的发生对人群精神健康造成了极大威胁。各国在精神卫生领域的工作取得了一定进展，包括精神卫生信息系统和研究、精神卫生系统治理、财政和人力资源投入、服务可及性、精神健康促进和预防等，但仍难以满足人们日益增长的精神卫生服务需求。以特定人群的精神健康促进与预防为例，仅有少数国家报告了具有针对职业人群（35%）、孕产妇（29%）的心理健康促进和预防方案（表 19-1）。当前全球应对精神卫生问题的投入依然不充足，2020 年世界各国政府平均只将近 2% 的卫生预算用于精神卫生，而一些中低收入国家甚至只达到 1%。多数国家在实现《2013—2030 年精神卫生综合行动计划》相关目标上仍面临挑战，包括：加强精神卫生的有效领导和管理，及时制定和更新精神卫生政策 / 计划及法律；以社区为基础提供全面、综合和符合需求的精神卫生与社会照护服务，增加精神卫生服务覆盖面和卫生机构，并将精神卫生纳入初级卫生保健；实施精神卫生促进和预防战略，多部门参与精神卫生促进和预防，切实降低自杀率；加强精神卫生信息系统建设和研究，收集并分析精神卫生核心指标。

表 19-1　各国心理健康促进方案报告情况

心理健康促进方案主题	参与调查的国家数量	具有相关方案的国家	
		数量	百分比
1. 心理健康意识 / 反污名化	151	77	51%
2. 以学校为基础的心理健康预防和促进	142	72	51%
3. 儿童早期发展	142	64	45%
4. 自杀预防	161	62	39%
5. 灾害防备和 / 或减少灾害风险的心理健康和社会心理支持	139	54	39%
6. 与工作有关的心理健康预防和促进	145	50	35%
7. 父母 / 孕产妇心理健康预防和促进	141	41	29%

资料来源：世界卫生组织，《2020 年精神卫生地图集》。

（四）实现健康老龄化成为全球共同奋斗目标

目前全球 65 岁以上人口数已经超过 5 岁以下儿童人口数，并在未来可能超过 15 岁以下的人口数（图 19-4）。截至 2020 年，全球期望寿命已达到 72 岁，并且呈总体上升趋势（图 19-5）。人口老龄化不仅使劳动力市场结构产生变化，也对教育、住房、医疗卫生、长期护理、交通等商品和服务的适老化提出要求，同时也意味着更多的人口健康问题，包括慢性非传染性疾病、失能、痴呆症等。联合国与世界卫生组织提出了《2021—2030 年健康老龄化行动十年》计划，预测全球 60 岁以上人口将在 2030 年达到 14 亿，在 2050 年达到 21 亿。为应对老龄化趋势，健康老龄化行动十年提出四大行动领域：①改变对年龄和老龄化的想法、感觉与行为，减少年龄歧视；②确保社区提高老年人的能力，为老年人提供良好的生活环境；③提供以人为本并满足老年人需求的综合护理和初级保健服务，使老年人及其家庭负担得起改善健康的服务；④为有需要的老年人提供长期护理，保证老年人生活自理和参与社会的能力以及减轻家人的照护负担。为推进该计划的实现，世界卫生组织 2022 年成立了健康老龄化协作组织，强调要加强国家政府、非政府组织、商业协会、慈善基金会及学术机构的健康老龄化国际合作，营造良好社区环境，改善老年人及其家人的社会生活。

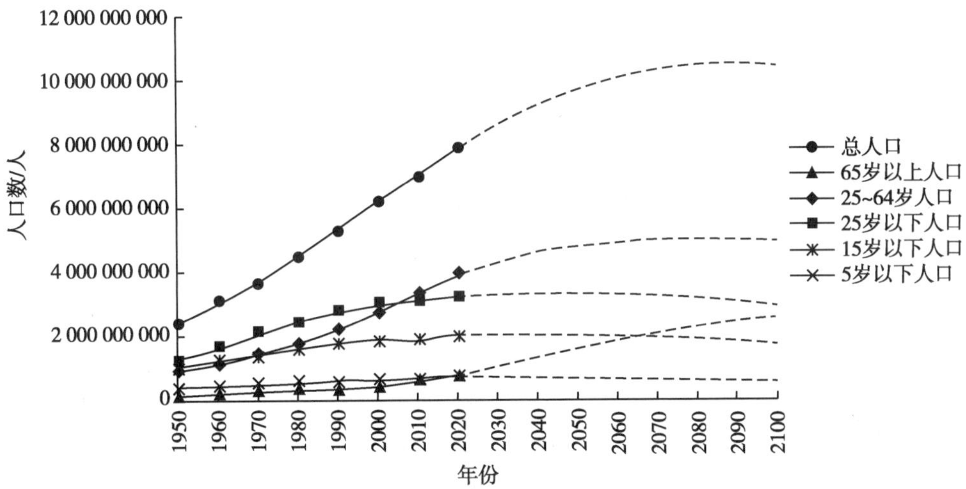

图 19-4　全球人口结构情况及未来预测

资料来源：联合国《世界人口展望 2022》报告。

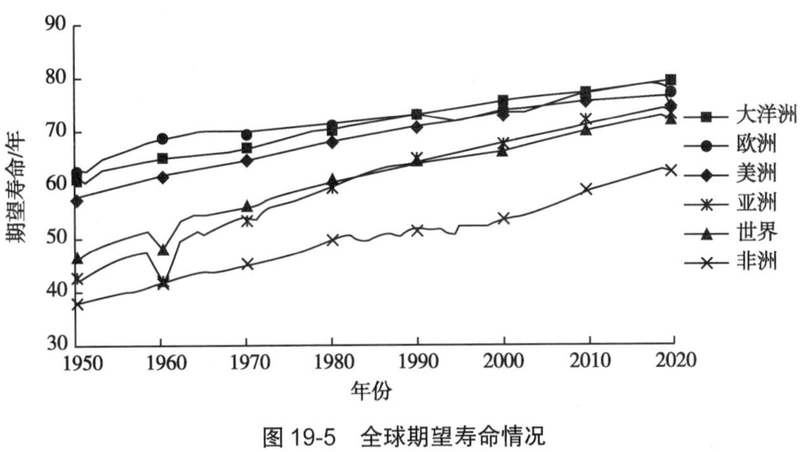

图 19-5　全球期望寿命情况

数据来源：联合国《世界人口展望 2022》报告。

（五）妇女、儿童和青少年面临新的健康危机

全球统计数据显示，2021 年孕产妇死亡率（每 10 万活产婴儿中 15～49 岁孕产妇的死亡人数）为 158.84/10 万，较 2000 年下降 37%（图 19-6）；新生儿死亡率（每 1 000 活产婴儿

中在前 28 天死亡的人数）为 17.3‰，较 2000 年下降 35%（图 19-7）；5 岁以下儿童死亡率（每 1 000 活产婴儿在 5 岁之前死亡的人数）为 35.87‰，下降 49%（图 19-8）。虽然孕产妇和儿童死亡率下降显著，但以目前的趋势，到 2030 年依然难以实现全球孕产妇死亡率降至 70/10 万、新生儿死亡率降至 12‰、5 岁以下儿童死亡率降至 25‰ 的可持续发展目标，其中撒哈拉以南的非洲地区面临挑战最大。而国际冲突、COVID-19 大流行、自然灾害等也使得妇女儿童面临新的健康危机。冲突造成数百万人流离失所，难以获得稳定、安全的健康服务，粮食供给保障受阻，进而造成大量儿童营养不良、发育迟缓甚至危及生命。COVID-19 大流行影响了基础医疗保健服务的供应，也使得全球孕产妇死亡率有所反弹。不稳定的生活环境下，精神障碍已经成为青少年残疾和死亡的主要原因。妇女和儿童健康事关全球可持续发展战略的实现，如何改善妇女和儿童常见健康困境并加强突发事件下的健康问题应对能力，成为健康服务业需要思考的问题。

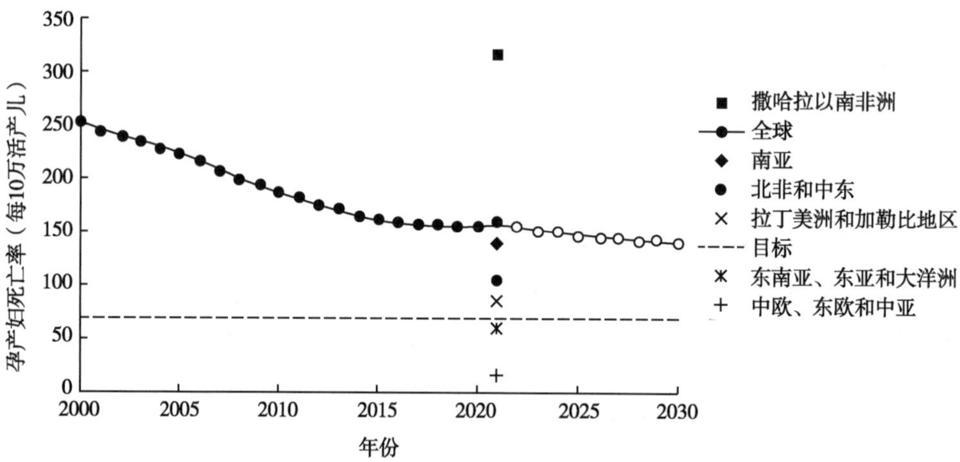

图 19-6　全球孕产妇死亡率及未来预测

资料来源：健康指标与评估研究所（IHME），与健康相关的可持续发展目标数据可视化。

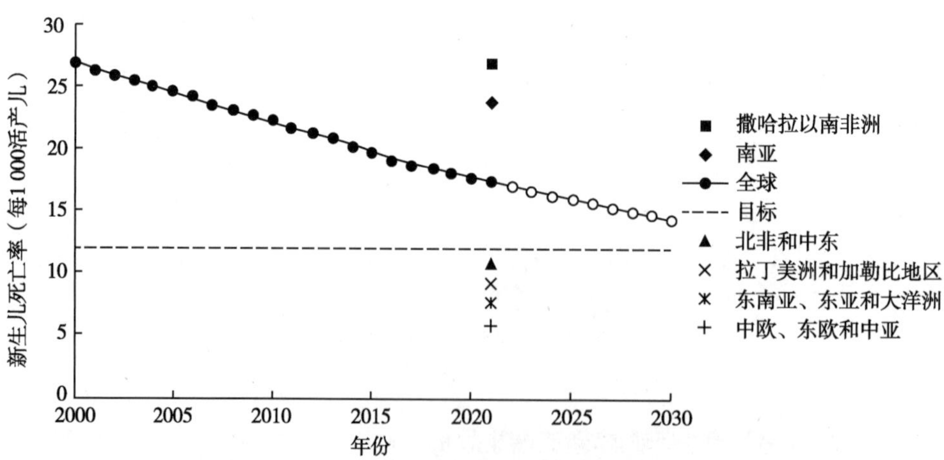

图 19-7　全球新生儿死亡率及未来预测（2000—2030 年）

资料来源：健康指标与评估研究所（IHME），与健康相关的可持续发展目标数据可视化。

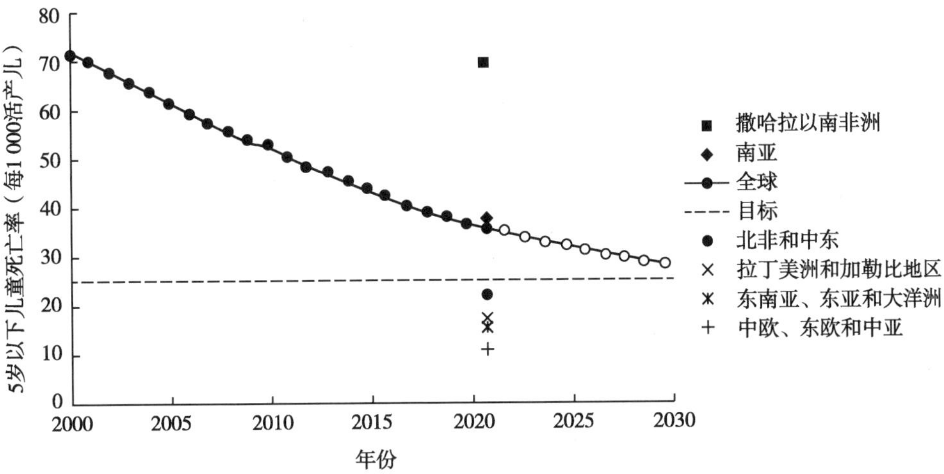

图 19-8　全球 5 岁以下儿童死亡率及未来预测

资料来源：健康指标与评估研究所（IHME），与健康相关的可持续发展目标数据可视化。

（六）全球气候危机对人类健康影响深远

当前势不可挡的全球气候危机正对人类健康产生不利影响。气候变化除了通过日益频繁的极端天气事件、增加的疾病传播风险与伴随的精神卫生问题直接影响人类健康之外，还会影响健康的社会决定因素，如社会经济的发展、卫生保健服务与设施的提供、粮食和饮用水的安全等。由于气候变化，极端高温天气的发生频率和强度正在增加，2021 年夏季平均温度比 1986—2005 年平均温度高 0.6℃，比工业化前的平均水平高 1.1℃。暴露于极端高温下会增加中暑、急性肾损伤、心血管和呼吸系统疾病恶化、睡眠障碍乃至死亡等不良健康结局的风险。2000—2017 年，65 岁以上人群与热相关死亡率增加了 68%，37% 的热相关死亡可归因于人为引起的气候变化。除极端高温之外，全球野火、干旱、洪水等事件造成的危害也有所增强。而全球在应对气候变化造成的健康危害方面所做的努力仍不充足，2021 年世界卫生组织进行的健康与气候变化全球调查中，95 个国家中仅 48 个（51%）报告了曾进行至少一次的气候变化与健康的脆弱性与适应性评估；不到 40% 的国家在气候敏感疾病的健康监测系统中包含了气象和气候信息；只有 52% 的国家报告具有健康和气候变化计划与战略，并且只有 11 个国家在计划实施上达到了高水平。这也暗示着全球健康服务业在应对气候危机造成的健康危害方面表现欠佳。

三、科学技术进步持续赋能全球健康服务业发展

当前，科学技术正处于高速发展的阶段，各个领域的创新与应用都取得了显著的成果。在过去的几十年，健康服务领域逐渐实现了医疗信息数字化收集与处理、高通量基因测序与分析、移动设备健康监测与数据分析、互联网医疗与远程医疗落地与发展等方面的创新与突破，使得健康服务业的发展迎来了全新的局面，不断实现提质增效，取得新的突破。随着 5G、大数据、人工智能、云计算、区块链、物联网等技术的进一步发展与融合，健康服务业也进入了新的发展赛道。

新一代宽带移动通信技术——5G 的出现助推了医疗信息系统的进一步优化，大幅提升医疗健康数据的传输处理速度。在 COVID-19 大流行期间，部分医院实现 5G 信号覆盖，实

现疫情数据实时传输与共享，为快速救治患者、控制疫情传播提供了保障。5G 网络的高速率、低延时和大容量特点，也使得医疗专家可以顺利开展远程指导、远程会诊，甚至可以通过远程操控机械臂进行检查、手术等高难度操作，进一步打破医疗时空限制，并在一定程度上缓解了不同地区医学设备和医疗资源供给不均衡的问题。与此同时，人工智能技术在医疗健康领域也取得了很大进展，并在 5G 技术的加持下发挥出更大潜能。COVID-19 大流行初期，世界卫生组织联合社交平台创建了 WHO Health Alert Chatbot，人们可以通过该聊天机器人获取疫情相关信息。世界卫生组织还创造了世界上第一位由人工智能驱动的虚拟卫生工作者 Florence，除了为全世界人类免费提供大流行相关的健康信息以外，Florence 还可以为人们制定个性化的戒烟计划和膳食方案、分享改善心理健康的建议。除此之外，人工智能辅助医疗诊断也成为当前一大热点。人工智能技术通过对包括文字、音频、影像等在内的海量医学数据进行处理和分析，提取出关键信息，结合内置的大数据与算法，给出评估结果以辅助临床医生的诊断。人工智能的深入应用无疑为改善健康资源的有限性和公平性贡献了巨大力量。不断进步的科学技术与健康服务业深度融合，将持续赋能于覆盖全人群、全生命周期、全维度的健康服务体系的构建。

第二节 世界健康服务业发展动态

一、健康服务业发展面临的挑战

（一）健康不平等问题在后疫情时代依然严峻

健康不平等是实现 WHO 可持续发展目标的一大障碍。尽管过去十年全球在减少疾病总体负担方面取得了显著进展，但各国弱势群体和贫困人口的疾病死亡率和发病率依然处于高位。

更为严峻的是，全球 COVID-19 大流行中的不确定性加剧了许多国家的健康不平等现象，疫情对各国社会经济弱势和边缘化人群的影响更为深远。在后疫情时代，公平获得安全有效的疫苗至关重要。然而，统计数据显示，截至 2022 年 5 月 2 日，全球 74% 的高收入和中高收入国家人口和 52% 的中低收入国家人口已完成新冠疫苗基础针的接种，但低收入国家中仅有 13% 的人口完成接种。另外，在提供新冠疫苗加强针的 151 个 WHO 成员国中，有 103 个是高收入国家或中高收入国家；仅有 36 个中低收入国家（共 54 个）和 12 个低收入国家（共 27 个）开始接种加强针。疫苗生产、分配和接种服务上的不公平现象十分突出。

在应对传染性疾病时，解决不平等问题日益成为部分国家和地区的优先事项。健康不平等问题是实现艾滋病、结核病和疟疾规划的全球和国家目标的最大障碍之一。全球艾滋病、结核病和疟疾的监测调查报告显示，经济状况、受教育程度、居住地点（农村 / 城市）是造成健康不平等问题的关键因素。其中，艾滋病病毒检测和避孕套使用在贫穷、受教育程度低或农村地区人群中普及不足，导致该人群缺乏艾滋病的易感性和严重性认知，进而阻碍了控制和降低该地区艾滋病发病率的行动和目标。另外，贫穷人群的结核病患者及其家庭通常会面临灾难性成本（结核病费用占家庭总收入 20% 或以上）问题，加剧其疾病负担与贫困程度。因此，解决不平等问题是加快实现艾滋病、结核病和疟疾可持续发展目标的关键。

除传染病外，降低孕产妇死亡率，消除相关的不平等因素仍然是最紧迫的全球卫生挑战之一。最新报道指出，从总数上看，孕产妇死亡仍然主要集中在世界最贫穷地区和受冲突影响的国家，凸显了不同国家和地区间孕产妇获得卫生保健服务的明显差距。2020年，约70%的孕产妇死亡发生在撒哈拉以南的非洲地区。在面临严重人道主义危机的9个国家中，孕产妇死亡率是世界平均水平的2倍以上（每10万活产中有551例孕产妇死亡，而全球为223例）。大出血、高血压、妊娠相关感染、不安全人工流产导致并发症以及可能因妊娠而加重的基础疾病（如艾滋病病毒感染/艾滋病和疟疾）是孕产妇死亡的主要原因，这些因素在很大程度上应通过获得高质量和予人尊重的卫生保健来预防和治疗。

（二）健康服务业发展面临关键要素短缺

卫生健康工作者作为健康服务业的关键资源，是健康服务业发展的关键要素。然而，全球卫生人力资源短缺问题一直没有得到妥善解决，且有日趋严重之势。最新数据显示，约50%的卫生健康工作者在COVID-19大流行之前已经感到过度劳累和收入过低。而COVID-19大流行后，由于患者数量的暴增、卫生基础设施的不足、医疗设备和药品的短缺，卫生工作者感受到前所未有的额外负担，进一步加重了这种趋势。WHO在2023年年初表示，全球至少有55个国家正面临严重的医护人员短缺问题。其中，非洲国家受此影响最大，有37个非洲国家面临医护人员短缺，其主要原因为，这些国家的卫生工作者希望前往更富裕的国家获得薪酬更高的机会；而在COVID-19大流行期间，富裕国家也加大了卫生领域的跨国招聘力度。2022年12月，新西兰政府宣布修订移民政策，把海外护士、助产士以及专科医生新增入“绿色名单”，希望借此政策吸引更多跨境的专业卫生工作者。美国对医护人员的需求同样殷切，全美20个空缺增长速度最快的行业中，医疗从业人员占40%，护士排名首位。如何确保扩大卫生工作者教育和就业的资源，保障他们的健康、安全和福祉，是各国确保卫生人力资源和环境可持续性，改善卫生和健康服务质量和安全性的重点问题。

（三）人工智能在健康服务业应用中的问题

得益于计算机科学和信息技术的发展，伴随互联网+健康的融合，人工智能正在迅速成为现代医疗健康领域中不可或缺的一部分。但是，医疗健康领域的利害关系导致人工智能在该领域的应用风险远高于其他领域，其在研发和应用阶段往往涉及对患者、受试者、医生个人信息的采集与处理，并且很可能涉及个人隐私和敏感信息。因此，随着人工智能在医疗健康领域各方面应用的预期增长，其在为医疗健康行业创造机遇的同时，也带来了风险和问题，主要涉及算法技术和信息保护两个方面。美国《科学》杂志上发表的一项研究表明，美国医院中广泛使用的一种算法将白人和黑人进行区分，该算法认为黑人对费用较高的复杂医疗健康项目需求低于白人，可能导致黑人只有在患更严重的疾病时才能得到特定的救助，因就医不及时造成健康损伤。除了人工智能本身的算法偏见外，信息保护是另外一个重大问题。医疗健康领域的人工智能收集的信息除一般个人信息，还包括个人健康信息和基因遗传信息等，这些信息的隐私程度更高，滥用和保护不足将导致一系列伦理和法律问题。现今人工智能在医疗健康领域的各种应用场景，均存在不同程度制度完善程度不够、可操作性不足和监管不到位等问题。这些问题若没有得到妥善解决，可能会降低用户的信任度，进而有碍于人工智能在健康服务业的应用和发展。

二、健康服务业发展趋势展望

（一）构建人类健康安全命运共同体

在全球疫情的大背景下，中国国家主席习近平在2021年5月举办的全球健康峰会上提出共同构建人类健康安全命运共同体的倡议，得到了国际的广泛认可和高度评价。与会国代表共同认识到，面对传染病大流行，我们要秉持人类健康共同体理念，团结合作、共克时艰。抗疫期间，中国始终站在国际抗疫合作最前线，同180多个国家和国际组织分享疫情防控和诊疗方案，向34个国家派出38支医疗专家组，向120多个国家和国际组织提供超过22亿剂疫苗。在国际社会共同抗疫取得一定进展的同时，土耳其和叙利亚地震事件也突显出构建人类健康安全命运共同体的前瞻性和重要性。2023年2月6日土耳其和叙利亚发生毁灭性地震，国际社会持续提供援助。全球物流中心立即调集并发送了110吨物资应对这场重大公共卫生灾难；WHO在叙利亚西北部受灾最为严重的地区部署了6个流动诊所。此外，全球有66个国家派出搜救队前往震区搜救。其中，中国提供7 000万元人民币紧急援助，包括派遣重型城市救援队、医疗队，以及提供救灾物资。在后疫情时代，积极构建人类健康安全命运共同体可以更紧密地将各成员国连接在一起，更好地实现联合国可持续发展目标、推进疫后重建和增进全球健康福祉。

（二）在公共危机中推进全民健康覆盖建设

2019年，全球领导人在联合国全民健康覆盖问题高级别会议上通过了《全民健康覆盖高级别政治宣言》，大力承诺到2030年实现全民健康覆盖，即让所有个体和社区都能在不陷入经济困境的情况下获得所需的卫生服务。根据WHO报告，所有国家都在实现全民健康覆盖方面取得了一些进展，但研究也显示，很多人在获得基本卫生保健方面仍面临挑战，尤其是在世界的南方地区。自新冠疫情暴发以来，新冠病毒几乎触及世界每一个地方，那些不足以为所有人提供可负担的医疗服务的国家，受到的冲击最大。现在新冠病毒感染已不再构成国际关注的突发公共卫生事件，在全球范围内关注基本卫生服务保健的建设不仅事关抗疫进程，还影响全民健康覆盖目标的实现。这提醒各国领导人必须认识到建设强大和有抵御能力并且不让任何人掉队的卫生系统的重要性，要将覆盖全民健康最后一公里放在首要位置，在公共危机中推进全民健康覆盖建设。

（三）健康服务业持续向高质量可持续发展转变

新冠疫情阻碍了实现卫生相关可持续发展目标的进程，暴露出很多卫生健康系统的不足之处。如何利用好这个危机，将复苏变成一个真正的机会，引导世界回到可持续发展目标的轨道上，并朝着更高质量的方向进行转变，是促进健康服务业发展的重要议题。2023年，WHO在成立75周年之际，更加明确了健康相关工作的五个领域：提高所有人的健康水平；确保每个人都能公平获得优质且负担得起的卫生服务；保护全世界免受新型和已知病原体的侵害；增强利用科学和科学信息支持身体健康的能力；提升WHO能力建设，以满足现在和未来的需求。不少国际组织以上述发展目标为出发点和落脚点，力求实现全球卫生健康向高质量可持续发展转变。例如，2023年3月15日在伦敦举行的首届健康城市伙伴关系峰会上，嘉奖了五个因在预防非传染性疾病和伤害方面取得成就的城市，他们为国际社会其他城市卫生健康发展作出表率和指引道路。再如，2023年1月31日，在抗生素药物的问题上，WHO呼吁就“以人为本解决人类健康部门抗微生物药物耐药性问题框架”草案提供意见，以期降低抗微生物药物耐药性在发病率、死亡率和残疾方面对患者造成的负面影响。

2022年4月WHO发布了《2022—2030卫生工作行动计划》，给国际社会和国际组织应对卫生健康人力方面的重大和长期挑战指明前进道路，其涉及三个领域：规划和筹资；教育和就业；保护和绩效。国际社会纷纷出台相关政策响应上述计划。例如，2022年，由欧洲健康管理协会（EHMA）领导的财团，公布了一项致力于卫生人力现代化发展的联合行文，以应对未来的挑战和不断上升的社会期望。另外，新西兰卫生部为了留住海外护理人员，增加了对非临床医生考取和重新注册执照的资金投入。与此同时，印度政府正在扩招医学相关的学生，并开设了为农村卫生服务的特别课程，增加和吸引卫生健康人才从事社区服务。

（四）数字化转型带动健康服务新模式不断涌现

新冠疫情对传统健康医疗模式提出了新的挑战，包括患者数量的激增、医疗保健需求的增加、地域的限制、劳动力短缺等。与此同时，疫情展示了数字化转型在医疗健康服务中的作用。更重要的是，疫情也加速了公众对这些新模式的接受程度。

一方面，疫情将许多医疗保健服务推向了虚拟环境。虽然一开始很多用户是由于封锁或其他限制原因而被迫选择虚拟护理，但调查显示封锁解除后，远程医疗的使用仍然高于疫情前的水平。例如，在疫情之前美国会员使用虚拟顾问的比例为 15%，疫情暴发期间达到 80% 的峰值，现在约为 35%。欧洲和亚洲也出现了类似的情况。另一方面，许多国家在采用电子健康记录方面取得了进展。例如，爱沙尼亚的医院电子病历覆盖率已超过 99%，居民可以通过在线门户访问自己的医疗记录，实现视频咨询和电子处方。同时，健康信息交换（HIEs）使得健康护理组织可以交换电子健康信息，并且帮助患者避免不必要的再入院和用药错误。此外，英国国家医疗服务体系（NHS）计划到 2025 年在英国所有医院和社区实践中采用电子健康记录（EHRS）。中国发布了《“十四五”全民健康信息化规划》，期望在 2025 年初步建成全民健康信息平台支撑保障体系。

（五）健康服务应用场景不断拓展

受新冠疫情的影响，全球各国人民的健康都受到了不同程度的冲击，对健康生活方式的兴趣和意识也在不断增强。因此，随着大众需求的延伸，健康服务的应用场景也在不断拓展。

工作场所健康是其中的主要组成，包括任何旨在支持员工身体、情感、社交或财务福利的活动或计划。早在新冠疫情之前，WHO 就估计有高达六分之一职业人群有某种类型的精神障碍。在新冠疫情期间，抑郁症和焦虑症增加了 25% 以上。预计抑郁症和焦虑症每年造成 120 亿个工作日损失，每年全球经济损失总额约 1 万亿美元。因此，将健康服务应用到工作场所中对于促进员工的健康、提升员工在职场的幸福感和稳定性以及对整个经济大环境都有重要作用。目前，除通常提供的健康保健服务（如医疗保险、体检等）外，企业主要从设施环境（如健身设施、多元化空间设计等）、政策与文化（如灵活办公理念、员工参与）等方面贯彻一系列综合性改善措施。比如，在有关预防和处理工作场所出现新冠病毒和病例方面：奥地利对工作场所中病毒传播风险高的特定部门（例如零售部门）进行系统性检测；新加坡经过政府、雇主和工人三方的协商和讨论，对工人疫苗接种规则做出了改变。

健康促进学校（HPS）的概念在 25 年前就被提出了，但直到目前人们才逐渐认识到，学校作为提供健康和教育的环境，是促进儿童青少年健康、提升其福祉、推动其发展的一个重要场所。2021 年 6 月，联合国教科文组织和 WHO 发布了《健康促进学校全球标准》，旨在确保所有学校为所有学习者提升生活技能、认知和社会情感技能以及健康的生活方式，提出一套八项全球标准。目前已有研究证明 HPS 方法能够减少健康和教育成果的不平等性。例如，健康状况欠佳（如贫血、焦虑）和人际暴力等影响健康的不良经历，会对学生出勤率和学习效果产生负面影响。故在 HPS 方法具有现实意义的基础上，《健康促进学校全球标准》为学校和政府在此进程中提供参考和指导，促进儿童青少年的教育和健康。

第三节　世界典型经济体健康服务业发展的挑战与应对

一、美国

（一）美国医疗保健体系的发展趋势

随着拜登总统就职以及美国参议院控制权从共和党转向民主党，2021 年以来，美国卫生政策的格局发生了重大变化，将对美国医疗体系未来十年的发展产生重大影响，主要体现在四个方面。

1. 扩大保险覆盖人群　尽管《平价医疗法》（ACA）实现了美国自 1965 年创建 Medicare 和 Medicaid 以来最大规模的保险覆盖范围扩张，为少数族裔和低收入人群提供了更多的医疗服务和医疗保健资源，在种族、族裔和社会经济不平等方面取得了重大进展，但能否减少种族、族裔和社会经济差异人群的健康结果仍有待观察。

2. 进一步减低民众医疗保险负担　ACA 使美国低收入个人和家庭更加难以负担医疗保险和医疗保健开支。国会在 2020 年已出台限制网络外医疗的意外医疗法案，使 20% 以上医疗保健消费群体受益。2021 年，拜登政府、国会和州政府也继续对医药费用进行了控制。

3. 控制国家医疗保健支出　1980—2010 年，美国医疗保健支出占国内 GDP 总值比例从 8.9% 上升到 17.3%；2010—2016 年，尽管 ACA 大幅增加了保险覆盖率，但医疗保健支出仅上升到 17.7%，并稳定保持到 2019 年；虽然受新冠疫情影响，但 2021 年卫生保健支出占 GDP 总值比例为 16.9%。联邦和州政府以及移民、保险公司、医疗保健系统和医疗保健专业人员将通过提高效率、控制医疗保健价格和减少浪费等多措并举控制医疗保健成本，在未来十年内将整体医疗保健支出保持在 GDP 的 18% 以下。

4. 消除医疗保健体系内外的种族、族裔和社会经济不公平性　新冠疫情使美国民众预期寿命从 2019 年的 78.8 岁下降到 2020 年上半年的 77.8 岁，这暴露了美国社会普遍存在的健康差距。因此，在全生命周期内消除医疗保健系统内外的种族和族裔不平等成为卫生政策的重点。健康的社会决定因素，包括教育和再就业机会不平等、粮食不安全、住房不足和环境精神危害是造成这些不平等的主要原因，这需要社会政策与卫生政策的紧密结合。

2022 年 4 月，拜登宣布修改 ACA 让更多美国家庭能够购买医疗保险计划并获取税收抵免以抵消医保费用。2022 年 8 月，美国国会通过了《通胀削减法案》，意在对抗通货膨胀，并降低美国家庭的成本，其中医药改革措施更是重中之重。2022 年 10 月，美国国税局宣布新规以解决员工及家庭成员医疗保险可负担性问题，从 2023 年开始，如果雇主为员工及其家庭成员提供医疗保险，那么雇员家庭成员的保险可负担性将基于家庭保费金额计算。

（二）美国加强顶层设计，推动医疗生物技术创新突破

1. 建立国家级研究平台，强化国家战略科技力量　2021 年 4 月，美国拜登政府提议成立“高级健康研究计划局”（ARPA-H）。该部门依托美国国立卫生研究院（NIH）运作，申请预算为 65 亿美元，以美国国防部高级研究计划局（DARPA）为模型，通过资助高风险创新项目以加快医疗技术的发展，尤其关注癌症、糖尿病和阿尔茨海默病防治以及“颠覆性创新”的健康研究。2022 年 4 月，ARPA-H 被批准设立，启动投资为 10 亿美元。2021 年 6 月，美

国科技智库信息技术与创新基金会发布《确保美国生物制药持续竞争力》报告，建议制定强有力的国家生物制药竞争力战略，重视生物医学创新产业 - 高校的紧密合作。2022 年，根据美国参议院对各联邦机构的 2023 年预算提案，NIH 研发投入达到 480 亿美元。

2. 持续推进中长期战略部署　2022 年 9 月 12 日，美国启动生物技术和生物制造计划，确保“能够在美国生产国内发明的所有东西”。除了创造更多就业机会之外，该计划还可为美国建立更强大的生物制药供应链。该计划将生物研发的优先级提高，指导联邦机构确定优先研发需求，将生物科学和生物技术发现转化为产业创新以及更强大的美国供应链。

3. 重视本国供应链保障　2021 年 6 月，美国白宫、美国卫生与公众服务部（HHS）、美国食品药品监督管理局（FDA）发布了旨在确保美国药品供应链安全的政策建议，HHS 初步承诺提供近 6 000 万美元，用于开发旨在提高国内活性药物成分 API 制造能力的创新平台技术，以减少对全球药品供应链的依赖。2022 年 3 月，美国药典发布全球药物供应链地图，建立早期预警系统，帮助识别存在短缺风险的原料药和成品制剂。美国国会研究服务部（CRS）曾全面评估对华医疗供应链的依赖程度，并提出加快把医疗供应链转移到中国以外等诸多举措，以实现医药、医疗用品生产和供应的多元化，并逐步布局实现关键药物和医疗产品的本土生产。与欧盟药品监管部门加强促进产品开发方面的信息共享，FDA 和 EMA 启动复杂仿制药 - 混合产品并行科学建议试点计划。

二、欧洲

1. 欧盟制定最大医疗健康工作计划：EU4Health Work Programme（2021—2027）　新冠疫情暴发对欧洲的医护人员、患者和卫生系统产生了重大影响。由此，欧盟制定了目前最大的医疗健康工作计划——EU4Health Work Programme（2021—2027），拟投入 94 亿欧元为欧盟国家、卫生组织和非政府组织提供活动资金，以提高欧洲处理跨境健康威胁的应对水平，增加药品可获得性和可负担性，强化整个医疗卫生体系，以更好地应对未来可能突发的健康安全事件，目前该计划已通过 EU 2021/522 在法律上生效。2022 年 11 月，欧盟委员会通过了总预算为 7.358 亿欧元的 EU4Health Work Programme 2023，包括危机准备、医疗健康促进和疾病预防、卫生系统和医务工作者、医疗健康数据四大维度，癌症贯穿整个工作计划（a fifth cross-cutting strand）。该计划工作重点：①欧洲抗癌计划：旨在建立欧盟综合癌症网络的基础设施，帮助会员国实施癌症筛查计划及制定相应指南；②欧盟应对跨境医疗健康威胁的能力：旨在加强各国国家监管系统和欧洲参考实验室（EU Reference Laboratories，EURLs）；③欧洲参考网络（European Reference Networks，ERNs）支持 24 个 ERNs 在罕见病、复杂疾病领域发挥重要且专业的作用；④欧洲医疗健康数据空间（European Health Data Space，EHDS）：建立各成员国居民的电子医疗健康数据，以便医生、护士、药剂师等能更轻松有效及时地给出治疗和诊断；⑤实施欧洲制药策略和其他卫生法规：旨在实施医疗器械和卫生技术评估等欧盟医疗健康联盟制定的法规，如 MDR 和 IVDR；⑥全球卫生和国际倡议：旨在支持全球卫生领导和欧洲团队、免疫议程、保障乌克兰难民获得医疗保健、乌克兰的应对能力、解决癌症不平等问题；⑦精神医疗健康：旨在解决癌症患者、幸存者、护理人员的心理医疗健康、制定欧洲心理医疗健康疾病代码、支持国家和利益相关者应对挑战所做出的努力；⑧卫生危机应对、医疗健康促进、疾病预防、卫生系统弹性、癌症相关的补充举措。

2. 欧盟健康和食品安全总局启动欧洲健康数据空间计划（EHDS）　新冠疫情让健康数

据成为制定公共卫生措施和应对危机的关键。为了充分发挥数字健康和健康数据的潜力，加速数据共享与利用的步伐，2022 年 5 月，欧盟健康和食品安全总局启动 EHDS。EHDS 将向欧盟居民提供更加创新、先进的医疗支持体系，打破医疗行业的数据壁垒，促进数据的有效利用。这一举措将有助于推动欧洲抗癌计划，为癌症患者的治疗开发实用的解决方案，还将促进癌症登记创新方法的开发，从而更及时、更有效地收集各种癌症的信息。这将有助于展示整个欧盟癌症的实时情况，同时 EHDS 也将大力支持启动欧洲突发卫生事件准备和响应机构 HERA 的工作。按照 EHDS 要求，欧盟成员国需要建设数字卫生局，各国的健康数据访问机构将连接到 MyHealth@EU 以增强互操作性和数据跨境流动，以统一的欧洲通用格式发布和接受患者病历资料，通过建立统一的数据标准，以便患者跨院跨境治疗。但目前仅有 10 个成员国支持通过 MyHealth@EU 打破数据壁垒。如何在确保安全前提下对数据高效率利用并在增进个人福祉的前提下平衡数据开发共享与保护是关键问题。EHDS 计划在《通用数据保护条例》(GDPR）基础上提出一项欧盟法律，支持将健康数据用于诊断和治疗以及研究、统计或公共利益。

3. 欧盟积极推进医药健康产业创新发展　在医药健康产业全球化融合发展的趋势下，欧盟高度重视医疗健康领域的供应链保障，持续加强监管合作，以保障药品供应，促进产业创新发展。2020 年 3 月，欧盟发布保护欧洲重要资产和技术的指导纲要，将健康、医学研究、生物技术等战略性产业纳入外资审查范围。2020 年 6 月，欧盟发布防范不公平竞争政策白皮书，就加强监管欧盟外第三国政府补贴企业行为公开征求意见，进一步提高中国企业对欧投资门槛。2020 年 11 月，欧盟发布《欧洲药物战略》，包括增强危机防范和应对机制，保障供应链的多样化和安全，解决药品短缺问题。2021 年 3 月，欧盟成立工作组，与英国、美国等同行合作以实现更严格的制药行业并购交易审查，防止并购交易推高药物价格并阻碍创新。2021 年，法国发布《法国医药卫生创新 2030 战略》，重点宣布创建大型科研“集群”，拟投入逾 40 亿欧元公共资金以提升法国在医药卫生领域的创新性。2022 年举行的欧盟生物经济会议强调了《欧盟生物经济战略进展报告》的要点和生物经济政策，计划通过将原料药生产迁回本土，实现在本国恢复完整的产业链，以摆脱对其他国家原料药的进口依赖。如法国某制药公司将其在欧洲的六个原料药生产基地合并，创建一家独立的原料药生产公司，以平衡欧洲对亚洲原料药的依赖程度，并于 2022 年批准该原料药公司的上市招股说明书。德国政府限制外资对其关键生物科技企业进行投资，以加强国内生物医药的独立自主能力。

三、东亚

（一）日本医疗保障体系应对老龄化的政策举措

日本作为全球老龄化程度最高的国家之一，养老抚养率和疾病经济负担都较高。为应对老龄化和经济低迷的双重挑战，以及医疗需求上升、医疗费用上涨和康复护理服务需求变化，日本政府从政府治理、多层次保障、医保筹资与支付、基金预算与卫生规划、服务整合等政策举措，推动以疾病为中心向以健康为中心转变，实现健康老龄化的目标，成为发达国家中卫生服务体系绩效最好的国家。

1. 政府治理变革实现部门协同管理　2018 年起，国民健康保险的资金形成了在国家层面由厚生劳动省、地方层面由都道府县和市町村管理的主体统一治理模式，这有利于在医保资金、服务购买、公共卫生和公立服务体系等职责目标方面达成一致，提高政策制定和执行效率，为医疗和医保改革的协同推进提供组织保障。

2. 多层次的保障制度协同实现全民健康覆盖　日本的医疗保障属于强制性社会医疗保障模式，根据年龄、职业等加入法定险种，由不同的管理主体负责监管。日本逐步建立了覆盖对象和服务内容不同的多层次保障制度，以应对不同的健康需求。1990年修订《老年人保健法》，增加居家健康服务，鼓励以家庭和社区为中心的养老和医疗服务模式。1997年出台《护理保险法》，建立长期照护保险制度，由医疗机构和照护机构提供以社区为基础的照护和居家照护等一整套内容丰富的服务，引导长期住院和康复需求向社区护理和居家养老转变。2006年出台《关于确保高龄者医疗的法律》形成了由老年人保健制度（也称前期高龄者医疗制度）和后期高龄者医疗制度两部分组成的老年人医疗保障，随着老年人群年龄增加以75岁为界进行转换，针对高龄者的年龄风险进行调整，对后期高龄老年人的补偿比例提高，在筹资上实现就业人口对社会负担人口的交叉补贴，为高龄老年人的就医需求提供经济保障。同时，通过扩大筹资来源，改革社会保障和税收制度，上调中高收入老年人的负担比例，通过定期价格杠杆加强对卫生服务的规制和监督，以应对少子老龄化带来的财政压力。

3. 医保预算调整与卫生资源规划协同推进　持续进行医疗体系改革，包括调整医疗机构的职能分工，增加康复期护理床位，缩短急性期住院天数，针对生活习惯相关疾病开展预防和干预措施。后期高龄者保险制度和长期护理保险的实施在医疗体系改革中发挥了战略性购买和引导的作用。在医保实现全民覆盖的前提下，日本的卫生筹资全部由公共医疗保险负担，价格由政府统一管理；而卫生服务供给则以社会资本办医为主。日本公立床位数约占30%，每千人口床位数和每千人口护士数均较高，明显高于其他发达国家；每千人口医生数略低于英国和美国，与我国持平。

4. 积极推进医疗保健大数据的应用和信息化建设　厚生劳动省的“数据卫生改革促进总部”倡导打破各机构和部门间的信息壁垒，使公民能便捷地了解自己的健康数据，实现主动健康，达到预防目的，也能提高慢性病健康管理效率和效果。通过科学的长期照护服务，减轻家庭/个人的疾病经济负担和情绪心理问题。在保障个人隐私和信息安全的前提下，应用互联网和新兴技术，包括从人群、患者和用户的角度开发和提供医疗保健服务，以打通健康、医疗和长期护理的垂直划分结构，实现数据的有效共享和链接，建立整合型医疗数据平台。

5. 建立基于社区的整合型健康服务体系　2003年，日本政府提出了社区综合照护体系，将重点从标准化的照护转移到以家庭为中心、以社区为基础的整合型健康服务体系上，并规划在老龄化高峰的2025—2030年，通过社区综合照护体系，逐步形成以面向高龄者居家护理为基础的服务模式，将医疗机构和病床进行高度急性期、亚急性期、康复期和慢性期的划分，畅通转诊渠道，以患者为中心，承担不同诊疗阶段的职能。日本的实践显示，以社区为基础的照护可以促进老年人就地养老，推迟老年人进入护理院的时间，减少其住院天数，提高生活质量，节约医疗资源，控制医疗费用。日本的介护保险和医疗保险是两个独立的社会保险制度，但两者在社区综合照护体系中很难区分，因此探索如何加强医疗和长期护理的无缝对接是近年来日本改革的重点。

（二）新加坡医疗体系

新加坡政府是整个医疗健康体系的主导者，包括三个重要部门：中央公积金局（Central Provident Fund Board）、金融管理局（Monetary Authority of Singapore，MAS）和卫生部（Ministry of Health，MoH）。CPFB 负责每月收取保管及管理新加坡公民和永久居民（permanent resident，PR）的公积金，其中一部分存入个人的保健储蓄账户（Medisave Account）作为个人健康医疗体系基础。MAS 通过对健康保险行业进行监管以保护受保人利益和健康保险行业的健康发展。MoH 负责对整个医疗体系的设计规划和监管，同时也是整个公立医疗机构，如公立医院和诊所的所有机构（owner）和管理者。

在这个机构运营框架背后的经济支撑体系是“S+3M”体系。政府为居民的医疗账单提供 80% 的津贴。居民可以用个人保健储蓄账户支付少部分账单或支付终身健保（Medi Shield Life）和乐龄健保（Elder Shield）保费。作为基本健康保险计划，终身健保用来支付大笔住院费用和其他昂贵门诊的治疗，例如透析和癌症化疗。终身健保为所有新加坡公民和永久居民提供终生保障，包括任何严重的原有疾病，仅适用于公立医院的补贴治疗，居民需承担一定的共付额，但居民可以通过购买额外的保险来提升保障，如提升至私立医院或减少共付额。乐龄健保是一项针对严重残疾，尤其是老年残疾的长期护理保险计划。政府还通过一系列政府补贴使民众能负担得起终身健保和乐龄健保的保费。此外，政府由部分财政或政府资产投资收入拨款设立了一系列帮助国民承担医疗费用的基金，如 Medical Edowment Fund，Eledercare Fund 和 Long-Term Care Support Fund。

新加坡政府对医疗支付体系的顶层设计是为了调动国民的主动健康并强化个人是健康第一责任人意识。在此基础上，政府整合社会各方资源最大限度地提供最优质的医疗保健服务，并将医疗费用控制在国民可承担范围内，且能保证弱势群体的医疗服务。

从实际经济运行情况来看，新加坡国民家庭医疗支出虽然总体上高于瑞士、法国和澳大利亚等高医疗福利国家，但少于国民健康寿命排第一、第三的日本和韩国。其家庭医疗支出占家庭总支出或收入 10% 以上的人口比例为 9%，占家庭总支出或收入 25% 以上的人口比例为 1.5%。91% 的家庭医疗支出比例不到家庭总支出或收入的一成。这说明新加坡国民虽然需要为自己的健康负责，但医疗费用并未造成家庭负担。

新加坡政府 2022 年度医疗健康总开支约为 192 亿新币，占政府总开支的 17.6%；2023 年度政府部门总开支预算为 1 041.5 亿新币，比上一年度减少 2.6%，医疗健康总开支减少 1.9%。据该国统计局数据，2020 年新加坡总体医疗服务行业的利润率为 8.7%。但在医疗保险方面，除 2020 年保险公司在健康险方面有盈利，其他年份均为亏损。

总体上，政府以完善的制度设计和监管体系，医疗支出仅为每年 4% 左右的 GDP 占比，以增强国民的主动健康为导向，在确保新加坡公民和永久居民享受经济可承受范围内先进的医疗健康服务的同时，也实现了医疗体系的有效运转。但其医疗健康体系仍存在不完善的地方，如保险业在健康医保产品方面的压力仍然较大。

2023 年 3 月 8 日，新加坡政府发布《新加坡应对新型冠状病毒肺炎白皮书》，总结了三年防疫经验以及如何更好应对未来可能的新疫情。白皮书指出，政府应有快速应变能力，危机应变措施需要平衡精准和落地性。包括储备策略，扩大关键物资的名单和来源，建立新的供应链和库存；确保基础设施的灵活应用；危机暴发时的人员部署和快速响应机制；加强政府与私企和民众的合作，同时扩大公共医疗机构的容量，加强传染病防控能力；加强科研以及数字建设，提升网络安全，提升危机规划和管理能力，与民众建立互信等。

1. 在产业利益分配方面，调整私立医院和保险公司之间的利益分配格局　新加坡保险行业因为内在机制和定价体系不完善等诸多原因，在健康医保方面呈现长期全面亏损局势，未来需要提高保险公司在私立医院手术和住院方面保障的收费、提高私立医疗费用中个人支付比例等，采取系列措施以建立激励国民选择必要且经济的保险服务的内在机制。

2. 从以医疗为主的被动体系转化为以预防为主的主动医疗体系 2023年下半年，新加坡政府将开始运行Healthier SG计划。在此计划下，新加坡国民将拥有固定的全科医生，负责初级医疗、健康生活方式教育、制定运动方案、体检、推荐社区医疗健康及运动设施服务等，并为国民定制健康计划、定期回访，管理国民健康档案，与医疗机构对接和转诊。Healthier SG计划将全面提升国民健康水平，让国民享受全生命周期健康管理，以减少重大慢性病的发生，提高民众整体的生命质量。

3. 将更多的私立医疗机构纳入医疗体系资源整合规划 当前新加坡的公立医院市场占有率为80%左右，私立医院仅为20%，而初级医疗服务则相反，私立诊所占80%，公立占20%。政府通过社保援助计划（Community Health Assist Scheme，CHAS），使新加坡公民到纳入计划的私人诊所就诊时可享有医疗津贴。即将实施的Healthier SG计划将纳入全国诊所，由政府向家庭医生付费。

新加坡政府未来不仅是医疗体系的设计和监管者、国民医疗保障的最大提供者，也会成为私人医疗机构的合作者和客户，政府的全面参与将增强对国民身体健康信息的整体掌控，从而带来更为有效的全面管理，还将极大促进医疗和科研的发展前景。

案例：

日本“家政+养老”融合服务企业——Duskin开辟老年家庭护理业务

Duskin成立于1963年，是日本老牌家庭清洁用品企业。Duskin在业务发展过程中注意到老年家庭对“家政+护理”的综合服务诉求，迅即开展“老年人对生活护理的要求”调查，结果显示多数老年人有情绪陪伴、减轻负担、谈话交流的到家服务需求。自2000年起，以Duskin Life Care和Health Rent——开拓老年家庭护理服务与老年家庭护理用品销售与租赁服务两大业务，积极探索“家政+养老”融合服务打开公共长期护理保险之外的自费服务市场。

Duskin Life Care以提供贴近老年人日常生活服务为主，满足其个性化需求。Health Rent则是提供家庭护理用具租赁和销售服务，由相关医疗专家根据不同老年人的生活环境和身体状况，提供辅具租赁/购买方案。

Duskin Life Care可以根据客户需求提供公共长期护理保险之外的定制化自费服务，如家务劳动、夜间看护和医院护送。具备3大特点：①全时段+全场景：对于老年人在任何时候、场景下可能出现的问题，提供365天×24小时服务；②定制化：根据不同老年用户需求，提供定制化组合解决方案；③公共服务补充：在长期护理保险之外，提供自费服务补充。服务内容包括医院陪诊服务、老年家务服务、老年护理服务和轻度认知障碍照护4大板块。这些服务内容可根据家庭需求任意组合，并可在任意时段开展。此外，还有夜间看守、父母出入院、照护辅助等组合服务案例，并能较好地与老年人所享有的其他类型养老服务，如机构日间照护、长期护理保险服务等进行衔接，体现了“家政+养老”服务供给上的灵活性。Duskin Life Care的用户画像覆盖自理、“需要支持1～2级”和“需要长期护理1～5级”全年龄段老年人。其中，自理老年人占比达到30%，需要支持1～2级轻度护理人群占比43%；24%是护理等级3级及以上的银发人群。在品牌发起的服务满意度调查中，提到减轻身体和精神负担的人最多，占据31%和28%。日常家务支持服务和出入院陪同是主要的服务需求。

Duskin 在老年领域业务板块的年营收达到 133 亿日元（折合人民币约 6.85 亿元，以 2023 年 3 月 31 日汇率计算），截至 2021 年已在日本全国落地 256 个站点，目前老年人支持服务与清洁卫生、工作生活管理，并列为 Duskin 的 3 大核心业务板块。未来，Duskin 将认知障碍护理领域作为重要增长点进行布局，Duskin Life Care 将通过为轻度认知障碍患者服务来扩大生活护理业务规模。

（叶成荫　张学伟　何佳露　何逸楠）

参考文献

[1] WHO. Coronavirus（COVID-19）Dashboard［Z/OL］.［2023-03-26］. https://covid19.who.int/.

[2] WHO. 非传染性疾病［Z/OL］.（2022-09-16）［2023-03-26］. https://www.who.int/zh/news-room/fact-sheets/detail/noncommunicable-diseases.

[3] WHO. 精神障碍［Z/OL］.（2019-11-28）［2023-03-26］. https://www.who.int/zh/news-room/fact-sheets/detail/mental-disorders.

[4] WHO. Mental Health and COVID-19：Early evidence of the pandemic's impact：Scientific brief，2 March 2022［R/OL］.（2022-03-02）［2023-03-26］. https://www.who.int/publications/i/item/WHO-2019-nCoV-Sci_Brief-Mental_health-2022.1.

[5] United Nations. World Population Prospects 2022［DB/OL］.［2023-03-26］. https://population.un.org/wpp/.

[6] WHO. Maternal mortality［Z/OL］.（2023-02-22）［2023-03-26］. https://www.who.int/news-room/fact-sheets/detail/maternal-mortality.

[7] United Nations Inter-agency Group for Child Mortality Estimation（UNIGME）. Levels & Trends in Child Mortality：Report 2022［R/OL］.［2023-03-26］. https://childmortality.org/.

[8] WHO，UNICEF. Protect the promise：2022 progress report on the Every Woman Every Child Global Strategy for Women's，Children's and Adolescents' Health（2016–2030）［R/OL］.（2022-10-18）［2023-03-26］. https://www.who.int/publications/i/item/9789240060104.

[9] WHO. 必须将健康作为《联合国气候变化框架公约》缔约方会议第二十七届会议（COP27）气候变化谈判的中心议题［Z/OL］.（2022-11-06）［2023-03-26］. https://www.who.int/zh/news/item/06-11-2022-health-must-be-front-and-centre-in-the-cop27-climate-change-negotiations.

[10] WHO. 猴痘 - 全球［Z/OL］.（2022-06-27）［2023-03-26］. https://www.who.int/zh/emergencies/disease-outbreak-news/item/2022-DON396.

[11] WHO. 霍乱 - 全球形势［Z/OL］.（2023-02-11）［2023-03-26］. https://www.who.int/zh/emergencies/disease-outbreak-news/item/2023-DON437.

[12] WHO. 登革热和基孔肯雅热病例分布的地理范围扩大到美洲区域历史传播地区之外［Z/OL］.（2023-03-23）［2023-03-26］. https://www.who.int/zh/emergencies/disease-outbreak-news/item/2023-DON448.

[13] Institute for Health Metrics and Evaluation（IHME）. Global Burden of Disease（2019）［DB/OL］.［2023-03-26］. https://www.healthdata.org/gbd.

[14] WHO. Presentation of Preliminary Results of 2021 Assessment on NCD Service Disruption during COVID-19 Pandemic［R/OL］.（2021-11-25）［2023-03-26］. https://www.who.int/publications/m/item/presentation-of-preliminary-results-of-2021-assessment-on-ncd-service-disruption-during-covid-19-pandemic.

[15] 联合国．目标 3：确保健康的生活方式，促进各年龄段人群的福祉［Z/OL］.［2023-03-26］. https://www.

un.org/sustainabledevelopment/zh/health/.

[16] NCD Countdown 2030 collaborators. NCD Countdown 2030: efficient pathways and strategic investments to accelerate progress towards the Sustainable Development Goal target 3.4 in low-income and middle-income countries.[J]Lancet, 2022, 399(10331): 1266-1278.

[17] WHO. 世界精神卫生报告：向所有人享有精神卫生服务转型[R/OL].(2022-06-16)[2023-03-26]. https://www.who.int/zh/publications/i/item/9789240050860.

[18] WHO. Mental health atlas 2020[R/OL].(2021-10-08)[2023-03-26]. https://www.who.int/publications/i/item/9789240036703.

[19] WHO. 2013-2030 年精神卫生综合行动计划[R/OL].(2021-09-21)[2023-03-26]. https://www.who.int/zh/publications/i/item/9789240031029.

[20] WHO. 健康老龄化行动十：2021-2030 年[Z/OL]. [2023-03-26]. https://www.who.int/zh/initiatives/ageing/decade-of-healthy-ageing.

[21] Institute for Health Metrics and Evaluation(IHME). Health-related SDGs[DB/OL]. [2023-03-26]. https://vizhub.healthdata.org/sdg/.

[22] ROMANELLO M, DI NAPOLI C, DRUMMOND P, et al. The 2022 report of the Lancet Countdown on health and climate change: health at the mercy of fossil fuels[J]. Lancet, 2022, 400(10363): 1619-1654.

[23] WHO. 2021 WHO Health and Climate Change Survey Report[R/OL].(2021-11-08)[2023-03-26]. https://www.who.int/publications/i/item/9789240038509.

[24] WHO. Creating new tools and channels to amplify health messages[Z/OL]. [2023-03-26]. https://www.who.int/teams/digital-health-and-innovation/digital-channels/creating-new-tools-and-channels-to-amplify-health-messages.

[25] WHO. WHO and partners launch world's most extensive freely accessible AI health worker[Z/OL].(2022-10-04)[2023-03-26]. https://www.who.int/news/item/04-10-2022-who-and-partners-launch-world-s-most-extensive-freely-accessible-ai-health-worker.

[26] WHO. World Health Statistics[R/OL].(2022-05-19). [2023-03-26]. https://www.who.int/data/gho/publications/world-health-statistics.

[27] WHO. State of inequality: HIV, tuberculosis and malaria[R/OL].(2021-12-09)[2023-03-28]. https://www.who.int/data/inequality-monitor/publications/report_2021_hiv_tb_malaria.

[28] WHO. A woman dies every two minutes due to pregnancy or childbirth: UN agencies[Z/OL].(2023-02-23)[2023-03-28]. https://www.who.int/zh/news/item/23-02-2023-a-woman-dies-every-two-minutes-due-to-pregnancy-or-childbirth--un-agencies.

[29] WHO. WHO convenes the Fifth Global Forum on Human Resources for Health[Z/OL].(2023-04-03)[2023-03-28]. https://www.who.int/news/item/03-04-2023-who-convenes-the-fifth-global-forum-on-human-resources-for-health.

[30] 联合国. 世界卫生组织：55 个国家因新冠疫情造成卫生人力流失[Z/OL].(2023-03-14)[2023-03-28]. https://news.un.org/zh/story/2023/03/1116147.

[31] 大公网. 后疫情时代 医护人员受青睐[Z/OL].(2023-02-21)[2023-03-28]. http://www.takungpao.com/news/232111/2023/0221/820669.html.

[32] WHO. 职业卫生：卫生工作者[R/OL].(2022-11-07). [2023-03-28]. https://www.who.int/zh/news-room/fact-sheets/detail/occupational-health--health-workers.

[33] IBM. How is artificial intelligence used in medicine?[Z/OL]. [2023-03-28]. https://www.ibm.com/cn-zh/topics/artificial-intelligence-medicine.

[34] Harvard. New journal, podcast take a closer look at artificial intelligence in medicine[Z/OL]. [2023-03-28]. https://www.hsph.harvard.edu/news/features/new-journal-podcast-take-a-closer-look-at-artificial-intelligence-in-medicine/.

[35] 君合. 人工智能与医疗健康产业系列研究之二：人工智能在医疗健康领域应用涉及的数据合规问题[Z/OL].（2022-07-29）[2023-03-28]. http://www.junhe.com/legal-updates/1884.

[36] 知产力. 域外观察 FTC：人工智能和算法合规应用指引[Z/OL].（2022-04-15）[2023-03-28]. https://www.zhichanli.com/p/1806128009.

[37] 浙江数字医疗卫生技术研究院. imit 白皮书第二十三期：个人信息保护法下健康医疗数据隐私保护新解读[Z/OL].（2022-01-18）[2023-03-28]. http://www.imit.org.cn/index.php?g=&m=article&a=index&id=384&cid=11.

[38] 魏诗雯，王睿. 浅析人类健康安全命运共同体的构建[J]. 国际公关，2022，156（24）：58-60.

[39] 外交部. 全球健康峰会罗马宣言[EB/OL].（2021-05-22）[2023-03-28]. https://www.mfa.gov.cn/web/ziliao_674904/1179_674909/202105/t20210522_9180832.shtml.

[40] WHO. 世卫组织向土耳其和阿拉伯叙利亚共和国受地震影响的 40 万人运送卫生用品[Z/OL].（2023-02-10）[2023-03-28]. https://www.who.int/zh/news/item/10-02-2023-who-sends-health-supplies-to-reach-400-000-people-impacted-by-the-earthquakes-in-t-rkiye-and-the-syrian-arab-republic.

[41] 联合国. 地震导致土耳其 150 万人无家可归，叙利亚 900 万人受到影响[Z/OL].（2023-02-21）[2023-03-28]. https://news.un.org/zh/story/2023/02/1115392.

[42] European Commission. Factsheet-European Health Union：EU4Health Work Programme 2023[R/OL].（2022-11-22）[2023-04-20]. https://health.ec.europa.eu/latest-updates/factsheet-european-health-union-eu4health-work-programme-2023-2022-11-22_en.

[43] 人民网. 土耳其叙利亚全力展开地震救援 包括中国在内的国际社会紧急提供各类援助[Z/OL].（2023-02-14）[2023-03-28]. http://paper.people.com.cn/rmrb/html/2023-02/14/nw.D110000renmrb_20230214_4-17.htm.

[44] 联合国. 国际全民健康覆盖日：投资于全民卫生系统 不遗漏任何人的健康[Z/OL].（2021-12-11）[2023-04-10]. https://news.un.org/zh/story/2021/12/1095952.

[45] GBD 2019 Universal Health Coverage Collaborators. Measuring universal health coverage based on an index of effective coverage of health services in 204 countries and territories, 1990-2019：a systematic analysis for the Global Burden of Disease Study 2019[J]. Lancet, 2020, 396（10258）：1250-1284.

[46] Project HOPE. Key Global Health Trends To Watch in 2023[EB/OL].（2023-01-20）[2023-04-10]. https://www.projecthope.org/critical-health-trends-were-watching-in-2023/01/2023/.

[47] UHC 2023. Parliamentarian Guide-6 action steps to achieve UHC[EB/OL]. [2023-04-10]. https://www.uhc2030.org/what-we-do/voices/advocacy/parliamentarian-guide/.

[48] United Nations. The Sustainable Development Goals：Our Framework for COVID-19 Recovery[EB/OL]. [2023-04-10]. https://www.un.org/sustainabledevelopment/sdgs-framework-for-covid-19-recovery/.

[49] WHO. As WHO turns 75, let's prescribe science, solutions and solidarity for our future health[EB/OL].（2023-04-07）[2023-04-10]. https://www.who.int/news-room/commentaries/detail/as-who-turns-75--let-s-prescribe-science--solutions-and-solidarity-for-our-future-health.

[50] WHO. Five cities recognized for public health achievements at Partnership for Healthy Cities Summit[Z/OL].（2023-03-15）[2023-04-10]. https://www.who.int/news/item/15-03-2023-five-cities-recognized-for-public-health-achievements-at-partnership-for-healthy-cities-summit.

[51] WHO. Global online consultation：People-centred framework for addressing antimicrobial resistance in the human health sector[Z/OL].（2023-01-31）[2023-04-10]. https://www.who.int/news-room/articles-detail/global-online-consultation-people-centred-framework-for-addressing-antimicrobial-resistance-in-the-human-health-sector.

[52] WHO. Working for Health 2022-2030 Action Plan[R/OL].（2022-04-10）[2023-04-10]. https://www.who.int/publications/i/item/9789240063341.

[53] DELOITTE. gx-health-care-outlook-2023-Workforce[R/OL]. [2023-04-10]. https://www2.deloitte.com/content/dam/Deloitte/global/Documents/gx-health-care-outlook-2023-Workforce.pdf.

[54] DELOITTE. 2023 Global Health Care Outlook[R/OL]. [2023-04-10]. https://www.deloitte.com/global/en/Industries/life-sciences-health-care/analysis/global-health-care-outlook.html.

[55] 新华网. 2025 年每个居民将拥有电子健康档案和电子健康码[Z/OL]. [2023-04-10]. https://app.xinhuanet.com/news/article.html?articleId=9b8b33c0d0a1e628c20d3083f29db051.

[56] WHO. WHO Director-General's opening remarks at the Mental Health at Work panel，World Economic Forum – 18 January 2023[EB/OL].（2023-01-18）[2023-04-10]. https://www.who.int/zh/director-general/speeches/detail/who-director-general-s-opening-remarks-at-the-mental-health-at-work-panel--world-economic-forum---18-january-2023.

[57] United Nations. Together We Can Build a Culture of Safety and Health at Work[EB/OL].（2022-04-26）[2023-04-10]. https://www.un.org/en/un-chronicle/together-we-can-build-culture-safety-and-health-work.

[58] 世界卫生组织，联合国教科文组织. 让每一所学校都成为健康促进学校：全球标准与指标[EB/OL]. [2023-04-10]. https://unesdoc.unesco.org/ark：/48223/pf0000382588.

[59] United Nations. UNESCO and WHO urge countries to make every school a health-promoting school[Z/OL].（2021-06-22）[2023-04-10]. https://www.who.int/news/item/22-06-2021-unesco-and-who-urge-countries-to-make-every-school-a-health-promoting-school.

[60] OWEN K B，PARKER P D，ASTELL-BURT T，et al. Regular Physical Activity and Educational Outcomes in Youth：A Longitudinal Study[J]. J Adolesc Health，2018，62（3）：334-340.

[61] DALSGAARD S，MCGRATH J，ØSTERGAARD S D，et al. Association of Mental Disorder in Childhood and Adolescence With Subsequent Educational Achievement[J]. JAMA Psychiatry，2020，77（8）：797-805.

[62] BAUCHNER H，AYANIAN J Z，BUNTIN M B，et al. JAMA Health Forum—a new JAMA Network specialty journal[J]. JAMA，2020，324（24）：2495-2496.

[63] BAUCHNER H，FONTANAROSA P B，JOYNT MADDOX K. Health care is a right，not a privilege：a new series on US health care and health policy[J]. JAMA，2021，325（3）：227-228.

[64] Centers for Disease Control and Prevention. Health Insurance Coverage：Early Release of Estimates From the National Health Interview Survey，2018[R/OL]. [2023-04-20]. https://www.cdc.gov/nchs/data/nhis/earlyrelease/insur201905.pdf.

[65] Health System Tracker. How has U.S. spending on healthcare changed over time?[R/OL].（2023-02-07）[2023-04-20]. https://www.healthsystemtracker.org/chartcollection/u-s-spending-healthcare-changed-time/.

[66] SHRANK W H，ROGSTAD T L，PAREKH N. Waste in the US health care system[J]. JAMA，2019，322

（15）：1501-1509.

[67] Berwick D M，Gilfillan R. Reinventing the Center for Medicare and Medicaid Innovation[J]. JAMA，2021，325（13）：1247-1248.

[68] Organisation for Economic Co-operation and Development. Life expectancy at birth[DB/OL].（2021-3-20）[2023-04-20]. https://data.oecd.org/healthstat/life-expectancy-at-birth.htm.

[69] Centers for Disease Control and Prevention. Provisional Life Expectancy Estimates for January Through June，2020[R/OL].（2021-02）[2023-04-20]. https://www.cdc.gov/nchs/data/vsrr/VSRR10-508.pdf.

[70] AYANIAN J Z，WILLIAMS R A. Principles for eliminating racial and ethnic disparities under health care reform[M]. In：Williams R A. Healthcare Disparities at the Crossroads of Healthcare Reform. Springer，2011：421-432.

[71] JOYNT MADDOX K E，JAMES C V. How the Biden administration can improve health equity for racial and ethnic minorities[J]. JAMA，2021，325（14）：1387-1388.

[72] VENKATARAMANI A S，O'BRIEN R，TSAI A C. Declining life expectancy in the United States：the need for social policy as health policy[J]. JAMA，2021，325（7）：621-622.

[73] European Commission. EU4Health programme 2021-2027，a vision for a healthier European Union[EB/OL]. [2023-04-20]. https://health.ec.europa.eu/funding/eu4health-programme-2021-2027-vision-healthier-european-union_en.

[74] European Commission. REGULATION（EU）2021/522 OF THE EUROPEAN PARLIAMENT AND OF THE COUNCIL of 24 March 2021[EB/OL].（2021-02-24）[2023-04-20]. https://eur-lex.europa.eu/legal-content/EN/TXT/?uri=uriserv%3AOJ.L_.2021.107.01.0001.01.ENG.

[75] European Commission. The 2023 Work Programme of EU4Health is out![Z/OL].（2022-11-22）[2023-04-20]. https://hadea.ec.europa.eu/news/2023-work-programme-eu4health-out-2022-11-22_en.

[76] 吴妮娜，高广颖，李莲花，等. 老龄化背景下日本医保体系与卫生体系的协同变革与启示[J]. 中国卫生政策研究，2021，14（11）：67-74.

[77] UN. Our world is growing older：UN DESA releases new report on ageing[R/OL].（2019-10-10）[2023-04-20]. https://www.un.org/development/desa/en/news/population/our-world-is-growing-older.html.

[78] WHO. World health statistics 2020：monitoring health for the SDGs，sustainable development goals[DB/OL].（2020-05-13）[2023-04-20]. https://www.who.int/publications/i/item/9789240005105.

[79] KATO R R. The future prospect of the long-term care insurance in Japan[J]. Japan and the World Economy，2018（47）：1-17.

[80] WHO. World report on ageing and health[R/OL].（2015-09-29）[2023-04-20]. https://www.who.int/publications/i/item/9789241565042.

[81] 岛崎谦治. 日本的医疗——制度与政策[M]. 何慈毅，吴凯琳，瞿羽，译. 南京：南京大学出版社，2016.

[82] SUGAWARA S，NAKAMURA J. Gatekeeper incentives and demand inducement：An empirical analysis of care managers in the Japanese long-term care insurance program[J]. Journal of the Japanese and International Economies，2016，40（7）：1-16.

[83] 杨哲，王茂福. 日本医养结合养老服务的实践及对我国的启示[J]. 社会保障研究，2021（1）：93-102.

[84] MOH of Singapore. HEALTHCARE SCHEMES & SUBSIDIES[EB/OL]. [2023-04-20]. https://www.moh.gov.sg/healthcare-schemes-subsidies.

[85] UN. Action plan for successful Aging[R/OL]. [2023-04-20]. https://sustainabledevelopment.un.org/

content/documents/1525Action_Plan_for_Successful_Aging.pdf.
[86] MOF of Singapore. FY2023 Budget Statement［EB/OL］.（2023-02-14）［2023-04-20］. https://www.mof.gov.sg/singaporebudget.
[87] MOH of Singapore. White Paper on Singapore's Response to COVID-19：Lessons for the next pandemic［EB/OL］.［2023-03-08］. https://www.gov.sg/article/covid-19-white-paper.
[88] MOH of Singapore. The White Paper on Healthier SG［EB/OL］.（2022-09-21）［2023-04-20］. https://www.healthiersg.gov.sg/resources/white-paper/.
[89] Age Club. 养老业务年营收超 6 亿元！日本家政巨头 Duskin 如何布局居家养老服务？［Z/OL］.（2023-04-13）［2023-04-20］. https://ageclub.net/article-detail/3494.

第二十章　地区健康服务业发展

习近平总书记在党的二十大报告中指出："人民健康是民族昌盛和国家强盛的重要标志。把保障人民健康放在优先发展的战略位置，完善人民健康促进政策。"2019 年 7 月，健康中国行动启动，全国各地随之积极响应，取得了显著成效。本章选取北京、上海和海南三个具有代表性的地区，系统阐述地区健康服务业的发展。

第一节　北京地区健康服务业发展概述

一、发展基础

北京作为全国政治中心、文化中心、国际交往中心和科技创新中心，深入贯彻党的二十大精神和习近平总书记对北京一系列重要讲话精神，锚定新时代新征程卫生健康工作使命任务，以顺利完成"十四五"规划为主要目标，落实好市委十三届二次全会部署要求，立足首都城市功能定位和人民健康需要，注重"三新两高两首一突出"，准确把握新发展阶段，完整、准确、全面贯彻新发展理念，主动融入新发展格局；推进高质量发展，创造高品质生活；坚持首都特色、首善标准；突出公平正义，加快国际一流的和谐宜居之都建设。

（一）深化"区办市管"，全面提升区域综合医疗服务水平

医疗健康事业的发展离不开政府的扶持，为更好发挥政府职能作用，北京市经过数年的实践，将"区办市管"这种委托管理的创新模式落到了实处，通过开展"区办市管"合作实现健康服务资源的合理分配，在完善医院管理、下沉优质医疗资源、加强业务能力建设的同时，提升基层医疗、教学、科研、学科建设和公共卫生特别是重大疫情防控救治能力，为推动实现同质化医疗、医改分级诊疗格局奠定了基础，为推进京津冀协同发展和非首都功能疏解发挥了积极作用。

（二）推进全民健康政策，促进健康服务全面发展

推进从单纯卫生健康系统向社会整体联动转变，逐步建立健康影响评价评估制度，充分发挥基层组织、社会组织以及行业协会等作用，合力推进健康北京建设，并制定各个阶段细化、可行性强的政策：2020 年 3 月，健康北京行动推进委员会根据《北京市人民政府关于对〈关于推进健康北京行动的实施方案〉的批复》（京政函〔2020〕58 号）要求，印发《健康北京行动（2020—2030 年）》，同月，北京市卫生健康委员会依据国家相关政策文件要求，在总结以往工作的基础上，制定《北京市全民健康生活方式行动工作方案（2021—2025 年）》《北京市全民健身实施计划（2021—2025 年）》等政策文件。这一系列举措使得北京市居民的健

康素养水平从2021年的25.40%迅速提升至2022年的40.5%，居全国之首。2021年12月，北京市人民政府发布《“十四五”时期健康北京建设规划》（京政发〔2021〕38号），提出要在发展理念中充分体现健康优先，同时完善规划实施统筹协作机制，加强宣传推进健康北京建设，并且加强监测评价规划实施情况。2022年3月，北京市卫生健康委员会等5部门联合印发《北京市社区卫生服务机构规划与建设标准》（京卫基层〔2022〕2号），强调进一步优化区域医疗卫生资源配置，促进城乡基本公共服务均等化，提高应对重大疫情和公共卫生安全事件的能力，适应全人群全生命周期健康管理的需求。

（三）卫生健康资源不断丰富

在2017年医药分开综合改革基础上，北京市实施医耗联动综合改革并取得重要阶段性成果，改革总体平稳有序，符合预期。卫生健康资源不断丰富，服务水平和服务能力明显提升；医药费用变化平稳，分级诊疗效果持续向好，居民就医体验感不断提升，公立医疗机构公益性得到加强。截至2022年年底，北京市共有医疗卫生机构12 211个，其中医院741个，较2018年分别增加1 111个、5个；卫生技术人员32.22万人，其中执业（助理）医师12.49万人，较2018年分别增加4.05万人、1.55万人；医疗机构实有床位数13.39万张，较2018年增加1.04万张。截至2021年年底，每千户籍人口执业（助理）医师数8.74人，较2018年增加0.79人；每千户籍人口医院床位数8.65张，较2018年增加0.20张（表20-1）。

表20-1　北京市主要卫生健康资源变化趋势

年份	医疗卫生机构/个	其中	卫生技术人员/万人	其中	医疗机构实有床位数/万张	其中	每千户籍人口执业（助理）医师数/人	每千户籍人口医院床位数/张
		医院/个		执业（助理）医师/万人		医院/万张		
2013	10 141	647	22.97	8.58	10.40	9.66	6.52	7.34
2014	10 265	672	24.29	8.96	10.98	10.29	6.72	7.71
2015	10 425	701	25.65	9.64	11.16	10.46	7.17	7.78
2016	10 637	713	26.49	10.09	11.70	11.00	7.40	8.07
2017	10 986	732	27.70	10.57	12.06	11.36	7.78	8.36
2018	11 100	736	28.17	10.94	12.35	11.63	7.95	8.45
2019	11 340	745	29.73	11.58	12.71	11.96	8.28	8.56
2020	11 211	733	30.37	11.85	12.71	11.93	8.46	8.52
2021	11 727	733	31.77	12.35	13.03	12.23	8.74	8.65
2022	12 211	741	32.22	12.49	13.39	12.63	—	—

资料来源：北京统计年鉴（2014—2022），北京市卫生健康事业发展统计公报（2020—2022年）。

（四）居民健康状况持续改善，健康素养明显提高

北京市坚持“健康优先，将健康融入所有政策；政府主导，人民共建共享；深化改革，实现创新发展；服务首都城市战略定位，促进健康公平”的基本原则，积极推进健康北京行动，居民健康状况持续改善，健康素养明显提高。截至2021年年底，户籍人口平均期望寿命和孕产妇死亡率、婴儿死亡率三大主要健康指标分别达到82.47岁、2.22/10万、1.44‰，较2013年同类指标改善明显（表20-2）；截至2023年4月，北京市居民健康素养水平达到40.5%，居全国首位。

表 20-2　北京市居民三大健康指标变化趋势

年份	户籍人口平均期望寿命 / 岁	其中		孕产妇死亡率 /（1/10 万）	婴儿死亡率 /‰
		男性 / 岁	女性 / 岁		
2013	81.51	79.51	83.58	9.45	2.33
2014	81.81	79.73	83.96	7.19	2.33
2015	81.95	79.81	84.16	8.69	2.42
2016	82.03	79.83	84.31	10.83	2.21
2017	82.15	79.98	84.41	8.17	2.29
2018	82.20	79.85	84.63	10.64	2.15
2019	82.31	79.85	84.88	2.96	1.99
2020	82.43	80.04	84.90	4.98	1.98
2021	82.47	80.01	85.02	2.22	1.44

资料来源：北京市卫生健康工作概况（2009—2021 年），北京卫生和计划生育年鉴（2010—2016），北京统计年鉴（2014—2022），北京市卫生健康委员会官方网站。

（五）应对老龄化工作成效显著

北京市采取积极、主动、科学应对人口老龄化措施，加强老龄政策创制，健全社会养老保障、“三边四级”养老服务和老年健康服务体系，推进老年宜居环境和养老孝老敬老环境建设，老龄事业和产业取得长足的发展和进步。2023 年 4 月北京市卫健委确定 84 家社区卫生服务中心为 2022 年社区老年健康服务规范化建设达标单位。目前，本市共有 324 家机构达到社区老年健康服务规范化建设标准，全市 16 个区建设达标率超过 85%。

二、发展目标与主导内容

（一）发展目标

《“十四五”时期健康北京建设规划》指出，“十四五”时期健康北京建设将以习近平新时代中国特色社会主义思想为指导，全面落实健康中国、全民健身国家战略，以首都发展为统领，坚持新时代党的卫生与健康工作方针，深入践行以人民为中心的发展理念，以北京冬奥会筹办为契机推动冬夏运动项目全面均衡发展，提升体育发展质量和效益，全人群、全方位、全生命周期保障人民健康，为推动首都高质量发展、创造高品质生活奠定坚实的健康基础。具体发展目标如下：

到 2025 年，健康服务体系与首都城市战略定位、人民健康需求更加匹配，强大的现代化公共卫生体系和优质高效的医疗服务体系基本建立，中医药优势和作用进一步发挥。首都体育事业发展水平加快提升，形成政府主导有力、社会广泛参与、市场迸发活力、公共服务丰富的体育发展新格局。高品质健康服务更加公平可及，健康科技创新更富活力，健康环境更加优美宜居，健康生活方式全面养成，健康文化深入人心，市民健康素养达到新水平。

到 2035 年，现代化的健康服务体系全面建成，居民健康水平达到国际领先水平，健康环境根本改善，健康科技创新实力位居世界前列，首都体育的市民亲和力、经济贡献力、文化软实力、世界影响力更加彰显，体育强市成效显著，成为国家全民健身典范城市和首都国际体育名城，建成居民身心和谐、世界领先的健康城市。

（二）主导内容

北京市以坚持大健康理念，坚持以首都发展为统领，坚持基本医疗卫生事业公益性，坚持公平性，坚持高质量发展等为基本原则，将《“十四五”时期健康北京建设规划》细化为33项行动指标，全力推进健康北京建设。33项行动指标中，预期性指标29项，约束性指标4项（表20-3）。

表20-3 《“十四五”时期健康北京建设规划》基线指标及目标值

类别	指标名称	2020年基线指标	“十四五”目标值
健康结果	人均期望寿命	82.43岁	82.8岁
	人均健康预期寿命	—	提高
	居民健康素养水平	36.4%	>40%
	孕产妇死亡率	4.34/10万	达到国际水平
	婴儿死亡率	1.98‰	达到国际水平
	儿童青少年总体近视率	55.5%	逐年稳步下降
	重大慢性病（心脑血管疾病、癌症、慢性呼吸系统疾病、糖尿病）过早死亡	10.6%	平稳下降
	甲乙类法定报告传染病发病率	80.8/10万	保持平稳
健康行为	15岁以上人群吸烟率	20.3%	<19%
	中小学生每天参加校内体育锻炼时长	1小时	1小时以上
	全市经常参加体育锻炼人数比例	50.18%	53%
	全市参加冰雪运动人数	500万人	1 000万人
	中心城区绿色出行比例	73.1%	76.5%
健康服务	每千常住人口医疗卫生机构床位数	5.81张	6.5张左右
	每千常住人口执业（助理）医师数	4.9人	5.6人左右
	每千常住人口注册护士数	5.4人	6.3人左右
	每万常住人口疾控力量配比	1.65人	1.75人
	每万常住人口全科医生（含中医类别全科医生）数	3.1人	4.4人
	每千常住人口专业公共卫生医疗机构人员数	0.73人	0.78人
	每千常住人口拥有公益社会体育指导员数	2.7人	43.4人
	每千常住人口拥有3岁以下婴幼儿托位数	0.7个	4.5个
	65岁及以上老年人城乡社区规范化健康管理服务率	—	≥65%
	家庭医生全人群签约覆盖率	36.6%	≥45%
	高血压患者规范管理率	70%	≥80%
	2型糖尿病患者规范管理率	71%	≥80%
	院前医疗急救服务平均反应时间	19.44分钟	<12分钟
	个人现金卫生支出占卫生总费用的比例	13.4%	满足国家考核指标

续表

类别	指标名称	2020年基线指标	“十四五”目标值
健康环境	国家卫生区创建比例	87.5%	100%
	国家卫生乡镇创建比例	20.4%	40%
	人均体育场地面积	2.57平方米	>2.82平方米
	每万人拥有足球场地数量	1.07块	1.25块
	绿道总长度	1 218公里	持续提高
	建成区公园绿地500米服务半径覆盖率	86.8%	90%

三、“十四五”时期具体工作措施与主要任务

《“十四五”时期健康北京建设规划》明确提出通过落实64项工作措施来完成11项主要任务。

（一）构建强大的现代化公共卫生体系

改革完善疾病预防控制体系、构建新型传染病防治体系、健全公共卫生应急管理体系三项工作措施与任务。

（二）建设优质高效的医疗服务体系

均衡优质卫生资源布局、加强国家医学中心和区域医疗中心建设、优化调整服务结构、加快建设分级诊疗体系、健全中医药服务体系、促进社会办医持续规范发展、发展国际医疗服务体系、加大服务模式创新力度、深化医药卫生体制机制改革九项工作措施与任务。

（三）营造安全宜居的健康环境

全面改善人居环境、打造健康文明的控烟环境、加强食品安全、优化学校健康环境、加强职业健康管理与服务、持续改善自然生态环境、维护交通安全环境、增强体育行业安全管理水平八项工作措施与任务。

（四）培育健康人群

提升全民健康素养、促进健康行为养成、加强体卫融合和非医疗健康干预三项工作措施与任务。

（五）落实体育强国和全民健身国家战略

构建高水平全民健身公共服务体系、不断提高为北京和国家争光能力、营造青少年健康运动良好环境、推动冰雪运动发展迈上新台阶、普及提高“三大球”运动、广泛开展全民健身赛事活动、统筹建设体育运动场地设施、打造高端赛事助力国际交往中心建设八项工作措施与任务。

（六）营造健康文化

促进健康领域人文社科发展、估计健康主题文艺创作、做好健康文化的宣传引导、开展健康北京建设文化实践创造活动、推动中医药健康文化普及、弘扬中华体育精神六项工作措施与任务。

（七）加强健康服务与人口社会服务融合发展

依法组织实施三孩生育政策、促进婴幼儿照护服务发展、优化妇幼健康全程服务、提高老龄健康服务能力、提升康复护理服务质量、完善精神卫生和心理健康服务、优化残疾人健康服务七项工作措施与任务。

（八）推进健康产业创新发展

推动医药健康创新、促进医药健康产业发展、鼓励发展商业健康保险、提升全民健身新品质、推动体育赛事新发展、促进体育消费新增长、推动高科技体育领域新应用七项工作措施与任务。

（九）纵深推动京津冀健康事业协同发展

深化区域医疗卫生一体化发展、推进京津冀养老服务协同发展、加强疫情联防联控、推进更高水平体育健身共建共享四项工作措施与任务。

（十）健全健康背景建设支撑与保障

建设多层次、高质量的人才队伍、强化健康北京建设投入机制、完善医疗保障政策、建立高水平的智慧医疗健康信息支撑体系四项工作措施与任务。

（十一）推进健康治理体系和治理能力现代化

加强组织领导、将健康融入所有政策、健全多元主体参与的治理格局、完善健康法治体系、推动公众广泛参与五项工作措施与任务。

四、发展趋势

“十四五”期间，北京市将继续坚持“健康优先，将健康融入所有政策”的基本原则，以政府主导、人民共建共享、深化改革实现创新发展、服务首都城市战略定位、促进健康公平为指导，推动卫生健康服务从以治病为中心向以健康为中心转变，并将医疗卫生、体育健身、生态环境等领域统筹融合，从单纯的卫生健康系统向社会整体联动转变，将健康融入所有政策，合力推进健康北京建设。为实现这一目标，北京市将始终坚持在发展理念中充分体现健康优先，完善规划实施的统筹协作机制，加强宣传倡导和监测评价，全力推进健康北京建设。

第二节　上海地区健康服务业发展概述

一、发展基础

上海市卫生健康系统以习近平新时代中国特色社会主义思想为指导，深入贯彻落实党的二十大精神，坚决贯彻落实党中央、国务院的决策部署，在国家卫生健康委和上海市委、市政府的坚强领导下，坚持以人民为中心的发展思想，坚持稳中求进总基调，坚持把新冠疫情防控作为重中之重，推进健康中国战略、健康上海行动和积极应对人口老龄化战略，不断推动卫生健康事业高质量发展。

（一）政策引领作用日益增强

为推进上海市健康服务业高质量发展，在《关于推进本市健康服务业高质量发展加快建设一流医学中心城市的若干意见》（沪府发〔2018〕25 号）基础上，2019 年上海市发布《关于加强本市社区健康服务促进健康城市发展的意见》（沪府办发〔2019〕2 号）、《关于推进健康上海行动的实施意见》（沪府发〔2019〕16 号），并印发《健康上海行动（2019—2030 年）》（沪健促委〔2019〕4 号）、《健康上海行动组织实施和考核方案》（沪健促委〔2019〕5 号）等配套政策文件，细化健康上海建设 18 项重大行动的主要内容、具体举措、实施方案、考核指标和结果运用，形成了目标远近结合，任务可测量、可操作、可考核、可评估的政策体系。2021 年 7 月，上海市人民政府在印发《上海市卫生健康发展"十四五"规划》(沪府发〔2021〕10号)中指出，上海市作为全国第一个发布省级中长期健康行动方案的地区，真正实现了将健康融入所有政策，并明确了时间表和线路图，增强了促进健康服务业发展的政策引领作用。

(二)医疗服务水平不断提升

2018年以来，上海市在切实保障和改善人民群众基本医疗卫生服务的基础上，按照全力打响"上海服务""上海制造""上海购物""上海文化"四大品牌尤其是"上海服务"品牌的要求，以深化供给侧结构性改革为主线，持续推进医学科技领先、高端医疗服务业发达、基本医疗卫生制度健全的亚洲医学中心城市建设，专注于提高疑难疾病的诊治能力和加强临床重点专科的建设，形成振龙头(国内优势专科)、强主体(国内特色专科)、展两翼(重点亚专科和新兴交叉学科)的格局。截至2022年年底，全市各级各类医疗卫生机构总数达6 421所(含村卫生室)，较2013年增加1 492所；卫生技术人员24.62万人，较2013年增加8.98万人。截至2021年年底，执业(助理)医师8.70万人，较2013年增加2.89万人；卫生机构床位数16.85万张，较2013年增加5.42万张；每万人口医生数35人，较2013年增加11人；每万人口医院床位数61张，较2013年增加22张(表20-4)。

表20-4　上海市主要卫生健康资源变化趋势

年份	卫生机构数/个	其中 医院/个	卫生技术人员/万人	其中 执业(助理)医师/万人	卫生机构床位数/万张	其中 医院/万张	每万人口医生数/人	每万人口医院床位数/张
2013	4 929	328	15.64	5.81	11.43	9.47	24	39
2014	4 987	332	16.40	6.13	11.75	9.83	25	41
2015	5 016	338	17.02	6.31	12.28	10.35	26	42
2016	5 011	349	17.82	6.55	12.92	11.01	27	46
2017	5 144	363	18.80	6.83	13.46	11.59	28	48
2018	5 298	364	20.65	7.49	14.72	12.90	31	53
2019	5 610	387	21.33	7.77	15.46	13.67	32	56
2020	5 905	405	22.64	8.23	16.15	14.36	33	58
2021	6 317	432	23.96	8.70	16.85	15.08	35	61
2022	6 421	455	24.62	—	—	—	—	—

资料来源：上海统计年鉴2022，2022年上海市国民经济和社会发展统计公报。

(三)中医药健康服务能力显著提高

上海市不断优化中医药资源配置，持续推进中医肝病、肿瘤等国家区域中医诊疗中心建设，积极培育中西医协同新的优势领域及病种，研究制定老年人、妇女与儿童等重点人群以及糖尿病、腰腿痛、失眠等社区常见病、多发病治未病服务包，完善家庭病床、健康小屋中医药服务内容。通过开展中医专科专病联盟建设、中医社区师带徒等工作，实现中医优质资源下沉社区，全面提高中医药健康服务能力。2021年5月1日起实行的《上海市中医药条例》，为健全上海市中医药服务体系、支撑中医药事业传承创新发展、加快健康上海建设提供了有力法治保障。2022年3月《关于印发2023年上海市中医药工作要点的通知》发布，重点围绕深入贯彻落实国家和上海市关于中医药工作的决策部署、充分发挥中医药在深化医改中的独特优势、着力提升中医药服务能力、促进中西医协同、推进中医药传承创新、加强人才队伍建设、弘扬中医药文化、深化中医药合作交流和推进中医药监督管理9个方面进行了阐述和工作布置。

（四）居民健康状况持续改善

自2019年8月上海市出台我国首个省级中长期健康行动方案《健康上海行动（2019—2030年）》，三年来，在市委、市政府领导下，在各相关部门和16个区共同努力下，上海在十大领域取得全国率先的佳绩，无烟党政机关建成率、人均体育场地面积、居民饮用水水质达标率、城市空气质量优良天数比率等20项指标提前达到“健康中国2030”目标，占指标总数的76.9%。2022年，上海市民健康素养水平达到38.25%，实现14年“连升”并创历史新高，三大健康指标继续保持发达国家和地区的水平，户籍人口期望寿命83.18岁，其中男性80.84岁，女性85.66岁；上海地区孕产妇死亡率3.42/10万；上海地区婴儿死亡率2.26‰（表20-5）。健康融入万策、惠及万众，助力疫情防控，让2 500万市民拥有更多健康获得感。

表20-5　上海市居民三大健康指标变化趋势

年份	户籍人口期望寿命/岁	其中		孕产妇死亡率（1/10万）	其中	婴儿死亡率/‰
		男性/岁	女性/岁		户籍人口孕产妇死亡率（1/10万）	
2013	82.47	80.19	84.79	7.08	—	5.73
2014	82.29	80.04	84.59	6.74	—	4.83
2015	82.75	80.47	85.09	6.66	—	4.58
2016	83.18	80.83	85.61	5.64	—	3.76
2017	83.37	80.98	85.85	3.01	1.01	3.71
2018	83.63	81.25	86.08	1.15	1.10	3.52
2019	83.66	81.27	86.14	3.51	2.25	3.06
2020	83.67	81.24	86.20	3.66	5.62	2.66
2021	84.11	81.76	86.56	1.60	—	2.30
2022	83.18	80.84	85.66	3.42	—	2.26

资料来源：上海统计年鉴2022，上海市国民经济和社会发展统计公报（2013—2022年），上海卫生健康状况报告（2013—2022年），2022年上海市老年人口和老龄事业监测统计信息。

二、发展目标与主导内容

（一）发展目标

《上海市卫生健康发展“十四五”规划》（沪府发〔2021〕10号）明确了“十四五”时期上海市卫生健康的发展目标，即建设以人民健康为中心的整合型、智慧化、高品质卫生健康服务体系，实现医疗保障待遇公平适度、运行稳健持续、服务优化便捷，向着具有全球影响力的健康科技创新中心和全球健康城市典范坚实迈进，建设成为全球公共卫生体系最健全的城市之一。

1. 居民健康水平持续提升　市民健康素养水平逐步提高，重大慢性病过早死亡率逐步降低，常见恶性肿瘤早期诊断比例逐步提高。市民主要健康指标保持发达国家水平，人均健康预期寿命不低于71岁。

2. 健康服务体系更加完善　基本建成现代化疾病预防控制体系，重大疫情和突发公共卫生事件应对能力达到国际一流水准。区域性医疗中心服务水平明显提升，初步建成适宜、综合、连续的社区健康服务体系。

3. 医疗服务品牌更加响亮　培育若干医学协同创新集群和研究型医院，医学科技创新能力显著增强，打造一批世界知名、全国领先的医学学科，重大疑难疾病诊治能力逐步提升。

4. 健康服务业规模和质量显著提升　逐步形成内涵丰富、布局合理、结构优化的健康服务业体系，成为城市重要支柱产业。

5. 卫生健康智慧化程度不断提升　初步形成与健康服务智慧化相配套的制度体系，成为智慧化健康服务高地。

6. 医疗保障体系进一步完善　建成以基本医疗保险为主体，医疗救助为托底，补充医疗保险、商业健康保险、慈善捐赠、医疗互助共同发展的多层次医疗保障体系。

7. 全行业治理水平明显提高　行业管理法治化、标准化、智慧化水平进一步提升，基本建成智能化监管体系。

同时，《上海市卫生健康发展“十四五”规划》将“十四五”时期上海市卫生健康发展的主要任务聚焦于19项指标，其中约束性指标5项、预期性指标14项（表20-6）。

表20-6　上海市“十四五”卫生健康发展指标

序号	指标名称	属性	2025年目标
1	人均预期寿命/岁	预期性	84左右
2	人均健康预期寿命/岁	预期性	≥71
3	婴儿死亡率/‰	预期性	≤5
4	5岁以下儿童死亡率/‰	预期性	≤4
5	孕产妇死亡率/（1/10万）	预期性	≤7
6	常见恶性肿瘤早期诊断比例/%	预期性	≥37
7	居民健康素养水平/%	预期性	≥36
8	千人口医疗机构床位数/张	预期性	7.5左右
9	平战结合医院储备床位数/张	约束性	≥8 000
10	千人口执业（助理）医师数/人	预期性	≥3.6
11	千人口注册护士数/人	预期性	≥4.7
12	千人口全科医生数/人	预期性	0.45左右
13	精神科执业（助理）医师数/（人/10万人口）	预期性	4.8
14	二级以上精神专科医院开设儿童青少年心理门诊比例/%	约束性	80
15	院前急救平均反应时间/分钟	约束性	稳定在12分钟以内
16	千人口献血率/‰	预期性	17.5
17	三级医院复诊患者中使用互联网诊疗的比例/%	预期性	≥10
18	参保职工医保政策范围内住院报销比例	约束性	稳定在80%左右
19	参保居民医保政策范围内住院报销比例	约束性	70%左右

注：人均预期寿命、人均健康预期寿命、5岁以下儿童死亡率以户籍人口为统计对象。

（二）主导内容

《健康上海行动（2019—2030年）》指出，健康上海建设坚持“健康优先、预防为主、共建共享、促进公平”等原则，聚焦普及健康生活、优化健康服务、完善健康保障、建设健康环境、发展健康产业和提升健康上海能级六个方面，按照2022年和2030年两个时间节点，分步推进实施。围绕核心内容，在全国26项考核指标的基础上增加了14项考核指标，最终形成40项考核指标（表20-7）。

表20-7　健康中国和健康上海考核指标框架

序号	指标	全国		上海市	
		2022年	2030年	2022年	2030年
1	人均预期寿命/岁	77.7	79	保持发达国家水平	
2	人均健康预期寿命/岁)*	—	—	≥70	≥72
3	婴儿死亡率/‰	≤7.5	≤5	保持发达国家水平	
4	5岁以下儿童死亡率/‰	≤9.5	≤6	保持发达国家水平	
5	孕产妇死亡率/（1/10万）	≤18	≤12	保持发达国家水平	
6	城乡居民达到《国民体质测定标准》合格以上的人数比例/%	≥90.86	≥92.17	≥96	96.5
7	居民健康素养水平/%	≥22	≥30	32	40
8	参加健康自我管理小组的人数/万*	—	—	85	120
9	建立并完善健康科普专家库和资源库，构建健康科普知识发布和传播机制	实现	实现	实现	实现
10	建立医疗机构和医务人员开展健康教育和健康促进的绩效考核机制	实现	实现	实现	实现
11	人均体育场地面积/m^{2*}	—	—	≥2.4	2.8
12	经常参加体育锻炼人数比例/%	≥37	≥40	45左右	46
13	15岁以上人群吸烟率/%*	—	—	≤20	≤18
14	产前筛查率/%	≥70	≥80	≥70	≥80
15	新生儿遗传代谢性疾病筛查率/%	≥98	≥98	98	98
16	农村适龄妇女宫颈癌和乳腺癌筛查覆盖率/%	≥80	≥90	≥80	≥90
17	国家学生体质健康标准优良率/%	≥50	≥60	≥50	≥60
18	符合要求的中小学体育与健康课程开课率/%	100	100	100	100
19	中小学生每天校内体育活动时间/小时	≥1	≥1	≥1	≥1
20	配备专兼职心理健康工作人员的中小学校比例/%	≥80	90	80	90
21	寄宿制中小学校或600名学生以上的非寄宿制中小学校配备专职卫生专业技术人员、600名学生以下的非寄宿制中小学校配备专兼职保健教师或卫生专业技术人员的比例/%	≥70	≥90	≥70	≥90
22	接尘工龄不足5年的劳动者新发尘肺病报告例数占年度报告总例数比例/%	下降	持续下降	≤4	≤4

续表

序号	指标	全国		上海市	
		2022 年	2030 年	2022 年	2030 年
23	二级以上综合性医院设老年医学科比例 /%	≥50	≥90	≥50	≥90
24	重大慢性病过早死亡率 /%	≤15.9	≤13	≤10	≤9
25	高血压患者规范管理率 /%	≥60	≥70	82	90
26	糖尿病患者规范管理率 /%	≥60	≥70	82	90
27	常见恶性肿瘤诊断时早期比例 /%*	—	—	≥32	≥40
28	社区卫生服务中心提供中医非药物疗法的比例，村卫生室提供中医非药物疗法的比例 /%	100，70	100，80	100，70	100，80
29	以街道（镇）为单位适龄儿童免疫规划疫苗接种率 /%	>90	>90	≥98	≥98
30	每千常住人口执业（助理）医师数 / 人	2.6	3	≥3	≥3
31	千人口注册护士数 / 人*	—	—	3.9	≥4.7
32	千人口全科医师数 / 人*	—	—	≥0.40	0.5 左右
33	个人卫生支出占卫生总费用的比重 /%	27.5	25 左右	20	20
34	空气质量优良天数比率 /%*	—	—	≥80	进一步提升
35	受污染地块及耕地安全利用率 /%*	—	—	95 左右	98 左右
36	重要水功能区水质达标率 /%*	—	—	≥80	≥95
37	建成区绿化覆盖率 /%*	—	—	≥40	42
38	主要食品安全总体监测合格率 /%*	—	—	≥97	≥97
39	药品质量抽检总体合格率 /%*	—	—	≥98	≥98
40	健康服务业增加值占 GDP 比例 /%*	—	—	≥6	7.5 左右

注：* 为上海市在健康中国考核指标基础上增加的指标。

资料来源：《"健康中国 2030"规划纲要》《健康中国行动（2019—2030 年）》《健康中国行动组织实施和考核方案》《健康上海行动（2019—2030 年）》《健康上海行动组织实施和考核方案》。

三、发展趋势

与以往相比，上海卫生健康未来发展面临的形势既有延续性，也有其阶段性特征，主要体现在以下五个方面。

1. 卫生健康日益成为服务国家战略、提升城市竞争力的重要支撑。
2. 公共卫生安全风险对城市治理形成重大挑战。
3. 经济社会发展和人口结构变化将深刻影响卫生健康服务供需格局。
4. 科技革命和产业变革推动卫生健康服务和保障体系深刻转型。
5. 卫生健康领域主要矛盾的新变化对改革发展提出新诉求。

同时，上海未来的总目标是建设全球公共卫生体系最健全城市之一，打造具有全球影响力的健康科技创新中心和全球健康城市典范，建设以人民健康为中心的整合型、智慧化、高品质的健康服务体系。

第三节　海南地区健康服务业发展概述

一、发展基础

海南省作为全面深化改革开放试验区、国家生态文明试验区、国家重大战略服务保障区、国际旅游消费中心，以及“21世纪海上丝绸之路”的重要战略支点和省域空间规划的试点省份，紧紧围绕建设中国（海南）自由贸易试验区、中国特色自由贸易港战略定位，对标国际先进水平，聚焦影响海南人民健康的重大疾病和突出问题，全方位干预健康影响因素，全生命周期进行健康管理，全面构建重大疾病防控体系，完善重大疫情防控体制机制，健全公共卫生应急管理体系，深入推动健康海南行动实施。

（一）健康海南一揽子政策措施协同发力

在《“健康海南2030”规划纲要》（琼发〔2017〕4号）的基础上，2020年3月海南省人民政府印发《健康海南行动实施方案》（琼府〔2020〕19号），对标中国特色自由贸易港建设，围绕提高人均预期寿命的主题，形成18个重大行动，并陆续印发了接续政策，如《海南省加快医学教育创新发展实施方案》（琼府办函〔2021〕86号）、《中共海南省委 海南省人民政府关于深化医疗保障制度改革的实施意见》（琼发〔2021〕7号）、《促进养老托育服务健康发展实施方案》（琼府办函〔2021〕413号）、《海南省人民政府办公厅关于海南省构建网格化紧密型医疗卫生服务体系的实施意见》（琼府办〔2021〕73号）、《海南省“2+3”健康服务包实施方案》（琼府办函〔2022〕91号）、《海南省全面健身实施计划（2022—2025年）》（琼府〔2022〕18号）、《海南省人均预期寿命提升行动计划（2022—2025年）》（琼府〔2022〕21号）、《海南省推动公立医院高质量发展实施方案》（琼府办〔2022〕37号）、《海南省加快推进数字疗法产业发展的若干措施》（琼府办〔2022〕46号）、《中共海南省委 海南省人民政府关于加强新时代老龄工作的实施意见》（琼发〔2022〕23号）等，全方位干预健康影响因素，将健康关口充分前移，提升海南医疗与公共卫生服务的专业化、标准化、国际化水平，通过政府、社会、家庭和个人的共同努力，形成有利于健康的生活方式、生态环境和社会环境，延长预期寿命和健康寿命，致力于打造生态岛、健康岛、长寿岛。2022年5月，海南省对全省18个市县（不含三沙市）落实“健康海南行动”进行了考核及现场督导，促进健康海南行动落地见效。

（二）卫生健康服务能力和水平不断提升

海南省围绕海南自由贸易港战略定位，以博鳌乐城国际医疗旅游先行区为抓手，大力发展医疗健康产业，全省“一核两极三区”的发展格局基本形成，公共卫生服务和重大疾病防控能力、重点人群健康服务水平明显提升，医疗卫生服务体系不断完善，医疗卫生体制改革深入推进，中医药服务能力明显增强，特色健康产业蓄势发展，科研创新重点专科和人才队伍建设稳步提升等。截至2022年年底，海南共有卫生机构6 430个、卫生人员89 000人、卫生机构床位60 944张，较2013年分别增加1 424个、25 427人、28 844张；截至2021年年底，海南省每万人口拥有医生数为29人、床位数为60张，较2013年分别增加10人、24张（表20-8），卫生健康资源不断完善，服务能力和服务水平明显提升。

表 20-8　海南省主要卫生健康资源变化情况

年份	卫生机构数 / 个	其中 医院（卫生院）/ 个	卫生人员总数 / 人	其中 执业（助理）医师 / 人	卫生机构床位数 / 张	其中 医院（卫生院）床位数 / 张	每万人口拥有医生数 / 人	每万人口拥有床位数 / 张
2013	5 006	490	63 573	16 766	32 100	29 854	19	36
2014	5 015	489	66 586	17 617	34 466	31 914	19	38
2015	5 046	500	71 237	19 001	38 653	35 702	21	42
2016	5 135	509	74 843	20 148	40 501	37 276	22	44
2017	5 177	505	77 652	20 882	42 002	38 654	23	45
2018	5 325	517	81 376	22 278	44 712	41 956	24	48
2019	5 435	530	85 928	23 929	49 764	46 457	25	53
2020	6 127	557	93 875	27 163	59 462	55 312	27	59
2021	6 287	269	99 607	29 693	61 180	48 537	29	60
2022	6 430	543	89 000	25 054	60 944	57 052	—	—

资料来源：海南统计年鉴 2022，2022 年海南省国民经济和社会发展统计公报。

（三）中医药健康服务优势日益彰显

海南地理位置独特、动植物药材资源丰富，素有“天然药库”“南药之乡”之称，发展中医药健康服务业具有得天独厚的资源优势和政策优势，从 2019 年初开始探索中医治未病改革试点，在全国率先将中医治未病服务项目细化为五大类共 236 项，实行分级分类管理、服务价格备案制，改革中医治未病专职医师职称晋升制度。截至 2020 年年底，全省 96% 的社区卫生服务中心、98% 的乡镇卫生院、88% 的社区卫生服务站和 59% 的村卫生室能够提供中医药健康服务。海南省作为全国中医药服务贸易先行先试重点区域，中医药服务贸易被省政府列为全省服务贸易创新发展试点工作八个领域之一，海口、三亚、琼海市中医院三个中医药健康旅游和服务贸易示范基地建设成果突出。截至 2021 年年底，海南省共有中医类医疗卫生机构 454 个，中医类医疗机构床位 7 328 张，中医药人员 4 403 人，中医类医疗机构诊疗 473.1 万人次，中医类医疗机构出院 145 469 人次，较 2013 年分别增加 236 个、3 482 张、2 229 人、138.1 万人次、45 048 人次；中医医院病床使用率 59.9%，较 2013 年下降 15.6 个百分点（表 20-9）。2022 年，海南省将中医药健康促进行动写入健康海南行动计划，不断提升中医药在健康海南建设中的显示度、贡献度。

表 20-9　海南省中医药健康服务资源变化情况

年份	中医类医疗卫生机构数 / 个	中医类医疗机构床位数 / 张	中医药人员数 / 人	中医类医疗机构诊疗人次数 / 万人次	中医类医疗机构出院人次数 / 人次	中医医院病床使用率 /%
2013	218	3 846	2 174	335.0	100 421	75.5
2014	206	4 200	2 340	354.6	109 444	70.1
2015	217	4 637	2 508	362.3	119 945	69.0
2016	218	4 878	2 540	394.1	130 800	72.0
2017	232	5 245	2 749	391.8	140 134	72.1

续表

年份	中医类医疗卫生机构数/个	中医类医疗机构床位数/张	中医药人员数/人	中医类医疗机构诊疗人次数/万人次	中医类医疗机构出院人次数/人次	中医医院病床使用率/%
2018	268	5 348	2 888	420.6	147 377	70.7
2019	320	6 224	3 314	455.9	158 269	67.7
2020	427	7 302	3 896	481.9	138 975	57.3
2021	454	7 328	4 403	473.1	145 469	59.9

资料来源：2018—2022 年中国卫生健康统计年鉴，2014—2017 年中国卫生和计划生育统计年鉴。

（四）居民健康状况持续改善

海南省对标人民群众日益增长的健康服务需求、经济社会高质量发展的要求以及自贸港建设目标，持续加大卫生健康投入，基本形成海口、三亚、儋州、琼海、五指山“五大区域医疗卫生中心”，实现全省“1 小时三级医院服务圈”全覆盖，初步建成“15 分钟城市健康圈、30 分钟乡村健康圈”。在此基础上，深入开展“互联网 + 医疗健康”便民惠民活动，人民群众就医获得感、幸福感明显增强，健康状况持续改善。2020 年，全省人均预期寿命 79.05 岁、孕产妇死亡率 15.01/10 万、婴儿死亡率 4.02‰（表 20-10），均优于全国平均水平。

表 20-10　海南省居民三大健康指标变化趋势

年份	人均预期寿命/岁	孕产妇死亡率/(1/10 万)	婴儿死亡率/‰
2013	—	21.35	10.01
2014	—	16.39	9.38
2015	77.7	10.16	6.03
2016	78.0	18.97	6.22
2017	78.2	24.46	6.06
2018	78.6	13.39	4.10
2019	78.8	11.57	4.15
2020	79.05	15.01	4.02
2021	—	15.77	3.96
2022	—	7.48	—

资料来源：2022 中国卫生健康统计年鉴，2021 海南省卫生健康统计年鉴，海南省人民政府官方网站，海南日报（海南实现省级卫生城镇全覆盖，2023 年 3 月 18 日第三版）。

二、发展目标与主导内容

（一）发展目标

到 2030 年，全省促进全民健康的制度和保障体系更加完善，人民健康与经济社会协调发展，人人享有高质量的健康服务和高水平的健康保障，全民健康素养水平大幅提升，健康生活方式基本普及，慢性病、重大传染病、妇幼健康等领域主要健康影响因素得到有效调控，健康环境质量居于世界领先水平，人均预期寿命达到 82 岁，主要健康指标超过高收入国家平均水平，健康公平基本实现；到 2035 年，建成健康海南。

（二）主导内容

《健康海南行动实施方案》对标中国特色自由贸易港建设，围绕提高人均预期寿命的主题，在国家15个重大行动的基础上，增加了实施健康产业促进行动、实施医疗服务能力提升行动、实施中医药健康促进行动，形成18个重大行动，并将18个重大行动细化为136项主要指标，涵盖结果性指标40项（预期性指标39项、约束性指标1项）、个人和社会倡导性指标48项（预期性指标2项、倡导性指标46项）、政府工作指标48项（预期性指标37项、约束性指标11项），并分别设定了2022年、2030年目标值。同时，依据全国26项考核指标明确了健康海南行动考核指标框架（表20-11）。2022年11月，海南省举行"健康海南行动暨人均预期寿命提升行动"新闻发布会，宣布健康海南行动2022年主要目标提前实现，为加快建设具有世界影响力的中国特色自由贸易港发挥了重要作用。

表20-11　健康中国行动和健康海南行动考核指标框架

序号	指标	全国		海南省	
		2022年	2030年	2022年	2030年
1	人均预期寿命/岁	77.7	79	79	82
2	婴儿死亡率/‰	≤7.5	≤5	≤4	≤3
3	5岁以下儿童死亡率/‰	≤9.5	≤6	≤6	≤5
4	孕产妇死亡率/(1/10万)	≤18	≤12	≤13	≤10
5	城乡居民达到《国民体质测定标准》合格以上的人数比例/%	≥90.86	≥92.17	≥94	≥95
6	居民健康素养水平/%	≥22	≥30	≥23	≥35
7	经常参加体育锻炼人数比例/%	≥37	≥40	≥39	≥44
8	重大慢性病过早死亡率/%	≤15.9	≤13	≤15.9	≤13
9	每千常住人口执业（助理）医师数/人	2.6	3	2.6	3.2
10	个人卫生支出占卫生总费用的比重/%	27.5	25左右	23	23
11	建立并完善健康科普专家库和资源库，构建健康科普知识发布和传播机制	实现	实现	实现	实现
12	建立医疗机构和医务人员开展健康教育和健康促进的绩效考核机制	实现	实现	实现	实现
13	产前筛查率/%	≥70	≥80	≥70	≥80
14	新生儿遗传代谢性疾病筛查率/%	≥98	≥98	≥98	≥98.5
15	农村适龄妇女宫颈癌和乳腺癌筛查覆盖率/%	≥80	≥90	≥95	≥95
16	国家学生体质健康标准达标优良率/%	≥50	≥60	≥50	≥60
17	符合要求的中小学体育与健康课程开课率/%	100	100	100	100
18	中小学生每天校内体育活动时间/小时	≥1	≥1	≥1	≥1
19	寄宿制中小学校或600名学生以上的非寄宿制中小学配备专职卫生专业技术人员、600名学生以下的非寄宿制中小学校配备专兼职保健教师或卫生专业技术人员的比例/%	≥70	≥90	≥70	≥90

续表

序号	指标	全国		海南省	
		2022年	2030年	2022年	2030年
20	配备专兼职心理健康工作人员的中小学校比例/%	≥80	90	80	90
21	接尘工龄不足5年的劳动者新发尘肺病报告例数占年度报告总例数比例/%	下降	持续	下降	持续下降
22	二级以上综合性医院（中医院）设老年医学科比例/%*	≥50	≥90	≥50	≥90
23	高血压患者规范管理率/%	≥60	≥70	≥75	≥77
24	糖尿病患者规范管理率/%	≥60	≥70	≥75	≥77
25	乡镇卫生院、社区卫生服务中心提供中医非药物疗法的比例，村卫生室提供中医非药物疗法的比例/%	100，70	100，80	100，70	100，80
26	以乡（镇、街道）为单位适龄儿童免疫规划疫苗接种率/%	>90	>90	≥95	≥95

注：* 为健康海南行动在健康中国行动考核指标基础上进行优化的指标。

三、工作措施和行动任务

《健康海南行动实施方案》共设18个重大行动，具体分为全方位干预健康影响因素的行动、维护全生命周期健康的行动、防控重大疾病的行动、提升健康海南发展质量的行动四类。

（一）全方位干预健康影响因素的行动

主要包括实施健康知识普及行动、合理膳食行动、全民健身行动、控烟行动、心理健康促进行动、健康环境促进行动6项重大行动。

（二）维护全生命周期健康的行动

主要包括实施妇幼健康促进行动、中小学健康促进行动、职业健康保护行动、老年健康促进行动4项重大行动。

（三）防控重大疾病的行动

主要包括实施心脑血管疾病防治行动、癌症防治行动、慢性呼吸系统疾病防治行动、糖尿病防治行动、传染病防控行动5项重大行动。

（四）提升健康海南发展质量的行动

主要包括实施健康产业促进行动、医疗服务能力提升行动、中医药健康促进行动3项重大行动。

四、发展趋势

2022年4月，海南省召开第八次党代会，省委工作报告提出了“一本三基四梁八柱”战略框架，并提出“建设更高水平的健康岛”工作目标。在未来发展中，海南省将围绕“共建共享、全民健康”主题，坚持政府主导与调动社会、个人的积极性相结合，扎实推进健康海南18个专项行动，全方位干预健康影响因素，推动人人参与、人人尽力、人人享有，落实预防为主，推行健康生活方式，强化早诊断、早治疗、早康复，形成共建共享的全社会健康氛围，显著改善群众健康生活品质，有效延长预期寿命和健康寿命。

案例：

博鳌乐城国际医疗旅游先行区的实践探索

海南博鳌乐城国际医疗旅游先行区（以下简称“先行区”）于2013年2月28日经国务院批准设立，并被赋予九条优惠政策，园区试点发展特许医疗、健康管理、照护康复、医美抗衰等国际医疗旅游相关产业，旨在聚集国际国内高端医疗旅游服务和国际前沿医药科技成果，创建国际化医疗技术服务产业聚集区。

2018年4月，习近平总书记在先行区规划馆考察时强调，要大力发展健康事业，为广大老百姓健康服务。为全面推动先行区建设，2019年9月16日，国家发展和改革委员会、国家卫生健康委员会、国家中医药管理局、国家药品监督管理局四部委联合发布《关于支持建设博鳌乐城国际医疗旅游先行区的实施方案》，先行区迎来了新的历史机遇！海南省人民政府依照《海南博鳌乐城国际医疗旅游先行区管理局设立和运行规定》（海南省人民政府令第283号），于2019年8月设立先行区管理局，先行区管理局由海南省人民政府直接管理，同时赋予其“采取市场化、专业化运作的具有公共管理服务职能的法定机构”职能定位。

自设立以来，先行区聚焦“促进全省健康产业发展”“医疗技术、设备、药品与国际先进水平‘三同步’”“推动医疗卫生事业改革”三大定位，围绕“三地六中心”（国际医疗旅游目的地、尖端医学技术研发和转化基地、国家级医疗机构集聚地；特色明显、技术先进的临床医学中心，中医特色医疗康复中心，国际标准的健康体检中心，国际著名医疗机构在中国的展示窗口和后续治疗中心，罕见病临床医学中心，国际医学交流中心），对标“国际医学新锚地”建设，以“华西乐城医院＋华西乐城研究院”医教研一体化项目、博鳌乐城研究型医院项目等重要平台建设为抓手，以敢闯敢试、敢为人先、开拓创新的精神，致力于打造全省健康产业发展的核心，已成为一座创新开放之城、为患者带来新生的健康希望之城、搭建平台吸引国际国内顶尖医疗资源纷纷落地的产业发展之城。

破题：从“全国首例”到“全球首例”

尚未在国内上市的创新技术HeartLight X3球囊型激光系统在此实现首例临床应用，肺癌靶向新药普拉替尼在此开出审批国之外全球首张处方，双向真空辅助乳房活检与旋切系统在此完成全球首例应用手术……

多年来，先行区依托海南自贸港和“先行先试”政策优势，充分发挥首创精神，联合相关部门以制度集成创新为突破口，解决制约先行区发展诸多瓶颈问题，为特许药械落地国内开启一条条“绿色通道”——从6个月到平均1.6天，不断深化极简审批改革，实行线上审批追溯、批量审批，特许药械使用审批时限大幅降低；从“患者等药械”到“药械等患者”，将以往“一人、一品、一批”调整为“一品、一院、一批”，开启批量审批模式。建立进口药械公共保税仓，以批量进货、提前备货、全程监管的方式引进特许药械，且“带药离园”政策也在不断升级。如今，先行区已与全球16个国家和地区近80家国际药械企业建立合作关系，落地使用的临床急需特许药械超300种，已逐步实现从“根据需求全球选药”到“国际厂商同步提供新药”，从“国内首例”到“全球首例”，并提前近三年基本实现医疗技术、装备、药品与国际先进水平“三同步”。

普惠：从“用得上”到“用得起”

先行区积极探索构建多层次医疗保障体系，已连续3年推出乐城全球特药险，通过商业保险为未纳入《基本医疗保险药品目录》的国外特药提供支付保障，有效解决患者“用不起”难题。乐城全球特药险2022年版在保持原来100种特药总量不变的情况下，新增多种国际先进治疗产品，创新加入国内未上市的海外罕见病药品17种。截至目前，乐城全球特药险先后被北京、上海等17个省市纳入当地普惠健康保范畴，参保人数累计超2 700万人。

推出国内首个运动损伤康复创新医疗服务保障计划；推动设立海南康复医学人道救助专项基金，为低收入家庭提供康复医疗救助保障……随着多层次医疗保障体系建设愈发完善，乐城国际创新药械、高端康复医疗项目正走进寻常百姓家。同时，先行区大力引进上海交通大学医学院附属瑞金医院、四川大学华西医学中心等国内知名公立医院，扩大普惠性医疗服务供给；与海口高新区共建“飞地经济合作示范园区”，以“前区后厂”联动模式，打通先进医疗药械从研发生产到使用的路径，使其更快惠及百姓。

发展：从“政策高地”到“产业高地”

借助乐城先行区政策优势，博鳌国际眼视光眼科中心引进31项特许项目，创造27项国内首例，完成特许药械应用上千例；借助真实世界研究平台，先后推动两个眼科产品加速在国内上市。先行区首个医疗科技创新公共平台——医工转化平台已于2022年7月29日正式启动，先行区还在搭建更多平台，汇聚全球顶尖医疗资源，打造更开放的国内国际双循环交汇点。

先行区将以建设医工转化平台、真实世界研究平台、保险医疗服务平台、健康文化产业创新平台“四大平台”为抓手，打造中国创新药械自主研发平台和海外医药人才创新创业平台，积极迈向健康产业创新发展高地，进一步完备产业链条，健全产业体系，提升产业竞争力，塑造产业新优势，为健康海南和健康中国建设贡献更大力量。

先行区被定位为海南自贸区（港）建设的先行区，是中国内地唯一真实世界数据应用的先行区，被李克强总理誉为“博鳌亚洲论坛第二乐章”。2023年4月，先行区新加坡办事处揭牌成立，这是首个海南自贸港园区的海外办事处，标志着先行区面向东南亚精准招商迈出了坚实的一步。

（资料来源：乐城先行区从政策高地迈向健康产业创新发展高地. 海南日报. 2023年3月20日A03版）

（司建平　孟凡莉　苏晓川　吕　曦　吴鉴伦）

参考文献

[1] 王鸿春，盛继洪. 北京健康城市建设研究报告（2022）[M]. 北京：社会科学文献版社，2023.

[2] 北京市统计局，国家统计局北京调查总队. 北京统计年鉴2014[M]. 北京：中国统计出版社，2014.

[3] 北京市统计局，国家统计局北京调查总队. 北京统计年鉴2015[M]. 北京：中国统计出版社，2015.

[4] 北京市统计局，国家统计局北京调查总队. 北京统计年鉴2016[M]. 北京：中国统计出版社，2016.

[5] 北京市统计局，国家统计局北京调查总队. 北京统计年鉴2017[M]. 北京：中国统计出版社，2017.

[6] 北京市统计局，国家统计局北京调查总队. 北京统计年鉴2018[M]. 北京：中国统计出版社，2018.

[7] 北京市统计局，国家统计局北京调查总队. 北京统计年鉴2019[M]. 北京：中国统计出版社，2019.

[8] 北京市统计局，国家统计局北京调查总队. 北京统计年鉴2020[M]. 北京：中国统计出版社，2020.

[9] 北京市统计局，国家统计局北京调查总队. 北京统计年鉴2021[M]. 北京：中国统计出版社，2021.

[10] 北京市统计局，国家统计局北京调查总队．北京统计年鉴 2022［M］．北京：中国统计出版社，2022.

[11] 上海市统计局，国家统计局上海调查总队．上海统计年鉴 2022［M］．北京：中国统计出版社，2022.

[12] 上海市统计局，国家统计局上海调查总队．2013 年上海市国民经济和社会发展统计公报［EB/OL］．（2014-02-25）［2023-05-08］．https://tjj.sh.gov.cn/tjgb/20140225/0014-267416.html.

[13] 上海市统计局，国家统计局上海调查总队．2014 年上海市国民经济和社会发展统计公报［EB/OL］．（2015-02-27）［2023-05-08］．https://tjj.sh.gov.cn/tjgb/20150227/0014-277392.html.

[14] 上海市统计局，国家统计局上海调查总队．2015 年上海市国民经济和社会发展统计公报［EB/OL］．（2016-02-28）［2023-05-08］．https://tjj.sh.gov.cn/tjgb/20160228/0014-287258.html.

[15] 上海市统计局，国家统计局上海调查总队．2016 年上海市国民经济和社会发展统计公报［EB/OL］．（2017-03-02）［2023-05-08］．https://tjj.sh.gov.cn/tjgb/20170302/0014-293816.html.

[16] 上海市统计局，国家统计局上海调查总队．2017 年上海市国民经济和社会发展统计公报［EB/OL］．（2018-03-09）［2023-05-08］．https://tjj.sh.gov.cn/tjgb/20180309/0014-1001690.html.

[17] 上海市统计局，国家统计局上海调查总队．2018 年上海市国民经济和社会发展统计公报［EB/OL］．（2019-11-15）［2023-05-08］．https://tjj.sh.gov.cn/tjgb/20191115/0014-1003219.html.

[18] 上海市统计局，国家统计局上海调查总队．2019 年上海市国民经济和社会发展统计公报［EB/OL］．（2020-03-09）［2023-05-08］．https://tjj.sh.gov.cn/tjgb/20200329/05f0f4abb2d448a69e4517f6a6448819.html.

[19] 上海市统计局，国家统计局上海调查总队．2020 年上海市国民经济和社会发展统计公报［EB/OL］．（2021-03-19）［2023-05-08］．https://tjj.sh.gov.cn/tjgb/20210317/234a1637a3974c3db0cc47a37a3c324f.html.

[20] 上海市统计局，国家统计局上海调查总队．2021 年上海市国民经济和社会发展统计公报［EB/OL］．（2022-03-15）［2023-05-08］．https://tjj.sh.gov.cn/tjgb/20220314/e0dcefec098c47a8b345c996081b5c94.html.

[21] 上海市统计局，国家统计局上海调查总队．2022 年上海市国民经济和社会发展统计公报［EB/OL］．（2023-03-22）［2023-05-08］．https://tjj.sh.gov.cn/tjgb/20230317/6bb2cf0811ab41eb8ae397c8f8577e00.html.

[22] 王玉梅，杨雄．健康上海绿皮书（2020—2021）［M］．上海：上海人民出版社，2021.

[23] 海南省统计局，国家统计局海南调查总队．海南统计年鉴 2022［M］．北京：中国统计出版社有限公司，2022.

[24] 海南省统计局，国家统计局海南调查总队．2022 年海南省国民经济和社会发展统计公报［EB/OL］．（2023-02-17）［2023-05-18］．https://www.hainan.gov.cn/hainan/ndsj/202302/ca8dec78f2394f1c906d6cdf8984662a.shtml.

[25] 国家卫生健康委员会．2022 中国卫生健康统计年鉴［M］．北京：中国协和医科大学出版社，2022.

[26] 海南省卫生健康委员会．2021 海南省卫生健康统计年鉴［M］．海南：南海出版公司，2021.